CORRESPONDANCE SECRÈTE
DU COMTE DE MERCY-ARGENTEAU

AVEC

L'EMPEREUR JOSEPH II ET LE PRINCE DE KAUNITZ

PUBLIÉE

PAR M. LE CHEVALIER ALFRED D'ARNETH,

DIRECTEUR DES ARCHIVES DE LA MAISON, DE LA COUR ET DE L'ÉTAT D'AUTRICHE,

ET M. JULES FLAMMERMONT,

PROFESSEUR D'HISTOIRE À LA FACULTÉ DES LETTRES DE LILLE.

INTRODUCTION.

PARIS.
IMPRIMERIE NATIONALE.

M DCCC XCI.

CORRESPONDANCE SECRÈTE

DU COMTE DE MERCY-ARGENTEAU

AVEC

L'EMPEREUR JOSEPH II ET LE PRINCE DE KAUNITZ.

Par arrêté en date du 28 septembre 1888, le Ministre de l'instruction publique et des beaux-arts a ordonné la publication, dans la Collection des documents inédits relatifs à l'Histoire de France, de la *Correspondance secrète du comte de Mercy-Argenteau avec l'Empereur Joseph II et le prince de Kaunitz*, par M. Jules FLAMMERMONT.

M. Albert SOREL a été chargé de suivre cette publication en qualité de commissaire responsable.

SE TROUVE À PARIS

À LA LIBRAIRIE HACHETTE ET CIE,

BOULEVARD SAINT-GERMAIN, 79.

CORRESPONDANCE SECRÈTE
DU COMTE DE MERCY-ARGENTEAU

AVEC

L'EMPEREUR JOSEPH II ET LE PRINCE DE KAUNITZ

PUBLIÉE

PAR M. LE CHEVALIER ALFRED D'ARNETH,
DIRECTEUR DES ARCHIVES DE LA MAISON, DE LA COUR ET DE L'ÉTAT D'AUTRICHE,

ET M. JULES FLAMMERMONT,
PROFESSEUR D'HISTOIRE À LA FACULTÉ DES LETTRES DE LILLE.

TOME PREMIER.

PARIS.
IMPRIMERIE NATIONALE.

M DCCC LXXXIX.

AVIS AU RELIEUR.

L'introduction, qui devra être reliée en tête du premier volume, paraîtra en un fascicule séparé, en même temps que le second volume.

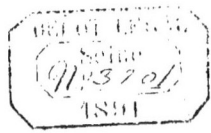

INTRODUCTION.

Bien que les lettres du comte Florimond de Mercy-Argenteau, publiées depuis 1851 jusqu'à nos jours par MM. de Bacourt[1], d'Arneth et Geffroy[2], de Thürheim[3] et autres soient considérées par tous les historiens comme des documents de premier ordre, la vie de leur auteur est encore très mal connue. Ses rares biographes ont commis des erreurs très importantes, à la suite de M. de Bacourt[4], que tous se sont bornés à copier ou à développer purement et simplement, sauf M. Juste[5], qui a étudié par lui-même la dernière partie de la vie de M. de Mercy, de 1790 à 1794. C'est pourquoi nous avons cru devoir employer cette introduction à donner de ce diplomate éminent une biographie critique aussi complète, aussi exacte et aussi précise que possible[6].

[1] *Correspondance entre le comte de Mirabeau et le comte de la Marck pendant les années 1789, 1790 et 1791*, publiée par M. de Bacourt; Paris, 1851, 3 vol. in-8°.

[2] *Marie-Antoinette, Joseph II und Leopold II. Ihr Briefwechsel herausgegeben von Alfred Ritter von Arneth*; Leipzig, 1866, in-8°.

Marie-Antoinette. Correspondance secrète entre Marie-Thérèse et le comte de Mercy-Argenteau, publiée par M. le chevalier Alfred d'Arneth et M. A. Geffroy; Paris, 1875, 3 vol. in-8°.

[3] *Briefe des Grafen Mercy-Argenteau an den Grafen Louis Starhemberg*, gesammelt von A. Graf Thürheim; Innsbruck, 1884, in-8°.

[4] *Opere citato*, t. 1, p. 282 à 292.

[5] *Le comte de Mercy-Argenteau*, par Th. Juste; Bruxelles, 1863, in-12.

[6] Malheureusement jusqu'au moment où nous écrivons cette notice nous n'avons pas pu pénétrer dans les archives de la famille de Mercy-Argenteau, fermées à tous, depuis longtemps, en raison de circonstances particulières. Nous le regrettons d'autant

INTRODUCTION.

I

Florimond-Claude de Mercy-Argenteau naquit à Liège, où il fut baptisé sans cérémonies dans l'église paroissiale de Saint-Adalbert le 20 avril 1727, le jour même de sa naissance[1]. Il était fils du comte Antoine-Ignace-Charles-Auguste de Mercy d'Argenteau et de la baronne Thérèse-Henriette de Rouvroy.

Nous ne savons presque rien de sa mère et de sa famille maternelle, qui, s'il faut en croire M. de Bacourt[2], remontait en ligne directe à ce Jean de Rouvroy qui s'était distingué dans la première croisade auprès de Godefroy de Bouillon. Par

---

plus vivement que ces archives doivent contenir les papiers privés du comte Florimond de Mercy-Argenteau, remis le 17 juillet 1857 au représentant de son héritier par les Archives impériales de Vienne.

[1] Voici l'acte de baptême dont nous devons la communication à la gracieuse obligeance de M. Désiré Van de Casteele, conservateur des archives de l'État à Liège :

«S. Martini[a] 20 [aprilis 1727]. Baptizatus est sine ceremoniis infans legitimus comitis de Mercy d'Argenteau et baronissæ Henricæ de Rouvroy. Suppletæ sunt ceremoniæ baptismales circa præfatum filium comitis de Mercy d'Argenteau, 29 octobris 1734, in ecclesia parochiali Vallis Sanctæ Annæ[b] diocesis et patriæ Leodiensis.»

D'après la lettre que le commis de chancellerie Hoppe, élevé dans la maison même du père du comte Florimond (tome I, p. 248), écrivit à Thugut le 20 décembre 1794, le baptême eut lieu le jour même de la naissance (t. I, p. 407, en note). L'erreur de M. de Bacourt qui fait naître le comte de Mercy en 1722 (*Correspondance de Mirabeau avec la Marck*, t. I, p. 287) provient peut-être de l'erreur de l'acte de décès dont parle Hoppe; mais nous ne pouvons rien affirmer, car nous n'avons pas pu nous procurer ce document.

[2] *Correspondance de Mirabeau avec la Marck*, t. I, p. 285.

---

[a] Saint-Martin-en-l'Isle était une paroisse où l'on ne baptisait pas.

[b] La Vaux-Sainte-Anne est un village qui fait aujourd'hui partie de la province de Namur, arrondissement de Dinan, canton de Rochefort.

La famille de Rouvroy y possédait un château, bâti en 1634 dans le genre gothique, flanqué de trois tours et entouré d'eau. (Van der Maelen, *Dictionnaire géographique de la province de Namur*, Bruxelles, 1832, in-8°, p. 163.)

INTRODUCTION.

contre, nous connaissons assez bien ses ancêtres paternels, directs et adoptifs, dont l'illustration l'aida sans doute à arriver, tout jeune encore, aux plus hauts emplois de la diplomatie impériale.

Le père du comte Florimond-Claude, le comte Antoine, descendait d'une des plus vieilles familles seigneuriales du pays de Liège. Né en 1691, il était entré de bonne heure au service de l'empereur Charles VI, sous les auspices d'un de ses cousins le général Florimond-Claude de Mercy[1], petit-fils du célèbre maréchal de Mercy, qui fut tué sur le champ de bataille de Nördlingen en 1645. Cependant en 1723 il n'était encore que capitaine (*Rittmeister*) dans le régiment de cuirassiers de Lanthieri et c'est seulement à l'automne de l'année 1726 qu'il fut nommé major (*Obristwachtmeister*) dans le régiment de cuirassiers de son cousin. Il venait de se marier, quelques mois auparavant, le 19 juin 1726, avec Mademoiselle de Rouvroy. Il était lieutenant-colonel du régiment d'infanterie François-Georges de Lorraine depuis le mois d'avril 1727, lorsque le 24 septembre de la même année il fut adopté par son cousin le général Florimond-Claude de Mercy, dont il avait déjà pris le nom, sans doute à la suite d'un acte antérieur[2].

---

[1] Florimond-Claude de Mercy, né en 1666, était déjà général en 1705. Son père avait épousé Marie-Christine d'Allamont, fille d'Anne-Marguerite, fille de Florent d'Argenteau, seigneur de Fologne.

[2] En effet il porte le nom de comte de Mercy d'Argenteau dans l'acte de baptême cité plus haut. M. de Bacourt (*loco citato*, p. 284) dit «qu'à la même époque le maréchal institua pour héritier de ses autres biens Charles-Ignace-Augustin, comte d'Argenteau, ... qui était alors colonel d'un régiment d'infanterie dans l'armée impériale, ... avec l'injonction expresse de joindre le nom et les armes de Mercy au nom et aux armes d'Argenteau.» Mais tout ce passage est si obscur qu'il est impossible de déterminer quelle est cette même époque dont parle M. de Bacourt. Il est évident qu'il fait erreur en appelant maréchal le comte Florimond-Claude de Mercy qui ne fut élevé à ce grade qu'en 1734, et colonel son fils adoptif qui ne fut nommé lieutenant-colonel

A.

INTRODUCTION.

Cette adoption fut confirmée le 31 mai 1730 par un acte de donation entre vifs, sous réserve d'usufruit. En 1734, le comte Florimond-Claude de Mercy, nommé feld-maréchal depuis peu, mourut, comme son aïeul, au champ d'honneur, à la bataille de la Crocchetta, près de Parme. Après quelques difficultés, sans grande importance, tous ses biens passèrent à son fils adoptif qui était colonel depuis l'année précédente.

Le 17 mars 1737, le comte Antoine de Mercy-Argenteau fut nommé *General-Feldwachtmeister* et ce fut en cette qualité qu'il fit campagne contre les Turcs, en 1738 et en 1739. En 1741 il fut fait *Feld-Marechal-Lieutenant* et il combattit en Italie; puis il revint avec ses troupes dans la Haute-Autriche, où il resta pendant toute l'année 1742. En 1743 et 1744 il fit campagne sur le Rhin dans l'armée du prince Charles de Lorraine et il s'y distingua en plusieurs occasions. Ensuite il servit, avec son jeune fils[1], aux Pays-Bas où il se trouvait encore en 1748, lors de la conclusion de la paix. En 1753 le comte Antoine

---

qu'en 1727. En 1723 l'adopté était capitaine de cavalerie et non colonel d'infanterie. Ces erreurs font douter de l'exactitude de la phrase qui termine ce paragraphe : «Cet acte d'adoption a été confirmé par lettres patentes de l'empereur Charles VI de l'année 1723, publiées au Conseil aulique de l'empire et enregistrées par les tribunaux de Lorraine.» En outre il n'est pas question de ces lettres patentes dans deux certificats délivrés au comte Antoine le 5 novembre 1734 et le 16 août 1740 par le Conseil aulique de guerre (*Hofkriegsrath*) pour lui permettre d'entrer en possession des biens de son père adoptif. On n'y mentionne que deux actes passés devant des notaires assistés de témoins, un acte d'adoption du 24 septembre 1727 et une donation universelle entre vifs sous réserve d'usufruit du 31 mai 1730.

Archives du ministère de la guerre d'Autriche-Hongrie : 1734, H. K. R. Juli, n° 699; — 1734, Best., n° 6367; — 1740, Justiz Prot., fol. 605; — 1740, Best., n° 7127.

[1] Dans une lettre du 23 juillet 1794 au prince de Cobourg, le comte Florimond de Mercy disait qu'il avait été témoin de la campagne de 1745, qu'il avait faite comme volontaire auprès de son père.

(*Quellen zur Geschichte der Deutschen Kaiserpolitik OEsterreichs*, tome IV, p. 348.)

de Mercy-Argenteau reçut le titre de *General-Feldzeugmeister* et le commandement de l'Esclavonie. Il resta dans ce pays pendant toute la guerre de Sept ans, ce qui ne l'empêcha pas d'être nommé *Feld-Marechal* en octobre 1760. Il n'en conserva pas moins son commandement général d'Esclavonie, qu'il exerçait encore lorsqu'il mourut le 22 janvier 1767, après sept jours de maladie en son château d'Högyesz, en Hongrie [1].

C'est donc à tort que M. de Bacourt écrit que «Florimond-Claude, comte de Mercy-Argenteau, né à Liège en 1722, fit ses études dans cette ville sous la direction d'un oncle, chanoine de la cathédrale de Liège et frère de son père, *qu'il avait perdu dans son enfance* [2].» Car lors de la mort de son père, en janvier 1767, le comte Florimond avait plus de trente-neuf ans et était, depuis plusieurs mois, ambassadeur de l'Empereur à Paris. Toutefois il est possible que le comte Antoine, éloigné de Liège par son service militaire, n'ait pas eu la liberté de s'occuper de l'éducation de son fils unique et ait laissé ce soin à son frère [3], le chanoine de Saint-Lambert. Mais c'est peu probable; l'am-

---

[1] Voici son acte de décès:

«Die 22ᵃ januarii, post horam quintam matutinam, mortuus est Excellens ac Illustris dominus Antonius Ignatius Carolus Augustinus S. R. I. comes Mercy de Argenteau, utriusque S. Cæs. et Reg. Apost. Majest. consiliarius Status actualis intimus, camerarius, generalis campi mareschallus, gubernator Slavoniæ per 13 annos, pedestris regiminis germanici et unius regiminis confinii colonellus, fortalitii Essegg commendans, annorum 76 et 4 dierum. Sepultus est die Martii, in sacello exterius *Cricso* dicto, ante aram summam in crypta, nullo sacramento præter extremam unctionem propter continuum phræneticum morbum provisus.»

Extrait du premier registre des décès de la commune d'Högyesz, comitat de Tolna (Hongrie).

Nous devons ce document à la bienveillance de M. Ernest de Kammerer, membre de la Chambre des députés de Hongrie et nous le prions de vouloir bien agréer tous nos remercîments.

[2] Bacourt, *loco citato*, p. 287.

[3] Charles-Joseph Dieudonné, comte d'Argenteau, seigneur de Mehaigne, de Barse, de Lize, fut baptisé à Vierzet

bassadeur qui, nous le verrons, était toujours prêt à rendre service à ses parents, faisait exception pour son oncle, ce qui permettrait de supposer qu'il ne lui avait pas de grandes obligations, comme c'eût été le cas si son éducation eût été faite sous sa direction.

Dans une lettre du 14 mars 1769 à Kaunitz, il désapprouvait les projets peu sensés de son oncle et en même temps il écrivait au baron Neny, secrétaire de l'Impératrice, pour le prier de ne plus appuyer les demandes de cet oncle qui était, disait-il, « toujours tourmenté d'ambition et de projets chimériques ». Cependant il ne s'agissait que d'obtenir du Roi Très Chrétien une abbaye en récompense des services que le chanoine avait pu rendre à la France dans les affaires de Liège; mais l'ambassadeur, toujours très timide, était effrayé de voir son oncle « former à Versailles des sollicitations indécentes et qui tireraient à conséquence par rapport au caractère dont il avait l'honneur d'y être revêtu ». Cela prouve seulement qu'il ne se croyait pas obligé à témoigner beaucoup de reconnaissance à cet oncle qui, dit-on, l'aurait élevé. Au contraire, il aimait beaucoup son père et il fut d'autant plus affecté par sa mort qu'il ne s'y attendait pas [1].

Le jeune comte de Mercy-Argenteau après avoir fait ses humanités, nous ne savons où ni comment, était allé achever son éducation à l'Académie de Turin [2] qui était alors en grande réputation. Le roi de Sardaigne s'en occupait particulièrement et il se faisait présenter les jeunes gentilshommes qu'on y en-

le 11 mai 1702. Reçu chanoine noble de Saint-Lambert de Liège le 27 janvier 1729, il devint prévôt d'Harlebecque en 1775 et abbé séculier d'Annay en 1778. Il mourut en son château de Barse en mai 1781.

[1] « La triste nouvelle de la mort de mon père et la façon imprévue dont elle m'a été annoncée m'ont jeté dans un accablement dont j'ai peine à revenir; je l'aimais très sincèrement et je le regretterai toute ma vie. » (Archives de Vienne. Mercy à Neny, 15 février 1767.)

[2] Voir plus loin, p. xii.

voyait de toute l'Europe, d'Allemagne, d'Angleterre[1] et même de Suède[2]. Le jeune comte de Mercy ne paraît pas avoir tiré grand profit de son séjour à cette Académie; car il ne fut jamais un brillant cavalier; nous verrons plus tard qu'on lui reprochait encore sa timidité et sa sauvagerie, même lorsqu'il avait plus de vingt-cinq ans.

C'est seulement à partir de l'année 1752 que nous pouvons suivre le comte Florimond de Mercy-Argenteau dans sa brillante carrière[3]. Nous le trouvons alors à Paris, en qualité de chevalier d'ambassade du comte de Kaunitz, ambassadeur de l'Empereur près la cour de Versailles.

Kaunitz fut d'abord mécontent de son jeune attaché, dont il crut qu'il ne pourrait rien faire; mais ses prévisions premières furent bientôt trompées, et en février 1752 il pouvait tracer du jeune comte de Mercy ce portrait qui doit être vrai, car il n'est

---

[1] Dutens, *Mémoires d'un voyageur qui se repose;* Paris, 1806, in-8°, t. I, p. 163.

Dutens, en sa qualité de secrétaire de la légation d'Angleterre près le roi de Sardaigne, avait eu à s'occuper de plusieurs jeunes Anglais, qui suivaient les cours de l'Académie de Turin dont il pouvait ainsi parler en pleine connaissance de cause.

[2] Fersen, qui fut élève de l'Académie de Turin, raconte dans son journal sa présentation au roi de Sardaigne, qui voulait connaître les jeunes gens fréquentant cet établissement.

(*Le comte de Fersen et la cour de France*, Paris, 1879, in-8°, t. I, p. xiii.)

[3] Il semble qu'il soit entré au service diplomatique vers 1750, mais nous ne savons pas dans quelle situation. Dans une lettre du 9 mars 1794 à l'Empereur, il disait : « Je perdrais à mes propres yeux l'estime que quarante et quatre ans de travaux ont pu me faire acquérir. »

(*Quellen zur Deutschen Kaiserpolitik OEsterreichs*, t. IV, p. 128.)

Nous avons dit plus haut (p. iv, n. 1) qu'en 1745 il avait servi comme volontaire dans l'armée autrichienne près de son père; il avait peut-être commencé auparavant et il est probable qu'il continua à servir en cette qualité jusqu'à la paix, en 1748; mais nous n'en savons rien. Lui-même, dans la lettre citée plus haut, ne comptait pas ces campagnes au nombre de ses années de service, il est vraisemblable qu'il parlait seulement de ses travaux diplomatiques.

INTRODUCTION.

pas trop flatteur, et l'on sait que, cependant, Kaunitz ne cessa de témoigner la plus grande estime pour celui qu'il considérait à bon droit comme son meilleur élève.

« Je suis, écrit-il, très satisfait de la conduite des comtes de Mercy et de Wallenstein, qui sont fort sages l'un et l'autre... Le comte de Mercy joint à de fort bonnes mœurs de la prudence et de la douceur dans le caractère; malgré cela, je n'ai presque pas osé me flatter, dans les commencements, qu'il pût être jamais employé, parce qu'il était timide, taciturne et gauche dans ses façons jusques à la maussaderie; mais depuis qu'il est ici, j'ai tant fait et tant dit dans tous les tons, que je commence depuis quelque temps à m'apercevoir avec beaucoup de satisfaction de l'effet de mes conseils. Il commence à avoir un maintien très convenable; il ne voit que fort bonne compagnie et se fait aimer de tous ceux qui le connaissent. Je l'avais menacé, tout en douceur, que je ne l'emploierais point que je ne le vis corrigé de ses défauts. Depuis que je vois du changement, je l'occupe dans ma secrétairerie. Il n'est pas fort dans la langue allemande; mais, comme il a grande envie d'apprendre, il apprendra. Cela ne sera pas un génie brillant; mais la bonté de son caractère, son zèle et son application lui tiendront lieu de ce qui peut lui manquer de ce côté-là et le mettront certainement en état de pouvoir être employé utilement[1]. »

A l'ambassade de Kaunitz à Paris, le jeune comte de Mercy-Argenteau était à bonne école. Ceux qui ont le mieux connu à cette époque de sa vie le futur chancelier de Marie-Thérèse en font le plus grand éloge. Voici ce qu'en dit Dufort, comte de Cheverny[2] :

---

[1] Archives de Vienne, Kaunitz à Koch, le 12 février 1752. Le baron Koch était l'un des secrétaires du cabinet de l'Impératrice.

[2] Dufort était alors (1752) introducteur des ambassadeurs et partant en relations fréquentes avec Kaunitz, qui le traitait en ami.

INTRODUCTION.

« Le comte de Kaunitz, âgé de trente-trois ans, était grand, bien fait, avec des yeux à fleur de tête. Magnifique dans toutes ses manières, haut de sa faveur, il sentait ses forces et le rôle qu'il jouait. . . . .

« M. de Kaunitz était bien l'homme le plus poli, le plus haut et le plus instruit. Il prenait des notes sur tout et à chaque instant il tirait ses tablettes. . . . .

« Magnifique dans toutes ses dépenses, il avait loué 25,000 livres le palais de Mme la duchesse de Bourbon, joignant l'hôtel Lassay, qui a fait depuis l'hôtel de Condé. Ce loyer, énorme pour le temps, avait fait parler tout Paris. Il vivait avec ce qu'il y avait de plus aimable dans la finance et l'on disait que c'était par hauteur et pour tirer des lumières de tous les états. Aimable, sans gêne avec les inférieurs, il était poli, haut et fier avec ceux qui pouvaient rivaliser avec lui. Ménagé à Versailles par Mme de Pompadour, considéré du Roi, tout le reste lui était égal. Son ordinaire, fastueux pour la représentation, se bornait à huit ou dix personnes tous les jours; quelques ambassadeurs choisis, quelques gens de lettres, M. le président Ogier, depuis ambassadeur en Danemark, étaient sa société intime. Il me traitait avec toutes sortes d'amitiés; il m'avait invité une fois pour toutes et je ne manquais pas d'y aller une fois la semaine [1]. »

Ce témoignage est confirmé par celui de Marmontel, dont les *Mémoires* ne paraissent pas avoir pu être utilisés par Dufort, qui mourut peu avant leur publication; nous avons donc affaire à deux récits indépendants, et leur concordance est une garantie d'exactitude; c'est chez le fermier général La Popelinière que l'auteur des *Incas* connut Kaunitz, qui le prit bientôt en amitié.

« J'allais souvent, écrit Marmontel, dîner chez lui [Kaunitz]

---

[1] *Mémoires de Dufort, comte de Cheverny*, publiés par M. R. de Crèvecœur. Paris, Plon, 1886, in-8°; t. I, p. 62, 108 et 109.

au palais Bourbon, et il me parlait de Paris et de Versailles en homme qui le voyait bien. Cependant je dois avouer que ce qui me flattait le plus en lui était sa délicatesse et la vanité d'une âme efféminée. Je le croyais plus occupé du soin de sa santé, de sa figure et singulièrement de sa coiffure et de son teint que des intérêts de sa cour..... Je me souviens pourtant de quelques-uns de ses propos, qui auraient dû me donner à penser sur la trempe de son esprit et de son âme.

« Que dit-on de moi dans le monde? » me demanda-t-il un jour. — « On dit, Monsieur l'ambassadeur, que Votre Excel-
« lence ne soutient pas l'idée de magnificence qu'on en avait
« conçue à son arrivée à Paris. La première ambassade de l'Eu-
« rope, une grande fortune, un palais pour hôtel, la pompe la
« plus fastueuse dans l'entrée que vous avez faite [1], annonçaient
« pour votre maison et pour votre façon de vivre plus de luxe
« et plus de splendeur. Une table somptueuse, des festins et
« des fêtes, le bal surtout, le bal dans vos superbes salons,
« c'était là ce qu'on attendait et l'on ne voit rien de tout cela.
« Vous vivez avec des femmes de finance, comme un simple
« particulier, et vous négligez le grand monde de la Ville et de
« la Cour. » — « Mon cher Marmontel », me dit-il, « je ne suis
« ici que pour deux choses : pour les affaires de ma souveraine,
« et je les fais bien; pour mes plaisirs, et sur cet article je n'ai
« à consulter que moi; la représentation m'ennuierait et me
« gênerait : voilà pourquoi je m'en dispense. Il n'y a pas à Ver-
« sailles une intrigante qui vaille la peine d'être gagnée. Qu'irais-je
« faire avec ces femmes? Leur triste cavagnole? J'ai deux per-

---

[1] Cette entrée eut lieu le 17 septembre 1752; Dufort, qui y joua un rôle important en sa qualité d'introducteur des ambassadeurs, nous en a laissé une curieuse relation (*Opere supra citato*, t. I, p. 78). Le comte de Mercy était dans le carrosse de gala avec l'ambassadeur, le maréchal de France, l'introducteur et les comtes de Paar et de Starhemberg.

«sonnes à ménager, le Roi et sa maîtresse : je suis bien avec
«tous les deux.»

«Au reste, ses petits dîners étaient fort bons : Mercy, Starhemberg, Seckendorf, tous les trois ses gentilshommes d'ambassade ou plutôt ses disciples, m'y traitaient avec bienveillance; nous y causions assez gaiement et un flacon de vin de Tokay animait la fin du repas [1].»

C'est dans cette société choisie, élégante et polie que se forma le jeune comte de Mercy-Argenteau, qui, quinze ans plus tard, devait venir reprendre à Paris les traditions de son modèle et les conserver fidèlement jusqu'à la Révolution; toujours il vécut à Paris, dans le monde où avait vécu le comte de Kaunitz, et toujours il négligea, autant que sa position le lui permettait, et la représentation et les hommes et les femmes de cour; comme son maître, il préférait vivre au milieu des financiers, des gens de lettres, voire même des acteurs et des actrices.

Les progrès de son élève favori furent tels que Kaunitz, devenu ministre des affaires étrangères, ne tarda pas à lui faire obtenir un emploi important pour un débutant.

II

Au mois de février 1754, le comte Florimond-Claude de Mercy-Argenteau, alors chambellan impérial, fut désigné pour aller à Turin représenter l'Empereur et l'Impératrice-Reine près le roi de Sardaigne, et sa nomination fut signée le 18 mars 1754.

Ce choix fut bien accueilli en Piémont; le 27 février 1754, l'ambassadeur de France à Turin écrivait à son ministre à Paris :

---

[1] Marmontel, *Mémoires*, l. IV. Paris, 1804, in-8°; t. I, p. 339 et suiv.

INTRODUCTION.

« Quelques lettres de Vienne annoncent que le petit-neveu du général Mercy, qui porte le même nom, quoiqu'il ne soit pas de sa maison, est destiné pour remplacer le comte d'Harrach en qualité de ministre plénipotentiaire de LL. MM. II. à la cour de Turin. C'est un jeune homme de vingt-cinq ans, qu'on dit avoir beaucoup d'esprit et qui est déjà connu ici, ayant fait ses exercices à l'Académie de Turin; mais cette nouvelle mérite confirmation [1]. »

M. de Chauvelin n'était pas très bien informé; la nouvelle était certaine. Par une lettre en date du 18 février 1754, Kaunitz l'avait annoncée à M. de Barré, secrétaire de la légation autrichienne à Turin, et à cette occasion il n'avait pas manqué de donner un témoignage de son estime pour son élève. Il se disait absolument sûr que, par ses excellentes qualités et par sa façon de penser, le jeune comte de Mercy saurait se rendre agréable à la cour de Turin, où il était déjà connu. Il ajoutait que M. de Barré devait être heureux de servir sous un ministre avec qui il avait été en relations à Paris et en dernier lieu à Vienne. Cette dernière phrase nous permet de supposer qu'en quittant la France en 1753, Kaunitz avait emmené avec lui le comte Florimond de Mercy et l'avait fait travailler dans les bureaux de la Chancellerie.

En arrivant à Turin, en juin 1754, le nouveau représentant de la cour de Vienne eut une affaire désagréable avec l'ambassadeur de France.

Le comte Florimond de Mercy n'avait que le titre de ministre plénipotentiaire et n'était pas accrédité près la cour de Turin en qualité d'envoyé extraordinaire; se fondant sur cette distinction, il s'était abstenu de tout cérémonial et

---

[1] M. de Chauvelin à M. de Saint-Contest; 27 février 1754. Archives des affaires étrangères de France, série Turin, vol. 222, fol. 124.

il n'avait pas notifié l'heure de sa première visite aux ministres du roi de Sardaigne et aux ambassadeurs en résidence à Turin. Cependant tous lui rendirent aussitôt sa visite ; seul l'ambassadeur de France, M. de Chauvelin, considéra comme nulle et non avenue la première visite de M. de Mercy, qui ne l'ayant pas fait avertir de l'heure où il se présenterait à l'ambassade pour le voir, ne l'avait pas trouvé chez lui. Deux jours après M. de Mercy se rencontra avec M. de Chauvelin dans une maison tierce et ils eurent une discussion fort courtoise et même amicale, au moins en la forme, au sujet de ce différend. M. de Mercy dit que simple ministre plénipotentiaire, dépourvu du caractère d'envoyé extraordinaire, il n'était pas assujetti au cérémonial et obligé de notifier l'heure de sa première visite aux ambassadeurs. Il ajoutait que son système avait été admis par les ministres du roi de Sardaigne et par l'ambassadeur d'Espagne qui lui avaient rendu sa visite, et que sans leur manquer, il ne pouvait pas faire droit aux prétentions de l'ambassadeur de France. M. de Chauvelin, s'appuyant sur les ordres de sa cour, ne voulut pas céder ; il en écrivit au ministère de Versailles qui approuva son attitude ; M. de Mercy en fit autant de son côté et fut soutenu par le cabinet de Vienne, si bien que ce conflit ridicule dura plus d'une année ; le temps seul put l'apaiser et décider M. de Chauvelin à entretenir de bons rapports avec son jeune collègue, malgré l'omission des formes du cérémonial.

Mais l'ambassadeur de France se souvint de cette affaire ; lorsqu'il eut à envoyer au cabinet de Versailles le portrait des ministres nouvellement accrédités près la cour de Turin, il chargea de ses plus noires couleurs celui du comte de Mercy ; toutefois il faut avouer que sa rancune lui ouvrit les yeux et lui fit voir en M. de Mercy des défauts que des hommes dont on ne peut suspecter l'impartialité s'accordaient à reconnaître dans ce diplomate plus de trente ans après le moment (le 2 septembre 1754) où M. de Chauvelin écrivait à M. de Saint-Contest ce qui suit :

« J'ai différé quelque temps à vous marquer ce que je pense du caractère et des qualités personnelles des nouveaux ministres qui résident à cette cour de la part de celles de Vienne, de Madrid et de Naples, pour me ménager le temps de les connaître plus particulièrement et ne pas hasarder de vous donner des conjectures pour des certitudes.

« Monsieur le comte de Mercy, ministre plénipotentiaire de l'Empereur, a de l'ouverture d'esprit et de l'application aux affaires. Il a déjà de cette espèce d'instruction qui s'acquiert par la lecture et le travail de cabinet et comme il mène une vie sédentaire et retirée, il est à portée de l'augmenter et de la perfectionner de plus en plus; mais son caractère froid, réservé et même empesé et presque sauvage, le réduit à la théorie de l'art de négocier et il s'y trouvera neuf lorsqu'il s'agira de la mettre en pratique. J'ai été à portée de remarquer, dans les conversations que nous avons eues ensemble au sujet du point de cérémonial sur lequel nous sommes en désaccord, que, soit timidité, soit défaut d'usage, soit crainte de se commettre, il s'embarrasse aisément. Il est minutieux sur le choix des termes et au lieu de s'occuper du fond et de la substance des objections qu'on lui fait, il est visible qu'il ne pense qu'à ménager les expressions de ses réponses. Sa réserve lui donne un air de hauteur et de mépris, qui ne réussit pas à cette cour; les ministres mêmes du roi de Sardaigne se plaignent de sa taciturnité qu'ils regardent comme mépris. Il n'a de liaisons avec qui que ce soit et j'ai peine à croire qu'il en forme. Il est affecté dans sa parure et dans sa contenance. Ceux qui ont connu M. de Kaunitz prétendent qu'il s'attache scrupuleusement à le copier. Son goût pour les odeurs, qu'on craint beaucoup ici et

INTRODUCTION. xv

auxquelles il a déclaré qu'il ne voulait pas renoncer, lui constitue une sorte de ridicule [1]. »

Le comte Florimond de Mercy resta à Turin près de sept années et c'est dans ce poste qu'il acheva de se former, tranquillement et sans bruit; car il n'eut à y traiter aucune affaire importante. Il quitta la capitale du Piémont au commencement de février 1761. Il faut croire qu'il avait rempli ses fonctions à la satisfaction de ses souverains; car ils lui confièrent l'ambassade de Saint-Pétersbourg où il arriva le 17 juillet 1761; il y fut témoin de la révolution qui mit Catherine II sur le trône, et les rapports qu'il envoya de cette ville à son gouvernement ont un tel intérêt que la Société historique de Russie les a publiés dans ses archives [2]. Le rôle joué par M. de Mercy à la cour de Russie à la suite de cet événement excita l'attention du roi de France, qui paraissait avoir une certaine estime pour l'ambassadeur impérial.

Dans une lettre au baron de Breteuil du 10 septembre 1762, dont la minute avait été rédigée par le comte de Broglie, le chef du Secret du Roi, Louis XV s'exprimait en ces termes : « Le comte de Mercy aura sans doute profité des premiers moments du nouveau règne et de votre absence pour ranimer cette union [entre l'Autriche et la Russie]; ceci exige beaucoup de circonspection dans votre conduite avec cet ambassadeur, de qui il convient que vous vous défiiez, en conservant avec lui le même extérieur, d'autant plus qu'il est très capable et bien dirigé [3] ».

Lorsqu'après la mort du roi Auguste III, la Pologne fut dans

---

[1] Archives des affaires étrangères de France, série Turin, vol. 222, fol. 138.
[2] *Archives de la Société historique de Russie*, vol. 18 et 46.
[3] Duc de Broglie : *Le Secret du Roi*, Paris, 1879, in-12, t. II, p. 25, et Flassan, *Histoire de la diplomatie française*, Paris, 1811, in-8°, t. VI, p. 345.

la plus complète anarchie pendant la période d'agitation qui précédait toujours dans ce pays l'élection d'un nouveau roi, mais qui cette fois était beaucoup plus vive que jamais, le cabinet de Vienne résolut d'envoyer à Varsovie un homme sur l'habileté et la prudence duquel on pût compter et il fit choix du comte Florimond de Mercy. Après trente-quatre jours d'un long et pénible voyage en plein hiver, le nouvel ambassadeur impérial en Pologne, qui avait quitté Saint-Pétersbourg le 4 janvier, arriva le 8 février à Varsovie, où il trouva en plein désarroi les patriotes qui s'appuyaient sur les cours de Versailles et de Vienne.

Ils avaient en face d'eux un parti sans scrupules; fort de l'appui des baïonnettes russes, il prétendait imposer le roi choisi par Catherine II, qui voulait donner la couronne à son ancien amant Stanislas Poniatowski. Le roi de Prusse était d'accord avec l'impératrice de Russie et tous deux laissaient entendre clairement qu'ils n'hésiteraient pas à faire la guerre pour se rendre virtuellement maîtres de la Pologne. La cour de Vienne trouvait que les blessures de la guerre de Sept ans étaient encore trop fraîches et trop profondes pour courir le risque de rompre la paix à propos de la Pologne, et le cabinet de Versailles, tout en tenant un langage plus énergique, était au fond de l'avis de son allié autrichien. Le comte de Mercy reçut donc l'ordre de soutenir les patriotes opposés au candidat russe et de marcher de concert avec l'ambassadeur de France, mais en ayant soin de ne rien faire qui pût amener la moindre complication et même brouiller tout à fait le cabinet de Vienne avec le parti russe dont l'habile Kaunitz prévoyait la victoire. M. de Mercy suivit ces instructions avec sa prudence habituelle; il sut même entretenir des intelligences avec les Czartoryski, qui étaient les chefs du parti dévoué à la Russie et à Stanislas Poniatowski. Lorsque l'ambassadeur de France, désespérant du succès, résolut de quitter la Pologne et alla notifier le 7 juin 1761 son départ au primat qui dirigeait les affaires du royaume pendant l'interrègne, celui-ci lui fit un affront public, qui aurait pu déterminer M. de Mercy à se retirer en même temps que son collègue. Cependant l'ambassadeur impérial crut devoir rester à Varsovie, tant qu'il pourrait avoir le moindre espoir d'être utile aux patriotes polonais opposés à Poniatowski. Il semble aussi qu'en homme prudent il aurait bien voulu ne pas avoir à prendre sur lui une décision aussi importante que celle de la rupture des relations avec la République de Pologne et qu'il patientait dans l'attente que Kaunitz lui enverrait enfin l'ordre formel de partir. Mais comme la cour de Vienne maintenait toujours ses premières instructions et le laissait libre de différer son départ tant que sa présence pourrait servir la cause de ses partisans, il prolongea son séjour à Varsovie jusqu'à la fin de juillet et c'est seulement le 23 de ce mois qu'il quitta la capitale de la Pologne avec le résident Van Swieten et les membres de l'ambassade [1].

III

M. de Mercy resta sans emploi pendant près de deux ans, vivant dans l'intimité du prince de Kaunitz et allant faire de longs séjours dans le château du Chancelier, à Austerlitz. Enfin le rappel du prince de Starhemberg à Vienne pour aider le prince de Kaunitz à supporter la lourde charge de ses multiples fonctions rendit vacante l'ambassade impériale à Paris et fit une place convenable pour le comte Florimond de Mercy.

Dès qu'il avait été question de sa rentrée dans sa patrie, le

---

[1] Voir sur toute cette affaire le huitième volume de l'*Histoire de Marie-Thérèse*, de M. d'Arneth, p. 57 et suiv.

INTRODUCTION.

prince de Starhemberg avait insisté sur l'importance du choix de son successeur pour pallier la mauvaise impression que ferait son départ sur le roi de France et sur ses ministres. Il ajoutait que fort heureusement le prince de Kaunitz avait sous la main, dans le comte de Mercy, un sujet tel qu'on pouvait le désirer. Le Chancelier connaissait si bien les excellentes qualités du comte, son caractère et son jugement, qu'il croyait absolument inutile d'en faire l'éloge; outre qu'il possédait à fond les affaires de l'Europe et le système politique de la cour impériale et qu'il connaissait très bien la France et la nation française, M. de Mercy avait su, par sa conduite à Varsovie et à Pétersbourg, s'acquérir l'estime du ministère de Versailles. Aussi M. de Starhemberg pensait-il que rien ne saurait mieux que son remplacement par le comte de Mercy, sinon empêcher tout à fait le fâcheux effet que pourrait peut-être avoir son rappel, au moins l'atténuer au point de le rendre presque insensible, surtout si l'on apprenait à Versailles le nom de son successeur en même temps que son prochain départ et sa future destination à la cour de Vienne [1].

M. de Starhemberg ne se trompait pas sur l'accueil que recevrait à Paris le comte de Mercy. Le 19 mars 1766, le comte du Châtelet [2], ambassadeur de France à Vienne, écrivait au duc de Praslin :

« J'ai appris par M. le prince de Kaunitz que le Roi s'était

[1] Archives de Vienne, Starhemberg à Kaunitz, 5 février 1766.

[2] C'est par erreur que M. Wertheimer, qui a publié quelques phrases de ce morceau dans la *Revue historique*, t. XXV, p. 323, a attribué cette dépêche au chargé d'affaires Bérenger, car c'est seulement en mai que ce diplomate fut envoyé à Vienne. Le duc de Choiseul, qui avait au commencement d'avril repris les Affaires étrangères, en cédant la Marine à son cousin le duc de Praslin, annonçait le 5 mai au comte du Châtelet l'envoi à Vienne du sieur Bérenger, qui arriva seulement dans cette ville le 28 mai. (Affaires étrangères, Vienne, vol. 304, fol. 303 et 345.) La première dé-

déterminé à donner à celui qui est destiné à me remplacer ici, le caractère d'ambassadeur et en conséquence ce ministre m'a déclaré que le choix de l'Impératrice s'était fixé sur M. le comte de Mercy qui aurait le même titre à la cour de S. M. Je suis enchanté que cet arrangement se soit terminé à la satisfaction commune. J'ai eu l'honneur de vous marquer dans tous les temps combien on désirait ici la venue d'un ambassadeur et je m'aperçois avec satisfaction combien ce nouveau témoignage de la complaisance du Roi pour les désirs de la Cour impériale y fait une impression favorable. M. de Kaunitz s'en est expliqué avec moi au nom de l'Impératrice dans les termes les plus obligeants et je suis convaincu que j'en recevrai les mêmes assurances de la part de cette princesse et de l'Empereur, lorsque j'aurai occasion de prendre audience de LL. MM. II.

« Quant au personnel de M. de Mercy vous le connaissez, ainsi que M. le duc de Choiseul, de très longue main et je suis persuadé que vous penserez comme moi que de tous les sujets de l'Impératrice, c'était celui qui pouvait le mieux convenir à la mission agréable qui lui est destinée. Elle faisait depuis longtemps l'objet unique de ses désirs et nous devons lui savoir gré de l'empressement extrême qu'il a témoigné pour l'obtenir. D'ailleurs on ne peut être dans de meilleurs principes sur l'union intime des deux cours, puisque M. de Mercy n'en a pas d'autres que ceux du prince de Kaunitz qui l'a toujours regardé et traité comme son fils. C'est un honnête homme et un homme éclairé, qui joint à beaucoup de franchise et de douceur les intentions les plus pures pour le maintien du système, et nous devons d'autant plus nous applaudir du choix de l'Impératrice que, l'ambassade de France remplissant toutes

pêche de Bérenger est du 28 juin 1766. (*Ibid.*, vol. 305, fol. 79.)
La réponse du duc de Praslin est par suite adressée au comte du Châtelet et non à Bérenger, comme le dit à tort M. Wertheimer.

les vues de M. de Mercy, nous pouvons nous flatter de le conserver pendant bien longtemps et je suis persuadé, Monsieur, que vous pensez comme moi à tous égards. Je n'ai pas fait difficulté d'en assurer d'avance les ministres de cette cour et M. de Mercy lui-même, qui compte sur votre amitié et sur celle de M. le duc de Choiseul et qui m'y a paru infiniment sensible [1]. »

Le duc de Praslin s'empressa de répondre au comte du Châtelet en termes flatteurs pour le comte de Mercy :

« Nous avons appris avec la plus grande satisfaction que la cour de Vienne avait nommé M. le comte de Mercy pour remplacer M. de Starhemberg; c'était le seul choix qui pût adoucir le regret que nous avons de perdre cet ambassadeur et vous pouvez assurer à LL. MM. II. et M. de Kaunitz que le Roi verra avec grand plaisir M. de Mercy à sa cour. Vous assurerez en même temps le nouvel ambassadeur que, comme M. le duc de Choiseul et moi le connaissons de longue main, nous lui rendons toute la justice qui est due à ses talents et à son zèle pour le maintien de l'union entre les deux cours et que nous ne négligerons rien pour lui rendre son séjour agréable à celle-ci [2]. »

Le comte du Châtelet ne manqua pas de communiquer cette lettre au prince de Kaunitz et au comte de Mercy et le 18 avril il écrivit au duc de Choiseul :

« J'ai exécuté les ordres que M. le duc de Praslin m'a donnés par dépêche du 8 de ce mois, en faisant part à M. de Kaunitz de la satisfaction que le Roi a bien voulu témoigner de la nomination de M. le comte de Mercy pour remplacer M. le prince de Starhemberg, ainsi que des assurances que cette même

---

[1] Archives des Affaires étrangères de France, série Vienne, vol. 304, fol. 212.

[2] Archives des Affaires étrangères, Vienne, vol. 304, fol. 238.

INTRODUCTION.

dépêche contient de la justice que le ministère de S. M. rend aux talents du nouvel ambassadeur et à son zèle pour le maintien de l'union des deux cours. Je n'ai pas non plus laissé ignorer à M. de Mercy lui-même les dispositions favorables où il vous trouverait.

« Il m'en a paru enchanté et il m'a prié de lui servir de garant auprès de vous du désir qu'il avait de vous plaire et des efforts qu'il ferait pour mériter votre confiance et votre amitié. Je crois que sa nomination sera rendue publique dans peu de jours[1]. »

Cependant le comte de Mercy ne se pressa pas de se rendre à son nouveau poste.

Son départ de Vienne fut annoncé au duc de Choiseul par une dépêche de M. Bérenger, en date du 28 juin 1766 :

« M. le comte de Mercy partit hier pour Spa, où il compte s'arrêter quelque temps avec M. de Starhemberg et de là se rendre à Paris dans le courant de septembre. Vous connaissez, Monseigneur, les qualités estimables de cet ambassadeur. J'ai lieu de me flatter qu'il a rendu ici toute justice à la pureté de nos principes relativement à l'union heureusement établie entre les deux cours et à l'ardeur de mon zèle pour en resserrer les nœuds autant qu'il peut dépendre de moi. Il m'a vu à découvert sur cet objet pendant trois ans de séjour que nous avons fait ensemble en Russie et il me fait espérer qu'il me continuera l'amitié et les bontés que lui inspirait en ma faveur la conformité de nos réflexions sur le spectacle d'événements singuliers et peut-être le partage de misères communes dans un pays éloigné[2]. »

En effet, M. de Mercy ne prit possession de son ambassade

---

[1] Archives des Affaires étrangères, Vienne, vol. 304, fol. 255.

[2] Archives des Affaires étrangères, Vienne, vol. 305, fol. 81.

qu'au mois de septembre 1766. La cour était alors à Compiègne, où le nouvel ambassadeur impérial arriva le 10 de ce mois; le 11 il rendit visite au duc de Choiseul et le 12 il eut sa première audience du Roi.

M. de Mercy avait tout ce qu'il fallait pour réussir, nom, fortune, relations et qui plus est, excellente réputation : tous ceux avec qui il allait vivre faisaient son éloge et se félicitaient de sa nomination. Descendant par adoption d'une illustre famille militaire qui avait donné à l'Empire plusieurs généraux fameux, il avait encore à ce moment le bonheur d'avoir son père, qui était *feld-maréchal* et commandait l'une des provinces les plus importantes de la maison de Habsbourg. Il le perdit quelques mois plus tard (janvier 1767), mais cette perte, à laquelle il fut très sensible, eut pour conséquence de le mettre en possession d'une fortune territoriale considérable. Même avant la mort de son père, il devait avoir des revenus personnels assez importants, provenant de sa mère. Il avait, en outre, un traitement de 50,000 florins réduits à 45,000 par la retenue du dixième au profit du trésor public.

Il possédait en France le comté de Mercy, situé en Lorraine, près de Longwy, entre Audun-le-Roman et Longuyon. Le château avait été rasé et les terres dévastées par les troupes au service de Louis XIV à la fin du xviie siècle. Pour indemniser de ces pertes le général Florimond de Mercy, celui-là même qui, étant alors maréchal, trouva la mort sur le champ de bataille en 1734, le duc de Lorraine lui donna, en 1705 et 1708, divers biens provenant de son domaine. En reconnaissance des libéralités de son maître, le général de Mercy, par une donation entre vifs, lui donna, en 1709, toutes les terres qu'il possédait en Lorraine, mais sous réserve d'usufruit et moyennant en outre une pension viagère et annuelle de 10,500 livres, qui fut portée à 15,000 en 1714. Quelques années plus tard, en 1719, le duc de Lorraine avait érigé en comté la terre de Mercy qui, à la mort de son propriétaire, devait être réunie au domaine ducal. Mais en 1736 le fils adoptif et héritier du maréchal, le comte Antoine de Mercy-Argenteau, avait obtenu du duc François la rétrocession du comté moyennant 120,000 florins du Rhin, outre diverses charges, dont une somme de 50,000 livres à payer à une marquise de Béon. C'était donc une terre assez importante.

Pour pouvoir hériter du comté de Mercy, lorsque son père viendrait à mourir, et se soustraire aux rigueurs du droit d'aubaine, qui ne fut aboli en France en faveur des sujets autrichiens que par la convention du 24 juin 1766, le comte Florimond de Mercy dut solliciter des lettres de naturalité, qu'il obtint aisément, ainsi qu'une permission de rester malgré cette naturalisation au service de l'empereur d'Allemagne et de la reine de Hongrie [1].

[1] Le duc de Choiseul ayant fait accorder, par un brevet daté de Marly le 11 juin 1761, une permission de durée illimitée au comte de Mercy, celui-ci écrivit :

« *Pétersbourg, le 11 août 1761.* — Monsieur, la grâce distinguée que V. E. vient de me procurer et la façon obligeante dont elle a bien voulu me l'annoncer sont des marques si flatteuses de ses bontés pour moi, que je ne parviendrai jamais, Monsieur le Duc, à vous en exprimer toute ma sensibilité. Je vous supplie d'en recevoir les assurances et d'agréer que j'y joigne mes très humbles remerciements. J'écris aujourd'hui à M. le comte de Choiseul et tâche de lui témoigner combien je lui suis reconnaissant de son souvenir et de l'usage qu'il a fait de mon mémoire vis-à-vis de Votre Excellence.

« Je n'ai point encore eu mes audiences à cette cour-ci, mais aussitôt que cette première démarche sera remplie, je m'empresserai à cultiver ma connaissance avec M. le baron de Breteuil. J'ai déjà eu l'occasion de le voir un moment et de l'assurer combien je désire son amitié. Notre liaison, qui est essentielle à tant d'égards, la devient pour moi par un motif personnel qui consiste à me procurer des moyens à être rappelé quelquefois à votre souvenir, Monsieur le Duc; j'ambitionne vivement d'y obtenir une part et le titre qui m'y fait aspirer est fondé sur l'attachement sincère et respectueux

Dans le pays de Liège, sa patrie, le comte de Mercy possédait plusieurs terres, entre autres celle de Fologne, qui avait donné son nom à une branche de seigneurs d'Argenteau, dont le dernier représentant avait à la fin du xviiᵉ siècle légué tous ses biens à son cousin Florimond-Claude, alors baron, plus tard comte de Mercy, qui les laissa à son tour à son fils adoptif le comte Antoine de Mercy-Argenteau, de la branche de Méhaigne. Il y avait à Fologne un château où le comte Florimond de Mercy-Argenteau fit d'assez fréquents séjours de 1790 à 1794, entre son départ de France et sa mort. Les terres de Méhaigne et de Barse avaient été comprises dans la part du frère du comte Antoine, le comte Dieudonné, chanoine de Liège, dont il a été question plus haut, et dont son neveu, l'ambassadeur en France, hérita en 1781.

A sa mort en janvier 1767, le comte Antoine de Mercy-Argenteau avait laissé à son fils une terre considérable en Hongrie, qui lui venait de son père adoptif le maréchal Florimond de Mercy. Ce dernier avait acheté, en 1723, pour 15,000 florins, un grand domaine qui avait été ruiné à la fin du xviiᵉ siècle par les ravages des Turcs. Le comte Florimond-Claude, et après lui son héritier, dépensèrent près de 500,000 florins pour remettre en état cette terre d'Högyesz, qui en 1772 rapportait annuellement 25,000 florins de revenu net et était estimée 700,000 florins. Ce fut le prix qu'en donna, cette même année 1772, le comte Georges Apponyi, auquel la vendit le comte Florimond-Claude de Mercy-Argenteau, qui, depuis 1767, cherchait à s'en défaire et avait été obligé d'implorer, à maintes reprises, l'appui de Marie-Thérèse et de Kaunitz, pour avoir raison des difficultés que lui sus-

avec lequel, j'ai l'honneur d'être, Monsieur, de Votre Excellence, le très humble et très obéissant serviteur. » (Archives des Affaires étrangères de France, série Russie, vol. 67, à la date.)

citait le fisc royal hongrois. Avec cette grosse somme, qui faisait alors plus de 2 millions de livres de France et ferait aujourd'hui au moins 5 millions de francs, l'ambassadeur acquit à Saint-Domingue des plantations, qui, s'il faut en croire M. de Bacourt, étaient, au moment de la Révolution, estimées à 3 millions de francs, se fit bâtir un hôtel à Paris sur le boulevard et forma dans la banlieue de cette ville un beau domaine avec une jolie maison de campagne.

A son arrivée à Paris, le comte Florimond-Claude, qui semblait avoir pris pour règle de suivre en tout les traditions du prince de Kaunitz, voulut, lui aussi, s'installer dans un palais. Moyennant un loyer annuel de 15,000 livres, il prit à bail du prince de Condé le palais du Petit-Luxembourg, qui, acquis en 1825 par l'État, sert aujourd'hui de résidence au président du Sénat[1].

C'est là que M. de Mercy reçut l'Empereur lors du séjour de Joseph II en France, en 1774; seule une partie de la suite de ce monarque fut logée dans un hôtel garni du voisinage, qui porte encore aujourd'hui le nom d'*Hôtel de l'Empereur Joseph II*. M. de Mercy resta au Petit-Luxembourg jusqu'en 1778, c'est-à-dire jusqu'à la fin de sa douzième année de bail. Il fut remplacé au Petit-Luxembourg par le frère puîné du Roi, le comte de Provence, qui s'était fait donner en 1776 le Grand-Luxembourg à titre d'augmentation d'apanage; mais ce prince, ne voulant pas habiter le palais principal, loua au prince de Condé le Petit-Luxembourg, où il descendait quand il venait à Paris[2].

[1] De 1741 à 1766 ce palais avait été loué à la princesse Marie de Savoie, veuve du prince de Carignan, moyennant un loyer annuel de 14,600 livres. (Archives de Condé au château de Chantilly, série C, carton 26.)

[2] Hardy rapporte dans son *Journal* les bruits de Paris sur l'installation du comte de Provence au Petit-Luxembourg :

«26 *mai* 1779. — Ce jour... le bruit se répandit que Monsieur, frère

INTRODUCTION.

En quittant son palais de la rive gauche, M. de Mercy alla habiter le superbe hôtel qu'il venait de se faire bâtir sur le boulevard Richelieu, aujourd'hui des Italiens, vis-à-vis la rue de Richelieu[1]. Cette maison était assez remarquable pour que les guides de ce temps la signalassent à l'attention des provinciaux et des étrangers[2].

du Roi, viendrait incessamment pendant un mois ou trois semaines occuper le palais, dit le *Petit-Luxembourg*, ci-devant occupé par le comte de Mercy-Argenteau.

«*Lundi 17 juillet 1780*. — Ce jour... Monsieur vient dîner en l'hôtel, dit le *Petit-Luxembourg*, que S. A. venait de prendre à loyer de M. le prince de Condé, moyennant 15,000 livres par chaque année.» (Bibl. nat., Mss. franç., vol. 6683, p. 155 et 317.)

[1] Voici ce que nous en dit Hardy à la date du 9 juin 1778 : «Ce jour, me promenant sur les boulevards anciens, depuis la porte Saint-Martin jusqu'à la place Louis XV, je remarque..... que depuis trois ou quatre ans on avait élevé de droite et de gauche, jusqu'à l'entrée du faubourg Saint-Honoré, de superbes maisons dans la construction desquelles on voyait briller et les talents de nos modernes artistes et le goût actuellement décidé des Parisiens pour le luxe et la décoration. Le comte de Mercy, ambassadeur de l'Empereur à la cour de France, originaire d'Italie et l'un des plus riches seigneurs de la cour impériale, qui avait obtenu de son souverain la permission de se fixer pour toujours dans notre capitale, était du nombre de ceux qui s'y faisaient préparer à grands frais un logement spacieux et magnifique.» (*Journal de Hardy*, t. III, p. 500, Mss. fr. de la Bibl. nat., vol. 6682.)

Grimm, dans un mémoire à Catherine II, écrivait en 1797 : «Un cas bien plus remarquable est celui du comte de Mercy-Argenteau, ambassadeur de la cour de Vienne en France, où il avait acheté des terres considérables et bâti à Paris un superbe hôtel pour habitation. Il avait d'ailleurs une fortune immense, dont sûrement une grande partie était placée en France, puisqu'il comptait comme moi y passer sa vie.» (*Correspondance littéraire*, édition M. Tourneux, t. I, p. 47.)

[2] Thierry, *Guide des amateurs et des étrangers à Paris*, Paris, 1786, in-12, t. I, p. 188, et Watin, *Le Provincial à Paris, quartier du Louvre*, Paris, 1787, in-24, p. 18.

En 1795 l'hôtel de Mercy portait le n° 24 du boulevard de la Loi; mais jusqu'ici nous n'avons pas réussi à déterminer exactement l'emplacement de la maison qui le représente aujourd'hui; cela n'a pas d'ailleurs d'importance pour l'objet qui nous occupe.

Avant de se faire construire cet hôtel sur les boulevards, M. de Mercy avait manifesté son intention de s'établir à demeure en France en y acquérant, dans la banlieue de Paris, une maison de campagne et un beau domaine, qu'il ne cessa d'agrandir et d'embellir pendant vingt ans. Le comte de Mercy n'avait pas encore tout à fait terminé la vente de sa grande terre de Hongrie, lorsque, par contrat du 11 juillet 1772, il acheta au village de Chennevières, près de Conflans-Sainte-Honorine, entre Pontoise et Saint-Germain-en-Laye, une vaste maison de campagne, consistant en un grand corps de logis, situé entre cour et jardin; dans la cour se trouvait une chapelle; à la maison étaient jointes de vastes dépendances; le tout faisait partie d'un enclos de vingt-cinq arpents, comprenant en outre un jardin potager, un grand verger et un bois taillis.

Cette propriété appartenait alors à un seigneur napolitain, nommé le comte de Sersale, qui l'avait lui-même acquise en 1763 d'un sieur Louis Bay, seigneur de Cury, secrétaire du Cabinet du Roi. M. de Mercy ne la paya que 24,000 livres, ce qui ferait supposer que la maison devait être en mauvais état; car elle était grande et vaste. En 1790, elle comprenait de nombreuses pièces de réception, dix appartements de maîtres et beaucoup de chambres de domestiques; et par les actes qui nous sont restés, on ne voit pas que M. de Mercy l'eût agrandie. Il paraît avoir réservé ses soins à l'accroissement de son domaine, dont la surveillance était l'un de ses plaisirs favoris.

En 1774 notamment, nous le voyons acheter de nombreuses pièces de terres et de bois à Chennevières et dans les environs; entre autres contrats de vente passés cette année-là à son profit, nous nous contenterons de citer celui qu'il signa le 31 mai 1774 avec les héritiers Huet, moyennant 48,000 livres.

INTRODUCTION.

L'année suivante, le 26 décembre[1], M. de Mercy acquit pour 324,000 livres la baronnie de Conflans-Sainte-Honorine et la terre et seigneurie de Neuville, que lui vendirent Esprit-François-Henry, marquis de Castellane, comte de Château-Thiers, maréchal de camp, chevalier d'honneur de Mme Sophie, et sa femme Louise Charon de Menars, dame pour accompagner Mesdames. La baronnie de Conflans, qui avait appartenu autrefois aux Montmorency et avait été vendue le 23 mai 1642 par Henri II de Bourbon, prince de Condé, aux auteurs de Mme de Castellane, ne comprenait guère qu'une grosse tour, siège de la seigneurie, et de nombreux droits féodaux, dont quelques-uns assez importants, comme ceux de péage et travers sur les bateaux passant sur la Seine en face de Conflans, ceux de haute, moyenne et basse justice et de chasse dans toute l'étendue de la baronnie. Mais la terre attenante de Neuville, située en la paroisse d'Éragny, avait un château à deux ailes, une ferme et un parc de trente arpents, clos de murs, longeant d'un côté la rivière d'Oise, sur laquelle se trouvait un pavillon, et comprenant jardins, allées plantées, bosquets, et un bois de haute futaie. Le seigneur de Neuville avait aussi dans cette terre de beaux droits féodaux, entre autres le droit de chasse. Les terres de ces deux seigneuries, jointes à celles voisines de Chennevières, composaient un domaine important, et, comme il s'y trouvait de nombreuses pièces de bois, cela formait une fort belle chasse, surtout en y ajoutant le droit de chasse sur tous les biens appartenant aux particuliers, mais relevant de la baronnie de Conflans et de la seigneurie de Neuville. Aussi

---

[1] Nous devons la copie de ce contrat, ainsi que celle des précédents, à la gracieuse obligeance de M. Goupil, notaire à Paris; nous lui renouvelons ici nos meilleurs remerciements pour toutes les peines qu'il a bien voulu prendre afin de nous aider dans nos recherches. Ces documents sont aujourd'hui au nombre des minutes de M. Prudhomme, notaire à Paris.

INTRODUCTION.   XXIX

M. de Mercy invitait-il à ses chasses les ministres du Roi et ses collègues du corps diplomatique [1]. C'est à Chennevières qu'il les recevait, car il ne quitta pas cette maison de campagne pour aller habiter son château de Neuville, et cela permet de supposer qu'il se trouvait bien à Chennevières.

Cette maison nous amène à parler de la femme à qui M. de Mercy aurait voulu la laisser après sa mort.

Comme la plupart des grands seigneurs de ce temps, M. de Mercy, qui d'ailleurs ne fut jamais marié, avait choisi une maîtresse dans le monde des théâtres; mais ce qui était assez rare, cette liaison dura longtemps; cet attachement ne fut pas ignoré des contemporains et d'aucuns ont même parlé de mariage secret [2]. C'est à l'année 1770 qu'il faut faire remonter la liaison de M. de Mercy avec Mlle Rosalie Levasseur, de l'Opéra [3]. A

[1] Cf. tome I de ce recueil, p. 216, en note.

[2] M. Welvert a récemment examiné cette question et l'a résolue négativement dans le curieux article qu'il a publié dans le numéro du 1er juin 1890 des *Archives historiques, artistiques et littéraires* (Paris, Bourloton, in-8°), sous ce titre : *Mercy-Argenteau a-t-il épousé Rosalie Levasseur ?*

[3] Dans la lettre qu'elle adressa le 2 septembre 1794 au comte Louis Starhemberg, en réponse à celle par laquelle il venait de lui annoncer la mort à Londres du comte de Mercy, Mlle Rosalie écrivait : « Vingt-quatre années ont consolidé une confiance réciproque et une amitié sans bornes. » (*Briefe Mercy-Argenteau's an Louis Starhemberg*, gesammelt von Graf Thürheim; Innsbruck, Wagner, 1884, in-8°, p. 263.)

En 1770, le 12 avril, Mlle Rosalie avait pris à bail une maison moyennant 1,100 livres (Welvert, *op. cit.*, p. 347, note 5).

Cette date doit à peu près coïncider avec celle de la liaison de la Rosalie avec M. de Mercy, qui, avant de quitter Paris pour aller au-devant de Marie-Antoinette, avait sans doute voulu donner à sa nouvelle maîtresse une habitation convenable, afin de se mieux assurer de son attachement.

En tout cas, c'est certainement à tort que M. Welvert (*Ibid.*, p. 344 et suiv.) a cru pouvoir faire commencer cette liaison à la fin de 1773 et en tirer des conséquences pour l'explication d'une des résolutions les plus importantes que l'ambassadeur ait eu à prendre dans sa carrière. Ce ne sont que des conjectures reposant sur des erreurs manifestes.

cette époque, l'ambassadeur impérial à Paris fréquentait assidûment le monde des théâtres, qu'il connaissait à fond, comme le prouvent les lettres qu'il échangeait avec le prince de Kaunitz au sujet du recrutement des acteurs destinés à renforcer la troupe du théâtre français de Vienne [1].

Mlle Levasseur avait alors vingt et un ans et son amant quarante-trois, elle avait débuté quelques années auparavant, en 1766, à l'Opéra, où rapidement elle s'était fait sa place. Un juge sévère, Bachaumont, disait d'elle dès le 9 août 1768 : « Cette actrice, qui n'a qu'un filet de voix, est pleine de sentiment et d'intelligence; elle serait faite pour avoir les plus grands succès si son organe répondait à ses autres talents. » Le 9 juillet 1770, il ajoutait à cet éloge celui-ci, non moins curieux : « Mlle Rosalie... a très bien rendu les divers rôles dont elle s'était chargée; elle acquiert de jour en jour plus de droits sur notre reconnaissance. Cette actrice précieuse plaît d'autant plus qu'elle n'est ni insolente, ni capricieuse, comme les autres, et qu'elle joint à la meilleure volonté des talents décidés. » C'est sans doute par son bon caractère plutôt que par sa beauté que Mlle Rosalie réussit à charmer et à retenir M. de Mercy, dont tous ceux qui l'ont connu vantent la douceur et l'aménité; il avait en telle horreur les gens de mauvaise éducation et d'humeur difficile qu'il est impossible d'admettre un instant qu'il eût vécu vingt-quatre ans avec une femme « commune de traits et de manières [2] », comme son dernier biographe nous a représenté Mlle Levasseur.

[1] Lettres du 7 mars 1770, etc.; t. II de ce recueil, à l'appendice, p. 361 et suiv.

[2] Welvert, *op. cit.*, p. 343. M. Welvert, qui est encore moins favorable à Mlle Rosalie qu'à M. de Mercy, ne nous apprend pas d'où il a tiré ce renseignement, si bien que nous ne pouvons pas discuter la valeur du témoignage sur lequel il s'appuie et que nous sommes obligés de nous en tenir à de simples inductions qui ont beaucoup de force pour qui connaît M. de Mercy.

On ne peut vraiment pas ajouter la

INTRODUCTION.   XXXI

Il est à penser que l'amitié dont M. de Mercy honorait Mlle Levasseur ne fut pas étrangère au choix que Gluck fit de la Rosalie pour créer les principaux rôles de ses opéras. Mais le célèbre compositeur n'eut pas à se repentir de sa condescendance, si tant est, comme on l'a dit sans preuves[1], que le désir de plaire à l'ambassadeur l'eût seul guidé dans cette affaire. Les contemporains les plus hostiles à la Rosalie étaient obligés de reconnaître que, dans les opéras de Gluck, elle faisait preuve du plus grand talent de tragédienne lyrique[2]; elle tenait à mer-

moindre foi au propos attribué à Sophie Arnoux sur sa rivale pour expliquer les applaudissements que recueillait la Rosalie : «Cela n'est pas étonnant, aurait dit Sophie, elle a la voix du peuple.» Il est vrai que l'un des continuateurs de Bachaumont écrit, à la date du 22 avril 1776 : «C'est une chose inconcevable que l'ascendant que cette actrice laide, sèche, mais folâtre et ayant du talent, a acquis sur ce ministre qu'elle mène à la baguette.» Mais quel est ce continuateur? quelle confiance mérite-t-il? Personne ne saurait le dire. D'ailleurs on peut lui opposer ce passage des mêmes *Mémoires secrets* (24 mars 1771) : «Mlle Rosalie, qui a fait dans *Psyché* le rôle de l'Amour avec toute la grâce et la noblesse possibles, a joué celui de Colette dans le *Devin de village* de la façon la plus vraie et la plus ingénieuse.»

[1] On ne peut pas accepter comme une autorité ce passage des *Mémoires secrets* : «On n'a pas été peu surpris de voir Mlle Rosalie Levasseur faire le rôle d'Alceste au préjudice de Mlle Arnoux. Mais quand on saura que la demoiselle Rosalie est maîtresse de M. le comte de Mercy-Argenteau, qu'elle le mène avec le plus grand empire, que le chevalier Gluck doit être tout à la dévotion de ce ministre, qu'il est logé chez cette courtisane, on concevra pourquoi elle a remporté le triomphe sur sa rivale.» Car deux jours auparavant, le 24 avril, l'auteur de ce passage avait écrit : «La demoiselle Rosalie a rendu le rôle d'Alceste avec beaucoup de sentiment, d'expression et de vérité.» Et c'étaient là qualités qu'un musicien du caractère de Gluck devait, avec raison, préférer à la jolie voix de Mlle Arnoux, habituée à la musique italienne.

[2] *Mémoires secrets* (4 janvier 1779). «Parmi toutes les tracasseries du tripot lyrique, il faut distinguer la querelle élevée entre les demoiselles Beaumesnil et Rosalie... On ne peut nier que Mlle Rosalie n'ait infiniment plus de talents pour le tragique.» Parlant de l'actrice qui avait doublé Mlle Rosalie, forcée de prendre du repos à la suite de son accident dans *Iphigénie en Tauride*, l'auteur de la correspondance de

veille les grands rôles de reines et de princesses, Alceste, Iphigénie en Tauride, etc. Elle eut l'honneur de se voir associer publiquement au triomphe de Gluck, dont, au dire de ses plus acharnés détracteurs eux-mêmes, elle avait merveilleusement contribué à faire valoir la musique [1].

Le triomphe de la Rosalie dans *Iphigénie en Tauride* avait failli lui être funeste; elle fit tant d'efforts pour rendre avec toute l'énergie nécessaire ce rôle sublime qu'elle eut plusieurs crachements de sang qui firent craindre qu'elle ne fût forcée de renoncer entièrement au théâtre [2]. S'il fallait en croire les nouvellistes anonymes de ce temps, M. de Mercy aurait, vers cette même époque, proposé à sa maîtresse de renoncer à l'Opéra; mais elle lui aurait répondu que c'était à son talent qu'elle devait toute sa considération; qu'elle craignait de la perdre en quittant le théâtre; que d'ailleurs c'était devenu un amusement pour elle et qu'il lui resterait un trop grand vide dans le repos. L'ambassadeur n'aurait point voulu gêner sa maîtresse et n'aurait plus insisté [3]. Quoi qu'il en soit, soit pour soigner sa

---

Grimm, quoique picciniste ardent, s'exprime en ces termes : «Sa voix, quoique peu étendue, est légère, flexible, vaillante; on la trouve du moins aussi mélodieuse que celle de la demoiselle Rosalie, mais beaucoup moins dramatique sans doute.» (Grimm, *Correspondance littéraire*, août 1779, édition Tourneux, t. XII, p. 292.)

[1] *Mémoires secrets* (20 août 1779). «C'est aujourd'hui *Iphise aux boulevards* qui attire le public. Cette pièce contient l'éloge du chevalier Gluck, ainsi que celui de Mlle Levasseur, actrice qui a si merveilleusement contribué à faire valoir sa musique. Lundi elle est allée jouir de son triomphe, et, en effet, ses partisans, qui s'y étaient rendus en foule, n'ont pas manqué de se retourner vers sa loge et de lui prodiguer de plus vifs applaudissements au moment où il était question d'elle.»

[2] Grimm, *Correspondance littéraire*, août 1779; édition Tourneux, t. XII, p. 291.

[3] *Mémoires secrets* (29 mai 1779). «Le comte de Mercy devient de plus en plus amoureux, s'il est possible, de Mlle Levasseur; il lui a acheté une terre titrée, puisque c'est une baronnie; il lui a fait construire une maison; il la comble de biens journellement; depuis

poitrine, soit pour donner satisfaction à son amant, la Rosalie ne parut plus que très rarement sur le théâtre jusqu'en 1784, où elle prit sa retraite, volontairement suivant les uns, contrainte et forcée par l'administration de l'Opéra suivant d'autres; on trouvait que son talent avait beaucoup baissé et elle était complètement éclipsée par sa rivale, la Saint-Huberty [1].

Le comte de Mercy, auquel Mlle Rosalie avait donné un fils le 14 septembre 1783 [2], ne craignait pas d'intervenir ouverte-

peu il lui a proposé de renoncer à l'Opéra; mais elle s'y est refusée. Elle lui a répondu que c'était à son talent qu'elle devait toute sa considération; qu'elle craignait de la perdre en quittant ce théâtre; que d'ailleurs c'était devenu un amusement pour elle et qu'il lui resterait un trop grand vide dans le repos. Son Excellence n'a point voulu la gêner et ne la presse plus.» Ce qui peut avoir donné naissance à ce propos de l'achat d'une terre titrée par le comte de Mercy pour la Rosalie, c'est sans doute l'acquisition de la baronnie de Conflans, que l'ambassadeur avait peut-être promis de laisser après lui à sa maîtresse, comme il le fit en 1790, mais en partie seulement, peut-être par suite de la suppression des droits seigneuriaux.

[1] M. de Goncourt, dans son volume sur Mme de Saint-Huberty (Paris, 1885, in-12, p. 83 et suiv.), a raconté une scène grotesque où M. de Mercy aurait joué un rôle ridicule. A une répétition de l'opéra d'*Atys*, la Rosalie aurait cherché dispute à la Saint-Huberty et toutes deux se seraient rossées à qui mieux mieux. L'ambassadeur impérial, qui assistait à cette bagarre, aurait

tiré l'épée pour dégager sa maîtresse; mais son intervention n'aurait fait que rendre plus furieux ce combat épique. Il aurait fallu aller chercher un commissaire et une escouade de la garde de Paris pour mettre fin à cette lutte acharnée, qui aurait eu lieu le 9 mars 1783.

M. de Goncourt (*loc. cit.*) dit qu'il a tiré cette scène d'un manuscrit de sa collection intitulé : *Recueil de lettres secrètes*, année 1783, que, d'après une note anonyme écrite sur l'une des gardes, M. Naigeon, ami de Diderot, tenait de Grimm. Mais cette note est-elle digne de foi? On sait combien il faut se défier de ces attributions, qui souvent sont l'œuvre de libraires ou d'amateurs peu scrupuleux. Et quand même cette note serait exacte, cela ne nous apprendrait pas quel est l'auteur de ces lettres secrètes et quelle confiance il mérite. Cela est d'autant plus nécessaire que cette scène ne se trouve racontée dans aucun autre des recueils de nouvelles à la main qui nous sont parvenus. C'est le cas de dire ou jamais : *Testis unus, testis nullus*.

[2] M. Welvert, *opere supra citato*, p. 523.

ment pour faire allouer à sa maîtresse une pension extraordinairement élevée; il s'adressa au baron de Breteuil, qui, pour faire cesser les résistances de l'administration de l'Opéra, déclara nettement « qu'il était dans la nécessité et dans le désir de faire ce qui plairait à M. le comte de Mercy dans l'objet qui intéressait la demoiselle Levasseur [1] ». On voit que l'ambassadeur ne croyait pas devoir cacher le vif intérêt qu'il prenait aux affaires de la grande actrice qui, au vu et au su de tout Paris, était sa maîtresse depuis si longtemps.

Avant de quitter la France, en octobre 1790, M. de Mercy, qui craignait peut-être de ne plus pouvoir rentrer dans sa patrie d'adoption, voulut assurer le sort de Mlle Levasseur et aussi sans doute celui des deux enfants que, dit-on, il en avait eus. Il lui aurait donné une très grosse somme d'argent. Ce qu'il y a de certain, c'est qu'il lui vendit, sous réserve d'usufruit, moyennant 30,000 livres, sa maison de campagne de Chennevières et les meubles qui la garnissaient [2]. Cette vente ne comprenait pas la plus grande partie des terres et des bois, ainsi que la baronnie de Conflans et la seigneurie de Neuville, dont les décrets de la Constituante avaient d'ailleurs bien diminué la valeur en supprimant les droits féodaux. Peut-être M. de Mercy, en cédant Chennevières à sa maîtresse, avait-il aussi voulu mettre en sûreté cette propriété et tous les objets précieux qu'elle contenait; mais en admettant qu'il ait eu cet espoir, comme on l'a supposé, il n'aurait pas été heureux dans ses calculs. Au mois d'août 1792, peu après la journée du 10, sa maison de Chennevières fut envahie par les habitants des villages voisins, qui pillèrent les caves où étaient conservées avec

---

[1] Ad. Jullien, *L'Opéra secret au XVIIIe siècle;* Paris, 1880, in-8°, p. 26-28.

[2] Cet acte de vente, passé le 28 décembre 1790 devant Girard, notaire à Paris, se trouve dans les minutes de M. Delafon, qui a bien voulu nous le communiquer.

INTRODUCTION.

le plus grand soin environ 15,000 bouteilles des diverses sortes de vins les plus chers et les plus recherchés.

Ce fâcheux événement causa un vif chagrin à l'ambassadeur, qui se désolait à la pensée qu'il lui serait impossible de retrouver, à n'importe quel prix, des vins de l'âge et du choix dont étaient ceux qu'il venait de perdre. C'est un trait de caractère qu'il faut noter. Cela ne veut pas dire que M. de Mercy fut l'épicurien égoïste qu'ont représenté certains contemporains dont le témoignage suspect a été trop facilement accepté par quelques historiens. La vérité est que l'ambassadeur était un excellent maître de maison; par égard pour ses hôtes et par respect pour les illustres souverains qu'il représentait en France, il voulait que chez lui tout fût aussi parfait que possible; nous verrons plus tard qu'il sut supporter sans se plaindre les plus grandes privations, lorsque le bien du service lui parut l'exiger. Mais tant qu'il vécut à Paris, il eut, comme il le devait, le plus grand soin de ses cuisines, de sa cave et il ne négligea rien de ce qui pouvait contribuer à la satisfaction de ses convives. Il ne prenait pas moins de soins de ses écuries, qui contenaient bon nombre de chevaux de premier ordre; ses voitures étaient magnifiques et il pouvait se vanter d'avoir les deux plus beaux et les deux meilleurs cochers de Paris[1]. Son hôtel du boulevard et sa maison de Chennevières étaient garnis d'un magnifique mobilier; il avait en porcelaine, argenterie et vermeil des services de table pour quarante et cinquante couverts, et ses diamants et bijoux n'étaient pas estimés à moins de 300,000 florins[2]. On conçoit aisément quelle position devait avoir un ambassadeur établi, comme à demeure en France, dans de pareilles conditions. Il aurait tenu une très grande place, tant

---

[1] Mercy à L. Starhemberg, 30 mars 1793, *opere supra citato*, p. 98.

[2] Hoppe à Louis Starhemberg, 16 septembre 1794; *ibidem*, p. 267.

INTRODUCTION.

à la cour qu'à la ville, quand bien même il n'aurait pas été d'abord l'ami du duc de Choiseul et ensuite pendant plus de vingt ans le confident et le conseiller intime de la Reine.

IV

Le duc de Choiseul avait fait le meilleur accueil à M. de Mercy; dès son arrivée, il l'avait reçu comme le représentant d'une cour alliée et aussi comme un homme dont on ne pouvait suspecter l'attachement à l'alliance austro-française, œuvre de son maître et protecteur, le prince de Kaunitz. Cependant le nouvel ambassadeur impérial n'avait pas été admis dans le cercle intime du premier ministre dont faisait partie son prédécesseur, le prince de Starhemberg; il avait même été un temps assez long avant d'obtenir toute la confiance du duc; mais à force de soins et d'habileté il y était parvenu. Lors de la crise que le duc de Choiseul eut à subir, quand il fut question de la présentation de la comtesse du Barry, l'ambassadeur impérial lui fournit les plus précieux renseignements et fut un de ses meilleurs conseillers. Le premier ministre et sa sœur, la duchesse de Gramont, qui avait sur lui la plus grande influence, furent très sensibles à ces bons procédés et ils témoignèrent leur reconnaissance à M. de Mercy, en lui donnant journellement des marques de la plus entière confiance et en l'admettant dans le conseil le plus intime de la famille[1]. Cela se passait au commencement de novembre 1768 et depuis cette époque jusqu'à sa disgrâce, survenue le 24 décembre 1770, M. de Choiseul n'eut plus de secrets pour M. de Mercy, dont les dépêches d'office sont pleines des détails les plus intéressants sur les affaires intérieures et extérieures de la France, rensei-

[1] Mercy à Kaunitz, 9 décembre 1768, t. II, p. 345.

gnements dus aux confidences du premier ministre et de sa sœur.

L'intimité entre MM. de Mercy et de Choiseul avait été encore resserrée par le mariage de l'archiduchesse Marie-Antoinette avec le Dauphin, petit-fils et futur héritier de Louis XV. A cette occasion l'ambassadeur impérial eut à se concerter fréquemment avec le ministre, dont cette union était l'œuvre. Tous deux désiraient ardemment assurer le succès de cette jeune princesse, dont ils espéraient se faire un appui solide; ils n'épargnèrent rien pour réussir dans cette entreprise. Il est impossible de ne pas reconnaître que M. de Choiseul donna toujours à la jeune Dauphine les meilleurs conseils et que dans des circonstances très délicates son intervention fut très utile à M. de Mercy.

On aurait pu craindre que la disgrâce du duc de Choiseul ne nuisît à l'ambassadeur, qui depuis deux ans jouissait si pleinement de la confiance de ce ministre. Mais M. de Mercy était trop prudent et trop habile pour se compromettre. Il n'avait eu garde de laisser soupçonner à la comtesse du Barry, qu'il connaissait l'infamie de son origine; tout en fournissant au duc de Choiseul tous les arguments pour empêcher, si c'eût été possible, le triomphe honteux de cette favorite indigne, il n'en avait eu que plus de soin à bien cacher son jeu de façon à rester en bons termes avec cette dame et ses partisans. Aussi, peu de temps après la chute du duc de Choiseul, M. de Mercy était-il au mieux avec la favorite, qui bientôt alla jusqu'à lui faire des confidences sur les affaires d'État et sur ses rapports avec le Roi. Il est vrai qu'à la prière du duc d'Aiguillon, qui par la grâce de Mme du Barry, dont il était, disait-on, l'amant de cœur, avait succédé au duc de Choiseul au ministère des Affaires étrangères, l'ambassadeur impérial avait obtenu de la Dauphine qu'elle adressât la parole à la favorite, ce que la fière

Marie-Antoinette avait refusé de faire jusqu'alors; mais enfin elle avait cédé aux pressantes instances de M. de Mercy qui, dans cette entreprise, avait appelé à son secours l'impératrice Marie-Thérèse elle-même et le prince de Kaunitz. Cette condescendance de la Dauphine, pour froide et hautaine qu'elle eût été, n'avait pas peu servi à M. de Mercy; il lui dut notamment d'être dans les meilleurs termes avec la favorite et avec le duc d'Aiguillon; il en usa et pour servir la politique de sa cour, notamment dans l'affaire du premier partage de la Pologne, et pour connaître bon nombre de détails curieux, qui rendent plus intéressantes ses dépêches et ses lettres confidentielles à l'Impératrice et au Chancelier.

La mort de Louis XV donna à M. de Mercy la situation prépondérante qu'il s'était préparée de longue main. Dès que la gravité de la maladie du Roi avait été connue, tous les courtisans s'étaient tournés vers son successeur; comme tout le monde croyait que le nouveau souverain serait incapable d'avoir une volonté à lui, on disait partout que la France allait être gouvernée de Vienne par l'intermédiaire de la Reine et du comte de Mercy; le duc d'Aiguillon lui-même le déclara le plus sérieusement du monde à l'ambassadeur impérial en le suppliant de se prêter à ce rôle, ce que M. de Mercy eut bien soin de refuser hautement; mais personne ne fut dupe de ce refus.

Nous n'avons pas à étudier ici l'influence de M. de Mercy sur la reine Marie-Antoinette et sur les affaires intérieures et extérieures de la France de 1774 à 1792; cela nous entraînerait bien au delà des limites d'une introduction [1].

Il nous suffira de dire que depuis l'avènement de Louis XVI

---

[1] L'un de nous aura d'ailleurs l'occasion de le faire dans un ouvrage, qu'il prépare depuis de longues années déjà, et qui paraîtra bientôt sous ce titre: *Le règne de Marie-Antoinette*. On trouvera quelques-uns des premiers ré-

son influence sur la Reine valut à M. de Mercy les confidences des ministres et des principaux personnages de l'État et lui fit une situation tout à fait à part parmi les membres du corps diplomatique; car, quelles que fussent les précautions qu'il prit pour s'en cacher, tout le monde savait qu'il était le conseiller de Marie-Antoinette. Ses dépêches et ses lettres particulières à Marie-Thérèse, à Joseph II et à Kaunitz ont pour toute cette période une importance historique capitale, qu'elles doivent surtout au récit qu'il y fait de ses fréquents entretiens confidentiels avec la Reine et avec les ministres sur les affaires les plus secrètes et les plus considérables de la France.

Comme nous l'avons dit plus haut, le crédit de M. de Mercy sur l'esprit de la Reine n'était ignoré de personne. Maurepas, Vergennes, Turgot, Malesherbes, Necker, Calonne, Brienne et la plupart des autres ministres de Louis XVI s'adressèrent, à maintes reprises, à l'ambassadeur impérial dans des occasions importantes, pour le prier d'intervenir en leur faveur près de leur souveraine, et M. de Mercy, tout en protestant de son impuissance pour la forme, leur rendait volontiers ce service, ce qui les mettait pour ainsi dire à sa discrétion. S'ils tentaient malgré cela de conserver une certaine indépendance et de résister aux instances de M. de Mercy, lorsqu'ils croyaient à tort ou à raison que l'intérêt supérieur de la France ne leur permettait pas de céder aux demandes de la cour de Vienne, M. de Mercy n'hésitait pas à leur prouver son crédit en faisant intervenir la Reine. M. de Vergennes l'éprouva maintes fois à ses dépens, entre autres dans l'affaire de la succession de Bavière et surtout dans celle de l'Escaut; à plusieurs reprises, la

sultats de ces recherches dans une étude publiée dans le *Bulletin de la Faculté des lettres de Poitiers*, par M. J. Flammermont, sur les Mémoires de Mme Campan et tirée à part sous ce titre : *Études critiques sur les sources de l'Histoire du XVIIIe siècle : Les Mémoires de Mme Campan;* Paris, Picard, 1886, in-8°.

INTRODUCTION.

Reine lui fit des scènes fort vives, et quoi qu'il en eût, il fut obligé de reculer, jusqu'à la conclusion de la paix de Fontainebleau, la signature du traité d'alliance avec les Hollandais, au risque de les voir lui échapper au dernier moment pour se jeter dans les bras de l'Angleterre.

Rarement ambassadeur rendit à sa cour services plus signalés que ceux que le cabinet de Vienne dut à M. de Mercy pendant tout son séjour en France ; mais rarement aussi ambassadeur fut si grandement récompensé. A l'occasion du mariage de Marie-Antoinette, il avait reçu le 6 mai 1770 des mains de cette princesse le collier de la Toison d'Or. En 1785, après l'heureuse issue des négociations avec la Hollande et la signature du traité de Fontainebleau, l'empereur Joseph II lui donna la grand-croix de l'ordre de Saint-Étienne, ce qui fit en France la plus forte impression[1], car il n'y avait dans toute la monarchie autrichienne que quatre seigneurs ayant à la fois la Toison d'Or et le grand cordon de Saint-Étienne. C'était encore la Reine qui avait été chargée par son frère de remettre à M. de Mercy le cordon et la plaque en brillants de l'ordre de Saint-Étienne.

Il fut même question de réserver à M. de Mercy la succession du prince de Kaunitz. En décembre 1773, l'impératrice Marie-Thérèse demanda à son fidèle ambassadeur si elle pourrait compter sur lui dans le cas où le Chancelier persisterait à vouloir se démettre de ses emplois. Avec une franchise et une

---

[1] La *Correspondance littéraire secrète*, dite de Métra, contient dans son numéro 43, daté de Paris, le 20 octobre 1785, la note suivante : «La Reine a reçu ces jours derniers une dépêche assez considérable de l'Empereur. C'était le cordon et la plaque en diamants de l'ordre de Saint-Étienne pour M. le comte de Mercy... et S. M. était priée de les lui remettre elle-même. Cette faveur est d'autant plus remarquable qu'il n'y a que quatre seigneurs dans tout l'Empire qui réunissent cet ordre avec celui de la Toison d'Or et il n'est permis d'en porter les marques enrichies de diamants qu'à ceux qui les tiennent en don de l'Empereur lui-même.»

loyauté qui l'honorent, M. de Mercy déclina cette proposition flatteuse dans une lettre en date du 9 janvier 1774, dont nous croyons devoir reproduire ici les principaux passages, parce qu'ils font connaître leur auteur mieux que tout ce que nous pourrions y ajouter :

« J'ai toujours été persuadé, dit-il, que le plus important de tous les emplois était celui de se trouver chargé de l'administration politique d'une grande monarchie; elle exige un esprit vaste et juste qui saisisse et combine tous les rapports; elle exige beaucoup de connaissances acquises sur le fond des choses et sur la forme à leur donner; elle exige un travail continuel pour se tenir au courant des affaires, en suivre le fil, en combiner les circonstances, établir les mesures à prendre et diriger ceux qui travaillent en sous-ordre.

« Je ne me parerai pas d'une fausse modestie en disant à V. M. que je n'ai très certainement pas la trempe d'esprit nécessaire pour embrasser tant de différents rapports à la fois. Renfermé jusqu'à présent dans le cercle borné des intérêts de V. M. vis-à-vis d'une seule cour et dirigé par des instructions dans la marche à suivre, je sens que mon esprit s'égarerait dans les combinaisons générales et je ne dois pas en même temps dissimuler à V. M. qu'il s'en faut bien que je réunisse en moi une partie des connaissances acquises qui sont nécessaires dans l'exercice de cet important emploi. Je doute même qu'à mon âge je puisse les acquérir par le plus long travail; ce travail, joint à celui du courant des affaires, ne tarderait pas à me détruire en peu de temps et je succomberais sous le poids, sans réussir à me rendre utile.

« Depuis le dérangement qu'a souffert ma santé de mon séjour en Russie et en Pologne, je ne suis parvenu à la rétablir faiblement que par un régime artificiel qui m'est devenu indispensablement nécessaire. Ce régime consiste dans de fréquents délassements d'esprit et dans beaucoup d'exercices du corps. Dès que je m'en écarte tant soit peu (ce qui m'arrive entre autres lorsqu'il s'agit d'expédier les courriers mensuels), je sens le retour de mes anciennes infirmités qui disparaissent de nouveau à mesure que je puis me livrer à mon genre de vie ordinaire.

« J'ai donc absolument besoin d'avoir des intervalles de dissipation; mais ces intervalles qui se trouvent naturellement dans les fonctions d'une ambassade, ne peuvent se concilier avec une place quelconque, où les occupations et la représentation seraient continuelles.

« Sans ces considérations, rien ne pourrait être plus heureux et plus flatteur pour moi que d'être rappelé auprès de l'auguste personne de V. M. et d'être mis à portée de Lui rendre des services plus importants; mais malheureusement pour moi ces considérations me priveront toujours de l'avantage de pouvoir être propre aux vues sur lesquelles Elle a daigné me pressentir.

« En garde contre moi-même, je me suis scrupuleusement examiné, si quelque raison ou affection accidentelle n'influait pas chez moi dans cette façon d'envisager les choses; je me suis demandé si je n'aurais pas regret à quitter Paris et je me suis assuré que ce regret n'irait pas à beaucoup près au point de me décider sur une chose aussi importante; mais je dois avouer que la peine de m'éloigner de Madame la Dauphine serait en moi inexprimable. Cette princesse, qui m'a trouvé ici dans ces premiers moments où tout était nouveau pour elle et devait à bien des égards lui être suspect, m'a honoré de sa confiance qu'elle me continue par habitude et par la connaissance qu'elle a de ma droiture, de mon vrai zèle et de mon respectueux attachement pour Elle. M. le Dauphin, par les mêmes motifs, me témoigne une bonté que peu de gens ont éprouvée de sa part. Enfin j'ose dire que je sers utilement

INTRODUCTION.

Mme l'Archiduchesse et que je suis également bien ici pour le service de V. M. Le Roi, contre son ordinaire, s'est accoutumé à me parler familièrement; je ne dirai pas que cela peut contribuer à contenir les ministres; mais il est certain que dans des cas urgents cela me mettrait à portée de m'adresser directement à lui. Mon successeur, quel qu'il fût, aurait longtemps de la peine à me succéder dans ces sortes d'avantages.

« Ainsi en embrassant les vues que mon ambition encouragée par les bontés de V. M. pourrait me suggérer, je quitterais un poste où j'ai le bonheur d'être réellement utile à son service pour en prendre un autre où je serais certain d'échouer [1]. »

On a prétendu récemment que M. de Mercy, en écrivant cette belle lettre, n'était pas sincère et dans la phrase où, faisant en quelque sorte son examen de conscience, l'ambassadeur se demandait si par hasard *quelque affection accidentelle* ne le retiendrait pas à Paris, on a voulu voir une allusion à sa liaison avec la Rosalie [2]. C'est une supposition gratuite que rien n'autorise. Cette prétendue *intrigue naissante* [3] datait de bientôt quatre années et tout ce que l'on sait du caractère de M. de Mercy ne permet pas de croire un instant que cette considération eût pu le faire hésiter sur une résolution qui ne fut pas prise à la légère, comme on l'a dit [4], mais après mûre réflexion; car entre l'arrivée de la lettre de Marie-Thérèse, le 30 décembre au plus tard, et l'envoi de la réponse plus de dix jours s'étaient écoulés.

---

[1] Mercy à Marie-Thérèse, du 9 janvier 1774, dans le recueil de MM. d'Arneth et Geffroy, t. II, p. 90 et 91.

[2] C'est M. Welvert qui a émis cette opinion hasardée à la page 345 de l'étude que nous avons citée plus haut.

[3] C'est ainsi que M. Welvert la qualifie.

[4] M. Welvert, *loc. cit.*, dit en propres termes : « Mercy ne prit pas le temps de réfléchir sur cette brillante proposition. Par retour du courrier, il répondit avec candeur qu'il refusait. » Il suffit de rappeler la date de l'arrivée de la lettre de l'Impératrice à Paris et celle de la réponse pour montrer que M. de Mercy n'a pas mérité ce reproche.

La principale raison, invoquée par M. de Mercy pour décliner l'offre brillante que lui faisait l'Impératrice, n'était que trop fondée. Sa santé était très mauvaise. Il vint même un moment où malgré son attachement à la Reine et son dévouement à la maison de Habsbourg-Lorraine, M. de Mercy crut devoir supplier le prince de Kaunitz d'obtenir pour lui la permission de quitter son ambassade. Le 8 mars 1785, il écrivait au Chancelier :

« Il y a près de deux années que le dérangement continuel de ma santé m'avertit que je ne suis plus propre aux affaires. Des incommodités hémorrhoïdales, qui ne me donnent presque plus de relâche, me rendent souvent insupportables les moindres trajets en voiture, ainsi que généralement tout ce qui tient aux devoirs purement matériels de ma place, ce qui devient un inconvénient majeur dans un local où l'activité est aussi nécessaire qu'elle l'est ici. C'est particulièrement dans le cours de la mauvaise saison que j'éprouve le plus les effets d'une si fâcheuse situation, puisque pendant toute la durée des hivers je ne suis pas sûr d'une seule journée, ni de pouvoir faire face à ce que des circonstances pressantes pourraient exiger de mon zèle. Menacé d'une incommodité bien plus grave encore, il serait nécessaire pour la prévenir que j'allasse pendant plusieurs années prendre des eaux minérales situées en Lorraine et dont l'effet est souverain contre les maladies néphrétiques; cependant les devoirs de mon état présent ne sauraient se concilier avec un pareil régime.

« Dans ma position isolée, sans autre famille que quelques parents très éloignés, approchant de soixante ans, mon existence physique et morale n'admet plus d'autre désir raisonnable que celui de me procurer un intervalle de tranquillité entre la vie et la mort et de pouvoir jouir de ce repos, soit dans le pays de Liège, ma patrie, lieu de ma naissance et le berceau de ma famille, soit dans quelques terres éparses que je possède en France et en Lorraine et qui deviendront pour moi une retraite d'autant plus agréable que j'y porterai les goûts de mon âge, dont le plus essentiel est celui que j'ai toujours eu pour les occupations rurales. »

Mais le prince de Kaunitz appréciait trop la haute valeur du comte de Mercy pour lui permettre de se retirer; le 6 mai il lui répondit :

« N'espérez pas que je puisse jamais consentir à l'exécution des idées que vous m'avez confiées par votre lettre en date du 8 du mois dernier, tant et aussi longtemps que je serai en place; et pour conserver à l'Empereur un serviteur aussi méritoire et aussi utile que vous, je vous promets d'y rester, si vous me promettez de rester dans la vôtre, au moins tant et aussi longtemps que je tiendrai bon dans la mienne et je vous avoue que je compte si fort sur votre amitié, que je me flatte que vous me répondrez sur cet article, comme je puis le désirer et le désire réellement avec beaucoup de vivacité. »

Tout en soutenant que M. de Mercy était parfaitement sincère dans sa réponse à l'Impératrice, nous ne voulons pas dire qu'il n'aimât pas Paris et la France, où, comme nous l'avons montré, il s'était établi à demeure dans l'intention d'y finir ses jours. Nous reconnaissons que pour toutes sortes de motifs il devait être très attaché à la France, où il s'était fait une situation exceptionnelle et où il jouait un grand rôle dont à bon droit il pouvait être fier. Il y avait en outre des relations auxquelles par caractère il devait tenir beaucoup. Sans compter Mlle Rosalie, qui aurait pu le suivre comme elle le fit plus tard, il avait su se créer à Paris des amitiés capables de lui rendre la vie aussi douce et aussi agréable que possible. A son arrivée, en 1766, il avait été accueilli à bras ouverts par ses anciennes connaissances, entre autres par Mme Geoffrin.

C'est sans doute chez cette bonne dame qu'il avait appris à connaître la plupart des gens de lettres de cette époque, dont il avait d'ailleurs si mauvaise opinion que, disait-il dans une lettre à Kaunitz, « il n'aurait pas voulu en avoir un seul sous son toit ». Ils se sont vengés de ces dédains de grand seigneur pour les gens mal élevés, soit en passant son nom sous silence, soit en reproduisant les plates calomnies qui couraient Paris sur son compte.

M. de Mercy était surtout très étroitement lié avec le grand banquier Jean-Joseph de Laborde, un des hommes qui honorèrent le plus la nation française à la fin de l'ancien régime. L'origine de leurs relations se devine aisément. En 1760, M. de Laborde avait épousé une des filles de Mme Nettine, qui dirigeait à Bruxelles la grande maison de banque, chargée des affaires de la cour de Vienne aux Pays-Bas. Cette dame était en outre l'amie intime du comte de Cobenzl, le ministre qui était à la tête de l'administration des Pays-Bas autrichiens[1] et elle avait toute la confiance de l'Impératrice et du prince de Kaunitz qui avait les Pays-Bas dans ses attributions. Comme M. de Laborde était à Paris le représentant de sa belle-mère, il avait forcément des relations avec les ambassadeurs impériaux, qui devaient être trop heureux de pouvoir fréquenter une maison agréable, où la meilleure société de Paris se donnait rendez-vous. On y rencontrait entre autres le prince de Conti, Mme de Brionne, le duc de Gontaut, la duchesse de Gramont et son frère le duc de Choiseul, qui donnait en toute occasion les preuves de la plus vive amitié à M. de Laborde, qui de son côté lui rendait les plus grands services. Aussi lorsque M. de Mercy fut admis dans l'intimité de la famille de

---

[1] Voir sur Mme Nettine les Mémoires du comte Philippe Cobenzl, publiés par M. Alfred d'Arneth sous ce titre : *Graf Philipp Cobenzl und seine Memoiren*. Wien, 1885, in-8°, p. 74, 76, 80, etc.

INTRODUCTION.　　　　　　　XLVII

Choiseul, à la fin de l'année 1768, il devint en même temps l'ami de M. de Laborde, qui dès lors est souvent nommé dans les dépêches de l'ambassadeur. Cette intimité s'accrut encore, en 1778, quand M. de Mercy fut venu habiter son hôtel sur le boulevard, qui était tout à côté de l'hôtel de M. de Laborde, situé rue Grange-Batelière [1]. M. de Mercy devint alors l'un des familiers les plus assidus de la maison de Laborde. Non seulement il y trouvait des amis sûrs et dévoués, un homme du plus grand mérite et une femme de premier ordre, qui savaient attirer chez eux la meilleure société de Paris, mais il recueillait dans ce salon des mieux informés les plus précieux renseignements sur les affaires d'État comme sur celles des particuliers et il en profitait pour augmenter l'intérêt de ses dépêches. En outre, M. de Laborde par sa position pouvait lui fournir les notions les plus certaines sur les intrigues de cour, sur l'état du Trésor royal, sur la situation économique de la France, etc. [2].

M. de Mercy, comme son maître et modèle le prince de

---

[1] M. de Laborde, qui possédait presque tout ce quartier qu'il avait complètement transformé en y perçant des rues et en y bâtissant un grand nombre de maisons, avait sans doute cédé à M. de Mercy un terrain pour y bâtir son hôtel. Nous savons que M. de Laborde, qui s'occupait de la fortune de ses amis, prenait soin des affaires de M. de Mercy comme des affaires du duc de Choiseul. C'est en l'hôtel de M. de Laborde que fut signé le 26 septembre 1775 le contrat passé entre le comte de Mercy et le marquis de Castellane pour la baronnie de Conflans. C'est sans doute aussi M. de Laborde qui fit acheter à M. de Mercy des plantations à Saint-Domingue où ce banquier possédait d'immenses propriétés. Nous verrons plus loin qu'en 1782 M. de Mercy avait déposé son testament chez M. de Laborde. De son côté l'ambassadeur faisait tout ce qui dépendait de lui pour être utile à son ami le banquier. Il s'employait par exemple pour faire nommer le plus tôt possible enseignes de vaisseau deux des fils de M. de Laborde, qui servaient dans la marine, et pour leur procurer une audience de la Reine avant leur embarquement. (Archives de Vienne, lettre inédite, sans date, de Vermond à Mercy.)

[2] M. le duc des Cars, gendre de

Kaunitz, n'aimait pas la cour et il ne fréquentait aucune des coteries qui la partageaient; il évitait surtout la société particulière de la Reine et le salon de Mme de Polignac; lorsque par hasard il y paraissait, par exemple pendant un des séjours de la cour à Fontainebleau, il avait soin d'en informer l'Empereur et le Chancelier, tellement la chose était extraordinaire. C'est qu'il n'avait pas besoin de vivre dans ce milieu pour savoir ce qui s'y passait et s'y disait et que par suite il craignait de s'y compromettre sans le moindre profit. De bonne heure il avait eu soin de s'assurer dans la domesticité de la Reine, et aussi dans celle de ses familiers, des informateurs à portée de tout voir et surtout de tout entendre.

Le meilleur des informateurs que M. de Mercy avait à sa disposition était sans contredit l'abbé de Vermond; par reconnaissance et aussi par intérêt, cet ecclésiastique était tout dévoué à l'ambassadeur impérial, qui l'avait envoyé à Vienne pour instruire Marie-Antoinette, l'avait fait maintenir en France près de sa maîtresse dans une position de confiance fort enviée et fort enviable, l'y avait toujours soutenu et lui avait fait obtenir un gros traitement et plusieurs abbayes bien rentées. Chaque fois que M. de Mercy allait à Versailles, c'est-à-dire au moins une fois la semaine, il voyait d'abord l'abbé qui le mettait au courant de tout ce que la Reine avait fait et dit et de tout ce qui s'était fait et dit autour d'elle et à la cour. Souvent aussi l'abbé venait à Paris et il ne manquait jamais d'aller faire son rapport à l'ambassadeur. Enfin, toutes les fois

---

M. de Laborde, donne une preuve bien remarquable de la confiance absolue de son beau-père dans le comte de Mercy et dans l'abbé de Vermond, qu'il voyait chaque jour. Sur le conseil de ses deux amis, M. de Laborde ne prêta pas au prince Henri de Prusse les 400,000 francs qu'il avait eu un moment l'intention de lui avancer pour payer ses dettes. (*Mémoires du duc des Cars*, Paris, Plon, 1890, in-8°, t. II, p. 40.)

que pour une raison ou pour une autre l'abbé croyait avoir recueilli une nouvelle valant la peine d'être communiquée tout de suite, il l'écrivait à M. de Mercy, qui nous a laissé dans ses papiers un certain nombre de lettres de Vermond, dont la substance se retrouve dans les dépêches d'office ou dans les rapports confidentiels de l'ambassadeur [1].

Mais à force de vivre dans l'intimité avec cet abbé, M. de Mercy finit par subir un tant soit peu son influence. C'est ainsi qu'il devint un prôneur zélé de l'archevêque de Toulouse, Loménie de Brienne, dont l'abbé de Vermond, qui était depuis l'enfance l'ami très intime de ce prélat, lui vantait le génie politique et les merveilleux talents d'administrateur. Pendant de longues années M. de Mercy fit constamment à la Reine le plus grand éloge de l'archevêque de Toulouse, qui sut de son côté donner le change sur sa valeur à l'empereur Joseph II, lorsque ce souverain, sans doute prévenu favorablement en faveur du prélat par son ambassadeur, traversa le Languedoc en 1777. Depuis cette époque l'Empereur lui-même témoigna à maintes reprises son estime pour l'archevêque dont les talents l'avaient étonné. Il en advint que la Reine, circonvenue de tous côtés, réussit à triompher des vives répugnances que l'archevêque de Toulouse avait pendant longtemps inspirées au Roi et que pour son malheur et celui de la France elle décida Louis XVI à confier à ce prélat la direction du gouvernement. Il faut dire à la décharge de M. de Mercy, en grande partie responsable de ce choix malheureux, qu'il fut dupe avec la plus grande partie de la cour, de la ville et de

---

[1] M. Alfred d'Arneth a publié les plus intéressantes de ces lettres de Vermond à la suite de la 2ᵉ édition de son recueil ayant pour titre : *Maria-Theresia und Marie-Antoinette. Ihr Briefwechsel herausgegeben von Alfred Ritter von Arneth, zweite vermehrte Auflage mit Briefen des Abbé de Vermond an den Grafen Mercy.* (Leipzig, Paris, Wien, 1866, in-8°.)

INTRODUCTION.

la France entière; car la réputation politique de l'archevêque était tellement bien établie que son arrivée au pouvoir fut très favorablement accueillie.

A partir de ce moment, M. de Mercy sortit peu à peu de la réserve qu'il avait si bien observée depuis le commencement du règne. Jusqu'alors il s'était contenté de donner aux ministres les conseils qu'ils lui demandaient et de les appuyer à l'occasion auprès de la Reine, dont il s'efforçait de diriger par de sages avis l'influence sur la politique. Mais comme il sentait que la désignation de l'archevêque de Toulouse était en grande partie son œuvre, il suivit de près son administration; et bientôt son attention redoubla, car il ne fut pas longtemps à reconnaître qu'il s'était trompé et que malheureusement l'archevêque n'était pas l'homme que la situation critique de la monarchie réclamait. Aussi, lorsque Brienne se vit obligé d'avouer qu'il ne pouvait pas aller plus loin et dut déclarer à la Reine qu'il fallait, pour éviter la banqueroute, faire appel à M. Necker, ce fut, chose étrange, l'ambassadeur impérial qui fut chargé de négocier avec l'ancien directeur des Finances les conditions de sa rentrée aux affaires[1].

Par la force des choses l'archevêque, qui avait récemment changé son siège de Toulouse pour celui de Sens, fut obligé de se retirer tout à fait, au moment où M. Necker, qui avait jusque-là résisté aux instances de M. de Mercy, venait de céder et de remettre son sort entre les mains de la Reine. Le Ministre des finances, qui n'avait été rappelé qu'en raison de son crédit et de ses relations avec les banquiers, devint comme le principal ministre. Dans ce rôle, pour lequel il n'était pas fait,

---

[1] Nous publions, t. II, p. 189 et suivantes, un long rapport adressé par Mercy à Joseph II, le 14 septembre 1788, sur son rôle dans cette affaire, et nous y joignons toutes les lettres échangées à cette occasion par Mercy avec la Reine, Brienne, Necker et Vermond.

M. Necker eut toujours le loyal appui de M. de Mercy, qui le soutint constamment même lorsque le ministre eut encouru l'hostilité de la Reine, retombée sous l'influence néfaste de son ancienne société et notamment du comte d'Artois et de Mme de Polignac. Quand après la prise de la Bastille, le Roi fut forcé de rappeler M. Necker et les ministres qui s'étaient rangés de son parti, ce fut à M. de Mercy que MM. de Saint-Priest et de Montmorin s'adressèrent pour obtenir que la Reine leur fît bon accueil et l'ambassadeur leur rendit ce service. Pendant la fin de l'année 1789 et presque toute l'année 1790, le comte de Mercy fut le plus solide appui du parti constitutionnel. Très lié avec M. de la Marck, de l'illustre famille d'Arenberg, établie dans les Pays-Bas autrichiens, M. de Mercy se servit de l'intermédiaire de ce grand seigneur, député à la Constituante, pour entrer en relations avec le comte de Mirabeau et s'efforcer de rapprocher de la cour le grand tribun, ennemi personnel de M. Necker. M. de Mercy y réussit; malheureusement le nouvel empereur Léopold II, qui venait de succéder à Joseph II, voulut employer dans un autre pays le comte de Mercy, et l'ambassadeur impérial, qui comprenait combien son rôle politique rendait sa situation périlleuse, fut heureux de quitter la France, au moins pour quelque temps.

Avant de partir, M. de Mercy voulut laisser à la Reine des conseillers qui pussent le remplacer, au moins en partie, et lui faire parvenir ses avis. A sa prière le comte de la Marck resta en France pour entretenir les rapports de Mirabeau avec la cour et, comme il était nécessaire de mettre dans la confidence un ministre, M. de Mercy, de l'aveu de la Reine, choisit le comte de Montmorin, ministre des Affaires étrangères. C'était un excellent homme, rempli de bonnes intentions, mais d'une faiblesse de caractère telle qu'il était incapable de prendre la moindre influence sur la Reine. Aussi on peut croire M. de la

Marck lorsqu'il nous assure que « le comte de Mirabeau eut de vifs regrets du départ de l'ambassadeur; il (Mirabeau) avait beaucoup espéré de son influence sur le Roi et sur la Reine et de plus les rapports continuels qu'ils avaient eus ensemble dans les derniers temps lui avaient inspiré une opinion avantageuse du grand sens de Mercy et de la droiture de son noble caractère ». Ce départ fut d'autant plus malheureux pour la Reine que ce petit comité, avec qui M. de Mercy resta en relations épistolaires constantes, s'augmenta peu à peu si bien que son existence, soupçonnée plutôt que connue, même des mieux informés, donna naissance à cette légende du comité autrichien, qui fut si funeste à Marie-Antoinette. La Reine avait alors la plus grande confiance dans le comte de Mercy, dont elle faisait ce bel éloge dans une lettre du 17 août 1790 adressée à son frère l'empereur Léopold II :

« Je dois vous parler aussi de M. de Mercy, digne serviteur de notre respectable mère. Il a pour moi les sentiments d'un père pour son enfant. Vous pourrez vous y fier entièrement; le prince de Kaunitz l'estime fort et il m'est bien utile pour la sagesse de ses conseils. Je ne lui ai rien caché de mes sentiments sur notre position; elle devient tous les jours plus affreuse. »

Aussi le départ de l'ambassadeur, auquel elle était si attachée, fut pour cette malheureuse souveraine la cause d'un profond chagrin. Le 3 octobre 1790 elle écrivait à Léopold II : « M. de Mercy va partir. J'avoue qu'il faut que je pense que ce voyage est utile à votre service pour me consoler de son départ. Son attachement et sa sagesse m'étaient bien utiles. »

Cette mission était fort importante; il s'agissait de représenter l'Empereur au Congrès qui allait se réunir à la Haye, pour régler la situation des Pays-Bas autrichiens révoltés contre leur souverain depuis plus d'un an. La négociation était délicate et la prudence consommée de M. de Mercy était nécessaire pour la mener à bien. C'est ce qu'avait compris Léopold II qui, pour déterminer M. de Mercy à s'en charger, lui avait écrit de sa main la lettre la plus flatteuse[1].

V

L'ambassadeur impérial quitta Paris, pour n'y plus jamais rentrer, le 9 octobre 1790; la veille il avait fait dresser une procuration pour parfaire la vente de sa maison de Chennevières à Mlle Rosalie Levasseur[2]. Il alla s'embarquer à Calais pour éviter de traverser les Pays-Bas révoltés et le 14 au soir il arriva à la Haye. Nous n'avons pas à dire ici avec quel succès il remplit sa mission. L'Empereur lui rendit pleine justice; le 12 janvier 1791 il écrivait à Marie-Antoinette : « J'ai reçu par le marquis de Duras votre chère lettre. Je vous rends bien des grâces de tout ce que vous m'y dites d'obligeant et de la part que votre amitié a bien voulu prendre au retour des Pays-Bas que je dois beaucoup au zèle du comte de Mercy. » Pour témoigner à cet habile négociateur toute sa reconnaissance, l'Empereur lui confia la haute direction de l'administration des Pays-Bas en l'absence des gouverneurs généraux l'archiduchesse Marie-Christine et son mari le duc Albert de Saxe-Teschen. Dans cette position qu'il occupa pendant la première moitié de l'année 1791, M. de Mercy se montra plutôt favorable au parti libéral belge auquel appartenaient tous ses familiers parmi lesquels on distinguait surtout le comte de la Marck et le vicomte

---

[1] Cette lettre est imprimée dans ce recueil, t. II, p. 310, note 1.

[2] Cette procuration, en date du 8 octobre 1790, est donnée à un sieur Wolfgang Kruthoffer, secrétaire particulier de M. de Mercy. Elle est annexée à l'acte de vente cité plus haut, p. xxxiv.

INTRODUCTION.

Édouard de Walkiers; il autorisa même la fondation d'une société dite des *Amis du Bien public* dont les membres voulaient faire réformer la Constitution. Aussi les émigrés accusaient-ils le ministre impérial d'être favorable aux idées révolutionnaires. En quoi ils étaient fort injustes. M. de Mercy avait compris qu'il était impossible d'empêcher la Révolution; en France comme en Belgique, il voulait que le gouvernement prît en mains la direction du mouvement réformateur pour le modérer et le transformer à son profit[1]. Le cabinet de Vienne ne lui sut pas mauvais gré de ces sentiments; loin de là, et le 27 juin 1791, en lui annonçant l'envoi des lettres patentes nommant son successeur le comte de Metternich-Winnebourg, le prince de Kaunitz lui écrivait :

« L'Empereur a approuvé de nouveau tout ce que V. Exc. a fait pour le bien de son service pendant votre ministère aux Pays-Bas dans des circonstances qui exigeaient la plus grande sagacité et prudence. Ayant été à même de suivre vos dispositions dans un temps aussi critique, j'y ai applaudi de grand cœur et je vous fais à présent les compliments les plus sincères sur les succès dont elles ont été couronnées. »

En quittant le pouvoir dans les premiers jours de juillet 1791, M. de Mercy avait le droit de dire qu'il laissait pacifiées, au moins en apparence, ces riches provinces dont il avait pris le gouvernement après une longue révolte, et ses successeurs, qui n'eurent pas la sagesse de suivre l'exemple de prudence et de modération qu'il leur avait donné, allaient gouverner de telle façon qu'à la fin de 1792 les Français s'emparèrent sans peine de tout le pays, où ils furent accueillis tout d'abord comme des libérateurs.

---

[1] Ces calomnies persistèrent et elles prirent une telle consistance que le comte de Mercy jugea utile de les réfuter dans une longue lettre au baron

INTRODUCTION.

Au moment même où M. de Mercy, redevenu libre, aurait pu aller reprendre son poste en France, l'événement de Varennes lui enleva tout espoir. Il en fut très vivement affecté, car il aimait profondément la Reine. En outre il prévit dès lors que ses conseils ne seraient plus écoutés comme auparavant et que la malheureuse souveraine suivrait plutôt les avis que lui donneraient des confidents plus favorables à l'emploi des moyens violents. C'est ce qui explique qu'il n'ait pas même eu l'idée de rentrer alors en France, où il aurait couru de grands dangers, sans être utile à son gouvernement et à la fille de Marie-Thérèse. Il resta ambassadeur impérial près le roi de France jusqu'à la rupture des relations diplomatiques entre les cabinets de Vienne et de Versailles, en mars 1792; mais il le fut, pour ainsi dire, *in partibus infidelium*, tout en conservant son traitement. Il profita de cet instant de liberté pour aller soigner sa santé à Spa et prendre un peu de repos dans ses terres du pays de Liège. Mais il ne perdait pas de vue les affaires de France. Il entretenait une correspondance aussi active que possible avec Marie-Antoinette[1] et il continuait à diriger M. de Montmorin par l'intermédiaire de M. de la Marck, qui au mois d'octobre 1791 avait quitté la France mais était resté en relations épistolaires très suivies avec Pellenc, l'ancien secrétaire de Mirabeau, et avec les membres les plus influents de la droite de l'Assemblée législative. Malheureusement ils étaient devenus presque suspects à la Reine, qui n'avait plus confiance que dans le baron de Breteuil et le comte de Fersen, tous deux ennemis des négociations; ils demandaient que la guerre fût

---

de Thugut, datée de Bruxelles le 31 août 1793 et publiée par M. de Zeissberg, *Quellen zur Geschichte der Deutschen Kaiserpolitik OEsterreichs*, tome III, p. 235 et suiv.

[1] Cette correspondance a été publiée par M. d'Arneth dans le volume ayant pour titre : *Marie-Antoinette, Joseph II und Leopold II, Ihr Briefwechsel*, Wien, 1866, in-8°.

immédiatement engagée par l'Empereur et ses alliés pour étouffer la Révolution et rétablir l'ancien régime, tel qu'il était constitué avant le commencement du mouvement réformateur.

Le 4 décembre 1791, le comte de Fersen écrivait à la Reine : « Je crois être sûr que M. de Mercy retourne à Paris. *C'est un grand malheur pour vous.* Il doit vous prouver encore plus tout ce que je vous ai mandé sur l'Empereur et combien peu vous y pouvez compter. Si vous acceptez le plan proposé il faudrait écrire au plus tôt la lettre à l'Empereur. Peut-être apprenant votre démarche auprès des autres cours changerait-il d'avis, d'autant plus qu'une des raisons du voyage de M. de Mercy est sans doute d'influer sur votre conduite et de la diriger selon les désirs et les intérêts de la cour de Vienne. »

Marie-Antoinette partageait les idées de M. de Fersen, car avant d'avoir reçu cette lettre, elle lui écrivait le 7 décembre :

« Je reçois dans l'instant une lettre de M. de Mercy, qui se plaint amèrement de la conduite de Coblence envers l'Empereur; il dit qu'on cherche à exciter toute l'Allemagne contre son chef, qu'ils enflamment la Suède et surtout la Russie.....

« M. de Mercy a l'air de vouloir venir ici; *je crois qu'il y est poussé par mes amis les enragés d'ici;* mais il aurait grand tort dans ce moment; il ne pourrait y faire aucun bien et au contraire cela ferait tenir cent mille propos de plus sur moi. Au reste cette démarche animerait encore plus la rage des émigrés contre l'Empereur et moi. »

M. de Mercy de son côté n'aimait pas le comte de Fersen, qu'il soupçonnait d'exciter la Reine contre l'Empereur. Il le dit même nettement au baron de Breteuil qui s'empressa de prévenir M. de Fersen, lequel à la date du 27 février 1791 notait dans son journal ce qui suit : « Le baron de Breteuil me prévint que M. de Mercy s'est plaint du mécontentement que la Reine

témoigne de l'Empereur, qu'il m'en croit la cause, a donné à entendre qu'il l'avait découvert...... M. de Mercy a fait sentir que j'étais très suspect et très incommode; il l'a souvent prié de ne pas me redire ce qu'il lui confiait. Cela ne me fait pas de peine et me prouve qu'ils ne m'ont pas cru aussi clairvoyant. »
Le 4 mars 1792 il écrivait à la Reine une lettre dans le même sens. Et dans une autre lettre du 6 mars parlant de la réponse de l'Empereur à la demande d'explications de la France, réponse dont M. de Mercy se vantait d'être l'auteur [1] : « La réponse de l'Empereur est un galimatias politique, un plaidoyer qui ne dit rien et c'est la seule manière favorable de l'envisager; on ne peut la concilier avec ce qu'il a proposé à Berlin qu'en supposant qu'il se réserve, s'il est enfin forcé d'agir, de faire la distinction subtile de sa conduite comme chef de la maison d'Autriche et comme chef de l'Empire et, dans ce cas, il est clair qu'il n'a voulu que gagner du temps pour se préserver d'une invasion et avoir celui de se mettre en mesure. S'il est encore de mauvaise foi, ce qui est plus probable, sa réponse le sert à merveille..... C'est d'après cette manière de voir sur les projets de l'Empereur que j'ai conseillé au baron [de Breteuil] de ne pas se presser et de bien spécifier dans l'engagement du remboursement des frais, que M. de Mercy lui a demandé, que ce ne serait que lorsque le Roi serait rétabli dans la plénitude de son autorité telle qu'elle était avant la Révolution. M. de Mercy s'est vanté d'avoir fait la réponse de l'Empereur. »

Dans sa quasi-retraite, le comte de Mercy restait le conseiller

---

[1] C'est la réponse du prince de Kaunitz au marquis de Noailles du 18 mars 1792. (Vivenot, *opere citato*, t. I, p. 425.)

Dans une lettre au comte de Mercy du 28 mars le prince de Kaunitz dit que le fond de cette lettre donne satisfaction aux désirs exprimés par le comte de la Marck. (*Ibid.*, t. I, p. 429.)

écouté de la cour de Vienne et de l'empereur Léopold en ce qui concernait les affaires de France, qu'il connaissait mieux que personne. En outre il était chargé de suivre les négociations avec le baron de Breteuil, muni des pleins pouvoirs de Louis XVI, pour régler toutes les questions que soulevait le projet d'invasion de la France par les armées combinées de la Prusse et de l'Autriche. Il est probable que d'habitude il se montrait aussi prudent et aussi modéré qu'il l'avait toujours été jusque-là; mais parfois il se laissait entraîner par l'ardeur bouillante qui animait le baron de Breteuil et le comte de Fersen. Le 8 mars 1792 il aurait joué un rôle presque ridicule dans un entretien avec le baron, que le lendemain M. de Fersen racontait à la Reine en ces termes : « Dans une conversation qu'il [Mercy] a eue avec le baron [de Breteuil] il a été fort bien et il a dit : « *Ce ne sont plus des déclarations qu'il faut, l'Empereur a enfin changé de système.* » — Puis en se levant avec chaleur et montrant son épée : « *C'est de cela qu'il faut, l'Empereur y est décidé et dans peu il y en aura.* » J'aurais bien voulu être témoin de cette vivacité de M. le comte de Mercy; cela devait faire un contraste assez extraordinaire. »

Le même jour, le 8 mars, dans la soirée, à Bruxelles, où cette scène piquante se passait, on apprenait la mort de Léopold II, auquel succédait son fils, François II, dont les idées guerrières étaient bien connues. La guerre devenait inévitable et bientôt le nouveau ministère français forçait Louis XVI à prendre les devants et à la déclarer. Mais même après que les hostilités furent engagées, le comte de Mercy resta encore pendant un certain temps hostile au baron de Breteuil, dont il blâmait l'exagération. Le 10 mai 1792, M. de Fersen écrivait dans son journal : « Il (M. de Mercy) a dit au baron Thugut, que tout ce qu'il craignait était que le baron de Breteuil fût mêlé à tout cela et qu'il fallait l'en exclure. Il lui a dit de dire

INTRODUCTION.

à Vienne où il va, que quoiqu'il fût décidé à se retirer, il resterait à cause de la circonstance si intéressante et où il pourrait être utile; qu'il continuerait à traiter les affaires et qu'il désirait être chargé de faire la paix, mais à condition qu'il eût plein pouvoir de la faire comme il voudrait. Dans ses propos on voit toujours le désir de négocier et de faire un accommodement qui ne serait que mauvais; car il est lié par Laborde avec les constitutionnels Barnave, Lameth, Dupont, etc. »

M. de Fersen se trompait sur les sentiments du comte de Mercy qui n'avait plus de confiance dans aucun parti et qui lui fit peu de temps après une sorte de profession de foi, qui est trop curieuse pour que nous ne la citions pas *in extenso* :

« *16 juin 1792*. — Mercy me parla fort disant qu'on ne pouvait plus négocier avec aucun parti, tous également scélérats et ne voulant que s'emparer du pouvoir; qu'il n'y avait plus que les baïonnettes; que ce serait folie de vouloir de haute lutte rétablir tout sur l'ancien pied; qu'il fallait commencer par créer une autorité, la rendre au Roi, lui donner le droit de paix, de guerre, d'alliances; mettre l'armée et les grâces dans ses mains; rétablir la noblesse dans tous ses droits et prérogatives honorifiques; rétablir un peu le clergé sans lui rendre ses biens et préparer les choses pour que le Roi pût ensuite reprendre peu à peu la même autorité qu'il avait et que dans dix ou quinze ans il aurait. »

Un mois plus tard, M. de Mercy n'était plus tout à fait dans les mêmes idées, comme en témoigne ce passage extrait du Journal de M. de Fersen :

« *9 juillet 1792*. — Vu Mercy. Il est de mon avis qu'il faut être prêt à agir lorsqu'on parlera. La Reine lui demande que, dans le manifeste, on rende Paris responsable du Roi et de sa famille; elle demande s'il ne serait pas bon de sortir de Paris. Il répond «oui» si on est sûr d'un parti pour protéger la sortie et aller alors à Compiègne et appeler les départements d'Amiens et de Soissons. Il me parla bien sur le manifeste, qu'il faut y laisser de l'espoir à tous pour sauver le Roi excepté les factieux; pas parler de la Constitution; qu'il faut lui faire la guerre sans le dire et l'anéantir. Il se plaignit des entours du baron de Breteuil qui empêchent de lui rien confier; que le Roi ne doit pas tout de suite reprendre son autorité, cela est impossible; mais peu à peu; qu'on le calomnie, accuse de froid pour les intérêts de la Reine; que sa correspondance fait foi du contraire; mais qu'il n'ose se livrer aux Français, qui tous, même les aristocrates, ne valent rien; qu'il a toujours écrit à Vienne, mais qu'il ne peut en venir à bout. Il dit cela avec humeur et impatience. »

Cependant encore à la fin d'août 1792, le confident le plus intime de M. de Mercy, le comte de la Marck disait au baron de Breteuil qu'il y aurait des choses de l'ancienne Constitution (de 1791) à conserver. A quoi le baron répliquait par cette déclaration : « Qu'il n'avait pas d'autre projet et qu'il ne pouvait en concevoir un autre que celui de rétablir les choses comme elles étaient auparavant. » C'était là le véritable plan de la Reine qui, docile aux conseils du baron de Breteuil, était d'accord en ce point avec les comtes de Provence et d'Artois. Peu de temps après, le baron de Breteuil se rendait à Verdun, où il arrivait le 6 septembre 1792; aussitôt il se concertait avec les deux frères du Roi qui venaient d'être abandonnés par M. de Calonne et il prenait immédiatement la direction des affaires en se donnant pour règle de conduite le rétablissement pur et simple de l'ancien régime, tel qu'il existait avant la convocation des États généraux. Ce furent les Prussiens qui l'empêchèrent de mettre, tout de suite et sans ménagement, son programme à exécution. Le 12 septembre, dans une lettre au comte de Fersen, il se plaignait amèrement de la répugnance que le duc de Brunswick éprouvait à déployer une grande sévérité contre ceux qu'il appelait *les rebelles* et à lui laisser prendre les mesures qui tendaient au rétablissement de l'antique administration.

Mais quand on connut le résultat des élections pour la Convention nationale, M. de Mercy, lui aussi, devint furieux contre la France et surtout contre Paris. A ce moment, tout le monde, à Bruxelles, croyait au prochain triomphe des armées alliées, qui devaient en une courte campagne s'emparer de la France. Le duc Albert de Saxe-Teschen venait de mettre le siège devant Lille dont on espérait la capitulation à bref délai; on savait que le duc de Brunswick, maître de Verdun, venait de franchir les défilés de l'Argonne et marchait sur Paris, dont la route n'était plus défendue par aucun obstacle; mais l'on ignorait encore que la journée de Valmy avait décidé du sort de la France et de l'Europe. Aussi ne gardait-on plus aucune mesure dans les projets de vengeance contre les partisans de la Révolution et les plus sages donnaient l'exemple. Le 24 septembre M. de Mercy, dans une soirée chez Mme Sullivan, disait «que dans cette affaire la politique n'avait rien à faire; qu'elle devait se taire et qu'il n'y avait que le canon et la baïonnette qui pussent la terminer; que si on n'exterminait pas les Jacobins et on ne faisait pas un exemple de tout ce qui s'est passé en France, tous les pays étaient perdus et seraient plus tôt ou plus tard bouleversés». Et le lendemain ayant chez lui à dîner le comte de Fersen, il lui déclarait «qu'il fallait beaucoup de sévérité et qu'il n'y avait que ce moyen, qu'il fallait mettre le feu aux quatre coins de Paris [1]».

---

[1] Le 9 septembre 1792 l'Empereur avait désigné M. de Mercy pour aller le représenter en qualité d'ambassadeur extraordinaire près le quartier général de l'armée prussienne; mais la prompte retraite du duc de Brunswick ne permit pas à M. de Mercy d'aller prendre possession de son poste.

INTRODUCTION.

Dans sa colère cet homme, qu'on a accusé parfois d'égoïsme, sacrifiait à sa vengeance ce qu'il avait de plus cher au monde : son magnifique hôtel des boulevards et toutes les belles choses qu'il y avait rassemblées avec amour. Il est vrai qu'il venait d'apprendre coup sur coup la journée du 10 août, l'emprisonnement de la Famille Royale au Temple, la déchéance du Roi et la proclamation de la République, ainsi que le pillage de sa maison de Chennevières.

Quelques mois plus tard, M. de Mercy eut de nouveaux motifs personnels de détester encore plus la Révolution, dont les conséquences étaient déjà si fâcheuses pour lui. Le 13 mars 1793 il écrivait au comte de la Marck, qui avait repris son titre de prince Auguste d'Arenberg[1] :

« Depuis quelques jours, mon Prince, il m'est venu de fâcheuses nouvelles pour mes affaires personnelles. Le département de Paris m'a déclaré français et émigré ; et en conséquence

---

[1] Le même jour, M. de Mercy, écrivant au comte L. Starhemberg, ministre impérial à la Haye, lui donnait un peu plus de détails sur la situation de ses biens en France :

« J'ai reçu, disait-il, une lettre de celui de mes secrétaires resté à Paris pour y surveiller mes affaires. Il me mande qu'à titre de représailles, et je ne devine pas leur nature, on confisque tout mon mobilier, qui va être vendu à l'encan ; qu'à titre de possesseur de biens-fonds en France, on me range dans la classe des émigrés ; par conséquent mes terres, mes fonds placés, mes rentes viagères, tout cela est saisi au profit de la Nation ; les effets du secrétaire d'ambassade, du chanceliste, de mes secrétaires particuliers, enfin jusqu'aux actes de l'archive d'ambassade, que le secrétaire a eu l'imprudence de laisser en arrière pour se sauver plus vite, ces objets sont également confisqués ; voilà comme vous voyez une expédition de brigands des plus complètes. Je vous prie de le dire au lord Auckland, pour savoir ce qu'il pense de cette manière de respecter le droit des gens. » (*Briefe des Grafen Mercy d'Argenteau an L. Starhemberg*, Innsbruck, 1884, in-8°, p. 67.)

M. de Mercy ne fut rayé de la liste des émigrés qu'après sa mort, par arrêté du Comité de Salut public en date du 4 ventôse an III et les scellés ne furent levés que le 1er germinal an III, 21 mars 1795, sur sa maison qui portait le n° 24 du boulevard de la Loi.

ma maison, mes effets, mes fonds placés en rentes viagères, mes possessions territoriales, tout a été saisi et ne tardera pas à être confisqué et vendu. Un pareil brigandage est sans exemple. »

Il faisait à ce moment les plus chaudes déclarations au vicomte de Caraman que le baron de Breteuil lui avait envoyé à Wesel pour lui communiquer les propositions de Dumouriez, qui offrait de passer à l'ennemi avec toute son armée. « Il dit qu'il en écrivait à Vienne, appuierait la chose et qu'on donnerait jusqu'à 3 ou 4 millions; mais que, vu les circonstances qui étaient changées, il fallait demander que Dumouriez se laissât prendre avec les deux fils du duc d'Orléans et qu'il livrât une ou deux grandes places; qu'on lui donnerait de l'argent, amnistie pour lui et ceux qu'il indiquerait et l'assurance de quelque grande place au service du Roi. Il fut à merveille sur les affaires de France; il dit qu'il fallait rétablir la royauté, la monarchie, les trois ordres; sans cela la France serait un ver rongeur qui inquiéterait sans cesse toute l'Europe. » Et M. de Fersen, qui nous rapporte cet entretien dans son journal, ajoute méchamment : « On suppose que d'avoir été déclaré citoyen français et d'avoir tout perdu lui a donné ces bonnes dispositions. » Quoique cela, M. de Fersen et le baron de Breteuil n'avaient pas grande confiance dans le zèle absolutiste du comte de Mercy et dans les conseils qu'il pourrait donner à la Reine, lorsque la défection de Dumouriez et de son armée aurait rendu les troupes alliées maîtresses de Paris et de la France. A la date du 7 avril 1793, M. de Fersen écrit sur son journal : « Je proposai au baron de Breteuil d'envoyer quelqu'un qui pût voir la Reine au moment de sa délivrance pour l'instruire de sa position et lui donner des conseils sur ce qu'elle aurait à faire en opposition avec ceux que M. de Mercy ne manquerait pas de lui envoyer par écrit. Il goûta mon idée et l'évêque de Pamiers devait partir le lendemain. » Mais l'armée de Dumouriez ne voulut pas suivre son général, qui presque seul passa à l'ennemi et tous ces projets s'en allèrent à vau-l'eau.

A cette époque (mars-avril 1793) M. de Mercy venait d'être désigné par l'Empereur pour aller à Londres s'entendre avec le ministère anglais sur les affaires les plus importantes du moment et notamment sur les entreprises de la Russie et de la Prusse en Pologne[1]. Mais cette mission déplaisait fort à M. de Mercy qui, pour y échapper, fit valoir que la confiscation de tous ses biens l'avait ruiné; il demanda même un traitement extraordinaire, sous prétexte qu'il était sans ressources et que ce voyage à Londres lui causerait de grands frais[2]. On se passa de lui; le comte Louis Starhemberg fut envoyé de la Haye à Londres et ce fut par l'intermédiaire de ce jeune diplomate que M. de Mercy conduisit les négociations avec le cabinet de Saint-James. Peu après, en avril 1793, il reçut une nouvelle destination qui lui convenait mieux; il fut attaché au quartier général du prince de Cobourg en qualité de ministre chargé des affaires politiques, le commandant en chef ne conservant plus que les affaires militaires. Dans la lettre qu'il écrivit à ce général pour lui annoncer cette adjonction, l'Empereur s'exprimait en ces termes :

« J'ai résolu de confier tout ce qui regarde les négociations et correspondances quelconques avec les étrangers à mon ancien ambassadeur en différentes cours, le comte de Mercy. Dans la partie dont je le charge sont comprises particuliè-

---

[1] La lettre de l'Empereur au comte de Mercy du 18 mars 1793 et l'instruction y jointe ont été publiées par M. de Vivenot, dans son recueil *Quellen zur Geschichte der Deutschen Kaiserpolitik OEsterreichs*, Wien, 1874, in-8°, tome II, p. 503 et suivantes.

[2] Ceci ressort d'une lettre éplorée de Thugut à Mercy, du 14 avril 1793, publiée par M. de Vivenot : *Vertrauliche Briefe des Freiherrn von Thugut*, Wien, 1872, in-8°. t. I, p. 405.

rement toutes les négociations et conférences quelconques, auxquelles les événements pourront encore donner lieu avec les Français, de sorte que tout ce qui a trait à des objets politiques doit être traité par la seule voie du comte de Mercy... C'est avec le même comte de Mercy que vous vous entendrez sur toutes les demandes et les démarches à faire en Angleterre, en Hollande et ailleurs sur les objets relatifs aux intérêts de mon service et propres à faciliter vos opérations et les progrès de mes armes, et mon susdit plénipotentiaire de Mercy aura soin de donner à mes ministres à Londres et à la Haye et auprès des différentes autres cours les directions les plus analogues aux vues et aux désirs que vous lui aurez fait connaître et il vous informera du résultat des diverses négociations qui auront lieu en conséquence. Je désire qu'en toute occasion vous regardiez le comte de Mercy comme un ministre dont la longue expérience, les lumières et l'exacte connaissance de la nation française méritent justement ma confiance et qu'en conséquence vous concertiez avec lui tous les objets qui concernent mon service politique [1]. "

Mais cette mission était mal définie et M. de Mercy dut bientôt faire observer à la cour de Vienne qu'elle avait quelque chose de plus apparent que réel : « Je suis, disait-il, assez en évidence pour être un point de mire aux malveillants; mais il n'est pas moins vrai qu'aucune espèce d'exécution ne dépend de moi; ma position est telle que le public et même les cours étrangères doivent me supposer un rôle actif, influent, par cela même responsable, tandis qu'en fait je ne puis rien et qu'en supposant que je fusse environné de fautes de tous les genres, il ne serait pas en ma puissance d'en empêcher aucune [2]. "

---

[1] *Quellen zur Geschichte der Deutschen Kaiserpolitik OEsterreichs*, t. III, Wien, 1882, in-8°, p. 40.

[2] Le comte de Mercy au baron de Thugut; Bruxelles, 31 août 1793. (*Ibid.*, t. III, p. 238.)

A l'appui de cette déclaration, M. de Mercy citait ce qui s'était passé après la prise de Valenciennes (28 juillet 1793), dont le siège, malgré toutes ses instances les plus pressantes, avait été conduit suivant toutes les règles de l'art, mais avec une lenteur qui rappelait le siège de Troie[1]. Il aurait voulu que le prince de Cobourg fît aussitôt le siège de Cambrai, qui aurait pu être emporté rapidement et que, sans même attendre la chute de cette place, un fort corps de cavalerie fît une pointe sur Paris à travers les plaines qui, par suite de l'investissement de Cambrai, étaient ouvertes et sans défense. Il croyait que l'apparition de ces masses de cavalerie aux portes de la capitale «pourrait calmer les fureurs du parti révolutionnaire et sauver peut-être la vie de la Reine». La lettre pressante[2] qu'il adressa à ce sujet au commandant en chef se terminait ainsi : «Laissez-moi seulement vous parler des regrets que tous nous pourrions éprouver un jour d'être restés dans l'inaction à un pareil moment. La postérité pourrait-elle croire qu'un si grand attentat a pu être consommé à quelques marches des armées victorieuses de l'Autriche et de l'Angleterre, sans que ces armées aient tenté quelques efforts pour l'empêcher.»

Le prince de Cobourg n'osa pas prendre une initiative aussi hardie. Il laissa les Anglais le quitter pour aller assiéger Dunkerque et lui-même entreprit le siège des places de la Sambre sans plus s'occuper de Marie-Antoinette.

---

[1] «Le siège de Valenciennes traîna pendant quarante-cinq mortels jours. Les ingénieurs autrichiens semblaient avoir appris dans l'histoire du siège de Troie leur méthode d'attaquer les places.» De Pradt, *La Belgique de 1789 à 1794*, p. 95.

[2] M. de Mercy au prince de Cobourg, 10 août 1793. (*Apud* Bacourt, *Correspondance du comte de la Marck*, t. III, p. 400.) La Reine, citée devant le tribunal révolutionnaire, avait été transférée le 3 août à la Conciergerie.

En vain M. de Mercy avait-il écrit au baron de Thugut le 17 septembre pour lui rappeler que la situation de la Reine s'était aggravée au point de donner lieu aux inquiétudes les plus cruelles et les mieux fondées. Ses instances étaient restées infructueuses. Cependant il était allé jusqu'à dire au ministre : « Le chef de l'auguste maison d'Autriche, le neveu de l'auguste fille de Marie-Thérèse, destinée à monter sur l'échafaud de son époux, n'a-t-il pas des soins particuliers à remplir que la politique ne saurait condamner et qui ne contrarient même point la politique? Ne convient-il pas qu'il soit prouvé à la postérité que, la Reine étant menacée au point où elle l'est, S. M. l'Empereur a fait quelques démarches d'éclat pour la sauver? Quelque rebattues que soient les déclarations, quelque peu porté que j'aie toujours été moi-même à les provoquer, elles pourraient cependant dans ce cas extrême devenir, sinon efficaces, au moins une preuve manifeste que l'on a tout tenté et voulu éloigner un si grand forfait. »

Il n'obtint même pas cette satisfaction platonique. Le baron de Thugut était un homme trop pratique pour faire une démarche inutile. Mais jusqu'au dernier moment le comte de Mercy, sans se décourager, ne cessa de proposer au cabinet de Vienne des expédients pour sauver la Reine. Le 11 octobre, cinq jours seulement avant la mort de Marie-Antoinette, il écrivait encore à ce sujet au baron de Thugut, si bien que ce ministre impatienté s'oubliait au point de parler, en désignant M. de Mercy, « des plaintes éternelles de ces Messieurs qui déplorent sans cesse les maux sans indiquer jamais aucun moyen d'y remédier[1]». Cependant le comte de Mercy, quoi qu'il fît, ne parvenait pas à donner satisfaction au zèle inquiet du comte de Fersen et du baron de Breteuil. Dans son journal, M. de

---

[1] Thugut à Colloredo, le 28 octobre 1793, *apud* Vivenot, *Vertrauliche Briefe von Thugut*, t. I, p. 57.

INTRODUCTION.

Fersen maltraite singulièrement le fidèle ambassadeur qu'il semble rendre responsable de la mort de la Reine; il se plaint de ses lenteurs, de sa timidité et il termine par cette phrase cruelle : « Quels reproches M. de Mercy n'aura-t-il pas alors à se faire, lui qui a fait perdre huit jours par son séjour à la campagne et quatre autres depuis par toutes les difficultés qu'il a faites? Cela fait horreur à penser[1]! »

Rien de plus injuste que cette accusation. M. de Mercy était plus que personne au monde dévoué et attaché à la Reine et la mort de Marie-Antoinette lui causa la plus vive et la plus profonde douleur; mais sa longue expérience des hommes et des choses ne lui permettait pas de partager les folles espérances et de s'associer aux projets chimériques d'hommes aussi violents et aussi dépourvus de sens pratique que l'étaient le comte de Fersen et le baron de Breteuil, auxquels, pour son malheur et celui de la France et de l'Europe, Marie-Antoinette avait depuis deux ans donné toute sa confiance au détriment du vieux et fidèle conseiller et directeur de sa jeunesse. De là leur jalousie et leurs récriminations.

Il faut dire toutefois qu'il y avait entre MM. de Mercy et de Breteuil un autre sujet de mécontentement. A cette époque il n'était pas d'usage de faire la guerre pour un principe, pour une idée, sans chercher à en tirer un bénéfice immédiat, un avantage solide. La cour de Vienne, en prenant les armes pour rétablir Louis XVI et plus tard son fils dans la plénitude de l'autorité royale, espérait y trouver une occasion de s'agrandir aux dépens de la France. M. de Breteuil connaissait trop les idées qui régnaient dans toutes les chancelleries pour espérer obtenir le concours des Puissances sans leur promettre des

---

[1] Klinckowström, *Fersen et la cour de France*, t. II, p. 92; à la date du 13 septembre 1793. Il s'agissait d'un projet ridicule de négociation avec Danton pour obtenir la déportation de la Reine.

cessions de territoire et il avait fini par déterminer Marie-Antoinette et Louis XVI à se résigner à ce sacrifice. Toute la question était de savoir quelle serait l'étendue des provinces à céder aux alliés. M. de Breteuil, en septembre 1793, paraissait fait à l'idée de la perte des Pays-Bas français, Artois, Flandres, Hainaut et Cambrésis; mais il espérait encore que l'Empereur s'en contenterait et ne porterait pas ses vues sur la Picardie[1]. Qu'aurait-il dit s'il eût connu exactement les projets que formait M. de Mercy en bon serviteur de la maison de Habsbourg? A cette époque l'ancien ambassadeur impérial près la cour de Versailles était exaspéré contre la France, qu'il rêvait de réduire à l'impuissance pour le reste des siècles. Il ne s'agissait de rien moins que d'étendre les Pays-Bas autrichiens jusqu'à la Somme; des sources de cette rivière la frontière devait aller rejoindre la Meuse vers Sedan ou Mézières. La Lorraine et l'Alsace devaient être aussi enlevées à la France et être échangées contre la Bavière, qui serait réunie à l'Autriche[2].

Les succès considérables remportés par les armées françaises à Hondschoote, à Wattignies, à la fin de la campagne de 1793, ne firent qu'exaspérer davantage le comte de Mercy. D'accord avec le général Mack, le prince de Cobourg et l'archiduc Charles, il suppliait l'Empereur de faire porter le principal effort de ses armées sur les Pays-Bas pour être en état non seulement de résister aux Français, qui y concentraient toutes leurs forces, mais de marcher en avant sur Cambrai et sur Paris. Afin de décider l'Empereur à adopter ce plan de campagne, il déclarait

---

[1] Journal du comte de Fersen, à la date du 22 septembre 1793, *opere citato*, t. II, p. 87.

[2] M. de Mercy au baron de Thugut le 15 juin 1793; *Quellen zur Geschichte der Deutschen Kaiserpolitik Œsterreichs*, t. III, p. 112. Cf. ce projet de démembrement avec la lettre du comte L. de Starhemberg au baron de Thugut du 12 juillet 1793. *Ibid.*, t. III, p. 147.

que cette lutte sanglante ne pouvait cesser que par l'abaissement, la presque destruction de la France ou par celle de toutes les monarchies. « Nul milieu, disait-il, entre ces deux extrêmes; l'empire du crime ne connaît pas de limites; la contagion une fois impunie et légitimée n'a plus de ligne de démarcation. V. M. connaît plusieurs époques où l'Europe entière a été bouleversée; mais ni les conquêtes des Romains, ni l'invasion des peuples barbares ne peuvent donner l'idée des malheurs qu'une nation d'athées et d'assassins, poursuivant sur toute la terre les rois, les prêtres, les nobles et les riches, prépare aux générations futures. Quand cette nation féroce prend pour devise de vaincre ou de mourir, elle impose la même alternative, elle prescrit la même loi à toute l'Europe [1]. »

La peur et peut-être aussi la perte de presque tous ses biens avaient fait perdre à M. de Mercy toute mesure. Cela n'échappa pas à l'abbé de Pradt, un des rares émigrés qui aient témoigné une respectueuse estime pour le caractère, le jugement et les opinions du comte de Mercy qu'il voyait souvent à Bruxelles pendant l'hiver 1793-1794. « La peur, dit-il, arrachait quelquefois au comte de Mercy des aveux amusants par le principe qui les dictait et par la forme dont ils étaient revêtus. Il revenait souvent sur la ruine dont la Révolution française le menaçait..... Il y avait dans cet homme quelque chose du poltron révolté par avarice [2]. » Cependant ce même abbé de Pradt déclare « que M. de Mercy, que les émigrés ne cessaient d'accuser de froideur dans leur cause et de traiter de monarchien, locution

---

[1] M. de Mercy à l'Empereur, 9 mars 1794; *Quellen zur Geschichte der Deutschen Kaiserpolitik OEsterreichs*, t. IV, p. 129.

[2] De Pradt, *opere citato*, p. 94. A en croire l'abbé de Pradt, lorsque le comte de Montgaillard, en arrivant de Paris, alla présenter ses hommages à M. de Mercy, la première question de l'ancien ambassadeur aurait concerné son hôtel de Paris et son mobilier. *Ibid.*, p. 99.

élégante et honnête qui équivalait à celle de libéral d'aujourd'hui (1817), était au contraire le seul ministre actif dans cette affaire et peut-être à cette époque le seul éclairé [1] ».

Ce jugement est certes bien fondé. Quels que fussent les motifs qui lui eussent ouvert les yeux, M. de Mercy était dans le vrai, lorsqu'au mois de mars 1794 il signalait avec force à l'Empereur les dangers que faisait courir à la coalition la puissance des armées françaises qu'il estimait à leur juste valeur. « On a imaginé, disait-il, que les troupes françaises n'étaient qu'un ramassis de bandes indisciplinées et méprisables et l'on s'est trompé; chaque jour les troupes s'exercent; elles s'aguerrissent; elles sont dirigées par les anciens corps de l'artillerie et du génie; elles ont pour chefs, pour officiers, tous les hommes non décorés, qui faisaient la véritable force de l'ancienne armée royale [2]. » Mais la cour de Vienne était alors presque réduite à l'impuissance; elle n'avait pas le sou et la Prusse profitait de la situation embarrassée de sa rivale; elle s'entendait avec la Russie pour partager les derniers morceaux du royaume de Pologne et elle posait à l'Empereur des conditions inacceptables pour prix des secours qu'il lui demandait. Tout ce que put obtenir M. de Mercy fut la visite que fit François II aux Pays-Bas au printemps de l'année 1794, en compagnie du baron de Thugut. La présence de ce ministre et de sa chancellerie amena un petit conflit avec M. de Mercy.

Au commencement du mois de mai 1794 le quartier général s'établit à Valenciennes où le suivirent MM. de Thugut et de Mercy. Les bureaux du premier devaient être installés dans une vaste maison, où un logement convenable pouvait lui être également affecté; en arrivant à Valenciennes, M. de Thugut se fit conduire directement à cette maison, appartenant à un sieur

---

[1] De Pradt, *opere supra citato*, p. 99. — [2] M. de Mercy à l'Empereur, 9 mars 1794, *loco supra citato*, p. 129.

Tison. Mais quelle fut sa surprise d'apprendre que ses collaborateurs, peu d'heures après leur installation, avaient été obligés de déménager par ordre du commandant de la ville pour faire place au comte de Mercy, qui avait besoin d'une grande cuisine, comme celle qui était dans cette maison! Le baron de Thugut fut vivement froissé. Le 5 mai 1794 il racontait longuement cette aventure à M. de Colloredo et il terminait sa lettre en disant : « Et voilà, je crois, la première fois que le département des Affaires étrangères de S. M. a été déplacé pour des raisons de cuisine. Quoique je connaisse depuis bien longtemps l'égoïsme de mon ancien et respectable ami, M. de Mercy, cependant j'aurais bien de la peine à m'imaginer qu'il eût trempé dans cette manigance et que ce fût exprès pour ce motif qu'il s'est tant pressé de partir du Cateau pour me prévenir à Valenciennes[1]. » Le baron de Thugut était sans doute encore sous cette impression quand le 23 juin 1794 il écrivait : « M. de Mercy conserve toujours sa tête; mais il faut dans de certaines occasions de l'énergie [et point cette vive sollicitude pour ne pas perdre aucun de ses meubles, pour ne pas abandonner une casserole, etc.][2]. » Ce n'était là qu'une boutade, dont son auteur reconnut lui-même l'injustice puisqu'en se relisant il supprima la partie entre crochets. M. de Mercy, d'ailleurs, allait bientôt prouver que lorsqu'il le fallait il était capable de tout sacrifier, même sa vie, pour le service de son souverain.

Les prévisions pessimistes, exposées avec tant de force par M. de Mercy dans sa lettre à l'Empereur du 9 mars 1794, se réalisèrent à bref délai. La Flandre fut envahie par les Français, qui s'emparèrent, presque sans coup férir, des Pays-Bas. Après la journée de Fleurus, qu'avait précédée la capitulation

[1] Vivenot, *Vertrauliche Briefe des Freiherrn von Thugut*, t. I, p. 93. — [2] *Ibid.*, p. 109.

INTRODUCTION. LXXIII

de Charleroi, l'armée impériale dut évacuer Bruxelles précipitamment et peu après se retirer derrière la Meuse. Bientôt on dut même craindre qu'elle ne fût obligée de repasser le Rhin. Pendant cette retraite M. de Mercy fit preuve de la plus grande énergie. Mais en vain conseillait-il de prendre les mesures les plus vigoureuses; il ne réussit même pas à empêcher une retraite désordonnée. «Je tiendrai à Bruxelles, disait-il, aussi longtemps que je le pourrai; seul contre tous j'y soutiendrai mes opinions; mais j'entrevois le moment où, entraîné par le flot, je n'aurai plus le moyen d'y résister [1].» Il quitta Bruxelles l'un des derniers et il alla mettre en sûreté ses papiers et ses effets à Brühl près de Cologne, où Mlle Rosalie Levasseur s'installa avec lui. C'est là qu'il était lorsqu'à la fin de juillet, il reçut de l'Empereur l'ordre de se rendre sur-le-champ à Londres pour s'entendre avec le cabinet de Saint-James sur les moyens de continuer la guerre et de reprendre l'offensive.

Bien que brisé par les fatigues et le chagrin que lui avaient causés cette série de revers décisifs et cette retraite précipitée, bien qu'en proie aux plus vives inquiétudes sur le sort de son jeune fils, qu'il avait laissé en France [2], M. de Mercy se mit en route immédiatement. Le 27 juillet 1794, il écrivait de Brühl au baron de Thugut: «Je ne puis exprimer à V. Exc.

---

[1] M. de Mercy au baron de Thugut, le 26 juin 1794. *Quellen zur Geschichte der Deutschen Kaiserpolitik OEsterreichs*, t. IV, p. 301.

[2] Le 5 septembre le duc Albert de Saxe-Teschen écrivait à sa femme: «Je n'ai pu lire sans émotion ce que vous me mandez sur l'aventure du fils qu'il [Mercy] avait fait chercher en France. Mais aussi comment pouvait-il y laisser si longtemps un dépôt aussi précieux, tandis qu'il avait mis tant de soin à en retirer tous ses autres effets?» *Quellen zur Geschichte der Deutschen Kaiserpolitik OEsterreichs*, t. IV, p. 422. Malheureusement la lettre de l'archiduchesse Christine, qui a provoqué cette réponse, n'existe plus, ainsi que toutes celles écrites par cette princesse à son mari à cette époque.

les embarras inextricables que me cause l'ordre de S. M. de me rendre à Londres; mais j'obéis, et cela dans les vingt-quatre heures, presque malade d'inquiétudes et de tracas, ayant partie de mes effets éparpillés sur le Rhin et les laissant exposés à devenir peut-être la proie des brigands ennemis. Je fais ce voyage en calèche de poste avec un valet de chambre, un domestique, privé de tout ce qui pourrait me procurer les moindres aisances; je ne prends pas même le chanceliste Hoppe; tout cela me deviendra supportable, si mon expédition a quelque succès [1]. » Il arriva le 2 août à l'embouchure de la Meuse, au port d'Helvœtsluis, où il fut retenu pendant plus de dix jours par les vents contraires; plus de deux cents passagers se trouvaient entassés dans ce petit endroit où manquaient les logements et les choses les plus nécessaires [2]. Enfin M. de Mercy put s'embarquer et, après avoir été trois jours et demi en mer, il arriva à Londres le 19 août dans la matinée; mais il fut saisi immédiatement d'une fièvre très forte qui l'obligea à garder le lit [3]. Cependant, quoique se plaignant d'une assez grande faiblesse, il se refusa opiniâtrement à voir des médecins. Il fallut que le ministre impérial à Londres, le comte Louis de Starhemberg, qui le soignait avec le plus grand dévouement, usât de ruse pour lui amener deux médecins qui déclarèrent tout de suite qu'il y avait possibilité de danger, mais qu'il n'était point encore imminent. Ce fut seulement le 24 au matin que la maladie prit un caractère alarmant et le 25 M. de Mercy succomba [4].

C'était une grande perte pour l'Empereur et la monarchie

---

[1] *Quellen zur Geschichte der Deutschen Kaiserpolitik OEsterreichs*, t. IV, p. 363.
[2] *Ibid.*, p. 379.
[3] Le comte Louis de Starhemberg au baron de Thugut, Londres, le 19 août 1794. *Ibid.*, p. 389.
[4] Le comte de Starhemberg au baron de Thugut, 26 août 1794. *Ibid.*, p. 402.

autrichienne; car M. de Mercy était, de tous les ministres de la cour de Vienne, celui qui connaissait le mieux la France et les Français, et sa grande expérience des affaires, jointe à sa prudence et à la sûreté de son jugement donnait à ses avis une autorité reconnue. Le duc Albert de Saxe-Teschen écrivait le 4 septembre 1794 à sa femme l'archiduchesse Marie-Christine, à propos de la mort du comte de Mercy : «Nous perdons un ami qui, s'il est peut-être la première origine et cause des désagréments et revers que nous avons essuyés dans ces derniers temps, nous a été du moins aussi attaché qu'un ministre peut jamais l'être et qui, s'il a mal vu les choses et fait en conséquence des faux pas dans plusieurs affaires, a du moins été guidé toujours par le zèle le plus pur pour les intérêts de son souverain et par le dévouement tout particulier au sang de Marie-Thérèse. Je ne vois pas au reste qu'avec tous les défauts qu'on puisse lui reprocher nous ayons en ce moment dans notre monarchie, au seul maréchal Lacy près, une seule tête qui, après la mort du prince de Kaunitz, valût la sienne [1].» Le baron de Thugut lui-même, que nous avons vu juger si sévèrement son vieil ami, écrivait le 25 septembre 1794 au comte Colloredo : «En général la mort de M. de Mercy est un malheur irréparable [2].»

Cette perte fut encore plus vivement ressentie par tous ceux dont M. de Mercy avait su se concilier l'affection par la bonté de son caractère et la douceur de ses mœurs. L'attachement de Mlle Rosalie Levasseur pour son fidèle amant était si connu que le duc Albert de Saxe-Teschen écrivait à l'archiduchesse Marie-Christine, à propos de la mort de M. de Mercy : «Je ne puis penser à sa bonne amie sans être touché au dernier point.

---

[1] Archives de S. A. I. et R. l'archiduc Albert à Vienne. — [2] *Vertrauliche Briefe des Freiherrn von Thugut*, t. I, p. 139.

La douleur qu'éprouve le secrétaire Hoppe fait honneur à celui-ci et au ministre qu'il a servi [1]. »

M. de Mercy laissait un fils; mais comme cet enfant était né de sa liaison irrégulière avec Mlle Levasseur, il ne l'avait pas reconnu et ne lui avait pas donné son nom. En quittant Brühl, M. de Mercy avait remis à sa fidèle compagne un testament volumineux, que Mlle Levasseur s'empressa d'envoyer à Vienne au baron de Thugut, par l'intermédiaire du commis Hoppe. Mais les archives impériales de Vienne n'ont même plus une copie de cet acte et nous n'en connaissons qu'un passage insignifiant [2]. Tout ce que nous savons, c'est que la plupart des propriétés de M. de Mercy passèrent à l'un de ses petits-cousins de la famille d'Argenteau, lequel prit le nom et les armes de Mercy. C'est au représentant de cet héritier que les archives impériales remirent en 1857 tous les papiers privés de l'ancien ambassadeur de l'Empereur en France; mais elles ont conservé et elles conservent encore précieusement ses dépêches d'office et ses lettres confidentielles aux souverains et à leurs ministres sur les affaires d'État; ce sont surtout ces documents qui ont aujourd'hui le plus grand intérêt pour l'histoire et les historiens.

[1] *Quellen zur Deutschen Kaiserpolitik OEsterreichs*, t. IV, p. 422. Les lettres écrites au comte Louis de Starhemberg par Mlle Levasseur et par Hoppe à l'occasion de la mort de M. de Mercy se trouvent dans la publication du comte Thürheim : *Briefe des Grafen Mercy-Argenteau an Grafen Louis Starhemberg*, Innsbruck, 1884, in-8°, p. 261 à 268.

[2] Il se trouve à la page 218 de la *Vie du comte de Mercy-Argenteau*, par M. Juste, auquel l'avait communiqué l'héritier de l'ancien ambassadeur.

INTRODUCTION.

VI

Nous ne parlerons ici que des correspondances de M. de Mercy intéressant les affaires de France. Elles peuvent se diviser en deux grandes catégories, les dépêches d'office et les lettres confidentielles. Les dépêches d'office se divisent elles-mêmes en dépêches hebdomadaires envoyées par la poste et en dépêches mensuelles et extraordinaires expédiées par courriers ou par des occasions sûres. Les premières n'ont pour ainsi dire pas de valeur. M. de Mercy lui-même en jugeait ainsi et il expliquait leur insignifiance par les raisons suivantes : « Sans risquer, disait-il, de compromettre le bien du service, il serait impossible de confier à la voie ordinaire de la poste une correspondance qui contiendrait des particularités qui devraient rester secrètes. Je sais de toute certitude que l'on a ici des déchiffreurs si habiles qu'il n'y a aucun chiffre dont ils ne parviennent en fort peu de temps à se procurer la clef et cette notion me cause tant de gêne et d'embarras que je suis réduit à adresser chaque semaine à la chancellerie d'État par la poste ordinaire des lettres si courtes et si sèches que je serais honteux de les présenter dans cet état, si je ne me croyais justifié par le motif[1]. » Encore en novembre 1783, M. de Mercy écrivait la même chose à Joseph II pour expliquer l'aridité de ses rapports expédiés par la poste. Bien mieux il allait jusqu'à présenter dans ces dépêches les faits sous un jour avantageux, quitte à dire le contraire dans ses rapports mensuels, qui étaient toujours confiés à des courriers; cette contradiction était voulue; comme il

---

[1] Le comte de Mercy à l'Impératrice, le 16 juin 1773, dans le Recueil de MM. d'Arneth et Geffroy, t. I, p. 469.

LXXVIII INTRODUCTION.

était certain que ses dépêches étaient ouvertes à la poste, il s'arrangeait de façon à ce que leur lecture ne pût lui nuire près des membres du gouvernement; mais il avait soin de prévenir le Chancelier de cette petite ruse de guerre, comme le témoigne ce passage extrait d'un de ses rapports par courrier [1]. Il ne faut donc pas tenir compte des appréciations qui peuvent se trouver dans les dépêches hebdomadaires par poste; on ne doit y chercher que la simple indication des faits et encore faut-il en user avec précaution.

Il en est tout autrement des rapports principaux [Hauptberichte] que M. de Mercy envoyait régulièrement au Chancelier par les courriers mensuels et parfois par des courriers extraordinaires ou par des occasions sûres. Dans ces dépêches, qui presque toujours sont très volumineuses, il y en a qui n'ont pas moins de 80 pages in-folio, M. de Mercy écrit tout ce qu'il sait, tout ce qu'on lui a dit et tout ce qu'il a pu apprendre de bonne source et il y joint ses appréciations. Bien qu'il se fût assuré les meilleurs moyens d'information, comme nous l'avons dit plus haut, il était si prudent que souvent il laissait passer un ou deux mois avant de faire mention de nouvelles même importantes; car avant tout il voulait être assuré de l'exactitude de ce qu'il mandait au prince de Kaunitz, son maître et protecteur bien-aimé. Cependant il lui arrivait parfois d'être obligé de rectifier ce qu'il avait écrit dans des dépêches antérieures; il le faisait toujours franchement et sans fausse

[1] Wenn ich zu Zeiten in meinen wochentlichen Postschreiben, so wie eben noch lezthin erfolget, die hiesige Vorfallenheiten unter einem sehr vortheilhaften und solchen Gesichtspunkte, den manchmal nach der Hand mein folgender Hauptbericht in einem widersprechenden Lichte anzeigt, darstelle, solches wohlbedæchtlich und zwar aus vorausgesetzter Gewissheit geschehe, dass besagte Schreiben auf dem hiesigen Postamte eröffnet werden und folglich in einem solchen Sinne verfasst werden müssen, um unanstösslich hier gelesen werden zu können. (Archives de Vienne, Mercy à Kaunitz, 7 mai 1787.)

INTRODUCTION. LXXIX

honte, tellement il aimait la vérité et tellement il était soucieux de ne donner à ses souverains et à son chef que des nouvelles certaines. Pour se procurer des notions sûres, il ne reculait devant aucun moyen; il ne se contentait pas des confidences de la Reine et des ministres, des révélations de l'abbé de Vermond et des renseignements qu'il pouvait recueillir par lui-même dans les sociétés où il vivait et principalement dans la maison de M. de Laborde; il faisait comme tout le monde; il corrompait les domestiques des gens en place et les agents des ministres. Il avait en outre, même dans les plus hautes sphères du Gouvernement et de la Cour, des amis qui le renseignaient fidèlement, lorsque Marie-Antoinette, alors dauphine, ne pouvait pas encore le faire. En employant des moyens analogues, l'ambassadeur de France à Vienne, le prince de Rohan, avait découvert l'importance des renseignements fournis par M. de Mercy à sa Cour et il en avait averti Louis XV [1]; mais cela n'avait pas gêné l'ambassadeur impérial qui avait continué à être informé de tout ce que faisait et disait le ministère de Versailles.

Afin de tirer le meilleur parti possible de toutes les notions qu'il s'était procurées, M. de Mercy n'attendait pas jusqu'au moment du départ du courrier pour rédiger ses grands rap-

---

[1] «Par l'interception de la correspondance particulière de M. de Mercy avec le prince de Kaunitz, j'appris que l'ambassadeur impérial avait à sa dévotion un vieux argus qui lui donnait avis de l'arrivée des courriers, de la sensation que les dépêches apportées par eux avaient faite dans les bureaux et dans l'intérieur du Ministre et de plus un ami zélé qui, par son rang, sa naissance et ses liaisons à la Cour, était à portée de donner des renseignements vrais et importants sur les opérations du Ministère français. C'est par cet ami que M. de Mercy apprenait et mandait ici des particularités et des phrases entières de mes dépêches à M. le duc d'Aiguillon.»

Mémoire du prince Louis de Rohan à Louis XVI, du 4 juillet 1774. *Apud* Boutaric. Correspondance secrète, t. II, p. 378.

ports. Il les écrivait à plusieurs reprises, quitte à ne pas suivre un ordre parfaitement méthodique; souvent, en effet, il avertit le Chancelier qu'il en était arrivé à la rédaction de cette portion de sa dépêche, lorsque tel jour il avait reçu tel courrier dont l'arrivée l'avait obligé à faire telle démarche ou à avoir avec le ministre une nouvelle conférence, dont il allait rendre compte. Par exemple, le 8 décembre 1784, il avait déjà rédigé une bonne partie du rapport qu'il n'expédia que le 31 du même mois; il allait commencer la rédaction du paragraphe marqué de la lettre O, lorsque le 8 décembre il avait reçu le courrier qui lui avait apporté les instructions du prince de Kaunitz en date du 1er du mois. Dans les paragraphes marqués de A à N, il rendait compte de ce qu'il avait appris et de ce qu'il avait fait et dit du 2 au 8; il continua, et le 21 décembre il en était arrivé au paragraphe marqué F. f., lorsqu'il reçut un nouveau courrier. Pour remédier à ce défaut de méthode, qui parfois dans ces longs rapports aurait pu jeter un peu de confusion, chaque paragraphe était marqué d'une lettre correspondant à une analyse sommaire placée à la fin de chaque dépêche par la chancellerie de l'ambassade.

Pour l'aider dans la rédaction de ces dépêches si considérables et des notes et autres mémoires qu'il avait à faire pour le ministère de Versailles, pour le cabinet de Vienne et le gouvernement général des Pays-Bas, M. de Mercy n'avait près de lui qu'un secrétaire d'ambassade et un chanceliste ou expéditionnaire, car il n'osait pas employer à ses travaux officiels ses secrétaires particuliers qui s'occupaient uniquement de ses affaires privées. Il en résultait que les dernières journées qui précédaient le départ de chaque courrier étaient très dures pour M. de Mercy. Mais cet homme, qui aimait tant le bien-être et le confort, négligeait même sa santé lorsqu'il s'agissait de son devoir. On peut être certain qu'il n'a jamais négligé ses dépêches;

INTRODUCTION.

pour les achever de la façon la plus soignée, il allait jusqu'à passer les nuits, ce qu'il faisait sans se plaindre chaque fois que le bien du service le demandait. Aussi ces dépêches de M. de Mercy sont-elles aussi complètes que possible. Les rapports, émanant d'un observateur aussi prudent, aussi clairvoyant et aussi bien informé que l'était cet éminent diplomate, sont des documents historiques de tout premier ordre et nous sommes heureux de pouvoir annoncer ici qu'il en paraîtra bientôt dans cette collection une analyse détaillée avec de nombreux extraits[1]. Les dépêches d'office sont rédigées en allemand, tandis que les lettres confidentielles, dont nous allons parler, sont en français.

Tous les historiens connaissent la correspondance secrète de M. de Mercy avec l'impératrice Marie-Thérèse que MM. d'Arneth et Geffroy ont publiée en 1875 et nous n'avons pas besoin d'en indiquer ici l'importance. Il nous suffira de rappeler qu'on ne pourrait pas juger exactement le rôle de la reine Marie-Antoinette uniquement avec cette correspondance secrète; car M. de Mercy insérait surtout dans ses dépêches d'office par courrier ce qui concernait l'action politique de la Reine. Il fait connaître lui-même dans une lettre à l'Impératrice la règle qu'il avait adoptée : « Tout ce qui tient au personnel de la Reine deviendra la matière de mes très humbles rapports (secrets). La conduite de la Reine en tant qu'elle pourra influer dans les objets majeurs étant du ressort de la politique et pouvant devenir utile aux combinaisons qu'elle exige, il paraît convenir au bien du service que cette partie se trouve déduite

---

[1] Par décision en date du 12 octobre 1890, M. le Ministre de l'Instruction publique, sur la proposition du Comité des Travaux historiques, a ordonné la publication de la *Correspondance des ambassadeurs impériaux en France au XVIII° siècle* dans la *Collection des documents inédits sur l'histoire de France*, et en a chargé M. J. Flammermont.

dans mes dépêches d'office[1]. » En outre, M. de Mercy rectifie souvent ce qu'il écrit à l'Impératrice dans ses lettres particulières au prince de Kaunitz et il y réduit à leur véritable importance les défauts de conduite qu'on pourrait reprocher à Marie-Antoinette; aussi ses lettres à Kaunitz nous paraissent-elles comme le correctif inséparable de ses lettres à Marie-Thérèse; on trouvera à l'appendice de notre recueil toutes celles qui nous ont été conservées.

Après la mort de Marie-Thérèse, M. de Mercy continua avec Joseph II la correspondance secrète qu'il avait entretenue avec sa mère; mais il lui donna un autre caractère; il supprima la foule de menus détails intimes qui n'auraient eu aucun intérêt pour l'Empereur; il ne parla plus que de l'action politique de la Reine. En cela il suivait l'exemple que lui donnait l'Empereur dans ses lettres confidentielles. Joseph II aimait beaucoup sa sœur; mais il était trop actif pour donner quelque attention aux petits faits de la vie privée de la reine de France; ce qui l'intéressait avant tout c'était le degré d'influence de Marie-Antoinette sur le Roi et sur les ministres et l'usage qu'elle en faisait. M. de Mercy, trop habile pour ne pas deviner les goûts de ses maîtres, s'y conformait. Aussi à partir de la mort de Marie-Thérèse, qui voulait être informée de toutes les particularités de la vie intime de sa fille bien-aimée, nous ne trouvons presque plus de détails de cet ordre dans les lettres secrètes de M. de Mercy; elles sont par contre remplies de renseignements précieux sur la marche des affaires; elles n'en sont pas moins intéressantes pour l'histoire. Mais pour qu'elles aient toute leur valeur historique, il est nécessaire de les compléter par de fréquents rapprochements avec les dépêches

---

[1] Le comte de Mercy à l'Impératrice, le 7 juin 1774, dans le recueil de MM. d'Arneth et Geffroy, t. II, p. 159.

d'office mensuelles auxquelles M. de Mercy se réfère si souvent; c'est pour ce motif que nous avons cru devoir mettre sous ces lettres des notes peut-être trop nombreuses et parfois bien longues.

Il faut, en outre, constamment comparer les lettres de M. de Mercy à l'Empereur avec celles qu'il adressait par le même courrier au prince de Kaunitz. Car à son maître et vénéré protecteur, le fidèle ambassadeur disait tout; il savait que la longue expérience du Chancelier lui donnait une sorte de sérénité, qui lui permettait de juger sans passion les hommes et les choses. L'Empereur au contraire, plus ardent, plus inquiet, plus agité, n'était pas capable de tout apprendre sans révolte, sans colère; en outre il ne ménageait pas assez, au gré de M. de Mercy, l'amour-propre de la Reine. Aussi dans les occasions importantes, quand Marie-Antoinette n'avait pas fait ce que M. de Mercy lui avait proposé dans l'intérêt de la maison d'Autriche, il l'écrivait seulement au Chancelier. C'est ce qui arriva, par exemple, dans la question soulevée par le choix du successeur de M. de Vergennes, en février 1787. M. de Mercy n'osa pas avouer à Joseph II que Marie-Antoinette s'était refusée à faire tout ce qu'elle aurait pu pour obtenir la nomination de M. de Saint-Priest, que désirait son frère, et surtout que la Reine avait même motivé son refus en disant qu'il n'était pas juste que la cour de Vienne nommât les ministres de celle de Versailles. Il se borna à en informer le prince de Kaunitz par une lettre secrète, dans laquelle, donnant un libre cours à son dépit, il s'oubliait jusqu'à perdre le respect qu'il devait à la Reine, qui n'avait fait que son devoir en ne se prêtant pas à sa demande[1]. Même dans ce cas le Chancelier, plus sage, ne se départit pas de son calme olympien et il jugea avec une équi-

---
[1] Mercy à Kaunitz, 1er mars 1787, t. II, p. 79 à 81.

table indulgence la résistance de la Reine aux instances de M. de Mercy[1].

Les correspondances que nous publions dans ces deux volumes s'arrêtent au départ de M. de Mercy pour la Hollande en octobre 1790; mais, jusqu'à sa mort, l'ancien ambassadeur impérial près la cour de Versailles ne cessa de s'occuper des affaires de France et d'en parler dans ses lettres aux empereurs Léopold II et François II, au prince de Kaunitz et aux ministres Ph. Cobenzl, Colloredo et Thugut. Non seulement il entretint, tant que cela lui fut possible, une correspondance active avec Marie-Antoinette pendant les années 1791 et 1792, mais il conserva à Paris et en France des intelligences jusque sous la Terreur. Ses lettres des années 1793 et 1794 sont encore remplies de renseignements précieux bien qu'empreints d'une exagération qui s'explique aisément. On a imprimé dans divers recueils un grand nombre des lettres écrites par M. de Mercy de 1790 à 1794; mais elles sont dispersées, ce qui en rend l'étude difficile; en outre certaines d'entre elles se trouvent dans des ouvrages justement suspects, où abondent les pièces fausses, par exemple dans les six volumes de pièces publiées par M. Feuillet de Conches sur le règne de Louis XVI; enfin il y en a encore un bon nombre d'inédites et non des moins importantes. Aussi serait-il à désirer qu'on en fît une collection méthodique, où elles seraient classées par ordre chronologique et séparées des documents apocryphes qui les entourent.

M. de Mercy a encore laissé deux autres séries de lettres sur les affaires de France; ce sont celles qui sont adressées aux secrétaires du cabinet de l'Impératrice et celles qui sont envoyées aux ministres impériaux aux Pays-Bas; mais en général on n'y trouve rien d'intéressant qui ne soit déjà dans les correspon-

---

[1] Kaunitz à Mercy, 18 mars 1787, t. II, p. 84-86.

INTRODUCTION.

dances que nous avons énumérées auparavant; c'est uniquement pour être complets que nous les signalons.

Avant de terminer cette notice, il nous reste à résumer ce que nous avons dit en divers endroits sur l'autorité du témoignage de M. de Mercy. Il est impossible de désirer un témoin mieux informé que ne le fut cet ambassadeur pendant tout son séjour en France de 1766 à 1790. Confident de M. de Choiseul, il fut ensuite le mentor de Marie-Antoinette. Ce que dans de très rares occasions la Reine aurait pu chercher à lui cacher, il le savait par l'abbé de Vermond, auquel rien ne pouvait échapper. Sa qualité de conseiller secret de la Reine assurait à M. de Mercy une situation prépondérante, dont il usait discrètement pour rendre aux ministres des services essentiels et obtenir en échange leur complaisance ou tout au moins leurs confidences. En outre il était le familier du salon le mieux fréquenté et le mieux informé de Paris et il avait des observateurs affidés dans les ministères et jusque dans l'intérieur de la Reine et de ses favorites. Quant à sa clairvoyance, on ne peut la nier; ses correspondances l'attestent mieux que nous ne saurions le dire; il fut un des rares hommes d'État qui surent prévoir la Révolution longtemps à l'avance.

Mais disait-il toute la vérité et rien que la vérité? S'il était toujours sincère, était-il toujours bien franc? Il est certain qu'il usait de ménagements lorsqu'il avait à dire sur Marie-Antoinette à Marie-Thérèse et à Joseph II des choses qu'il savait devoir leur déplaire. Cependant il les écrivait, à tel point qu'on pourrait avec ses dépêches, où il se plaint si souvent de la Reine, composer contre elle une sorte de réquisitoire; il suffirait d'extraire habilement les passages les plus durs en négligeant avec soin ceux qui sont favorables. Mais, comme nous l'avons dit plus haut, l'ambassadeur était trop habile pour s'exposer à provoquer contre la Reine des colères, dont il aurait certainement senti les conséquences. On l'a vu à propos de la nomination de M. de Montmorin, dont il se garde bien d'exposer à l'Empereur toutes les péripéties.

Que M. de Mercy ait toujours su tout ce qui se passait, tout ce qui se faisait d'intéressant en France, nous n'irons pas jusqu'à l'affirmer. Sa vigilance a pu être mise parfois en défaut, même sur ce qui concernait Marie-Antoinette, dont cependant il surveillait les actions d'une façon toute particulière. Par exemple, nous avons dit que nous croyons que l'ambassadeur impérial n'a pas connu le rôle joué par la Reine dans les intrigues qui aboutirent à la nomination de M. de Calonne au Contrôle général des finances en novembre 1783 [1]. Mais ce sont là des cas très rares. Après de longues années passées à étudier le règne de Marie-Thérèse et celui de Marie-Antoinette, nous pouvons déclarer qu'il nous est arrivé bien rarement de prendre en défaut M. de Mercy, dont les dépêches d'office et les lettres confidentielles sont peut-être la source la plus importante pour l'histoire de cette période si intéressante. Jamais nous ne l'avons surpris en flagrant délit d'erreur volontaire et nous croyons pouvoir affirmer qu'il n'est pas permis de mettre en doute la sincérité de M. de Mercy.

Cette sincérité, même relative, n'était pas une vertu commune parmi les diplomates du siècle dernier. Il pourrait peut-être paraître bien imprudent de prendre trop à la lettre les reproches de mensonges et de calomnies que dans leurs lettres secrètes le prince de Kaunitz et le comte de Mercy font si souvent au baron de Goltz, dont ils lisaient les dépêches habilement interceptées par les agents de la cour de Vienne. Cependant, M. de Vergennes, qui lui aussi se procurait, sans doute par les mêmes moyens, connaissance de la correspondance du

---

[1] Tome I, p. 227, en note.

ministre de Prusse à Paris, était du même avis; il déplorait amèrement d'avoir à faire à un homme aussi peu scrupuleux. Il est certain que le représentant de Frédéric II près la cour de Versailles ne se faisait pas faute d'altérer la vérité pour plaire à son maître; lorsqu'il n'avait pas de nouvelles intéressantes à mander à Berlin, il en inventait; ce n'était pas qu'il fût très difficile sur la qualité des renseignements qu'on lui fournissait; au contraire il recueillait sans contrôle tous les bruits de la ville et de la cour; mais parfois il en manquait et comme il savait par expérience que son terrible souverain voulait toujours avoir des nouvelles, il en fabriquait de toutes pièces. Aussi ne peut-on aujourd'hui se servir des rapports du baron de Goltz qu'avec les plus grandes précautions; il faut vérifier de très près chaque fait que l'on y prend.

Ce manque de loyauté n'était pas le défaut qu'on pût reprocher au comte d'Aranda qui fut ambassadeur d'Espagne à Paris, de 1773 à 1787; car, dans ses dépêches, il poussait la franchise jusqu'à la brutalité. Mais quoique sa qualité d'ambassadeur de famille lui fît à la cour de Versailles une situation privilégiée, il n'entretenait pas avec les ministres de Louis XVI des relations assez cordiales pour en obtenir fréquemment des confidences amicales sur la marche des affaires et sur les dessous de la politique française. Cependant, sans être lié avec le comte de Vergennes, Aranda n'était pas mal avec lui, comme on l'a dit récemment; car ce secrétaire d'État, d'ordinaire si prudent, mit parfois l'ambassadeur espagnol dans le secret de ses démarches les plus hardies; mais c'était une exception et, dans les dépêches d'Aranda, on ne trouve qu'assez rarement des renseignements importants venant de première main. Quant aux rapports des autres ambassadeurs accrédités près de Louis XVI, leur intérêt historique n'est pas très considérable au moins en général; c'est seulement de loin en loin qu'on y rencontre des détails curieux dont l'authenticité soit certaine. Aussi la supériorité du comte de Mercy-Argenteau sur tous ses collègues est incontestable; ses dépêches ont aujourd'hui la plus grande valeur et leur collection forme la source la plus importante pour l'histoire de la France sous Louis XVI.

CORRESPONDANCE

DU COMTE DE MERCY-ARGENTEAU

AVEC

JOSEPH II ET LE PRINCE DE KAUNITZ.

1. — KAUNITZ À MERCY.

Vienne, le 6 décembre 1780. — Mon cher Comte, personne assurément n'a plus perdu que moi au malheureux événement qui vient de nous accabler [1], moyennant les sentiments dont m'honorait feu Sa Majesté, ainsi que personne ne l'ignore, et malgré cela mon attachement à sa personne, infiniment plus que cette considération, m'a rendu sensible à l'excès à cette malheureuse catastrophe.

Ma retraite que, comme vous savez [2], je désire et sollicite depuis tant d'années aurait eu lieu dans la minute si je m'étais laissé aller au gré de mes souhaits. Mais, soit dit dans notre ancienne intimité, je n'ai pas cru devoir me le permettre par la considération des fâcheuses interprétations que l'opinion, dont on m'honore tant au dehors qu'au dedans, aurait pu faire donner à ma démission dans ce moment-ci. Tout ce que je désire, c'est que le parti que je me suis déterminé à prendre puisse être utile à mes concitoyens et à tout le système politique de l'Europe.

L'Empereur écrit au Roi, de sa main, ce que je crois devoir vous confier ci-joint [3], pour votre direction, quoique sous le sceau du

---

[1] La mort de l'impératrice Marie-Thérèse, arrivée le 29 novembre 1780.

[2] Voir, sur les projets de retraite du prince de Kaunitz, le billet qu'il écrivit à Marie-Thérèse le 7 décembre 1773. L'Impératrice le communiqua au comte de Mercy, auquel on pensait pour succéder au chancelier. (MM. d'Arneth et Geffroy, *Marie-Antoinette*, t. II, p. 86 à 92.)

[3] Cette lettre est imprimée page 22 dans la publication de M. d'Arneth, ayant pour titre : *Marie-Antoinette, Joseph II und Leopold II, Ihr Briefwechsel* (Leipzig, 1866, in-8°). Joseph II y proteste de son amitié pour Louis XVI et de son attachement à l'alliance franco-autrichienne : «Ce serait, écrit-il, affaiblir l'avantage de nos liens, reconnu par les deux nations, que

secret. Ce qu'il y a de mieux, c'est que l'Empereur pense réellement ce qu'il écrit au Roi, et je suis fondé à croire que tout ira très bien, tant au dehors qu'au dedans, si ce prince me continue la confiance qu'il me témoigne actuellement, et qu'il m'assure être déterminé à vouloir me continuer. De ma part, ce propos, que l'on serait en droit d'envisager comme bien avantageux, me flatte certainement, et n'est fondé que sur la certitude qu'il ne saurait trouver un homme plus parfaitement honnête et plus parfaitement raisonnable, et que moyennant cela, quand même il en trouverait un plus éclairé, ses conseils ne vaudraient cependant jamais ceux que je pourrais lui donner, lorsqu'il me demandera des avis, ou que je croirai du bien de son service de lui en donner, sans même qu'il me les demandât. Je suis bien aise de pouvoir vous présenter une perspective aussi consolante, et je vous exhorte en conséquence, mon bon ami, de vouloir bien continuer quelques années avec moi à faire le bien.

Dites de ma part à M. de Vergennes [1] que l'opinion que j'ai de lui

de faire étalage de preuves et d'arguments, lorsque personne n'en peut plus douter et que la vérité de ces principes a déjà été constatée de part et d'autre par des occasions qui ont fait sentir l'avantage réciproque de notre alliance. Soyez persuadé, mon cher frère, que c'est par conviction que je suivrai exactement les principes de mon auguste mère..... Comptez donc qu'il n'y aura jamais de variation dans ma façon d'agir et encore moins dans mes sentiments à votre égard. Tout ce que je désire, c'est que vous me suiviez exactement pour me juger par les faits, étant bien sûr que vous ne les trouverez jamais en contradiction avec mes paroles, malgré toutes les absurdités que mon cher voisin Frédéric pourra encore inventer ou débiter, soit de ma prétendue partialité pour l'Angleterre, soit de mes projets d'agrandissement, de destruction du système germanique et d'union de tous les évêchés d'Allemagne dans ma famille. »

[1] Charles Gravier de Vergennes, né à Dijon le 28 décembre 1719, mort à Versailles le 13 février 1787, était le second fils d'un conseiller maître en la Chambre des comptes de Dijon. Il étudia le droit dans cette ville, et il y fut reçu licencié le 20 avril 1739; s'il faut en croire le prince de Kaunitz (voir p. 21), il aurait même appartenu au barreau, ce qui est très vraisemblable; car c'était alors comme aujourd'hui l'usage de se faire inscrire au barreau après la licence, et les fils des magistrats, surtout les cadets, y manquaient rarement. Toutefois le jeune Vergennes ne resta pas longtemps avocat. A la fin de cette même année 1739, il suivit à Lisbonne, en qualité de gentilhomme d'ambassade, son oncle le fameux Théodore Chevignard de Chavigny, qui représentait alors la France en Portugal. Marais (t. I, p. 365), Saint-Simon (t. VII, p. 274-276, et t. XVIII, p. 285-311) et Besenval (t. II, p. 109) disent que ce diplomate était fils de l'intendant de M. de Chavigny, le négociateur de Gertruydemberg, qui mourut seul très vieux, dans sa terre de Bourgogne, sans laisser de parents connus. Cet intendant, qui s'appelait en son nom Chevignard et était fils d'un procureur du roi de Beaune, fit passer ses deux fils comme les seuls parents et héritiers de M. de Chavigny, dont ils prirent le nom;

est entrée pour beaucoup dans le parti auquel je me suis déterminé de rester encore en place. Dites-lui que je lui réponds des sentiments de l'Empereur comme des miens; mais dites-lui en même temps que je le prie instamment de faire en sorte que ni dans la conduite du cabinet de Versailles, ni dans celle de ses différents ministres dans les cours étrangères, il n'y ait rien d'équivoque relativement au système de l'alliance en général et en particulier relativement à la cour de Berlin, parce que l'Empereur pourrait être beaucoup moins indulgent sur le chapitre des coquetteries, que ne l'a été notre bonne impératrice. C'est le moment, ce me semble, de ne pas biaiser vis-à-vis du roi de Prusse, parce que c'est un moment sur lequel il compte, et qu'il sera décisif. Je voudrais aussi que M. de Vergennes rabrouât comme il faut plusieurs de ses ministres, tant en Allemagne qu'à d'autres cours, qui en ont grand besoin, et qui par leurs propos et leur conduite font un tort prodigieux à l'alliance. J'en userai de même à l'égard des miens, et il peut y compter. Ce sont les conseils d'un

bien que la fraude eût été découverte par Louis XIV, ils firent tous deux leur chemin par la protection du cardinal Dubois : l'un devint ministre de France et plus tard ambassadeur, c'est le protecteur de Vergennes; et l'autre, président à mortier à Dijon. Les Gravier de Vergennes n'étaient guère de meilleure noblesse que les Chevignard de Chavigny. Le bisaïeul de notre ministre, Philibert Gravier, était avocat au parlement de Bourgogne; il avait épousé en 1652 Rose Perrault, qui lui avait apporté la terre de Vergennes située près d'Autun. (M. G. de Bourge, *M. de Vergennes* [*Revue des questions historiques*, juillet 1888].)

MM. de Chavigny et de Vergennes restèrent en Portugal jusqu'en 1742. A cette époque, M. de Chavigny fut nommé ministre de France près de l'empereur Charles VII; mais, à la mort de ce souverain en 1745, il dut revenir en Portugal et son neveu avec lui. Malgré les instances de M. de Chavigny, le marquis d'Argenson ne voulut jamais confier un emploi à M. de Vergennes; mais M. de Puysieulx se laissa fléchir. En octobre 1749, M. de Chavigny fut nommé ambassadeur de France à Venise, et en juillet 1750 M. de Vergennes fut envoyé près de l'électeur de Trèves en qualité de ministre plénipotentiaire; il y resta jusqu'en 1754, et il se fit remarquer dans les négociations engagées en Allemagne pour décider les électeurs à ne pas élire roi des Romains le jeune archiduc Joseph. Frédéric II se montra très satisfait de la conduite de M. de Vergennes dans cette affaire.

En 1754, il fut envoyé à Constantinople, où, sans doute d'après les instructions du duc de Choiseul, il sut plus tard mériter l'approbation de Marie-Thérèse, pour les bons services qu'il lui rendit en s'opposant aux intrigues du parti prussien, qui tentait l'impossible pour exciter la Porte contre l'Autriche. Néanmoins le duc de Choiseul profita d'un sot mariage que M. de Vergennes fit à Constantinople pour le faire rappeler à la fin de l'année 1768. M. de Vergennes resta trois ans en disgrâce; il n'en sortit qu'après l'exil du duc de Choiseul; à la prière du comte de Broglie, qui avait pu le juger dans la *Correspondance secrète* dont M. de Vergennes

bon ami, et raisonnable comme il est, il doit par conséquent les prendre en bonne part, parce que entre lui et moi nous n'avons ni plus ni moins qu'un intérêt commun au maintien du système, et que moyennant cela, ainsi que je trouverais très simple qu'il règle sa conduite sur la mienne, il doit naturellement s'attendre au réciproque de ma part. En voilà bien assez pour aujourd'hui. *Proxime plura.* Continuez-moi votre amitié et comptez comme toujours sur la mienne. Votre ancien bon ami.....

2. — MERCY À KAUNITZ.

Paris, le 7 décembre 1780. — Monseigneur, la catastrophe que nous venons d'essuyer me fait juger de l'accablement où se trouve V. A., et je le partage bien du fond de mon âme, autant par une suite de mon profond et respectueux attachement pour elle que pour mes

était un des principaux agents, le Roi le nomma ambassadeur en Suède; mais Favier racontait que Louis XV, en consentant à cette nomination, avait écrit en marge du rapport du comte de Broglie : « Je n'approuve point le choix de M. de Vergennes; c'est vous qui m'y forcez. Soit, qu'il parte; mais je défends qu'il emmène sa vilaine femme avec lui. » M. de Vergennes réussit en Suède, et il fut l'un des inspirateurs de l'heureux coup d'État exécuté en 1772 par Gustave III. Cependant tout le monde fut surpris quand, au mois de juin 1774, M. de Vergennes fut appelé à succéder au duc d'Aiguillon au Ministère des affaires étrangères. M. de Mercy, qui était bien informé, attribua cette nomination à l'influence du chancelier Maupeou, et le baron de Goltz était du même avis; plus tard, M. de Mercy écrivait au prince de Kaunitz que M. de Vergennes devait sa fortune à son parent Thierry de Ville-d'Avray, valet de chambre favori de Louis XVI. (*Dépêche d'office* du 28 juin 1774.) La cour de Vienne fut d'abord favorable à M. de Vergennes, qui avait la réputation d'un homme prudent, et ce fut par la protection de Marie-Antoinette que le nouveau ministre obtint la faveur insigne de voir sa femme présentée à la cour, malgré tous les bruits fâcheux qui couraient sur son compte. Mais la conduite de M. de Vergennes dans l'affaire de la succession de Bavière lui avait fait perdre les sympathies autrichiennes. Le prince de Starhemberg disait : « M. de Vergennes a l'air d'un médecin. C'est un intolérable pédant. » (*Journal inédit du comte de Zinzendorf.*) Le baron de Goltz écrivait au roi Frédéric II à propos de M. de Vergennes : « On a attribué en Suède à ce ministre l'esprit d'intrigue bien plus que le génie d'un homme d'État: d'ailleurs de la timidité et de l'irrésolution. L'épithète de bon phraséologiste que lui a donnée le prince de Kaunitz ne m'étonne pas; on remarque en effet dans ce ministre de la recherche dans les expressions; mais ce qui doit faire plaisir à ceux qui ont à traiter avec lui, c'est qu'il n'a ni dans la physionomie, ni dans le ton, le ricanement, ni la duplicité du duc d'Aiguillon, l'arrogance, ni l'emportement du duc de Choiseul. » (Archives de Berlin, *Dépêches du baron de Goltz*, 31 juillet et 4 août 1774.)

propres sentiments personnels. C'est tout ce que dans ce moment je suis en état d'exprimer; il me faut un peu de recueillement pour pouvoir passer à d'autres détails. La perte de notre adorable souveraine causera d'abord ici une sensation politique, dont je tâcherai d'éclaircir les effets. L'Empereur dans sa lettre au Roi marque *de vouloir suivre les principes de son auguste mère*. Ce mot a fait une impression très favorable sur le ministère français. Ma lettre à l'Empereur est une réponse à l'ordre que S. M. m'avait donné de remettre une de ses lettres à la Reine.

Je supplie V. A. de me continuer ses bontés, que je tâcherai de mériter toujours par les sentiments fidèles et respectueux avec lesquels j'ai l'honneur d'être.....

3. — MERCY À KAUNITZ.

Paris, le 22 décembre 1780. — Monseigneur, après le cruel malheur que nous avons éprouvé, rien ne pouvait être plus consolant que ce que V. A. me fait la grâce de me mander par la lettre dont elle m'honore en date du 6 de ce mois. J'y vois tout ce que l'on pouvait et devait se promettre de sa grande âme pour le bien général et j'y retrouve toute l'étendue de ses bontés particulières pour moi.

On était fort attentif ici au parti que V. A. prendrait; celui d'une retraite aurait tellement effarouché qu'il s'en serait suivi à coup sûr un bouleversement d'idées et de mesures dans la marche politique de cette cour. V. A. verra la façon de penser de la Reine dans un billet qu'Elle m'adresse[1] et je joins pareillement copie de la lettre que, dans le moment même de la fatale nouvelle, cette princesse écrivit à S. M. l'Empereur[2]. Elle m'a dit du depuis que la crainte de paraître vouloir

---

[1] *Marie-Antoinette à Mercy, 10 décembre 1780.* — Votre santé n'était pas bonne; je crains qu'elle ne puisse suffire à ces terribles circonstances; la mienne est meilleure que je ne pouvais l'espérer. Quand vous écrirez au prince de Kaunitz, dites-lui un mot de moi; son attachement pour ma respectable mère doit le mettre dans le plus grand chagrin. J'espère qu'il sentira que ses bons services sont dans ce moment bien nécessaires à mon frère; je le désire beaucoup. Adieu; il y a longtemps que vous devez compter sur mon estime et ma confiance.

[2] Cette lettre est publiée à la page 22 de l'ouvrage cité plus haut : *Marie-Antoinette, Joseph II und Leopold II, Ihr Briefwechsel.*

faire la leçon à son auguste frère avait retenu un premier mouvement qui La portait à s'exprimer sur V. A.

Tout ira bien sans doute, Monseigneur, et au dedans et au dehors aussi longtemps que vous continuerez à remplir le plus sage et le plus glorieux ministère que de nos jours on ait vu en Europe.

Ce que j'ai dit à M. de Vergennes de la part de V. A., lui a fait une impression très marquée; il est convenu : 1° de contenir très rigoureusement les étourderies de MM. les Ministres français dans les cours étrangères; 2° il accepte l'offre de V. A. d'en user de même envers ceux de nos ministres qui pourraient se trouver en faute; 3° il promet de ne donner aucune prise aux machinations de la cour de Berlin; mais il prie V. A. de ne pas le rendre responsable des mensonges impudents de M. de Goltz [1], au sujet duquel il m'a fait la singulière confidence qu'expose ma dépêche d'office [2].

Je n'ai jamais eu d'entretien avec M. de Vergennes, où il m'ait témoigné autant d'apparence de cordialité et de franchise. Sous la forme d'une réciprocité de ma part, j'ai cru bien faire de lui lire toute la partie de la lettre de V. A., qui a trait aux objets susdits, et je m'y suis déterminé pour que M. de Vergennes ne perdît pas un mot de quelques phrases, par lesquelles V. A. fait entendre avec tant de noblesse et d'énergie que, si nous exhortons le ministère français à être

---

[1] Bernard, baron, puis comte de Goltz, né vers 1730, mort à Bâle le 6 février 1795. Envoyé de Prusse à Paris en 1772, il y resta, sans autre interruption que de courts congés, jusqu'à la rupture des relations diplomatiques entre la France et la Prusse, en mai 1792. En 1876, M. de Sybe annonça au Landtag prussien la prochaine publication des dépêches de M. de Goltz; mais elles n'ont pas encore paru.

[2] Dans cette dépêche, datée aussi du 22 décembre, M. de Mercy raconte que le 19 de ce mois M. de Vergennes s'était plaint vivement à lui d'être obligé d'avoir à faire avec un homme aussi dangereux que le baron de Goltz, auquel les plus impudentes altérations de textes et les plus grossiers mensonges ne coûtaient rien.

M. de Vergennes voulut en donner à M. de Mercy un exemple tout récent. Il lui dit que le dimanche précédent, le 17 décembre, par un cas fortuit, qu'il ne pouvait pas faire connaître, il lui était tombé entre les mains un rapport du baron de Goltz au roi son maître. Le ministre de Prusse y racontait un entretien qu'il avait eu avec lui, Vergennes, sur l'intention qu'on attribuait à l'Empereur de s'emparer d'une partie de la Bosnie et sur le projet formé par les rois de Prusse et d'Espagne d'accréditer près d'eux des agents diplomatiques. Or M. de Vergennes affirmait que ce récit était complètement inexact et que le baron de Goltz avait dénaturé toutes ses paroles. Il disait qu'il pourrait citer beaucoup d'autres preuves de la mauvaise foi de ce ministre prussien.

sage, c'est autant pour son intérêt que pour le nôtre, et qu'à cet égard nous sommes fort au pair.

M. de Vergennes a été extrêmement flatté de l'expression *que l'opinion que V. A. a de lui est entrée pour beaucoup dans le parti qu'Elle a pris de rester en place.* Le secrétaire d'État m'a prié à plusieurs reprises d'être l'interprète de ses sentiments de vénération, de reconnaissance et de confiance, ajoutant que je ne pourrais jamais en dire trop sur cet article.

Dans la circonstance présente, M. de Maurepas [1] m'a tenu un langage plus explicite et satisfaisant que de coutume. J'ai exposé en d'autres temps le peu de fond qu'il y avait à faire sur ce ministre, et quoiqu'il y ait infiniment plus à compter sur les lumières et la véracité de M. de Vergennes, il faut que les faits s'accordent avec ses belles paroles qui n'endormiront pas ma vigilance.

S. M. l'Empereur avait envoyé copie de sa lettre au Roi à la Reine, qui me l'a communiquée. J'ai paru ignorer le contenu de cette lettre; mais j'ai fait bon usage de celle de V. A. pour bien remuer l'esprit de la Reine sur le danger des manœuvres prussiennes et sur les mesures qu'Elle est en même d'y opposer. C'est à la suite de mes représentations que la Reine s'exprima ainsi : « *Dites-moi ce que je dois faire, et je vous promets que je le ferai.* » Ce langage est positif, mais il faut d'abord soustraire de sa valeur une moitié et calculer sur le reste; j'en dirai les raisons ci-après.

Dans ce même entretien, j'insistai vivement sur l'article du remplacement futur de M. de Maurepas. Après de longues discussions, la Reine me dit : « *Comment trouver un sujet qui me convienne ainsi qu'à la chose; cherchez-le-moi, je ne pourrais m'en rapporter qu'à vous.* » Ce propos d'une apparence si importante, quoique tenu de bonne foi, n'en est

---

[1] Jean-Frédéric Phelypeaux, comte de Maurepas, né le 9 juillet 1701, mort le 21 novembre 1781, reçut en 1715 la charge de secrétaire d'État qu'occupait son père, qui avait dû donner sa démission, et il en fit les fonctions dès 1718; nommé ministre en 1727, il devint le doyen du Conseil d'État à l'âge de trente-six ans; mais en 1749, Mme de Pompadour le fit disgracier. Il vécut dans la retraite jusqu'à l'avènement de Louis XVI, qui en fit son principal conseiller. La plupart de ses contemporains lui ont fait une réputation bien méritée de légèreté et de frivolité; cependant le baron de Chambrier, ministre de Prusse à Paris, écrivait le 11 juin 1740 à Frédéric II : « Je le (Maurepas) connais beaucoup et depuis plus de vingt ans. C'est de tous les ministres du roi de France celui qui paraît avoir le plus d'étendue de génie pour tirer un grand parti de la France s'il se trouvait jamais en avoir l'universalité du gouvernement. » (Archives de Berlin.)

pas moins illusoire, et ne peut être confié qu'à la sagesse et à la pénétration de V. A., parce que, dans le cas d'un mauvais choix très possible, il semblerait tout simple de m'inculper ou de méprise ou de négligence.

Mais telle est ma position auprès de la Reine que, sans cesse excité par Elle à Lui dire ce que je pense, obtenant les démonstrations d'une confiance la plus suivie, je me vois perpétuellement déjoué par des alentours[1], que le goût immodéré de la dissipation rend nécessaires, qui par leurs importunités obtiennent les choses les plus absurdes et renversent toujours presque entièrement le peu de bien que je cherche à opérer. Quand il s'agit d'objets sérieux et d'un intérêt direct pour la Reine, Elle devient timide, incertaine dans ses démarches; mais quand Elle est obsédée par sa société perfide et intrigante, en reconnaissant, avouant même les inconvénients de ce que l'on exige, Elle n'en est pas moins entreprenante et active à le remplir, comme l'a prouvé en dernier lieu l'expulsion des deux ministres de la marine et de la guerre[2]. Je ne fréquente aucun de ces personnages favoris; aucun d'eux cependant n'ose m'attaquer auprès de la Reine, qui sait et approuve le motif de mon système, lequel consiste à rester dans une retraite, qui rend moins palpable l'opposition constante dans laquelle je dois être vis-à-vis de gens que cette princesse estime peu et qui ne La séduisent que par l'appât des amusements. J'ai cru indispensable de mettre ces détails sous les yeux de V. A., parce que dans bien des cas ils pourraient servir à combiner des faits qui auraient entre eux une apparence de contradiction.

Quoique ma lettre soit déjà trop longue, je ne puis la finir sans faire mention de ce qui me concerne personnellement; les bontés de V. A. m'y autorisent et m'en imposent même le devoir.

Sans autre famille que quelques parents éloignés, sans désirs et

---

[1] M. de Mercy désigne sous ce nom les membres de la société intime de la Reine: Mmes de Polignac, de Guéménée, MM. de Vaudreuil, de Besenval, de Coigny, etc. Voir l'ouvrage de MM. d'Arneth et Geffroy, cité plus haut (t. III, p. 140, 165, 361, 381, 411 et *passim*).

[2] Voir, sur la disgrâce du ministre de la guerre, M. de Montbarey, et du ministre de la marine, M. de Sartine, et leur remplacement par le comte de Ségur et le marquis de Castries, les *Mémoires du baron de Besenval* (édition de 1831, t. II, p. 83 et suiv.). Dans sa dépêche d'office du 18 novembre 1780, M. de Mercy confirme l'assertion de M. de Besenval, à savoir que les plaintes de M. Necker au Roi contre M. de Sartine, jointes aux intrigues des favoris de la Reine, déterminèrent le renvoi du ministre de la marine.

sans besoins, je n'ai d'autre ambition que celle de me montrer toujours parfaitement honnête en principes et en conduite. A cet effet, il se présente trois points principaux que je ne dois jamais perdre de vue, celui d'un culte à la mémoire de feu S. M. l'Impératrice, parce que dans plusieurs conjonctures l'estime et la protection de V. A. m'avaient valu de la part de cette grande souveraine des marques bien précieuses de sa confiance. Je dois une profonde reconnaissance aux grâces que S. M. l'Empereur a daigné me marquer en toute occasion; je dois essentiellement un attachement respectueux et fidélité à V. A. jusqu'au dernier moment de ma vie. Mes facultés morales et les minces effets qu'elles peuvent produire sont si infiniment peu de chose dans l'ensemble du service qu'elles doivent y être regardées comme zéro, mais j'ai de l'honneur et du zèle; tant que celui-ci est vivifié par votre génie, Monseigneur, et encouragé par votre indulgence, je puis peut-être encore me rendre utile dans ma petite sphère; que si V. A. prenait un jour le parti bien fâcheux à l'État de se retirer, alors je ne serais absolument bon à rien, et il me serait impossible de rester chargé du moindre service.

P. S. Il est probable que M. le marquis de Ségur sera nommé ce soir ministre de la guerre; la Reine le mande à S. M. l'Empereur [1].

---

4. — JOSEPH II À MERCY.

Vienne, le 5 janvier 1781. — Mon cher Comte, je vous envoie ci-joint un gros paquet de pièces interceptées, la plupart consistant en copies de la correspondance prussienne, que M. Pichler [2] m'a assuré vous avoir de même communiquées du vivant de S. M.

---

[1] A la fin de sa lettre du 20 décembre 1780 à Joseph II, Marie-Antoinette écrivait : « M. de Montbarey a été renvoyé; mais, par égard pour M. de Maurepas qui est son parent, on lui a permis de donner sa démission. Il était temps, car sa conduite personnelle et le pillage qu'il avait au moins toléré dans son département lui avaient fait perdre toute considération et le rendaient incapable d'aucun bien. Le Roi n'a pas encore nommé à sa place. Je crois que ce sera M. de Ségur, lieutenant général estimé et considéré. » (M. d'Arneth, *Marie-Antoinette, Joseph II und Leopold II*, p. 26.)

[2] Le baron de Pichler, secrétaire intime de Marie-Thérèse et chargé, en cette qualité, de l'expédition de la correspondance secrète de l'Impératrice avec le comte de Mercy.

Les menteries et calomnies qui y règnent ne vous étonneront pas. Depuis que nous avons fait voir un peu les dents à Frédéric et que le rôle de lion et de dictateur ne lui est plus comme autrefois si facile, il paraît avoir pris à tâche celui du renard et du fourbe; mais je vois avec plaisir, mon cher Comte, dans votre rapport, que ses moyens commencent à ennuyer le ministère du Roi, et que ma lettre a fait fortune en persuadant tout d'un coup d'une vérité qu'il y a quinze ans que je me tue à dire : savoir que je suis convaincu et assuré que nos liaisons avec la France sont naturelles, avantageuses et préférables infiniment à celle de l'Angleterre.

La santé de la Reine m'intéresse infiniment, et je vous avouerai que des nouvelles assez détaillées qu'on a eues ici m'ont vraiment inquiété, puisqu'on assurait qu'Elle avait la poitrine attaquée et qu'Elle avait craché du sang [1]. Je vous prie, Monsieur le Comte, de me tenir exactement au fait de tout ce qui pourra avoir égard à sa santé et à son bien-être, étant tendrement attaché à ma sœur.

Si l'on me marie en France comme ici, Madame Élisabeth [2] doit avoir le cœur gros en regardant le calendrier et une petite distance de vingt-deux ans. Vous savez comme on peut penser sur cet état quand on a mon âge et qu'on l'a connu; néanmoins, dites-moi, pour ma curiosité seulement, si elle a grandi beaucoup, engraissé à ce qu'on dit, et enfin si elle trempine toujours à la façon de la famille et ce qu'on dit de son esprit et agrément de société.

Adieu, mon cher Comte; portez-vous bien et soyez assuré de toute l'étendue de mon estime et confiance.

---

[1] Dans sa lettre du 20 décembre citée plus haut, Marie-Antoinette écrivait à son frère : «Comme ce n'est que d'hier que je commence à sortir depuis la funeste nouvelle (de la mort de l'Impératrice), ma toux a fort diminué par cette retraite.»

[2] Mme Élisabeth de France, sœur de Louis XVI, était née le 3 mai 1764 et l'empereur Joseph II le 13 mars 1741. La différence d'âge, dont parle Joseph II, était donc de vingt-trois ans et non de vingt-deux. D'ailleurs ce projet n'eut pas de suites. A ce propos Joseph II, le 31 juillet 1781, écrivait de Versailles au prince de Kaunitz, qui le priait de se remarier : «Mais bien des choses s'opposent encore jusqu'à présent dans mon âme à ce projet. La princesse Élisabeth n'est certes pas faite pour les combattre; elle est épaissie d'une façon dont vous ne vous pouvez pas faire une idée.» (M. A. Beer, *Joseph II, Léopold II und Kaunitz, Ihr Briefwechsel*. Wien, 1873, in-8°, p. 102.) Voir plus loin (p. 16), la réponse de Mercy sur cette princesse.

5. — KAUNITZ À MERCY.

Vienne, le 5 janvier 1781. — J'ai été touché, mon cher Comte, de tout ce que votre dernière lettre contient sur ce qui me regarde. L'opinion des gens éclairés et surtout celle des âmes honnêtes est la seule récompense possible de ceux qui me ressemblent. J'ai été surtout extrêmement flatté du premier mouvement de la Reine, et je vous prie de Lui en témoigner ma vive reconnaissance.

Je vous témoigne dans ma lettre d'office [1] ce que, d'après nos notions secrètes que Pichler vous aura envoyées sans doute, je serais à la rigueur autorisé à penser sur la confidence que vous a faite M. de Vergennes [2]. Mais, comme le roi de Prusse est dans l'habitude d'écrire autant de mensonges à ses ministres dans les cours étrangères qu'il en exige d'eux, il ne serait pas impossible cependant que M. de Vergennes ne vous ait dit vrai. Quoi qu'il en soit néanmoins, il est certain que nous ferons fort bien de prendre garde à ces Messieurs, et M. de Vergennes se trouvera toujours avoir très grand tort de n'avoir pas fait ce que j'eusse fait à sa place, et que c'est une vraie platitude à lui de n'avoir pas senti que cette nouvelle branche de correspondance, qu'il vient d'établir entre le roi de Prusse et l'Espagne, est à mon avis une chose très mal vue, parce qu'il ne peut en résulter, outre le mal d'opinion, que du mal réel.

Je suis très étonné de ce que ni M. de Vergennes, ni M. de Maurepas, quoique plus parlant que l'autre, ne vous ait rien dit dans ces derniers temps de la médiation russe, dont cependant il doit avoir été question, à ce qu'on me suppose de bon lieu.

Pour ce qui est de mes ministres dans les cours étrangères, je me flatte que, d'après la nouvelle leçon que je viens de leur faire à tous, ils se conduiront de fait et de propos comme je désire que puissent se conduire les ministres français dans ces mêmes cours et entre autres

---

[1] Cette lettre traite surtout du prochain rétablissement des relations politiques entre la Prusse et l'Espagne. Le prince de Kaunitz blâme M. de Vergennes d'avoir travaillé à Berlin en faveur de ce projet auquel il aurait dû s'opposer, et il semble croire que ce ministre déguisait la vérité lorsqu'il affirmait à M. de Mercy que cette question le laissait indifférent.

[2] Voir plus haut, page 6, note 2.

M. de Bombelles [1] qui, dans tous les temps, s'est toujours conduit de la façon du monde la plus odieuse, sans que je sache que nous ayons d'autre tort vis-à-vis de lui, et moi en particulier, que celui de l'avoir accueilli et traité pendant qu'il a été ici beaucoup mieux certainement que personnellement il ne le mérite. Le ministre de France à Munich et à Dresde [2] est dans le même cas, et il n'est pas jusqu'à M. de Vérac [3] même, qui a été à Copenhague l'ami particulier de Cobenzl [4], qui n'ait changé de conduite à son égard, et qui, sur ordre sans doute, malgré les prévenances de Cobenzl, n'affecte de l'intimité avec M. de Gœrtz [5].

Sur tout ce que vous me dites de la Reine, je vois bien que vous avez besoin de toute la patience et sagesse, dont vous êtes capable. Mais que faire? D'un mauvais payeur, comme on dit, il faut prendre ce que l'on peut, et je m'en rapporte à vous.

6. — JOSEPH II À MERCY.

Vienne, le 10 janvier 1781. — Mon cher comte de Mercy, je vous joins ici la lettre pour la Reine [6] de même que les nouvelles pièces interceptées, dans lesquelles vous verrez, entre autres, une jolie lettre entièrement controuvée [7] et qui n'a jamais existé d'un soi-disant secré-

---

[1] M. de Bombelles était alors ministre de France à Ratisbonne, près la Diète générale de l'Empire. Il avait épousé Mlle de Mackau, dame de Madame Élisabeth, avec qui elle entretint une active correspondance. M. de Bombelles, entré dans les ordres après la mort de sa femme, mourut évêque d'Amiens en 1822.

[2] Le prince Kaunitz veut sans doute parler du comte de Barbé-Marbois, qui de Dresde était allé à Munich comme chargé d'affaires de France et se faisait remarquer par ses propos hostiles à l'Autriche. Il mourut en 1837, après avoir présidé la Cour des comptes jusqu'en 1834.

[3] M. de Vérac, alors ministre de France à Saint-Pétersbourg, le fut plus tard à la Haye, où nous le retrouverons en 1785.

[4] Le comte Louis Cobenzl, d'abord ministre à Copenhague et à Berlin, représentait alors l'Empereur en Russie. Il fut plus tard ministre des affaires étrangères de François II, et mourut en pleine disgrâce en 1809.

[5] M. de Gœrtz, né en 1737, entra au service de Prusse en 1778 et réussit à déterminer le duc de Deux-Ponts à s'opposer à l'exécution de la convention conclue par l'Électeur palatin avec l'Autriche au sujet de la succession de Bavière. En récompense Frédéric II, en 1779, le nomma son ministre plénipotentiaire près la cour de Russie, où il s'efforça de traverser les desseins de Joseph II.

[6] Cette lettre manque.

[7] Cette lettre est perdue.

taire à moi, qui apparemment est à Potsdam, souffrant d'humeur et de bile; mais je ne le croyais pas si fin politique que d'en chercher dans la façon d'apprêter le bœuf, et j'apprends par là qu'il y a des indications politiques même à trouver dans la cuisine. Donnez à cela le ridicule que cela mérite.

Quant au grand objet dont le prince de Kaunitz vous instruit[1], tout dépendra si la France a vraiment envie d'avoir la paix, et si elle osera nous prendre pour médiateurs avec la Russie sans l'intervention du roi de Prusse, qui est le plus grand bien qu'on pourrait tirer de toute cette médiation. Si l'on ne fait pas vite, je prévois qu'il n'en arrivera plus rien, et que, sans bien faire la guerre, on continuera ainsi à dépenser son argent très mal à propos.

7. — KAUNITZ À MERCY.

Vienne, le 10 janvier 1781. — Vous verrez, mon cher Comte, par le contenu de mes lettres d'office, que ce que M. Necker avait pronostiqué il y a quelque temps est enfin arrivé[2]. Vous en savez peut-être actuellement beaucoup plus que nous, si tant est, comme M. de Simolin[3] l'a assuré à mylord Stormont[4], sa cour a fait passer en même temps à Versailles et à Madrid la soi-disant insinuation verbale,

---

[1] Le rescrit du 10 janvier 1781 traite de la médiation que l'impératrice de Russie proposait à l'Empereur d'exercer conjointement avec elle entre l'Angleterre d'une part, la France et l'Espagne de l'autre.
Le roi de Prusse devait être exclu de cette médiation.

[2] Le prince de Kaunitz fait allusion aux préférences que M. Necker avait manifestées à plusieurs reprises à M. de Mercy et même à la Reine en faveur de la médiation russe. M. Necker pensait que Catherine II pouvait exercer sur l'Angleterre une pression suffisante pour la déterminer à la conclusion de la paix, que lui, Necker, désirait de toutes ses forces.
M. de Mercy avait vainement combattu cette opinion du ministre des finances et l'intervention de Marie-Antoinette, à la prière de l'ambassadeur, n'avait pas eu plus de succès. (Dépêches d'office de *Mercy à Kaunitz* du 17 juin 1779 et du 18 novembre 1780.)

[3] M. de Simolin, ministre de Russie en Angleterre, ensuite (1784) en France, qu'il ne quitta qu'en 1792. M. Feuillet de Conches a publié de curieuses dépêches de M. de Simolin, tirées des archives impériales de Moscou.

[4] Lord Stormont, d'abord ministre d'Angleterre à Vienne, ensuite (janvier 1773) ambassadeur du cabinet de Saint-James à Paris, où il resta jusqu'à la rupture entre les deux nations en mars 1778. Il fit partie du cabinet de lord North, où il succéda en 1779 à lord Weymouth.

qu'elle a fait faire à Londres et qui est, à ce qu'il me paraît, la déclaration annoncée depuis trois mois, dont ce lambin, M. de Panin[1], est enfin accouché. J'espère que vous trouverez bien faite ma réponse, pour laquelle en échange il ne m'a fallu qu'une heure ou deux.

Je vous communique ci-joint dans la plus grande intimité le billet par lequel j'ai envoyé cette réponse à l'Empereur[2]. J'espère qu'elle satisfera M. de Vergennes, et je me flatte qu'il sentira entre autres le mérite de la façon dont à titre de conseil commun à toutes les parties belligérantes j'ai fait sentir à l'Angleterre l'absurdité de la condition préalable qu'elle établit dans sa réponse.

Quant à ma proposition au sujet de Vienne à choisir pour le lieu du congrès, les avantages m'en paraissent sans réplique, et je ne doute pas que le baron de Breteuil[3], à qui je m'en vais en parler, ne l'appuie tant qu'il pourra, parce que son intérêt personnel entre autres s'y retrouve.

J'attendrai, comme vous pensez bien, avec impatience, ce que vous pourrez me mander sur cet important objet, et je suis, en attendant comme toujours . . . .

---

[1] M. de Panin, né le 15 septembre 1718, mort le 31 mars 1783, fut, de 1763 à sa mort, chargé de la direction de la politique extérieure de la Russie.

[2] Ce billet, du 9 janvier 1781, a été publié par M. A. Beer (*op. cit.*, pages 29 et 30). Il indique les éléments de la réponse à remettre au chevalier Keith, ministre d'Angleterre à Vienne, sur la médiation. Le prince de Kaunitz y déclare les prétentions anglaises absolument inadmissibles.

[3] Louis-Auguste Le Tonnelier, baron de Breteuil, né au château d'Azay-le-Féron, le 7 mars 1730, d'abord officier de gendarmerie, puis ministre de France à Cologne en 1758, à Saint-Pétersbourg en 1760, ambassadeur à Stockholm en 1763 et à la Haye en 1768, allait être envoyé en la même qualité à Vienne en 1770, quand le duc de Choiseul fut disgracié. Il fut laissé sans emploi jusqu'en 1772, où il devint ambassadeur à Naples; il y gagna la faveur de la reine Caroline et de l'impératrice Marie-Thérèse, qui le recommandèrent vivement à Marie-Antoinette, qui le fit envoyer à Vienne en août 1774. En annonçant cette nomination à Frédéric II, le baron de Goltz disait : «La Reine est enchantée de son ouvrage. C'est un des plus zélés partisans du duc de Choiseul. Sa mission en Russie me l'a fait connaître. Il a de l'esprit, même de la vigueur et du courage, joint à une grande habileté dans les affaires. Mais sa fougue lui fait faire à tous moments des écarts dont un débutant même serait incapable. Pétersbourg, Stockholm et la Haye en ont vu tout plein. A la pétulance, il joint l'arrogance la plus insupportable quand il fait parler sa cour. J'espère que cela donnera plus d'une fois de l'aigreur entre lui et le prince de Kaunitz; mais je répète qu'il a de la finesse et de la vigueur dans l'esprit, et, employé par un ministre remuant, il est fort capable de faire un des ressorts.» (Archives de Berlin, *Goltz au Roi*, dépêche du 21 août 1774.)

8. — MERCY À JOSEPH II.

Paris, 21 janvier 1781. — Le garde-noble mensuel, arrivé le 16 après midi, m'a remis les très gracieux ordres de V. M. en date du 5 de ce mois et auxquels était jointe une liasse de lettres interceptées. Sur des aveux échappés au comte de Vergennes, je suis bien assuré qu'il se procure la correspondance du baron de Goltz, et que, par conséquent, il doit le regarder comme un insigne imposteur. Autant que la matière des dépêches de la chancellerie d'État me permet de parler des horreurs que fait débiter le roi de Prusse, je leur en ai dit ici pour les rendre honteux d'écouter des insinuations qui deviennent de vraies insultes au bon sens de ceux auxquels on cherche à les faire croire; aussi puis-je me flatter d'avoir gagné du terrain de ce côté-là. On est de plus en plus persuadé des vrais sentiments de V. M. pour l'alliance avec cette cour; on en sent l'utilité réciproque, on désire de la maintenir; mais, par des petites spéculations politiques bien misérables et que mes dépêches indiquent, on voudrait ménager le roi de Prusse dans la fausse idée que l'on peut se le rendre utile pendant le courant de cette guerre [1].

Lorsque je présentai la lettre de V. M. à la Reine, Elle en fit lecture sur-le-champ et daigna me dire qu'Elle y trouvait des marques d'une amitié et d'une confiance qui la charmaient; Elle ajouta que par certains détails elle pourrait supposer à V. M. l'intention de se remarier. La Reine était fort occupée de cette idée sans pouvoir fixer ses conjectures que je me bornai à écouter [2].

La santé de la Reine n'a jamais eu la moindre atteinte inquiétante. Cette princesse a la poitrine un peu délicate; Elle ne se ménage point assez dans la mauvaise saison, et gagne des rhumes qui se prolongent, qui se succèdent, mais sans aucuns accidents sérieux tels que seraient la fièvre ou autres symptômes de ce genre. J'aurai toujours le plus grand soin de rendre à V. M. un compte exact sur cet article important, et j'ai demandé au premier médecin Lassone un détail qu'il m'a

---

[1] La guerre que depuis l'année 1778 la France faisait à l'Angleterre. — [2] Cette lettre manque.

promis et que je joindrai à ce très humble rapport en confirmation de ce que je viens d'exposer.

Quant à ce qui concerne le bien-être personnel de la Reine, il ne laisse rien à désirer, particulièrement du côté de l'ascendant qu'Elle a gagné sur l'esprit du Roi. Cet ascendant est tel que la Reine pourrait tout effectuer, même en matières d'État, si Elle en avait la volonté; mais je ne puis cacher à V. M. que cette auguste princesse a jusqu'à présent une répugnance si marquée pour toute affaire sérieuse qu'Elle n'y donne que très momentanément l'attention nécessaire et qui se trouve distraite par trop d'objets. Les alentours favoris de la Reine abusent à leur profit de son crédit; ils sont toujours sûrs de donner la plus grande activité à ses bontés; mais quand il s'agit de choses qui La touchent immédiatement, la Reine devient incertaine, craintive dans ses démarches et finit par tomber dans l'inaction. Elle est bien tendrement attachée à V. M., et conséquemment Elle a fort à cœur ce qui intéresse le système; Elle m'ordonne sans cesse de Lui représenter ce qui peut être utile à ce grand objet; mais je n'obtiens pas toujours d'effets suivis des moyens que je suggère; cependant dans ces derniers temps la Reine s'est montrée plus attentive et plus occupée; Elle est vivement aigrie contre le roi de Prusse; Elle en parle continuellement au Roi et à cet égard produit sur Lui des impressions dont il y aura un bon parti à tirer.

Depuis que V. M. n'a vu Madame Élisabeth, il est survenu peu de changement dans son état physique; elle a grandi et a pris de l'embonpoint qui, sans être démesuré, pourrait faire craindre qu'il n'augmentât trop par la suite. Une fantaisie de cette princesse peut y avoir donné lieu; elle aime passionnément l'exercice du cheval; on lui a représenté qu'il en résulterait l'inconvénient d'engraisser, mais cette remarque ne la touche pas; elle n'a ni souci ni attention à sa figure qui incline à être bien; toute parure lui est égale et ne paraît lui faire aucun plaisir; elle a maintenant une assiette plus ferme dans son maintien et a beaucoup perdu de l'habitude de trépigner. D'ailleurs bonne et douce envers ses alentours, un peu timide, mais affable envers ceux qui sont à portée de lui faire leur cour, on n'entend dire que du bien de ses qualités morales. L'éducation de cette princesse n'a pas été des mieux soignée et pourrait avoir laissé un vide du côté de la culture des agréments sociaux; cependant j'observe que, quand les ministres étrangers se présentent chez elle, elle a toujours quelque chose de gracieux et de bien placé à leur dire.

Un garde-noble, arrivé le 18, m'a remis les très gracieux ordres du 10, dont il était porteur. Je me suis rendu sur-le-champ à Versailles pour y présenter la lettre adressée à la Reine[1], et, en Lui rendant compte de l'objet politique dont il s'agissait, je suppliai S. M. d'y coopérer par des moyens que j'indiquai et qu'Elle adopta, ainsi que l'expose plus amplement ma dépêche d'office[2]. La Reine se détermina entre autres à faire lire au Roi la lettre de V. M.[3]

Ainsi que V. M. le prévoit, la médiation proposée causera ici quelque embarras par ménagement pour la cour de Berlin, mais dans tout état de cause il est devenu impossible que l'on consente à admettre le roi de Prusse dans la pacification sans que cela devienne un très mauvais procédé envers V. M. La Reine le comprend fort bien, et je l'ai assez donné à entendre aux ministres français pour me persuader qu'ils éviteront cet inconvénient.

La suite des pièces secrètes, que je remets ici très humblement, paraît indiquer que le baron de Goltz commence à ne plus savoir comment justifier les illusions dont il berce son souverain depuis si longtemps. Il fait dire à un personnage postiche ce qu'il semble ne plus oser faire prononcer aux comtes de Maurepas et de Vergennes; il finira par son refrain ordinaire de rejeter sur les effets du crédit de

---

[1] Cette lettre manque.

[2] Le 19, M. de Mercy avait eu un long entretien avec M. de Vergennes, auquel il avait de nouveau proposé la réunion d'un congrès à Vienne, en faisant valoir l'importance de la présence du prince de Kaunitz. M. de Vergennes se borna à répondre par de vagues remerciements et se retrancha derrière l'obligation de consulter l'Espagne.

En quittant le ministre, M. de Mercy se rendit chez la Reine et Lui exposa sa conversation avec M. de Vergennes. Il Lui fit remarquer qu'il serait très glorieux pour l'Empereur d'inaugurer son règne en se rendant utile aux puissances les plus considérables de l'Europe, que son illustre frère n'en retirerait pas d'autre avantage que la complète exclusion du roi de Prusse de toutes les négociations relatives au rétablissement de la paix; que cependant il fallait tout faire pour obtenir ce succès, parce que le roi de Prusse furieux de cette exclusion donnerait un libre cours à sa rancune et se livrerait à de tels excès qu'il perdrait à jamais toute créance près du cabinet de Versailles. Cette considération, bien faite pour plaire à la Reine dont M. de Mercy connaissait les idées, eut tout le succès que s'en promettait l'habile ambassadeur. Marie-Antoinette lui promit de faire tout ce qu'Elle pourrait pour obtenir le résultat que l'Empereur désirait. Elle lui dit que le Roi s'entretenait souvent d'affaires avec Elle et qu'ainsi Elle trouverait facilement l'occasion de lui parler de ce projet de congrès. (*Mercy à Kaunitz*, dépêche d'office du 21 janvier 1781.)

la Reine le peu de succès de toutes les vilaines intrigues dont cet émissaire se trouve chargé.

L'anecdote du prétendu secrétaire de V. M. est un chef-d'œuvre de platitude qu'il serait bien aisé de couvrir de ridicule, et je n'y manquerai certainement pas si je puis en trouver un moyen qui ne compromette pas la source où cette notion a été puisée.

9. — MERCY À KAUNITZ.

Paris, 21 janvier 1781. — Le garde-noble mensuel arrivé le 16 m'a remis la lettre dont V. A. m'honore du 5 de ce mois. Les notions secrètes, lesquelles m'ont été adressées par l'Empereur, prouvent assez clairement que M. de Vergennes n'a pas été de bonne foi dans son énoncé sur la mission prussienne à Madrid. V. A. daignera voir que ce secrétaire d'État a maintenant varié dans sa version, qui paraît aussi suspecte que la première. Je crois ne pas me tromper en supposant que toute cette platitude est une œuvre de M. de Maurepas, et que M. de Vergennes n'a pas osé l'en inculper vis-à-vis de moi.

Lorsque j'ai rendu compte à la Reine de ce que V. A. m'ordonnait de Lui dire de sa part, cette princesse s'est exprimée dans des termes que je dois rendre littéralement. Sa réponse a été : *Dites bien à ce digne homme que j'ai toute confiance en lui, et que je l'aime autant que je l'estime.*

Les deux gardes-nobles arrivés le 18 (et dont l'un est passé tout de suite à Madrid) m'ont remis la lettre de V. A. en date du 10. Je n'ai pas perdu un instant à me rendre à Versailles pour tâcher d'y remplir ses ordres, et ma dépêche d'office[1] expose ce qui a pu être effectué à cet égard.

Je rends mille très humbles grâces à V. A. de la bonté et confiance avec laquelle Elle daigne me communiquer son billet à l'Empereur. Ce chef-d'œuvre de lumières m'a mis dans le cas de bien saisir tous les points de la réponse à l'Angleterre. Cette pièce aussi

[1] Voir plus haut, p. 17, la note 2.

sublime par sa brièveté que par la dignité avec laquelle elle est rédigée, m'a paru attirer un hommage bien sincère de la part de M. de Vergennes. Il a été particulièrement enchanté du dernier paragraphe, et lorsqu'il s'est agi de Vienne pour le lieu du congrès, le secrétaire d'État m'a dit que de tous les motifs qui pourraient porter à ce choix, le plus déterminant serait la présence de V. A., ce qui lui a donné occasion de s'étendre en expressions qui avaient toutes les apparences de la sincérité; malgré cela la misérable petite politique française sera un peu émue de la crainte de déplaire à la cour de Berlin, et il faut s'attendre à quelque tortillage à cet égard. J'ai parlé à la Reine avec la plus grande force sur cet article, et Lui ai fait concevoir que si dans l'état des choses on était capable d'une vilenie pareille à celle d'admettre le roi de Prusse dans la pacification, ce serait un outrage que l'Empereur ne pourrait jamais oublier et qui suffirait à Le dégoûter pour jamais de l'alliance. Il a fallu frapper la Reine un peu vivement, et je La vois disposée à se bien montrer dans cette occasion. D'après le langage de M. de Vergennes, si on attend des réponses de Madrid, je resterai encore plusieurs jours hors d'état de rien mander de concluant, mais je profiterai de cet intervalle pour tâcher d'éclairer la marche que l'on tiendra ici, et pour disposer les choses le mieux possible.

On est certainement à bout de voie du côté de la guerre; nul plan décidé, nul ensemble dans le ministère; toute la marine est dégoûtée, et les moyens de finance deviennent embarrassants. On désirerait peut-être de préférence se jeter uniquement entre les bras de la Russie, de laquelle j'ai depuis longtemps soupçon que l'on quête l'entremise pour la paix, et c'est sans doute de ce désir exclusif que part le silence gardé par M. de Vergennes envers moi sur ses opérations à Pétersbourg.

J'ai l'honneur d'être.....

10. — JOSEPH II À MERCY.

Vienne, ce 8 février 1781. — J'ai reçu, mon cher Comte, par le courrier du mois votre lettre. Les bonnes nouvelles que vous me donnez de la santé de ma sœur m'ont fait grand plaisir, puisque les différents contes qu'on avait faits, il y a quelque temps, avec tant de particularités à son sujet, m'avaient vraiment inquiété. Il serait à désirer qu'on pût parvenir à faire comprendre à ma sœur, pour sa santé comme pour tous les autres objets de sa vie privée, qu'il faut regarder non seulement l'intérêt du moment présent, mais voir dans lui aussi l'avenir.

Je vous joins ici la continuation des pièces intéressantes; vous y verrez toujours le même style. Si dans leur communication vous y voyez de la confiance de ma part, si vous êtes juste envers vous tout comme envers moi, vous y trouverez que je vous la dois de toute façon et que j'ai du plaisir à vous la marquer.

L'expédition qui vous parviendra de la part du prince de Kaunitz vous mettra au fait de ce que je pense au sujet de la pacification future; je compte que vers le 20 de ce mois j'aurai des réponses de Russie et, en même temps directement ou par votre canal, des nouvelles d'Espagne qui me mettront à même de voir un peu plus clair dans cette affaire dont, à la vérité, jusqu'à présent les intérêts comme les distances paraissent infiniment éloignés.

Je vous suis bien obligé des détails que vous m'avez faits de Madame Élisabeth, et, en vous joignant ici ma lettre pour la Reine [1], je vous prie de me croire bien sincèrement votre bien affectionné...

11. — KAUNITZ À MERCY.

Vienne, le 8 février 1781. — Mon cher Comte, j'ai bien reçu votre lettre du 21, dans laquelle j'ai trouvé les notions et les réflexions que vous me communiquez également intéressantes et instructives. Je

---

[1] Cette lettre manque.

vous en remercie, et je vous prie de vouloir bien continuer à me communiquer ainsi toujours, mais surtout dans ce moment de crise, tout ce que vous pourrez savoir, apprendre, pénétrer et penser, pour me mettre à même de pouvoir faire le pilote avec plus de facilité et de sécurité.

C'est bien, comme vous dites, une misérable petite politique que celle du ministère de Versailles relativement au roi de Prusse. Malgré cela cependant, comme pour le maintien du système, il a grand besoin ici d'un défenseur, vous verrez, par les copies des deux billets ci-joints que je vous communique dans notre intimité, ce que j'ai cru devoir exposer en sa faveur [1], et qui l'a très bien servi, comme j'ai eu l'occasion de le constater par la suite. Mais je ne vous cacherai pas cependant qu'il serait très désirable que M. de Vergennes pût adopter vis-à-vis de nous dans le fait et dans le propos la méthode franche dans le maniement des affaires, dont je ne cesse de lui donner l'exemple. L'apostille de la main de l'Empereur à mon billet du 5 vous le fera comprendre [2]. Quant à moi, je crois qu'au fond sa conduite tient plus à son caractère personnel, et au premier métier qu'il a fait en sa vie [3], qu'à mauvaise intention. Le barreau perce partout dans ses actions et même dans ses écrits, témoin entre autres tout récemment le terme *d'exciper* et autres dans sa dernière réponse. Le mal qu'il y a, c'est que ce n'est point assez que j'en pense ainsi; tout le monde [4] n'est pas aussi capable de voir de sang-froid que moi, et vous feriez moyennant cela une très bonne chose si vous pouviez parvenir à lui faire sentir que, vis-à-vis de moi au moins, il ferait fort bien d'adopter et d'user de ma méthode, ne fût-ce que par la réflexion que ma probité et mon attachement au système de l'alliance pouvaient et devaient lui être garants, qu'il ne pouvait jamais courir aucun risque, en me confiant tout ce qu'il pourra penser, se proposer de faire ou avoir fait, tandis qu'une conduite contraire ne peut que venir à l'appui des soupçons et

---

[1] Il s'agit sans doute de la note du prince de Kaunitz à Joseph II, du 6 février 1781, publiée par M. A. Beer dans son ouvrage intitulé *Joseph II, Leopold II und Kaunitz, Ihr Briefwechsel* (Wien, 1873, in-8°, page 35). En effet, le chancelier y excuse la conduite du cabinet de Versailles au sujet de la médiation entre la France et l'Angleterre proposée par Joseph II et Catherine II de Russie.

[2] Ce billet ne se trouve pas dans la publication de M. A. Beer.

[3] Voir plus haut page 2, note 1.

[4] Le prince de Kaunitz a surtout en vue l'Empereur, dont il redoutait les accès d'impatience.

des méfiances que l'on travaille sans relâche à exciter et à augmenter entre nous.

Le ministère de Versailles doit être au reste réellement bien humilié et bien embarrassé en même temps de la conduite de celui de Madrid à son égard. Être obligé d'avoir une négociation unilatérale de l'Espagne ouverte et en ignorer l'objet ou à peu près, il faut convenir que cela est dur. On voit en même temps qu'il n'y a pas aussi à beaucoup près avec la Russie toute l'intelligence que l'on pouvait y supposer, et cet état des choses au dehors, indépendamment du décousu au dedans, ne fait pas en vérité une brillante situation. Pour nous ici, en tout lieu, nous avons mis les choses en assez bon train. Vers la moitié du mois, à l'arrivée des courriers de toutes parts qui s'y trouveront à peu près dans le même temps[1], on verra beaucoup plus clair dans l'avenir, et je serai peut-être dans le cas de vous dépêcher un second courrier dans le courant du mois.

Témoignez, je vous prie, ma vive reconnaissance à la Reine des sentiments dont Elle veut bien continuer à m'honorer, et assurez cette charmante princesse que je tâcherai certainement de les mériter par toutes les preuves de mon attachement possibles pour sa personne, et par tous les services qu'il pourra m'être possible de rendre encore à l'Empereur et à sa maison, à la suite de tous ceux que j'ai eu la satisfaction de pouvoir lui rendre depuis près de quarante ans.

Quant à vous, mon cher Comte, conservez-moi votre amitié qui m'est précieuse, parce que je vous estime beaucoup et que je vous aime de tout mon cœur.

---

12. — JOSEPH II À MERCY.

Vienne, le 17 février 1781. — Mon cher comte Mercy, l'huissier Moritz, qui était autrefois courrier, vous remettra celle-ci et, en même temps six ballots qui contiennent le légat en laque et les souvenirs, qui en conséquence du testament de feu S. M. ont été destinés pour la

---

[1] Le prince de Kaunitz comptait voir arriver à Vienne, vers le 15 février, des courriers de France, d'Espagne et de Russie avec des dépêches concernant les négociations sur la médiation.

Reine, le Roi et la petite Madame. Je souhaite que tout arrive en bon état, et vous prie, en remettant cette lettre à la Reine en même temps, de prendre d'Elle les ordres, comment et quand Elle voudra que vous lui fassiez parvenir tous ces objets. La liste[1] ci-jointe vous fera voir ce qui est destiné à un chacun de ces trois personnes royales. Comme cette lettre sera de très vieille date, cet envoi se faisant par roulier, je n'entre dans aucun autre détail et vous pourrez garder ce Moritz aussi longtemps que vous le jugerez à propos, et ensuite le renvoyer ici en courrier, en lui confiant des dépêches, quand vous aurez quelque chose d'intéressant à mander.

Adieu, Monsieur le Comte, portez-vous bien et soyez persuadé de l'estime et de la considération avec laquelle je suis.....

---

13. — KAUNITZ À MERCY.

Vienne, le 17 février 1781. — Mon cher Comte, l'Empereur est pressé de faire partir le courrier Maurice, qu'il dépêche avec les legs de feu notre auguste souveraine pour la Reine sa fille, et il me charge de vous dire que, si vous avez quelque chose à me mander à son arrivée, vous pouvez le renvoyer tout de suite, et, dans le cas contraire, le garder tant que vous voudrez. Moyennant cette hâte, je n'ai que le temps de vous dire que votre courrier est arrivé, et que, pour voir bien clair dans les intentions de la France, il faudra attendre l'arrivée de notre courrier d'Espagne, qui ne peut pas tarder encore longtemps. Nous avons eu avant-hier des réponses préalables de Pétersbourg, qui nous apprennent que l'Impératrice a accueilli avec l'empressement le plus obligeant l'association de l'Empereur à la médiation, et Elle adoptera même Vienne pour lieu du congrès, à moins que Panin par ses intrigues ne parvienne à l'empêcher, parce qu'il

---

[1] *Pour S. M. le Roi :* Deux vases de bois pétrifié avec leurs petites tables et un trictrac avec tout ce qui y appartient en laque.
Pour S. M. la Reine : Une garniture de laque composée de cinquante pièces en boîtes de différentes grandeurs.

Pour la princesse de France : Une boîte à parfiler de bois pétrifié, montée en or.
Un lit chinois de laque avec autres cinq boîtes rondes, dont trois sont un peu plus grandes. Une boîte à parfiler carrée. Deux tasses de laque.

voudrait envoyer pour plénipotentiaire au congrès une de ses créatures. Nous avons été les premiers à donner à l'Impératrice communication de la réponse de l'Angleterre sur l'offre implicite de sa médiation; elle lui est cependant parvenue directement deux jours après; mais, ce qu'il y a d'assez singulier, c'est que la réponse de la France à l'insinuation verbale que l'Impératrice nous assure avoir été faite à Versailles et à Madrid, parfaitement pareille à celle qu'a faite Simolin à Londres, était déjà arrivée à Pétersbourg le 27 janvier dernier, et par conséquent dépêchée à Versailles quinze jours au moins avant la communication que vous avez été chargé d'en faire, sans que M. de Vergennes ne vous en ait dit un mot. Cachotterie inconcevable, dont je ne vois pas le fin, et qui a fait des impressions si défavorables dans l'esprit de l'Empereur, que j'ai eu bien de la peine à les combattre. Ces sortes de choses ne sont à la vérité, vis-à-vis de moi, que des petitesses; mais cela ne vaut pas le diable cependant, comme vous le sentez sûrement, ainsi que moi. Je vous ai dit au commencement de ma lettre que nos réponses de Pétersbourg n'étaient que préalables, parce que nous attendons incessamment celles que M. de Panin nous a promises par écrit. Je n'ai pas le temps de vous en dire davantage pour aujourd'hui, mais je serai vraisemblablement en peu de jours dans le cas de vous dépêcher peut-être un autre courrier.

---

14. — MERCY À JOSEPH II.

Paris, le 21 février 1781. — Les très gracieux ordres de V. M. I. en date du 8 m'ont été remis le 16 au matin par le garde-noble mensuel, et je n'ai pas tardé à présenter à la Reine la lettre qui lui était adressée. Cette auguste princesse parlera elle-même de ses espérances d'une grossesse. Les indices en subsistent déjà depuis près de trois semaines, et, selon l'opinion du premier médecin, il ne faut que peu de jours pour faire tourner ces indices en certitude. Cette circonstance si désirée et si heureuse ajouterait un grand poids à l'influence et au crédit de la Reine. Il ne resterait alors qu'à le diriger d'après le principe important que V. M. daigne citer, savoir : d'user de ce crédit d'une manière également utile au présent et à l'avenir. Ce que mon zèle m'impose à cet égard de représenter à la Reine n'est pas toujours d'accord avec les intérêts personnels des alentours; mais leur opposition ne m'effraye ni me rebute, et souvent ma persévérance me vaut quelques succès. La Reine n'a rien omis de ce que je lui ai très humblement proposé, soit pour faciliter une médiation, soit pour prévenir les manœuvres prussiennes, et V. M. aura daigné remarquer quelques particularités intéressantes sur ces deux objets dans ma dépêche d'office du 7 de ce mois [1].

De tous les mensonges que le roi de Prusse fait débiter ici, ceux qui n'ont trait qu'à de prétendues vues d'agrandissement de V. M. ne

---

[1] Le 23 janvier, Marie-Antoinette déclarait à M. de Mercy que, fidèle aux promesses qu'Elle lui avait faites le 19, Elle avait, à deux ou trois reprises, tenté d'amener le Roi à lui parler de la médiation et des négociations engagées à Madrid, mais qu'Elle n'avait pas encore pu y réussir. Elle attribuait la réserve de son mari aux conseils du comte de Maurepas; mais Elle ne se décourageait pas, et Elle promettait de redoubler d'efforts. En effet, neuf mois plus tard, presque jour pour jour, le 22 octobre, Marie-Antoinette mettait un fils au monde. Il faut croire que Louis XVI ne sut pas résister plus longtemps à une épouse qu'il aimait tendrement. Le 5 février la Reine put annoncer à M. de Mercy que le Roi avait recommencé à lui parler d'affaires. Il lui avait avoué qu'Il était fatigué de la guerre et qu'Il avait le plus vif désir de la voir terminer avant la fin de cette année. Sur la médiation, Louis XVI avait confié à la Reine qu'on lui avait insinué que l'Empereur, comme médiateur, serait plus favorable à l'Angleterre qu'à la France et que cette crainte était confirmée par le désir manifesté par l'Angleterre d'obtenir la médiation de l'Empereur; mais qu'Il avait désapprouvé ces soupçons mal fondés et ordonné d'inviter le baron de Breteuil à entretenir de cette affaire le prince de Kaunitz avec toute la confiance qu'on se devait entre alliés.

La Reine ajouta que la duchesse de Polignac, étant allée voir le comte de Maurepas pour ses affaires particulières, lui avait demandé, en manière de conversation, si la guerre ne prendrait pas bientôt fin; le vieux ministre avait répondu qu'avant la fin de l'année la paix serait sûrement conclue. Là-dessus la duchesse avait dit qu'on parlait beaucoup de la médiation commune des cours de Vienne et de Pétersbourg; sur quoi le comte avait répliqué : «Oui, oui, la Russie pourrait nous y être très utile.»

Marie-Antoinette ne s'était pas contentée de parler de ces affaires avec le Roi; Elle avait fait appeler M. de Vergennes, et le 23 janvier, Elle disait à M. de Mercy qu'Elle avait tout lieu d'être contente de ce ministre. M. de Vergennes tenait aussi auprès de Mercy un langage favorable aux désirs de l'Empereur. Toutefois, comme s'il eût voulu décliner par avance toute responsabilité dans le cas probable où les projets de médiation et de congrès échoueraient, l'habile ministre déclarait à l'ambassadeur impérial que ses avis n'avaient pas une grande influence sur la marche des affaires et, faisant allusion au comte de Maurepas, il disait : «Le Roi a un conseil, dont il se sert peu, et un conseil particulier, qui souvent le décide, sans que j'y entre pour rien.» (*Mercy à Kaunitz*, dépêche d'office du 7 février 1781.)

font plus aucun effet; mais il n'en est pas tout à fait de même des insinuations sur la possibilité d'un rapprochement de V. M. vers la cour de Londres, et on est toujours disposé à s'effaroucher ici sur ce point. C'est la seule observation que j'aie à faire sur la suite des fables dont le baron de Goltz repaît son maître; j'en remets ici les pièces que V. M. a daigné me communiquer en y joignant une expression de clémence et de grâce dont j'ai l'âme pénétrée.

La Reine a cru voir des indices d'une nouvelle guerre prochaine dans l'article de la lettre où V. M. lui parle du roi de Prusse. J'ai profité des craintes de la Reine à cet égard pour lui représenter l'importance dont il est qu'Elle veuille bien mettre toute la suite et l'attention possible à coopérer ici aux moyens de contenir dans de justes bornes l'implacable ennemi de son auguste maison, et de prévenir ainsi des occasions de troubles auxquels la conduite offensante de la cour de Berlin pourrait donner lieu.

Le directeur général Necker[1] a obtenu la permission de faire imprimer le compte[2] qu'il vient de rendre au Roi de ses finances, et, en m'envoyant cet ouvrage, il m'a marqué son désir qu'il pût être mis aux pieds de V. M. J'ai pensé qu'Elle daignerait le permettre, vu l'importance de la matière de ce mémoire qui fait ici la plus grande sensation et qui probablement donnera lieu à d'autres écrits contradictoires que je tâcherai de recueillir si on n'en intercepte pas la publication.

15. — JOSEPH II À MERCY.

Vienne, le 4 mars 1781. — Mon cher comte Mercy, je viens de recevoir dans l'instant le courrier qui m'a remis votre lettre et celle de la Reine. Si la nouvelle des espérances de la grossesse de ma sœur

---

[1] Jacques Necker, né à Genève le 30 septembre 1732, mort à Coppet le 9 avril 1804, fut d'abord associé au contrôleur général des finances Taboureau des Réaux, en qualité de directeur du Trésor (22 octobre 1776); un peu plus tard, le 29 juin 1777, lorsque Taboureau se retira sans être remplacé, Necker fut nommé directeur général des finances, car sa qualité de protestant l'empêchait de recevoir le titre de contrôleur général.

[2] C'est le fameux compte rendu que le comte de Maurepas tournait en ridicule et appelait *le Conte bleu*, d'après la couleur de la couverture.

continue et se réalise, j'en serai enchanté, regardant pour un grand bonheur pour nous tous, mais surtout pour Elle, si Elle peut avoir des fils.

Quant à l'opinion dans laquelle on est de mes liaisons avec l'Angleterre, je crois que les gens sensés démêleront facilement que, si même il y avait dans mon cœur ou dans ma raison ce désir, l'époque ne serait pas bien favorable pour les réaliser. La guerre n'a point encore amené des événements qui puissent faire croire que c'est pour sauver l'Angleterre de sa destruction que je m'offre à être médiateur. Bien loin de là, il me paraît que les offres que j'en fais et le désir que je montre pour la paix, sont d'autant plus désintéressés de ma part qu'il n'y a peut-être aucune puissance qui gagne plus à la guerre et y gagnerait davantage encore pour son commerce à la continuation que moi. Vous pouvez hardiment rassurer tout le monde là-dessus, et toujours dire qu'on me juge par mes actions, et que l'on croie aussi peu aux menteries prussiennes qu'aux fausses vanteries du ministère anglais qui, pour couvrir ses bévues et sa triste position, en fait accroire à sa nation, et voudrait, puisqu'il ne le peut directement, indirectement inspirer de la défiance, du doute partout, et peu à peu parvenir à son but de brouiller des puissances et des personnes faites pour avoir des liens indissolubles.

Je vous suis très obligé de l'envoi du livre de M. de Necker; si les nombres en sont exacts, ce livre est infiniment intéressant, tout comme il serait un bien misérable moyen s'il ne représentait qu'un jeu pour inspirer du crédit et pour faciliter l'emprunt. Je vous prie de lui en faire mon compliment et de lui dire que depuis déjà quelques années il se trouve dans mes notes la même idée, et que je m'étais toujours proposé de la mettre un jour en exécution comme la plus loyale même de ma part, en me considérant purement comme administrateur des deniers publics et, par conséquent, comptable à chaque individu dans l'État qui paye et que j'ai le droit d'imposer uniquement pour le bien général. Autorisé de son exemple, dès que j'en aurai le temps et le loisir, je me propose bien de faire connaître à mes États à peu près pareille chose [1].

---

[1] Le 8 mars 1781, Joseph II écrivait à son frère Léopold, grand-duc de Toscane : « Je suis bien curieux d'apprendre ce que vous pensez, mon cher ami, du fameux livre de M. Necker. On ne peut écrire avec plus d'agrément, et il me paraît qu'il y a des principes excellents. »

Le 7 avril, Léopold fit cette réponse

Adieu, mon cher Comte; je désire bien que vous puissiez me continuer les mêmes nouvelles des espérances de ma sœur; et en vous joignant les pièces secrètes, dont je vous prie d'observer surtout la dernière, du cabinet du 12 de février, par le correctif singulier et ridicule que le roi de Prusse y propose. Vous serez informé par le prince Kaunitz de toutes les circonstances et de la grande incertitude dans laquelle cette négociation entamée avec la Russie[1] se trouve encore; néanmoins par attention, j'en ai voulu donner part au Roi.

pleine de bon sens : «Il me paraît que l'idée de faire rendre compte par le souverain au public de l'état de ses finances et de leur administration est glorieuse, utile, de justice, puisque les finances sont, comme tout, au public, et que le souverain n'en est que l'administrateur, par conséquent obligé à rendre compte, ne devant les dépenser que selon l'intention de son principal, qui est que les dépenses soient pour le plus grand bonheur et avantage de l'État et de tous ses individus. Il me paraît, outre cela, que M. Necker déploie des principes de finance et d'économie politique qui sont fort justes; mais, à cela près, le livre ne me plaît point du tout. Lorsqu'on le lit plusieurs fois de sang-froid, l'illusion tombe; on voit qu'il y étale des principes connus et pas nouveaux, qu'il y a une infinité de paroles et de verbiages, ou bien de ce qu'on appelle des phrases, qui paraissent mises pour jeter de la poudre aux yeux du public. En outre, M. Necker s'y loue soi-même continuellement d'une façon trop forte, lorsqu'on sait que ce papier est de lui. Enfin il me paraît que, dans tout ce livre, un simple feuillet pouvait servir pour faire voir au public les branches de la recette de l'État et de ses dépenses et des dettes publiques lorsque M. Necker vint au ministère, et enfin l'état présent, en faisant voir comment il avait augmenté le revenu, diminué la dépense et par quels moyens, économies, réformes ou autres et si les dettes avaient augmenté ou diminué. Tout le reste était inutile et me paraît fait uniquement pour se louer, pour faire parler de soi, pour attirer la confiance publique et engager dans le moment présent où on a besoin d'argent, par cette petite charlatanerie, les gens à porter leur argent au Trésor royal, d'autant plus que la conduite de M. Necker a paru, dans plusieurs occasions, singulière, et surtout de ce qu'il fait faire tous les emprunts et opérations de finances par la maison de Haller, dans laquelle il est intéressé et a ses fonds lui-même; enfin je crois qu'il faudra voir la suite et fin de son ministère pour pouvoir en juger avec fondement, et que, lorsqu'on a fait tant de bien en matière de finances au public et à un pays, comme il le dit, il n'est pas besoin d'un livre et de tant de raisonnement pour en convaincre le public.» (*Joseph II und Leopold von Toscana, Ihr Briefwechsel, herausgegeben von Alfred Ritter von Arneth.* Wien, 1872, in-8°, t. I, p. 19, 23 et 24.)

[1] Le rescrit du prince de Kaunitz à M. de Mercy, en date du 4 mars 1781, traite surtout des négociations engagées entre Joseph II et Catherine II pour le renouvellement du traité d'alliance de 1746 entre l'Autriche et la Russie. Ces négociations n'étaient pas encore terminées, mais on pouvait affirmer que cette alliance aurait un caractère purement défensif et que par suite elle ne devrait pas exciter d'inquiétudes dans aucun pays et surtout en France; cependant, comme le roi de Prusse en avait connaissance, on devait s'attendre à ce qu'il ne manquerait pas de la présenter sous les plus noires couleurs. C'est pour le mettre en état de démasquer ces intrigues qu'on instruisait M. de Mercy de la véritable situation. Voir

16. — MERCY À JOSEPH II.

Paris, 18 mars 1781. — Les très gracieux ordres de V. M. en date du 4 m'ont été remis le 11 par le garde-noble qui en était porteur, et la lettre adressée à la Reine lui est parvenue le même jour [1].

M'étant réservé la journée du 12 pour méditer sur les objets d'affaires, le mardi 13, jour ordinaire des conférences, je me suis rendu à Versailles et m'y suis acquitté des communications qu'il m'était enjoint de faire aux ministres français. Ma dépêche d'office contenant tous les détails relatifs à la matière [2], je crois devoir me borner à mettre très humblement sous les yeux de V. M. quelques remarques qui s'y rapportent.

Malgré le langage assez confidentiel et amical des comtes de Maurepas et de Vergennes, je n'ai pas le moindre doute à leur regret de voir renouveler une liaison plus intime entre V. M. et la Russie. On a toujours été ici un peu offusqué de cette alliance; elle ne convient pas au désir que l'on a de primer partout, et elle réveillera quelques craintes sur le sort futur de la Porte Ottomane; mais ces spéculations qui ne regardent que l'avenir ne semblent pas pouvoir influer sur les

---

sur ces négociations le volume de M. d'Arneth intitulé *Joseph II und Katharina von Russland, Ihr Briefwechsel* (Wien, 1869, in-8°.)

[1] Cette lettre manque.

[2] Le 13 mars, M. de Mercy mit le comte de Vergennes au courant des négociations engagées depuis plusieurs mois déjà par l'Empereur, afin de conclure un traité d'alliance avec la Russie. Il se livra à toutes sortes de considérations et de protestations pour tâcher de convaincre le ministre que cette nouvelle liaison ne pouvait en rien affaiblir l'alliance entre la France et l'Autriche, que la cour de Vienne regardait comme la base de sa politique. M. de Vergennes écouta M. de Mercy avec la plus grande attention sans laisser percer la moindre trace d'étonnement, d'inquiétude ou de mécontentement. Il dit à M. de Mercy qu'il lui répondrait avec autant de franchise et de confiance, et il lui avoua que déjà depuis plusieurs jours il avait connaissance des négociations engagées à Pétersbourg par le ministre de l'Empereur; que le 11 de ce mois il avait donné, sur sa demande, une audience spéciale au baron de Goltz, qui lui avait aussi signalé ces négociations, en les lui représentant sous les couleurs les plus sombres et en ajoutant que le Roi, son maître, savait de source absolument sûre que l'Empereur avait l'intention d'imposer à la Russie l'entrée du roi de la Grande-Bretagne dans la future alliance, comme une partie contractante. Mais le comte de Vergennes, absolument certain que les dernières instructions reçues par le baron de Goltz ne contenaient rien sur ce prétendu projet de l'Empereur, qui n'était qu'une invention du ministre prussien, s'était borné

objets présents, lesquels, par autant que la France doit y entrer, paraissent se disposer favorablement aux intérêts et aux vues de V. M. Si les circonstances admettent une médiation, la manière dont on vient de s'expliquer sur ce point est de nature à ne plus pouvoir tergiverser. J'aperçois évidemment que les machinations prussiennes se discréditent ici journellement davantage, et ce qui est aussi essentiel, c'est que l'on me parle avec plus d'ouverture des petits doutes passagers qui reviennent rarement sur les sentiments de V. M. envers l'Angleterre. Sa très gracieuse lettre m'a donné de nouveaux moyens de tranquilliser les esprits à cet égard, et j'en ai tiré un parti très utile.

En résumant ces différents objets, il est certain que depuis quelques semaines le service de V. M. se remplit ici avec plus de facilité et de succès; et je dois rendre cet hommage à la Reine qu'Elle y a beaucoup contribué par le zèle et la suite avec lesquels Elle s'est prêtée aux observations que je Lui ai exposées dans le temps. Cette auguste princesse a été enchantée de la dernière lettre de V. M., et Elle a voulu la montrer au Roi. J'ai supplié qu'en ce cas Elle ne la Lui laissât pas entre les mains, parce qu'il m'a paru que ces lettres confidentielles ne doivent point être exposées à l'inspection et aux commentaires des ministres. La Reine se plaint du peu d'intérêt et d'attention que le Roi met aux affaires; le comte de Maurepas pourrait être soupçonné de

à le remercier et à lui répondre que cette participation de l'Angleterre paraissait invraisemblable, car la Russie s'était toujours montrée très attentive à respecter son système de neutralité.

En réponse à cette communication confidentielle, M. de Mercy répéta plusieurs fois l'assurance que cette nouvelle alliance ne pourrait affaiblir en rien l'alliance entre l'Empereur et le Roi Très Chrétien, qu'au contraire l'Empereur pourrait user de sa liaison avec la Russie pour, dans la médiation commune, rendre à la France tous les services en son pouvoir. M. de Vergennes remercia vivement M. de Mercy; mais bien que dans tout le cours de l'entretien le ministre n'eût rien laissé voir de ses sentiments sur cette nouvelle alliance, l'ambassadeur croyait pouvoir affirmer que la France en avait un vif déplaisir. Cependant M. de Vergennes, sans doute pour le rassurer, avait témoigné à M. de Mercy la plus grande confiance. Il avait paru désirer plus vivement que d'habitude la prompte conclusion de la paix avec l'Angleterre et avait dit qu'il avait le plus grand espoir dans l'intervention amicale de l'Empereur. Il s'était exprimé avec un vrai mépris sur les inventions méchantes et sur les calomnies du roi de Prusse, qu'il attribuait en grande partie aux faux rapports de ses ministres, qui le trompaient et le conduisaient à des démarches exagérées. Par exemple, il savait, lui Vergennes, de source certaine, que le baron de Goltz avait expédié, sur son dernier entretien avec lui un rapport aussi faux que ridicule. (*Mercy à Kaunitz*, dépêche d'office du 18 mars 1781.)

donner lieu à cet inconvénient. J'ai représenté que personne n'était plus à portée d'y remédier que la Reine elle-même; j'en ai montré les moyens ainsi que les avantages.

V. M. apprendra par la Reine la confirmation de sa grossesse; le second terme étant passé maintenant, il ne reste plus de doute sur cette heureuse circonstance.

Le directeur général des finances, Necker, a été très respectueusement pénétré de ce que V. M. a daigné agréer son compte rendu au Roi; il a donné en même temps un juste tribut d'admiration aux remarques et au projet que V. M. s'est proposé sur cette matière. Jusqu'à présent, l'ouvrage de ce directeur général n'a encore été attaqué que par quelques misérables sarcasmes que la police a d'abord supprimés, quoiqu'ils n'en valussent pas la peine. Les personnes impartiales et instruites présument qu'il ne paraîtra pas de critique fondée d'un ouvrage dont le succès général est assez constaté par l'effet extraordinaire qu'il a produit sur le crédit à l'occasion du dernier emprunt.

Le comte de Vergennes ne pouvait sans doute regarder que comme très absurde l'idée du cabinet de Berlin de tâcher d'être compris en commun dans le traité d'alliance des deux cours impériales, puisque le roi de Prusse est déjà et reste l'allié de la Russie. Quant à la France, sans qu'elle cherche peut-être à accéder au traité susdit, il serait possible qu'elle songeât à d'autres moyens particuliers de former quelques liaisons avec la cour de Pétersbourg, et je soupçonne depuis bien longtemps que l'on en médite ici le projet.

17. — JOSEPH II À MERCY.

Vienne, ce 6 avril 1781. — Mon cher comte Mercy, en vous joignant ici ma lettre pour la Reine [1], je ne puis pour aujourd'hui vous donner aucune nouvelle bien intéressante. J'attends encore un courrier de Pétersbourg avant que de pouvoir annoncer quelque chose de positif au sujet de la médiation. Je me flatte néanmoins que l'on

---

[1] Cette lettre manque.

verra, si on veut être juste et ne pas fermer les yeux de l'intellect, ma façon de penser sur la différence que je mets entre les intérêts de la France et ceux de l'Angleterre.

La grossesse décidée de la Reine me fait le plus grand plaisir, d'autant plus que cela peut et doit essentiellement contribuer à son bonheur si Elle en sait faire usage.

18. — MERCY À JOSEPH II.

Paris, 21 avril 1781. — Le garde-noble mensuel, arrivé ici le 15 au soir, m'a remis les très gracieux ordres de V. M. en date du 6 de ce mois, et je n'ai pas tardé à aller présenter à la Reine les lettres qui lui étaient adressées.

Si l'opinion des ministres français sur les difficultés d'une pacification est aussi fondée qu'ils se le persuadent, au moins ne devraient-ils pas se dissimuler que la majeure partie de ces difficultés provient évidemment des mauvaises mesures que l'on prend ici dans la manière de faire la guerre et de combiner tout ce qui s'y rapporte. Le marquis de Castries [1] n'obtient ni succès, ni confiance dans son département; il se noie dans les détails minutieux, ne décide rien dans les

---

[1] Charles-Eugène-Gabriel de la Croix, marquis de Castries, né en 1727, mort le 11 janvier 1801, était maréchal de camp lorsque la guerre de Sept ans éclata. Il fut blessé à Rosbach, et en 1758 ses services le firent nommer lieutenant général; en 1760, il remporta la victoire de Clostercamp et fit lever le siège de Wesel; il servit avec éclat les années suivantes, et il reçut le cordon bleu le 30 mai 1762. Ami du duc de Choiseul, il fut fort appuyé près de Marie-Antoinette par toute cette coterie, et au mois d'octobre 1775, à la mort du maréchal du Muy, le baron de Besenval mit tout en œuvre près de la Reine pour l'exciter à faire arriver M. de Castries au ministère de la guerre; la nomination de M. de Saint-Germain ne les découragea pas, et ils continuèrent leurs intrigues près de Marie-Antoinette en faveur de leur ami; en octobre 1780 ils réussirent, avec l'appui de Necker, à faire donner à M. de Castries la succession de M. de Sartine. Mais le marquis de Castries ne connaissait rien à la marine. Aussi, bien qu'il eût à bon droit la réputation d'un grand travailleur et que dès son arrivée au ministère il se fût entouré d'hommes de grand mérite, comme MM. de la Porte et de la Touche, frère du chef d'escadre de ce nom, l'administration de M. de Castries souleva bientôt des plaintes de tous côtés. Dès le 21 janvier Mercy disait au prince de Kaunitz, dans sa dépêche d'office, que la marine n'avait rien gagné au changement de ministre.

objets essentiels, et toute la marine est mécontente. Je ne puis, sur l'ensemble de cette matière, que me référer à l'article de ma dépêche d'office qui expose le langage confidentiel que m'a tenu à cet égard le directeur général des finances, lequel paraît fort dégoûté de sa place et quelquefois tenté de la quitter[1]. La Reine daigne l'encourager et le protéger; on a essayé toutes sortes de voies pour lui nuire auprès de S. M., mais quoique cette cabale fût dirigée par les alentours favoris, elle n'a point eu d'effet.

[1] Un jour que M. de Mercy faisait à M. Necker une simple visite de politesse, il le trouva le cœur ulcéré. Son compte rendu avait provoqué des réponses piquantes, dont les auteurs, en partie connus, n'avaient pas été inquiétés. Le directeur des finances ne recevait pas du Roi ni du comte de Maurepas l'appui qu'il avait espéré, et l'argent qu'il avait tant de mal à ramasser était gaspillé sans résultat utile. M. de Mercy vit tout de suite dans quelle disposition d'esprit M. Necker se trouvait, et il résolut d'en tirer parti pour le faire parler. Comme le directeur des finances lui disait que la médiation ne réussirait pas, car la cour de Londres n'avait nulle envie de mettre fin à la guerre, il lui répondit que la France avait réuni des forces tellement supérieures qu'elles inspireraient aux Anglais le désir de faire la paix. M. Necker répliqua qu'il en serait sûrement cette année comme les précédentes, que toutes ces forces ne serviraient à rien, et qu'avec le système d'administration suivi en France il ne pouvait pas en être autrement. Tout était préparé, discuté et décidé dans des comités; mais ces comités étaient une vraie farce, car chaque ministre, sans se préoccuper de l'ensemble des affaires du royaume, ne pensait qu'à celles de son département et jugeait tout d'après ces principes égoïstes. Il s'ensuivait que dans ces comités les membres n'émettaient que des avis contradictoires, dont MM. de Maurepas et de Vergennes tiraient une sorte de résolution qu'ils soumettaient au Roi. Aussi les délibérations de ces comités étaient peu utiles, et elles ne pouvaient pas faire reconnaître quels étaient les meilleurs moyens à employer dans telle ou telle situation. Chaque ministre ne voyait rien en dehors de son département; le comte de Maurepas était toujours de l'avis de celui qui avait parlé le dernier; le comte de Vergennes n'était occupé qu'à rédiger de belles dépêches et croyait avoir tout fait quand il avait lu au Conseil un mémoire bien composé. M. de Mercy crut devoir faire remarquer que les cours étrangères paraissaient satisfaites des qualités personnelles et des principes politiques de ce ministre; sur quoi M. Necker répliqua que l'Espagne avait tout gâté et qu'un ministre d'État habile aurait su ramener la cour de Madrid à des idées plus saines; car le Roi Catholique, si personnel qu'il pût être, n'aurait point rejeté des projets utiles à son allié et à lui-même si on les lui avait adroitement présentés. Le comte de Maurepas était d'une faiblesse incroyable; lui, Necker, lui avait représenté avec les expressions les plus mesurées et les plus convenables qu'il devrait employer son crédit à imposer aux ministres un programme commun et des principes de gouvernement; il en avait reconnu la nécessité, mais il avait en même temps déclaré que c'était une entreprise trop lourde pour un homme de son âge et de son caractère. Et M. Necker termina en disant qu'il ne voyait plus rien autre chose à faire qu'à réfléchir aux moyens de se tirer avec honneur de cet abîme, qui deviendrait toujours de plus en plus profond. (*Mercy à Kaunitz*, dépêche d'office du 21 avril 1781.)

La Reine n'éprouve aucune des incommodités qu'Elle avait ressenties dans sa première grossesse; Elle jouit de la meilleure santé et du plus grand crédit. Les lettres qu'Elle reçoit de V. M. l'occupent et l'intéressent; Elle a montré au Roi celle qui lui était venue par un courrier du baron de Breteuil et dans laquelle V. M. s'expliquait sur des bruits de prétendus approvisionnements militaires dans la province du Luxembourg [1]. Toutes les nouvelles de ce genre rendent de plus en plus ridicules les manœuvres du cabinet de Berlin. La Reine se proposait de le mander Elle-même aujourd'hui, et je vois en effet que de jour en jour on prend ici une confiance plus décidée dans les intentions de V. M., ainsi que dans les suites utiles que l'on aurait à s'en promettre si la médiation projetée peut avoir lieu.

En remettant très humblement les pièces secrètes ci-jointes, je me bornerai à observer que le baron de Goltz, dans sa dépêche du 26 février, a manifestement défiguré l'entretien qu'il a eu avec le comte de Vergennes sur le renouvellement des liaisons de V. M. avec la cour de Russie. Il semble que le roi de Prusse commence enfin à s'apercevoir de toutes les contradictions et invraisemblances dont les dépêches de son émissaire sont remplies, puisque par la lettre qu'on lui écrit le 8 de mars, il lui est enjoint d'envoyer des rapports *véridiques sur lesquels on puisse tabler.*

---

19. — JOSEPH II À MERCY.

Vienne, ce 20 mai 1781. — Mon cher comte Mercy, vous recevrez des détails assez intéressants de la part du prince de Kaunitz[2]; je n'entre donc point à vous en dire les raisons, ni à vous en faire l'apologie; et pour vous dire seulement un petit mot de moi, c'est qu'après avoir expédié toutes les grandes affaires en tout genre, qui m'ont donné outre le courant vraiment beaucoup de besogne, je compte aller faire un tour aux Pays-Bas, seule province de mes États dont je ne connais

---

[1] Cette lettre manque.
[2] Par les rescrits des 20 et 21 mai, le prince de Kaunitz communiquait à M. de Mercy l'accord conclu entre l'Autriche et la Russie concernant la médiation à exercer entre la France et l'Angleterre, et il l'invitait à tout faire pour déterminer la France à accepter ces propositions.

pas même le local, et que je n'ai jamais vue. Je compte que mon séjour n'y pourra pas être aussi long que l'intérêt de cette belle province exigerait; mais en attendant, si les circonstances ne permettent pas de tout faire, il faut faire au moins ce qu'on peut pour acquérir les notions nécessaires au régime général de tous les États de la monarchie. Deux mois à peu près pourra être mon absence, ce qui sera justement à peu près celui où toutes les réponses me pourront revenir, au sujet du premier pas fait à la médiation commune. Me trouvant dans votre voisinage, mon cher Comte, je serais bien tenté de revenir à Vienne par Versailles et y passer quatre à cinq jours avec la Reine. Marquez-m'en, je vous prie, bien franchement ce que vous en pensez : si, comme le bruit de mon voyage a couru, l'on s'imagine de m'y voir, si l'on le craint ou si l'on le désire; enfin point de compliments; car je pourrais très bien m'en passer si vous y voyiez le moindre inconvénient. Dorénavant vous voudrez bien faire passer tous les courriers par Bruxelles, afin que je puisse recevoir et lire vos dépêches et ensuite les faire passer seulement au prince de Kaunitz. Quand je pense que je pourrais avoir le plaisir de causer avec vous, mon cher Comte, des objets intéressants qui se sont passés depuis que je n'ai eu celui de vous voir, je sens que j'en aurais une grande satisfaction, et vous prie d'être bien persuadé que je me fais une fête de vous assurer de bouche de l'estime vraie et sincère avec laquelle je suis. . . . .

---

20. — KAUNITZ À MERCY.

Vienne, le 21 mai 1781. — Mon cher Comte, je m'étais fait une fête de l'idée de pouvoir causer avec vous aujourd'hui bien longuement, mais je me sens la tête si échauffée que ce sera tout le contraire. Je ne sais si M. de Vergennes sentira le prix de ce que j'ai imaginé, mais je me flatte qu'en tout cas il n'échappera pas à beaucoup d'autres, et je pense que quiconque lirait les observations [1] verbales

---

[1] Ces *observations verbales sur les articles pour servir de base à la négociation du rétablissement de la paix générale* exposaient l'état des pourparlers engagés par la Russie et l'Autriche avec les puissances belligérantes et vantaient les avantages qu'offrait la nouvelle combinaison imaginée par les médiateurs.

avant d'avoir lu les articles préliminaires [1] aurait bien de la peine à deviner comment on a pu se tirer de la situation compliquée et embarrassante que j'expose à la tête desdites observations. Les Français et les Espagnols, au moins, s'ils ne sont pas les plus déraisonnables des hommes, devraient être, ce me semble, bien contents de moi, et pour ce qui regarde l'Angleterre, qui ne le sera pas autant peut-être, je ne l'ai pas mise dans le cas au moins de pouvoir se plaindre de ma proposition. Je ne sais ce qu'en pensera le baron de Breteuil, auquel je me propose de faire la communication de ce que je vous envoie après-demain, et auquel je n'ai rien dit que de très vague jusqu'à présent. Il persiste à être difficile à contenir; car il est, comme vous savez, très positif et souvent même assez impertinent dans ses propos. J'en viendrai à bout cependant j'espère, ou ce sera chose impossible.

---

21. — MERCY À JOSEPH II.

Paris, 1ᵉʳ juin 1781. — Un garde-noble, qui vient de passer en Espagne, m'a remis le 28 au matin les très gracieux ordres de V. M. en date du 20 de mai, et je me suis rendu sur-le-champ à Versailles pour présenter à la Reine la lettre qui lui était adressée [2]. Cette auguste princesse, en ayant fait la lecture, me marqua de l'inquiétude et du déplaisir de ce que V. M. La laissait dans le doute si Elle viendrait à Versailles. La Reine se livra à plusieurs conjectures politiques sur la gêne et la circonspection que pourrait imposer à V. M. son office de médiateur à la paix, et le refrain de toute réflexion fut de dire : *Il serait bien terrible que je fusse privée de revoir mon frère.* S. M. me questionna beaucoup; mais je ne fis d'autre réponse, si ce n'est que les dépêches reçues ne m'éclaircissaient pas l'objet en question.

D'après l'ordre exprès qui m'en est donné, je dois exposer mon faible sentiment sur les avantages réels et certains, et sur les légers

---

[1] Ces quatre articles préliminaires ont été publiés par Flassan (*Histoire de la diplomatie française*, t. VII, p. 315 et suiv.), avec une circulaire explicative qui ne diffère pas sensiblement des *Observations verbales*.

[2] Cette lettre manque.

inconvénients qu'un voyage de V. M. dans ce pays-ci pourrait produire.

Indépendamment d'une grande satisfaction pour la Reine, Elle obtiendrait l'avantage de bien des avis importants que V. M. seule pourrait Lui donner avec fruit, soit sur ce qui intéresse personnellement cette princesse, soit sur des objets majeurs d'État auxquels il est désirable de fixer son attention.

Le Roi reverrait V. M. avec le plaisir dont son caractère modéré et tranquille est capable. J'ai lieu d'être assuré qu'Il s'attend à cette visite; la Reine est persuadée qu'elle Lui sera agréable. Il n'y a que les comtes de Maurepas et de Vergennes auxquels la présence de V. M. ne saurait convenir; leur personnel et surtout leurs œuvres ont trop à perdre, en essuyant de plus près un coup d'œil pénétrant; mais cette raison excite mon zèle à désirer ardemment que V. M. fût à portée d'observer par Elle-même bien des nuances dont il est presque impossible de rendre un compte exact par écrit et qui cependant ne sont point inutiles au bien de son auguste service. Les deux ministres susdits m'ont d'ailleurs tenu un langage qui marquait leur persuasion que V. M. viendrait à Versailles.

Quelque grand que soit dans ma vie le bonheur de me retrouver aux pieds de V. M., je n'ai été guidé que par ma fidélité et mes devoirs dans ce que je viens de Lui exposer très humblement, et j'y ai mis toute la précision qu'Elle a daigné me commander.

Dorénavant je ferai passer toutes mes dépêches par Bruxelles. Je dois me référer à celle que je mets aujourd'hui très humblement sous les yeux de V. M. et qui contient ce que j'ai à dire sur l'objet important que je viens de communiquer à Versailles. La tournure timorée du comte de Vergennes n'admettait pas d'autre contenance que celle qu'il a eue dans le premier moment, mais je me persuade qu'il fera incessamment une réponse préliminaire honnête et qui marquera au moins de la sensibilité et reconnaissance du service réel que le ministère de V. M. trouve moyen de rendre à cette cour-ci [1].

---

[1] Vers la fin du mois de mai, M. de Mercy, accompagné du chargé d'affaires de Russie, M. de Chotinsky, alla présenter au comte de Vergennes les *Articles pour servir de base*. En voyant entrer ces deux diplomates dans son cabinet, M. de Vergennes prit un air sombre, qu'il conserva pendant la lecture de ces deux documents. Comme M. de Mercy le pressait un peu, M. de Vergennes répondit que dans une affaire

Indépendamment des dépêches ouvertes, le garde-noble est chargé de plusieurs autres lettres et paquets qui se trouvent cachetés, mais dont j'ai cru devoir mettre ici la désignation.

Je rejoins très humblement les pièces secrètes de la correspondance prussienne qui semble n'être que la continuation d'un tissu d'absurdités. Dans la position où le baron de Goltz s'est mis, il est à désirer pour le bien de l'auguste service qu'il reste à son poste et qu'il continue à y traiter les affaires de son maître à sa manière accoutumée. Il m'est démontré que le comte de Vergennes le connaît, le mésestime et que, si le comte de Maurepas se permet des légèretés vis-à-vis de cet envoyé, cela tient plus à une petite perfidie de caractère du vieux ministre qu'à des intentions plus suspectes pour le système actuel.

Profondément pénétré de la clémence avec laquelle V. M. daigne terminer sa très gracieuse lettre, je vivrai dans l'espérance d'exprimer à ses pieds le zèle ardent et la soumission avec lesquels je suis.....

22. — MERCY À KAUNITZ.

Paris, le 1ᵉʳ juin 1781. — Monseigneur, le caractère timoré de M. de Vergennes a décidé sa contenance à la lecture du chef-d'œuvre que je lui ai remis par ordre de V. A., mais la Reine[1] en a bien senti

de cette importance il ne pouvait faire connaître son avis sans avoir pris les ordres du Roi son maître et sans s'être concerté avec les puissances alliées de la France, c'est-à-dire l'Espagne et les États-Unis d'Amérique. Le chargé d'affaires de Russie se retira le premier, et M. de Vergennes, resté seul avec M. de Mercy, sortit un peu de sa réserve. Il dit que l'Espagne n'accepterait jamais le troisième article qui établissait un armistice de courte durée, et que la France ne saurait non plus y consentir; car tous ses vaisseaux étaient sortis, et ses dépenses seraient aussi considérables pendant l'armistice que pendant la guerre. En outre, le *statu quo* était inadmissible, car il serait trop désavantageux aux États-Unis. (*Mercy à Kaunitz*, dépêche d'office du 1ᵉʳ juin 1781.)

[1] Avant d'aller avec M. de Chotinsky chez M. de Vergennes, M. de Mercy s'était rendu chez la Reine, et il lui avait lu les *Articles* et les *Observations verbales*. Tout en déclarant que ces deux documents étaient un vrai chef-d'œuvre de la politique et que les parties belligérantes devraient s'y conformer sans difficulté, Marie-Antoinette déclara à M. de Mercy qu'Elle ne pensait pas que les cours de Bourbon accepteraient le troisième article relatif à l'armistice provisoire. Elle lui confia en même temps qu'on était décidé à porter cette année tous les efforts des alliés en Amérique, car on voyait qu'il n'y avait rien d'important à faire en

tout le prix, et m'a expressément chargé de vous le témoigner de sa part, Monseigneur! Je ne doute pas que l'on enverra incessamment et directement à Vienne une réponse préliminaire honnête, et qui marquera au moins une juste sensibilité et reconnaissance du service important que V. A. rend à cette cour-ci, en lui offrant des idées et des moyens auxquels les vues courtes du ministère de Versailles n'auraient certainement jamais pu atteindre. On ne sait ici que se bercer d'espérances ou chimériques ou incertaines par la nullité des mesures que l'on prend pour les rendre au moins probables. Mais au premier besoin de finances on ne saura plus où donner de la tête, et il se pourrait que la retraite de M. Necker ne tardât pas à donner lieu à l'existence de ce cas.

Dorénavant, d'après les ordres de S. M., je ferai passer toutes mes dépêches par la voie de Bruxelles, jusqu'à mes rapports de chaque semaine, quelque stériles qu'ils soient, par l'impossibilité de rien confier à la poste ordinaire.

Le baron de Breteuil doit arriver sous peu de jours; je supplierai la Reine de lui faire une leçon sur sa conduite à venir. Cet ambassadeur paraît trop ignorant en affaires pour ne pas être difficultueux, mais V. A. mettra bon ordre à sa jactance, et je tâcherai de faire en sorte qu'il soit admonesté sur ce point.

Europe. M. de Mercy représenta à la Reine les raisons qui rendaient absolument nécessaire la conclusion d'un armistice, et il lui dit que son intervention pour déterminer le Roi à accepter les quatre articles était d'autant plus indispensable que rien n'était plus incertain que le sort des armes, et que l'état des affaires intérieures et la faiblesse du ministère de la France ne permettaient pas d'espérer de grands succès. Cette réflexion de M. de Mercy amena la Reine à parler de l'insouciance du comte de Maurepas dont Elle cita un exemple tout récent. Il était venu l'entretenir de la situation des affaires sans doute pour connaître son sentiment sur la retraite de M. Necker. En manière de conclusion, il lui avait dit que M. Joly de Fleury, qui avait pris l'administration des finances, serait de bonne humeur tant qu'il aurait de l'argent, mais que dans quelques mois il aurait fort à faire pour se créer des ressources, et il avait fait cette réflexion en plaisantant et en souriant; si bien que la Reine en avait conçu le plus profond mépris pour ce vieillard insouciant et léger. (*Mercy à Kaunitz*, dépêche d'office du 21 juin 1781.)

23. — KAUNITZ À MERCY.

Vienne, le 4 juin 1781. — Ce n'est que pour vous mettre en état de pouvoir me renvoyer un courrier dans le courant du mois que je vous dépêche celui-ci, ainsi que vous le verrez par le maigre contenu de mes lettres d'office. Ce que je puis y ajouter, c'est que nos actions à Saint-Pétersbourg sont sur un assez bon pied, et seront bien mieux encore dans fort peu de temps, à ce que j'ai tout lieu d'espérer [1]. C'est encore une belle et bonne étourderie que la démission accordée à M. Necker [2], ne fût-ce que parce que mieux que lui certainement on ne trouvera pas dans tous les rapports qui se rassemblaient en lui. Je

---

[1] Le prince de Kaunitz fait allusion au traité secret d'alliance offensive et défensive qui allait être conclu avec la Russie sous forme de lettres autographes échangées entre l'empereur Joseph II et l'impératrice Catherine II. Les propositions de l'Empereur, expédiées le 21 mai 1781, furent acceptées par l'Impératrice le 26 mai-7 juin et le prince de Kaunitz en reçut la nouvelle le 21 juin. (Cf. *Joseph und Katharina von Russland, Ihr Briefwechsel,* herausgegeben von Alfred Ritter von Arneth. Wien; 1869, in-8°, p. 67 à 92, et A. Beer, *op. cit.*, p. 71.)

[2] La conversation de M. Necker avec M. de Mercy, rapportée plus haut (p. 33, n. 2), laissait entendre que la situation du directeur général des finances était très ébranlée; aussi l'ambassadeur redoubla d'attention, et, dans sa dépêche d'office du 31 mai, il put donner au prince de Kaunitz les plus grands détails sur la retraite de M. Necker, détails qu'il tenait de M. Necker lui-même et de la Reine. M. de Mercy commençait par rappeler la disgrâce de M. de Sartine déterminée par M. Necker, et la nomination de M. de Castries surprise au comte de Maurepas, qui, lorsqu'il connut la vérité, en avait beaucoup voulu au directeur général des finances. Aussi le principal ministre s'était opposé à ce que l'on punît les auteurs des critiques dirigées contre le *Compte rendu* présenté au Roi par M. Necker, dont cette impunité avait affaibli le crédit. Le directeur des finances était très affecté de ces attaques et de cet abandon, qu'il croyait de nature à compromettre sérieusement sa situation. Il fut encore plus irrité par la publicité donnée malgré lui à son mémoire au Roi sur les assemblées provinciales et par les suites fâcheuses de cette trahison. En 1778, M. Necker avait présenté un mémoire au Roi sur l'administration provinciale pour proposer l'établissement, à titre d'essai, d'une assemblée provinciale en Berry, afin de faire des économies et des réformes dans la répartition de la taille et des autres impôts. Pour émouvoir le Roi, fort apathique de son naturel, M. Necker, comptant sur un secret inviolable, s'était permis quelques expressions vives contre les intendants et surtout contre les parlements. Cependant, dans les premiers mois de l'année 1781, des copies de ce mémoire furent adressées au premier président et à six membres des plus influents du Parlement de Paris, et bientôt en parut une critique très vive sous ce titre: *Lettre d'un bon Français.* M. Necker, très ému, crut d'abord qu'on avait forcé, dans son appartement à Versailles, la cassette où il conservait ce mémoire; mais il n'en était rien, et bientôt il sut que son travail avait été divulgué par une faute, peut-être invo-

suis curieux d'apprendre tout ce que vous pouvez avoir à me mander à ce sujet, et bien plus encore la sensation qu'aura faite ma première démarche dans la grande œuvre de la médiation, et j'attendrai moyennant cela le renvoi de ce courrier avec un peu plus d'impatience qu'à l'ordinaire.

24. — JOSEPH II À MERCY.

Mons, ce 8 juin 1781. — J'ai reçu, mon cher Comte, vos dépêches par le garde-noble Danzkay, et, après en avoir fait lecture, je les ai fait

lontaire, du comte de Provence. Ce prince, ayant appris, on ne sait comment, que le directeur des finances avait présenté au Roi un magnifique mémoire, pria M. Necker de le lui faire connaître; celui-ci ne fit aucune difficulté de lire son œuvre au premier prince du sang, alors encore héritier présomptif de la couronne. Mais ce prince, bien qu'il eût promis le secret au directeur des finances, commit l'imprudence de parler de ce mémoire à son surintendant M. Cromot, un ancien premier commis de l'abbé Terray au contrôle général, un homme ambitieux et intrigant qui avait déjà osé se targuer du succès d'une grande fête donnée par son maître à la Reine pour la supplier de le faire nommer ministre des finances. Par les confidences de son maître, M. Cromot comprit qu'il pourrait peut-être se servir de ce mémoire pour perdre M. Necker, qu'il considérait comme un rival heureux dont il voulait la place. Il engagea le comte de Provence à prier le directeur des finances de lui confier son mémoire pour le relire. M. Necker chargea un de ses confidents, M. de Lessart, d'aller lire lui-même son œuvre au prince; mais on dit à cet employé que le comte était très occupé, et on le pria de laisser le mémoire en promettant de le lui renvoyer tout de suite. M. de Lessart n'osa pas refuser, et M. Cromot en profita pour faire faire, à la hâte et en secret, une copie dont il fit, sous main, l'usage que l'on a vu plus haut, quand il crut le moment venu d'attaquer M. Necker. Le Parlement voulait délibérer sur ce mémoire; mais le Roi le lui défendit formellement. Cependant on laissa circuler la *Lettre d'un bon Français*, sans même ouvrir une information pour en connaître les auteurs, qu'il eût été trop facile de trouver.

M. Necker crut que cette impunité ruinerait le crédit qui lui était absolument nécessaire pour continuer à remplir sa place d'une façon utile au service du Roi. En outre, il était très mécontent de n'être pas appelé à toutes les conférences des ministres, mais seulement à celles où l'on délibérait sur les moyens de se créer des ressources pécuniaires, tandis qu'il croyait qu'il était nécessaire qu'il fût présent aux comités, où l'on décidait les dépenses, afin de savoir si elles étaient indispensables et de pouvoir dire s'il pourrait ou non se procurer l'argent en temps utile. Il témoigna jusqu'au dernier instant la plus grande confiance en M. de Mercy; il lui dit qu'il était obligé de penser sérieusement aux moyens de se retirer du jeu d'une façon honnête, que le moment présent lui paraissait le plus convenable, parce que les fonds pour la continuation de la guerre étaient faits jusqu'à la fin de l'année, et qu'ainsi le nouveau ministre des finances aurait tout le temps suffisant pour se propasser avec quelques observations au prince de Kaunitz. La réponse que vous recevrez ministériellement éclaircira davantage la façon avec laquelle on envisage la commune proposition des médiateurs. Si effectivement on veut la paix, il faut bien se prêter à quelque moyen qui puisse la procurer. Si en revanche on ne la veut point, alors tout est dit : il n'y a qu'à faire la guerre et jouir des avantages réels ou imaginaires qu'on s'en promet; mais toujours l'on ne pourra que rendre justice là où vous êtes aux motifs, aux principes qui nous ont fait agir et aux moyens que nous avons mis en avant pour amener la conciliation d'intérêts si divers. Au reste, vous sentez bien qu'il n'y a pas de

curer des ressources pour les besoins à venir. Il dit la même chose à la Reine, qui employa vainement tous les moyens en son pouvoir pour lui rendre courage et le décider à reculer, tout au moins, l'exécution de son projet jusqu'à la fin de la guerre.

M. Necker, n'écoutant rien, composa un mémoire pour démontrer qu'après le coup que son crédit venait de recevoir il lui était impossible de se rendre utile dans son emploi, à moins que le Roi ne voulût relever le crédit perdu de son ministre par un témoignage public de faveur. Il proposait trois moyens : 1° de l'appeler au Conseil d'État ou d'En-Haut; 2° de faire enregistrer au Parlement du très exprès commandement du Roi, et au besoin dans un lit de justice, l'édit établissant des assemblées provinciales dans tout le royaume; 3° de lui confier l'administration directe des caisses de la marine et de la guerre. Comme il s'était déjà entendu sur ce point avec le marquis de Castries, il ne lui resterait qu'à obtenir l'assentiment du comte de Ségur.

Avant de présenter son mémoire au Roi, M. Necker alla en causer avec le comte de Maurepas, qui lui demanda s'il serait inébranlable sur l'adoption des moyens qu'il proposait. M. Necker répliqua que tous autres moyens lui seraient agréables, pourvu qu'ils eussent le même effet. Alors M. de Maurepas lui fit observer que son entrée au conseil soulèverait de grosses difficultés à cause du préjugé universel contre les protestants, et qu'on pourrait l'appeler à tous les comités. Comme M. Necker lui demandait s'il pensait que cela serait suffisant, M. de Maurepas lui répondit dédaigneusement qu'il savait bien de quelle sorte étaient ces comités. Il ajouta qu'on pourrait lui faire donner les *grandes entrées*, et M. Necker, renouvelant sa première question, le vieux ministre rabaissa cette faveur à presque rien, en disant que lui-même l'avait reçue, mais qu'il avait eu soin d'empêcher qu'on ne le mît dans la *Gazette de France*. En un mot, le comte de Maurepas s'arrangea de façon à ne laisser aucun doute à M. Necker sur son mauvais vouloir.

Néanmoins le directeur des finances crut devoir faire une tentative près du Roi; mais il vit clairement que S. M. avait été prévenue par le comte de Maurepas. Alors M. Necker envoya le soir même son mémoire à Versailles, et l'affaire resta en suspens jusqu'au 20 mai, jour où le Roi fit savoir à M. Necker qu'il acceptait sa démission. En terminant son récit, M. de Mercy déclare que la Reine tint toujours le même langage et qu'Elle continua à reconnaître ouvertement les mérites de ce ministre; mais que, soit par défaut d'expérience, soit par timidité, Elle ne réussit pas à dissiper ou à détourner l'orage, quelque agréable qu'il lui eût été de pouvoir maintenir plus longtemps en place un homme devenu si utile à la France. (*Mercy à Kaunitz*, dépêche d'office du 31 mai 1781.)

puissance en Europe qui puisse être plus indifférente sur la continuation, la fin et les effets divers de cette guerre que moi.

---

25. — JOSEPH II À MERCY.

Ostende, ce 12 juin 1781. — Mon cher comte de Mercy, pour se remettre en règle et pour vous fournir des courriers qui puissent nous annoncer les nouvelles importantes que vous pourriez avoir à nous communiquer, le prince de Kaunitz vous a dépêché ce courrier; j'ai ouvert, comme nous en étions convenus, les dépêches à votre adresse, et je les ai refermées de mon cachet. Je compte dans une huitaine de jours avoir fini ma tournée et arriver à Bruxelles, où j'attendrai avec empressement vos nouvelles pour me décider définitivement sur mon retour et si je prendrai par Versailles; voici une lettre pour la Reine, et en même temps je vous envoie des pièces secrètes de la correspondance prussienne.

Le renvoi de M. Necker m'a causé le plus grand étonnement, d'autant plus que je croyais, outre le mérite de sa personne, son existence, par son crédit, nécessaire pour le moment. On rêve parfois, et en serait-ce un bien ridicule que de vous prier, mon cher Comte, de me dire bien sincèrement si vous croyez que cet habile Genevois serait capable de sortir de France et de se transporter en Allemagne. Ceci vous paraîtra singulier, et, s'il y avait moyen surtout dans le genre de connaissances des finances de faire quelque acquisition pour ma patrie, je croirais lui rendre un grand service. Ainsi marquez-moi bien sincèrement ce que vous en pensez et, si vous en auriez quelque lueur d'espérance de réussite, sondez un peu le terrain.

---

26. — MERCY À JOSEPH II.

Paris, 13 juin 1781. — Aussitôt que les très gracieux ordres de V. M. en date du 8 me sont parvenus, je n'ai pas tardé à aller présenter à la Reine la lettre qui lui était adressée[1]. Le petit accident arrivé à S. M., et dont j'avais prévenu sur-le-champ le prince de Starhemberg n'a eu aucune suite[2]; la Reine est maintenant dans un parfait état de santé; Elle a daigné me marquer combien Elle était occupée de l'espoir de revoir V. M., en ajoutant qu'Elle lui écrirait dans la journée, et que, pour ne pas manquer le moment du départ de la poste, Elle ordonnerait au bureau des Affaires étrangères de faire passer sa réponse à Bruxelles.

Il n'y avait hier aucune nouvelle à Versailles. L'escadre de Brest, commandée par le comte de Guichen[3] et consistant en vingt-un vaisseaux, se trouve prête à mettre en mer; elle n'attend qu'un vent favorable pour sortir de la rade.

Le comte de Vergennes m'a dit que le commissaire américain Adams[4] arriverait incessamment de Hollande. Les réponses de Madrid ne sont attendues que vers la fin du mois, et ce sera sans doute à cette époque que les deux cours alliées s'expliqueront sur les moyens de paix proposés. Le ministre m'a répété à cette occasion combien le Roi était sensible aux intentions et aux soins que V. M. apporte au grand objet.

---

27. — MERCY À JOSEPH II.

Paris, 23 juin 1781. — Les très gracieux ordres de V. M. du 12 de ce mois m'ayant été remis le 14, je me suis rendu le plus tôt possible à Versailles pour présenter à la Reine la lettre qui lui était adressée[5]. Cette auguste princesse se proposa d'abord de la faire lire au Roi, pour qu'il y vît les motifs d'attention et d'égards qui ont empêché V. M. de faire une excursion en Angleterre. La Reine me marqua de l'inquiétude

---

[1] Cette lettre manque.

[2] Le 5 juin la Reine avait fait une chute dans les appartements de Versailles; mais elle avait pu se retenir et n'était tombée que sur un genou; cependant, les médecins prirent peur à cause de l'état de la Reine, qui était grosse de plusieurs mois, et ils la saignèrent deux fois dans cette journée.

[3] Luc Urbain du Bouexic, comte de Guichen, lieutenant général des armées françaises, né à Fougères en 1713, mort à Morlaix en 1790.

[4] John Adams, né le 19 octobre 1735, mort le 4 juillet 1826, fut l'un des fondateurs de l'indépendance des États-Unis. Après avoir pris une grande part à la discussion de la Constitution du 4 ocobre 1776, J. Adams fut envoyé en Europe avec Franklin, Deane et Lee, et il eut le bonheur de décider les Hollandais à s'allier aux États-Unis. En 1789, il fut nommé vice-président de la Confédération, et en 1797 il succéda à Washington à la présidence.

[5] Cette lettre manque.

sur ce que V. M. ne lui donnait encore aucune certitude sur son voyage à Versailles, et Elle parla de cet objet avec la plus grande sensibilité.

Les dépêches d'office que je mets très humblement aux pieds de V. M. contiennent le peu que j'ai à dire sur les affaires, et j'y joins une copie de ma lettre particulière au prince de Kaunitz, parce qu'il s'y trouve quelques particularités au moyen desquelles j'ai épuisé tout ce que le moment présent fournit sur les matières courantes.

Pendant la fermentation qui a décidé la retraite du directeur des finances Necker, mon zèle pour l'auguste service m'a fait penser plusieurs fois à l'utilité dont il serait d'acquérir un sujet aussi distingué par ses talents, même par ses vertus. Ledit Necker est depuis quinze jours attaqué d'une fièvre sérieuse avec des redoublements; il est hors d'état de recevoir personne; mais, sur le désir que je lui ai marqué de le voir, il m'a fait répondre qu'au premier moment où sa maladie lui donnerait la moindre relâche, il me recevrait avec plaisir. Il m'a toujours marqué beaucoup de confiance, et je suis d'autant plus en mesure de le sonder que dans nos conversations confidentielles il m'a dit souvent que, sous les ordres d'un monarque qui ressemblerait à V. M., il ferait de bien grandes choses, tandis qu'à peine il pouvait ébaucher ici. En lui rappelant ce propos, je l'engagerai à s'expliquer, en m'y prenant de manière cependant à ce qu'il ne puisse présumer que V. M. a des vues sur lui. Cette précaution me paraît nécessaire, parce que, d'après ce que je sais des affaires et arrangements personnels dudit Necker, il est peu vraisemblable qu'il se déterminât à quitter la France. Cependant cela ne serait pas impossible, vu son caractère disposé à être exalté par de grands objets, à quoi je puis ajouter que je lui connais pour V. M. un sentiment de vraie et profonde admiration qui serait très propre à l'émouvoir. Dans une ou deux conversations, j'espère bien éclaircir cette matière, et j'en rendrai compte à V. M. le plus tôt qu'il sera possible.

Je remets ici très humblement les pièces secrètes, en observant que ma dépêche d'aujourd'hui donne un nouvel indice de la fausseté des rapports du baron de Goltz. Malgré cela, il ne saurait être observé de trop près, parce que ses intrigues sont exercées vis-à-vis de personnages si peu conséquents dans leurs principes et leur marche qu'ils en deviennent plus sujets aux surprises et à l'erreur.

28. — MERCY À KAUNITZ.

Paris, le 23 juin 1781. — Monseigneur, le garde-noble dépêché de Madrid étant arrivé ici le 20, il m'a paru que le plus pressé était de lui laisser continuer la route par la Flandre, afin que les dépêches de M. l'ambassadeur comte de Kaunitz[1] parvinssent le plus tôt possible sous les yeux de S. M. l'Empereur, et ensuite à V. A. Les dépêches susdites annoncent un retard considérable à la réponse de la France et de l'Espagne aux propositions des cours médiatrices. Au moment où j'écris, je suis dans l'attente de ce que M. de Vergennes aura à me faire savoir sur cette matière, ainsi que nous en étions convenus dans notre dernier entretien lorsqu'il attendait son courrier d'Espagne.

Il est très probable qu'une suite de fausses combinaisons, d'espérances chimériques de succès dans les deux Indes, rendra cette cour-ci difficultueuse sur les moyens de pacification, surtout jusqu'à ce que le besoin d'argent se fasse sentir, et M. Necker a éloigné ce besoin pour toute l'année présente. J'ai eu l'honneur de rendre compte à V. A. de tous les détails relatifs à la retraite de ce directeur des finances[2]; c'est un sacrifice que M. de Maurepas a voulu faire à sa vanité aux dépens du bien de l'État; tout le public en est indigné; les provinces en murmurent hautement; M. Necker y était adoré; son administration aurait infailliblement remonté cette monarchie au delà peut-être de la convenance générale de l'Europe; mais il est à cet égard une réflexion tranquillisante : c'est que dans l'état des choses telles qu'elles sont ici, rien de grand ne peut s'effectuer en France d'une manière stable, et moins que jamais sous le règne actuel.

L'apparence du renouvellement de nos liaisons avec la Russie cause ici beaucoup d'inquiétude et de jalousie; la Reine par forme de plaisanterie en a fait honte au Roi, qui s'en est défendu. Elle s'est servie

---

[1] Le comte Joseph de Kaunitz, ambassadeur de l'Empereur près du Roi Catholique à Madrid, quatrième fils du prince-chancelier, il avait d'abord été ministre plénipotentiaire à Saint-Pétersbourg. A la fin du mois de mai 1780, il avait remplacé son frère, le comte Dominique, à Madrid où il resta jusqu'au 20 octobre 1784. Lorsqu'il quitta cette ville, sa santé était déjà si fortement ébranlée qu'il dut faire un séjour de trois mois à Alicante; enfin il put s'embarquer le 29 janvier 1785; mais le 5 février suivant, à la hauteur de l'île Majorque, il mourut à bord du vaisseau qui le ramenait en Italie.

[2] Voir plus haut, page 40, note 2.

à cet effet d'un propos que je lui avais tenu quelque temps auparavant et qu'Elle voulut bien s'approprier, en disant à son auguste époux que, lorsqu'un ministère ne voit toutes choses qu'à travers un brouillard sans savoir rien évaluer ni éclaircir, il ne lui reste d'autre système à suivre que celui de la méfiance et des soupçons.

Il m'est démontré que la présence de M. de Breteuil importune M. de Vergennes, qui n'aime point cet ambassadeur. L'objet réel de son voyage est la remise de la tutelle de sa fille et la fixation des détails d'intérêt que cela entraîne. Les vues du baron semblent se borner à un commandement de province; mais je ne le crois pas bien détaché de toute idée ministérielle, quelque peu d'apparence qu'il envisage à pouvoir les réaliser. J'ai supplié la Reine de lui faire avant son départ une petite leçon sur sa jactance; j'espère que S. M. s'y prêtera; d'ailleurs M. de Breteuil tient ici des propos assez convenables; il parle de S. M. l'Empereur avec de grands éloges, et il marque une vraie vénération pour V. A. Quelquefois il se permet des petits commentaires politiques assez déplacés, mais cela ne paraît pas porter sur l'essentiel des choses. Au reste, M. de Breteuil, en raison de son ignorance et de son impétuosité naturelle, sera toujours un négociateur incommode, et j'aurais bien désiré que V. A. en fût débarrassée, surtout dans l'occasion épineuse d'une pacification.

---

29. — JOSEPH II À MERCY.

Bruxelles, 5 juillet 1781. — Mon cher comte de Mercy, avant de partir pour un petit tour que je vais faire en Hollande, j'ai voulu par ce courrier vous informer de différents objets intéressants et de mes futurs projets. D'abord je vous joins ici pour votre connaissance les deux réponses que la cour d'Angleterre a faites à nos propositions communes pour la pacification. Vous jugerez du ton et de l'esprit qui y règnent, qu'on est bien loin de ce salutaire objet[1]. Si vous le trouvez

---

[1] Le roi d'Angleterre posait ce principe qu'il dérogerait à ses droits de souveraineté s'il consentait à l'admission au congrès d'une personne quelconque de la part de ses sujets rebelles; de même, il ne pouvait adopter aucun plan qui limiterait ou suspendrait l'exercice du droit incontestable d'employer tous les moyens en son

bon, vous pourrez même en donner notice de bouche à MM. de Vergennes et de Maurepas, sans pourtant les leur communiquer, mais seulement comme en ayant été informé dans cette vue de ma part. La France tarde bien à donner sa réponse; je crois, et il n'y a même plus à en douter, que la réponse de l'Espagne n'aura pas été de son goût, et que par conséquent elle a trouvé nécessaire de l'y renvoyer pour la faire changer d'opinion ou de style. Nous pouvons l'attendre tranquillement, puisque pour cette campagne il n'y a sans cela plus rien à faire et que probablement, hors que l'Espagne ne nous donne quelques scènes, elle finira aussi indécisivement que toutes les autres.

Comme je comptais aller faire un tour en Hollande dans le plus parfait incognito, j'avais écrit la lettre [1] dont copie est ci-jointe au baron de Reischach [2] qui m'avait envoyé la plainte que le prince Louis de Brunswick [3] avait donnée aux États généraux contre le mémoire des

pouvoir pour mettre fin à une rébellion allumée dans ses États. (Dépêche du *comte de Belgiojoso au prince de Kaunitz*, de Londres, du 15 juin 1781.)

[1] Dans cette lettre, écrite de Bruxelles le 26 juin 1781, l'Empereur disait à M. de Reischach : «Vous ferez de ma part un compliment très poli au prince Louis de Wolfenbuttel, en l'assurant du regret que j'avais des circonstances désagréables dans lesquelles il se trouvait, et combien je désirerais qu'elles se terminassent promptement et à sa satisfaction. Quant à la réponse qu'il a faite aux impertinents mémoires des bourgmestres d'Amsterdam, j'y ai beaucoup admiré sa modération, et j'avoue que j'y aurais répondu d'une autre encre en faisant sentir à tous ces États l'ambition et la prédominance que cette ville, soufflée sous main, s'arroge.» Il lui annonçait en même temps son intention d'aller faire un tour en Hollande dans l'incognito le plus strict en lui demandant de lui dire franchement son sentiment sur ce voyage dans un pays qui était aussi agité.

[2] Le baron de Reischach, né en 1696, était depuis de longues années envoyé d'Autriche à la Haye, où il mourut le 4 octobre 1782. Voici comment l'Empereur le jugeait: «Je ne puis vous cacher que le bon vieux baron de Reischach est tellement affaibli d'âge et d'infirmités que, s'il y avait la moindre chose à négocier ici, il faudrait absolument penser à lui envoyer quelque aide; car il ne bouge de sa chaise et est entièrement adonné aux anciens principes et tenu par la clique anglaise; il ne voit et il ne fait autre chose que ce que le prince Louis et le greffier Fagel lui disent.» (*Joseph II à Kaunitz*, 10 juillet 1781; apud M. A. Beer, *opere citato*, p. 86.)

[3] Louis-Ernest de Brunswick Wolfenbuttel, né en 1718, avait d'abord été chargé de la tutelle du jeune stathouder de Hollande Guillaume V, et avait été nommé en 1759 son représentant comme capitaine général de l'Union, à la condition expresse «qu'il ne se mêlerait d'aucunes affaires concernant la religion, la police, les finances ou la justice»; mais il n'en avait tenu aucun compte. Voir le curieux ouvrage de M. Pierre de Witt (*L'invasion prussienne en Hollande en 1787*. Paris, Plon, 1886, in-12, p. 7 et *passim*).

5 JUILLET 1781.

bourgmestres d'Amsterdam [1]. La réponse en original du baron [2], qui a été la suite de la mienne, vous surprendra sans doute, et les lettres de main propre du prince Louis sont d'un genre qui m'a paru exiger prompte et signifiante réponse pour ôter toute fausse idée et surtout pour prévenir toute fausse démarche quelconque; j'y ai donc fait la réponse ici à côté N° 4 [3]. Vous pourrez faire usage de tout ceci, sans pourtant faire voir les lettres originales du prince Louis de Brunswick, hors à la Reine, qui prouveront ma façon d'envisager les choses et de penser en allié. Quoi qu'en dise le roi de Prusse, je me flatte que moyennant cela tout sera dit et qu'on n'aura point pris de fausses

---

[1] En juin 1781, les bourgmestres d'Amsterdam avaient présenté aux États généraux un long mémoire contre le prince de Brunswick, demandant que ce prince, dont l'influence sur le stathouder était la cause première du déplorable état de faiblesse de la République, de toute la négligence qui avait eu lieu, de toutes les fausses mesures que l'on avait prises et de toutes les suites fatales qu'elles avaient entraînées, fût éloigné de la direction des affaires et de la personne du stathouder.

[2] Le 30 juin, le baron de Reischach écrivait à l'Empereur qu'il n'avait pas pu voir le prince de Brunswick, mais qu'il lui avait fait donner, par le secrétaire de la légation, communication verbale de la lettre de S. M., et il envoyait les deux lettres que le prince lui avait adressées. Dans la première, le prince exprimait la crainte que l'Empereur ne trouvât pas tout l'agrément possible dans son voyage, car la fermentation des esprits était si grande qu'à chaque moment on pouvait s'attendre à un éclat, à des tumultes et à des scènes d'horreur. La seconde lettre était entièrement consacrée à son différend avec les magistrats d'Amsterdam, qui, suivant lui, avaient agi à l'instigation du duc de la Vauguyon, ambassadeur de France, en demandant son éloignement qu'ils voulaient obtenir par tous les moyens, même par un soulèvement. Le prince ne craignait pas de demander que l'Empereur témoignât son mécontentement aux gens d'Amsterdam, et fît entendre que la République pourrait se flatter de sa protection si elle se rapprochait de l'Angleterre.

[3] *Joseph II au baron de Reischach, Bruxelles, 2 juillet 1781.* — « J'ai reçu par mon courrier votre lettre à laquelle étaient jointes celles que le prince Louis vous avait écrites. Ce n'est pas sans surprise que j'y ai vu qu'au lieu de lui faire un compliment comme je vous l'avais indiqué, vous lui avez communiqué ma lettre tout au long. Il y a des choses que je puis écrire à un ministre et qui ne sont pas faites pour être communiquées. Tout le contenu des idées et du projet du prince Louis ne porte que sur sa convenance personnelle du moment et n'est aucunement analogue à celle de mes États et à mes liens. Je suis l'allié de la France de cœur et de conviction, et je ne dois rien à l'Angleterre; c'est dans ce sens que je parlerai et que j'agirai en toute occasion, quoique, dans celle-ci, je me flatte qu'on ne me mettra pas dans le cas de m'expliquer et qu'on me laissera voir tranquillement les objets matériels et de curiosité que cette République contient. Vous voudrez donc dans ce sens en prévenir le prince Louis, si vous le croyez nécessaire, mais surtout M. de la Vauguyon, ambassadeur de France, qui peut-être est instruit à faux des idées chimériques que le prince vous a mandées et qu'il m'importe que vous détruisiez entièrement dans l'esprit de l'ambassadeur. »

alarmes de la part de M. de la Vauguyon[1], et que même le prince Louis se le tiendra pour dit et qu'on ne me tentera plus avec de pareils rêves chimériques.

Pour vous donner encore une preuve plus forte de ma façon de penser en bon allié, voici la copie de la lettre que je viens d'écrire par la poste à M. de Belgiojoso[2]. Il est vrai que la façon avec laquelle les Anglais traitent tous les pavillons neutres commence à devenir insupportable. Je vous joins ici également une plainte d'un jugement porté contre un de nos négociants en France. Vous voudrez bien aviser aux moyens, mon cher Comte, si on peut venir ou non à son secours et recourir encore contre la sentence portée.

Je compte partir d'ici demain et, en commençant par Rotterdam, aller à la Haye, Leyde, Haarlem, Amsterdam, Utrecht, Nimègue, Maestricht, Aix-la-Chapelle et Spaa, d'où je reviendrai vers le 20 ou 21 juillet à Bruxelles pour y rester trois ou quatre jours avec les nouveaux gouverneurs[3], et ensuite je compte en partir et, passant par Valenciennes et Lille, arriver à Paris vers le 28 de ce mois. Vous savez bien, mon cher Comte, ma façon exacte d'être en tout le comte de Falkenstein. Je me propose même de ne descendre d'abord chez vous qu'en passant pour vous voir un instant et puis aller droit à Versailles, où je compte m'établir fixement pour cinq à six jours que j'y resterai. Vous voudrez donc, mon cher Comte, vous arranger avec M. Touchet[4] ou un autre tenant hôtel garni à Versailles pour qu'on m'y retienne

---

[1] Paul-François de Quelen de Stuer de Caussade, duc de la Vauguyon, né le 30 juillet 1746, mort à Paris le 14 mars 1828. Fils du gouverneur de Louis XVI, il avait été menin de ce prince, et en 1776 il fut nommé ambassadeur de France à la Haye, qu'il quitta en 1783 pour aller à Madrid. Il fut un instant secrétaire d'État des affaires étrangères dans le ministère éphémère formé en juillet 1789 après le renvoi de Necker.

[2] Le comte Louis-Charles de Belgiojoso était depuis 1770 ministre plénipotentiaire à Londres. En 1783, il quitta ce poste pour remplacer à Bruxelles le prince de Starhemberg comme ministre chargé de l'administration des Pays-Bas autrichiens.

Dans cette lettre, Joseph II s'exprime en termes très vifs contre l'Angleterre, «cette nation éclairée qui, se trouvant dans des circonstances si critiques, fait consister toute sa ténacité à faire des petits gains et des petites rapines, à soutenir des ministres et à indisposer tout le monde contre elle.»

[3] Ces nouveaux gouverneurs des Pays-Bas étaient l'archiduchesse Marie-Christine, fille de l'impératrice Marie-Thérèse, et son mari le duc Albert de Saxe-Teschen. Ils remplaçaient le frère de l'empereur François Ier, le prince Charles de Lorraine, mort le 4 juillet 1780, dont la succession leur avait été assurée lors de leur mariage en 1766.

[4] En 1777, Joseph II avait logé chez cet hôtelier-baigneur.

vers ce temps-là un logement; je ne compte y amener que deux domestiques et un homme de ma chancellerie. Le général Terzi[1], Brambilla[2] et le reste de mon très petit équipage resteront à Paris. Vous voudrez donc aussi pour eux et leurs domestiques faire prendre cinq ou six chambres seulement pour ce peu de jours dans quelque hôtel. Vous me ferez plaisir s'il est encore en état et dans la même situation de me céder pour ce même temps votre domestique, nommé Pinel, que j'avais déjà l'autre fois et dont j'avais été parfaitement content. Après ce court séjour dans lequel vous sentez bien que je ne pourrai ni faire ni recevoir des visites, je compte repartir et prendre ma route tout droit sur Nancy, Strasbourg et Fribourg. Je vous écris tous ces détails uniquement pour vous mettre au fait des projets que j'ai. Au reste, je les modifierai ou les réglerai selon votre avis. Comme je compte être vers le 20 ou 21 de retour ici, vous me ferez plaisir de me renvoyer mon courrier pour ce temps à Bruxelles et de me faire savoir par lui les changements que vous croiriez nécessaires à faire à ces projets, puisque je serai encore alors à temps de pouvoir me régler en conséquence.

Voici ma lettre pour la Reine que je vous prie de Lui remettre, et en même temps sans affectation vous pourrez annoncer, si vous le jugez bon, le projet de mon voyage au ministère et en même temps y ajouter que mon unique but y était de voir le Roi et la Reine et non certainement de parler d'affaires.

Adieu, mon cher Comte; soyez bien persuadé du plaisir vrai que j'ai de vous revoir et de causer avec vous des objets intéressants qui actuellement occupent le théâtre politique.

---

30. — MERCY À JOSEPH II.

Paris, le 18 juillet 1781. — Lorsque le garde-noble que j'expédie aujourd'hui me remit le 7 de ce mois les très gracieux ordres de

---

[1] Le lieutenant général Terzi, qui accompagnait l'Empereur dans ce voyage, naquit en 1730 et mourut à Vienne en 1800.

[2] Jean-Alexandre Brambilla, né à Pavie en 1728, mort à Padoue en 1800, était chirurgien de Joseph II, qu'il suivait dans ses voyages. C'est d'après ses conseils que l'Empereur créa à Vienne l'école militaire de médecine et de chirurgie connue sous le nom de *Josephinum*.

V. M. en date du 5, je ne tardai pas à aller présenter à la Reine la lettre qui Lui était adressée[1] et qui Lui causa un mouvement de joie bien sensible. Je rendis compte à cette auguste princesse de tous les objets dont il a plu à V. M. de m'informer. La Reine en écouta les détails avec grande attention, et Elle applaudit beaucoup à la manière précise et ferme avec laquelle V. M. a expliqué ses sentiments à deux de ses ministres.

Comme il ne m'était pas positivement enjoint de communiquer aux ministres français la réponse de l'Angleterre aux cours médiatrices et que V. M. daignait à cet égard me laisser la liberté de faire ce qui me paraîtrait le plus convenable à son auguste service, je n'ai pas cru pouvoir dire un mot aux comtes de Maurepas et de Vergennes de ladite réponse de la cour de Londres, et cela par les raisons suivantes :

1° Parce que la manière de négocier des ministres français n'est point dans ce moment-ci assez claire pour que l'on ne soit pas en garde contre quelque abus de confiance de leur part;

2° Il est en effet étrange que non seulement on reste ici en retard d'une réponse qui aurait pu et dû être faite depuis quelque temps, mais que même on induise le ministère de Madrid à un pareil retard;

3° La troisième raison qui m'a retenu consiste en ce que V. M. se trouve vis-à-vis de cette cour-ci dans une si grande avance de bons procédés et de franchise qu'il paraît juste que l'on se mette ici dans la même mesure, ce qui n'existe pas jusqu'à présent. Je n'ai caché aucune de ces raisons à la Reine; Elle les a approuvées et m'a assuré qu'Elle daignerait s'y conformer.

Je n'ai point usé de la même réserve en ce qui regarde les circonstances qui ont précédé le voyage de V. M. en Hollande. Après un petit préambule propre à ne pas laisser deviner les idées que le prince de Brunswick a mises en avant, j'ai communiqué au comte de Vergennes la substance de la lettre de V. M. au baron de Reischach et je ne lui ai pas laissé ignorer les traits les plus frappants de celle adressée au comte de Belgiojoso. J'ai vu que cette notion satisfaisait infiniment le comte de Vergennes; je lui ai observé que de pareils témoignages des sentiments de V. M. pour l'alliance devraient servir de

---

[1] Cette lettre manque.

règle ici dans la manière de repousser toutes les vilenies prussiennes.

Le secrétaire d'État me répéta à cette occasion ses protestations ordinaires que je crois sincères pour le fond, quoiqu'elles ne soient pas toujours bien conséquentes dans la forme.

A la suite de ma conférence, je ne manquai pas de revenir sur l'article de la plainte portée par la compagnie de Trieste contre un jugement rendu ici sur une capture maritime. Je dois au comte de Vergennes le témoignage qu'il est toujours en opposition contre les décisions souvent absurdes de l'amirauté de France [1], et qu'il se prête volontiers à tâcher de les redresser. Il me promit de s'en occuper pour le cas présent, et je lui remis à cet effet la lettre dont copie se trouve très humblement ici jointe.

Conséquemment à un ordre antérieur de V. M., j'ai sondé le ci-devant directeur des finances Necker sur le genre de vie et d'état auquel il se fixera, et j'ai reconnu clairement qu'il n'y a nul moyen de l'engager à quitter la France. Il m'en a dit plusieurs raisons, et j'en ai découvert d'autres qu'il ne m'a pas confiées; cependant il serait peut-être très possible de tirer quelque parti des talents de cet habile financier dans des circonstances partielles et relatives à l'auguste service, mais je mettrai verbalement tous ces détails aux pieds de V. M., et Elle daignera juger de ce qu'ils peuvent avoir d'analogue à ses hautes intentions que je n'ai pas laissé pénétrer audit Necker [2].

J'ai retenu à Versailles, pour la fin de ce mois, chez le baigneur Touchet, le même appartement que V. M. y a occupé, avec ce qui sera nécessaire pour sa suite. Le général Terzi et tous ceux qui resteront

---

[1] Le tribunal de l'amirauté de France était établi à Paris et avait pour chef l'amiral de France, qui était alors M. le duc de Penthièvre. Il était composé d'un lieutenant général, d'un lieutenant particulier et de six conseillers. Ce tribunal connaissait de toutes les affaires relatives au commerce maritime et notamment des prises, dont un dixième de la valeur revenait à l'amiral. On trouvait aussi dans un certain nombre de ports des tribunaux analogues, dont les membres étaient également nommés par l'amiral de France.

[2] Dans ses *Considérations sur la Révolution Française* (t. I, p. 110 et suiv.), Mme de Staël dit que «Joseph II, Catherine II, la reine de Naples écrivirent à M. Necker pour lui offrir la direction de leurs finances; il avait le cœur trop français pour accepter un tel dédommagement, quelque honorable qu'il pût être». Cette affirmation n'est pas complètement exacte, au moins en ce qui concerne Joseph II; car, comme on vient de le voir, il n'écrivit pas directement à Necker. Cette légère erreur s'explique facilement si l'on considère que Mme de Staël écrivit son grand ouvrage longtemps après ces événements.

à Paris seront logés à portée de chez moi dans un hôtel garni; le domestique Pinel remplira le service qui lui sera ordonné.

V. M. me commande de lui exposer mon très humble avis sur le plan qu'Elle daigne me communiquer de son voyage ici. Ce plan me paraît parfait dans tous ses points et ne me donne lieu qu'à quelques petites observations détaillées dans la note ci-jointe[1] et qui restent soumises aux hautes volontés de V. M.

Les ministres français sont prévenus de sa prochaine arrivée à Versailles; je leur ai signifié que l'unique objet de V. M. était de voir le Roi et la Reine, et qu'Elle ne se proposait nullement de parler d'affaires.

La Reine, qui attend V. M. avec grande impatience, est intentionnée de s'approprier à Elle seule le plus de moments qu'Elle pourra d'un si court séjour. Elle désire faire entendre à V. M., sur le théâtre de Trianon, l'opéra d'*Iphigénie en Tauride* du chevalier Gluck; le local n'admettra que fort peu de monde et n'entraînera aucune dépense. Ce sera un grand bonheur pour moi de me trouver bientôt aux pieds

---

[1] Très humbles remarques sur ce qui paraît convenir à la plus grande commodité de S. M. pour le moment de son passage à Paris et pour celui de son arrivée à Versailles :

1° Il serait bon que le public ignorât le jour où S. M. passera par Paris, et, à moins de quelques précautions, ce même public pourrait en être informé par des lettres particulières de Bruxelles.

2° Au premier soupçon de la présence de S. M., le peuple ne manquera pas de s'attrouper et l'affluence deviendra fort considérable. Il y aurait deux moyens de l'éviter : Le premier serait que S. M. permît à Mercy de se trouver à l'entrée du faubourg Saint-Martin dans un carrosse gris, suivi d'un seul domestique; S. M. monterait dans ce carrosse et arriverait par des rues détournées au boulevard de Richelieu[*]. Si ce premier moyen n'est point agréé, le second serait que Mercy fît tenir à la barrière Saint-Martin un homme qui indiquera aux postillons deux rues de traverse par lesquelles S. M. passera et où il ne pourra se trouver que fort peu de peuple.

3° Si S. M. arrivait à Paris dans la matinée, Elle aurait quelques moments à s'y reposer et à s'y habiller commodément, ce qui ne serait pas si facile à Versailles. S. M. déterminerait à quelques minutes près l'instant où Elle voudra être à la cour. Le moment où il y a le moins de mouvement dans le château de Versailles est ordinairement entre 4 et 5 heures de l'après-midi.

4° La Reine, qui serait prévenue, se trouverait dans ses cabinets; tout le monde en serait écarté, et S. M. aurait avec son auguste sœur une première entrevue aussi longue et aussi tranquille qu'Elle le voudrait.

[*] Aujourd'hui le boulevard des Italiens. Le comte de Mercy habitait, depuis quelques années seulement, un hôtel situé sur ce boulevard près la rue de Richelieu. Lors du premier voyage de Joseph II à Paris, en 1777, l'ambassadeur demeurait au Petit Luxembourg.

de V. M., et ce bonheur serait au comble s'il me mettait à même de donner quelques marques utiles de ma fidélité et de mon zèle ardent pour son auguste personne.

31. — MERCY À KAUNITZ.

Paris, le 20 juillet 1781. — Monseigneur, ma dépêche d'office expose à V. A. les causes possibles du retard des réponses de la France et de l'Espagne aux propositions des deux cours médiatrices; mais ce retard assez étrange aurait pu sans doute être différemment modifié. Il est certain que la conjoncture actuelle présente la possibilité de quelques événements favorables à la France dans les deux Indes; mais la manière dont, pendant les campagnes précédentes, on a laissé échapper des moments aussi propices, laisse beaucoup de doutes sur le parti que l'on tirera de celui-ci.

M. de Breteuil est décidé à attendre l'arrivée de S. M. l'Empereur et à ne partir pour Vienne que deux ou trois jours avant ce monarque. Il semble que l'ambassadeur susdit, pendant son séjour ici, s'est beaucoup plus occupé de ses arrangements personnels que de son ambassade; il a fait des courses en province cherchant à y acquérir des terres et il vient d'en acheter une assez considérable en Normandie. Une vieille Hollandaise, fort extravagante, et qui s'était prise de passion pour lui lors de son ambassade à la Haye, l'a institué en mourant son légataire universel. On prétend qu'elle était fort riche et ce singulier hasard pourrait augmenter considérablement la fortune du baron.

32. — MERCY À KAUNITZ.

Paris, 31 juillet 1781. — Monseigneur, la première entrevue de l'Empereur avec le Roi, la Reine et toute la famille royale, s'est passée de la manière la plus satisfaisante[1]. Le langage, que notre auguste

---

[1] Joseph II arriva à Versailles le 29 juillet 1781.

monarque a tenu en Hollande, produit ici un grand effet et inspire de la confiance. MM. de Maurepas et de Vergennes craignaient d'abord que l'Empereur ne leur parlât d'affaires; maintenant ils semblent craindre que S. M. ne veuille pas leur en parler, et ils seront les premiers à provoquer sur la matière. J'ai tâché de réunir toutes les petites notions locales propres à faciliter au monarque le coup d'œil qu'il va donner ici sur les différents objets; hors ce qui a trait à la Reine, je doute qu'il soit fort édifié des remarques qu'il se trouve à portée de faire. Le public d'ici est enthousiasmé des détails que l'on a eus de Flandre sur la manière simple, remplie de bonté et de justice, avec laquelle S. M. s'est montrée à ses sujets. Je dois remettre à une autre occasion tous les détails plus amples en ce genre. L'Empereur a daigné me permettre de rester auprès de sa personne; je ne suis venu en ville que pour expédier le courrier, et je retournerai sur-le-champ à Versailles, où S. M. paraît décidée de rester à poste fixe, sans revenir à Paris jusqu'au moment de son départ, qui aura lieu à la fin de la semaine.

33. — MERCY À JOSEPH II.

Paris, 6 août 1781. — Quand V. M. eut quitté la Reine[1], Elle rentra d'abord chez Elle, s'enferma dans ses cabinets et on s'aperçut qu'Elle y avait beaucoup pleuré. Hier matin la Reine ne parla que de ses regrets présents et de l'espoir certain de revoir V. M. Le premier médecin Lassone, sur ma réquisition, m'écrivit le billet que je joins ici très humblement, ainsi que la lettre de la Reine[2].

Je viens de recevoir pareillement une lettre du comte de Kaunitz; je la mets aux pieds de V. M. avec la petite dépêche que j'adresse à la chancellerie d'État.

Il faut au moins quelques jours encore pour recueillir des détails sur les impressions profondes et infiniment satisfaisantes que produit ici la courte apparition que V. M. vient d'y faire. Soit à Versailles, soit à Paris, il n'y a qu'une voix sur la vraie admiration que sa bonté

---

[1] L'Empereur partit de Versailles le dimanche 5 août, à 5 heures du matin. — [2] Ce billet et cette lettre manquent.

et sa clémence y ont inspirée. J'en ai personnellement éprouvé tant de marques que mon âme en est aussi pénétrée que du zèle, de la fidélité et de la soumission avec lesquels je suis.....

34. — JOSEPH II À MERCY.

Montbéliard, ce 8 août 1781. — Mon cher comte de Mercy, je vous prie de remettre cette lettre à la Reine[1] et en même temps de prendre quelque architecte qui lève le plan entier des jardins du Petit Trianon, de même que celui de la maison et des appartenances avec toutes ses proportions[2].

Je vous suis encore infiniment obligé de toutes les peines que vous vous êtes données pendant mon séjour à Versailles. Lorsqu'on est instruit par vous qui connaissez si bien et à fond les objets et les circonstances, l'on ne peut que gagner infiniment et avancer dans les connaissances qu'on est dans le cas de désirer ou de faire.

Je vous joins ici une pièce secrète et même une lettre au prince de Starhemberg que vous pouvez lui faire parvenir par la poste. Quant à ce courrier, vous pouvez le garder à votre bon plaisir jusqu'à ce que vous ayez quelques objets qui vaillent la peine de m'être marqués.

35. — MERCY À JOSEPH II.

Paris, 17 août 1781. — Les dépêches que le comte Joseph de Kaunitz m'envoie sous cachet volant me paraissent assez intéressantes

---

[1] Cette lettre manque.

[2] Joseph II avait passé avec la reine toute la journée du 31 juillet à Trianon. Le lendemain, Marie-Antoinette donna à souper dans sa maison à son frère et à toute la famille royale, et après le repas, la troupe de l'Opéra représenta l'*Iphigénie en Tauride*, de Gluck, devant une assemblée de deux cent soixante-trois personnes. Enfin, le spectacle fut suivi d'un concert dans les jardins, qui resplendissaient de feux. Les jours suivants, Joseph II revint plusieurs fois avec sa sœur à Trianon. (G. Desjardins, *Le Petit Trianon*, Versailles, 1885, grand in-8°, p. 210-212.) C'est sans doute comme souvenir des instants qu'il venait de passer dans cette maison avec une sœur chérie que Joseph II demandait ces plans.

pour croire qu'il convient d'en hâter la remise à Vienne, et j'expédie à cet effet le garde-noble qui m'avait apporté le 11 de Montbéliard les très gracieux ordres de V. M. en date du 8 avec une lettre à la Reine qui fut présentée sur-le-champ et reçut par cette auguste princesse des marques de grande satisfaction. La Reine daigna me dire deux jours après que la lettre de V. M. au Roi[1] avait produit le meilleur effet, et que ce prince s'était expliqué plusieurs fois sur sa sensibilité aux marques d'amitié que V. M. lui avait données avant, pendant et après son court séjour ici. Le langage des ministres répond à celui de leurs souverains, et mardi dernier M. de Vergennes dans un moment de confiance me dit qu'il fallait avouer que la présence de V. M. et le langage positif et très satisfaisant qu'Elle avait tenu suffiraient pour détruire toutes les insinuations prussiennes, si même elles avaient pu produire la moindre sensation; ce qui cependant selon lui, Vergennes, n'était jamais arrivé.

Quant au public de Paris, il s'explique avec une vraie admiration sur le grand et bon exemple que V. M. est venue donner à Versailles, et ce même public met dans ses commentaires et comparaisons une énergie qui devient un hommage très profond rendu à V. M.

Il a été impossible de prendre des mesures pour la levée du plan des jardins et du château du Petit Trianon, sans que la Reine en fût instruite, et dès ce moment Elle m'a signifié qu'Elle voulait Elle-même envoyer ces plans à V. M. J'ai cependant obtenu permission de veiller à ce que cet ouvrage s'exécute le plus promptement et avec le plus d'exactitude possible.

La célérité de l'expédition du garde-noble n'admet dans ce très humble rapport ni même dans ma dépêche d'office aucune remarque intéressante sur la circonstance du moment; la réponse[2] de cette cour-ci ne m'a d'ailleurs pas encore été communiquée. La même raison de célérité m'empêche également de demander et d'attendre les ordres de la Reine qui, après une seconde saignée de précaution[3], jouit de la plus parfaite santé. Cette auguste princesse répondra à V. M. par le garde-noble mensuel que j'attends d'un jour à l'autre et qui me donnera lieu à des rapports plus étendus. Il ne me reste qu'à mettre aux

---

[1] Ces lettres manquent. — [2] Au projet de médiation et aux articles préliminaires imaginés par le prince de Kaunitz. — [3] En raison de sa grossesse.

pieds de V. M. mes profondes actions de grâces de la clémence avec laquelle Elle daigne encore me parler des faibles marques de mon zèle qui dans les effets ne satisferont jamais mon désir d'être utile à l'auguste service du plus grand et du meilleur des souverains.

---

36. — MERCY À KAUNITZ.

Paris, le 17 août 1781. — Monseigneur, les dépêches que M. l'ambassadeur comte de Kaunitz m'envoie sous cachet volant me paraissent trop intéressantes pour ne pas en hâter la remise à V. A., et je me sers à cet effet d'un garde-noble qui m'avait été envoyé de Montbéliard par S. M. l'Empereur. La célérité de l'expédition de ce garde m'oblige de remettre à une autre occasion toutes remarques sur la circonstance du moment, la réponse de cette cour-ci ne m'ayant d'ailleurs pas encore été communiquée. La même raison de célérité m'interdit également des détails sur le séjour qu'a fait ici notre auguste monarque, mais V. A. en saura déjà par S. M. les particularités les plus essentielles. Il est certain que l'Empereur s'est montré ici à tous égards de la manière la plus parfaite et la plus utile. Il a ranimé les sentiments de la Reine, en leur donnant une énergie, qui produira de bons effets en son temps. Il a su inspirer au Roi et à ses ministres toute la confiance dont ils sont capables, et de l'aveu même de M. de Vergennes il m'est au moins démontré que le langage de l'Empereur a intercepté pour longtemps les effets de toutes les vilaines manœuvres prussiennes. Le public de Paris s'explique avec une vraie admiration sur le grand et bon exemple que S. M. I. est venue donner à Versailles, et ce même public se permet des commentaires et des comparaisons qui deviennent un hommage très profond rendu à notre monarque.

Je dois me borner aujourd'hui à ce peu de remarques générales, me réservant d'en exposer par la suite de plus particulières.

37. — MERCY À KAUNITZ.

Paris, le 30 août 1781. — Monseigneur, quelque peu intéressante que soit ma dépêche d'aujourd'hui, il m'a paru que je ne pouvais me dispenser de faire parvenir à la connaissance de V. A. par une voie prompte et sûre les différentes tournures que prend M. de Vergennes sur l'objet de la pacification. On peut avoir ici des raisons bonnes ou mauvaises pour en éloigner le moment; mais il est étrange que l'on emploie à cet effet le moyen d'une réponse pareille à celle qui vient d'être donnée aux puissances médiatrices. M. de Vergennes est convenu en quelque façon vis-à-vis de moi que cette réponse était assez inconséquente. Avant de la remettre, il est probable que l'on n'ignorait pas la détermination des États-Unis d'Amérique de demander que leurs cinq députés fussent admis au congrès, et cela posé on a voulu user ici d'une finesse que V. A. daignera apprécier pour ce qu'elle peut valoir[1].

M. de Breteuil se dispose à partir le mois prochain; plusieurs hasards ont concouru à lui procurer une fortune considérable, et il en paraît assez occupé. Je n'ai d'ailleurs rien à observer sur sa conduite en matière d'affaires; il semble que M. de Vergennes lui en a peu parlé. Je dois en juger ainsi par plusieurs propos que m'a tenus l'ambassadeur susdit et qui ne s'accordent pas avec le langage de son ministre. M. de Breteuil croit entre autres que le ministère anglais a pu suggérer aux Américains confédérés de nommer des commissaires pour le futur congrès, et il en conclut que cette démarche pourrait

---

[1] Aussitôt après avoir reçu la réponse de l'Espagne à la proposition de médiation des deux cours impériales, M. de Vergennes l'avait expédiée, avec celle du Roi Très Chrétien, à M. Barthélemy, chargé d'affaires de France à Vienne en l'absence de l'ambassadeur, M. de Breteuil. Quelques jours plus tard seulement, M. de Vergennes avait communiqué ces deux réponses à M. de Mercy, qui les avait trouvées insuffisantes et même équivoques. En effet la France et l'Espagne ne refusaient pas formellement de participer au congrès proposé par les médiateurs; mais elles semblaient exiger que les députés des États-Unis d'Amérique fussent appelés à ce congrès, ce qui aurait été, en quelque sorte, une reconnaissance de l'indépendance des colonies rebelles. Or le 23 août M. de Mercy avait amené M. de Vergennes à lui avouer qu'il savait fort bien que l'Angleterre ne consentirait jamais à laisser entrer les députés américains au congrès. (*Mercy à Kaunitz,* dépêche d'office du 30 août 1781.)

cacher un piège dangereux. M. de Vergennes ne m'a rien dit qui ait trait à une pareille idée.

Une forte courbature qui me retient au lit depuis trois jours m'oblige à terminer cette lettre. J'en joins une ici qui est la réponse de la Reine à la dernière lettre de l'Empereur[1]. N'ayant reçu aucun ordre direct de S. M., je n'ai pas cru devoir lui adresser aujourd'hui un très humble rapport particulier, que le défaut de matières aurait d'ailleurs rendu fort stérile.

38. — JOSEPH II À MERCY.

Vienne, ce 31 août 1781. — Mon cher comte de Mercy, je vous suis très obligé de la lettre que vous venez de m'écrire par le courrier, et tout ce que vous me dites du Roi et de la Reine me fait grand plaisir, étant tendrement attaché à ma sœur.

Le paquet ci-joint contient nos règlements militaires que le Roi m'a demandés et que je lui envoie en le priant d'avoir soin qu'ils ne s'ébruitent point; de même, j'envoie à la Reine un échantillon et le secret de rendre les toiles de décoration ininflammables.

La perte du pauvre prince de Lichtenstein[2] vous aura sans doute fait de la peine; la princesse est arrivée ici pénétrée de la plus vive douleur qu'elle ressent d'un événement si cruel et qui change toute sa position.

Je n'ai qu'un moment en revenant du camp de Hongrie pour vous écrire, car je pars ce soir pour mes autres camps.....

39. — KAUNITZ À MERCY.

Vienne, le 8 septembre 1781. — L'Empereur ne m'a pas mis en état de vous dépêcher un courrier avant celui-ci, et vous avez été moyen-

---

[1] Cette lettre manque.
[2] Le prince François-Joseph de Lichtenstein, né le 29 novembre 1726, était mort le 18 août 1781, à Metz en revenant des eaux de Spa. Il avait épousé la comtesse Léopoldine Sternberg, qui lui survécut jusqu'en 1809. C'était une femme d'une rare intelligence et d'un esprit extraordinaire, qui occupait la première place dans la société de Vienne. En annonçant cette nouvelle à son frère Léopold, l'Empereur ajoutait : « C'est une perte réelle pour Vienne et affreuse pour son épouse. »

nant cela, mon cher Comte, bien longtemps sans en avoir de ma part. Vous verrez par la copie ci-jointe ce que je propose aux médiateurs de répondre aux trois cours belligérantes[1]. Je voudrais bien qu'ils puissent s'emparer une fois de la médiation, de façon qu'elle ne pût plus leur échapper par quelque négociation directe entre les parties intéressées, que des événements peuvent rendre possible et qui serait désagréable pour eux. C'est là l'anecdote secrète de la tournure que j'ai donnée à ce projet de réponse, que je vous confie pour votre unique direction, attendu que naturellement il ne peut pas être question d'en faire aucun usage avant que les réponses de Pétersbourg, que nous devons attendre, ne nous soient parvenues. Vraisemblablement j'aurais réussi, si je l'avais voulu, à engager notre bon prince Galitzin[2] à la faire passer tout de suite avec moi aux cours respectives; mais j'ai jugé n'en devoir rien faire, soit pour donner une marque de déférence à l'Impératrice dans cette occasion où rien ne presse, soit pour ne pas compromettre le pauvre honnête homme Galitzin, qu'aussi le roi de Prusse voudrait faire croire que je mène par le nez.

Je suis très persuadé que les cours belligérantes ne feront pas la paix et ne peuvent pas même la faire tant et aussi longtemps qu'elles seront en état de pouvoir continuer la guerre. Mais peu m'importera le temps qu'elle pourra durer, dès que par l'ouverture du congrès je n'aurai plus à craindre qu'on puisse faire la paix sans nous. Ce doit être là notre but; c'est tout ce qui doit et peut nous intéresser. Mais pour réussir, il faut se conduire de façon à ce qu'ils ne puissent pas même s'en douter, et toujours me paraît-il incontestable que, pour le bien

---

[1] Les deux cours impériales ont été très peinées de l'exposé des raisons qui ont paru à S. M. Très Chrétienne s'opposer à l'acceptation des *Articles préliminaires*. Il leur paraît convenable dans l'état actuel des choses de renvoyer à d'autres temps et à d'autres circonstances les observations dont elles seraient susceptibles..... Elles n'ont dû se permettre ni aucune de ces propositions qui auraient pu blesser la dignité ou la délicatesse de l'une ou de l'autre des parties, ni aucune de celles qui auraient entraîné des décisions qui ne peuvent être que le résultat des consentements obtenus par la voie des négociations. Elles ont dû se borner, par conséquent, à chercher et à trouver quelque moyen propre à mettre les puissances belligérantes dans le cas de pouvoir rassembler leurs plénipotentiaires respectifs dans le lieu du congrès pour y travailler, sous la médiation des deux cours impériales, à l'arrangement amiable de tous les différends qui sont les causes de la guerre actuelle et pour une fois rassemblés et munis d'instructions pour tous les événements possibles, y être continuellement à portée de pouvoir saisir l'un ou l'autre de ces heureux moments qu'amènent quelquefois les circonstances.

[2] Ambassadeur de Russie à Vienne.

qui peut résulter de la réunion des plénipotentiaires rassemblés une fois au lieu du congrès, les trois puissances devraient d'autant plus se prêter à en accélérer l'ouverture, qu'ils n'en seront pas pour cela obligés de faire la paix plus tôt qu'ils ne voudront, pendant qu'en échange cela pourrait leur fournir aux uns ou aux autres le moyen d'en saisir et d'en accélérer le moment si, par quelque événement possible, quelqu'un se trouvait dans le cas d'en avoir besoin ou envie.

Il faudra voir à présent que deviendra cette grande expédition sur Minorque [1]. Si messieurs les don Quichottes conjointement avec les Français peuvent prendre le fort Saint-Philippe, ces succès mettront sans doute quelque grain dans la balance en leur faveur, mais je vous avoue que je ne peux presque pas me permettre de m'en flatter, et dans le cas contraire, M. de Grasse [2] venant de faire si peu d'usage de sa supériorité dans les Antilles, ce sera encore une campagne complètement manquée, et rien ou bien peu de chose à espérer pour l'avenir, attendu que ce qui aurait pu et dû arriver même aux Anglais en Amérique pendant cette campagne les engagera sans doute à ne plus se mettre dans le cas d'y avoir des forces inférieures à celles que les Français et les Espagnols pourraient vouloir y transporter dans les campagnes à venir; et vous voyez bien qu'en ce cas leurs ennemis ne continueraient plus la guerre qu'à pure perte, et que moyennant cela la leçon, que la France et l'Espagne ont donnée dans cette campagne ou plutôt ont manqué de leur donner, ne peut plus guère leur faire espérer par la suite ce qu'il était facile non seulement dans cette campagne, mais même dès la première de cette guerre en Amérique.

Permettez-moi de vous rappeler la prière que je vous ai faite il y a quelque temps de ne pas m'oublier si jamais il se présentait l'occasion d'acquérir pour moi, ou comme présent du Roi ou de la Reine ou autrement, un ou deux chevaux barbes, bons et beaux, comme peut-être

---

[1] Le 21 août 1781, une flotte franco-espagnole avait débarqué dans l'île de Minorque un petit corps d'armée, commandé par le marquis de Crillon, qui s'empara de l'île presque tout entière sans coup férir, et fit aussitôt le siège du fort Philippe, où le gouverneur anglais, qui s'y était réfugié avec toutes ses troupes, tint jusqu'au 5 février 1782.

[2] François de Grasse, né en 1723, mort le 11 janvier 1788, fut un des amiraux qui commandèrent les flottes françaises dans la guerre d'Amérique. D'abord heureux, on eut ensuite trop d'occasions de l'accuser d'impéritie.

cela pourrait arriver, s'il est vrai qu'il doit venir en France un nouvel ambassadeur de Maroc ou de quelque autre canton barbaresque.

---

40. — JOSEPH II À MERCY.

Vienne, 14 octobre 1781. — Mon cher Comte, ce courrier vous apportera deux lettres, l'une pour Monsieur, l'autre pour le comte d'Artois, par lesquelles je les prie de vouloir remplir ma place et tenir sur les fonts de baptême l'enfant dont la Reine va accoucher. Vous laisserez au bon plaisir de la Reine laquelle de ces deux lettres Elle voudra que vous remettiez. Je vous laisse juger, mon cher Comte, avec quelle inquiétude et avec quel empressement j'attends la nouvelle de son heureuse délivrance. Mon attachement pour la Reine vous est connu, et tout ce qui s'est passé l'autre fois[1] ne me rend l'arrivée de cette nouvelle que plus intéressante. Je vous prie, mon cher Comte, de me tenir exactement et journellement même au fait, soit par estafette ou par l'ordinaire, de tout ce qui pourra y arriver, et de ne me laisser rien ignorer des détails de sa santé, laquelle m'est si chère et précieuse. Je ne cède en cela rien à feu mon auguste mère, et vous prie en conséquence d'y mettre le même soin et la même recherche.

La campagne sur mer vient de se terminer comme les autres, savoir en disant qu'on fera mieux l'année prochaine; reste à voir ce que M. de Crillon fera à Minorque. J'attends mes hôtes[2] pour le 12 de novembre, et je me flatte bien que jusqu'alors j'aurai des nouvelles de l'heureuse couche de la Reine. Si c'est un dauphin et que la mère et l'enfant se portent bien, je ne me posséderai pas de joie.

---

[1] Lors de ses premières couches, la Reine avait été prise d'un mouvement convulsif qui aurait pu mettre ses jours en danger sans la présence d'esprit de l'accoucheur Vermond, frère de l'abbé de ce nom.

[2] Le grand-duc héritier de Russie et la grande-duchesse sa femme, qui entreprenaient un tour d'Europe sous le nom de *comte* et *comtesse du Nord*.

41. — MERCY À JOSEPH II.

Paris, 16 octobre 1781. — Ayant été un mois dans l'attente qu'un garde-noble vînt relever ici celui qui m'avait apporté les très gracieux ordres de V. M. datés du 31 août et du 8 septembre, je n'ai pas eu plus tôt l'occasion de mettre à ses pieds ce présent et très humble rapport, et j'ai été d'autant plus en peine de ce retard que la réponse ci-jointe du Roi Très Chrétien à V. M. m'avait été envoyée par la Reine dès le 30 septembre, mais avec l'injonction expresse de la garder jusqu'au départ du garde-noble de ce mois et jusqu'à ce que la Reine eût pris le temps d'écrire la réponse qu'Elle devait Elle-même à V. M.[1].

D'après ce que la Reine a daigné me dire, son auguste époux a bien senti tout le prix de la confiance que V. M. lui a marquée en lui envoyant ses règlements militaires. Ce qu'ils contiennent de grand et d'utile est hors de la portée du ministre qui dirige ici ce département[2], et on ne peut s'étonner assez qu'il ait été remis en des mains aussi ineptes. Le marquis de Castries n'a pas un plus grand succès dans la place qu'il occupe; toute la marine se plaint de son administration, et l'indiscipline de ce corps y occasionne tant de confusion et de querelles que les marins français sont beaucoup plus occupés à se faire la guerre entre eux qu'à la faire aux ennemis de l'État. La partie des finances n'est pas en meilleur prédicament; les anciens abus y renaissent en foule; le contrôleur général actuel[3] ne jouit d'aucun crédit, d'aucune considération, ni, à ce que croit le public, d'aucune capacité. Le comte de Maurepas, plus affaissé que jamais par l'âge et par ses infirmités, n'est ni en état, ni par caractère en volonté de remédier à tant d'inconvénients, et, toutes les branches du gouvernement restant en souffrance, il n'y a que des hasards extraordinairement heureux qui puissent tirer avec utilité et honneur cette monarchie de la situation critique où la tient la guerre présente. Il est assez étonnant que le comte de Vergennes, qui est peut-être un peu plus en état que ses collègues d'apprécier une pareille position, marque si peu d'empresse-

---

[1] Ces lettres manquent.
[2] M. de Ségur.
[3] Jean-François Joly de Fleury, qui succéda à M. Necker et fut contrôleur général des finances de mai 1781 à mars 1783.

ment à saisir les moyens d'en sortir et répugne à l'ouverture la plus prompte du congrès. Ma dépêche d'office qui sera mise sous les yeux de V. M. expose ce que j'ai tâché d'insinuer à cet égard, ainsi que les objections qui m'y ont été faites [1].

La Reine jouit de la plus parfaite santé et du plus grand crédit; il dépendrait de S. M. de le rendre décisif dans les objets majeurs si Elle était disposée à s'en occuper avec suite. Elle se prête aux instances que je Lui ai faites de s'entretenir quelquefois avec le Roi de matières politiques. J'ai particulièrement suggéré trois points essentiels : celui de l'utilité d'ouvrir le congrès de paix le plus tôt possible, celui de parer aux machinations de la cour de Berlin, et finalement d'être attentive à diminuer l'impression de jalousie que causent ici les liaisons de V. M. avec la Russie. Ma dépêche rend compte de ce que la Reine a tenté sur le premier de ces objets [2]; Elle ne néglige pas les deux autres dans les occasions, et Elle marque un vrai zèle et attachement à tout ce qui intéresse et concerne V. M. et l'utilité de son auguste service.

Il y a eu et il existe encore dans l'intérieur de la famille royale des dissensions occasionnées par le caractère sournois et malveillant de Madame [3]; Elle s'est fait prendre en aversion par le Roi ainsi qu'Elle

---

[1] M. de Vergennes ne voulait pas entendre parler de la réunion d'un congrès à ce moment de l'année, car il était convaincu qu'il n'aurait d'autre résultat que de permettre aux Anglais d'en profiter pour relever leur crédit par l'annonce de l'ouverture des négociations en vue de la conclusion de la paix et pour se procurer à meilleur compte les fonds nécessaires à la prochaine campagne. (*Mercy à Kaunitz*, dépêche d'office du 16 octobre 1781.)

[2] Rebuté par le ministre des affaires étrangères, M. de Mercy employa l'influence de la Reine pour faire hâter l'ouverture du congrès. Marie-Antoinette se prêta à tout ce que M. de Mercy lui demanda. Le 9 octobre, Elle lui dit qu'Elle avait mis ses conseils à profit et qu'Elle s'était entretenue avec le Roi des moyens de terminer bientôt la guerre. Elle s'était appliquée à prouver combien il était nécessaire de commencer les négociations, ce qui était d'autant plus facile que la médiation des deux cours impériales était acceptée et le lieu du congrès désigné. Aussi ne voyait-Elle pas quel danger il pouvait y avoir à mettre les plénipotentiaires en état d'entamer une besogne aussi utile. Le Roi s'était borné à répondre qu'il avait des raisons de croire que l'Angleterre n'y prêterait pas les mains, mais que, quant à lui, il n'y trouvait pas le plus petit inconvénient. (*Mercy à Kaunitz*, dépêche d'office du 16 octobre 1781.)

[3] Louise de Savoie, femme de Monsieur Louis-Stanislas-Xavier, comte de Provence, frère du Roi. Voir sur cette princesse la correspondance de Mercy avec Marie Thérèse, publiée par MM. d'Arneth et Geoffroy (t. I, p. XIV, 173, 263, 387, et t. III, p. 457, 466, 487).

l'était déjà par le public de la cour et de la ville. On la croit grosse et l'on se permet à cet égard des propos assez étranges. La Reine, avec sa bonté ordinaire et son éloignement de toute tracasserie, cherche à pacifier les choses et à éloigner les éclats. Elle est plus en peine de la position de M. le comte d'Artois qu'Elle affectionne. Il vient de se manifester que ce jeune prince est endetté de 21 millions à la suite de beaucoup de dépenses sourdes et de beaucoup de friponneries de la part de ses gens d'affaires. Son surintendant des finances, Sainte-Foix, ci-devant secrétaire d'ambassade à Vienne, est traduit et décrété au parlement. Le Roi est sollicité de payer cette dette énorme, mais le temps de guerre s'y oppose, et on ne sait comment remédier à cet embarras.

Je remets ici très humblement la suite de la correspondance prussienne; de la manière dont le baron de Goltz y déduit les circonstances du séjour de V. M. à Versailles, il en résulte une preuve frappante de l'infidélité avec laquelle l'envoyé prussien a induit son maître en erreur sur les faits les plus notoires. Depuis assez longtemps, je n'observe rien dans les démarches du baron de Goltz qui produise ici le moindre effet suspect; la fausseté de ses propos y est connue; le comte de Vergennes semble les apprécier à leur valeur, et, quoique le comte de Maurepas les écoute avec plus de facilité, il ne peut pas se méprendre sur la tournure de l'homme qui les lui débite.

V. M. a daigné m'ordonner ci-devant de mettre sous ses yeux les écrits satiriques qui paraissent de temps en temps à Paris, et je viens de m'en procurer un de ce genre que je joins très humblement ici. Quoiqu'il n'ait rien de fort piquant, il cause un vif chagrin au ministre Amelot et au lieutenant de police qui se donnent les plus grands mouvements pour supprimer le peu d'exemplaires de cette brochure et pour en découvrir les auteurs.

La Reine étant au moment de ses couches, je vais m'établir à Versailles pour y attendre cet événement si intéressant, à la suite duquel je dépêcherai sur-le-champ un garde-noble qui en portera la nouvelle à V. M.

42. — MERCY À KAUNITZ [1].

Versailles, le 23 octobre 1781, au soir. — Monseigneur, la joie tumultueuse qui règne ici et la nécessité de me trouver à chaque instant à la cour ne me permettent que d'avoir l'honneur d'écrire quelques lignes à V. A. Il n'y a pas d'exemple de couches plus heureuses que ne l'ont été celles de la Reine [2]; quoi qu'en dise le bulletin, Elle n'a eu que cinq quarts d'heure de travail, et le Roi était prêt de partir pour la chasse à midi.

La Reine me charge bien expressément de prier de sa part V. A. de vouloir bien faire tenir par un exprès et au nom de la Reine un des bulletins à S. A. R. Madame l'archiduchesse Marie-Anne, et la Reine désirerait aussi qu'un pareil bulletin également en son nom fût envoyé à la reine de Naples; il paraît tenir fort à cœur à la Reine que cette attention personnelle soit marquée de sa part à ses deux augustes sœurs.

Le Roi paraît être dans une joie inexprimable et le public semble la partager sincèrement. Cet événement va donner une grande consistance au crédit de la Reine; puisse-t-Elle se décider sérieusement à en faire un usage utile!

On vient d'apprendre par l'Angleterre qu'il y a eu à l'entrée de la baie de Chesapeake un combat naval, dans lequel les Anglais ont été fort mal traités [3]; ils doivent avoir brûlé un de leurs vaisseaux de 24 nommé *le Terrible;* ils se sont retirés à New-York, tandis que M. de Grasse, resté maître de la baie de Chesapeake, y a débarqué trois à quatre mille hommes, lesquels, prêts à se joindre à MM. de Rochambeau et de Lafayette, peuvent facilement réduire le corps anglais commandé par lord Cornwallis. On fonde ici sur cette conjoncture de grandes espérances; on n'a d'autres nouvelles de Minorque, si ce n'est que le siège en règle du fort Saint-Philippe va commencer.

---

[1] *Versailles, le 23 octobre 1781.* — La Reine étant accouchée le 22, j'ai écrit le 23 à S. M. de Versailles, et la célérité de l'expédition a empêché qu'on gardât copie de cette lettre. J'y rendais compte à S. M. de l'heureux événement, et je répondais à sa lettre du 14 octobre. (Note de Mercy.)

[2] Le 22 octobre, Marie-Antoinette avait mis au monde le premier dauphin, Louis-Joseph-Xavier-François, qui mourut le 4 juin 1789.

[3] C'est le combat naval livré le 5 septembre 1781 par l'amiral de Grasse à l'amiral anglais Hood.

La précipitation avec laquelle le courrier français a été expédié hier ne m'a pas permis de pouvoir écrire par cette voie, et M. de Vergennes n'a jamais voulu consentir que je dépêchasse le présent garde-noble avant ce soir.

43. — JOSEPH II À MERCY.

Vienne, ce 27 octobre 1781. — Mon cher comte de Mercy, je viens de recevoir le garde-noble avec votre lettre. Je vous suis bien obligé des nouvelles qu'elle contient. J'avais déjà entendu parler ici de la grossesse de Madame sans y croire, et la Reine fait très sagement de faire taire les propos qu'on pourrait tenir à cet égard, parce qu'il est bien essentiel de se tenir à cet axiome juridique : *Pater est quem nuptiæ demonstrant,* si l'on veut qu'il reste encore une ombre d'ordre dans les familles et l'apparence des mœurs.

Je vous laisse à juger, mon cher Comte, avec quelle impatience j'attends les nouvelles de l'accouchement heureux de la Reine ; je n'ose point me flatter d'un dauphin tant je sens que cela me fait plaisir et que je crains que la nouvelle contraire me fera de la peine.

La somme des dettes du comte d'Artois est vraiment exorbitante, et j'avoue que je ne pourrais pas conseiller au Roi de se prêter à la payer jusqu'à ce que le besoin et l'inquiétude qui en naissent aient laissé des traces assez profondes dans le cœur et la volonté de son frère, pour qu'on soit sûr qu'il ne retombe plus dans le même dérangement.

Nos nouvelles politiques et la réponse commune avec la Russie que nous allons faire aux puissances belligérantes, vous les recevrez avec celle-ci par le chancelier de cour et d'État. Je sens bien que l'époque n'est point venue et qu'il faut encore l'issue des événements qu'on attend de l'Amérique et de Minorque pour pouvoir espérer l'approchement de la paix. En attendant, nous laissons courir cette réponse pour nous tenir toujours en droit de la médiation.

Voici le peu de nouvelles secrètes pour ce moment que j'ai en mains ; vos soins, votre vigilance me sont connus, et je crois réellement avoir assez fait pour que l'on ne puisse plus douter de ma façon de penser au sujet de l'alliance, pendant que le roi de Prusse a beaucoup trop fait pour qu'on puisse le croire.

J'attends la jeune cour de Russie vers le 14 ou 15 novembre ici, ayant retardé son voyage; je compte aller à sa rencontre jusqu'à Troppau. A son départ de Pétersbourg, il s'y est passé des choses incroyables et qui font bien montre de l'intrigue abominable de cette cour et en même temps de la faiblesse des individus. Hors l'Impératrice, je ne puis en vérité y compter sur rien; mais pour Elle il faut avouer qu'Elle est loyalement et fidèlement amie.

Adieu, mon cher Comte; je vous prie de ne me laisser ignorer rien le tout ce qui peut avoir rapport à la santé de la Reine, car ma tendresse pour Elle est au delà de toute expression.

---

44. — KAUNITZ À MERCY.

Vienne, le 27 octobre 1781. — Le garde Siklosy m'a remis ce matin vos lettres du 16, mon cher Comte, et celui que je charge de la présente vous apporte les instructions qui vous sont nécessaires pour la remise de la réponse des deux cours impériales. Je ne me flatte pas plus que le Roi et M. de Vergennes que la cour de Londres consentira à l'ouverture effective du congrès; mais je ne le regarde pas cependant comme impossible en certains cas. Quoi qu'il arrive néanmoins, il me paraît toujours raisonnable de le Lui proposer, parce qu'il sera toujours à craindre réellement que la paix ne vienne par quelque *lucarne*, comme il est échappé à M. de Vergennes d'en faire l'observation, qu'il a voulu raccommoder par la suite, mais qu'au fond il a bien mal raccommodée, parce que, s'il est vrai que des apparences de paix peuvent donner des facilités pour la formation du budget anglais, je ne vois pas pourquoi elle ne pourrait pas rendre le même service à M. de Fleury. La vérité est que l'on se flatte dans ce moment-ci là où vous êtes; mais on pourrait fort bien se tromper, et je vous avoue que, comme *vestigia terrent*[1], je meurs de peur que cela n'arrive; car ce sont

---

[1] Horace, vers 74 de l'ép. I du liv. Ier. Par cette allusion aux craintes du Renard qui voit bien les pas des animaux allant vers la caverne du Lion, mais ne trouve pas de traces de ceux qui en sortent, le prince de Kaunitz veut sans doute dire qu'il est effrayé de penser que jusqu'ici la fin des campagnes maritimes de la France n'a pas justifié les espérances que leurs débuts avaient fait naître.

d'étranges gens que vos marins français, qui n'ont pas su apprendre encore jusqu'à ce jour des Anglais la guerre stationnaire entre autres, et qui m'ont très fort la mine de ne l'apprendre jamais. Faites tout, je vous prie, dans le concert le plus amical avec M. Chotinsky[1], afin qu'il ait de quoi se louer de vous à sa cour, qui est telle que vous la connaissez, ombrageuse et susceptible à l'excès.

45. — JOSEPH II À MERCY.

Vienne, ce 29 octobre 1781. — Mon cher comte de Mercy, je vous laisse juger, par l'attachement que vous me connaissez pour le Roi, la Reine et la bonne cause, du plaisir que j'ai ressenti en apprenant la nouvelle de la naissance d'un dauphin accompagnée des plus heureuses circonstances de santé de la Reine. C'est vraiment transporté de joie que je vous envoie tout de suite ce courrier et que j'y joins ces deux lettres pour le Roi et la Reine qui ne contiennent que les premiers mouvements de mon cœur et les compliments que je leur fais sur cet événement. Je ne me croyais plus susceptible d'une joie de jeune homme, mais cet événement si désiré et dont je n'osais point me flatter vient réellement me tourner la tête. Vous partagerez bien sincèrement ma joie, car je connais votre façon de penser et votre attachement pour moi et la Reine. Cette sœur, qui est la femme que j'aime le plus au monde, être dans ce moment la plus heureuse, est bien satisfaisant. Je tiendrai demain un grand jour de gala et ferai ouvrir tous les théâtres gratis au public. C'est avec la plus vive impatience que j'attends d'ultérieurs détails et surtout des nouvelles des premiers jours critiques des couches de ma sœur. Prêchez bien qu'Elle se ménage et surtout qu'Elle se garde des odeurs.

Adieu, mon cher Comte; que j'aurais désiré dans ce moment être à Versailles et assurer bien tout le monde que c'est en bien bon allié et presque en Français que je partage le bonheur qui résulte de cet événement pour tout l'État!

[1] Le chargé d'affaires de Russie à Paris.

46. — MERCY À JOSEPH II.

Paris, 11 novembre 1781. — Un garde-noble dépêché à Madrid m'a remis, à son passage par ici le 4 de ce mois, les très gracieux ordres de V. M. en date du 27 octobre avec une lettre adressée à la Reine. Les directions que je recevais en même temps de la chancellerie de cour et d'État m'ayant obligé de faire copier les pièces à communiquer et de me concerter avec le chargé d'affaires de Russie pour la remise desdites pièces, je ne pus me rendre sur-le-champ auprès de la Reine. Le lendemain, ayant reçu par le garde-noble Torkos les ordres postérieurs de V. M. du 29 octobre avec des lettres au Roi et à la Reine [1], je ne tardai pas d'aller à Versailles, mais le Roi se trouvant à Fontainebleau pour y chasser pendant trois jours, le comte de Vergennes ne voulut pas qu'il fût apporté le moindre retard à la remise de la lettre de V. M., et il l'envoya sur l'heure à son souverain par un courrier dépêché à cet effet.

M'étant rendu chez la Reine, je lui présentai les deux lettres à son adresse; Elle lut d'abord celle du 29 octobre, et je vis qu'Elle en était attendrie jusqu'aux larmes. S. M. daigna me dire : *Lisez cette lettre; voyez comme elle est charmante*. Elle ajouta ensuite : *Je suis bien heureuse de voir combien mon frère m'aime tendrement*. La Reine ne se lassait pas d'écouter les détails que je lui exposai de ce qui s'était passé à Vienne et de toutes les marques de joie que V. M. a données à l'occasion d'un événement si heureux et si désiré. Ces mêmes détails ont fait une très grande impression sur les ministres, sur le public de la cour, et tout le monde s'est empressé de me le témoigner.

Pendant les premiers temps des couches, quoiqu'il n'y eût que le service strictement nécessaire qui fût admis dans la chambre de la Reine, Elle a voulu que je passasse tous les jours quelques moments auprès d'Elle. Une de ses premières pensées a d'abord été d'écrire à V. M. quand cela deviendrait possible. Ensuite la Reine se plaisait à parler souvent de la sensation fâcheuse que ferait au roi de Prusse la naissance du Dauphin. Cette matière me donnant lieu à des commentaires intéressants, j'eus soin de les faire valoir, et autant que l'état

---

[1] Ces lettres manquent.

de la Reine pouvait le permettre alors, je Lui exposai les réflexions essentielles qui se présentaient sur le degré de solidité et d'augmentation qu'allait prendre son influence en toute affaire majeure et sur l'usage le plus utile à en faire pour le bonheur et la gloire de la Reine. Il n'y aura réellement rien à désirer sur ce chapitre important si S. M. veut se prévaloir de sa position actuelle qui est sans exemple dans ses avantages, soit par un effet de l'extrême ascendant de la Reine sur l'esprit du Roi, par une suite des qualités morales de ce prince, par la tournure et le caractère des individus qui composent le ministère, enfin par l'opinion générale établie déjà depuis longtemps qu'il ne dépend que de la Reine de gouverner ce royaume. Je vois maintenant S. M. plus sérieusement frappée de ces idées, plus disposée à les méditer, et j'espère que peu à peu elles se développeront avec efficacité. Il peut à cet égard survenir promptement une conjoncture très intéressante, vu l'état où se trouve le comte de Maurepas. Une attaque de goutte qui se portait au cœur, l'a mis à deux doigts de sa fin; depuis l'humeur s'est fixée au bras et a rendu l'accès moins critique; mais le vieillard ne se rétablit point et reste dans un affaissement qui fait présumer aux médecins que, si ses jours sont prolongés encore quelque temps, il serait au moins possible qu'il devînt incapable de continuer son ministère. Il serait essentiel qu'il fût remplacé par un sujet choisi par la Reine et qui par ses qualités fût digne de sa confiance. J'ai fait réminiscence de l'archevêque de Toulouse[1]; la Reine hésite à déterminer un parti, parce qu'Elle ne croit pas le moment encore assez urgent. Au reste si le comte de Maurepas vient à manquer, le service de V. M. ne s'en fera ici que plus facilement. Le comte de Vergennes avec ses inconvénients, ainsi que ses collègues avec les leurs, sont, dans le fond, persuadés de la bonté des principes du système actuel, et, en n'épargnant rien pour les confirmer dans cette juste opinion, j'ai soin de leur remémorer cette grande vérité que la France a pour le moins autant d'intérêt à cultiver l'alliance que V. M. a de dispositions et de désir de la maintenir. Tous les efforts du roi de Prusse contre l'union dont il s'agit sont plus que jamais en pure perte, et il semble en résulter de nouvelles preuves dans les pièces secrètes que je rejoins très humblement ici. On y voit que les petites

[1] Loménie de Brienne, que nous verrons devenir principal ministre en 1787 par la protection de la Reine.

machinations du baron de Goltz portent visiblement à faux, tandis que son maître paraît réduit à ne savoir plus lui suggérer que des expédients ridicules.

Ma dépêche d'office expose l'état de choses relativement à la proposition de l'ouverture du congrès. Quoique j'aie trouvé le comte de Vergennes un peu moins négatif sur cet article, il restera toujours un grand obstacle à vaincre dans l'admission des députés américains au congrès. Les apparences assez fondées de quelques succès dans le continent de l'Amérique paraissent avoir inspiré ici de grandes résolutions, et les apprêts qui en résultent sont considérables, mais il est fort douteux que l'on mette assez d'ordre dans des opérations compliquées et assez de suite et de précision dans leur exécution pour s'en promettre avec raison des effets bien décisifs. On est toujours très mécontent de la coopération de l'Espagne. Le comte de Vergennes est peu d'accord avec le marquis de Castries; le contrôleur général ne gagne aucun crédit dans le public; on ne voit enfin ni plus d'ensemble que par le passé entre ceux qui commandent, ni plus de confiance parmi ceux qui ont à obéir.

Relativement à l'intérieur de la famille royale, tout y est en règle et tranquille. Peu de jours après les couches de la Reine, le Roi lui a fait un présent de cent mille écus en or, dont trente mille livres ont d'abord été destinées à des charités et bonnes œuvres, indépendamment de deux cent mille francs qui seront distribués pour les pauvres dans les paroisses de Paris au nom du Roi et de la Reine; cette dernière somme est fournie séparément par le trésor royal. Le peuple a donné de grandes marques d'affection pour la Reine, et depuis quelque temps S. M. a beaucoup gagné dans la vénération et l'amour du public. Les frères du Roi et les princesses leurs épouses ont eu une bonne contenance à la naissance du Dauphin; depuis cet événement on ne parle plus de la grossesse réelle ou non de Madame; cette circonstance devient indifférente. On présume qu'au bout d'un certain temps Monsieur et Madame songeront à s'établir à Paris. Le Roi inclinerait fort à cette séparation, mais elle ne pourrait guère avoir lieu sans que M. le comte d'Artois ne prît le même parti, et l'affection que lui porte la Reine en retardera sans doute l'époque; rien n'est décidé encore pour le payement des dettes de ce prince.

La Reine est fortement occupée des moyens d'établir un bon plan d'éducation pour le Dauphin. S. M. est convenue avec le Roi qu'il n'y aura point de gouverneur désigné avant cinq ans, c'est-à-dire au moment où il s'agira de lui confier le jeune prince. Cette disposition donnera du temps pour former un bon choix et qui ne soit pas l'effet des intrigues de cour. Ce grand objet sera aussi bien rempli que possible, si la Reine ne se décide que d'après son propre jugement et sans le concours des avis de ceux qu'Elle appelle sa société.

P. S. — Paris, le 11 novembre 1781. — La Reine s'était proposé de mander à V. M. par un *P. S.* l'état momentané du comte de Maurepas; ce ministre était beaucoup mieux hier; on le disait même hors de tout danger. Je ne sais si on le croyait.

On a beaucoup parlé ici et à Versailles de l'entrée prochaine du duc de Nivernais[1] au conseil et de sa désignation à remplacer le vieux principal ministre. On ne peut répondre de rien en pareille occurrence, mais beaucoup de présomptions me portent à croire que le duc de Nivernais n'aura que la gloire des rumeurs publiques. Madame, fille du Roi[2], est indisposée depuis deux jours; hier au soir on craignait la petite vérole; les médecins annonçaient que sous vingt-quatre heures on saurait à quoi s'en tenir.

47. — MERCY À JOSEPH II.

Paris[3], *20 novembre 1781.* — La Reine m'a fait venir ici pour

---

[1] Louis Mancini-Mazarini, duc de Nivernais, né à Paris le 16 décembre 1716, avait été admis à l'Académie française à l'âge de vingt-sept ans; il se piquait de littérature et affichait une vive admiration pour Frédéric II de Prusse qui, par contre, lui avait fait le meilleur accueil lorsque le duc avait été envoyé en mission à Berlin en 1755. Le duc de Nivernais n'entra au conseil qu'en 1787; il avait épousé la sœur du comte de Maurepas.

[2] On distinguait *Madame*, fille du Roi, *Madame Royale*, comme on disait parfois de *Madame*, femme de Monsieur, frère du Roi, dont il a été parlé plus haut, p. 66. Il s'agit ici de la fille aînée de Louis XVI et de Marie-Antoinette, Marie-Thérèse-Charlotte, née à Versailles le 19 novembre 1778 et mariée en 1799 à son cousin germain le duc d'Angoulême, fils aîné du comte d'Artois. Elle mourut le 19 octobre 1851.

[3] Au lieu de *Paris*, que M. de Mercy a sans doute écrit par habitude, il faut lire *Versailles*, comme le prouve le commencement de la première phrase. D'ailleurs, dans sa dépêche d'office du même jour, le

m'enjoindre de dépêcher le présent garde-noble, et S. M. est si pressée de son départ que j'ai à peine le temps d'écrire une dépêche d'office de quelques lignes qui sera suppléée par les deux relations détaillées insérées dans la lettre de la Reine à V. M.[1]

Dans un petit moment de conversation que j'ai eu avec le comte de Vergennes, je lui ai fait observer que le moment présent paraissait très favorable à mettre le congrès en activité. Le ministre n'a pas été de cet avis et croit que d'autres succès sont nécessaires à l'acheminement de la paix. Il paraît certain que l'on se propose d'attaquer la Jamaïque, et l'on se promet beaucoup de l'expédition projetée aux Indes sous la conduite du marquis de Bussy.

La Reine a pensé d'elle-même aux apparences favorables que ce moment-ci présente pour la paix, et S. M. se propose dans l'occasion de développer au Roi ses idées sur cette matière.

Le comte de Maurepas est dans un état désespéré[2], et on présume qu'il ne passera pas la semaine.

Le garde-noble est chargé des plans du Petit Trianon[3] que la Reine envoie à V. M. Cette auguste princesse se porte à merveille, ainsi que Monsieur le Dauphin. Madame, fille du Roi, se rétablit de sa dernière indisposition.

---

48. — JOSEPH II À MERCY.

Vienne, 30 novembre 1781. — Mon cher comte Mercy, j'ai reçu votre lettre et celle de la Reine par le courrier. Les bonnes nouvelles

---

comte de Mercy dit que la Reine éprouvait un tel désir de faire connaître sans délai à l'Empereur les bonnes nouvelles arrivées d'Amérique qu'Elle le fit appeler tout de suite à Versailles et le chargea de mander ces nouvelles à Vienne sans perdre de temps. La nouvelle avait été apportée d'Amérique par le duc de Lauzun qui était arrivé en France après vingt-deux jours de navigation et à Versailles le 19 novembre.

[1] Cette lettre et ces relations manquent. Elles se rapportaient sans doute à la capitulation de Yorktown et de Glocester. Le lord Cornwalis, étroitement bloqué dans ces deux places sur les bords de la rivière d'York depuis le combat naval du 5 septembre, mentionné plus haut, avait dû signer, le 19 octobre, une capitulation qui livrait à MM. de Rochambeau et de la Fayette ces deux places importantes : 214 canons, une flotille considérable et 6,000 hommes de troupes. Ce brillant fait d'armes eut une grande influence sur l'issue de cette longue guerre.

[2] Il mourut le lendemain, 21 novembre 1781.

[3] Ces plans ne se trouvent pas aux archives de Vienne.

qu'elles contiennent m'enchantent, et je ne doute point que l'on cherchera de profiter, comme il convient, de si heureux événements, car sans cela les fruits en seraient perdus. Si l'on pouvait balayer Clinton à New-York de même, tout serait dit pour l'objet principal, savoir l'indépendance de l'Amérique, et cet objet serait bien plus essentiel que toute attaque sur la Jamaïque. La Reine s'explique, on ne peut pas mieux, sur cet heureux événement, et parle en même temps du désir de la paix. Pour moi je suis trop juste pour vouloir presser dans ce moment-ci mon allié à l'ouverture d'un congrès, lorsque de plus grands succès l'attendent encore. Ainsi vous verrez par les dépêches du prince de Kaunitz que je ne presse pas du tout une chose que je sens qu'elle ne pourrait point tourner à compte à la France de faire.

La nouvelle de la mort du comte de Maurepas que je compte de recevoir sous peu est une importante époque politique et encore plus personnellement pour la Reine. Le plus désirable sans doute serait que le Roi pût se dispenser de faire un premier ministre, et surtout M. de Nivernais, que M. de Goltz désire si cordialement, ne paraîtrait pas l'homme dans lequel on pourrait avoir confiance, malgré toute la légèreté de son esprit, et même Mme d'Écossais [1], sa fille que j'estime infiniment.

Je suis bien charmé que la fille de la Reine se porte mieux; c'est un joli enfant dont la santé et la conservation m'intéressent beaucoup.

---

49. — KAUNITZ À MERCY.

Vienne, le 30 novembre 1781. — Nous avons reçu avant-hier, mon cher Comte, avec le plaisir sincère de bons et fidèles alliés la très grande et très importante nouvelle que vous nous avez donnée. J'imagine qu'on se portera de préférence sur New-York par envie de nettoyer l'Amérique. Ce ne sera pas chose aisée de faire subir à M. de Clinton le sort de M. Cornwallis. En tout cas, l'événement peut seul

---

[1] Lisez Mme de Cossé; sur cette duchesse, dame d'atours de Marie-Antoinette de 1771 à 1775, voyez la publication de MM. d'Arneth et Geffroy (t. I, p. 222, et t. II, p. 343 et 354).

prouver si on a pris le meilleur des partis, et tout ce que je souhaite dans la position actuelle des choses, c'est que les flottes françaises ne se commettent pas vis-à-vis des anglaises. La France est du côté de l'avantage à présent; il ne faut pas, ce me semble, s'exposer à le perdre. D'ailleurs quelque raisonnable qu'il fût peut-être de saisir ce moment pour rassembler les plénipotentaires dans le lieu du congrès, comme il ne paraît pas par les propos de M. de Vergennes que ce soit son avis, il conviendra de ne plus lui en reparler, à moins qu'il n'en fournisse lui-même l'occasion, et alors seulement il pourrait être bon de lui faire comprendre que, quand même moyennant ce qui vient d'arriver, les Anglais se persuaderaient enfin que ce serait une chimère de se flatter encore de reconquérir l'Amérique, il ne s'ensuivrait pas qu'ils se détermineront à faire la paix, et encore moins à la faire au prix du sacrifice de l'indépendance des colonies, parce qu'ils pourraient fort bien se déterminer à continuer la guerre vis-à-vis de la maison de Bourbon, en laissant en suspens celle des colonies, et que comme il sera toujours vrai que dans cette guerre-ci *chi la durera, la vincera*, si l'Angleterre est certaine, ou croit l'être, de pouvoir la continuer plus longtemps que la France et l'Espagne, elle la continuera, et que moyennant ces considérations il reste toujours vrai qu'on ferait bien de ne pas trop se flatter et de commencer toujours à bon compte de mettre le congrès en activité, pour pouvoir en profiter en cas de besoin, et cela d'autant plus que l'on ne risque rien, attendu qu'on est toujours le maître d'en ralentir la marche, supposé qu'on le jugeât plus convenable. Dites aussi à vos messieurs que nous n'avons point de réponse encore de l'Angleterre.

50. — MERCY À JOSEPH II.

Paris, le .. décembre 1781[1]. — Les très gracieux ordres de V. M. I. datés du 30 novembre m'ont été remis le 10 de ce mois par le garde-noble qui en était porteur, et je me suis rendu sur-le-champ à Ver-

---

[1] Le comte de Mercy a oublié de mettre sur la minute de cette lettre la date du jour; elle était sans doute la même que celle de la dépêche d'office, datée du 16 décembre.

sailles pour y présenter à la Reine la lettre qui lui était adressée. Elle marqua beaucoup de satisfaction sur l'opinion de V. M. qu'il serait désirable que le comte de Maurepas ne fût point remplacé. La Reine a toujours incliné à cet avis; le Roi paraît l'avoir fermement adopté, mais il reste bien des doutes sur la possibilité de maintenir longtemps une pareille résolution. La médiocrité des ministres actuels, le peu d'union qui règne entre eux, les dispositions morales du Roi qui lui rendent toute décision infiniment pénible sont autant de puissants motifs qui semblent nécessiter une influence prépondérante et active, beaucoup moins pour ce qui concerne les affaires du dehors que pour ce qui tient à l'administration intérieure toujours agitée par des anciens vices, par des intrigues de cour et plus encore par l'esprit remuant des parlements. Dans l'incertitude de ce qu'un pareil état de choses peut produire, l'époque étant fort importante au politique et personnellement pour la Reine, on Lui a très humblement représenté quelques mesures indispensables à observer et qui s'adaptent utilement à tous les cas possibles. La première de ces mesures est de surveiller avec grande attention la tête du Roi, d'en écarter soigneusement toutes les insinuations des alentours, de ne point paraître vouloir Le presser ni Le gouverner sur rien; mais au premier indice d'une disposition à prendre un principal ministre ou plusieurs nouveaux ministres dans le conseil, d'agir alors de manière à ce que les choix à faire soient dictés par la Reine, S. M. étant parfaitement en position de suivre et de remplir avec succès un plan si essentiel à sa gloire et à sa convenance; on se flatte également d'être parvenu à persuader de ne point écouter ni consulter la société favorite sur aucun choix de ministre. La Reine a très bien senti l'importance de cette exclusion et elle est due particulièrement au zèle éclairé de l'abbé de Vermond. Il resterait à désirer que la Reine voulût dès à présent se mettre en état de connaître et d'indiquer des sujets pour le cas où son auguste époux se déciderait à un choix quelconque. Il semble que la Reine n'a encore fixé d'idée sur personne, et ses serviteurs les plus affidés commettraient une imprudence dangereuse s'ils s'écartaient vis-à-vis d'Elle de la maxime qu'ils ont osé Lui proposer d'observer vis-à-vis du Roi, c'est-à-dire s'ils se rendaient trop pressants à sonder ses intentions ou à vouloir les diriger. La vraie confiance et la tendre amitié de la Reine pour V. M. Lui donnent à Elle seule le droit d'articuler d'une manière précise quand Elle le jugera à propos. La Reine se rappelle que V. M. Lui a parlé avec éloge de l'archevêque de Toulouse, et ce suffrage pourrait produire son effet dans l'occasion. Il est plus que probable qu'aucun des ministres actuels n'acquerra une prépondérance de crédit. Il est également certain que parmi les externes, ceux qui pourraient être soupçonnés de sentiments contraires au système présent seront écartés par la Reine, et c'est le point sur lequel Elle est le plus décidée, ce qui donne une exclusion absolue au duc de Nivernais. J'ajoute dans ma dépêche d'office une remarque sur le danger des influences subalternes[1], et je ne dois point répéter dans ce très humble rapport ce qui d'ailleurs sera mis sous les yeux de V. M. Jusqu'à ce que d'ici à deux ou trois mois les choses s'éclaircissent, je porterai toute mon attention à tirer des circonstances le parti qui me paraîtra le plus convenable au bien de l'auguste service et à la gloire ainsi qu'aux avantages personnels de la Reine.

Je n'ai rien omis dans ma dépêche d'office de ce qui est parvenu à ma connaissance sur les différents objets du moment et relatifs à la guerre présente et conformément aux ordres de V. M. j'ai suspendu toute représentation pressante sur l'ouverture du congrès, en me bornant à insinuer au comte de Vergennes une réflexion qui pourrait

---

[1] Dans cette dépêche, M. de Mercy disait qu'à la fin de la longue conférence qu'il avait eue le 11 décembre avec la Reine sur les diverses combinaisons auxquelles pouvait donner lieu la mort de M. de Maurepas, il avait surtout appelé l'attention de Marie-Antoinette sur la nécessité de veiller à ce qu'aucun subalterne n'acquière quelque crédit près du Roi. Ce monarque, disait M. de Mercy, avait un valet de chambre, nommé Thierry, qui était un homme d'esprit et d'intrigue et qui possédait toute la confiance de son maître. On avait assuré M. de Mercy que, dans les premiers jours de son règne le Roi avait demandé conseil à ce valet de chambre, s'était servi de lui pour rédiger ses lettres et lui avait donné bien d'autres preuves de confiance. Le 28 juin 1774 M. de Mercy lui-même écrivait au prince de Kaunitz que ce n'était plus un secret que M. de Vergennes ne devait sa nomination au département des Affaires étrangères ni à Madame Adélaïde, ni au chancelier Maupeou, comme on l'avait d'abord dit; mais qu'on savait de source certaine que ce choix était l'œuvre du valet de chambre, Thierry, parent du nouveau ministre. Soit qu'il eût oublié ce fait, soit qu'il eût reconnu depuis qu'il n'était pas vrai, M. de Mercy en décembre 1781 dit à la Reine que la confiance témoignée par le Roi à son valet de chambre à cette époque n'avait eu d'autres conséquences que l'octroi de faveurs pécuniaires considérables à ce domestique; mais que néanmoins il était important de ne pas laisser cet homme aller plus loin. Et à en croire M. de Mercy, la Reine, qui avait en mains tous les moyens nécessaires pour cela, était bien résolue à s'en servir à l'occasion. (*Mercy à Kaunitz*, dépêches d'office du 28 juin 1774 et du 16 décembre 1781.)

rendre cette ouverture du congrès très utile dans des conjonctures supposées possibles.

51. — JOSEPH II À MERCY.

15 janvier 1782. — Mon cher comte de Mercy, j'ai tardé à envoyer le courrier du mois, étant si occupé les derniers jours du départ de mes hôtes [1] que je n'avais pas un moment à moi. Je vous suis fort obligé de la lettre que vous m'avez écrite. J'avoue que l'idée de placer plusieurs personnes sans département au conseil du Roi me paraît peu analogue et peu faite pour l'esprit et les têtes de ce pays-là. Il y en aurait tout de suite des partis et l'indécision du Roi n'en deviendrait que plus forte, puisque chacun des partis soutiendrait sa cause avec les arguments les plus plausibles. Je suis charmé que l'archevêque de Toulouse ne soit point devenu celui de Paris, ç'aurait été enfouir ses connaissances et son esprit et le mettre dans une carrière tout à fait spirituelle [2].

---

[1] Le grand-duc héritier de Russie et la grande-duchesse, sa femme.

[2] A la mort du célèbre archevêque Christophle de Beaumont, qui occupa le siège de Paris pendant plus de trente-cinq ans, de septembre 1746 au 12 décembre 1781, il fut question de deux prélats seulement pour lui succéder dans cette Église, que l'on considérait comme la première du royaume; l'un était le fameux Loménie de Brienne, archevêque de Toulouse depuis 1763, et l'autre Antoine le Clerc de Juigné, qui avait été sacré évêque de Châlons-sur-Marne le 29 avril 1764. La Reine favorisait M. de Brienne, d'abord parce qu'il avait la réputation d'un homme de grand talent, ensuite parce que l'empereur Joseph II, qui l'avait connu lors de son voyage en Languedoc en 1777, lui en avait dit beaucoup de bien; enfin et surtout parce que l'abbé de Vermond, qui était depuis sa jeunesse l'ami intime de ce prélat, auquel il devait sa fortune, en avait fait avec son habileté accoutumée le plus grand éloge. Déjà l'année précédente, Marie-Antoinette, à la prière de l'abbé de Vermond, avait demandé pour M. de Brienne l'ordre du Saint-Esprit dont elle avait obtenu la promesse; mais il ne le reçut que le 2 février 1782. Suivant toute apparence, l'archevêque de Toulouse aurait été nommé à l'archevêché de Paris, sans une cabale qui fut montée contre lui. On publia un libelle, où ses opinions religieuses et ses mœurs ecclésiastiques étaient présentées sous les couleurs les plus fâcheuses; tous les courtisans, qui avaient occasion de s'entretenir avec le Roi de ces affaires, s'efforcèrent d'éveiller dans son âme profondément religieuse des doutes sur la solidité des principes et des croyances catholiques de M. de Brienne. La Reine qui eut connaissance de ces intrigues, ne fit rien pour s'y opposer; si bien que Louis XVI donna l'ordre au prélat chargé de la feuille des bénéfices d'expédier un courrier à l'évêque

Je crois que pour le coup la France aura le dessus dans toutes les expéditions et qu'elle a gagné entièrement de vitesse à l'Angleterre dans ses dispositions pour la campagne prochaine, et si un malheur particulier n'arrive, elle devrait être la dernière et décisive, car, selon toute apparence si l'on s'y prend un peu convenablement, Clinton doit être chassé de tout le continent de l'Amérique et la Jamaïque ou quelques autres possessions importantes prises avec le fort de Saint-Philippe et Mahon, si seulement on veut se borner à bloquer simplement ce dernier.

Je vous joins ici ma lettre à la Reine et en même temps je vous envoie des points circulaires au sujet du voyage de LL. AA. II. de Russie que j'ai envoyés à tous mes frères et sœurs, afin qu'ils voient à peu près comment ils pourraient être agréables à LL. AA. II. et les traiter[1]. Vous les remettrez à la Reine en la priant néanmoins de ne regarder cela que comme des idées, sachant fort bien qu'en France on avait d'autres usages et qu'on y savait mieux arranger les choses que je ne pourrais le dire.

Le Grand-Duc s'est décidé, s'il ne change point d'idée, de passer de Turin par le mont Cenis en Savoie, aller voir Genève, Lausanne et Berne, et à retourner sur Lyon et puis de se rendre dans les provinces méridionales, voir presque tous les ports, et enfin de Brest venir à Paris, pour après cela s'en retourner par la Flandre et la Hollande, pour à son retour passer par Spa et de là à Montbéliard, d'où il viendrait en droiture en Bohême à mes camps et enfin prendrait son chemin par Vienne pour s'en retourner en Russie sans passer par Berlin.

---

de Châlons pour lui annoncer son élévation à l'archevêché de Paris. D'après M. de Mercy, la raison de l'opposition faite par les courtisans à M. de Brienne serait la crainte que ce prélat, s'il eût été nommé archevêque de Paris, ne fût parvenu à faire apprécier par le Roi son habileté et ses grands talents dans les fréquents rapports que sa nouvelle situation lui aurait procurés avec le monarque. Le fait que depuis longtemps aucun archevêque de Paris n'était parvenu au ministère, n'avait pu triompher de ces craintes, qui faisaient le plus bel éloge de ce prélat, car elles montraient que les courtisans redoutaient ses capacités et son caractère. Néanmoins, M. de Mercy croyait que, tôt ou tard, cet archevêque aurait une grande influence dans les affaires d'État et jouerait un rôle prépondérant dans le ministère français. (*Mercy à Kaunitz*, dépêche d'office du 4 février 1782.)

[1] Voir la circulaire adressée sur ce sujet par l'Empereur à son frère Léopold dans leur correspondance publiée par M. d'Arneth. (*Op. cit.*, t. I, p. 332-339.)

Je vous joins ici la correspondance secrète que vous savez; il est incroyable quels mensonges le roi de Prusse forge et de la façon qu'il traite ses ministres quand ils ne lui écrivent pas ce qu'il veut entendre. Le projet de guerre contre la Porte et du partage de ses provinces avec la Russie est absolument faux, et c'est seulement pour donner à la France de l'humeur sur les choses qu'il peut imaginer ne lui point convenir qu'il les lui déclare tout de suite comme vraies et au point de se faire.

52. — MERCY À JOSEPH II.

Paris, 4 février 1782. — J'ai reçu le 26 du mois dernier les très gracieux ordres de V. M. I. du 15 janvier, et j'ai dépêché sur-le-champ un exprès pour porter à la Reine la lettre qui lui était adressée, une indisposition m'ayant empêché ce jour-là d'aller la présenter moi-même à Versailles. Le surlendemain je fus en état de m'y rendre; j'y fis usage des notes rédigées par V. M. au sujet du voyage du grand-duc et de la grande-duchesse de Russie, et, après une lecture de cet écrit, je suppliai la Reine de me le laisser pour le remettre sous ses yeux en temps et lieu et à mesure qu'il s'agira d'en remplir les différents articles. A la manière dont la Reine en a d'abord saisi le sens et l'objet, je suis bien sûr qu'Elle se conformera parfaitement aux intentions de V. M., et que, comme Elle a daigné me le dire Elle-même, Elle y trouvera le double plaisir de faire chose qui soit agréable à V. M. et qui soit propre en même temps à remuer la jalousie du roi de Prusse.

Il n'y a encore ici aucune apparence de nouvelle forme à donner au ministère. Ceux qui le composent se trouvent dans la même position que l'indique mon très humble et dernier rapport; cependant les personnes les plus clairvoyantes présument que cette indépendance respective dans les départements, jointe au peu d'accord qui règne entre eux, nécessitera le choix d'un personnage principal pour les contenir et former un point de réunion qui n'existe pas. La Reine commence à le prévoir; il serait à souhaiter que S. M. prît en conséquence les mesures nécessaires; mais mon zèle pour le meilleur service de V. M. et pour la gloire de la Reine ne me permet pas de dissimuler que cette auguste princesse ne met ni assez de soins ni assez d'importance à s'assurer l'influence majeure et solide qu'il dépendra d'Elle de se procurer quand Elle en aura la volonté ferme et suivie. Son grand crédit n'est employé qu'à faire dispenser des grâces, et Elle laisse d'ailleurs le Roi dans une sorte de persuasion que la Reine s'ennuie des affaires d'État, qu'Elle ne veut point les connaître ni se mettre à même d'en alléger le poids à son époux. Le goût des amusements déjoue les idées et la suite que la Reine devrait employer aux choses sérieuses; Elle n'en est pas persuadée, parce que dans certains moments d'affaires Elle y met de la vivacité, quelquefois même de la force. On lui représente très humblement non comme un tort réel, mais comme une crainte que l'on a, que les grandes affaires ont besoin d'être préparées, sans quoi l'activité qui ne se déploie qu'au moment de la crise ne sert souvent qu'à compromettre. On ajoute qu'indépendamment du coup d'œil et de l'attention constante sur les affaires il faudrait un peu d'habileté et de prudence dans la conduite, pour que le Roi ne crût pas la Reine uniquement livrée à l'amusement et ne cherchât pas à deviner dans chaque occasion qui peuvent être ceux qui ont suggéré telle ou telle idée à son auguste épouse.

Cet état des choses rendrait bien utile un principal ministre, éclairé, honnête et entièrement dévoué à la Reine. Son attention a été réveillée par l'article de la lettre où V. M. lui parle de l'archevêque de Toulouse, et si dans des circonstances données ce prélat est mis en place, il est presque démontré que ce serait de tous les choix possibles celui qui réunirait le plus de convenances pour la Reine. L'idée générale est uniforme et constante sur les talents de l'archevêque, mais cette idée est cause de l'opposition d'un grand nombre de personnes, et particulièrement de celles qui forment la société de la Reine, parce qu'elles sentent que le prélat en question ne serait pas assez complaisant et qu'il n'aurait besoin que de ses talents pour se soutenir ainsi que pour écarter les ministres médiocres qui tenteraient de lutter contre lui.

Je dois convenir cependant que la société favorite est un peu plus contenue que par le passé dans ses projets d'influer sur les objets majeurs. La Reine tient assez au parti de ne pas permettre que ses alentours lui parlent de matières semblables; il y a quelquefois de petites exceptions envers la duchesse de Polignac; les vrais serviteurs de la

Reine tâchent, autant que possible, d'en éloigner les occasions et d'en diminuer les conséquences toujours nuisibles.

Je ne cesse de réitérer les représentations les plus instantes de veiller à ce qu'il ne s'établisse pas auprès du Roi des crédits obscurs et subalternes. J'ai démontré à la Reine qu'il en existait des traces, et Elle en a été si convaincue qu'Elle en a parlé à son auguste époux de manière à prévenir les progrès de ce grand inconvénient auquel le monarque ne se livrera pas aussi longtemps qu'Il aura lieu de croire que ces crédits ne sont point ignorés.

Depuis un certain temps, le Roi montre quelque envie d'être le maître; il marque un peu de jalousie de son autorité et beaucoup de crainte qu'on ne le croie gouverné. Cette situation d'esprit serait assez délicate à manier, mais d'après ce que V. M. a été à portée de voir Elle-même, il est indubitable qu'avec quelque ménagement la Reine fera de son époux tout ce qu'Elle voudra, et que les qualités qui établissent son ascendant doivent l'emporter sur tous les petits obstacles qui seraient à surmonter.

Je dois m'en remettre très humblement au contenu de mes dépêches d'office sur les objets de la guerre présente, sur les moyens que l'on a ici de la continuer, et sur les probabilités de son issue. Les choses à cet égard ont changé de face depuis l'accident[1] qui a forcé l'escadre française de rentrer à Brest, et toutes les apparences favorables redeviennent tellement problématiques que s'il y avait plus d'ensemble dans le conseil de Versailles, il est probable qu'il se porterait plus décidément à adopter les vues de V. M. sur un acheminement à la paix, en se mettant en position de la conclure promptement au besoin.

En remettant ici très humblement les pièces de la correspondance prussienne, je ne dois pas omettre que la Reine est résolue à faire bon usage vis-à-vis du Roi de ce que V. M. lui mande sur les assertions tracassières du roi de Prusse. Ma dépêche d'office expose ce que m'en a dit de son propre mouvement le comte de Vergennes et le juge-

---

[1] Une tempête épouvantable, comme on en avait rarement vu sur les côtes françaises de l'Océan, avait ruiné la flotte qui venait de sortir de Brest; la plupart des vaisseaux furent tellement abîmés qu'il fallut rentrer au port pour les réparer, ce qui fit perdre toute l'avance qu'on avait sur les Anglais et força de renoncer à des projets importants, dont on espérait tirer de grands avantages.

ment qu'il en porte[1]. J'ai lieu de croire que ce ministre m'a parlé de bonne foi; d'ailleurs je veillerai de si près sur les démarches du baron de Goltz, qu'il ne me dérobera pas le fil de ses petites intrigues trop démasquées pour qu'elles puissent avoir le moindre effet de quelque conséquence.

53. — KAUNITZ À MERCY.

Vienne, le 18 février 1782. — Rien de mieux, de plus sensé et de plus raisonnable, mon cher Comte, que tout ce que vous me mandez d'office, ainsi que familièrement par votre dernier courrier[2]. Il n'est pas vraisemblable d'ailleurs, que les puissances belligérantes puissent se déterminer à des résolutions pacifiques que par les événements de la campagne prochaine. Toute instance ultérieure pour mettre le congrès en activité serait par conséquent superflue et compromettrait la dignité des deux cours impériales. En continuant donc à témoigner que leur bonne volonté n'est pas refroidie, il convient de faire sentir en même temps que s'ils croient pouvoir attendre, elles le peuvent de leur côté bien davantage assurément.

Pour ce qui est de la Reine, il serait sans doute bien désirable que vos sages avis pussent la rendre aussi réfléchie que de besoin, et

---

[1] Le 30 janvier, dans sa conférence avec M. de Vergennes, M. de Mercy mit à dessein la conversation sur le séjour des Altesses russes à Vienne, pour tâcher de savoir quelle sensation cet événement avait causée à Versailles et quelles conséquences le roi de Prusse en avait tirées. De lui-même M. de Vergennes dit à M. de Mercy «que la liaison de l'Empereur avec la Russie avait donné les plus vives inquiétudes au roi de Prusse, comme on en pouvait juger par les inventions qu'il faisait répandre partout sans réfléchir au mauvais effet que leur invraisemblance devait produire. Entre autres choses, le baron de Goltz était venu lui annoncer d'un air affairé que l'Empereur et la Russie avaient conclu un traité par lequel ils convenaient d'attaquer la Porte et de partager ses possessions, et que cette guerre allait certainement éclater en raison des outrages dont venait d'être victime l'internonce impérial à Constantinople qui, pour sauver sa vie, avait dû se réfugier à l'ambassade de France. M. de Vergennes aurait fait remarquer au baron de Goltz que tout cela était bien invraisemblable, car les dernières nouvelles arrivées de Constantinople n'en disaient rien. En racontant cette conversation à M. de Mercy, M. de Vergennes dit : «Au fond, le roi de Prusse est très excusable. Il n'avait qu'une maîtresse, l'Empereur la lui enlève; il est en règle qu'il soit fâché.» (*Mercy à Kaunitz*, 4 février 1782.)

[2] Cette lettre familière manque.

qu'Elle voulût les suivre de tous points. Mais outre que c'est une tête bien jeune, il faut convenir que sa conduite à tenir vis-à-vis du Roi n'est pas aisée, attendu que rien n'est plus difficile à gouverner que les sots, toujours plus soupçonneux et plus déraisonnables que le reste des hommes. Je pense d'ailleurs avec vous, d'après mes notions, que dans ce moment-ci réellement le choix raisonnable d'un principal ministre ne pourrait guère tomber que sur M. l'archevêque de Toulouse, et, vu cette disette, il est très malin assurément, que l'on ait trouvé le moyen de le rendre suspect au Roi, dévot en matière de doctrine et de mœurs.

De temps à autre présentez mes hommages à la Reine, pour m'entretenir dans son souvenir, et afin que j'en puisse profiter au besoin dans quelque occasion décisive que vous pourriez m'indiquer.

54. — JOSEPH II À MERCY.

Vienne, le 18 février 1782. — Mon cher comte Mercy, j'ai reçu par le courrier votre lettre et vous suis très obligé de son contenu. Plusieurs faits et petites anecdotes qu'on a appris ici, ne m'ont que trop fait craindre que la Reine n'avait pas profité des circonstances, et que son esprit trop léger, trop frivole et entouré avec cela des personnes trop intéressées à l'y conserver, n'avait pas pris l'assiette et la suite que la solidité de son bonheur et sa considération personnelle exigeraient.

Cette malheureuse crainte de s'ennuyer et le besoin de dissipation sont un mal très réel, et d'autant moins susceptible de remède, que l'habitude de ne s'occuper de rien de sérieux a paré cette prise, que c'est le ton du pays, la mode et l'intérêt de tous les alentours.

Les mensonges prussiens ne cessent point, et actuellement il veut faire accroire que c'est le renversement de l'Empire ottoman que j'ai en vue avec la Russie, pendant qu'il n'en existe pas la moindre idée et qu'il me conviendrait infiniment davantage de m'entendre avec l'impératrice de Russie afin d'abaisser auparavant la puissance prussienne, avant que de penser à des projets aussi chimériques; mais pour lui il trouve son compte à débiter de pareilles choses tant en France qu'à Constantinople et même autre part, puisque quand on voit par le fait que ses annonces n'ont pas lieu, il se donne alors les violons que c'est lui seul qui les a su empêcher. Il espère outre cela de pouvoir engager l'une ou l'autre puissance à quelque fausse démarche qui, ou refroidirait les liaisons de la France avec moi, ou qu'il pourrait engager la Porte même à quelque mauvais procédé qui lui attirerait ensuite la guerre qu'il désire au fond plus que tout autre, puisqu'il est sûr qu'étant encore en force comme il l'est, il en tirerait seul le bon lot, et qu'il faudrait que la Russie et moi achetassent, pour ainsi dire, sa connivence et sa permission pour faire la guerre à la Porte tranquillement, de quelque morceau de pays qui lui conviendrait, savoir ou du Mecklembourg ou de la Lusace, ou enfin d'un autre morceau de la Pologne avec Dantzig. Voilà les vraies raisons de ses intrigues, et vous pourrez hardiment faire usage de ce raisonnement qui est sûr et vrai.

J'attends les nouvelles d'Amérique avec impatience; cette campagne devrait être bien décisive et Mahon doit tomber dans peu.

---

55. — MERCY À JOSEPH II.

Paris, le 10 mars 1782. — Les très gracieux ordres de V. M. I. en date du 18 de février m'ont été remis le 1er de ce mois par le garde-noble mensuel, et j'ai été sur-le-champ présenter à la Reine la lettre qui lui était adressée. Cette auguste princesse avait été fort inquiétée par des bruits répandus sur le dérangement de la santé de V. M.; mais une lettre apportée par le prince de Ligne[1] tranquillisa la Reine, et Elle me fit venir à Versailles pour me communiquer des nouvelles aussi satisfaisantes. Je ne dois rien omettre de ces particularités, parce qu'elles prouvent le vrai et tendre attachement de la Reine pour V. M.

Dans les derniers jours du carnaval, les dissipations que ce temps

---

[1] Charles-Joseph, prince de Ligne, né le 12 mai 1735, mort le 13 décembre 1814. Marie-Antoinette admettait dans son intimité ce prince, sujet autrichien, qui n'était pas seulement un courtisan aimable, mais un homme d'esprit vif et brillant, et un littérateur agréable. Dans ses nombreux écrits, le prince de Ligne a toujours fait preuve du plus grand dévouement et du plus profond respect pour la Reine qui l'honora de son amitié.

occasionne n'ont point empêché la Reine de penser de son propre mouvement à une circonstance au sujet de laquelle elle daigna m'écrire le billet[1] très humblement ci-joint et qui paraît mériter d'être mis sous les yeux de V. M. La substance de ma réponse à ce billet se trouve consignée dans ma dépêche d'office[2]; j'espère qu'au moyen des précautions prises vis-à-vis du nouveau ministre de France à Berlin il s'y comportera avec plus de circonspection et de sagesse que n'en ont communément ses collègues dans les différentes cours d'Allemagne.

Depuis mon très humble rapport du 4 février, il n'est rien survenu de remarquable dans la position de la Reine; ses moyens d'influence et de crédit sont toujours les mêmes. S. M. paraît quelquefois décidée à en faire un usage utile et solide; ses alentours sont assez exactement tenus à l'écart de toute affaire sérieuse, ils tardent de s'en dédommager sur les objets d'intérêt; mais dans quelques occasions récentes j'ai vu la Reine un peu fatiguée de leur avidité. Elle a daigné m'en parler plusieurs fois et je n'ai pas manqué de saisir ces bons moments pour exciter l'attention de la Reine sur les conséquences de l'abus manifeste que l'on fait de ses bontés.

J'ai rendu un compte bien exact et détaillé à la Reine des observations essentielles que V. M. daigne me faire dans sa très gracieuse lettre sur les manœuvres du roi de Prusse et sur le but où elles tendent. J'ai eu occasion de déduire cette même matière au comte de Vergennes

---

[1] Ce billet et la réponse qu'y fit le comte de Mercy se trouvent aux pages 148 et 149 du tome I du Recueil de M. Feuillet de Conches, mais sous cette date fausse : premiers mois de 1783.

[2] Dans cette dépêche, M. de Mercy disait : Au milieu des fêtes du carnaval, la Reine apprit que le ministre de France à Berlin allait être changé. Tout de suite Elle envoya un courrier à M. de Mercy pour lui annoncer qu'on avait l'intention d'envoyer le comte d'Esterno à Berlin pour remplacer le comte de Pons, et lui demander de Lui donner confidentiellement son avis sur ce sujet ou sur tout autre qui pourrait être agréable à la Cour de Vienne. M. de Mercy répondit que personnellement il ne connaissait pas M. d'Esterno, qui avait la réputation d'un homme tranquille, mais qu'il n'avait pas l'expérience des affaires et devrait donner à Berlin les premières preuves de ses capacités. Quant aux ministres de France dans les autres cours d'Allemagne, leur façon de penser sur l'alliance était plus ou moins douteuse, et aucun d'eux ne pouvait sans danger être chargé des affaires de France à Berlin. Il fallait surtout que celui qui serait choisi sût qu'il devait son poste à l'approbation formelle de la Reine. Marie-Antoinette suivit cet avis à la lettre; la première fois qu'Elle vit Mme d'Esterno, Elle lui fit le meilleur accueil et Elle lui dit qu'Elle avait approuvé la nomination de son mari à Berlin. (*Mercy à Kaunitz*, dépêche d'office du 10 mars 1782.)

qui paraît sincèrement persuadé de l'absurdité des assertions du cabinet de Berlin. Ce ministre me parle toujours avec un grand mépris du baron de Goltz, dont très certainement il voit les dépêches. Celles que je joins très humblement ici sont révoltantes par le nombre et la platitude des mensonges qu'elles contiennent. Ce que le baron de Goltz annonce dans sa lettre du 3 janvier, est de toute fausseté, soit relativement aux prétendus pamphlets dont il parle, soit sur la confiance de la Reine dans le duc de Choiseul[1], de même que sur le crédit de Madame Adélaïde et de sa dame d'honneur[2].

Le baron de Goltz dans sa dépêche du 11 janvier, choque la notoriété publique et toute vraisemblance en estimant à trente millions les dommages que l'escadre du comte de Guichen a essuyés, et l'anecdote que ledit Goltz cite dans sa lettre du 27 d'un prétendu désir de la Reine d'avoir un grand cortège lors de sa venue à Paris, ainsi que la demande de retourner à la Muette avec le Roi, n'a pas l'ombre de sens ni de vérité.

56. — JOSEPH II À MERCY.

Vienne, 26 mars 1782. — Mon cher comte Mercy, j'ai reçu votre lettre avec bien du plaisir, d'autant plus qu'elle contenait une marque non équivoque de l'amitié vraie et solide de la Reine. Je vous en renvoie la lettre et vous prie de lui bien faire connaître combien j'y ai été sensible. Ma fluxion aux yeux que je traîne depuis les camps, m'oblige de ne pas écrire à la Reine de main propre; en même temps j'écris une petite lettre de compliments, qui m'a paru convenable, à Madame Adélaïde.

Les nouvelles politiques dans ce moment-ci sont stériles. Cette campagne doit décider des événements de la guerre. Le ministère anglais paraît, en se soutenant, avoir amené lui-même la résolution au sujet

---

[1] Le baron de Goltz se contentait sans doute d'envoyer à son maître, peu difficile en cette matière, les bruits qui couraient dans les salons et dans les cafés de Paris; car ces mêmes cancans se retrouvent dans les nouvelles à la main expédiées à cette époque par les gazetiers de Paris, par exemple dans la *Correspondance Métra* et dans la *Correspondance secrète* publiée par M. de Lescure.

[2] Mme la comtesse de Narbonne. Voir sur cette dame la publication de MM. d'Arneth et Geffroy (t. I, p. 56 et *passim*).

des Américains pour sauver l'honneur du Roi, se justifier auprès de la nation et se soutenir[1]. S'il avait fait cela il y a trois ans, la chance aurait pu être différente, mais actuellement, c'est moutarde après dîner, et l'Angleterre ne peut plus échapper à faire une paix très désavantageuse.

Les mensonges du roi de Prusse en tout genre, et surtout au sujet d'une agression de la Porte, continuent toujours et sont crus, de même que mille autres contes, comme l'achat que je ferai du marquisat de Berg-op-Zoom de l'Électeur palatin, qui n'ont pas le sens commun.

Je jouis actuellement de la présence du Saint-Père. Jusqu'à présent il ne m'a pas fait connaître encore les motifs de son voyage, et peu à peu il me paraît qu'il voit qu'on a beaucoup exagéré les dangers de l'Église, et, s'il n'était pas venu, je crois qu'il ne le ferait plus. Au reste, je suis fort content de lui jusqu'à présent ; il cherche beaucoup à paraître en public, et toutes les occasions voyantes lui sont chères. Il reçoit chez lui tout le monde qui vient lui faire sa cour. Vous me ferez plaisir, mon cher Comte, de me mander ce qu'on pense à Paris de cette visite et de la façon avec laquelle elle se passe[2].

Vous avez répondu parfaitement à la Reine au sujet du nouveau ministre envoyé à Berlin. Je crois qu'un commençant comme M. d'Esterno vaudra beaucoup mieux que quelque faiseur d'une cour d'empire. Les Hollandais défilent tout doucement de leurs barrières, et dans peu je crois que même Namur sera vidée et que nous serons débarrassés de ces hôtes incommodes[3]. Les Français doivent avoir vu par cette démarche la confiance que je mettais dans la solidité et la stabilité de mes liens avec eux, sinon faites-la-leur valoir, je vous prie.

---

[1] L'Empereur fait allusion à la singulière résolution que venait de prendre le cabinet présidé par lord North. Le 27 février 1782, la Chambre des communes avait adopté une adresse au Roi pour le prier de faire cesser les opérations militaires en Amérique ; mais le Roi fit une réponse équivoque. Alors les Communes déclarèrent qu'elles considéreraient comme ennemis du Roi et de la Nation tous ceux qui essaieraient de poursuivre la guerre sur le continent de l'Amérique. Les ministres se soumirent et présentèrent eux-mêmes un bill en ce sens.

[2] Sur cette visite déterminée par le désir du Pape de juger par lui-même la situation faite à l'Église catholique en Autriche par les réformes de l'Empereur, voir les lettres écrites par Joseph II à son frère Léopold, dans leur *Correspondance* publiée par M. d'Arneth, t. I, p. 77 à 107.

[3] A la suite de son voyage dans les Pays-Bas en 1781, Joseph II avait résolu de faire évacuer par les Hollandais les places fortes qu'ils occupaient depuis le traité d'Utrecht pour leur servir de barrière contre la France.

57. — MERCY À JOSEPH II.

Paris, le 12 avril 1782. — Le garde-noble mensuel m'ayant apporté le 6 de ce mois les très gracieux ordres de V. M. I., datés du 26 de mars, je ne tardai pas à aller présenter à la Reine la lettre qui lui était adressée et qui ne la tranquillisa pas tout à fait sur la fluxion aux yeux dont V. M. est attaquée depuis si longtemps.

L'apparition d'un émissaire anglais a fourni à la Reine une nouvelle occasion de donner preuve de son attention aux objets qui intéressent le service de V. M. et je n'ai que peu de chose à ajouter à ce que contient sur cette matière ma dépêche d'office d'aujourd'hui[1]. J'aurais couru risque de compromettre la Reine, si, dans les premiers moments, j'avais dépêché un exprès ou rendu compte par la poste de la circonstance en question avant que le comte de Vergennes m'en eût parlé. D'ailleurs, cette circonstance ne pouvait être urgente par la

---

[1] Après le vote de la résolution de la Chambre des communes interdisant de continuer la guerre en Amérique, lord North avait chargé un émissaire, nommé Forth, d'aller à Paris sonder les intentions du cabinet de Versailles sur le rétablissement de la paix. Arrivé à Paris le 8 mars 1782, M. Forth eut le 14 une longue conférence avec M. de Vergennes, auquel il fit connaître le vif désir qu'avait le roi de la Grande-Bretagne de mettre fin à une guerre désastreuse pour le monde entier. M. de Vergennes se borna à déclarer à M. Forth que le Roi son maître ne pouvait entrer en négociations sans ses alliés, et le 18 mars il lui fit remettre une réponse écrite, conçue dans le même sens. Elle est imprimée dans Flassan (*Histoire de la Diplomatie française*, t. VII, p. 326).

Louis XVI confia à Marie-Antoinette tous les détails de la conférence de son ministre avec l'émissaire anglais. Aussi lorsque M. de Vergennes vint l'entretenir d'une autre affaire et s'apprêtait à se retirer sans rien dire des pourparlers de paix, la Reine l'arrêta par ces mots : «Parlez-moi donc un peu de Forth.» M. de Vergennes obéit, mais de mauvaise grâce, en passant sous silence les points les plus importants. Alors la Reine, poussée à bout, dit au ministre tout ce qu'elle savait; M. de Vergennes, tout penaud, dut avouer qu'il voyait bien que le Roi n'avait rien caché à S. M., et il se résigna à lui exposer toute l'affaire avec les plus grands détails.

La Reine fit connaître tout de suite à M. de Mercy, par une personne de confiance, tout ce qu'elle venait d'apprendre; mais, pour ne pas le compromettre, l'ambassadeur ne voulut pas envoyer immédiatement un courrier à Vienne. Le mardi 2 avril, jour de la conférence hebdomadaire, lorsque M. de Mercy entra dans son cabinet, M. de Vergennes lui dit qu'il l'attendait avec la plus vive impatience pour lui apprendre des nouvelles importantes, et il lui fit connaître les détails de sa conférence avec M. Forth. En quittant le ministre, M. de Mercy se rendit chez la Reine et lui raconta sa conversation avec M. de Vergennes. Elle lui déclara que ce ministre ne lui avait caché qu'un seul fait important. M. Forth aurait laissé entendre

manière dont elle s'annonçait, mais j'ai cru, moins pour le présent que pour l'avenir, devoir faire bien observer à la Reine qu'il est fort douteux que l'émissaire anglais se soit expliqué si décidément sur la répugnance de sa cour à faire la paix par l'entremise des médiateurs, qu'au contraire il se pourrait qu'en cela le comte de Vergennes eût un peu altéré le texte, et que d'une simple proposition de paix directe, il en ait conclu et affirmé au Roi et à la Reine l'énoncé de cette prétendue répugnance de la traiter sous les auspices des deux cours impériales[1]. Au reste, le cas n'est peut-être pas encore si prochain; la nouvelle scène qui vient de s'ouvrir à Londres, laissera des doutes sur les suites jusqu'à ce que le ministère anglais ait manifesté ses principes et sa marche dans la manière de les mettre en action [2].

Les différentes manières dont on envisage ici le voyage du Saint-Père à Vienne, se réunissent toutes quant au fond et ne diffèrent que dans leurs formes. Le comte de Vergennes, les ministres et les gens de la Cour n'ont jamais cessé d'applaudir aux principes de V. M. sur

---

que le roi d'Angleterre avait le plus vif désir de conclure la paix sans l'intervention des médiateurs. Marie-Antoinette dit à M. de Mercy que là-dessus Elle s'était emportée; Elle avait vivement représenté au Roi et à M. de Vergennes que les difficultés à arranger entre les puissances belligérantes étaient trop compliquées pour qu'on pût se passer de l'intervention bienveillante des médiateurs; d'ailleurs qu'on ne devait pas s'imaginer que l'Empereur tenait si fort à cette médiation, qu'il n'avait eu en la proposant qu'un désir: empêcher une plus grande effusion de sang et donner à la cour de France des preuves de sa véritable et sincère amitié, mais qu'on pouvait être certain qu'il lui était bien égal qu'on utilisât ou non sa bonne volonté. M. de Mercy fit observer à la Reine que s'il était vrai que l'Empereur n'avait pas besoin de la médiation pour augmenter sa glorieuse réputation, cependant cette affaire devait tellement augmenter son crédit qu'on ne pouvait pas y renoncer à la légère; qu'en outre, cette médiation avait été formellement acceptée, et que la France ne pourrait pas conclure la paix en dehors des deux cours impériales sans manquer aux égards qu'elle leur devait. Marie-Antoinette promit de faire à l'occasion bon usage de ces arguments. M. de Mercy d'ailleurs était persuadé que la France était au moins aussi opposée à la médiation que l'Angleterre. Et il n'avait pas tort; car dans une dépêche du 16 mars 1782 à M. de Montmorin, ambassadeur à Madrid, M. de Vergennes disait : « J'ai cru devoir jeter ce propos, afin que, si la médiation peut être déclinée, *ce qui serait très heureux*, on ne puisse nous reprocher qu'elle ait été éconduite par notre fait. »

[1] Ces soupçons paraissent bien fondés; car, dans sa dépêche à M. de Montmorin citée plus haut, M. de Vergennes ne dit rien des prétendues répugnances de l'Angleterre.

[2] A la suite de la démission donnée par lord North le 20 mars, Georges III avait été obligé de former un nouveau ministère dont lord Rockingham était le chef et M. Fox le membre le plus influent.

l'étendue des droits et sur l'exercice de l'autorité souveraine en matière de police ecclésiastique. Les gens de lettres et tous ceux qui s'occupent à disserter sur les affaires, ont saisi avec avidité une si bonne occasion d'exercer leur plume pour fronder les prétentions de la cour de Rome, et la partie du public français qui tourne tout en plaisanterie, s'est donné carrière en vers et en prose, critiquant les vues du Saint-Père dans l'entreprise d'un voyage qui généralement est considéré comme aussi déplacé qu'extraordinaire, tandis que l'on rend hommage à la dignité, à la grandeur et à tout ce que l'on sait des détails de l'accueil que V. M. a fait au Souverain Pontife. Dans le grand nombre des pièces qui ont paru sur cette matière, je crois devoir me borner à joindre ici très humblement en chaque genre l'échantillon qui m'a paru le mieux rédigé.

La correspondance prussienne ne me donne matière pour cette fois qu'à deux observations : la première et la plus essentielle est que depuis quelque temps le comte de Vergennes se porte de lui-même à me parler souvent des fables que le baron de Goltz cherche à lui débiter, et que lui, Vergennes, ne manque jamais de tourner au ridicule. La seconde remarque porte sur une maladresse qui, indépendamment de mille autres preuves, suffirait seule pour rendre palpable la fausseté des rapports du baron de Goltz. Il rend compte dans sa dépêche du 15 février d'une conversation amicale qu'il a eue avec un personnage de la cour qui approche de très près le Roi, qui est dans la confidence des ministres, par conséquent bien instruit, et qui lui dévoile des mystères politiques aussi visibles qu'absurdes. Cependant après cette conversation ledit Goltz ne sait pas le 15 février que le marquis d'Esterno a été nommé ministre à Berlin du 6 au 8 de ce même mois, ainsi que je l'ai mandé dans le temps, mais au contraire il porte ses conjectures sur trois autres sujets qu'il cite comme favoris du ministre et finit par supposer que le choix tombera sur le marquis de Vibray qui précisément est celui de tous les employés dans les missions étrangères que le comte de Vergennes a pris dans un tel guignon qu'il ne s'en cache pas et que cela n'est ignoré par personne que par le baron de Goltz. Relativement à cette nomination du marquis d'Esterno, je n'ai pas manqué de faire bien connaître à la Reine combien V. M. avait été sensible aux marques de la vraie amitié que cette auguste princesse lui avait données dans l'occasion susdite. La Reine a été fort indignée les dernières extravagances du marquis de Bombelles, et Elle a déclaré à sa femme qu'Elle ne consentirait jamais à ce que ledit marquis obtînt l'ambassade de Constantinople qu'il convoite depuis longtemps[1].

La démolition des places, ci-devant barrières des Pays-Bas, a été regardée ici sous l'aspect que V. M. daigne m'ordonner de la faire apercevoir, et j'avais eu ci-devant plusieurs occasions de citer au comte de Vergennes cette circonstance comme une nouvelle preuve de la confiance que V. M. met dans la solidité de ses liens avec la France.

La réception à faire à LL. AA. II. le grand-duc et la grande-duchesse de Russie qui sont attendues ici vers la fin de mai, est pour le présent une des principales occupations de la Reine. Elle daigne me dire souvent qu'Elle veut que les intentions de V. M. soient exactement remplies, et Elle consulte à cet effet la note qui les indique et que j'ai eu ordre de lui présenter. Je suis bien sûr que toute la bonne grâce qui sera mise à cette réception viendra de la Reine, et e me propose de tâcher de faire en sorte que les augustes voyageurs s'aperçoivent que c'est aux soins de V. M. qu'ils devront le brillant accueil qu'on leur prépare ici.

Tandis que j'écrivais mon très humble rapport, la Reine est venue voir l'ouverture de la nouvelle salle de la Comédie Française et l'humidité de ce bâtiment neuf[2] a causé à S. M. une courbature qui ne lui permet d'écrire que quelques lignes[3]. Je joins ici très humblement le bulletin qu'Elle annonce à V. M. Après le départ du garde-noble, j'irai à Versailles et j'espère que je pourrai mander par la poste de lundi le rétablissement de la Reine.

---

[1] Le marquis de Bombelles était d'un caractère vif et emporté, et il ne se gênait pas pour manifester son antipathie contre l'alliance autrichienne; il avait eu souvent maille à partir avec les ministres de l'Empereur, et cette fois il s'agissait de graves difficultés qui étaient survenues entre le marquis et le principal commissaire impérial à Ratisbonne, le prince de Taxis, lors des fêtes données par le ministre de France à l'occasion de la naissance du Dauphin. Et en effet la Reine tint parole; le marquis de Bombelles dut se contenter de l'ambassade de Lisbonne qu'il reçut en 1788.

[2] C'est aujourd'hui et depuis 1797 le théâtre de l'Odéon; construit sur l'emplacement de l'ancien hôtel des princes de Condé, ce théâtre fut en effet ouvert en 1782.

[3] Cette lettre manque.

58. — MERCY À KAUNITZ.

Paris, le 12 avril 1782. — Le garde-noble mensuel m'a remis la lettre dont V. A. m'honore du 26 de mars [1]. A mon dernier voyage à Versailles, j'ai eu occasion à rappeler à la Reine les sentiments que vous lui avez voués, Monseigneur, et cette princesse m'a très expressément chargé de vous répéter de sa part les assurances de son entière confiance et de son estime. V. A. daignera voir dans ma dépêche d'office la manière dont la Reine s'est comportée lors de l'apparition de l'émissaire anglais, le sieur Forth, ainsi que les remarques que j'ai exposées à S. M. sur des petites inexactitudes dans sa façon de parler du point essentiel de la médiation future. J'ai peine à croire que l'émissaire anglais se soit expliqué si décidément sur la répugnance de sa cour à faire la paix par l'entremise des médiateurs; il se pourrait qu'en cela M. de Vergennes eût un peu aidé au texte, et que d'une simple proposition de paix directe, il en ait conclu et affirmé au Roi et à la Reine l'énoncé de cette répugnance de la traiter sous les auspices des deux cours impériales. Au reste, le cas n'est peut-être pas encore si prochain. La nouvelle scène qui vient de s'ouvrir à Londres ne permet guère de juger des suites qu'elle aura, jusqu'à ce que le ministère anglais ait manifesté ses principes et sa marche dans les moyens de les suivre.

Entre temps, on ne peut disconvenir que des hasards heureux, bien plus que de bonnes mesures ont rendu les aspects de cette guerre aussi favorables pour la France et l'Espagne, qu'ils paraissent dangereux pour l'Angleterre.

On se tient assuré ici que cette dernière puissance échouera dans son projet d'une paix séparée avec les colonies américaines; on présume, sans en craindre trop l'effet, que le ministère anglais réunissant toutes les forces britanniques contre les deux cours de Bourbon, fera une dernière tentative avant de capituler; mais on se persuade que ce même ministère y sera forcé, dans le cas d'une heureuse réussite dans l'entreprise contre la Jamaïque, ainsi que par les succès dont on se tient presque assuré aux Indes orientales. Les efforts de la France de

---

[1] Cette lettre manque.

ce côté-là seront un objet de cent millions de dépense; c'est un des projets auquel M. de Castries s'est particulièrement attaché.

La démarche que vient de faire le nouveau ministère anglais vis-à-vis de la Hollande cause à M. de Vergennes d'autant plus d'humeur qu'il ne s'attendait pas à l'incertitude que lui annonce M. de la Vauguyon sur le parti que pourront prendre les États généraux dans une occurrence aussi délicate.

---

59. — JOSEPH II À MERCY.

Vienne, ce 15 avril 1782. — Mon cher Comte, je ne vous écris qu'un mot par ce courrier, n'ayant pas grandes nouvelles à vous donner. Mes yeux commencent à devenir plus raisonnables et j'espère que la bonne saison les remettra entièrement; ils m'ont empêché d'assister le jour de Pâques aux fonctions du Pape. Actuellement que je ne fais plus rien, après avoir employé tous les remèdes, tant internes qu'externes, cela va beaucoup mieux, et je commence à sortir et à me promener. Heureusement que la vue n'a jamais été dérangée en rien, et que ma santé, malgré la vie sédentaire que j'ai menée pendant des mois, s'est conservée, et que mon estomac, malgré toutes les drogues que j'ai avalées, s'est soutenu.

J'ai été très content de l'amitié que le Roi m'a témoignée, en me faisant donner part et en permettant que la Reine m'écrive les détails de l'arrivée de l'émissaire anglais avec les propositions pacifiques. Il faudra voir à quoi le nouveau ministère anglais se décidera; mais il est inconcevable comment ces Messieurs ont pu se charger de la besogne dans ce moment-ci.

Le Pape va voir ici dans le plus petit détail tout ce qui s'y trouve de plus remarquable, et cela s'étend jusqu'à nos écuries et les chenils de mes chiens de chasse. Au reste, quoique je passe jour par jour des trois heures avec lui en conversation, où l'on parle plus de choses indifférentes que sur les différends entre le Sacerdoce et l'Empire, et par conséquent si jamais le proverbe a été juste, d'une montagne qui enfante une souris, il le pourra bien être à l'occasion de ce voyage pompeux et singulier du Saint-Père. Son départ m'est encore entièrement inconnu.

Je vous joins ici en copie les points par écrit qu'il m'a donnés, et en marge la façon que j'y ai répondu. Je vous prie même, si la Reine sait assez l'italien, de les lui faire voir ou de lui en dire le sens, désirant qu'elle ait connaissance des objets qui s'y traitent, et par là vous serez à même d'en parler à M. de Vergennes, en faisant valoir que je n'ai communiqué ceci à âme qui vive; mais que, vu l'amitié du Roi, je ne voulais rien avoir de caché pour lui, même des plus petits détails de mes affaires internes et particulières. Ceci fera, je crois, un bon effet, et vous pourrez même faire valoir la chose comme provenant de moi-même et non des bureaux qui n'y ont rien eu à faire; mais en même temps vous prierez la Reine et M. de Vergennes que cela reste secret et ne soit point ébruité.

J'espère que les faussetés du roi de Prusse au sujet de mes projets de conquête contre la Porte se seront évanouies, de même que mon traité de partage avec la Russie à ce sujet. Cet homme ne cesse de calomnier et de mentir, et il trouve pourtant encore des dupes qui le croient, tout comme est entre autres le projet de l'achat du marquisat de Berg-op-Zoom, qui n'a pas le sens commun.

---

60. — JOSEPH II À MERCY.

Vienne, ce 27 avril 1782. — Mon cher comte de Mercy, comme vous avez actuellement deux courriers à Paris et que ce n'est qu'après le départ du dernier que j'ai reçu votre lettre, je vous écris par la poste pour vous en accuser la bonne réception. L'incommodité de la Reine m'a vraiment fait de la peine, et elle m'aurait inquiété davantage si elle-même n'eût eu l'amitié de m'écrire deux mots et que vous n'eussiez eu l'attention de m'envoyer le rapport original du médecin. Je me flatte que tout sera passé, et que ma sœur ne s'en portera que mieux. Vous me ferez plaisir dans des occasions pareilles qui regardent la santé de la Reine à laquelle je suis si tendrement attaché, de ne point m'en laisser ignorer les moindres détails.

Je vous joins ici, mon cher Comte, la fin de mes négociations papales;

vous ferez de ces points le même usage que des premiers. Il n'était pas facile de remplir à cette occasion plusieurs objets presque en contradiction entre eux, savoir de faire quant à l'essentiel retourner le Pape comme il était venu, d'éviter pourtant toute rupture ou éclat désagréable, de lui procurer le moyen d'avoir l'air d'avoir fait quelque chose, de persuader le public de notre bonne union et amitié, et d'engager le Pape à donner un témoignage public de bouche et par écrit de l'état intact et pur dans lequel il a trouvé la religion dans mes États. Pour combiner tout cela, il n'a pas peu fallu de flegme, de patience et de constance allemande contre tous les petits et grands moyens employés par un Italien de Rome qui venait tout préparé et qui de chaque mot tirait des conséquences et qui avait grand soin de mettre ses propos à la torture; mais enfin cela est allé et a fini mieux que j'en ai même osé l'espérer. Je vous envoie de même quelques exemplaires des discours qu'il a tenus en public; quoique ce ne soit qu'un compliment, il ne laisse pas de remplir l'objet que je m'étais proposé.

C'est avec bien de la satisfaction que j'ai vu par votre rapport la bonne situation dans laquelle se trouvent dans toutes les parties du monde les intérêts, les flottes et les armées de mon allié. Il faut rendre justice au comte de Vergennes qu'il ne dément point par la conduite politique que la France a tenue pendant toute cette guerre, la haute opinion que ses ambassades de Suède et de Constantinople lui avaient acquise dans mon esprit. Le nouveau ministère d'Angleterre sera dupe de ses négociations avec les Américains et les Hollandais. M. de Vergennes a pris ces précautions de loin; par là les Anglais perdront le temps où ils devront agir avec plus d'énergie et se défendre dans cette campagne qui, selon toute apparence et ce qui est bien analogue à mes vœux, doit être décisif pour la bonne cause tant aux Indes qu'en Amérique et à Gibraltar.

Adieu, mon cher Comte, portez-vous bien et ne doutez pas de l'estime et de l'amitié que vous vous êtes acquise chez moi pour la vie.

Voici une lettre pour la Reine que je vous prie de Lui remettre. Mes yeux, quoique mieux, exigent pourtant beaucoup de ménagements et je ne puis par conséquent Lui écrire de main propre.

61. — MERCY À JOSEPH II.

Paris, le 5 mai 1782. — Un garde-noble dépêché à Madrid, en passant ici le 22 avril, m'a remis les très gracieux ordres de V. M. I. datés du 15 du même mois. Je me rendis le lendemain 23 à Versailles, mais ce jour était l'époque critique de l'indisposition de la Reine[1], et ce ne fut que dans la soirée qu'Elle se trouva en état de lire la lettre qui Lui était adressée[2]. Je dus remettre à un autre temps de rendre compte à cette auguste princesse des demandes du Saint-Père et des réponses marginales que V. M. y a faites, mais je ne tardai pas à communiquer cette pièce au comte de Vergennes, en lui observant que cette confidence qui n'avait été faite à personne, et à laquelle les bureaux n'avaient aucune part, était une marque d'amitié directe de V. M. envers le Roi Très Chrétien, et qu'elle en demandait le plus grand secret. Le comte de Vergennes le promit; il m'assura que son souverain serait très sensible à cette preuve de confiance de V. M. Raisonnant ensuite sur la matière, il admira les égards dans la forme, la justesse et la précision dans le fond des réponses aux propositions que le ministre parut apprécier à leur valeur. Si on en excepte une partie du clergé, généralement tout le public d'ici n'a point varié dans l'opinion désavantageuse qu'il avait conçue d'abord des démarches du Saint-Père et du peu de succès qu'il devait s'en promettre. Quelques jours après ma conférence avec le comte de Vergennes, la Reine m'ordonna de lui expliquer la pièce dont il est question. S. M. fit attention à tous les points, et fit sur chacun d'eux des commentaires peu favorables au Grand Pontife. La Reine continue à donner dans toutes les occasions des marques de sollicitude et de vrai zèle pour ce qui a trait au service de V. M. Elle témoigna du regret de ce que son indisposition l'avait

---

[1] Dans ses dépêches d'office envoyées par la poste, M. de Mercy donne des détails précis sur la santé de la Reine. Le 17 avril, il écrivait que S. M. était presque rétablie des suites de son indisposition; mais le 21 il annonçait qu'elle venait d'être frappée d'un accès d'érésipèle. Cela ne fut pas grave : le 24 avril, l'ambassadeur pouvait signaler le bon effet produit par une saignée que l'on venait de faire à la Reine, et le 2 mai il prévoyait sa prochaine guérison. En effet, le 8 mai, Marie-Antoinette était en pleine convalescence, et, du 9 au 18 mai, elle habita le Petit Trianon pour s'y rétablir complètement.

[2] Cette lettre manque.

empêchée de prendre des informations plus précises sur l'apparition du dernier émissaire anglais. Elle ajouta que ce même émissaire reviendrait sans doute, qu'alors Elle éclairerait sa marche d'autant plus qu'Elle ne se persuadait pas tout à fait de la bonne foi du comte de Vergennes à se rapprocher de l'idée d'un congrès pour la paix future[1].

La réception à faire au grand-duc et à la grande-duchesse de Russie forme dans le moment présent l'objet dont la Reine est le plus occupée. Elle veut que les intentions de V. M. à cet égard soient parfaitement remplies, et, pour s'en assurer, la Reine décide par elle-même des arrangements relatifs à cette réception. S. M. a fait venir plusieurs fois à cet effet le comte de Vergennes, mais Elle a cru voir ce ministre un peu opposé à certaines dispositions et bonnes grâces qu'il croit trop marquées dans la proportion du roi de France avec les princes du Nord[2]. J'ai observé à S. M. que cette réticence du ministre pourrait être moins l'effet de l'étiquette que d'un peu d'humeur que l'on a contre la cour de Russie; et pour prévenir tout inconvénient, dans la crainte que les augustes voyageurs n'arrivassent avant le parfait rétablissement de la Reine, Elle m'a chargé d'engager le ministre de Russie, prince Bariatinsky, de dépêcher un courrier à Lyon où LL. AA. II. doivent

---

[1] Le 21 avril, Marie-Antoinette avait fait savoir à M. de Mercy qu'un nouvel émissaire anglais venait d'arriver, qu'il avait vu le comte de Vergennes et qu'il lui avait dit entre autres choses que désormais l'Angleterre se tiendrait sur la défensive en Amérique. La Reine s'excusait sur son indisposition de n'avoir pas pu se procurer des renseignements plus détaillés. Mais M. de Mercy était encore trop heureux de cet avertissement qui le mettait sur la voie. En effet, le 23 avril, il s'en servit utilement pour amener M. de Vergennes à lui faire des confidences assez étendues sur l'entrevue qu'il avait eue le 17 avec cet émissaire : c'était un *country gentleman*, nommé Oswald, vieil ami personnel d'un des nouveaux ministres anglais, le lord Shelburne. Cependant, M. de Mercy soupçonnait M. de Vergennes de ne pas lui avoir tout dit; car il savait d'assez bonne source que ce ministre avait vu M. Oswald à trois reprises différentes; mais il n'avait pas pu tirer cette affaire au clair, par suite de l'indisposition de la Reine, qui avait empêché S. M. de s'entretenir avec M. de Vergennes. (Dépêche d'office du comte de Mercy du 5 mai 1782.) Voir aussi la dépêche de M. de Vergennes à M. de Montmorin du 18 avril dans Flassan (*op. cit.*, p. 328 et suiv.).

[2] Dans sa dépêche d'office de ce même jour, M. de Mercy rapporte que M. de Vergennes avait laissé voir à la Reine qu'il craignait qu'on ne compromît le prestige du Roi en faisant aux princes russes une réception trop solennelle. M. de Mercy avait rassuré la Reine en lui faisant remarquer que les craintes de M. de Vergennes avaient sans doute pour motif son ressentiment contre la Russie, qui cherchait à ménager une paix séparée entre l'Angleterre et la Hollande.

être rendues le 4 de ce mois, et de leur suggérer d'arranger leurs séjours et reste de voyage de manière à n'arriver ici que du 18 au 20. Cette insinuation sera faite sous la forme d'une très grande attention de la part de la Reine, laquelle par ce moyen veut s'assurer la possibilité de faire Elle-même le premier accueil que ces princes éprouveront à cette cour. Ils auront un appartement dans le château de Versailles pour le temps qu'ils voudront y rester; on leur donnera des concerts, des spectacles au Grand Théâtre et un bal paré dans cette même salle. Cette dernière fête n'est imaginée que pour le coup d'œil qui est en effet très magnifique.

Quoique les causes de l'indisposition de la Reine soient entièrement dissipées, cependant il faut encore dix à douze jours de régime pour faire disparaître un reste d'enflure au visage et aux yeux; je doute même que cette dernière cause permette aujourd'hui à la Reine d'écrire à V. M. de main propre. Cette auguste princesse a été souvent très affectée et inquiète de ce que des bruits forts exagérés répandaient sur le degré d'incommodité que V. M. souffrait aux yeux. La dernière lettre que la Reine vient de recevoir La tranquillise tout à fait, et j'ose mettre aux pieds de V. M. l'expression de ma joie avec mes très humbles actions de grâces de ce qu'Elle daigne me mander sur un objet si intéressant et précieux à tous ses fidèles sujets.

En remettant ici la suite de la correspondance prussienne, elle ne me donne lieu pour le moment à aucune remarque, et je n'ai rien à ajouter à ce qu'exposait mon très humble et dernier rapport du 12 avril sur le peu d'effet que produisent ici les menées du baron de Goltz et sur la manière plus franche avec laquelle le comte de Vergennes s'en explique souvent vis-à-vis de moi. Je me suis acquitté des ordres de V. M. envers les duchesses de Mailly et de Duras; elles ont reçu cette marque de bonté avec des témoignages de la plus respectueuse reconnaissance. La duchesse de Cossé est absente; je lui dirai à son retour que V. M. a daigné se ressouvenir d'elle.

62. — MERCY À KAUNITZ.

Paris, le 5 mai 1782. — Monseigneur, le garde-noble dépêché à

Madrid en passant par ici le 21 avril m'a remis la lettre dont V. A. m'honore du 14 du même mois [1].

Pendant l'indisposition de la Reine, il n'a pas été possible de lui parler de choses sérieuses, et cela m'a fait perdre les moyens d'apprendre avec plus de précision plusieurs particularités d'affaires, dont cette princesse est ordinairement informée par le Roi et les ministres, et qu'Elle a la bonté de me confier. Elle croit que M. de Vergennes ne m'a rien caché d'essentiel sur ce qui a rapport à l'apparition du dernier émissaire anglais, mais Elle présume que le secrétaire d'État ne paraît se prêter à l'ouverture du congrès que parce qu'il se persuade que la cour de Londres s'y refusera. Cette idée de la Reine pourrait n'être pas absolument fondée, et, d'après le langage que M. de Vergennes me tient depuis quelque temps, il est apparent que l'on commence à se persuader de l'extrême difficulté qu'il y aurait à terminer sans le secours de médiateurs des négociations aussi compliquées que le seront celles de la paix future. La Reine ne doute pas que le sieur Oswald ne revienne bientôt ici; Elle se propose alors d'éclairer sa marche de très près. Cette princesse m'a demandé, Monseigneur, votre sentiment sur le séjour que le Pape a fait à Vienne. J'ai dit à la Reine ce que V. A. me faisait l'honneur de me mander à ce sujet, et Elle y a beaucoup applaudi.

Je n'ai rien à ajouter aujourd'hui à ce que ma dépêche d'office expose sur les objets les plus intéressants du moment.

---

63. — JOSEPH II À MERCY.

Vienne, ce 11 mai 1782. — Je vous suis fort obligé, mon cher comte de Mercy, des détails que vous avez bien voulu me donner de la santé de ma sœur. Cet érésipèle à la tête m'afflige vraiment, car je sais d'expérience combien cela est incommode [2]. Outre cela, on est sujet d'avoir facilement des rechutes et, pour une jolie femme surtout, c'est une maladie bien peu convenable, puisque cela laisse ordinaire-

---

[1] Cette lettre manque. — [2] L'Empereur était fort sujet à cette maladie; il en eut une nouvelle attaque à la fin de cette année 1782; voir plus loin p. 136.

ment fort longtemps un dérangement dans le teint. Je vous serais très obligé si vous vouliez continuer de même à m'informer de tous les détails de la santé de ma sœur, à laquelle je suis sincèrement et tendrement attaché.

L'arrivée des comte et comtesse du Nord sera bien incommode dans ce moment-ci, et j'ai malheureusement fait l'expérience cet hiver combien il est gênant d'avoir des hôtes et d'être incommodé dans sa maison quand on ne se porte pas entièrement bien. Je vous prie de remettre cette lettre à la Reine, et c'est avec bien de l'empressement que j'attends l'arrivée du courrier que vous me promettez, pour avoir des nouvelles plus satisfaisantes de la santé de ma sœur.

64. — JOSEPH II À MERCY.

Vienne, ce 18 mai 1782. — Mon cher comte Mercy, j'ai reçu votre lettre par le courrier; je suis bien enchanté que la santé de ma sœur la Reine se soit remise, et j'espère qu'il ne lui restera aucune trace désagréable de cette vilaine maladie, ni qu'elle sera sujette à des rechutes assez fréquentes aux érésipèles. Je suis charmé de la savoir disposée à donner au comte et à la comtesse du Nord toutes les marques d'attention qu'ils méritent personnellement et que leur position future rend si intéressants. Les désirs vraiment puérils du ministère anglais pour la paix, mis en parallèle avec l'impudente réponse de milord Stormond, donnée il y a des mois aux Espagnols, fait bien voir combien cette nation est extrême en tout, et qu'entre le trop et le trop peu elle ne connaît point la vraie proportion, et je crois toujours que nous autres médiateurs en serons pour des compliments, et que la paix se fera, comme on dit, sur le bout du banc par des émissaires secrets.

Mes yeux pour lesquels vous voulez prendre de l'intérêt vont mieux, mais ils exigent encore beaucoup de ménagements. Je vais à Laxenburg pour jouir de l'air de la campagne sans avoir de la poussière [1].

[1] Laxenburg est encore aujourd'hui un château impérial au milieu d'un parc magnifique, à 18 kilomètres au sud de Vienne.

65. — KAUNITZ À MERCY.

Vienne, le 18 mai 1782. — Je vous avoue, mon cher Comte, que M. Fox et tout ce qu'il a fait ou n'a pas fait jusqu'à présent relativement au rétablissement de la paix, dont il paraît si empressé, me paraît inconcevable. Frapper à toutes les portes en même temps, témoigner par là d'en avoir un besoin extrême et s'exposer moyennant cela au risque d'en diminuer l'envie dans les autres puissances belligérantes; ne leur faire en même temps, que je sache au moins, aucune proposition qui pourrait les séduire ou les engager à se séparer, et surtout pour dernier trait, après avoir tant déclamé contre les Hollandais, lesquels n'avaient pas encore accepté la dernière offre de la médiation séparée de l'impératrice de Russie, déclarer très cavalièrement aux ministres des deux cours impériales médiatrices, que la Grande-Bretagne, sans aucun égard à leur médiation solennellement requise et acceptée, allait tâcher de faire la paix par des coups fourrés et sans leur participation, me paraît bien incompréhensible autant que la chimère de la possibilité d'une paix avec l'Amérique et avec les États généraux des Provinces-Unies, au moyen de laquelle elle pût continuer la guerre vis-à-vis de la France et de l'Espagne, non moins que celle d'une paix possible avec les colonies américaines, sans avouer leur indépendance absolue. Tout cela est, en vérité, si extraordinaire, qu'à moins que M. Fox ne soit un génie comme il n'en fut jamais et que nous ne soyons tous que des bêtes, il faut qu'il soit le roi des fous. Dites un peu tout cela par manière de conversation de ma part à M. le comte de Vergennes, et mandez-moi par occasion ce qu'il en pense.

Ce qui est bien singulier encore, c'est que dans tous ses propos je ne lui ai pas encore entendu faire mention de l'Espagne, comme s'il n'y avait aucune difficulté à lever de ce côté-là, et comme si, dans ce manque d'attention, il n'y avait rien qui dût blesser la juste délicatesse du Roi Catholique. D'honneur, plus j'y pense, moins j'y comprends la moindre chose. Tout ce qu'il y a d'énigmatique en cela, cependant, ne peut pas le rester longtemps encore; et je suis bien déterminé par cette considération à voir venir ces Messieurs, et à faire ensuite, en conséquence, ce qu'il me paraîtra convenir de faire.

Il y a un peu d'humeur, à ce que je vois, entre les cours de Versailles et de Pétersbourg; mais la prudence de M. de Vergennes me rassure et me fait espérer qu'il fera en sorte *ne quid nimis*. Les perspectives de la France et de l'Espagne, pour le reste de la campagne, sont réellement très satisfaisantes, et vous pouvez penser combien, par conséquent, elles me sont agréables. J'espère cependant que, quels que puissent en être encore les succès, on ne s'en prévaudra que pour obtenir une paix raisonnable et qui puisse durer.

J'attends avec la plus grande impatience la nouvelle si désirable du parfait rétablissement de S. M. la Reine. Je vous prie de me mettre à ses pieds, et je suis, comme toujours et bien tendrement, mon bien cher et brave homme, votre bon et tendre ami.

---

66. — MERCY À JOSEPH II.

Paris, le 24 mai 1782. — Les circonstances intéressantes du moment me déterminent à dépêcher le présent garde-noble avant l'arrivée de celui qui doit lui succéder, parce qu'il m'a paru convenable au meilleur service de V. M. I. que son ministère fût à même de confronter le langage que lui aura tenu le baron de Breteuil, avec celui que me tient ici le comte de Vergennes, sur les démarches présentes de l'Angleterre, relatives aux négociations de la paix. Ma dépêche d'office exposant tout ce qui a trait à cette matière, je vais borner mon très humble rapport à ce qui concerne le grand-duc et la grande-duchesse de Russie.

Ayant été admis à leur faire ma cour le lendemain de leur arrivée, je leur rendis compte des ordres qu'il a plu à V. M. de me faire donner depuis longtemps à leur sujet, ainsi que de la manière dont je m'étais occupé à les remplir. Ils virent, par ces détails, que c'était aux soins de V. M. qu'ils seraient redevables de tout ce qu'il y aura de très distingué et d'agréable dans l'accueil qu'on leur préparait ici. LL. AA. II. en parurent pénétrées de reconnaissance; Elles me dirent que les bontés de V. M. les avaient suivies dans tout leur voyage. Le Grand-Duc me marqua beaucoup de confiance par les informations locales qu'il prit de moi. Il agréa que je concertasse avec le prince Bariatinsky[1] tout ce qui serait le plus convenable à son séjour, soit à Versailles, soit à Paris, et il finit par me dire que dans tous les cas imprévus il voulait se décider d'après mes avis. La veille de l'arrivée de ces princes, la Reine m'avait fait venir pour récapituler l'instruction donnée par V. M.[2]. L'hôtel de Louvois, une des plus belles maisons de Paris, avait été destiné pour les augustes voyageurs; mais ils n'acceptèrent point ce logement. Celui qu'ils occupent à Versailles a été orné de différents plans et dessins des environs et des maisons de plaisance. On y a placé un clavecin et il s'y trouvera toujours une grande abondance de fleurs[3]. Il est impossible de mettre plus d'attention que n'en apporte la Reine à ce que rien ne soit oublié. Elle a daigné me répéter, plusieurs fois à ce sujet, qu'au moins, dans des occasions pareilles où Elle peut tout régler à sa volonté, Elle voulait que V. M. fût dans le cas de voir combien Elle trouve de plaisir à remplir exactement ses intentions. La Reine a offert à LL. AA. II. ses loges aux théâtres Français et Italien; S. M. a ordonné qu'il fût porté tous les jours au prince Bariatinsky une provision suffisante d'eau de ville, dans la crainte que l'usage de l'eau de la Seine ne fût nuisible aux augustes voyageurs. Il y a à Versailles de l'eau de Seltz pour les séjours qu'y fera la Grande-Duchesse. A la première entrevue, la Reine s'est littéralement conformée au contenu des articles 2 et 3 de l'Instruction[4], et Elle a su faire prendre le même ton au Roi et à toute la famille royale. Il en est d'abord résulté de l'agrément et beaucoup d'aisance dans la conversation, surtout de la part du Grand-Duc. A l'issue du dîner, le Roi, la Reine et LL. AA. II. étant seuls ensemble, le Grand-Duc dit au Roi qu'il voulait saisir ce moment de liberté pour lui dire combien il avait désiré de lier une connaissance personnelle avec S. M.; qu'ils étaient contemporains

---

[1] Ambassadeur de Russie à Paris.
[2] Voir plus haut, p. 82.
[3] Dans cette instruction, Joseph II disait: «Mme la Grande-Duchesse touche fort bien du clavecin; il faut tâcher de lui faire trouver un bon piano-forte dans sa chambre, et au Grand-Duc, qui aime beaucoup à se reconnaître dans le local, le plan des environs et même les plans des maisons de plaisance que vous habitez et que vous leur ferez voir, soit en gravure ou en dessin.

Mme la Grande-Duchesse aime beaucoup les fleurs, et, comme la saison où elle viendra chez vous sera propice, vous aurez soin de lui faire avoir tous les jours un bouquet à porter.» (*Op. cit.* p. 336.)

[4] Voici ces articles: «2. Le peu de temps qu'Elles passeront chez vous ne doit point être perdu par les premières difficultés et compliments ordinaires aux nouvelles connaissances qu'on fait, mais il faut les prévenir tout de suite qu'étant informé par

d'âge; qu'à la vérité, ils ne l'étaient pas comme souverains; mais que, suivant l'ordre de la nature, ils pourraient le devenir un jour, et qu'alors le Grand-Duc serait enchanté de voir naître des circonstances qui pussent l'unir plus intimement avec le Roi. La Reine fit une attention particulière à ce propos et daigna me le confier.

Les égards marqués à LL. AA. II. sont également observés dans la mesure qui leur est convenable envers les personnes de leur suite. Je n'ai point vu ici d'exemples d'un accueil aussi distingué, et toutes les circonstances de cet accueil portent tellement l'empreinte de la volonté personnelle de la Reine qu'il est impossible de s'y méprendre.

Mes courses, presque journalières à Versailles, me prennent tant de temps que j'ai à peine trouvé celui de rédiger une dépêche d'office. Je dois supplier V. M. de daigner, pour cette fois, pardonner le désordre et l'aridité de mon très humble rapport; j'y suppléerai pour la suite et tâcherai qu'il ne soit rien omis de ce qui méritera d'être porté à sa connaissance.

J'ai reçu, le 8 de ce mois, par la poste ordinaire, les très gracieux ordres de V. M. en date du 27 avril. En présentant à la Reine la lettre qui lui était adressée,[1] je lui rendis compte, en même temps, du résultat des négociations du Saint-Père, ainsi que du discours par lequel le Pontife les a terminées. La Reine a entendu les détails avec intérêt, et je les ai transmis ensuite au comte de Vergennes, qui a rendu un nouvel hommage à la haute sagesse qui caractérise les décisions de V. M. Dans cette occurrence, le ministre m'a paru pénétré des expressions d'estime et de bonté dont V. M. s'est servie en faisant mention de lui dans un article de la lettre qu'Elle daignait m'écrire.

Les ordres de V. M., du 11 de ce mois, viennent également de m'être rendus par la poste ordinaire, avec une lettre pour la Reine[2].

moi de leur façon de penser à mon égard, vous vouliez leur parler tout de suite et les traiter avec toute la confiance et amitié, comme si une longue connaissance avait déjà précédé et, par conséquent, mettre à profit le peu de moments que vous passeriez avec Elles à vous faire connaître par Elles et à vous donner toute la satisfaction de leur connaissance et aimable compagnie.
— 3. Vos discours pourront rouler sur tout ce que bon vous semblera, et comme entre autres Elles sont père et mère très sensibles et très soigneux, le point de l'éducation de vos enfants, que je sais qui vous occupe beaucoup si tendrement, leur paraîtra sûrement aussi, dans tous ses détails, très intéressant. » (*Ibidem*, p. 334.)

[1] Cette lettre manque.
[2] Cette lettre manque.

Cette auguste princesse est parfaitement rétablie de son indisposition. Elle a daigné me dire que la lettre d'aujourd'hui à V. M. aurait été plus détaillée si les occupations du moment occasionnées par la présence de LL. AA. II. n'y avaient pas mis obstacle[1].

P. S. — LL. AA. II. de Russie étant hier à Versailles et ayant marqué le désir d'écrire à V. M. I., la Reine a voulu se charger de leurs lettres et me les a remises Elle-même.

67. — MERCY À KAUNITZ.

Paris, 24 mai 1782. — La circonstance présente me paraît trop intéressante pour ne pas dépêcher le présent garde-noble sans attendre l'arrivée de celui qui doit lui succéder, parce que je crois essentiel que V. A. soit à même de confronter le langage que lui aura tenu M. de Breteuil avec celui que tient ici M. de Vergennes. Le projet de l'Angleterre d'établir une négociation directe pour la paix est assez démontré, et j'ai toujours eu lieu de soupçonner que le ministère de Versailles inclinait à adopter cette forme; il ne s'ensuit pas qu'elle soit ni facile, ni peut-être même praticable dans l'exécution. M. de Vergennes paraît quelquefois le sentir; il se pourrait que l'on se bornât à convenir d'abord ici de quelques points préliminaires, et que l'ensemble d'un arrangement définitif s'effectuât par l'entremise des puissances médiatrices. En attendant les ordres ultérieurs de V. A., je n'ai pas cru pouvoir aller au delà de ce que porte ma dépêche d'office, persuadé qu'il se passera encore assez de temps pour que cette grande affaire ne prenne une tournure solide et décisive.

Je rends compte aujourd'hui à S. M. l'Empereur de tous les petits détails relatifs à l'accueil qu'il a désiré qu'il fût fait ici aux illustres voyageurs du Nord. La Reine s'en acquitte de manière à ne rien omettre de ce que son auguste frère Lui a recommandé à cet égard. Je n'ai point vu ici d'exemple d'une réception aussi distinguée, et toutes les circonstances de ce traitement portent tellement l'empreinte de la

---

[1] Cette lettre manque.

volonté personnelle de la Reine, qu'il est impossible de s'y méprendre, ce qui était foncièrement mon objet pour que les princes russes n'eussent point à douter que c'est à l'Empereur qu'ils doivent ce qu'ils éprouvent d'agréable à cette cour-ci.

Mes courses presque journalières à Versailles me prennent tant de temps, que j'ai à peine trouvé celui de rédiger ma dépêche d'office; je supplie V. A. d'en excuser le désordre; je suppléerai plus à loisir à tout ce que je puis y avoir omis, ainsi que dans cette lettre particulière.

68. — MERCY À JOSEPH II.

Paris, 13 juin 1782. — Les très gracieux ordres de V. M. I. en date du 18 m'ont été remis le 29 de mai par le garde-noble qui en était porteur, et le même jour j'ai présenté à la Reine, ainsi qu'à LL. AA. II. de Russie, les lettres qui leur étaient adressées[1]. Le séjour que ces princes font ici et qui touche à son terme sera aujourd'hui l'objet de mon très humble rapport; je vais y exposer un détail des particularités dont je n'ai fait qu'une mention sommaire dans ma dépêche d'office.

Il n'est pas possible d'apporter plus d'attention, de suite et de bonne grâce que la Reine n'en a mis depuis le premier moment jusqu'à celui présent dans la manière de traiter ses illustres hôtes. S. M. m'a fait venir chez Elle à chaque arrangement qu'il s'agissait de leur proposer, et Elle m'a chargé d'en arrêter les dispositions avec le prince Bariatinsky[2]. Toutes les petites parties de plaisir comme promenades, dîners, spectacles à Paris, ont été disposées sous cette forme, et j'ai toujours tâché de suggérer celles qui avaient le moins d'apprêt et le plus d'apparence de la vraie et simple amitié. Dans une occasion où les illustres voyageurs allaient dîner et passer la journée à Trianon seuls avec la Reine et sans avoir ni de part ni d'autre personne de leur suite, l'intimité se trouva si bien établie que le Grand-Duc fit à la Reine des confidences dont certains points causèrent à S. M. quelque

[1] Ces lettres manquent.
[2] Voir dans la correspondance de Marie-Antoinette avec Joseph II, publiée par M. d'Arneth, p. 27, une lettre de la Reine à M. de Mercy sur le séjour des princes russes.

embarras. Ce prince Lui parla avec grande amertume de la gêne, des contrariétés, même des noirceurs qu'il était dans le cas d'éprouver à Saint-Pétersbourg; sans jamais nommer l'Impératrice sa mère, toutes les phrases portaient sur des articles bien délicats de la manière d'être de cette souveraine, et il s'y mêlait des explosions véhémentes contre des favoris assez audacieux pour persécuter et tourmenter personnellement le Grand-Duc dans tout ce qui intéressait sa satisfaction, son repos et ses alentours affidés, au point, disait-il, que, s'il marquait d'être attaché à un chien qu'il tiendrait auprès de lui, on ne manquerait pas de le lui ôter. Le prince entra dans des détails sur les personnes qui le suivent dans son voyage, et parmi lesquelles plusieurs lui sont suspectes [1]. Il marque de l'affection pour le prince Kourakin et de la défiance ou de l'indifférence pour les autres. Il parla du seul bonheur dont il jouissait et qui consiste dans son union avec la princesse son épouse. Cette dernière, quoique présente à la conversation, n'y prenait pas beaucoup de part, mais son silence avait l'air de l'approbation. La Reine en généralisant ses réponses rapportait tous les inconvénients à ceux des intrigues si ordinaires dans les grandes cours. Le prince se croyant autorisé à demander confidence pour confidence, pria la Reine de lui dire comment, du vivant de Louis XV, Elle s'était comportée vis-à-vis de la comtesse du Barry. S. M. se prêta à le lui expliquer, en disant que la base de sa conduite dans cette conjoncture avait été d'éviter tout ce qui aurait pu choquer directement le défunt monarque et d'omettre envers la favorite toute marque d'approbation. Je n'ai pas cru devoir passer sous silence de semblables détails, parce qu'ils indiquent à V. M. le degré de liaison qui s'est formé entre la Reine et ses illustres hôtes, et que ces mêmes détails prouvent combien ces derniers ont été satisfaits de l'accueil amical qu'ils ont éprouvé de la part de S. M.

Pour aller au but essentiel de la chose, j'ai pris la liberté de proposer à la Reine deux objets qu'Elle a d'abord agréés: le premier est que quand S. M. fera ses adieux aux illustres voyageurs, Elle leur témoigne de leur savoir gré de l'attachement qu'ils marquent pour V. M., en ajoutant quelques remarques sur la convenance dont il est

---

[1] Voir à la fin de l'instruction citée plus haut les détails que Joseph II donne à son frère Léopold sur les différentes personnes de cette suite.

pour eux de persister dans cet attachement; le second objet consiste à les sonder un peu sur le roi de Prusse, de marquer l'indignation dont la Reine est bien vivement pénétrée contre les manœuvres et l'acharnement que le Roi susdit déploie en toute occasion contre V. M., et d'appuyer ce langage de tous les motifs que la conversation pourra faire naître. La Reine est bien décidée à remplir ces deux objets d'ici à lundi prochain [1], jour du départ de LL. AA. II.

Sans trop m'afficher et en évitant une affectation déplacée, je n'ai cependant pas perdu de vue les illustres voyageurs dans leur marche journalière, et je n'ai pas eu la moindre trace que le ministre de Prusse se soit procuré accès auprès d'eux. S'il a fait passer quelques insinuations de son maître, ce ne peut avoir été que par la voie du baron de Grimm, ministre du duc de Saxe-Gotha et fort attaché à la cour de Berlin [2]. Il est à prévoir cependant que le baron de Goltz, pour éviter les duretés de son souverain, ne manquera pas de se vanter dans ses dépêches et de travestir à sa manière tous les faits relatifs au séjour des princes russes dans ce pays-ci.

Pour ne rien omettre sur la matière, je dois ajouter en dernier résultat que LL. AA. II. ont paru aussi contentes de la capitale qu'Elles ont eu lieu de l'être de la cour. Leur attention à voir les objets remarquables, leur affabilité et libéralité ont eu plein succès à Paris. On a jugé plus favorablement le Grand-Duc du côté de son maintien et de son langage que non pas la princesse son épouse, dans laquelle on s'est borné à louer l'air et le ton de bonté.

Relativement aux circonstances de la guerre présente, ainsi que sur ce qui concerne les négociations que l'Angleterre paraît vouloir entamer ici, je n'ai rien à ajouter à ce qu'en expose ma dépêche d'office d'aujourd'hui. On a été avec raison fort consterné du désastre que le comte de Grasse a essuyé et que l'on attribue avec grande vraisemblance à son incapacité [3]. Cet événement peut avoir des suites d'autant plus fâcheuses pour la France qu'avec des ressources on ne voit pas les hommes propres à en tirer le parti convenable, et bien des gens ont toujours prévu que ce défaut influerait parti-

---

[1] Le 17 juin 1782.

[2] Le célèbre auteur de la *Correspondance littéraire*, Frédéric Melchior, baron de Grimm.

[3] Il s'agit de la victoire navale remportée le 12 mai 1782 entre les îles des Saintes et de la Dominique par l'amiral Rodney sur le comte de Grasse, qui fut fait prisonnier.

culièrement dans les grandes époques qui doivent décider du sort de cette guerre.

La suite de la correspondance prussienne que je remets ici très humblement n'exige de ma part que la remarque ordinaire d'inexactitude dans les faits courants énoncés par le baron de Goltz et de fausseté entière dans la manière de juger du crédit de la Reine et de ses effets; mais je trouve dans une lettre du roi de Prusse à son ministre, datée du 18 avril, l'indication d'une lettre secrète envoyée ici par un exprès, et à la suite de mes recherches je crois presque avec certitude que la lettre en question était adressée directement au Roi Très Chrétien; qu'elle avait pour objet le prétendu projet concerté entre V. M. et la Russie contre la Porte Ottomame; que le roi de Prusse, exaltant le danger dudit projet, témoignait désirer de se concerter d'avance avec la France sur les moyens de prévenir l'effet et les suites d'un pareil événement; que le Roi Très Chrétien, en répondant poliment à cette lettre, a marqué la persuasion décidée de l'inexistence du projet en question, en ajoutant que par conséquent il serait très inutile de penser à des mesures contre une chose qui n'a aucune réalité.

La Reine a eu quelque connaissance imparfaite de tout ceci; je l'avais même suppliée d'en écrire à V. M., mais je doute qu'Elle s'y détermine encore, parce qu'Elle voudrait auparavant mieux éclaircir la matière, et jusque-là Elle m'avait interdit d'en rendre compte, en observant qu'étant bien assurée que le Roi ne se laisserait pas induire en erreur par le roi de Prusse il était inutile de se presser d'annoncer les manœuvres de ce dernier avant d'en savoir à fond tous les détails. Cette volonté de la Reine m'a porté à ne point faire mention dans ma dépêche d'office de la particularité dont il s'agit et de la mettre uniquement sous les yeux de V. M. Entre temps je ne perdrai pas de vue cette circonstance dans le cas où elle pût avoir quelques suites dignes de remarque.

La Reine est toujours très impatiente de savoir V. M. entièrement délivrée de son indisposition aux yeux, et elle espère que le séjour de Laxenbourg produira cet effet si désiré. Je dois me borner à parler des vœux de cette auguste princesse, sans oser faire mention de ceux que me dicte mon profond attachement pour la personne sacrée de V. M.

69. — MERCY À KAUNITZ.

Paris, le 13 juin 1782. — J'ai usé de la permission que V. A. a bien voulu me donner de lire dans la plus grande confiance à M. de Vergennes la lettre dont Elle m'a honoré du 18 de mai. Le secrétaire d'État en a écouté le contenu avec grande attention, en applaudissant aux remarques sur l'inconséquence de M. Fox, et en restant plus silencieux sur le projet du ministre anglais d'entamer une négociation directe pour la paix. J'ai cru voir que M. de Vergennes prenait sa part à l'observation si bien avancée par V. A. sur le manque d'égards envers les puissances médiatrices; j'ai fort pesé dans ma lecture sur cet article, de même que sur celui où V. A. annonce qu'Elle attendra le développement de cette énigme et fera ensuite en conséquence ce qui lui paraîtra convenir de faire.

M. de Vergennes a très bien pris l'avis de modérer son humeur contre la Russie; il m'a dit et répété qu'il sentait la sagesse de ce conseil et qu'il était déterminé à le suivre. Au reste, je crois, Monseigneur, que la Reine a vu très juste en présumant que le ministre français n'a pas excité l'Angleterre à l'idée d'une paix directe, mais qu'il n'a rien fait non plus et ne fera rien pour détourner cette idée, à moins qu'il n'y soit forcé par les circonstances; celles où l'on se trouve ici maintenant pourraient y être très propres; elles sont menaçantes pour la suite. J'en expose quelques raisons dans ma dépêche d'office, et peut-être M. de Vergennes éprouvera-t-il le besoin personnel d'un congrès pour se tirer des embarras qui graviteront plus particulièrement sur lui, à mesure que les fautes et les revers pourraient se multiplier.

---

70. — JOSEPH II À MERCY.

Laxenbourg, 15 juin 1782. — Mon cher comte de Mercy, je ne vous dirai qu'un mot par ce courrier; les dépêches d'office vous instruiront du reste ⁽¹⁾. Mais je crois que si on n'a pas des yeux entièrement offusqués à Versailles, que tout le ministère français ne pourra douter de ma façon de penser calquée sur ma façon d'agir, toujours le plus infaillible moyen à leur égard.

Je suis bien curieux d'apprendre comment aura fini la visite de LL. AA. II. à Paris et si les bons commencements de satisfaction mutuelle se sont soutenus jusqu'à la fin, et si Elles entreprendront encore un voyage à Brest.

Je vous joins ici une lettre pour la Reine ⁽²⁾ et une autre pour LL. AA. II. Si Elles ne sont plus à Paris, je vous prie de la leur faire parvenir là où Elles seront.

Je me flatte que les fâcheuses nouvelles de l'Amérique n'influeront point sur le bien général et sur les convenances de mon allié. L'incroyable conduite du ministère anglais me donne l'assurance qu'ils préféreront la paix à tout prix à quelconque autre considération de l'État.

71. — MERCY À JOSEPH II.

Paris, 5 juillet 1782. — Le garde-noble mensuel m'a remis le 27 ⁽³⁾ de juin les très gracieux ordres de V. M. datés du 15 du même mois. La lettre pour la Reine lui a été présentée sur-le-champ, et le prince Bariatinsky s'est chargé de faire parvenir à LL. AA. II. celle qui leur était adressée. Dans l'audience que me donnèrent ces princes l'avant-veille de leur départ, ils s'exprimèrent avec une grande sensibilité sur les attentions si recherchées et pleines d'amitié que la Reine leur avait fait éprouver. Ils parurent en sentir tout le prix et les devoir entière-

---

⁽¹⁾ La cour de Vienne saisit l'occasion de la défaite navale des Saintes pour insister près du cabinet de Versailles, afin qu'il consentît à l'ouverture immédiate du congrès à Vienne. C'est l'objet principal du rescrit adressé le 15 juin au comte de Mercy par le prince de Kaunitz.

⁽²⁾ Cette lettre manque.

⁽³⁾ Par une bizarrerie inexplicable, la lettre particulière de l'Empereur au comte de Mercy avait été expédiée par le garde-noble von Veghely, qui, parti de Vienne le 15 juin, était passé par Bruxelles et n'était arrivé à Paris que le 27 juin, tandis que le rescrit du prince de Kaunitz, du 15 juin, y avait été apporté dès le 23 par le garde-noble von Socky venu directement. Aussi M. de Mercy, sans attendre la lettre de l'Empereur, avait-il eu, le 25 juin, une longue conférence sur ce sujet avec M. de Vergennes. (Dépêches d'office du comte de Mercy au prince de Kaunitz, des 26 juin et 5 juillet.

ment aux bontés et aux soins de V. M. Dans une dernière conversation la Reine avait rempli son projet d'entretenir LL. AA. II. de ses sentiments pour V. M., et de leur témoigner tout le gré qu'Elle leur savait de l'attachement qu'Elles marquent pour son auguste frère. J'avais proposé de plus une petite mention sur la personne et les manœuvres du roi de Prusse; mais la Reine n'a pas trouvé que l'entretien eût assez prêté pour toucher cet article sans trop d'affectation. Au reste, les illustres voyageurs ont eu sujet d'être contents de tous les moments qu'ils ont passés ici depuis le premier jusqu'au dernier. Ils ont obtenu les suffrages de la cour et de la ville, et il faut convenir qu'ils se sont conduits de manière à se les procurer. Le prince Bariatinsky qui les avait suivis à la première station, de retour à Paris, tandis que la Reine m'avait fait venir à Versailles, m'écrivit la lettre ci-jointe qui me paraît devoir être mise très humblement sous les yeux de V. M.

Relativement à la négociation directe que l'Angleterre a fait commencer ici, je n'ai rien à ajouter à ce que ma dépêche d'office expose sur la matière [1]. Si cette négociation est insidieuse de la part de la

---

[1] M. Oswald était revenu à Paris dès le 6 mai; mais il fit observer à M. de Vergennes que lord Shelburne, étant seulement chargé des affaires d'Amérique, n'avait pu lui donner de mission que près de M. Franklin; c'était à M. Fox qu'il appartenait de traiter des affaires d'Europe, et ce ministre s'était décidé à envoyer à Paris M. Grenville, frère de lord Temple. En effet, le 9 mai, M. de Vergennes eut une première conférence avec ce nouvel émissaire; mais les négociations marchèrent lentement. Enfin, le 25 juin, la Reine annonça à M. de Mercy que M. Grenville avait reçu des pouvoirs en règle et qu'il avait été autorisé à prendre le caractère d'un ministre du roi d'Angleterre. Néanmoins, la Reine croyait que le ministère anglais n'était pas sincère et n'avait d'autre but que d'endormir le cabinet de Versailles et de le jouer. Aussi avait-Elle insisté vivement près du Roi pour qu'on hâtât l'ouverture du congrès; mais Louis XVI, sans méconnaître la force des arguments dont la Reine s'était servie, lui avait répondu comme toujours qu'on ne pouvait pas rejeter un moyen d'arriver à la conclusion de la paix lorsque l'ennemi l'avait formellement proposé en montrant que son choix était irrévocable, mais il lui avait assuré qu'on se tiendrait en garde pour ne pas se laisser duper par l'Angleterre. La Reine n'était pas convaincue de la solidité de ce raisonnement. Elle fit entendre à M. de Mercy qu'Elle croyait que M. de Vergennes avait adhéré pour des raisons d'intérêt personnel à la proposition des négociations directes, faite par l'Angleterre. Elle pensait que ce ministre, confiant dans son habileté, se flattait de pouvoir conclure une paix avantageuse pour la France, seul et sans le concours des puissances médiatrices, dans l'espoir de s'attirer tant d'honneur et tant de considération que le Roi se déciderait enfin à le mettre à la place du comte de Maurepas. Cette idée paraissait avoir une telle influence sur l'esprit de la Reine que M. de Mercy crut devoir défendre le ministre, et dire que son opinion pouvait

5 JUILLET 1782.

cour de Londres comme elle en a l'apparence et que malgré cela le ministère de Versailles ait la maladresse de la laisser subsister, elle ne peut manquer de faire naître des incidents sur lesquels je chercherai à fixer l'attention de la Reine qui met de l'intérêt et de la suite à cet important objet.

La correspondance prussienne que je remets ici très humblement ne me donne lieu aujourd'hui à d'autres remarques, si ce n'est que le baron de Goltz a déjà altéré quelques faits relatifs aux illustres voyageurs du Nord, au départ desquels il n'a pas été mieux traité qu'au moment de leur arrivée.

La Reine m'a enjoint de hâter l'expédition du présent garde-noble, parce qu'elle a paru fort pressée de faire parvenir à V. M. la recommandation en faveur du prince George de Hesse-Darmstadt.

peut-être être motivée par d'autres considérations, entre autres par la crainte que la Russie ne favorisât l'Angleterre. Mais ensuite il communiqua à la Reine les dépêches qu'il venait de recevoir du prince de Kaunitz, en vue d'obtenir l'ouverture immédiate du congrès, et il la pria de faire usage près du Roi de tous les arguments qui étaient contenus dans ce rescrit. Il insista particulièrement sur ce point, que la renonciation à une médiation qui avait été formellement acceptée était un complet manque d'égards envers les médiateurs et aurait l'apparence fâcheuse d'un acte de méfiance. Il ajouta que cette considération serait bien placée dans la bouche de la Reine, qui devait être sensible à tout ce qui touchait son frère. Marie-Antoinette promit d'employer tout son crédit en ce sens.

Après cette conférence avec la Reine, M. de Mercy se rendit chez M. de Vergennes et insista longuement près de ce ministre pour le décider à renoncer à la négociation directe et à provoquer l'ouverture immédiate du congrès; mais le ministre se défendit avec les mêmes arguments dont le Roi s'était servi près de la Reine. Ce fut même en pure perte que M. de Mercy, pour exciter la défiance de M. de Vergennes, lui lut ce passage d'une lettre interceptée de M. Fox : «Faisons la paix avec la Hollande. Faisons la paix avec l'Amérique. Combattons les Français et les Espagnols. Voilà à quoi nous travaillons, et nous ne sommes pas sans espérance d'y réussir.» M. de Vergennes se borna à répondre qu'il avait des raisons de croire que les Anglais ne réussiraient pas. Les puissances médiatrices, disait-il, ne pourraient pas s'en prendre à la France en cas d'échec de la médiation, car tout le monde savait que c'était l'Angleterre qui avait pris l'initiative des négociations directes en envoyant successivement trois émissaires à Paris, tandis qu'il était avéré que lui, Vergennes, n'avait envoyé personne à Londres. Mais il ne pouvait pas assumer la responsabilité de la continuation éventuelle des hostilités en se refusant à négocier directement pour amener l'ouverture du congrès. (Dépêche d'office du comte de Mercy, du 5 juillet.)

72. — KAUNITZ À MERCY.

Vienne, le 22 juillet 1782. — Votre dernière conférence avec M. de Vergennes a été pleine de sagesse, d'honnêteté et de dignité de votre part, et de la sienne au contraire un galimatias, qu'on ne devrait pas même se permettre, quand on a à faire à des gens comme vous.

Je souhaite que la gloriole de M. de Vergennes ne soit pas à la fin la dupe de sa manœuvre, dans laquelle il s'est beaucoup plus avancé qu'il n'eût été nécessaire, et qu'il n'a été prudent de faire, et je ne voudrais point lui être caution de quelque arrangement de l'Angleterre avec ses colonies, sans accorder leur indépendance pure et simple [1]; auquel cas, s'il arrive, vous conviendrez avec moi que M. de Vergennes se trouvera avoir fait un grand pas de clerc en déclarant à l'Angleterre que pourvu qu'elle permette de traiter avec les Américains comme avec une nation libre, la France ne prétendra pas à s'en mêler. Enfin il faudra voir ce que deviendra la négociation pacifique, gouvernée à présent par lord Shelburne, qui n'est pas un sot, à ce qu'il me semble [2].

P. S. — M. d'Aguilar [3] vient de me montrer une lettre du comte d'Aranda [4], qui lui mande que le 6 M. de la Motte-Piquet [5] s'était joint à la flotte combinée, qui par là se trouvait forte de 40 vaisseaux de ligne, 27 espagnols et 13 français; c'est une grande nouvelle, et

---

[1] Dans sa dépêche d'office du 5 juillet, M. de Mercy disait tenir de bonne source que lord Shelburne avait l'intention de conclure une paix séparée avec les États-Unis d'Amérique, en leur demandant de reconnaître seulement la suprématie royale et impériale du roi d'Angleterre et en leur accordant deux parlements absolument indépendants du parlement anglais, comme celui récemment établi en Irlande: l'un pour les provinces du Nord, l'autre pour les provinces du Sud, qui auraient formé deux États distincts.

[2] Le roi d'Angleterre, Georges III, avait profité de la mort de lord Rockingham pour se débarrasser de M. Fox, qu'il ne pouvait pas souffrir, et remanier son ministère, dont le 1er juillet 1782 lord Shelburne devint le chef; c'est dans ce ministère que le jeune William Pitt, à peine âgé de vingt-trois ans, fit ses débuts en qualité de chancelier de l'Échiquier.

[3] M. d'Aguilar, ambassadeur d'Espagne à Vienne.

[4] M. le comte d'Aranda, ambassadeur d'Espagne à Paris.

[5] Toussaint-Guillaume Picquet de la Motte, né à Rennes en 1720, mort en 1791, célèbre lieutenant général des armées navales françaises.

quoique vous n'en fassiez pas mention dans votre lettre du 14, même date de celle du comte d'Aranda, je n'en espère pas moins qu'elle est vraie et qu'apparemment ce n'est que parce que vous l'avez ignorée que vous ne m'en avez pas parlé.

---

73. — JOSEPH II À MERCY.

Laxenbourg, ce 23 juillet 1782. — Mon cher comte de Mercy, il faut que je commence par vous avouer une fâcheuse étourderie de ma part; c'est que, si vous m'avez écrit par le dernier courrier Veghely et si, qui pis est, vous avez joint à la vôtre une lettre de la Reine, je les ai par mégarde apparemment laissées dans le paquet des interceptes de la correspondance prussienne et, sans les lire ni les voir, condamnées aux flammes, et par conséquent je ne suis point en état de répondre ni à la Reine ni à vous sur tous les objets dont vous avez pu m'écrire, ce qui me peine beaucoup. Si la Reine ne m'a point écrit, je vous prie de ne lui rien dire de cette aventure; mais si Elle m'a écrit, vous la lui confierez, car je ne lui en mande rien.

Si le changement arrivé dans le ministère anglais ne cause pas quelque variation dans le projet de paix, je crois que nous aurons les préliminaires aux premiers jours. Je ne suis point du tout étonné si la France cherche à éluder l'intervention des médiateurs; c'est d'abord la juste méfiance qu'elle a de la Russie, et puis il faut avouer qu'une paix signée dans le cabinet de M. de Vergennes et donnée par lui seul à la France doit trop flatter son amour-propre et son ambition, et que cela est trop analogue aux vues ultérieures de cet homme pour que l'on puisse exiger de lui qu'il désire sincèrement que la médiation ait lieu; mais, comme l'Angleterre veut ainsi faire la paix, c'est une de ces choses qu'on ne comprend point et aussi peu que nombre de celles qu'elle a faites depuis peu.

Vous avez parfaitement chauffé M. de Vergennes dans ses retranchements; il est resté court dans ses raisons, et il était naturel que celle que je viens de vous dire étant la vraie il ne pouvait ni ne voulait la dire.

Le nouveau changement du ministère en Angleterre est une de ces choses étonnantes, si quelque chose peut l'être dans la dépravation dans laquelle se trouve ce royaume.

---

74. — MERCY À JOSEPH II.

Paris, 10 août 1782. — Le garde-noble Veghely, expédié d'ici le 5 juillet, était chargé d'un de mes très humbles rapports à V. M. I., ainsi que d'une lettre de la Reine. L'un et l'autre se trouvaient au-dessus de deux liasses de la correspondance prussienne, et le tout était assujetti par deux bandes de papier pour donner la solidité nécessaire au paquet. La Reine s'aperçut d'abord qu'il devait être arrivé accident à sa lettre, parce qu'Elle attendait avec impatience une réponse à sa recommandation en faveur du prince George de Hesse-Darmstadt. J'expliquai à S. M. ce qui était survenu, en lui disant simplement que parmi un nombre de paquets ouverts et déposés sur le bureau de V. M. Elle avait aperçu des papiers destinés à être brûlés, qu'Elle les avait jetés au feu, et que précisément la lettre de la Reine et ma dépêche s'étaient trouvées mêlées avec ces papiers. Au reste, je crois devoir joindre ici une copie de mon très humble rapport en question, parce qu'il contient des détails sur les derniers moments du séjour qu'ont fait ici LL. AA. II. de Russie.

Le garde-noble Doczy m'a remis le 30 juillet les très gracieux ordres de V. M. en date du 23 du même mois, et le lendemain j'ai été présenter à la Reine la lettre qui lui était adressée.

Pendant les trois semaines que cette auguste princesse a passées à Trianon[1], il semble qu'Elle y a été un peu ennuyée par ses alentours. Dans le grand nombre des sollicitations de la duchesse Jules de Polignac, elle s'est particulièrement opiniâtrée a vouloir procurer le ministère de la maison du Roi au comte d'Adhémar[2]. La Reine, étonnée

---

[1] M. Desjardins dit que la Reine ne resta à Trianon qu'une douzaine de jours, du 7 au 20 juillet (*op. cit.*, p. 220).

[2] Voir sur la fortune extraordinaire de M. d'Adhémar les mémoires du baron de Besenval (t. II, p. 85 et suiv.). M. d'Adhémar, né pauvre, avait débuté dans le monde, sous le nom de Montfalcon; puis il s'était donné comme le dernier représentant de l'illustre maison d'Adhémar et il avait fait son chemin d'abord par la protection de M. de Ségur, ensuite par celle de

d'abord de l'absurdité de cette idée, n'a pas cru que la duchesse y tiendrait. Celle-ci a cependant fort insisté verbalement et par écrit; les réponses ont toujours été négatives; la duchesse en a eu de l'humeur, et j'ai vu le moment où la Reine allait en prendre sérieusement. Il est probable que cette auguste princesse finira par se lasser enfin des importunités déplacées de sa favorite, et que cette dernière détruira elle-même peu à peu son crédit. Cette époque est fort désirable, parce que la Reine, moins exposée alors aux frivolités de ce qu'elle daigne appeler sa société, n'en fera que plus attention aux objets propres à étendre ou affermir son influence. Le bien du service y gagnerait en raison du vrai attachement de la Reine pour V. M. et du penchant qu'Elle conserve pour sa patrie. J'ai lieu d'observer en toutes occasions ces bons sentiments et même d'en apercevoir les progrès. La Reine prend des leçons d'écriture et de langue allemande qu'Elle n'a pas oubliée quoiqu'Elle en ait perdu l'usage; mais la Reine ne voudrait pas que V. M. fût informée de cette particularité.

Ma dépêche d'office d'aujourd'hui expose de nouvelles remarques que j'ai faites au comte de Vergennes sur les inconvénients et les dangers vraisemblables de la négociation directe, de laquelle il paraît maintenant fort préoccupé en partie par une suite de convenances personnelles et parce qu'il croit que la conduite de l'Angleterre le met à couvert de tout soupçon et reproche d'avoir décliné la médiation. Cependant les incidents que produiront sans doute les faux calculs politiques et militaires d'après lesquels on semble se diriger ici pourraient bien aboutir à ce que le comte de Vergennes, après avoir été joué pendant quelque temps et après s'être embourbé dans des embarras de tout genre, se verrait forcé à invoquer les secours des puissances médiatrices. Les dernières opérations maritimes des deux cours de Bourbon n'ont certainement rien mis en leur faveur dans la ba-

---

Mme de Polignac, «qui, dit Besenval, se livrait entièrement à lui et à ses conseils». Mme de Polignac introduisit son ami dans la société de la Reine; bientôt, non contente d'avoir fait du comte d'Adhémar un ministre de France à Bruxelles, Mme de Polignac demanda à la Reine de le faire nommer ambassadeur d'abord à Constantinople, ensuite à Vienne ou à Londres; ces projets ayant échoué, en 1780, M. d'Adhémar, sous couleur de travailler pour M. de Ségur, manœuvra pour obtenir le ministère de la guerre à la place du prince de Montbarrey; mais la Reine déclara nettement à Mme de Polignac qu'il ne fallait pas y penser. En 1782, nouvelle tentative infructueuse; mais, peu de temps après, M. d'Adhémar finit par obtenir l'ambassade de Londres.

lance; l'apparition de leur flotte sur les côtes d'Angleterre n'a produit que la mortification d'être insulté par les manœuvres habiles et hardies de l'amiral Howe, et si ce dernier, avec les renforts qu'on lui prépare, se portait vers Gibraltar, il serait possible qu'il en résultât quelque événement fâcheux pour la flotte combinée, malgré sa supériorité en nombre.

Je remets ici très humblement la suite de la correspondance prussienne, sans y ajouter d'autre observation que celle d'une bonne foi peu ordinaire au baron de Goltz dans l'aveu qu'il fait à son maître du peu de moyens qu'il a eu d'intriguer auprès des princes du Nord pendant leur séjour ici. Le parfait mécontentement que marque le roi de Prusse à cet égard ne laisse rien à désirer dans ce point, et j'ai lieu de voir de plus en plus que toutes les tentatives du baron de Goltz à cette cour-ci lui réussissent également mal.

75. — JOSEPH II À MERCY.

Vienne, 18 août 1782. — Mon cher comte de Mercy, j'ai reçu votre lettre et j'y ai vu l'assurance de mon étourderie et la façon dont vous avez voulu la présenter à ma sœur qui l'a effectivement fort bien prise en m'écrivant une très jolie lettre[1]. Je lui réponds fort en détail au sujet des princes de Darmstadt[2], et je vous avertis que, pour faire plaisir à la Reine, je ne serais pas contraire d'accorder au prince Charles de Darmstadt, qui est au service de la Hollande, le grade de colonel avec un régiment; mais il faut qu'il m'en fasse la demande, ce que vous tâcherez d'insinuer d'une bonne façon à la Reine, en y ajoutant la condition que son frère qui se trouve placé chez nous en qualité de lieutenant-colonel passerait alors au service de la Hollande.

Quant à l'inoculation que médite la Reine, tout le succès dépendra uniquement de la santé et de la bonne constitution de sa petite fille; mais vous insisterez surtout à ce que le Roi soit pleinement informé de ce projet, et que l'opération ne se fasse que de son aveu qui est très essentiel pour une démarche aussi sérieuse.

---

[1] Cette lettre manque. — [2] Cette réponse manque.

Les négociations de la paix paraissent absolument subordonnées aux intérêts personnels des gens en place. Je crois que ceux-là dirigent les cabinets de Versailles et de Londres, mais il m'est impossible de les calculer dans l'éloignement; au reste, je serai assez indifférent à tout ce qui en arrivera.

Votre rapport au prince Kaunitz ressemblait parfaitement à tout ce qui sort de votre plume, et que votre façon de penser et vos lumières caractérisent.

Le projet de l'île de Tabago, quelque éloigné et difficile qu'en paraisse le succès, n'est pas entièrement à rejeter; je vous prie même d'en suivre et approfondir les moyens et de me les communiquer à mesure qu'ils parviendront à votre connaissance [1].

Une nouvelle attaque de mon incommodité aux yeux, quoique moins forte que les précédentes, a cependant paru assez sérieuse aux médecins pour m'engager à renoncer au camp de Bohême. Je viens par conséquent de le contremander ainsi que toutes les dispositions que j'avais ordonnées pour l'arrivée du comte du Nord à Prague. Ce même courrier devant passer par Montbéliard, les informera de ce contre-temps; j'espère cependant d'avoir la satisfaction de les revoir ici à Vienne où ils accompagnent la princesse Élisabeth [2].

---

76. — KAUNITZ À MERCY.

Vienne, le 18 août 1782. — Mon cher Comte, M. de Vergennes se trompe bien fort s'il se flatte de m'avoir convaincu de la rectitude de sa conduite relativement à sa négociation particulière avec l'Angleterre, par la dernière lettre qu'il a écrite au baron de Breteuil et que cet ambassadeur a eu ordre de me lire, que je lui ai conseillé d'aller lire à l'Empereur, attendu qu'il ne voulait pas m'en donner une copie,

---

[1] Le 10 août, M. de Mercy avait joint à sa dépêche d'office un mémoire du consul de l'Empereur à Dunkerque sur l'utilité de profiter des négociations entre la France et l'Angleterre, afin d'acquérir pour l'Empereur l'île de Tabago.

[2] La princesse Élisabeth de Wurtemberg, sœur de la Grande-Duchesse, était fiancée à l'archiduc François, fils aîné de l'archiduc Léopold, grand-duc de Toscane et héritier présomptif de Joseph II.

et que cet ambassadeur, d'après mon avis, a été lire effectivement à S. M. Elle contenait un récit chronologique de la suite des choses depuis la première apparition de M. Forth, et entre autres les copies d'une lettre du duc de Richmond et d'une autre de M. Fox, dont ces deux ministres avaient accompagné M. Grenville, le premier comme son ami, et le dernier en sa qualité de secrétaire d'État. La première était de purs compliments, et la seconde si adroitement tournée que, bien loin de prouver que les premières ouvertures aient été faites par le ministère anglais, elle supposait au contraire que c'étaient des propos de M. de Vergennes qui y avaient donné lieu. Ainsi que je n'ai pas manqué de le faire observer au baron de Breteuil, et comme M. de Vergennes y avançait entre autres que l'Angleterre selon lui non seulement avait fait les premières démarches, mais s'était même constamment refusée à la voie de la médiation qu'il prétend lui avoir rappelée à plusieurs reprises et en toute occasion, et qu'il en concluait que moyennant cela il n'avait pas pu s'empêcher de répondre, comme il avait fait, aux propositions du ministère anglais; j'ai dit au baron de Breteuil que j'étais bien éloigné de pouvoir convenir de la justesse de son argument, la supposition sur laquelle il est fondé fût-elle même indubitable, et qu'à sa place j'eusse cru pouvoir et devoir même répondre tout différemment. Le baron de Breteuil me témoigna une grande envie d'apprendre ce que j'aurais fait, et je n'ai pas hésité à le satisfaire, en lui déclarant néanmoins que ce n'était qu'en homme raisonnable et non en ministre que je croyais devoir le contenter. Voici donc, lui dis-je, comment j'aurais répondu à la première des propositions du ministère anglais et à toutes les subséquentes, après m'être chargé d'en rendre compte au Roi : Le Roi a appris avec beaucoup de satisfaction que le roi de la Grande-Bretagne désire le rétablissement de la paix, et S. M. Britannique peut être persuadée que le Roi Très Chrétien ne le souhaite pas moins que lui. Mais comme il a accepté solennellement la médiation des deux cours impériales conjointement avec le roi d'Espagne son allié, après qu'elle avait été acceptée déjà avant lui par la Grande-Bretagne, il ne croyait point pouvoir se permettre une autre voie de négociation; qu'il ne peut pas donner les mains par conséquent à une négociation particulière, mais qu'il était prêt en échange à traiter de la paix par le canal des deux cours impériales médiatrices solennellement convenues entre les puissances belligérantes; que son ambassadeur, au lieu qu'elles avaient désigné pour la tenue du congrès, se trouvait muni de toutes les autorisations nécessaires à cet effet, et qu'il était prêt à y faire ouvrir les conférences sur la paix dès que le roi de la Grande-Bretagne trouverait bon de lui faire connaître qu'il était dans les mêmes intentions.

Vous pensez bien que l'ambassadeur n'a eu rien de raisonnable à opposer à ce raisonnement, et, au risque de l'usage qu'il pourrait en faire, je n'ai pas balancé à m'expliquer ainsi vis-à-vis de lui pour lui faire sentir que je n'étais pas la dupe des sophisteries de M. de Vergennes qui, je vous avoue, me paraît bien petit dans toute cette manœuvre, pour ne pas dire plus.

Au reste, il me semble que ce sera l'événement de Gibraltar[1] qui décidera de la qualité de la future pacification, et de la façon de la traiter, ou de la continuation de la guerre, et je ne répondrais pas que la flotte de Cadix ne reçoive pas encore dans cette année un affront de la part de celle de l'amiral Howe, et que les Espagnols ne manquent la prise de Gibraltar, qui a fait gâter toute la campagne aux deux Indes. Je ne trouve pas même convenables toutes les complaisances que la France a eues pour l'Espagne pendant cette campagne, qu'en autant que je les attribue à la poltronnerie de M. de Vergennes, auquel la peur a pris que l'Angleterre ne réussisse peut-être à la fin à détacher le roi d'Espagne de l'alliance. En voilà bien assez pour aujourd'hui, ce me semble; il me reste à ajouter seulement que je ne serais pas bien aise que M. de Vergennes me crût sa dupe, et je vous abandonne le soin de lui en ôter la confiance de la façon que vous jugerez à propos, supposé qu'il l'ait.

---

[1] L'Espagne, pendant toute cette guerre, ne se soucia que de ses propres intérêts, et, pour les satisfaire, elle força souvent la France à donner une fâcheuse direction aux opérations militaires. Non content d'avoir recouvré Minorque et Port-Mahon, le roi d'Espagne était possédé du désir de prendre Gibraltar, et il sacrifia à cet objet la campagne de 1782. Le siège ne commença réellement qu'au mois d'août et le 9 septembre s'ouvrit le bombardement qui fut effectué surtout au moyen des nouvelles batteries flottantes inventées par l'ingénieur français d'Arçon.

77. — MERCY À JOSEPH II.

Paris, 8 septembre 1782. — Les très gracieux ordres de V. M. I. en date du 18 août m'ont été remis le 26 du même mois par le garde-noble qui en était porteur, et le lendemain 27 j'allai présenter à la Reine la lettre qui lui était adressée[1]. Une autre lettre apportée par un courrier du baron de Breteuil ayant déjà prévenu cette auguste princesse de la nouvelle attaque d'incommodité aux yeux que V. M. vient d'éprouver, la Reine dès ce moment en était restée inquiète et m'avait ordonné de lui faire parvenir sur-le-champ tout ce que l'on pourrait me mander de Vienne sur un objet dont Elle est bien réellement affectée. Je Lui observai que, d'après ce que V. M. mandait Elle-même, il ne s'agissait que d'une indisposition passagère et dont les suites n'étaient nullement à craindre. La Reine parut très sensible aux égards que V. M. veut bien avoir à sa recommandation en faveur du prince de Darmstadt. Elle comprit qu'il était du devoir de ce jeune prince d'adresser une très humble instance directe pour l'obtention de la grâce désirée, qu'il serait également convenable que le frère dudit prince passât au service de la Hollande, et la Reine vient d'en écrire dans ce sens à la princesse douairière de Darmstadt.

Quant à l'inoculation de Madame fille du Roi, ce monarque avait été d'abord très disposé à en approuver le projet qui sera exécuté dans cette semaine à la Muette[2], où la cour restera établie à cet effet pendant trois semaines. L'état de santé de la jeune princesse ne laisse pas le moindre doute aux médecins sur la réussite parfaite de cette petite opération. M. le Dauphin reste établi au Grand Trianon; Mademoiselle fille de M. le comte d'Artois sera inoculée à Passy; la princesse sa mère logera à Bagatelle. Monsieur et Madame occuperont le Petit Luxembourg. Toute la famille royale se réunira chaque jour à dîner et à souper à la Muette, où il n'y aura d'admis que les alentours les plus favorisés.

Ma dépêche d'office expose le nouvel état des choses relatives à la future pacification. Il a fallu mettre le comte de Vergennes au pied du

---

[1] Cette lettre manque.
[2] La Muette était un château royal aux portes de Paris, à l'entrée du bois de Boulogne; il n'en reste plus aujourd'hui qu'une portion des jardins; c'est maintenant une propriété particulière.

mur pour le faire articuler d'une manière plus claire et précise sur cet objet important. Il lui sera maintenant difficile d'user d'échappatoires relativement au principal, mais il cherchera peut-être à se débattre sur le lieu de la tenue d'un congrès qu'il avoue enfin être convenable, même nécessaire. J'ai fort insisté à ce que la Reine veuille bien tenir la main pour que rien ne soit changé au choix de Vienne si solennellement arrêté et accepté. La clémence avec laquelle V. M. a daigné agréer mes démarches sur l'ensemble de cette matière encourage mon zèle; il ne me laissera rien omettre pour tâcher de l'employer avec quelque succès dans une conjoncture si intéressante. Au reste, il paraît y avoir encore bien des chances pour la durée de la guerre pendant l'année prochaine, et beaucoup de doutes sur la manière plus ou moins sortable dont elle finira pour les parties intéressées. A cette époque, il ne serait peut-être pas impossible de ménager quelque arrangement qui procurât à V. M. un établissement aux Antilles tel que serait Tabago. Il s'agirait de déterminer quand et avec quelles précautions le ministère français pourrait être sondé à cet égard. D'après les ordres qu'il plaira à V. M. de me faire donner sur ce point, je saisirai les circonstances propres à toutes démarches utiles, en évitant soigneusement de compromettre l'idée d'un semblable projet qui, sous plusieurs faces, est d'une exécution délicate et difficile.

En remettant ici très humblement les pièces de la correspondance prussienne, elles ne me donnent lieu pour cette fois à d'autre remarque, si ce n'est que le baron de Goltz s'y montre moins aventuré dans ses détails, et que cette modération, qui ne lui est point habituelle, confirme les assurances que ne cesse de me donner le comte de Vergennes de l'inaction présente du roi de Prusse vis-à-vis de cette cour-ci.

78. — MERCY À KAUNITZ.

Paris, le 8 septembre 1782. — Indépendamment de ce qui est exposé dans ma dépêche d'office, j'ai dit à M. de Vergennes dans le langage particulier et confidentiel tout ce qu'il m'a paru propre à lui faire bien comprendre que V. A. ne prenait ni prendrait le change sur la valeur réelle de ses belles phrases, non plus que sur celle de ses mauvaises raisons. C'est à la suite de cette explication que le Ministre a pris un peu d'humeur et a eu un moment de vivacité; mais je dois rendre la justice à sa bonhomie que ce mouvement n'a pas été de durée, et qu'il a cherché d'abord à le réparer en me marquant plus de cordialité qu'il ne m'en avait témoigné depuis longtemps.

Il ne sera plus maintenant si facile à M. de Vergennes d'user d'échappatoires sur le point principal qui est l'existence future d'un congrès avoué par lui comme nécessaire; mais il pourra peut-être se débattre sur le lieu de la tenue du congrès. J'ai fort insisté auprès de la Reine pour qu'Elle veuille bien tenir la main à ce que rien ne soit changé au choix généralement convenu et accepté dans la ville de Vienne; j'espère que M. de Vergennes ne fera, à cet égard, qu'une légère résistance. Au reste, il paraît y avoir encore bien des probabilités à la continuation de la guerre pendant l'année prochaine, ce qui donnerait du temps à voir venir les circonstances et à en tirer le meilleur parti possible.

J'ai cru qu'il ne pouvait être que très utile de communiquer à la Reine la lettre dont V. A. m'honore. Cette Princesse en a très bien saisi le contenu, d'après lequel Elle se propose de régler son langage vis-à-vis du Roi et de ses ministres.

79. — JOSEPH II À MERCY.

Vienne, ce 23 septembre 1782. — Mon cher comte de Mercy, j'ai reçu votre lettre et j'y ai vu avec plaisir les soins que vous continuez toujours à me donner et qui ne se ralentissent jamais pour le bien de l'État.

L'acquisition d'une possession dans quelque île de l'Amérique n'est point à rejeter, et quelque difficile qu'en paraisse la réussite il ne faut point la perdre de vue. Il y aurait encore un autre objet également intéressant et parfaitement conforme aux grands principes de liberté et de commerce; en reconnaissant l'indépendance d'une nation étrangère et en faisant cesser toute condition odieuse et honteuse, les Espagnols pour Gibraltar, les Français pour Dunkerque, et les Russes en général prêchent ce langage. Pourquoi serais-je le seul à ne pouvoir faire usage de mon Escaut[1]? A considérer la chose sous le vrai point de vue et d'après les circonstances présentes, cela ne ferait certainement point un bien moindre dérangement au commerce de Hollande que cela est un germe continuel d'aigreur entre nos Flamands et les Républicains. Car tant que Rotterdam et Amsterdam n'avaient pas pris une assiette aussi solide, Anvers a dû être détruit par cette gêne, et, comme nous avons tourné depuis nos vues sur Ostende, l'Escaut même ne ferait pas plus de tort aux Hollandais qu'Ostende leur fait actuellement; et nos spéculations ne se dirigeraient plus guère de ce côté-là. Ce serait peu de chose pour la République et ses alliés, et il paraît être infiniment intéressant pour elle que, dans les circonstances où elle se trouve avec l'Angleterre, elle obvie pour le présent et à l'avenir à toute aigreur et humeur de ma part, et que, rassurée pleinement sur le continent, elle puisse tourner toutes ses vues et efforts à remonter et augmenter sa marine; par là son alliance deviendra d'autant plus utile à

---

[1] Cette idée avait été suggérée à Joseph II au commencement de l'année 1781 par une insinuation des ministres anglais. Le 19 janvier 1781, l'Empereur écrivait au prince de Kaunitz : «Il me paraît pourtant qu'il vaudrait la peine de penser un peu aux moyens possibles à faire ravoir à la ville d'Anvers la liberté du commerce sur la Meuse» (sic). Le lendemain, le chancelier répliqua par une note très solide, qui commençait ainsi : «Ce qui peut être osé en politique doit à ce qu'il me semble : 1° pouvoir être justifié; 2° se trouver dans le cas d'un succès, sinon infaillible, au moins vraisemblable; et enfin, 3° de nature à ne point présenter plus de dangers et d'inconvénients que d'avantages. L'idée de lord Mansfield, qui est conforme à ce que milord Stormont a écrit il y a quelque temps au chevalier Keith (ministre d'Angleterre à Vienne), ne se trouve dans aucun des trois cas susdits.» Bien qu'en marge de ce mémoire irréfutable, l'Empereur eût mis cette apostille : «Les informations cy contenues me servent de notice», il n'abandonna pas son projet. La visite qu'il fit à Anvers en juin 1781 le confirma dans cette idée; il écrivait au prince de Kaunitz : «Il est étonnant que cette ville avec ses entraves de commerce soit encore dans cet état; je rassemble beaucoup de matériaux dont je tâcherai de m'éclaircir à Bruxelles, et, avant de rien décider je vous enverrai, mon Prince, les détails en vous priant de m'éclairer de vos lumières.» Nous n'avons pas ce mémoire, et il paraît être, pendant plus d'une année l'Empereur laissa de côté son projet; tout à coup il le reprit par cette lettre du 23 septembre 1782 au comte de Mercy, et, le même jour, il la communiqua à son chancelier en le priant de voir «s'il n'y aurait pas moyen de parvenir à faire cesser de bonne façon cette gêne plus honteuse que nuisible sur l'Escaut». Le prince de Kaunitz envoya le lendemain à Joseph II un long mémoire où il combattait cette idée avec énergie. Mais l'Empereur lui répondit : «Je vous suis très obligé, mon Prince, de vos réflexions très justes et bien combinées; mais le proverbe existe et il est de fait : *Chi non risica, non rosica*; souvent les choses les plus invraisemblables réussissent.» (A. Beer, *Joseph II und Kaunitz*, p. 32, 68 et 118-124.)

la France. Voilà bien des raisonnements que je vous jette ici au hasard; mais vous saurez les débrouiller et sonder le terrain pour voir s'il y aurait moyen d'en tirer parti et si je pourrai être redevable au crédit et à l'amitié de la Reine et enfin à la France de ce joli cadeau qui ne me rendrait pas plus riche ni plus puissant, ni plus formidable, mais qui me ferait contribuer avec un double empressement à conserver à la France toute sa prépondérance en Hollande, en m'ôtant en même temps toute idée de rechercher et d'étendre mes droits et convenances sur les possessions de la République à l'occasion de différends de limites qui subsistent entre nous. C'est par la voie de la France que le plus sûrement on pourrait arriver à ce projet. Enfin voyez un peu, mon cher Comte, comment vous débrouillerez tout cela; vous saurez sans me compromettre voir un peu comme pour vous-même si la chose pourrait avoir lieu.

L'envoi de M. de Rayneval [1] en Angleterre fait bien voir que souvent dans les affaires les raisons d'État et de convenance publique doivent céder aux convenances personnelles de l'homme en place.

J'attends dans peu des nouvelles de la prise de Gibraltar, et je ne crois point que les Anglais trouveront moyen de l'empêcher. Ce sera un héros de plus du siècle que le comte d'Artois [2] après cette conquête. J'attends aussi sous peu de jours les comtes du Nord avec la princesse Élisabeth; on dit qu'ils ne resteront ici que huit jours.

Mes yeux vont beaucoup mieux, et la pommade dont je viens de faire usage, m'a vraiment fait du bien.

---

80. — KAUNITZ À MERCY.

Vienne, le 23 septembre 1782. — Mon cher Comte, il y a bien du singulier tout au moins dans la conduite de M. de Vergennes, et ses

---

[1] Au commencement de septembre, M. Gérard de Rayneval, l'un des premiers commis du Ministère des affaires étrangères, avait été envoyé à Londres par M. de Vergennes, pour éclaircir certaines propositions qui avaient été apportées de la part du ministère anglais par le comte de Grasse à sa rentrée en France, après sa captivité.

[2] Le comte d'Artois, frère du roi Louis XVI, avait obtenu du roi d'Espagne la permission d'assister au siège de Gibraltar; mais le commandement en chef était confié au duc de Crillon, qui avait pris Minorque.

réticences et demi-confidences, qu'encore vous êtes dans le cas de devoir lui arracher, sont presque toutes incompréhensibles. Je suis dans le cas de me dire sans cesse du plus grand sang-froid du monde : mais à quoi bon? A quoi bon, par exemple, vous avoir fait un mystère de l'inconcevable détermination de l'envoi de M. de Rayneval à Londres, qui ne pouvait rester un secret, ainsi qu'il en a été, attendu que vous l'avez appris le jour même de votre conférence avec ce ministre, vraisemblablement avec la moitié de Paris peut-être? Et à quoi bon encore de ne l'avoir pas même mandé à M. de Breteuil par le courrier qu'il lui a dépêché alors, qui ne lui apprend pas autre chose sinon que la négociation pacifique *ne va ni ne vient*. C'est sa phrase, car il faut qu'il en mette partout, comme vous savez; et cependant, dans toute cette manœuvre de petitesses, sans être bien fin, je pense qu'il n'y a personne de médiocrement clairvoyant qui n'aperçoive la petite misérable vanité de vouloir faire la paix sans avoir besoin d'égaux.

C'est dans cette vue qu'il a accueilli aussi favorablement tous les émissaires anglais passés et présents. C'est dans cette vue que, si tant est qu'il ne puisse pas éviter de se prêter à un congrès, il le voudrait à Paris ou au moins près de lui, et c'est encore dans cette vue certainement qu'il a envoyé M. de Rayneval à Londres pour consolider de plus en plus sa négociation directe avec le ministère anglais, en sacrifiant pour cet effet toutes les considérations que la dignité du Roi et l'avantage que pour son budget milord Shelburne ne peut pas manquer de retirer de cette molle et humiliante démarche du ministère français.

Tout cela cependant n'a pas trop de quoi s'étonner pour quelqu'un qui sait comme vous et moi, que, dans le pays où vous êtes, les événements tiennent toujours beaucoup plus aux personnes qu'à la chose, et que M. de Vergennes en particulier et par excellence est du nombre de ceux qui pensent ainsi dans ce pays-là. Reste à voir s'il réussira, et en ce cas je ne pourrais pas m'empêcher de plaindre beaucoup toutes les cours qui devront se mêler du congrès et dont les embarras et la dépense augmenteront considérablement par la translation du congrès convenu à Vienne, indépendamment de la perte de temps considérable qui en sera inséparable, et tout cela uniquement pour satisfaire la petite vanité de M. de Vergennes, supposé toutefois, comme je le crains fort, que les autres cours belligérantes et médiatrices y consentent.

Pour moi, dont M. de Vergennes est l'antipode quant à la façon de penser, si ce n'était pour le bien de la chose, je devrais en être et en serais réellement très charmé, parce que je n'ai plus besoin de faire une réputation et bien moins encore envie de faire une fortune, et je pense que vous, qui me connaissez, mon cher Comte, vous en êtes bien persuadé. Ce qui me tarde d'apprendre, c'est le dénouement de l'entreprise de Gibraltar. Dieu veuille que l'amiral Howe ne soit pas arrivé assez tôt pour faire aux Espagnols *einen gewaltigen Strich durch ihre Rechnung* [1].

81. — MERCY À JOSEPH II.

Paris, 9 octobre 1782. — Les très gracieux ordres de V. M. I. datés du 23 septembre m'ont été remis le 3 de ce mois par le garde-noble qui en était porteur, et, m'étant rendu sur-le-champ à la Muette pour y présenter la lettre adressée à la Reine [2], j'ai été témoin du premier mouvement de joie que cette auguste princesse a marqué en recevant une preuve, par l'écriture de main propre de V. M., qu'Elle était considérablement soulagée de la fluxion aux yeux.

Quoique l'inoculation de Madame fille du Roi n'ait occasionné aucune crise inquiétante, cependant l'éruption de la petite vérole a été très abondante, et il en est resté sur les boutons une poussière que les médecins regardent comme fort dangereuse pour la contagion, de manière que Madame sera tenue encore quelque temps éloignée de Monsieur le Dauphin, et c'est ce qui a décidé le voyage de la cour à Marly pour tout le mois d'octobre. La Reine aurait joui à la Muette d'un séjour assez agréable si elle n'y avait été troublée par l'étrange circonstance de la banqueroute du prince de Guéménée qui vient de se déclarer insolvable pour la somme de 28 millions envers un nombre d'environ 10,000 créanciers. Indépendamment de ce que la Reine affectionne le prince de Guéménée et même dans les derniers temps un peu son épouse, il existe entre autres embarras celui d'examiner

[1] *Une forte barre dans leur compte.* — [2] Cette lettre manque.

si l'on peut laisser ou non dans la place de grand chambellan et dans celle de gouvernante des Enfants de France deux personnes entachées de la faillite la plus frauduleuse et la plus inouïe. Les clameurs que cela excite dans le public nous ont obligés, l'abbé de Vermond et moi, de représenter à la Reine que sa gloire et sa justice n'admettaient pas qu'Elle donnât la moindre marque de protection à une aussi vilaine affaire, et S. M. paraît résolue à ne s'en mêler en aucune manière.

Malgré l'humiliante expédition de Gibraltar [1] et la possibilité de quelque autre catastrophe, si l'amiral Howe en vient aux mains avec la flotte combinée, le comte de Vergennes semble se promener dans les espaces imaginaires, et croit toucher au moment de recueillir le fruit de tous ses petits moyens, en obtenant de l'Angleterre les préliminaires de paix qu'il désire, ce qui paraît aussi invraisemblable par l'état actuel des choses que par la confusion et les mauvaises mesures avec lesquelles on procède à toutes les opérations de cette guerre; mais quels que soient les événements et leur influence sur le moment plus ou moins rapproché de la paix, on ne peut se dissimuler ici la nécessité d'une médiation, ne fût-ce que pour se sauver des embarras que l'Espagne occasionnera à la prochaine pacification, et j'espère même que le comte de Vergennes n'insistera pas trop à ce qu'il soit rien changé au point convenu de tenir le congrès à Vienne. La Reine est bien décidée à appuyer cet objet, et je ne cesse d'y apporter la plus grande attention.

Les vues de V. M. sur l'acquisition d'une possession en Amérique et sur le rétablissement du commerce par l'Escaut à Anvers présentent à mon zèle un champ aussi vaste qu'il est important, et ce que V. M. daigne me faire connaître à cet égard semble renfermer l'ordre de Lui exposer très humblement les premières idées qui se présentent à mon esprit sur ces deux objets majeurs.

Par un propos du comte de Vergennes rapporté dans ma dépêche

---

[1] Le 13 septembre, les défenseurs de Gibraltar, en tirant à boulets rouges, réussirent à détruire les nouvelles batteries flottantes sur lesquelles les Français et les Espagnols comptaient pour réduire cette forteresse imprenable. Et le mois suivant l'amiral Howe réussit à échapper à la surveillance de la flotte franco-espagnole et ravitailla Gibraltar, qui fut désormais à l'abri de toute attaque. (Lecky, *History of England, in the 18th Century*, London, 1883, t. IV, p. 243-247.)

d'office d'aujourd'hui, il est clair qu'à l'époque de la paix la France est décidée à restituer à l'Angleterre tout ce qu'elle lui a pris dans les Antilles, et que par conséquent cette cour-ci ne conservera dans cette partie du monde que les établissements qui lui sont nécessaires, tandis que les Espagnols et même les Anglais en ont plusieurs qui leur sont inutiles et dans le nombre desquels il serait peut-être possible d'en acquérir un au moyen d'une somme d'argent, dont en tout cas on ne pourrait guère traiter qu'à Madrid ou à Londres ou dans le courant du congrès si quelque circonstance favorable y donnait lieu à pareille ouverture.

Quant au second objet, puisque par l'encouragement du commerce d'Ostende il dépend de V. M. de se procurer des avantages presque égaux à celui de la libre navigation sur l'Escaut, il s'ensuit que cette navigation ne devrait sérieusement inquiéter aucune puissance, encore moins la France. Cependant on ne pourrait guère s'attendre à ce que cette dernière se prêtât à appuyer un pareil projet auprès des États généraux. La conduite du comte de Vergennes et sa manière d'envisager de semblables affaires donnent lieu de présumer que, bien loin d'y voir un moyen de plus de retenir la Hollande dans l'alliance de la France, il n'y verrait qu'un accroissement de richesse et de pouvoir entre les mains d'un grand monarque, et cette idée suffirait pour effaroucher le ministre français, même peut-être pour l'induire à de fausses démarches; mais l'objet une fois entamé vis-à-vis des États généraux, ce serait alors le cas où le crédit de la Reine pourrait en imposer au comte de Vergennes et l'empêcher de croiser les vues de V. M. Peut-être même réussirait-on dans une négociation bien entamée à la Haye d'obtenir ici que l'on parût approuver et désirer une chose que l'on verrait ne plus pouvoir détourner sans s'afficher et faire un éclat. Il ne serait sans doute pas difficile de se former un parti en Hollande, surtout dans un moment où les différents membres de l'État ne sont pas d'accord entre eux. Les raisons rapportées dans la lettre de V. M. sont de force et de nature à pouvoir faire désirer à la République de s'assurer par des complaisances de l'appui de la cour impériale. J'ai ouï dire que la province de Zélande gagnerait au rétablissement du port d'Anvers; que la ville de Rotterdam n'y perdrait pas. Ces considérations, jointes à celle d'un arrangement amical et favorable concernant les frontières, pourraient faire un grand effet si elles étaient insinuées à propos, et l'occasion s'en présenterait probablement s'il y avait moyen de mettre en avant quelque contestation au sujet des limites et de la pousser au point que l'on en vînt à des pourparlers, ce qui deviendrait une manière imperceptible de sonder le terrain et voir ce que les facilités que V. M. donnerait à l'égard des limites, pourraient opérer en faveur de l'Escaut. Si dans l'exposé de ces faibles remarques j'ai outrepassé ma sphère, je supplie V. M. de le pardonner en faveur du zèle qui m'anime quand il s'agit de son auguste service. En attendant ce qu'il Lui plaira de disposer, je vais m'appliquer à réfléchir sur la matière, à disposer l'esprit de la Reine à en bien saisir l'objet et à en faciliter la réussite en tant que l'influence de cette cour-ci pourra y entrer. J'observerai surtout avec grand soin que mes propos et mes démarches ne puissent être interprétées que comme des idées qui me sont personnelles, afin que dans aucun cas les vues de V. M. ne soient pas compromises.

En remettant ici très humblement la suite de la correspondance prussienne, j'y joindrai l'unique remarque que par l'énoncé du baron de Goltz sur le prétendu langage que selon lui les deux cours impériales ont fait tenir ici au sujet de la médiation, il est bien prouvé que ledit Goltz n'obtient aucune confidence du comte de Vergennes, et que le roi de Prusse continue à être fort mal informé.

Paris, 9 octobre 1782. — Mon très humble rapport était déjà écrit lorsqu'il a été décidé que la cour, au lieu d'aller à Marly, restera à la Muette jusqu'au 23 de ce mois. D'après ce que la Reine m'a fait la grâce de me dire, il paraît décidé que le prince de Guéménée sera exilé, et que la princesse perdra sa place; cela me tranquillise sur l'effet des représentations qui ont été faites à la Reine à ce sujet.

82. — JOSEPH II À MERCY.

Vienne, 5 novembre 1782. — Mon cher comte de Mercy, je ne vous écris que deux mots en vous envoyant cette lettre pour la Reine[1], ayant

---

[1] Cette lettre manque.

été attaqué d'un érésipèle affreux dans toute la tête, dont je suis à la vérité actuellement en convalescence, mais dont il m'est resté une faiblesse si forte qu'à peine je puis ramasser assez d'idées pour écrire quatre mots à la Reine.

83. — KAUNITZ À MERCY.

Vienne, le 6 novembre 1782. — L'indisposition de l'Empereur, qui a été assez grave, a fait retarder sa réponse à la Reine et, moyennant cela, le départ de ce courrier. J'espère qu'il sera entièrement guéri dans une quinzaine, mais je ne crois pas qu'il le soit plus tôt, car l'érésipèle a été des plus forts. Il commence à ressentir différentes espèces d'*acciachi* à sa santé, et vu la fleur de l'âge c'est de bonne heure; mais voilà ce que c'est que d'avoir voulu faire jusqu'ici physiquement et moralement au delà du raisonnable. On se vieillit avant le temps; et un train qui puisse durer eût été préférable, ainsi que je le lui ai dit bien souvent. Peut-être mettra-t-il de l'eau dans son vin, et il fera fort bien; car cela ne peut pas continuer à aller comme ça.

Breteuil se sent très humilié de ce que M. de Vergennes le traite si fort en bagatelle; cela le rend beaucoup moins avantageux qu'il ne l'était, et jusque-là il n'y a pas grand mal. Quant à M. de Vergennes, je crois qu'il se moque de nous ou que le ministère anglais se moque de lui. Il me semble qu'il est décidé à se contenter quant à présent de la bonté que veut bien avoir le ministère anglais d'entrer à Paris en négociations avec les députés américains sans exiger davantage la reconnaissance préalable pure et simple de l'indépendance des colonies, le tout, comme vous voyez bien, par la crainte que la négociation dont il est si jaloux ne lui échappe. Quelle faiblesse, hélas! car à la fin il faudra pourtant en venir là. La façon dont l'amiral Howe va terminer la campagne pourra décider de bien des choses pour le moment et pour l'avenir. Le 22 d'octobre dernier on n'avait aucune nouvelle de sa flotte en Angleterre, et nous n'en avons aucune ici par la voie de l'Italie qui soit digne de foi. Pour ce qui est de la médiation des deux cours impériales, je persiste à croire que, si ce n'est tout au plus pour la forme, il n'en sera plus question, au cas que les puissances belligérantes puissent trouver le moyen de convenir de leur paix directement, et supposé que la vanité russe croie devoir s'en consoler, nous le pourrons aussi, ce me semble.

---

84. — MERCY À JOSEPH II.

Paris, 22 novembre 1782. — Avant l'arrivée du garde-noble mensuel qui m'a remis le 17 les très gracieux ordres de V. M. I. en date du 5 de ce mois, on avait été informé par un courrier du baron de Breteuil de l'indisposition de V. M., et la Reine en attendait très impatiemment des nouvelles ultérieures. Elle a reçu avec grande satisfaction la lettre que je lui ai présentée; les médecins de Versailles ont fait espérer à cette auguste princesse que l'érésipèle et la fièvre pourraient emporter radicalement l'humeur dont V. M. a été attaquée aux yeux; puisse ce pronostic se réaliser, et j'ose à cet égard joindre mes vœux ardents à ceux de tous ses fidèles sujets!

Ma dépêche d'office d'aujourd'hui exposera très humblement à V. M. ce que le comte de Vergennes pense de la négociation pacifique; il reste à voir s'il n'y a pas beaucoup d'illusions dans son calcul et si peut-être il ne finira pas par se brouiller avec l'Espagne sans réussir à s'arranger avec l'Angleterre. Il est bien difficile que cette dernière ignore ou méconnaisse l'insuffisance de toutes les mesures qui se prennent ici et, cela posé, on pourrait se permettre des doutes sur la sincérité du ministère britannique dans la négociation pour la paix. L'idée du comte de Vergennes de la conclure dans son cabinet paraît le séduire plus que jamais, et ce ne seront que des embarras très vraisemblables qui pourront le forcer à changer la marche.

Après avoir bien médité les ordres que V. M. a daigné me donner le 23 septembre relativement à la libre navigation de l'Escaut, je me suis convaincu qu'il y aurait du danger à en parler à la Reine comme d'une idée qui me serait propre, parce que, dans le temps où elle pourra se réaliser, cette princesse verrait qu'il s'est agi seulement de sonder ses dispositions sur un objet dont on lui aurait fait mystère, ce qui ne manquerait pas de Lui déplaire. En second lieu, je ne puis m'assurer que la Reine mît assez d'importance à un projet qu'Elle croirait ne venir que de moi, pour ne pas dans l'occasion en laisser transpirer quelque chose dans sa société. Si la duchesse de Polignac en était informée, son intime ami le comte d'Adhémar ne tarderait point à le savoir, et ce dernier ne manquerait pas d'aller faire parade auprès du comte de Vergennes d'une semblable découverte. Le moyen certain d'éviter ces inconvénients et de produire en même temps les meilleurs effets serait qu'il plût à V. M. de faire connaître directement ses vues à la Reine, d'en exiger le plus profond secret et, sans demander sa coopération, de lui montrer simplement cette confidence comme un effet de l'amitié de V. M. qui répugnerait à faire mystère à son auguste sœur d'un arrangement qui peut avoir lieu un jour et qui a trait au voisinage de ce pays-ci. Moyennant ce préalable, je suis très certain que la Reine garderait inviolablement le secret et que dans le cas il y aurait toute facilité à La faire intervenir au succès de cet objet important pour autant que cette cour-ci sera en même d'y entrer. J'ai cru que mon zèle et mes devoirs m'imposaient également de soumettre ces réflexions aux hautes lumières de V. M., et j'attendrai en toute soumission les ordres ultérieurs qu'il Lui plaira me donner sur cette matière.

Je remets ici très humblement la suite de la correspondance prussienne, dans laquelle le baron de Goltz fait tenir au comte de Vergennes quelques propos qui sont visiblement démentis par ceux que m'a tenus en dernier lieu ce ministre sur les différends entre la Russie et la Porte. Le nommé Arens, dans la correspondance susdite, et passé depuis peu de jours par ici allant, à ce qu'il disait, à Berlin, c'est une sorte d'espion que le roi de Prusse avait envoyé en Amérique, et qu'il a désavoué, parce que cet homme s'est trouvé parmi les troupes commandées par lord Cornwallis et a réclamé sa liberté en qualité d'officier prussien.

La santé de la Reine qui s'était un peu dérangée à la Muette se trouve parfaitement rétablie. Le crédit et l'ascendant qu'Elle a sur son auguste époux n'ont cessé de s'accroître et de s'affermir. S. M. s'est chargée Elle-même de l'éducation de la jeune princesse sa fille, et Elle la tient auprès d'Elle presque toute la journée. Monsieur le Dauphin a été remis à la duchesse de Polignac; mais le choix de cette gouvernante des Enfants de France n'a pas obtenu une approbation générale [1].

---

[1] Voir sur les intrigues qui amenèrent la Reine à donner à Mme de Polignac la succession de Mme de Guéménée, un curieux chapitre des Mémoires du baron de Besenval, t. II, p. 40.

Le Roi a pris tant d'humeur contre sa belle-sœur Madame qu'il ne veut plus aller ni dîner ni souper chez elle; cela répand un peu de froid dans l'intérieur de la famille royale, mais il n'en résulte aucune conséquence qui soit de nature à intéresser la Reine.

85. — JOSEPH II À MERCY.

Vienne, ce 7 décembre 1782. — Mon cher comte de Mercy, pour cette fois-ci je ne vous parlerai pas de ce que les dépêches ministérielles contiendront sans cela au sujet de la paix. Quant aux Turcs, l'objet est trop intéressant pour ne pas en parler en toute confiance. Vous verrez comment notre déclaration commune avec la Russie au sujet des points litigieux et non clairement observés de la paix de Kaïnardji a été remise et l'effet qu'elle a fait[1]. Shah-In-Gherai ayant été en même temps sans coup férir ramené par les troupes russes en Crimée et rétabli, il est à espérer ou du moins bien à désirer que, dans la réponse que j'attends avec bien de l'impatience de la Porte, elle prenne le parti de contenter l'Impératrice sur les trois points et d'éviter par là une nouvelle guerre. Je dois rendre justice à M. de Saint-Priest[2] qu'il contribue de son mieux à faire entendre là-dessus raison aux Turcs, mais, comme avec ces gens-là on n'est jamais sûr que la raison et leur propre convenance auront le dessus sur leur fanatisme et que l'impératrice de Russie même paraît très disposée à guerroyer, s'imaginant que c'était le vrai moment d'exécuter son grand projet[3], je me

---

[1] Ces trois points portaient sur la liberté du commerce et de la navigation par le détroit de Constantinople, sur la rébellion fomentée par les Turcs en Crimée, contre le khan Shah-In-Géraï, sur la conduite des Turcs en Moldavie et en Valachie.

[2] Ambassadeur de France à Constantinople.

[3] L'Impératrice avait exposé à Joseph II ce grand projet dans sa célèbre lettre du 10 septembre 1782, publiée par M. d'Arneth, t. I, p. 143-157 de l'ouvrage ayant pour titre *Joseph II und Catharina von Russland* (Vienne, 1869, in-8°). Catherine voulait acquérir pour la Russie Oczakow, le pays entre le Boug et le Dniester, et une ou deux îles dans l'Archipel; créer, sous le nom de *Dacie*, un nouvel État qui comprendrait la Moldavie, la Valachie et la Bessarabie sous un souverain indépendant et rétablir l'empire grec pour le cadet de ses petits-fils, le grand-duc Constantin. Elle offrait à l'Empereur de se prêter, en manière de compensation, à l'agrandissement de ses possessions sur le Danube et la Save.

trouve dans une position assez délicate. Mes liens d'amitié avec l'impératrice de Russie et tout l'avantage que j'en tire, joint à celui que j'en puis tirer à l'avenir pour l'avoir dégagée du roi de Prusse, dépendent presque uniquement du parti que je prendrai dans cette guerre et de l'assistance qu'elle aura à attendre de ma part à cette occasion.

Ma position topographique vous est trop bien connue, mon cher Comte, pour que j'aie besoin de vous faire sentir la différence énorme qu'il y a entre l'Impératrice qui ne risque rien au pis aller que de ne pas réussir, et moi qui, m'engageant dans une guerre avec la Porte, pourrais avoir le cœur de ma monarchie attaqué par le roi de Prusse, et mes provinces belgiques, celles du Rhin et en Italie exposées aux armées des cours de Bourbon. Aussi interpellé là-dessus par l'impératrice de Russie, ma réponse a été très positive que, sans le consentement et l'aveu de la France et sans prendre des mesures efficaces vis-à-vis du roi de Prusse, je ne pouvais m'engager à quelconque chose [1].

Or donc, quoique je n'aie pas de réponse là-dessus de Russie, néanmoins il m'intéresse beaucoup que vous m'informiez, mon cher Comte, des idées que vous auriez à ce sujet et du parti que la France prendrait dans une telle occasion; si voyant rompre toutes les espérances de pouvoir soutenir par des bons conseils et des petits moyens la Porte, elle se déciderait ou à attaquer ouvertement les ennemis de cette dernière, soit par terre ou par mer, ou si plutôt, vu les circonstances où elle se trouve, la France fût capable d'entrer en pourparlers avec les deux cours impériales et de leur donner les assurances nécessaires de sa neutralité et en même temps de se stipuler soit des avantages de commerce ou une partie des dépouilles de l'Empire Ottoman, dont l'Égypte, selon mes observations faites déjà depuis quelques années, surtout depuis l'envoi de M. de Tott dans cette province, a fait l'objet des spéculations de la France; et effectivement si cette province riche, fertile et commerçante par elle-même, devenait une colonie française, dans peu de temps la France, moyennant le port de Suez sur la mer Rouge et en ouvrant une communication bonne et assurée contre les brigands sur l'isthme, serait la maîtresse de tout le commerce du golfe Persique et des grandes Indes, qu'elle ferait par le chemin le plus court et le plus assuré, savoir par la Méditerranée.

[1] Joseph II fait allusion à la lettre qu'il écrivit le 13 novembre 1782 à Catherine II. (M. d'Arneth, *op. cit.*, t. I, p. 169.)

Éclairez-moi, mon cher Comte, sur ce que vous pensez à l'égard de tout ceci, et si la France préférerait dans les circonstances actuelles une guerre de terre avec moi et de rompre les liens qui nous unissent pour conserver l'Empire Ottoman et empêcher la possibilité de sa destruction. L'acquisition projetée de l'Égypte porterait le coup le plus sensible au commerce de l'Angleterre, objet qui mérite à tous égards d'entrer dans la balance des avantages et convenances que le Roi et son ministère pourraient se procurer à cette occasion.

En attendant, comme la prévoyance n'est jamais de trop à tout événement, je prends sans bruit les mesures nécessaires et je fais les dispositions préalables pour être prêt à pouvoir entrer le premier en campagne et à profiter des avantages que je puis m'en promettre.

Je vous prie de me dire bien franchement là-dessus ce que vous en pensez, et de sonder un peu là-dessus l'opinion publique qui influe tant sur les décisions du ministère.

La rentrée de M. Necker dans le contrôle général des finances serait un événement bien singulier, mais plus que la guerre durera, moins on sera content de celui qui en doit fournir les moyens.

Le choix de Mme de Polignac pour gouvernante des Enfants de France m'a, j'avoue, choqué, comme tous les gens sensés; mais enfin c'est une affaire faite, et je me garde bien d'en parler dans ce sens à la Reine.

Je vous joins ici sur une feuille à part les réflexions qui regardent la liberté de la navigation de l'Escaut[1], n'ayant pas voulu dans la

---

[1] Tout le monde parle de liberté, de la justice et de l'équité qu'il y a que chacun mette en valeur les avantages que la nature et le local lui donnent, et qu'il soit maître chez soi. L'on regarde à juste titre toute paix qui impose quelque condition honteuse, humiliante et par conséquent insupportable à une nation, même pour peu avantageuse à celle qui l'exige, puisque c'est une paix plâtrée qui ne peut durer et qui tôt ou tard finit par occasionner une nouvelle guerre. Les Provinces-Unies de l'Amérique vont devoir leur liberté aux efforts généreux du roi de France; les nations neutres navigueront dorénavant librement, même en temps de guerre, si, comme il est à espérer, l'on reconnaît généralement les principes de la neutralité armée. La France n'aura plus à Dunkerque un commissaire anglais qui veillera à empêcher qu'elle n'écure et n'arrange, comme elle le trouvera bon, son port et son bassin. L'Espagne obtiendra peut-être à tout prix son précieux rocher de Gibraltar; les Russes navigueront sur la mer Noire et au travers des Dardanelles à bon plaisir, et de toutes les puissances européennes la maison d'Autriche sera donc la seule qui aura la honte et l'ignominie d'avoir un fleuve entièrement à elle sur ses deux bords jusqu'à son embouchure, et qui lui sera fermé par un petit fort, bâti par une république qui, appuyée d'un traité de paix de l'autre siècle,

lettre à la Reine [1] lui faire ce long détail; mais je lui annonce de vous avoir envoyé à ce sujet mes rêveries pour les lui donner, si Elle vous les demande. Par là nous verrons l'effet que cela pourra produire et dont vous voudrez bien me donner part.

Adieu, mon cher Comte; c'est avec empressement que j'attends des nouvelles de la rentrée du parlement d'Angleterre.

86. — KAUNITZ À MERCY.

Vienne, le 7 décembre 1782. — Mon cher Comte, par ce courrier mensuel vous apprendrez tout ce que je suis actuellement dans le cas de pouvoir vous dire. Il est heureux que Shah-In-Gherai ait pu se rétablir aussi tranquillement, quoique ce nouveau succès gâtera de plus en plus dame Catherine; mais elle l'est déjà si fort, qu'un succès lui défend l'entrée et par conséquent l'usage de son fleuve. Il est impossible d'imaginer que cela puisse faire du bon sang ni durer à la longue; car à la fin, à la première humeur qui gagne une grande puissance qui sent ses forces, elle les fera valoir pour rentrer dans le droit que la nature lui donne.

Si l'ouverture de l'Escaut qui est le fleuve dont il s'agit était vraiment destructive du commerce de la Hollande, on en sentirait la raison; mais ce qui était nécessaire au soutien de la République à la moitié de l'autre siècle, ne l'est plus aujourd'hui. Amsterdam et Rotterdam avec tant d'autres villes ont dû prendre consistance, et pour cette raison Anvers, qui jouissait alors d'une grande partie de leur commerce actuel, a dû être écrasé. Aujourd'hui que le négoce est si bien établi en Hollande et que les commerçants de la Flandre autrichienne même ont tourné toutes leurs vues du côté d'Ostende, que tous les canaux creusés ont été dirigés vers ce port qui a tous les avantages connus sur les ports formés par des rivières, il est très prouvé que si l'Escaut même était rendu libre, la maison d'Autriche n'y gagnerait ni en puissance ni en richesses, mais seulement elle se trouverait débarrassée de cette condition honteuse et choquante, tandis qu'Anvers ne redeviendrait jamais l'ombre de ce qu'elle a été et que la Hollande ne perdrait pas plus de son commerce qu'elle ne fait par le port d'Ostende. Elle gagnerait au contraire infiniment du côté de la sûreté, en éloignant tout levain d'aigreur et toute occasion à un voisin plus puissant qu'elle de lui chercher noise, soit dans les différends des limites qui sont actuellement dans le cas d'être arrangés avec la Flandre, le Brabant et la République, soit dans d'autres occurrences. La Hollande, bien plus rassurée encore par là de l'amitié de ses voisins et unie comme elle l'est à la France, pourrait se rendre bien plus intéressante et plus utile à cette puissance, en tournant toutes ses vues à améliorer et augmenter sa marine, et en diminuant avec sûreté ses forces de terre et les dépenses qu'elles occasionnent.

Il serait intéressant de savoir franchement si la maison d'Autriche entamait là-dessus une négociation directe avec la république de Hollande, ce qu'elle pourrait se promettre de l'amitié de la France?

[1] Cette lettre manque.

de plus, ou plus ou moins facile, vraisemblablement ne l'aurait pas convertie, et d'ailleurs, comme le cas était pressant, il faut s'en consoler. Reste à voir si le Divan sera également souple sur tous les autres points exigés par la déclaration que viennent de lui remettre les ministres respectifs des deux cours impériales. Je suis assez disposé à croire qu'il le sera, et cela supposé, tout serait dit au moins pour le moment, sauf si les circonstances viennent à changer plus tôt ou plus tard, à faire alors comme alors, aussi bien, ou mieux, si on pourra.

Au reste, la sécurité de M. de Vergennes est inconcevable dans un homme qui a autant d'esprit que lui et qui doit connaître assez la constitution anglaise pour savoir que le roi de la Grande-Bretagne et son ministère, quand même ils seraient aussi disposés à consentir à l'indépendance pure et simple des colonies que tout le monde sait qu'ils le sont peu, n'y ayant point encore été autorisés, il n'y a pas plus à conclure du fait de la négociation de M. Oswald avec Franklin, ains au contraire beaucoup moins que de celle à laquelle ont été autorisés les commissaires envoyés solennellement en Amérique l'an 1779, et qu'il est ridicule, moyennant cela, de croire ou de vouloir me faire croire que ces Messieurs peuvent en être même déjà entre eux jusques à la détermination des limites respectives. Quoi qu'il en soit cependant, nous ne pouvons plus être que jusques à l'arrivée des premières lettres d'Angleterre, dans l'incertitude à cet égard, et on ne devrait plus l'être même en France dans ce moment-ci.

Tout ce que je puis vous dire d'ailleurs du voyage de l'Empereur en Italie, c'est qu'en mon particulier, malgré toutes les variantes à cet égard, je ne doute pas qu'il n'ait lieu, peut-être encore dans le courant de ce mois-ci : *es waere denn dass Stoerck und Brambilla ihm recht bang machten* [1]; ce que je ne pense pas qu'ils auront ni le courage ni l'honnêteté de faire. L'incertitude du départ de l'Empereur contrarie beaucoup au reste, à ce qu'on m'assure, le baron de Breteuil, lequel, quoi qu'il en dise, n'a certainement pas abandonné le projet d'intriguer, s'il le peut pour son compte pendant son séjour en France.

Mandez-moi un peu confidemment, je vous en prie, si vous pré-

---

[1] A moins que Stœrk et Brambilla (les médecins de Joseph) ne le fassent céder.

voyez la possibilité de quelque changement dans le ministère là où vous êtes, et qui vous pensez que le Roi pourrait prendre, s'il lui prenait la fantaisie de vouloir remplacer M. de Maurepas.

Il m'est venu une idée singulière, et je vous avoue que, si elle pouvait s'exécuter, la chose me serait fort agréable et pourrait même être fort utile. J'ai appris par expérience que, quand un ministre dans une cour étrangère écrit autrement que par courrier, par occasion, ou tout au plus en chiffres, il ne peut pas même se permettre d'écrire des nouvelles du pays où il est, pour peu qu'elles soient ou que les suites puissent en devenir importantes, parce qu'il ne se soucie pas de passer pour les avoir données, et il s'ensuit que, s'il était un moyen d'écrire par la poste ordinaire toutes les semaines les nouvelles du pays où l'on est, qui intéressent au dehors, sans que les curieux puissent en constater l'auteur, ce serait une très bonne chose et il ne faudrait pour cela, ce me semble, que faire écrire en anonyme et comme un bulletin qui devrait être d'une main inconnue et adressé à un banquier de Bruxelles ou de Francfort ou même de Vienne. Voyez un peu si cette idée vous paraît praticable, dites-m'en librement votre pensée à l'occasion du premier courrier.

87. — MERCY À JOSEPH II.

Paris, 28 décembre 1782. — Les très gracieux ordres de V. M. I. en date du 7 m'ont été remis par le garde-noble mensuel le 18 de ce mois. Étant informé que la Reine devait s'absenter de Versailles toute la journée du 19 et étant essentiel que j'obtinsse de cette auguste princesse une audience longue et tranquille, je remis au lendemain 20 de lui aller présenter la lettre qui lui était adressée. La Reine s'était blessée la veille assez grièvement à un doigt; Elle venait de dicter à l'abbé de Vermond quelques lignes que V. M. a reçues par la voie d'un courrier français[1]. La Reine observa d'abord avec joie que la lettre que je lui apportais, était écrite de main propre et constatait par là

[1] Cette lettre du 20 décembre se trouve imprimée à la page 28 de la publication de M. d'Arneth intitulée *Marie-Antoinette, Joseph II und Leopold II.* (Leipzig, Paris, Vienne, 1866, in-8°.)

l'entier rétablissement de la santé de V. M. La Reine parut très sensible à ce que par égard à sa recommandation V. M. voulait bien condescendre à l'arrangement relatif aux deux jeunes princes de Hesse-Darmstadt; ensuite il fut question de la navigation de l'Escaut. Les éclaircissements qui y sont relatifs me furent demandés, et, à mesure que la Reine en faisait la lecture, je joignis à chaque article un commentaire verbal, en faisant bien observer l'analogie qui existe entre l'importance que la France a mise à secouer le joug d'un commissaire anglais à Dunkerque et le juste désir de V. M. de se débarrasser d'une prohibition qu'une puissance voisine Lui impose dans ses propres États. Le premier mouvement de la Reine fut de vouloir en parler au Roi et au comte de Vergennes; mais je La suppliai de ne point précipiter une démarche qui deviendra utile, même nécessaire dans un temps convenable, et qui pourrait au contraire être nuisible si elle n'était pas suffisamment préparée. La Reine me demanda ce qu'entre temps Elle avait à répondre? Je Lui proposai de mander qu'Elle parlerait au Roi et à son ministre au moment où V. M. jugerait à propos de le Lui indiquer, et comme je ne doute pas que cette promesse ne soit énoncée dans la lettre que V. M. reçoit aujourd'hui[1], il s'ensuit que la Reine se trouve formellement engagée à coopérer à la réussite de l'objet dont il s'agit. Peut-être que le préalable d'une négociation à entamer avec la Hollande sur les limites serait nécessaire avant d'agiter la question de l'Escaut à cette cour-ci; mais les ordres suprêmes de V. M. doivent en décider, ainsi que de la marche que j'aurai à tenir et que je me trouve maintenant en bonne mesure de suivre.

Si mes lumières égalaient mon zèle, j'obéirais avec plus de confiance à l'ordre de V. M. de lui exposer mes faibles idées sur les suites que pourraient avoir les démêlés entre la Russie et la Porte; mais dans une affaire où il y a tant de combinaisons et de possibilités à calculer, j'ai tout lieu de craindre que le thème que V. M. me prescrit ne soit au-dessus de ma portée.

Elle daigne m'ordonner de *L'informer des idées que j'aurais à ce sujet, et du parti que prendrait la France si elle perdait tout espoir de soutenir la Porte par de bons conseils et de petits moyens.* Cela renferme deux points dont il n'y a que le second qui soit en quelque façon de ma compé-

---

[1] Cette lettre manque.

tence; cependant il n'y a rien de plus sacré pour moi que les ordres de V. M.; je risquerai aussi, quoiqu'en tremblant, quelques réflexions sur le premier.

V. M. a saisi avec la plus grande pénétration le vrai nœud de la difficulté qui consiste dans la différence de la position topographique de ses États et de ceux de la Russie. Ce que je vais dire n'est qu'une émanation de ce trait de lumière que V. M. a répandu sur la question, et en conséquence duquel Elle a déjà répondu aux invitations de l'Impératrice que *sans le consentement et l'aveu de la France et sans prendre des mesures efficaces vis-à-vis du roi de Prusse, V. M. ne pouvait s'engager à chose quelconque.* J'admire la profonde sagesse de cette réponse qui doit ou arrêter les poursuites ultérieures de cette princesse, ou l'engager à réunir ses démarches à celles de V. M. pour moyenner l'aveu de la France. Si l'Impératrice refuse de prendre ce dernier parti, pourrait-Elle se plaindre ensuite avec raison lorsque V. M. persistera dans sa première déclaration? Et si Elle le prend ce parti, son intervention échouera infailliblement.

Dans ces derniers temps, la France s'est fort occupée à marquer des prévenances flatteuses à la Russie, parce qu'elle la craint et qu'elle est persuadée, ainsi que d'autres cours, qu'il n'y a que la Russie qui, par sa position physique et morale serait en état de bouleverser l'équilibre et le système politique actuel de l'Europe. La France serait donc très éloignée de seconder en rien des vues qui tendraient à l'accroissement d'une puissance qu'elle redoute déjà.

V. M. observe que l'impératrice de Russie s'imagine que c'est le vrai moment d'exécuter *son grand projet;* l'apparence d'une paix prochaine doit sans doute déranger ce calcul. Mais enfin quel est ce grand projet? Serait-ce, comme le ministère de V. M. l'a soupçonné autrefois, de s'emparer de Constantinople et d'unir l'empire d'Orient à la Russie? En ce cas, ce serait moins la destruction de l'Empire Ottoman que l'immense accroissement de la Russie qui alarmerait toutes les puissances de l'Europe. Les intérêts de V. M. ne souffriraient-ils pas de ce nouveau titre joint à un nouvel agrandissement? Elle connaît les prétentions de la Russie et le ton qu'elle affecte de prendre partout. Si elle parvient à réaliser son projet, elle ne mettra plus de bornes à son ambition, et l'Italie pourra se croire heureuse, si par la suite la Russie ne songe pas à ressusciter l'exarchat de Ravenne.

Quelque étendu que puisse être le partage qui écherrait à V. M., pourra-t-il être mis en parallèle avec le surcroît de puissance et d'influence dans les affaires de l'Europe que la Russie acquerrait? Et si par l'arrangement définitif les États de V. M. devenaient immédiatement limitrophes avec ceux de la Russie, y aurait-il rien qui pût compenser le désavantage d'avoir substitué un voisin ambitieux et puissant à un voisin tel que le Turc, dont la faiblesse et la nonchalance assurent le repos de cette vaste étendue des frontières des États de V. M.? Je passe sous silence la possibilité d'un renouvellement d'alliance entre la Russie et la Prusse, dont les effets seraient alors bien plus énergiques contre la monarchie autrichienne qu'ils ne peuvent l'être maintenant.

Dans cet état de choses, il est bien désirable que les bons offices de V. M. puissent entretenir et effectuer des voies de conciliation. L'impératrice de Russie, qui ne peut méconnaître le danger auquel Elle s'exposerait si Elle tentait seule une si grande entreprise, sera plus ou moins facile selon qu'Elle espérera plus ou moins d'engager V. M. dans ses vues, et ce n'est que dans le cas seul des bons offices de V. M. pour concilier les esprits que la France seconderait sincèrement et de tout son pouvoir les démarches pacifiques de V. M. qui aurait en même temps la gloire d'avoir épargné à ses peuples et à l'Europe entière le fléau d'une nouvelle guerre.

Mon zèle m'a peut-être entraîné au delà de ce que V. M. me demande, et je puis me tromper dans mes spéculations; mais je me croirais indigne de la confiance qu'Elle daigne me marquer si, lorsqu'Elle m'ordonne de parler, j'osais déguiser ou supprimer quelque chose dans l'exposition de ma façon de penser.

Je passe au second point sur lequel je puis risquer mes idées avec un peu plus d'assurance. Vu le peu d'énergie dans le caractère du Roi Très Chrétien et de son ministère actuel, ils balanceront longtemps avant que de se déterminer à rien qui ait l'air d'une rupture ouverte; mais sur le moindre indice d'un concert formé contre la Porte, ils auront recours à tous les petits moyens possibles pour le contrecarrer. Un des premiers qu'ils emploieront sera de rentrer en liaison secrète avec le roi de Prusse, qui dans ce cas aura beau jeu pour insinuer ici tout ce qui lui plaira. Je ne parle pas des embarras que la France tâchera de susciter en Empire; elle pourrait aller plus loin et sonder l'Angleterre et l'Espagne en leur montrant la perspective d'une flotte russe dans la Méditerranée. L'Angleterre n'a pas eu lieu pendant la guerre présente d'être contente de la Russie, et le ressentiment pourrait se joindre à l'intérêt qu'elle a, en raison de l'état de son commerce du Levant, à la conservation de la puissance ottomane.

Il est très vraisemblable que la cour de France se bornerait d'abord et longtemps à de pareilles menées sourdes, mais dès qu'elle verrait qu'il n'y aurait plus d'autres ressources pour sauver la Porte, je ne doute pas qu'elle n'éclatât ouvertement, d'autant plus qu'elle aurait eu le temps de bien lier la partie et de s'assurer au moins du concours du roi de Prusse.

Telle serait à peu près, si je ne me trompe, la marche de la France sous le ministère présent; mais les choses pourraient aller bien plus vite si dans l'intervalle le Roi se décidait à nommer un premier ministre et que son choix tombât sur un homme actif et entreprenant.

D'après cet exposé, que je crois fondé sur les principes que j'ai constamment observés dans le ministère de Versailles, on peut juger s'il serait possible de l'engager à concourir quand ce ne serait que passivement à la ruine de l'Empire Ottoman. Je suis intimement convaincu qu'aucune proposition, quelque avantageuse qu'elle pût être, ne serait capable de l'ébranler sur ce point, et que ce serait se compromettre que d'en hasarder l'ouverture. La Reine même, nonobstant tout le crédit qu'Elle a sur l'esprit de son auguste époux, n'en aurait pas assez pour opérer cette grande révolution dans les maximes politiques de la France, et si Elle le tentait Elle fournirait des armes aux ministres pour Lui enlever la confiance du Roi.

V. M. m'ordonne de sonder là-dessus l'opinion publique. Je puis assurer dès à présent que cette opinion n'est pas équivoque. Les alarmes qu'ont causées ici les progrès des Russes pendant leur dernière guerre ont assez manifesté le prix que l'on attache ici à la conservation de la Porte. Les spéculateurs d'aujourd'hui ne s'en tiennent pas là; ils ont hautement débité dans Paris que la France et l'Angleterre n'accéléraient l'ouvrage de la paix que pour être mieux en état de veiller aux suites des troubles de la Crimée. D'autres ont encore été plus loin en disant publiquement que la France faisait la paix avec l'Angleterre pour entrer en guerre avec V. M. Le public de la cour regarde comme certaine l'union de V. M. avec la Russie contre les Turcs.

Tous ces bruits ne sont pas étonnants; quoique le système de l'alliance actuelle date de près de vingt-cinq ans et que le Roi et son ministère y tiennent d'une manière indubitable, la gent lettrée, un nombre d'anciens enthousiastes et une quantité d'espèces que le Roi de Prusse sait mettre en mouvement sont toujours ici à ses ordres quand il s'agit de débiter les opinions qu'il suggère et qui lui conviennent.

Ma dépêche d'office d'aujourd'hui contient au reste un trait du comte de Vergennes qui semble appuyer tout ce que je viens de dire[1]. Cette dépêche devant paraître sous les yeux de V. M., j'omettrai une répétition superflue.

En mettant ce faible résultat de mes réflexions aux pieds de V. M., je La supplie très humblement d'être persuadée que, quoique je l'aie écrit en toute vérité d'après ma conviction intérieure, je n'ai pas assez de confiance en ma perspicacité pour que mes idées personnelles puissent influer en rien sur ma conduite à l'avenir. Je n'aurai d'autre guide que les ordres qui me parviendront de V. M. ou de son ministère; je me pénétrerai de leur esprit et les mettrai en exécution avec le zèle le plus ardent et le plus pur.

Quoique la négociation de paix qui se continue ici paraisse très avancée, même fort près de son terme pour les objets essentiels, cependant on aperçoit encore assez de louche dans les détails pour qu'il pût survenir quelque incident inattendu et que l'ensemble des circonstances rendrait à bien des égards probable. Peut-être cet objet sera-t-il entièrement éclairci d'un moment à l'autre, même avant le départ du garde-noble; entre temps je dois m'en remettre très humblement au contenu de ma dépêche qui renferme tout ce que j'ai pu recueillir sur la matière.

---

[1] Le 20 décembre, dans une conférence avec M. de Vergennes, M. de Mercy fit remarquer combien il était à désirer que la Porte donnât satisfaction à la Russie; mais le Ministre répliqua que, par suite de la probabilité de la conclusion de la paix entre la France et l'Angleterre, l'Impératrice ne se déciderait pas aussi légèrement à prendre les armes. « Elle y pensera à deux fois, dit-il, car elle ne peut pas ignorer qu'il n'y a pas en Europe une seule puissance qui ne risquât son dernier homme et son dernier sou pour empêcher la ruine de l'Empire Ottoman. » (Dépêche d'office du comte de Mercy du 28 décembre 1782.)

En rejoignant ici la suite de la correspondance prussienne, elle ne me donne lieu pour cette fois à aucune remarque qui méritât d'être exposée à V. M.

88. — MERCY À KAUNITZ.

Paris, le 28 décembre 1782. — Monseigneur, le garde-noble mensuel m'a remis le 18 de ce mois la lettre dont V. A. m'honore en date du 7. Frappé de la justesse incontestable de vos remarques, Monseigneur, je ne puis rien comprendre à la tournure singulière des négociations qui se continuent ici pour la paix, et qui semblent si près de leur terme. La facilité de l'Angleterre à accorder des avantages considérables aux deux cours de Bourbon est d'autant plus étonnante après la campagne humiliante que viennent d'essuyer les deux cours susdites. Cependant on est d'accord sur les grands objets; il ne reste du louche que dans les détails. C'est peut-être le retranchement que le ministère anglais s'est réservé et d'où il pourrait faire naître encore bien des incidents inattendus. Cela peut s'éclaircir d'un moment à l'autre, même avant le départ du courrier. En attendant je dois m'en remettre au contenu de ma dépêche d'office, qui expose tout ce que j'ai été à même de recueillir sur la matière.

V. A. m'ordonne de lui dire, si je prévois la possibilité de quelque changement dans le ministère de Versailles, et qui serait celui que le Roi pourrait prendre, s'il se déterminait à remplacer M. de Maurepas. Jusqu'à présent je ne vois d'apparence à aucun de ces deux événements; le Roi craint les gens d'esprit et de génie; Il se persuade qu'ils sont trop inquiets, entreprenants, et les fantômes qu'Il se forme à cet égard, Lui rendent assez agréables ses ministres actuels. Il se contente de les brusquer quelquefois fort rudement lorsqu'ils commettent des fautes, dont Il puisse s'apercevoir, et moyennant cette méthode Il croit régner[1]. A moins de quelque crise très frappante et extraordinaire, je ne présume pas que les affaires du dehors puissent déterminer le Roi à prendre un premier ministre; mais l'administration intérieure pour-

---

[1] On peut rapprocher de ce passage cet extrait des *Mémoires de Dumouriez*, t. II, p. 140. Il dit qu'on «l'avait fort trompé sur le caractère de ce prince, qu'on lui avait peint comme un homme violent et colère, qui jurait beaucoup et maltraitait ses ministres».

rait à la longue l'y nécessiter. Les parlements remuent, et ne sont point assez contenus; il perce de toutes parts des vices dans la police et la régie des provinces, bien plus encore dans la manutention des finances. Le mal n'est pas encore au point de faire une impression vive; mais le désordre peut, doit même augmenter, et il est palpable qu'il ne provient ni d'un défaut de ressort, ni de ressources de la monarchie, mais uniquement de l'impéritie des ministres actuels, et plus encore de ce qu'il leur manque ce point de réunion nécessaire qu'ils ne peuvent trouver dans l'inexpérience du souverain.

Le désir de M. de Breteuil de venir ici tient sans doute à ses anciennes vues de parvenir au ministère. La duchesse de Polignac convoite la petite-fille de cet ambassadeur, Mlle de Matignon, qui sera fort riche, et qui serait de la convenance du fils de la duchesse. Peut-être M. de Breteuil voudra-t-il faire son marché; mais quoique l'intrigue soit ici le grand mobile de toutes choses, et que la Reine a toujours assez bien traité le baron, j'ai vu constamment cette princesse persuadée qu'il ne convenait nullement au ministère. La favorite peut faire changer cette opinion; d'ailleurs on ne peut plus calculer les effets de l'instabilité des idées de la Reine. Ses qualités charmantes s'unissent à une légèreté, qui les offusque en grande partie. Depuis qu'Elle s'occupe de l'éducation de son auguste fille et qu'Elle la tient continuellement dans ses cabinets, il n'y a presque plus moyen d'y traiter d'aucun objet important ou sérieux qui ne soit à tout moment interrompu par les petits incidents des jeux de l'enfant royal, et cet inconvénient ajoute à un tel point aux dispositions naturelles de la Reine à être dissipée et inattentive, qu'Elle écoute à peine ce qu'on Lui dit et le comprend encore moins. Je me vois par là éconduit plus que jamais dans toutes mes mesures, et je vois combien il serait illusoire de penser à tirer un parti réel de l'influence et du crédit de la Reine dans des cas compliqués et majeurs.

Par les raisons que V. A. observe, je n'ai jamais osé hasarder aucune nouvelle par la poste ni user à cet effet d'aucun chiffre, parce que je sais positivement que l'on a ici de très habiles déchiffreurs et que toutes les lettres sont ouvertes. Mais il est facile d'employer l'expédient que V. A. a imaginé, et quand il y aura matière je pourrais dicter un bulletin qui serait écrit par une main inconnue, et aurait pour adresse:

Bordereau particulier pour M. le baron de Fries[1] *à Vienne,* avec une marque au bas. Ce bulletin serait envoyé à Bruxelles à la maison Nettine et Walkiers, qui ne saurait pas même de quelle part ce papier lui serait adressé, et elle l'enverrait à M. de Fries. Si V. A. agrée ce projet, je le mettrai en exécution aussitôt qu'Elle m'aura fait connaître qu'Elle a donné ses ordres à M. de Fries, et que ce dernier aura prévenu la maison Walkiers, précaution qui paraît nécessaire pour qu'il n'y ait pas de négligence dans l'expédition de Bruxelles.

Au moment de la nouvelle année, permettez-moi, Monseigneur, de vous offrir l'hommage des vœux sincères que je ferai toute ma vie pour ce qui vous concerne. Je supplie V. A. de me conserver sa protection et ses bontés, que je tâcherai de mériter toujours par la fidélité des sentiments respectueux avec lesquels j'ai l'honneur d'être, etc.

P. S. — J'ai dit que je ne prévoyais point de changement dans le ministère actuel; mais je dois observer que, si la négociation de paix manquait et tournait de manière à constater que M. de Vergennes s'est laissé jouer par les Anglais, alors il pourrait en résulter des suites fâcheuses pour ce ministre.

P. S. — La lettre dont vous m'honorez, Monseigneur, fait mention des troubles de la Crimée, et je croirais manquer à tout ce que je vous dois personnellement, même à mon vrai zèle pour le meilleur service possible de notre auguste monarque, si je ne mettais sous les yeux de V. A. ma réponse à quelques questions que l'Empereur a daigné me faire sur les suites que peuvent avoir les démêlés présents entre la Russie et la Porte.

Sans examiner les motifs qui ont engagé S. M. à me questionner sur un objet dont le premier point surtout est si au-dessus de ma portée, j'ai pensé que, quelque mince et insignifiante que puisse être la personne qui expose un avis sur une matière aussi grave, il est nécessaire que V. A. en soit informée. Mes idées ne sont peut-être que de grandes erreurs, mais il faut que V. A. les sache, afin de les rectifier pour autant qu'Elle jugera que le comporte la petite sphère où je me

---

[1] Jean, baron de Fries, banquier très riche et très renommé à Vienne. Joseph II le fit comte en 1783.

trouve dans l'ensemble du service, où je tâcherai toujours d'exécuter ses ordres avec autant de précision que peuvent l'admettre mes faibles moyens.

---

89. — JOSEPH II À MERCY.

Vienne, ce 12 janvier 1783. — C'est avec bien de la reconnaissance que j'ai reçu votre lettre par le courrier mensuel; les détails qui y sont contenus et les réflexions aussi justes que parfaitement bien vues en réponse aux questions importantes que je vous avais faites, m'ont été infiniment agréables. Je pense comme vous, mon cher Comte, que la France, enflée par la glorieuse et avantageuse paix qu'elle va conclure ou a déjà conclue avec l'Angleterre, mettra toutes les entraves possibles au renversement projeté de l'Empire Ottoman, et qu'en liant sa partie avec le roi de Prusse sous main et ensuite même publiquement, elle tâchera de le conserver. Le propos de M. de Vergennes, contenu dans votre lettre d'office, paraît assez clair; mais peut facilement être une fanfaronnade dite pour empêcher l'exécution de ce qu'il craint. Je continue à me mettre tout doucement en mesure afin de pouvoir me porter à temps à tout ce que la convenance de l'État exigera, et, ayant deux cents lieues d'Allemagne de frontières avec les Turcs, et peu sûr néanmoins de ce que le bonheur et l'audace entreprenante de l'impératrice de Russie pourraient occasionner dans ces contrées, j'aurai toutes mes forteresses bien fournies, plus de cent mille Croates bien armés et pourvus de tout le nécessaire, et outre cela des corps et une armée de cent mille hommes de troupes réglées, disposées de façon à être dans six semaines, avec tout ce qui leur faut, là où le besoin et la convenance l'exigeront, sans toucher aux troupes de la Bohême, de la Moravie, de l'Autriche et de la Galicie qui, composant cent quatre-vingt mille hommes, resteraient prêtes à tenir le roi de Prusse, dans tous les événements, en échec. Malgré ces moyens, comptez, mon cher Comte, que je travaille sérieusement au maintien de la paix, et que je hausserais même mon ton vis-à-vis de la Russie, si je n'avais à faire avec une femme, et encore avec une femme gâtée par les adulations et les soumissions que toutes les puissances, à l'envi l'une de l'autre, je ne sais point encore pourquoi, se sont empressées de lui faire. C'est donc en emmiellant les vérités et les difficultés que je suis dans le cas de lui dire que je dois conserver son amitié, surtout tant que.le roi de Prusse est dans des principes aussi ridicules de jalousie à mon égard et qui lui font oublier jusqu'à sa propre convenance qu'un accord mutuel avec nous pourrait lui procurer plus facilement.

Quant à l'objet de l'Escaut, je compte par la chancellerie d'État en faire entamer la négociation en Hollande, dès que je saurai la paix entièrement arrangée, et c'est une discrétion de ma part que de ne pas vouloir la confondre avec les intérêts présents de la France; faites sentir cela, je vous prie, à la Reine.

Je n'ai point encore de nouvelles de Constantinople, ni de réponse de la part des Turcs; mais je l'attends d'un moment à l'autre. Il faut rendre la justice à M. de Saint-Priest[1] qu'il a mis dans l'exécution des ordres de sa cour, toute la bonne volonté et toute la franchise possibles.

L'impératrice de Russie m'a écrit et a beaucoup relevé que cet ambassadeur, et par conséquent la France, paraissait reconnaître que les trois points qu'elle avait demandés à la Porte, lui étaient vraiment dus par sa paix de Kaïnardji. Du reste elle paraissait avoir de l'humeur contre la France; mais la réponse, que je viens de lui faire, lui prouvera bien que c'est l'Angleterre principalement qui est la cause que notre médiation n'a pas eu lieu. Il est inconcevable que cette puissance conclue, après une campagne si glorieuse, une paix aussi ignominieuse que destructive pour sa considération publique et ses intérêts, que l'est celle dont les conditions sont énoncées dans votre rapport. Je suis curieux d'en apprendre un jour les raisons; peut-être que nous ne les saurons que quand M. Shelburne sera pendu en Angleterre.

90. — KAUNITZ À MERCY.

Vienne, le 13 janvier 1783. — D'après les détails fort honnêtes et sincères, à ce qu'il paraît, que vous a confiés M. le comte de Ver-

[1] Depuis le mois de novembre 1768 M. de Saint-Priest était ambassadeur de France à Constantinople, où il avait remplacé M. de Vergennes.

gennes sur l'état actuel de la négociation pacifique, il est hors de toute vraisemblance que l'on puisse ne pas conclure. On ne peut trouver la solution de toutes les facilités inattendues de la part de l'Angleterre, que dans la supposition d'un besoin très pressant du rétablissement de la paix et de l'impossibilité de pouvoir continuer la guerre. En partant de là, il n'y a rien que de très simple dans ce que nous voyons arriver; mais que nous étions en droit de ne pas devoir imaginer. Je m'attends donc d'un moment à l'autre à la nouvelle de la signature des préliminaires, et moyennant cela tout sera dit de ce côté-là pour le moment présent. Car pour ce qui est de l'avenir, il en arrivera vraisemblablement ce qui arrive toujours, ou un peu plus tôt ou un peu plus tard, des pacifications forcées et aussi souverainement désavantageuses pour l'une des parties contractantes. Mais alors comme alors, et Dieu veuille qu'en attendant il nous parvienne, et promptement, des nouvelles de Constantinople, telles que je les désire.

Je vous remercie bien cordialement de la confiance que vous avez bien voulu me témoigner par la communication de votre lettre endossée *très particulièrement*. L'Empereur a bien voulu m'en apporter lui-même l'original et me le laisser en main. Je lui ai témoigné que j'en trouvais le contenu très bien vu et très bien jugé, et j'ai été dans tous les temps si convaincu de tout ce que vous observez, que je désire de tout mon cœur qu'il puisse ne jamais en être question.

Je pense absolument comme vous sur le chapitre de M. de Vergennes, et l'avenir vraisemblable au sujet du ministère pendant le règne de Louis XVI, et de la personne de celui qui tient sans doute encore à ses anciennes vues, qui portent cependant actuellement, à ce qu'il me semble, sur la place de M. de Castries, et dans laquelle en tout cas il ne serait pas au moins dangereux qu'une tête aussi chaude et aussi ignorante que la sienne, le serait à la tête des affaires étrangères [1].

Ce que vous me mandez de la Reine est fâcheux sans doute, mais comme on n'y peut que ce que vous faites très sagement, il faut prendre patience.

---

[1] Le prince de Kaunitz veut parler du baron de Breteuil, qui désirait vivement quitter l'ambassade de France à Vienne et devenir ministre.

Je suis bien aise que vous ayez bien voulu ne pas désapprouver mon idée du bulletin, et j'ai déjà donné des ordres nécessaires à M. de Fries, qui donnera les siens en conséquence à la maison Walkiers.

91. — JOSEPH II À MERCY.

Vienne, ce 31 janvier 1783. — La nouvelle des préliminaires de paix, signés entre la France et l'Angleterre, dont le Roi a bien voulu me donner part par une lettre de main propre fort amicale [1], m'engage d'envoyer ce courrier extraordinaire, avec ma réponse et mes compliments. Je vous joins donc ici une lettre pour le Roi, une pour la Reine et une troisième pour M. de Vergennes [2]. J'ai cru bien faire, le connaissant personnellement, de lui donner cette marque d'attention, et vous me marquerez si j'ai obtenu mon but, savoir de lui faire plaisir. Je ne lui dis, exprès, pas un mot de politique, pour ne pas avoir l'air du moindre intérêt dans ma démarche. Il faut lui rendre la justice que la chose a été menée avec toute l'adresse et toute la sagesse imaginables.

Pour moi, je n'ai point encore de nouvelles détaillées de la Russie, des vues ultérieures de l'Impératrice. Les Turcs, comme vous saurez, ont accordé par écrit les trois points litigieux, par conséquent, pour ce moment, toute raison et même tout prétexte paraissent levés.

92. — MERCY À JOSEPH II.

Paris, le 1er février 1783. — Le garde-noble mensuel m'a remis le 24 du mois passé, les très gracieux ordres de V. M. I., en date du 12, et je n'ai pas tardé à faire parvenir à la Reine la lettre [3] qui lui était adressée. Cette auguste princesse a paru fort occupée de l'article de cette lettre où V. M. lui marque *qu'Elle aura peut-être bientôt une*

---

[1] Cette lettre de Louis XVI à Joseph II, du 21 janvier 1783, est imprimée à la page 29 de l'ouvrage publié par M. d'Arneth, sous ce titre : *Marie-Antoinette, Joseph II und Léopold II.* Wien, 1886, in-8°.
[2] Ces lettres manquent.
[3] Cette lettre manque.

nouvelle occasion de prouver son attachement à l'alliance et de faire connaître combien Elle la préfère à tout autre avantage. La Reine m'a beaucoup questionné sur les objets auxquels cet énoncé pourrait avoir trait. Je répondis que pendant la guerre qui vient d'être terminée, ainsi que dans toutes autres circonstances, V. M. n'avait cessé de donner à la France des marques de son amitié, que l'expression de son sentiment pour l'alliance pouvait n'avoir dans ce moment qu'une acceptation générale, conséquente au passé et au projet de V. M. de suivre les mêmes principes à l'avenir. Je me suis abstenu d'observer que le paragraphe en question pourrait avoir des rapports avec les démêlés actuels entre la Russie et la Porte, parce que cette remarque aurait exigé des explications trop compliquées, qui ne me paraissent pas encore devoir être mises sous les yeux de la Reine. Je me suis borné relativement à cette crise importante à démontrer que la plus légère apparence de troubles sur une partie immense de frontière des États de V. M., La nécessiterait à prendre des mesures, qui par leur nature et les mouvements de troupes qu'elles occasionnent, sont toujours exagérées par les bruits publics, quoiqu'elles ne soient dans le fond que des effets d'une précaution, la plus simple et la plus indispensable. Ces observations très bien senties par la Reine Lui donnent lieu de répondre convenablement à tous les propos qui se tiennent à Versailles, même parmi la famille royale, et j'ai vu que S. M. avait déjà fait bon usage de mes remarques à cet égard.

Depuis un mois, la Reine, de son propre mouvement, m'a parlé plusieurs fois de l'objet relatif à la libre navigation de l'Escaut, et des moyens de faire intervenir utilement son influence dans cet arrangement. J'ai fait valoir les égards et la délicatesse qui ont porté V. M. à retarder l'ouverture de cette négociation en Hollande, jusqu'à ce que la France eût terminé la paix. Je vois que la Reine se fait un vrai plaisir de saisir cette occasion de marquer sa bonne volonté et son désir de concourir à une chose qui peut être agréable à V. M.

Ma dépêche d'office d'aujourd'hui expose le peu que j'ai à dire sur le fond et la forme assez extraordinaire de la pacification qui vient de se conclure [1]. Cette matière ne sera parfaitement éclaircie que lorsque

---

[1] Au moment de signer les préliminaires de paix l'Espagne faillit tout remettre en suspens. Le duc de Crillon, commandant en chef de l'armée qui assiégeait Gibraltar, avait rêvé qu'il était faisable de creuser un large souterrain allant du camp

le temps aura procuré les notions suffisantes à juger des motifs qui ont déterminé l'Angleterre à subir des conditions qui paraissent lui être fort fâcheuses [1]; on peut entre temps s'assurer que ces motifs ne sont ni l'effet des bonnes mesures prises par les cours de Bourbon, et encore moins celui du génie de leurs ministères. Le mot de l'énigme se trouvera peut-être dans l'état où se trouvaient les affaires de l'Inde, mais quelle que soit la cause de cette paix, on pourrait présumer que l'Angleterre ne la maintiendra qu'aussi longtemps qu'il lui sera nécessaire pour se préparer à la rompre. Le retour du comte de Vergennes à l'idée d'une médiation semble ne pouvoir être fondé que sur quelque embarras secret ou sur une simple platitude politique de sa part. Le

espagnol jusqu'au cœur de la forteresse anglaise, d'ouvrir ensuite ce tunnel et de s'emparer de la place par ce moyen. Ce projet si bizarre séduisit à tel point le Roi Catholique et son ministère que le comte d'Aranda, ambassadeur d'Espagne à Paris, reçut l'ordre de revenir sur sa renonciation à Gibraltar et de réclamer de nouveau avec les plus vives instances la rétrocession de cette forteresse à l'Espagne. Mais le comte d'Aranda fit preuve de résolution; il dit à M. de Vergennes qu'il était ambassadeur et muni de pleins pouvoirs et qu'il croyait de son devoir d'éviter au Roi, son maître, une démarche aussi dangereuse et aussi contraire aux véritables intérêts de la monarchie espagnole et, sans plus parler de Gibraltar, il signa les préliminaires.

En racontant ce fait à M. de Mercy, Marie-Antoinette lui dit que Louis XVI avait ri de bon cœur du projet fantastique du duc de Crillon, mais que par égard pour la Cour de Madrid, il lui avait ordonné de n'en parler à personne.

Tout d'ailleurs n'était pas fini et il y avait encore beaucoup à faire pour conclure un accord entre l'Angleterre et les Provinces-Unies des Pays-Bas, que la France avait laissées dans le plus grand embarras. (Dépêche d'office du comte de Mercy du 1er février 1783.)

[1] A Paris et à Versailles on jugeait fort diversement les conditions obtenues par la France. Les amis du comte de Vergennes insistaient sur la reconnaissance de l'indépendance des Etats-Unis d'Amérique, sur l'affaiblissement considérable qui en résultait pour l'Angleterre, sur le droit de pêche à Terre-Neuve, sur la suppression du commissaire anglais à Dunkerque, sur la cession de Tabago et du Sénégal, et ils exagéraient beaucoup l'importance de ces avantages.

Les adversaires du ministre, et en particulier les partisans du duc de Choiseul, regrettaient que la paix eût été signée au moment où suivant toute apparence l'Angleterre allait succomber et aurait été obligée de faire plus de concessions. Ils disaient qu'en ce moment il y avait à Cadix des forces très considérables, qui étaient prêtes à partir et qui après leur arrivée dans les eaux des Antilles auraient donné aux alliés une flotte de 50 vaisseaux et une armée de 30,000 hommes, auxquelles l'Angleterre aurait été dans l'impossibilité la plus absolue d'opposer une résistance efficace. A les entendre il en était de même dans les Indes orientales où la France avait rassemblé 8,000 hommes, qui étaient plus que suffisants, non seulement pour en chasser le peu d'Anglais qui y restaient, mais pour soumettre tout le pays, d'autant plus que la Grande-Bretagne, à la suite de l'échec de sa tentative sur le cap de Bonne-Espérance ne pouvait plus envoyer de ren-

personnage prête assez à ce dernier soupçon, et je n'ometterai rien pour tâcher d'approfondir au plus tôt ce qui en est à cet égard [1].

La suite de la correspondance prussienne que je remets ici très humblement, ne me paraît avoir de remarquable que l'ignorance où le baron de Goltz a été des faits qui étaient assez connus lorsqu'il écrivait, et qu'il estropie à sa manière. Il sert bien moins son maître dans ses dépêches que dans les cafés de Paris, où il s'occupe à faire circu-

forts aux Indes faute d'un port de relâche, où ses vaisseaux, en cas de besoin, pussent se ravitailler. Au lieu de tirer parti de tous ces énormes avantages, on avait sacrifié Hyder-Ali et perdu par là à tout jamais l'espoir de trouver plus tard un allié dans ce pays, sans parler des Provinces-Unies des Pays-Bas, dont l'abandon était inexcusable.

Le comte de Vergennes ne tirait pas vanité de la signature des préliminaires. Au contraire il affectait encore plus de modestie et de modération qu'à l'ordinaire. Il disait que la France n'avait pas moins besoin de la paix que l'Angleterre, qu'on ne devait jamais se laisser aller à abuser des circonstances les plus favorables contre une grande puissance et que d'ailleurs les domaines de la France étaient assez étendus et assez importants pour qu'on n'eût pas à se soucier de les augmenter par de nouvelles conquêtes.

M. de Mercy, d'ailleurs, pensait que ce ministre devait être consolé des critiques de ses ennemis par la satisfaction dont le Roi lui donnait des preuves manifestes en public et en particulier. La comtesse de Vergennes, invitée à souper dans les petits appartements, honneur qu'elle n'avait pas encore reçu, avait été accueillie par la Reine de la façon la plus gracieuse. On y voyait un présage des récompenses plus substantielles, que le ministre ne manquerait pas de recevoir. Les uns pensaient qu'il serait fait duc; les autres croyaient qu'il serait nommé chef du Conseil royal des finances. Quoi qu'il en fût, il était certain que le comte de Vergennes avait beaucoup gagné dans la confiance du Roi, mais il n'était pas vraisemblable que son crédit continuât à croître jusqu'au point de lui assurer l'influence prépondérante dont avait joui le comte de Maurepas. (Dépêche d'office du comte de Mercy du 1ᵉʳ février 1783.)

[1] L'un des envoyés hollandais à Paris, M. de Brantsen, avait confié le 22 janvier au comte de Mercy que, pour le tranquilliser sur la rétrocession de Négapatam, que les Anglais voulaient garder, M. de Vergennes lui avait dit, sous le sceau du plus grand secret, que peut-être la République des Provinces-Unies aurait bientôt des médiateurs avec elle pour l'aider dans cette négociation si difficile. Et le 28 janvier, M. de Vergennes lui-même donnait à entendre au comte de Mercy qu'on attendait une réponse de Londres..... pour l'affaire de la médiation des deux cours impériales. Cette demi-confidence, faite en phrases entrecoupées, semblait fort coûter au ministre; mais l'ambassadeur impérial se garda bien de l'aider à sortir d'embarras; il se contenta d'écouter le comte de Vergennes, sans lui demander le moindre éclaircissement. M. de Mercy pensait que dans le cas où la France aurait quelque proposition à faire à l'Empereur, il valait mieux attendre qu'elle s'expliquât clairement. Il savait d'ailleurs par la Reine que le Roi et son ministre étaient fort embarrassés pour s'excuser près des deux cours impériales d'avoir fait la paix sans recourir à leur médiation, bien que la France l'eût formellement acceptée. M. de Mercy était persuadé que cette confidence de M. de Vergennes était une simple feinte pour pouvoir rejeter, avec plus d'apparence que de vraisemblance, sur l'Angleterre la responsabilité de la renonciation à la médiation. (*Ibidem.*)

ler des conjectures et des nouvelles qu'il ne réussira pas également à accréditer dans le cabinet de Versailles.

Je ne dois point finir sans mettre aux pieds de V. M. mes très humbles actions de grâce, de l'indulgence et clémence avec lesquelles Elle a daigné envisager le contenu de mon dernier rapport. Si quelque chose pouvait ajouter à mon zèle, l'extrême bonté de V. M. le rendrait plus ardent pour tout ce qui intéresse sa personne sacrée et son auguste service.

93. — MERCY À KAUNITZ.

Paris, le 1ᵉʳ février 1783. — Le garde-noble mensuel m'a remis, le 24 du mois passé, la lettre particulière et les *P. S.*[1] dont V. A. m'honore, des 12 et 13. Ce qu'Elle avait prévu, relativement à une prochaine conclusion de la paix, s'est exactement vérifié. Ma dépêche d'office expose le peu de remarques que j'ai à faire sur cet événement, mais la matière ne sera parfaitement éclaircie que lorsque le temps aura procuré les notions suffisantes à juger des motifs qui ont déterminé l'Angleterre à subir la loi de ses ennemis. On peut bien s'assurer que ces motifs ne sont ni l'effet de bonnes mesures prises par les cours de Bourbon, et encore moins celui du génie de leurs ministères. Il est probable que la prévoyance de quelque désastre dans l'Inde a décidé la cour britannique à une paix forcée qu'elle ne maintiendra peut-être qu'aussi longtemps qu'il lui sera nécessaire pour se préparer à la rompre. Le retour de M. de Vergennes à l'idée d'une médiation semble ne pouvoir être fondé que sur quelque embarras secret, ou sur une simple platitude politique de sa part; le personnage prête fort à ce dernier soupçon. Je tâcherai d'approfondir ce qui en est, mais je désirerais bien plus particulièrement pouvoir me procurer quelque moyen à vérifier et éclaircir ce que M. de Vergennes annonce lui avoir été insinué par lord Shelburne sur les affaires ottomanes.

Les parents et amis de M. de Breteuil paraissent fort contrariés par les obstacles qui s'opposent au voyage, que cet ambassadeur devait faire ici. Je ne doute plus que ses vues ne portent sur le département

---

[1] Ces *P. S.* manquent.

de la marine, parce qu'il ne peut ignorer que M. de Castries est vivement attaqué par tous ses collègues [1], qui voudraient l'écarter à cause de ses liaisons intimes avec M. Necker, lequel inspire aux ministres actuels une vraie terreur, en raison de l'opinion qu'ils savent que le Roi a conservée de sa conduite et de ses talents. Dans ma dernière conversation avec la Reine, j'ai vu que cette princesse est toujours fort éloignée de favoriser l'entrée de M. de Breteuil dans le ministère, et comme on ne lui connaît aucun moyen direct de faveur auprès du Roi, il est très probable qu'il échouera dans ses projets.

D'après les ordres que V. A. a fait donner au baron de Fries, je vais, dans le courant de ce mois, faire un essai des bulletins, et je prendrai toutes les précautions pour que l'on ne puisse ici en découvrir la source, qui sera même ignorée par M. de Walkiers, à Bruxelles.

94. — MERCY À JOSEPH II.

Paris, 17 février 1783. — Le garde-noble dépêché avec les ordres de V. M. I., en date du 31 janvier, me les a remis le 7 de ce mois au soir, et le lendemain matin j'ai été présenter à la Reine la lettre qui Lui était adressée. Cette auguste princesse voulut se charger de remettre Elle-même celle qui était destinée au Roi, et j'ai su que ce monarque avait mis un grand prix à l'attention de V. M. de répondre si promptement à la participation amicale que Lui avait faite le Roi Très Chrétien, à l'occasion des préliminaires de la paix.

Lorsque, dans la même matinée, je remis la lettre de V. M. au comte de Vergennes, j'eus lieu de voir combien il était pénétré de

---

[1] A propos des conditions des préliminaires de paix, M. de Castries venait d'avoir de vives discussions avec M. de Vergennes. Jusqu'au dernier moment le ministre de la marine avait soutenu que dans les Indes orientales on devait, à la paix, régler la situation territoriale future sur la base de l'*uti possidetis* au moment de la signature des préliminaires; mais le secrétaire d'État aux affaires étrangères n'avait jamais voulu admettre ce système et il avait accepté le *statu quo ante bellum*, ce qui avait excité la colère et les critiques du marquis de Castries, de son ami et protecteur le duc de Choiseul et de tous leurs partisans. M. de Mercy pensait que M. de Vergennes, avec l'aide du contrôleur général, M. Joly de Fleury, qui était très hostile au marquis de Castries, parviendrait à le faire renvoyer du ministère. (Dépêche d'office du comte de Mercy du 1er février 1783.)

cette grâce. Il me dit qu'après l'approbation de son souverain, il n'en était aucune dans le monde qui lui fût aussi précieuse que celle de V. M., que son très respectueux attachement pour sa personne sacrée égalait sa profonde reconnaissance d'une si grande marque de bonté, et que cette récompense de ses travaux le comblait de bonheur et de satisfaction. Après l'avoir prié de faire parvenir la lettre adressée à M. le comte d'Artois, je lui parlai de l'acquiescement de la Porte aux demandes de la cour de Russie. Il était déjà informé de l'issue de cet objet, et il en témoigna beaucoup de contentement. Quoique le comte de Vergennes ait toujours dissimulé ses inquiétudes sur cette matière, je ne puis douter qu'il n'en ait eu de très sérieuses.

Avant de renvoyer le présent garde-noble, j'aurais désiré d'éclaircir plus à fond ce que peut avoir apporté un courrier russe arrivé depuis peu, ainsi que l'envoi d'un courrier français qui doit être passé par Vienne, allant à Saint-Pétersbourg, et finalement les motifs qui amènent ici le ministre du duc de Deux-Ponts, le sieur de Hohenfels. J'aurais sans doute recueilli quelques notions précises sur ces trois objets, si j'avais pu voir le comte de Vergennes avant l'expédition du garde-noble; mais la Reine m'ayant fait savoir qu'une circonstance pressante et qui intéresse le prince de Darmstadt, La déterminait à écrire à V. M. et qu'Elle voulait que sa lettre fût dépêchée sur-le-champ par un courrier, cet ordre inattendu me laisse à peine le temps d'écrire ce présent et très humble rapport, avec une lettre d'office qui n'a pu devenir que très stérile. J'y suppléerai par la voie prochaine du garde-noble mensuel, et, en remettant ici la suite de la correspondance prussienne, je suis, avec la plus profonde soumission...

P. S. du 18 février. — Que la Reine m'a donné vingt-quatre heures de plus pour dépêcher le courrier, que j'ai vu M. de Vergennes, m'en remettant là-dessus à ma dépêche, que la Reine m'a chargé de faire mention à S. M. de l'intérêt qu'Elle prend au prince de Darmstadt.

95. — MERCY À KAUNITZ.

Paris, le 17 février 1783. — La Reine m'a fait signifier hier qu'une circonstance pressante, qui intéresse les princes de Darmstadt, La décidait à écrire à S. M. l'Empereur, et qu'Elle voulait que la lettre fût dépêchée sur-le-champ par un courrier. Cet ordre inattendu et si précis me réduit aujourd'hui à ne pouvoir rien mander d'essentiel, tandis que si j'avais eu un peu plus de marge, je serais parvenu à me procurer des notions sur quelques faits qui méritent d'être éclaircis. Je tâcherai d'y suppléer par le garde-noble mensuel; j'espère que d'ici au temps de son départ, M. de Vergennes se sera expliqué sur ses idées de médiation. La signature des préliminaires ayant arrêté toute dépense et toute effusion de sang, on ne doit plus être si pressé de terminer le traité définitif, et par conséquent il n'y aurait aucune bonne raison à varier sur le point si positivement convenu d'établir le congrès à Vienne.

M. de Vergennes m'a paru très sensible à ce que je lui ai dit de la part de V. A. sur le succès de ses préliminaires. Il m'a répondu, Monseigneur, qu'il attachait à votre suffrage un prix proportionné à sa vénération pour votre personne, et il m'a prié d'en faire parvenir les plus vifs témoignages à V. A.

P. S. du 18 février. — Tandis que j'écrivais mes dépêches, j'avais fait en même temps des instances auprès de la Reine pour retarder d'un jour le départ du courrier. S. M. y ayant consenti, j'ai vu M. de Vergennes et lui ai tenu le langage qui m'a paru propre à maintenir une porte ouverte aux objections qui peuvent être faites à son idée de changer le lieu convenu pour la médiation. Il semble que le projet de M. de Vergennes est d'extorquer une garantie des puissances médiatrices, et de ne leur laisser qu'une vaine apparence de remplir cet office.

96. — JOSEPH II À MERCY.

Vienne, ce 18 février 1783. — Votre lettre que j'ai reçue par le courrier mensuel, m'a été très agréable et je vous suis fort obligé de son contenu. Vous avez parfaitement bien agi en instruisant la Reine sur la nécessité et les raisons qui m'ont mis dans le cas d'augmenter dans ces circonstances mes mesures militaires en Hongrie. Le paragraphe de ma lettre relevé par la Reine était sous un double point de vue; l'un si l'impératrice de Russie, par l'accomplissement de tout ce que je demandais d'Elle, ainsi que les Turcs m'eussent mis dans le cas de leur faire la guerre avec les Russes, de La prévenir que je ne l'entreprendrais point sans m'être entendu préalablement là-dessus avec mon allié le Roi. L'autre que, si la Russie ne consentait pas à tout ce que je demandais et que les Turcs accordassent ce que j'avais exigé d'eux pour l'accomplissement de la paix de Kaïnardji, qu'alors je puisse faire sentir à la France que par considération pour elle et préférant son amitié même à celle de la Russie, j'avais renoncé à tous les avantages que j'aurais pu recueillir en faisant cause commune avec cette dernière. Je ne puis jusqu'à présent vous assurer, mon cher Comte, ni que la guerre entre la Russie et la Porte aura lieu, ni qu'on pourra l'éviter. Vous sentez bien que de mon côté je ne la désire point, mais que je serai prêt aux événements, et certainement si le grand projet venait à s'exécuter, je serais à même d'y dire un mot d'une façon ou de l'autre.

Quant à la liberté de l'Escaut, je suis charmé que la Reine s'en ressouvienne. Je presse actuellement le département et le gouvernement des Pays-Bas pour l'assemblage des différents matériaux litigieux avec la République, afin qu'on puisse au plus tôt en entamer la négociation.

Il est sûr qu'on ne peut concevoir pourquoi l'Angleterre se soit vue obligée de faire une paix aussi désavantageuse. Peut-être qu'on trouvera l'énigme, comme vous dites, dans les nouvelles de l'Inde, qui par la voie de terre lui parviennent toujours plus tôt qu'à la France. Ou peut-être la personnalité du ministre en a été le seul motif, d'autant plus que je ne sais comment il a su fasciner les yeux au Parlement et même aux habitants de cette île, jusqu'à leur faire accroire qu'on a très habilement profité des circonstances pour se procurer une paix beaucoup plus avantageuse qu'on ne pouvait espérer.

L'idée passagère de la médiation est une assez mauvaise plaisanterie; pourvu que la France et l'Angleterre fassent quelque compliment aux deux médiateurs pour la peine qu'elles leur ont épargnée, tout sera dit, au moins certainement de mon côté; je ne désire pas même ce compliment.

L'objet de commerce avec les Américains sera, pour l'avenir, de la plus grande importance. J'ai chargé le prince de Starhemberg de s'en occuper, les Pays-Bas me paraissant les plus propres pour profiter des avantages que va présenter la liberté établie en Amérique. Je suis curieux, si les nouvelles Provinces-Unies feront quelque démarche chez moi pour avoir un ministre ou au moins un consul; je n'en serai point fâché. Franklin doit avoir écrit au docteur Ingenhouse qu'il viendrait le voir à Vienne, ceci serait peut-être l'occasion la plus sûre d'amener des liaisons avec l'Amérique.

Mon départ pour Florence serait toujours encore sujet aux événements, néanmoins j'en désire l'accomplissement par nombre de raisons.

Le choix de M. d'Adhémar pour l'ambassade de l'Angleterre ne pourra que faire crier, et surtout M. de la Vauguyon doit y être fort sensible. Quoique la Reine s'y soit prise fort adroitement, je souhaite cependant que ses alentours ne fassent pas des fortunes aussi rapides[1].

---

[1] Lorsqu'il fut question de désigner le futur ambassadeur de France à Londres, M. de Vergennes pour acquérir les bonnes grâces de Mme de Polignac et par elle se faire bien venir de la Reine, offrit de lui-même à la duchesse de proposer son ami le comte d'Adhémar, alors ministre de France à Bruxelles. Il devait cependant savoir que la Reine était très mal disposée pour ce diplomate qu'Elle tenait pour un homme fat, léger et maladroit; mais il n'ignorait pas aussi que la favorite avait l'art d'imposer son sentiment et ses volontés à sa maîtresse. La Reine confia son embarras au comte de Mercy; Elle lui dit que d'une part si cette nomination avait lieu, elle Lui attirerait les reproches du public et que, d'autre part, si le projet échouait, Elle serait exposée aux plaintes de sa société. Pour se tirer de ce mauvais pas, Elle prit ce biais: Elle fit venir le comte de Vergennes et lui demanda quelle était son opinion sur le comte d'Adhémar. Le ministre répondit qu'à son avis ce diplomate était un esprit vif et judicieux et que ses qualités le rendaient très propre à l'ambassade de Londres, où il devait sûrement réussir. Sur quoi la Reine lui déclara que, si tel était bien son sentiment sur le comte d'Adhémar, Elle ne faisait plus difficulté de le lui recommander pour cette ambassade. (Dépêche d'office du comte de Mercy du 1er février 1783.)

Pour bien juger de la rapidité de la fortune faite par le comte d'Adhémar, il faut se souvenir qu'au siècle dernier la légation de France à Bruxelles était un poste de début sans importance; car toutes les affaires tant soit peu sérieuses concernant les Pays-Bas autrichiens se traitaient soit à Vienne par l'intermédiaire de l'ambassadeur de France près l'Empereur, soit à Paris par le canal du comte de Mercy. Au contraire, l'ambassade de France à Londres était l'un des premiers emplois de la carrière. M. de la Vauguyon (voir p. 50, note 1) était alors ambassadeur à la Haye, où il avait rendu de grands services; pour le consoler de cette déception on l'envoya un peu plus tard à Madrid.

97. — KAUNITZ À MERCY.

Vienne, le 19 février 1783. — Voilà donc enfin cette guerre terminée, au vrai uniquement par l'impossibilité mutuelle, dans laquelle se sont trouvées les puissances belligérantes, de pouvoir fournir plus longtemps les hommes et l'argent, qui eussent été nécessaires pour la continuer; suite nécessaire de la façon énormément dispendieuse dont elle se fait au jour d'aujourd'hui, soit par mer, soit par terre. Celui des deux partis qui a le tort le plus manifeste de n'y avoir pas mis fin il y a déjà deux ans, c'est sans contredit la Grande-Bretagne, qui devait savoir dès lors, que, même en remportant une victoire aussi décidée sur la flotte française, que l'a été la déconfiture de M. de Grasse, elle n'en serait pas moins dans le cas de devoir souscrire à ce qu'elle accorde aujourd'hui, et que peut-être même elle en serait sortie alors à meilleur marché, pendant qu'au lieu de cela il lui en a coûté les frais énormes de deux campagnes de plus, sans compter que sans l'heureux hasard de l'affaire de M. de Grasse, elle eût perdu vraisemblablement aussi la Jamaïque. Mais comme il n'en est pas de même du côté de la France, on doit être très content de M. de Vergennes, parce qu'il a bien pris son temps, et que, attendu les embarras que ne lui a pas épargnés le roi d'Espagne dans la négociation pacifique à la suite de tous ceux qu'il lui a donnés pendant la guerre, il s'en est tiré encore assez avantageusement pour la France, quoique je vous avoue, il doit être piquant pour elle, qu'il n'y ait que le Roi d'Espagne qui fasse des conquêtes [1], tandis que assurément personne n'en a moins mérité. Quoi qu'il en soit cependant, on doit être très satisfait de la façon dont on a terminé cette guerre là où vous êtes, et selon l'arrogance et l'impertinence innée à la nation, je ne serais pas étonné, si dans peu on essayait de hausser le ton vis-à-vis de nous. Je ne leur conseille pas cependant à ces Messieurs de s'en donner les airs sur quelque objet que ce puisse être, parce que cela serait très mal reçu ici, et je vous prie moyennant cela, si vous y voyez la moindre apparence, d'y mettre ordre tout d'un coup par une réplique

---

[1] Par les préliminaires de paix, signés le 20 janvier 1783, l'Angleterre cédait à l'Espagne Minorque et la Floride orientale, tandis que la France n'obtenait que des territoires sans grande importance: Tabago, le Sénégal et Gorée.

un peu soutenue et analogue aux égards qui sont dus à un allié tel que nous.

Quant aux affaires du Levant, nous sommes encore à savoir la façon dont Catherine Seconde envisagera la réponse de la Porte à son ultimatum, c'est-à-dire légalement, car au fond je suis très persuadé qu'elle l'eût mieux aimée déraisonnable. Reste à voir si elle osera le dire, ou si elle se contentera de le penser tout bas, et de même que dans ce dernier cas nous ferons semblant de ne pas nous en douter, dans le cas contraire vous pouvez compter que certainement S. M. Czarienne ne nous fera pas faire ce que nous pourrons juger ne pas nous convenir. En attendant néanmoins ce long retard d'une réponse de Pétersbourg, claire et positive, ne laisse pas de contrarier beaucoup l'Empereur par rapport à son voyage d'Italie, auquel il n'a nullement renoncé, mais beaucoup plus encore je crois le baron de Breteuil, qui me paraît toujours désirer bien fort de pouvoir entreprendre sa course en France, avec le projet de se faire mettre, s'il le peut, à la place de M. de Castries ou de Ségur : chose que j'ai peine à croire si on le connaît bien à sa cour.

---

98. — MERCY À JOSEPH II.

Paris, 12 mars 1783. — Les ordres de V. M. I., datés du 18 de février, m'ont été remis le 3 de ce mois par le garde-noble mensuel, qui en était porteur, et faute de pouvoir, dans les derniers jours gras, parvenir moi-même jusqu'à la Reine, je Lui ai envoyé sur-le-champ la lettre qui se trouvait à son adresse [1].

Je ne dois pas répéter ici ce que ma dépêche d'office d'aujourd'hui exposera très humblement à V. M. sur les inconvénients résultés de la trop grande dissipation à laquelle la Reine s'est livrée pendant ce carnaval [2].

---

[1] Cette lettre manque.
[2] Peu de temps après la signature des préliminaires M. de Vergennes reçut en récompense de ses heureux efforts la place de chef du Conseil royal des finances, vacante depuis la mort du comte de Maurepas. Jusque-là cet emploi n'avait été qu'une lucrative sinécure, qui rapportait à son titulaire 60,000 livres par an, mais sans lui assurer une influence particulière dans le gouvernement. M. de Vergennes, qui visait à remplacer en tout M. de Maurepas et voulait jouer le rôle d'un principal ministre de fait, sinon en titre, résolut de se servir de sa nouvelle dignité pour arriver à ses fins. Sous prétexte de rétablir l'ordre dans les

J'en avais prévu les effets et je m'étais permis, à cet égard, toutes les représentations que mon zèle pouvait me suggérer; mais le Roi n'a pas été surveillé d'assez près, et on a saisi le moment de le porter à des mesures qui ne peuvent s'accorder avec les convenances de la Reine. Le peu d'attention qu'Elle met aux objets sérieux rend d'autant plus nécessaire que ceux qui les dirigent en chef soient dévoués à cette auguste princesse, et aucun du triumvirat ministériel n'est dans ce cas-là. En considérant le caractère personnel du Roi, ce que produisent dans ce pays-ci les ressorts de l'intrigue et le degré de considé-

finances afin de pouvoir faire ressentir à la nation les conséquences de la paix en lui procurant des soulagements réels et durables, M. de Vergennes obtint la création d'un comité des finances, qui se réunirait au moins une fois par semaine, sous la présidence du Roi et serait composé du chancelier ou en son abscence du garde des sceaux; du chef du Conseil royal des finances et du ministre des finances, spécialement chargé d'y faire le rapport de toutes les affaires et d'en rédiger toutes les décisions. En sa qualité de chef du Conseil royal des finances, M. de Vergennes était le membre principal de ce comité, dont il était absolument le maître; car ses deux collègues le contrôleur général des finances Joly de Fleury et le garde des sceaux Hue de Miroménil lui étaient tout dévoués. Comme on devait soumettre à ce comité, qui en arrêterait les états, non seulement toutes les dépenses ordinaires et extraordinaires, que les ministres et tous les autres ordonnateurs jugeraient indispensables, mais aussi toutes les demandes à fin d'emploi de nouvelles charges dans les états, M. de Vergennes devenait ainsi le maître de toutes les grâces pécuniaires, qui étaient le but principal des intrigues des courtisans et surtout de ceux qui composaient la *Société* de la Reine.

M. de Vergennes connaissait trop bien son maître pour espérer qu'il prendrait une mesure de cette importance sans consulter sa femme. Aussi pour éviter l'opposition que la Reine ne manquerait pas de faire à leur projet, si Elle s'apercevait qu'il réduisait à presque rien son influence dans la distribution des bienfaits du Roi, MM. de Vergennes et Joly de Fleury attendirent le carnaval pour présenter leur affaire, dans l'espoir que la Reine, dont la tête serait tout entière à ses parties de plaisir, ne pourrait pas y donner assez d'attention pour en comprendre la portée. Ce calcul réussit à souhait. Le dernier jeudi du carnaval, le 27 février 1783, Louis XVI soumit à Marie-Antoinette l'arrêt du Conseil, créant le comité des finances; Elle le parcourut rapidement et n'en soupçonnant pas l'importance, Elle l'approuva sans plus y penser. Les voyages de la Reine à Paris, où Elle courait les spectacles et les bals masqués, l'occupèrent tellement qu'Elle fut plusieurs jours sans même voir le Roi et sans entendre parler d'affaires. Mais, dès que le carnaval fut fini, la Reine fut assaillie des plaintes de ses familiers, désespérés de ne plus pouvoir à l'avenir abuser de l'influence de leur maîtresse pour s'enrichir aux dépens de l'État, comme ils l'avaient fait jusqu'alors. En outre les ministres de la guerre et de la marine, MM. de Ségur et de Castries, créatures de la Reine, étaient furieux de se voir placés sous le contrôle de M. de Vergennes, simple secrétaire d'État comme eux. Agacée par les criailleries de son entourage, Marie-Antoinette ouvrit les yeux et comprit qu'Elle avait été jouée et cela par sa faute. Son embarras et sa colère en furent d'autant plus grands.

Lorsque le premier vendredi de carême,

ration attaché au pouvoir qui dispose des grâces, il est certain que le comité des finances pourrait devenir un premier ministre en trois personnes, dont aucune n'est créature de la Reine, et dont par cette raison l'autorité serait dans bien des cas une sorte de barrière à l'influence de cette princesse. Elle conçoit maintenant très bien l'importance de cette vérité et Elle est si piquée de la surprise que l'on vient de Lui faire éprouver, que j'ai eu peine à modérer les projets de quelques démarches vives qui seraient prématurées et exposeraient au risque de se compromettre, tandis qu'avec un peu de mesure et de prudence il sera d'autant plus facile à la Reine de remédier à tout, que dans le

le 7 mars, M. de Mercy alla faire sa cour à la Reine, Elle lui raconta avec la plus vive animation toute la marche de l'affaire et Elle ne lui cacha pas qu'Elle avait l'intention d'exiger du Roi la prompte révocation de M. Joly de Fleury. M. de Mercy tâcha de calmer un peu la Reine, en Lui représentant qu'en ce moment Elle aurait peut-être de la peine à obtenir cette satisfaction tandis qu'en attendant un peu cela Lui serait facile et sans s'exposer au danger de compromettre son crédit sur le Roi.

Le comte de Mercy disait bien que cette nouvelle institution était dirigée contre la Reine et les ministres de la guerre et de la marine et surtout contre le marquis de Castries, qui avait eu maintes fois maille à partir avec MM. de Vergennes et Joly de Fleury. Cependant il avouait que ce comité, créé sous l'inspiration de la haine et de la jalousie, aurait pu rendre de réels services si les membres en eussent été mieux choisis et surtout s'ils eussent été dévoués à la Reine. Mais le comte de Vergennes ne connaissait rien ou peu de chose en matière financière et le contrôleur général et le garde des sceaux étaient absolument incapables, si bien qu'il semblait que tous trois n'eussent été appelés à ce comité qu'en raison de leur hostilité avérée contre la Reine et ses partisans. Ce conflit excitait dans le public la plus grande émotion et il était presque incroyable combien le prestige de la Reine en avait déjà souffert. S. M.

s'en rendait compte et Elle se désolait surtout de ce que les ministres de la guerre et de la marine, qui étaient les seuls qu'Elle eût portés au ministère, allaient être, presque certainement, disgrâciés ou tout au moins obligés de se retirer.

Déjà pour éviter un renvoi ignominieux le marquis de Castries était venu demander à la Reine la permission de présenter sa démission au Roi. M. de Mercy fit observer à S. M. que cette démarche était intempestive. A son avis la Reine devait répondre au marquis que, si Elle avait pu le faire arriver au ministère, Elle saurait bien aussi l'y maintenir. Avant tout il fallait gagner du temps, car il y avait toute apparence que cette ordonnance, comme bien d'autres antérieures, ne serait pas exécutée longtemps, d'autant plus que le bon plaisir des ministres dans leur département et la dispensation des grâces du Roi allaient être fort gênés par ce comité, qui par là s'attirerait dans peu d'innombrables adversaires. Ce raisonnement fit effet et M. de Mercy eut bientôt le plaisir d'apprendre que le marquis de Castries avait renoncé à se retirer, au moins pour le moment. (Dépêche d'office du comte de Mercy du 12 mars 1783.)

Voir aussi les mémoires du baron de Besenval (t. II, p. 114-150), qui fut très mêlé à toute cette affaire et qui sauf sur des points de détail sans grande importance est complètement d'accord avec M. de Mercy.

fond le comité dont il s'agit est manifestement mal composé, puisque à l'exception du comte de Vergennes qui même n'est pas, à beaucoup près, un homme supérieur, ses deux autres collègues, savoir le garde des sceaux et particulièrement le contrôleur général, sont gens de nul talent et dont le caractère personnel est à juste titre très décrié dans le public.

Je me suis fort occupé en dernier lieu à donner à la Reine des idées bien claires de toutes les différentes faces que pourraient prendre, soit pour le présent, soit dans les temps à venir, les affaires relatives à la Porte. J'ai analysé les raisons diverses qui dans des cas donnés pourraient nécessiter V. M. à prendre des partis que l'on ne peut encore ni calculer ni prévoir. Toutes mes remarques énoncées comme des idées qui me sont propres, ont eu pour but de préparer la Reine aux réflexions et au langage qu'il sera peut-être utile qu'Elle tienne un jour sur la matière, et j'ose espérer qu'Elle y apportera la plus sérieuse attention.

Le discours de lord Shelburne au Parlement annonce, d'une manière assez positive que l'état des affaires dans l'Inde a été le principal motif de la paix actuelle; mais, malgré les efforts du ministère anglais pour tâcher de diminuer l'opinion des avantages accordés à la France, il reste prouvé que cette dernière a obtenu bien au delà de ce que raisonnablement on aurait dû imaginer, eu égard à l'ensemble des circonstances et des moyens réciproques. La nouvelle révolution ministérielle[1] qui se prépare à Londres, retardera sans doute la confection du traité de paix définitif. Dans mes dernières conférences avec le comte de Vergennes, je l'ai trouvé plus silencieux sur l'article de la médiation, et il est probable que l'on n'en a parlé ici que dans la seule intention de donner une dernière preuve que le projet d'un congrès n'a manqué que par la mauvaise volonté de l'Angleterre.

A l'instant de la paix, j'ai d'abord pensé aux liaisons utiles de commerce qui pourraient s'établir entre les États de V. M. et ceux de

---

[1] Le 22 février 1783 la Chambre des communes avait voté une motion de censure contre lord Shelburne, qui était blâmé d'avoir fait sans nécessité trop de concessions pour arriver à conclure la paix; lord Shelburne se retira le 24 février; le Roi furieux du succès de la coalition formée par lord North et Fox employa tout le mois de mars à chercher à constituer un ministère en dehors d'eux; mais il n'y réussit pas et le 2 avril il dut accepter toutes leurs conditions.

la nouvelle république américaine. J'aurais désiré conséquemment de me mettre en mesure de causer de ces objets avec le docteur Franklin, mais les petites avances que je lui ai faites n'ont rien produit, non plus que des insinuations indirectes auxquelles j'ai eu recours. Il m'est revenu cependant que le député en question a proposé aux États-Unis de ne pas tarder à s'annoncer aux grandes cours de l'Europe, et il n'est pas douteux qu'après cette démarche préliminairement nécessaire, le Congrès s'occupera des moyens propres à obtenir que ses ministres et agents soient reçus par les puissances européennes et qu'ils ne perdront pas de vue d'en établir un dans les Pays-Bas.

L'article de ma dépêche d'office qui expose le langage du comte de Vergennes sur l'affaiblissement de la tête du roi de Prusse[1], est la seule remarque que j'aie à faire sur le contenu de la correspondance de ce prince avec son ministre le baron de Goltz. J'en remets ici très humblement les pièces, et j'ai plus que jamais lieu de m'assurer que les insinuations absurdes de la Cour de Berlin sont entièrement décréditées à celle-ci.

P. S.[2] Sur l'envoi d'une lettre de M. d'Alembert, qui demande, au nom de l'Académie, le portrait de l'Empereur. Ladite lettre m'est envoyée par la Reine.

---

99. — MERCY À KAUNITZ.

Paris, le 12 mars 1783. — J'ai lieu de croire que V. A. sera peu satisfaite des détails que lui présente ma dépêche d'office d'aujourd'hui sur la conduite dissipée que la Reine a tenue pendant le carnaval et sur les effets qui en ont résulté. Je les avais prévus de longue main

---

[1] Le 18 février M. de Vergennes s'était longuement entretenu avec M. de Mercy des affaires d'Orient; le ministre n'avait pas caché que le cabinet de Versailles en était très occupé et qu'il ne manquait pas de gens qui voulaient voir dans la conduite de l'Empereur des intentions suspectes; il avait même ajouté que le roi de Prusse, comme il était à penser, n'était pas le dernier et qu'il était étonnant combien son esprit baissait, car il continuait à répandre partout comme une vieille commère ses petits cancans habituels et ses rêveries bizarres.

[2] De la main de M. de Mercy.

sans pouvoir réussir à faire écouter des remontrances qui les auraient prévenus. Avec la tournure que l'on connaît au Roi, l'existence d'un triumvirat ministériel qui s'attribue la faculté exclusive de disposer des grâces pécuniaires, dont aucun des membres n'est créature de la Reine, dont au contraire chacun d'eux a quelque sujet de se plaindre d'Elle, cette existence, dis-je, d'un premier ministre en trois personnes aliénées et suspectes pourrait facilement élever une barrière redoutable à l'influence et au crédit de la Reine. Elle le conçoit très bien maintenant, et aussi extrême dans ses vivacités que dans sa négligence, Elle voulait recourir à des démarches violentes qui n'auraient pas manqué de La compromettre, mais que j'ai eu le bonheur d'arrêter, en Lui faisant sentir qu'avec un peu de mesure et de prudence il Lui sera possible de remédier à tout. M. de Vergennes, seul personnage de quelque considération dans le comité de finances, n'a fait que prêter son nom au contrôleur général qui est l'inventeur de la chose et qui la tourne uniquement à son profit. Il s'y est associé le garde des sceaux; mais ces deux derniers sont manifestement dénués de talents, et leur caractère personnel est si décrié dans le public qu'il est difficile à croire qu'un assemblage si mal composé puisse prendre une consistance utile et durable.

Ainsi que V. A. le remarque dans sa lettre dont Elle m'honore du 19 de février, on a tout sujet d'être et on est en effet fort content ici des conditions de la paix. Quoique cette prospérité inattendue et réellement peu méritée soit bien propre à exalter le penchant inné de cette nation à l'arrogance, j'espère cependant que dans aucun cas on ne l'oubliera vis-à-vis de notre cour. Je fonde cette croyance sur le caractère de M. de Vergennes, qui a toujours paru assez sage au moins dans les formes et les propos. Il en a donné une preuve lors de la succession de Bavière, et V. A. en observera une seconde dans le langage que vient de me tenir le secrétaire d'État à l'occasion des affaires de la Porte. Si ce ministre dans une conjoncture quelconque s'écartait de sa modération ordinaire, je ne lui épargnerai pas les répliques convenables et telles que V. A. me les prescrit.

Je ne suis point surpris de l'impatience de M. de Breteuil à revenir ici le plus tôt possible; il en a la permission pour le mois prochain. La négociation du mariage de sa petite-fille avec un Polignac va mettre toute la société favorite de la Reine en mouvement pour appuyer l'ambassadeur dans ses projets. Je crois qu'ils porteront sur la place de M. Amelot [1] qui ne tient à rien et dont le département est moins orageux sans être moins utile que ceux de la marine ou de la guerre. C'est d'ailleurs de tous les postes ministériels celui où la mauvaise tête de M. de Breteuil aurait peut-être le moins d'inconvénients. Au reste, il pourrait bien se faire illusion sur les facilités d'y parvenir. M. de Vergennes et ses deux nouveaux associés y apporteront tous les obstacles qui seront en leur pouvoir, et je doute encore que la Reine se laisse persuader à former le contrepoids de cette opposition.

100. — JOSEPH II À MERCY.

Vienne, le 31 mars 1783. — J'ai reçu votre lettre par le courrier mensuel et vous suis fort obligé des détails que vous m'y donnez. Je suis fâché de voir que la Reine, malgré son âge, ne puisse point encore se tirer de cette dissipation et que ceux qui contribuent à l'amuser par la crainte de l'ennui qu'ils lui font entrevoir dans l'éloignement la gouvernent et influent si fort sur toutes les faveurs.

Vous avez répondu à merveille au comte de Vergennes sur les questions un peu indiscrètes au sujet de mes liaisons avec la Russie et mes démarches vis-à-vis de la Porte; le prince Kaunitz s'y est entièrement rapporté dans ses réponses verbales au baron de Breteuil.

Je viens de recevoir une réponse de l'impératrice de Russie qui est assez aigre [2]. La vérité que j'ai été dans le cas de ne lui point cacher,

---

[1] Ministre de la maison du Roi, depuis la démission de Malesherbes, en mai 1776.

[2] Joseph II fait sans doute allusion à la lettre que Catherine II venait de lui écrire en date du 29 février 1783 (v. s.). On y remarque ce passage qui justifie l'épithète dont se sert l'Empereur pour caractériser cette lettre : «J'ai vu avec satisfaction les obligations que j'ai à V. M. I. de ce qu'elle a bien voulu jusqu'ici réunir ses représentations aux miennes pour obtenir de la Porte l'exécution des trois articles couchés tout au long dans le traité de paix de Kaïnardgi. Les représentations de V. M. I. et les miennes appuyées de dispositions de guerre très sérieuses ont porté cette puissance à reconnaître ces trois articles conformes au traité. Mais l'expérience m'a appris depuis longtemps combien il y a peu à compter sur les promesses des Turcs. C'est pourquoi, remplie de la plus haute estime et de la confiance la plus étendue envers l'Empereur Joseph second, je me suis adressée à V. M. I. ne doutant pas que comme César il n'y aurait guère d'intervalle entre l'acceptation et l'exécu-

cette vérité, dis-je, qui était sans réplique et convaincante, n'a pu que lui donner de l'humeur, parce qu'elle ne lui fournissait pas un moyen quelconque d'y répondre. Je crois selon toutes mes nouvelles que depuis les grandes idées ont beaucoup diminué et qu'on commence à entrevoir qu'il faut enrayer ces vastes projets. Si l'on ne voudra pas néanmoins conserver quelque avantage réel en Crimée ou laisser quelque porte ouverte à la chicane, c'est ce dont je ne réponds pas; mais mon parti est pris, et, pour vous mettre bien au fait de tout ce qui s'est passé à cet égard, je vous joins ici, sous le sceau du plus grand secret, les cinq lettres en copie qui se sont écrites entre l'Impératrice et moi [1]. Vous y verrez de quoi il s'agissait et comment j'ai tâché, en gagnant du temps, de sauver, comme l'on dit, la chèvre et les choux. A bonne occasion vous pourrez, sans en dire les détails et surtout les conditions du partage, en faire usage vis-à-vis la Reine et le comte de Vergennes pour leur prouver la préférence que je donne aux liens d'amitié qui m'attachent à l'alliance du Roi sur tout autre avantage quelconque. Vous me renverrez ces copies ou les brûlerez, car ce n'est point à mon ambassadeur, mais au comte de Mercy que j'estime particulièrement et pour lequel j'ai une vraie amitié, que je communique ce que j'ai de plus de secret.

Le nouvel établissement du comité pour l'administration des finances, si le choix des personnes, excepté M. de Vergennes, était plus heureux, pourrait devenir très avantageux au service du Roi et j'avoue que si la Reine avait le bon esprit de vouloir entrer dans des objets plus importants, je ne serais point fâché qu'on mît une entrave de plus à l'envie démesurée de ses alentours d'obtenir des grâces et de faire fortune; mais il est vrai qu'en cela la France n'est pas un pays comme un autre

---

tion d'un projet utile, grand et digne de César. Un moment a détruit toute attente. V. M. I. trouve que les choses ont changé de face. Il est vrai que la paix est conclue entre les puissances belligérantes. Malgré cela l'assiette des États de V. M. I. et des miens, leurs intérêts communs ne sauraient changer. Je n'ignore pas qu'ils peuvent être différemment envisagés. L'amitié que V. M. I. a bien voulu me témoigner personnellement ne s'effacera jamais de mon cœur et Elle doit être persuadée de ma persévérance à remplir mes engagements." *Joseph II und Catharina von Russland. Ihr Briefwechsel herausgegeben von Alfred Ritter von Arneth.* Wien, 1869, in-8°, p. 191.

[1] Ce sont sans doute les cinq lettres suivantes : Catherine II à Joseph II, 14 décembre 1782; — Joseph à Catherine, 11 janvier 1783; — Catherine à Joseph, 4 janvier 1783; — Joseph à Catherine, 25 février 1783; — Catherine à Joseph, 29 février 1783. Elles ont été publiées par M. d'Arneth, *op. sup. cit.*, p. 178-193.

et que l'estime et la discrétion y sont comptées pour peu, quand on ne veut ou ne peut point se mêler de protection et de faveurs; il paraît généralement qu'il faut toujours faire quelque chose dans ce pays-là ou intriguer pour se faire valoir et qu'on sait peu de gré aux gens pour ce qu'ils ne font pas.

La situation de l'Angleterre est inconcevable[1]; cela fait bien voir à quel point cette nation a dégénéré. Si la France n'avait obtenu d'autres avantages par cette guerre que d'avoir dévoilé aux yeux de l'Europe l'état fâcheux et pitoyable de sa rivale, elle aurait gagné considérablement.

Selon mes nouvelles de Russie, l'Impératrice acceptera avec plaisir l'offre que les puissances belligérantes nous ont faite de comparaître sous une forme toute nouvelle qui n'est ni de médiateurs ni jusqu'à présent de garants au traité définitif qui va se conclure à Paris[2]. Ainsi vous recevrez dans peu les pleins pouvoirs et instructions à cet effet;

---

[1] Le 8 avril 1783, Joseph II écrivait à Catherine II : «L'Angleterre qui reste tant de temps sans pouvoir convenir d'un ministère, et ce parlement qui dans ce moment de la crise la plus terrible oublie tout à fait son patriotisme tant prôné, et qui, tout à l'intrigue personnelle, ne s'occupe que de cela, est un de ces spectacles vraiment inconcevables et qui fait bien voir combien un gouvernement petit dans ses objets et mesures peut affaiblir le caractère et détruire la vigueur et par conséquent la considération de toute une nation.» *Op. sup. cit.*, p. 194.

[2] Le 25 février 1783 Joseph II écrivait à Catherine II : «Les deux cours de Bourbon viennent de me demander formellement, et elles en feront autant à V. M. I., sous le titre de médiateur, dont elles ne se sont pas prévalues à la vérité jusqu'ici, pour arranger plus vite leurs préliminaires, de donner notre sanction et sans doute notre garantie à la paix définitive, qui va se conclure entre les parties belligérantes, en intervenant pour cet effet par des plénipotentiaires de notre part à la négociation ouverte actuellement sur cet objet à Paris. L'Angleterre s'est déjà annoncée qu'elle nous fera aussi la même demande. Ma réponse s'est bornée que je ne voulais ni ne pouvais leur rien dire à ce sujet sans savoir les intentions de V. M. I. que j'ose Lui demander par ce courrier. Je ne sais comment Elle envisagera cette démarche; mais toujours il me paraît que c'est un acte de politesse et de reconnaissance pour nos bonnes intentions, qu'ils veulent nous témoigner par cette demande et, quoique tard, il me semble qu'il vaut mieux que jamais, que nous soyons désirés par eux en faisant voir par là à l'Europe que rien d'essentiel, même dans les parties les plus éloignées du monde, ne peut se conclure par les plus grandes puissances sans que l'union parfaite d'amitié qui subsiste entre nous ne soit recherchée et que nous y donnions notre sanction.»

L'Impératrice répondit : «Les cours de Bourbon m'ayant fait demander formellement, comme V. M. I. veut bien m'en avertir, les offices de médiateur au futur traité de paix, et le ministre d'Angleterre tenant à peu près le même langage, l'intérêt des puissances neutres ne pouvant qu'y gagner, mon ministère s'en expliquera conséquemment avec celui de V. M. I.» *Op. sup. cit.*, p. 190-19 .

pourvu que les Hollandais se décident une bonne fois, peut-être le nouveau ministère anglais arrangera-t-il la chose?

Je vous joins ici ma réponse à M. d'Alembert. Il me paraît que la composition de cette académie et son secrétaire perpétuel, l'âme damnée du roi de Prusse, méritaient cette réponse. En vous joignant en même temps la suite de la correspondance prussienne, je vous prie d'être persuadé..................................

Le compositeur Salieri vient d'écrire un opéra intitulé *Hypermnestre ou les Danaïdes*, et cela presque sous la dictée de Gluck. Le peu que j'en ai entendu sur le clavecin m'a paru assez bien. Comme Gluck ne sera probablement pas en état de se rendre lui-même à Paris, je vous prie, mon cher Comte, de me dire un mot si Salieri ferait bien de s'y rendre et si vous croyez que sa pièce pourrait y être reçue et représentée, parce qu'étant employé chez moi et au théâtre d'ici il ne voudrait pas faire ce voyage dans l'incertitude et s'arrêter inutilement à Paris.

---

101. — KAUNITZ À MERCY.

Vienne, le 31 mars 1783. — Les observations très justes, mon cher Comte, que vous faites sur les non-valeurs du triumvirat me paraissent devoir me rassurer sur les suites préjudiciables au crédit de la Reine que pourrait avoir celui de ces Messieurs, en considérant surtout que les deux derniers sont si peu de chose, qu'un peu plus tôt ou un peu plus tard la Reine ou d'autres intéressés leur casseront le col quand ils voudront. Il n'en est pas moins fâcheux cependant que la conduite politique de la Reine continue si longtemps à être jeune. Mais comme vous y faites tout ce que vous pouvez et qu'à plus qu'on ne peut on n'est pas tenu, je ne vois d'autre remède que le temps.

Ce qu'il y a de plus intéressant au reste aujourd'hui dans ma lettre d'office, c'est le précis de mon entretien avec M. de Breteuil au sujet de la rupture vraisemblable entre la Russie et la Porte [1], et vous y ob-

---

[1] A vrai dire toute cette lettre d'office traite uniquement de cet entretien du prince de Kaunitz avec le baron de Breteuil. L'ambassadeur de France était venu dire au prince chancelier que la réponse conciliante de la Porte à l'ultimatum de la Russie, loin d'amener une diminution des armements de cette dernière puissance, les avait plu-

serverez sans doute, mon cher Comte, que dans ma réponse j'ai eu en vue de ne point nous lier les mains pour tous les cas possibles, sans cependant refuser le concert très mielleusement offert par M. de Vergennes, et de l'obliger à des explications directes avec la Russie s'il voulait qu'elle sût la façon de penser de la France relativement à une levée de boucliers contre la Porte, sans plus se flatter de nous engager à lui servir de la patte du chat, ainsi que je crois que le baron de Breteuil s'est enfin intimement convaincu qu'il ne faut pas que la France et ses ambassadeurs s'avisent jamais de prendre avec moi leur ton d'usage partout ailleurs.

Vraisemblablement nous ferons suivre ce courrier par un autre dès que celui de Pétersbourg, qui ne peut guère tarder sur l'objet de la médiation, sera arrivé, attendu que le nouveau ministère anglais

tôt augmentés. Cette circonstance inspirait au cabinet de Versailles les plus vives inquiétudes et lui faisait craindre une nouvelle rupture entre la Porte et la Russie. M. de Vergennes priait le prince de Kaunitz de lui communiquer confidentiellement les nouvelles qu'il avait reçues de Russie, l'idée qu'il se faisait des desseins de la Czarine et les mesures qu'il avait prises ou qu'il comptait prendre. La France s'offrait à faire tout ce que la cour de Vienne croirait utile ou nécessaire pour le maintien de l'Empire Ottoman.

Le prince de Kaunitz répondit qu'il avait bien été informé de la continuation des préparatifs de guerre en Russie, mais qu'il ne savait rien de plus. Il déclara qu'il ne connaissait pas les desseins de la Russie, mais qu'il s'était sérieusement employé dans ce pays pour le maintien de la paix de même qu'il avait conseillé à la Porte la soumission à l'ultimatum russe. La France devrait agir dans le même sens à Saint-Pétersbourg et il souhaitait de bon cœur que les efforts de M. de Vergennes y eussent plus de succès que n'en avaient eu les siens. La France pourrait même demander le concours de l'Angleterre avec qui elle venait de se réconcilier. Le prince de Kaunitz ne pouvait pas s'empêcher d'insister sur ce point capital; à la vérité il y avait entre les deux cours de Versailles et de Vienne des intérêts communs qui constituaient la base solide de l'alliance, mais ces intérêts communs n'excluaient nullement le souci des intérêts particuliers de l'une ou l'autre cour. Et l'intérêt particulier de la cour de Vienne était surtout de cultiver l'amitié de la Russie et de ne pas faire le jeu du roi de Prusse en blessant la Czarine. Cette nécessité rendait la position de la cour impériale bien plus difficile que celle des autres cours. Le concert que le cabinet de Versailles proposait d'établir entre les deux puissances alliées, était une nouvelle preuve des sentiments d'amitié de la France pour l'Autriche; mais il croyait prématuré de s'expliquer formellement, dès maintenant, sur les mesures à prendre en cas de rupture de la paix. Il n'y avait rien de mieux à faire pour l'instant que d'attendre le résultat des représentations de la France et de l'Angleterre à Pétersbourg.

Le prince de Kaunitz ajoutait pour M. de Mercy que, puisque la France voulait le forcer à s'expliquer, il avait dû s'exprimer avec la plus grande réserve surtout sur le dernier point, d'autant plus que la situation de la cour de Vienne entre la France et la Russie était très délicate et que la possibilité du maintien de l'Empire Ottoman en Europe lui paraissait très douteuse.

pensera sans doute à remettre la main incessamment au travail du traité définitif et qu'il sera nécessaire par conséquent que les instructions des deux cours impériales parviennent le plus tôt possible à leurs plénipotentiaires aux conférences de Versailles.

Le baron de Breteuil compte partir le 10 et passer aux Deux-Ponts très imprudemment selon moi, uniquement pour faire l'important, et pour ce qui est de ses projets, pourvu qu'on ne lui donne pas les affaires étrangères dans lesquelles je crois qu'une tête comme la sienne pourrait faire beaucoup de mal, même avec de bonnes intentions, il me sera indifférent qu'on lui donne celle des places qu'on voudra.

---

102. — MERCY À JOSEPH II.

Paris, 19 avril 1783. — J'ai reçu le 11 de ce mois par le garde-noble mensuel les très gracieux ordres de V. M. I. datés du 31 de mars, et je n'ai pas tardé de faire parvenir à la Reine la lettre qui Lui était adressée [1].

Mon très humble rapport précédent avait annoncé une crise ministérielle qui n'a pas tardé à être terminée d'une manière convenable, et sans répéter ici des détails que ma dépêche d'office d'aujourd'hui expose très humblement [2], je me bornerai à observer que, par une conduite bien combinée, la Reine a obtenu le double avantage de montrer l'étendue de son crédit et de faire preuve de capacité à garder le secret. Cette dernière circonstance a produit le meilleur effet sur l'esprit du Roi et sur l'opinion publique. Jusqu'au dernier moment, les

---

[1] Cette lettre manque.
[2] M. de Mercy dit que conformément à l'avis qu'il Lui avait donné la Reine avait daigné laisser passer la première chaleur de sa colère et travailler avec tranquillité à la révocation du contrôleur général et qu'Elle y avait réussi à souhait. Le Roi n'avait pas fait beaucoup de difficultés pour consentir à éloigner M. Joly de Fleury. Il y avait mis seulement pour condition que le marquis de Castries, qui Lui était très désagréable, partirait en même temps. La Reine n'avait fait à cette proposition que cette restriction : le marquis de Castries serait d'abord nommé maréchal de France et ensuite Elle remettrait au Roi la démission de ce ministre, qu'Elle avait déjà en mains. Et sur-le-champ le Roi décida une promotion de plusieurs maréchaux; mais elle ne fut pas publiée tout de suite et en attendant M. de Castries demeura ministre de la marine. (Il le fut jusqu'au 25 août 1787.)

Lorsque la Reine l'eut informé de son succès, M. de Mercy La supplia de ne se

alentours les plus favorisés sont restés dans l'ignorance de ce qui se passait, et on a eu lieu de bien remarquer leur consternation de se voir sans connaissance ni influence dans une affaire aussi majeure. Je vois la Reine assez affermie dans ce système d'une réserve utile; il ne s'agirait plus que d'y joindre la résistance nécessaire à l'avidité démesurée de ces mêmes alentours. Les avis de V. M. sur ce même chapitre ont été bien reçus, et la Reine se proposait d'y répondre aujourd'hui qu'Elle ne demanderait pas mieux de voir élever des obstacles aux effets de sa trop grande bonté, dont on abuse si souvent d'une façon révoltante.

La Reine a pris le parti très sage de ne pas proposer de sujet pour le contrôle général; Elle a vu que dans l'état des choses, telles qu'elles se trouvaient ici, cette place est devenue presque infaisable, à moins qu'elle ne soit remplie par quelque étranger doué de l'honnêteté et des talents nécessaires, isolé de toutes les entraves de société et d'intrigues, tel enfin que l'était l'ancien directeur Necker. La Reine inclinait beaucoup à ce que les finances fussent rendues à ce dernier; mais le Roi y répugnait si décidément qu'il a fallu y renoncer.

Je suis pénétré jusqu'au fond de l'âme des marques de l'extrême bonté et clémence que V. M. joint à la communication qu'Elle daigne me faire de sa correspondance avec l'impératrice de Russie. Les cinq lettres que je remets ici très humblement, m'éclairent sur la matière de façon à bien méditer et saisir ici tous les incidents qui pourraient y devenir relatifs et qui se trouveraient de nature à être adaptés au meilleur service de V. M. L'état actuel de l'Empire Ottoman menace une ruine plus ou moins retardée, mais sans doute inévitable; si la France pouvait être accoutumée peu à peu à bien envisager cette vérité et qu'elle se décidât conséquemment à se prêter aux circonstances, il

mêler en rien du choix du nouveau ministre des finances, et il s'appuya surtout sur ce motif que la désignation du chef de ce département était beaucoup plus épineuse que toutes les autres; car les décisions du ministre des finances avaient une grande influence sur le revenu des habitants du royaume qui étaient très attentifs à tous ses actes; c'est pourquoi il était prudent de ne pas s'exposer à encourir la responsabilité d'un mauvais choix. La Reine suivit cet avis et Elle garda si bien le secret que personne, même dans sa société ne connut la décision du Roi avant la mise à exécution. Cette conduite de la Reine fut tellement approuvée de tout le monde que M. de Mercy se crut obligé d'aller La féliciter et de L'engager à faire de même à l'avenir dans une pareille occasion. (Dépêche d'office du comte de Mercy du 19 avril 1783.)

en résulterait de nouveaux moyens de combinaisons et de mesures qui mettraient nécessairement des bornes aux vues bien étendues de la cour de Pétersbourg, laquelle pour le moment sous des formes illusoires semblerait annoncer le désir que V. M. voulût se charger des grands risques, tandis que ladite cour s'approprierait les grands avantages. En attendant, je crois devoir restreindre à la plus parfaite circonspection l'usage que V. M. me permet de faire des notions qu'Elle daigne me donner, et m'en tenant au précis des réponses du prince de Kaunitz au baron de Breteuil, j'ai simplement ajouté à la Reine et au comte de Vergennes que V. M., sans pouvoir pénétrer à fond les vues et projets de l'impératrice de Russie, avait cependant remarqué que le langage de cette princesse pourrait finalement aboutir à des propositions déterminées et embarrassantes, que pour les écarter V. M. avait saisi des moyens de faire entendre à l'Impératrice que dans les cas où il serait question de grands événements politiques quelconques, V. M. ne se déterminerait pas à prendre un parti sans le concours de son allié le Roi Très-Chrétien. Le comte de Vergennes que je soupçonne avoir été effarouché par de faux rapports du baron de Breteuil m'a paru tranquillisé et fort satisfait par les propos confidentiels que je lui ai tenus. Mon unique attention sera de lui rappeler toujours un cercle d'idées dans lesquelles il aperçoive que le système d'alliance entre V. M. et la France peut seul fournir des expédients utiles à toutes les grandes conjonctures, qui pour le présent ou l'avenir pourraient survenir en Europe. La Reine conçoit très bien ce que je ne cesse de Lui répéter à cet égard, et dans plusieurs occasions je vois qu'Elle en a déjà fait usage dans ses entretiens particuliers avec le Roi [1].

[1] Depuis un certain temps, la Reine suivait les affaires de Turquie d'autant plus attentivement que M. de Vergennes Lui avait donné à entendre qu'elles pourraient peut-être amener un changement dans le système politique de la France. Elle fit part de ses craintes à M. de Mercy qui en profita pour Lui faire remarquer combien les circonstances du moment étaient semblables à celles qui avaient déterminé le démembrement de la Pologne. Pour sauver ce royaume, la cour de Vienne avait fait tout ce qui était possible; mais, lorsque le traité de partage avait été presque complètement arrêté entre la Russie et la Prusse, elle avait dû chercher à rétablir l'équilibre en obtenant pour elle un agrandissement équivalent à celui que s'étaient attribué ces deux puissances. De même, en ce moment l'Empereur mettait tous ses soins à maintenir la paix entre la Russie et la Porte; mais si la guerre éclatait sans que la Turquie pût se mettre en état de résister avec succès, alors la nécessité s'imposerait aussi de compenser par un partage équitable du butin l'énorme accroissement qu'acquerrait la

Lorsque les ordres qu'il plaira à V. M. de me faire donner pour la médiation du traité de paix définitif me seront parvenus, je tâcherai de les remplir avec toute l'exactitude et le zèle possible. Je présume que cette circonstance me fournira des moyens d'entrer en quelque liaison avec les ministres des États-Unis d'Amérique et de les sonder sur des objets de commerce. Cette matière, qui pourrait devenir fort intéressante au bien de l'auguste service, semble mériter une attention particulière, et si la tournure des négociations prêtait à laisser entrevoir la possibilité d'acquérir un petit établissement dans quelque parage de l'Amérique propre à une navigation mercantile, je tâcherais de tirer parti du moment si V. M. daigne me le faire ordonner.

D'après le langage que vient de me tenir encore en dernier lieu le

---

Russie. Cependant il y avait une différence essentielle. Par sa situation géographique, la Pologne ne pouvait être démembrée qu'au profit des trois puissances qui en étaient limitrophes, tandis qu'au contraire les pays ottomans pouvaient être divisés entre plusieurs nations de manière à bien maintenir l'équilibre; dans ce cas l'Égypte ou quelque autre possession importante dans l'Archipel conviendrait très bien à la France.

Le 15 avril, M. de Mercy remit la conversation sur cette question, et il fut très heureux de constater que la Reine l'avait très bien compris et qu'Elle se souvenait de tout ce qu'il Lui avait dit.

Ce même jour, à la fin de sa conférence avec M. de Vergennes, M. de Mercy rappela au ministre qu'il lui avait avoué qu'il était très douteux que la Turquie pût échapper à une ruine complète, et que ce devait être pour la Russie une tentation continuelle. Si cette puissance prenait les riches provinces turques, M. de Mercy pensait que, pour sauver l'équilibre européen, les autres nations devraient prendre part à la curée et s'emparer chacune d'un membre de ce corps inanimé. A cela, M. de Vergennes se borna à répondre en soupirant qu'il désirait mourir avant cet événement. Sans se laisser arrêter par les soupirs du ministre, M. de Mercy déclara que, si l'événement était inévitable, il fallait bien penser aux moyens de salut et que, pour lui, il n'y en avait pas d'autres que de diminuer par le partage du butin l'énorme accroissement de la Russie. Pour cela, la situation des provinces turques était très commode; elles étaient séparées par des frontières naturelles et elles pouvaient être aisément démembrées. L'Égypte entre autres serait un morceau très convenable pour la France. Lorsque M. de Mercy lui avait, quelques mois auparavant, parlé de l'acquisition éventuelle de l'Égypte par la France, en cas de démembrement de la Turquie, M. de Vergennes lui avait vivement répondu et du ton le plus dédaigneux : «L'Égypte! nous ne voudrions pas de ces marabouts, quand même on nous les offrirait.» Cette fois, il s'exprima avec plus de calme; il se borna à répondre que la France n'avait pas besoin de faire de nouvelles conquêtes et que dans ce cas il ne voyait pas comment la cour impériale, dût-elle même s'emparer de tout le cours du Danube, pourrait acquérir des avantages qui pussent se comparer avec l'agrandissement de la Russie. Le mieux qu'on pût espérer, c'est que ce partage n'eût jamais lieu. (Dépêche d'office du comte de Mercy du 19 avril 1783.)

comte de Vergennes sur le roi de Prusse et sur le baron de Goltz[1], il est aisé d'évaluer la suite de la correspondance de ce dernier que je remets ici très humblement et dans laquelle je n'ai aperçu que la tournure habituelle d'inexactitude et de fausseté.

J'ai fait parvenir au secrétaire perpétuel de l'Académie, d'Alembert, la réponse que V. M. a daigné lui adresser.

P. S. Pour remplir l'ordre qu'il a plu à V. M. I. de me donner au sujet du maître de chapelle Salieri, je me suis adressé à la direction de l'Opéra de Paris qui vient de me faire la réponse que je mets ici très humblement aux pieds de V. M.[2].

---

103. — MERCY À KAUNITZ.

Paris, le 19 avril 1783. — La crise ministérielle que j'avais eu l'honneur d'annoncer à V. A. par mes dernières dépêches n'a pas tardé à être terminée selon le vœu de la Reine, laquelle dans cette occasion s'est conduite avec assez de mesure et d'adresse. Elle était fort piquée au jeu; il n'en fallait pas moins pour que j'obtinsse ce que dans aucune autre circonstance je n'avais pu obtenir, c'est-à-dire qu'Elle gardât le secret vis-à-vis de sa société, qui a été très consternée de se voir sans connaissance ni influence dans une affaire majeure. Le public en a su un gré infini à la Reine, et j'espère qu'Elle persistera dans le système d'exclure à l'avenir ses alentours d'intriguer dans des conjonctures semblables. La Reine aurait désiré que le département des finances fût rendu à M. Necker, c'était le meilleur choix possible; mais le Roi y a répugné et en a fait un au-dessous du médiocre[3]. Il veut cependant que le comité des finances subsiste; en plusieurs séances, il ne s'y est pas

---

[1] Le 15 avril comme M. de Mercy se plaignait des intrigues de la Prusse à Pétersbourg et à Versailles contre la cour de Vienne, M. de Vergennes lui aurait répondu qu'il ne comprenait pas comment le baron de Goltz n'était pas excédé du rôle qu'il jouait et que, quant au roi de Prusse, il baissait de plus en plus et que maintenant il était comme un enfant, qui ne sait pas bien ce qu'il veut. (Dépêche d'office du comte de Mercy du 19 avril 1783.)

[2] Cette réponse manque.

[3] C'était M. d'Ormesson, un jeune conseiller d'État, qui avait à peine 32 ans.

encore décidé une seule affaire, et ce nouvel établissement devient un objet de dérision.

Malgré la mauvaise tournure des rapports de M. de Breteuil[1], j'espère avoir fait comprendre à M. de Vergennes qu'il ne pouvait pas raisonnablement s'attendre à un langage plus précis et plus amical que l'a été celui que V. A. a tenu à l'ambassadeur de France sur les affaires de la Porte. L'état actuel de l'Empire Ottoman menace une ruine plus ou moins retardée, mais sans doute inévitable. Si la France pouvait être accoutumée peu à peu à bien envisager cette vérité et qu'elle prît conséquemment le parti de se prêter aux circonstances, il en résulterait peut-être de nouveaux moyens de combinaisons et de mesures qui mettraient des bornes aux vues de la Russie, laquelle se proposera vraisemblablement de tout envahir ou de ne faire de partage que celui du Lion de la fable. Je ne perds pas d'occasions d'entretenir M. de Vergennes d'idées semblables, et je les rappelle souvent à la Reine. Je Lui ai fait observer les derniers effets de la mauvaise tête de M. de Breteuil dont la Reine m'a paru assez mécontente, Elle se propose de lui conseiller de la modération dans les propos qu'il pourra tenir à son arrivée; au reste M. de Vergennes fait si peu de cas de ses avis qu'ils n'auront pas grande influence dans les délibérations du conseil de Versailles.

---

104. — JOSEPH II À MERCY.

Vienne, ce 23 avril 1783. — Je vous envoie cette lettre pour la Reine, afin de lui annoncer mon départ pour la Hongrie où je compte faire une tournée qui ne sera que de six semaines. Il m'a paru que je ne devrais point lui laisser ignorer l'endroit où je me trouverai, pour pouvoir être toujours à même de recevoir de ses nouvelles, ainsi que pour la prévenir que ce voyage n'avait d'autre but que d'avoir le cœur

---

[1] Le 15 avril la Reine dit à M. de Mercy que dans son dernier rapport le baron de Breteuil avait exprimé le soupçon que le prince de Kaunitz ne se fût pas franchement expliqué avec lui, ce qui aurait excité cette mauvaise humeur du comte de Vergennes, dont le comte de Mercy s'était aperçu pendant sa conférence avec le ministre. (Dépêche d'office du comte de Mercy du 19 avril 1783.)

net sur les effets des dispositions que j'ai été dans le cas de faire à l'égard de mes places frontières.

105. — KAUNITZ À MERCY.

Vienne, le 27 mai 1783. — Le résultat quelconque de la démarche dont vous êtes chargé aujourd'hui [1], mon cher Comte, pour le moment et pour l'avenir, ne peut être que très décisif, et je suis bien persuadé que vous en sentirez toute l'importance. Il faut absolument que nous sachions à quoi nous en tenir dans les cas possibles, et qui un peu plus tôt ou plus tard ne sont que trop vraisemblables. Il faut donc absolument faire expliquer la France bien positivement, et c'est ce que je vous recommande de faire du ton amical à la vérité, qui convient entre des bons amis et alliés, mais en même temps cependant avec toute la fermeté et l'insistance que vous jugerez à propos de devoir y mettre pour remplir votre objet.

Les raisonnements que je vous fournis dans ma lettre d'office sont si incontestables que, sans la plus grande injustice, la France ne saurait disconvenir qu'à notre place elle n'eût pu faire mieux, ni plus que ce que nous avons fait jusqu'ici, et qu'elle ne pourrait par la suite prendre autre parti que celui que nous nous proposons et serons dans la nécessité de devoir prendre.

Afin que M. de Vergennes puisse sentir dans toute leur force la connexité des choses que vous avez à lui dire, je pense que ce que vous pourriez faire de mieux, ce serait de relire aussi souvent que cela pourrait vous paraître nécessaire ma dépêche d'office, pour vous mettre en état, tout en lisant, de la lui traduire en français. Mais j'abandonne cependant entièrement à votre sagesse et à votre expérience la façon dont vous jugerez à propos de lui en donner connaissance. Je suis curieux d'apprendre comment M. de Vergennes, qui est aussi un de

---

[1] Dans la série des rescrits du prince de Kaunitz au comte de Mercy, il y a maintenant une lacune qui s'étend du 27 avril au 12 septembre 1783. C'est ainsi que nous n'avons pas le texte des instructions dont parle ici le prince de Kaunitz. Mais la dépêche d'office de M. de Mercy du 17 juin 1783, résumée plus bas, p. 185, n. 2, et p. 190, n. 1, en fait suffisamment connaître le sens et l'esprit.

ces braves jusqu'au dégainer, se tirera de l'embarras où vous le mettrez, et j'attendrai moyennant cela avec quelque impatience votre réponse à cette expédition. Je n'ai pas le loisir de vous en dire davantage aujourd'hui et je dois me borner par conséquent à vous réitérer les assurances de ma constante et inaltérable amitié.

---

106. — MERCY À JOSEPH II.

Paris, le 17 juin 1783. — J'ai reçu dans le temps par la poste ordinaire la très gracieuse lettre de V. M. I. en date du 23 avril. Elle contenait l'avis de son voyage en Hongrie et l'ordre de remettre à la Reine une lettre que je ne tardai pas à Lui présenter [1]. Depuis cette époque, il ne m'était plus venu de garde-noble mensuel, et celui qui est arrivé le 7 du courant m'a apporté, sous le cachet de V. M., un paquet contenant des pièces de la correspondance prussienne, une lettre adressée à la duchesse de Châtillon, mais point d'ordres directs ni de lettre pour la Reine.

J'expose très humblement dans ma dépêche d'office d'aujourd'hui ce qui jusqu'à présent a pu être rempli relativement aux derniers ordres de V. M. qui me sont venus par la voie de la chancellerie de cour et d'État [2]. Dans le premier moment de surprise et d'embarras où se trouve

---

[1] Cette lettre manque.
[2] Le lundi 9 juin 1783 M. de Mercy se rendit chez le comte de Vergennes, qu'il trouva dans le jardin de sa maison de campagne. Cette visite inattendue, faite la veille du jour de sa conférence hebdomadaire du mardi avec les ambassadeurs, étonna tellement le ministre, qu'aussitôt après le premier échange de compliments de politesse, il demanda à M. de Mercy ce qu'il venait lui annoncer de nouveau. Celui-ci lui répondit que depuis que les affaires politiques se négociaient il n'y avait peut-être jamais eu de communication plus importante que celle dont il était chargé; elle prouvait clairement la confiance illimitée de l'Empereur dans le Roi Très Chrétien et la solidité de son amitié.

Alors M. de Mercy apprit à M. de Vergennes que l'impératrice de Russie venait de se déclarer et qu'à l'heure actuelle elle s'était déjà peut-être emparée de la Crimée, du Kouban et de l'île de Taman. Ensuite il fit lire au ministre le rescrit et les deux suppléments, qu'avait reçus le prince Galitzin, ambassadeur de Russie à Vienne. M. de Vergennes fut très vivement ému par le passage où l'impératrice de Russie affirmait qu'elle verrait non seulement sans inquiétude, mais même avec plaisir, que dans cette occasion l'Empereur se procurât de son côté un agrandissement

le comte de Vergennes, il est encore bien difficile de prévoir avec quelque certitude la suite de ses calculs et de leurs effets. En attendant qu'il y ait occasion de les éclaircir, j'ai cru devoir porter toute mon

convenable. Ensuite, M. de Mercy, sous couleur de donner au ministre une preuve tangible de la confiance absolue de la cour de Vienne, lui communiqua, en les traduisant d'allemand en français, les instructions qu'il venait de recevoir du prince de Kaunitz. M. de Vergennes déclara qu'il ne se souvenait pas d'avoir dit à M. de Mercy que toute l'Europe devrait se mettre à l'œuvre pour assurer le maintien de l'Empire Ottoman; mais il avoua qu'il avait cru, comme tout autre l'aurait fait à sa place, qu'une entreprise aussi dangereuse pour toute l'Europe aurait provoqué une intervention générale. Le ministre insista sur l'embarras où le jetait une communication aussi importante qu'inattendue. Elle exigeait de longues et profondes réflexions. M. de Mercy lui dit qu'il reviendrait causer de cette affaire avec lui le lendemain mardi et en même temps il lui demanda une réponse catégorique le plus tôt possible; car on devait l'attendre à Vienne avec la plus grande impatience. M. de Vergennes répliqua que si cette réponse ne devait être concertée qu'entre le Roi et lui, rien ne serait plus aisé; mais qu'il serait obligé de la soumettre au conseil et que certainement ses collègues l'attendraient dans le défilé pour voir comment il s'en tirerait, qu'on ne pouvait pas se figurer quelles gens c'étaient. Il finit en disant : «Je vais prêcher la modération à Pétersbourg et la patience à la Porte.» Ce jour-là, M. de Vergennes se montra presque entièrement découragé : il se plaignait de sa destinée, qui toujours et partout où il s'était trouvé, lui avait donné des difficultés à dénouer.

Le mardi 10 juin, M. de Mercy trouva M. de Vergennes un peu moins abattu. Le ministre lui dit que puisque d'une part la Russie ne réclamait rien autre que la Crimée, le Kouban et l'île de Taman, et que de l'autre, l'Empereur avait l'intention de ne rien prendre pour lui, tout espoir n'était pas perdu de maintenir l'Empire Ottoman en Europe. A la vérité, la Russie, par ses nouvelles acquisitions, menacerait plus directement Constantinople; mais on aurait tout le temps d'aviser aux moyens de s'opposer à l'avidité insatiable de l'Impératrice. M. de Mercy répliqua que certainement l'Empereur ne désirait rien pour lui, mais que si la Russie recevait un agrandissement le souci du maintien de l'équilibre l'obligerait à réclamer de la Porte une cession de territoire équivalente. M. de Vergennes fit remarquer qu'en ce cas le roi de Prusse pourrait aussi exiger une compensation, en s'appuyant sur la nécessité du maintien de l'équilibre et qu'ainsi les affaires pourraient se compliquer de plus en plus.

La conférence terminée, M. de Mercy, avant de se retirer, dit à M. de Vergennes, qu'après lui avoir fait les communications dont il était chargé comme ambassadeur il sentait le besoin de s'entretenir avec lui de ces affaires en ami et de lui communiquer ses propres rêveries à lui, Mercy. Il pensait que, quand bien même on parviendrait encore cette fois à circonscrire l'incendie, on ne pourrait pas remettre la Porte en état de se défendre et qu'elle resterait à la merci de la Russie; cela étant, il n'y avait pas d'autre moyen de sauver l'équilibre européen que le partage du royaume menacé entre plusieurs puissances, la part de la France pouvant être fort belle. M. de Vergennes répliqua que pour l'instant il fallait se borner à remédier aux maux présents, que si plus tard la chute de l'Empire Ottoman devenait inévitable, il serait temps d'en venir au partage, à condition que toutes les puissances de l'Europe eussent une part porportionnelle. (Dépêche d'office du comte de Mercy du 17 juin 1783.)

attention et mes soins sur deux objets également essentiels : le premier consiste à donner à la Reine une idée exacte de l'importance des conjonctures présentes et des moyens dont S. M. peut faire usage pour influer dans ces mêmes conjonctures d'une manière qui réponde à sa tendre amitié pour V. M. et à l'intérêt qu'Elle doit prendre aux convenances de son auguste maison. La Reine est bien sincèrement pénétrée du désir de faire preuve de ses sentiments; je La vois dans une grande anxiété sur tous les résultats possibles des circonstances présentes, et je tâche de mettre ses craintes à profit pour fixer d'autant plus son attention [1].

Le second objet de mes devoirs présents sera d'observer attentivement le comte de Vergennes, de tâcher de prévoir à temps ses démarches, de prévenir et de rectifier celles que de fausses combinaisons pourraient lui dicter et d'invoquer à cet effet le crédit de la Reine.

Si le comte de Vergennes se décide à sonder ou consulter la cour de Berlin, il pourrait s'ensuivre des circonstances de nature à compro-

---

[1] Le lundi 9 juin 1783, peu de temps après avoir quitté M. de Vergennes, M. de Mercy se rendit chez la Reine. Il La trouva toute troublée. Elle lui dit que le ministre des affaires étrangères venait de Lui parler brièvement de nouveaux événements qui pouvaient avoir de graves conséquences, ce qui L'avait mise en émoi, M. de Mercy répliqua qu'il était très peiné de voir que S. M. était si sensible et si craintive; car il dépendait absolument d'Elle de faire prendre aux affaires une heureuse tournure. En même temps il Lui fit un court exposé de la situation et il Lui dit qu'Elle trouverait difficilement dans le cours de sa vie une occasion plus importante de prouver par des actes sa tendre amitié pour l'Empereur et son dévouement aux intérêts de sa famille. Il ajouta que le prince de Kaunitz lui avait expressément ordonné, non seulement d'appeler sur cette affaire toute l'attention de S. M., mais même de La supplier très instamment d'agir par tous les moyens convenables. La Reine assura M. de Mercy de son bon vouloir et se dit toute prête à faire exactement ce qu'il Lui conseillerait. Néanmoins, Elle croyait qu'il était probable que dans la circonstance présente la mauvaise façon d'agir du cabinet de Versailles amènerait un refroidissement entre les deux cours. M. de Mercy répondit que S. M. avait en mains les moyens d'éviter ce malheur, puisqu'à chaque instant Elle pouvait s'entretenir avec le Roi de la situation dont il venait de Lui exposer l'état. La Reine, dans ses conversations avec le Roi, pourrait faire bon usage des explications de M. de Mercy, qu'Elle avait très bien saisies et prier son époux de se mettre à la place de l'Empereur et de voir si dans ce cas il pourrait agir autrement que son beau-frère. En terminant, pour donner plus de force à ses observations, M. de Mercy ajouta que si son devoir et son caractère d'ambassadeur faisaient de lui un fidèle serviteur de l'Empereur, il n'en était pas moins tout dévoué à la Reine; il croyait pouvoir concilier l'un avec l'autre ces deux attachements et donner à S. M. l'assurance qu'il ne Lui conseillerait jamais rien qui pût être contraire à ce que la Reine devait au Roi et à la France. (Dépêche d'office du comte de Mercy du 17 juin 1783.)

mettre le roi de Prusse vis-à-vis de l'impératrice de Russie, et, dans ce cas, ce ne serait que chose utile au service de V. M., bien entendu toutefois que le ministère de Versailles bornât ses démarches dans la mesure que doit lui prescrire l'alliance qui subsiste entre la cour impériale et celle-ci.

Au reste, dans l'état où toutes choses se trouvent ici, tant en raison des moyens qu'en raison des personnes, il n'est ni vraisemblable, ni presque possible que la France intervienne dans les affaires présentes de la Porte autrement que par des négociations, sans autres mesures actives, si ce n'est peut-être quelques légers secours, soit en munitions de guerre, soit en officiers militaires qui pourraient être envoyés à Constantinople. Au moins est-il plus que probable que d'ici à une année elle ne serait pas en situation à pouvoir aller au delà.

Je n'ai point de remarques à faire sur les pièces secrètes que je remets ici très humblement; il est à prévoir que cette correspondance prussienne va devenir plus intéressante. Je veillerai de près sur les démarches du baron de Goltz, et je tâcherai que, dans des occasions aussi importantes, il n'échappe rien au zèle qui m'anime et que je dois à l'auguste service de V. M.

107. — MERCY À KAUNITZ.

Paris, le 17 juin 1783. — Depuis le moment où j'ai reçu les ordres dont V. A. vient de m'honorer, mes courses fréquentes à Versailles, les mesures qu'il a fallu prendre vis-à-vis de la Reine, et la nécessité de renvoyer promptement le présent garde-noble, m'ont laissé à peine le temps nécessaire à pouvoir rédiger ma dépêche d'aujourd'hui.

J'ai suivi ponctuellement ce que V. A. m'avait prescrit par sa lettre particulière sur la manière de rendre à M. de Vergennes ce que j'étais chargé de lui faire connaître; même pour plus de précision, j'en avais traduit par avance les articles essentiels, afin de pouvoir les énoncer clairement et sans hésitation. Malgré toute l'insistance et la fermeté que j'ai mises à exiger une réponse catégorique, il n'y a pas eu moyen d'obtenir au delà de la note qui ressemble plus à un écrit de procureur qu'au langage du ministre des affaires étrangères d'une grande puissance⁽¹⁾. M. de Vergennes m'a bien dit et répété qu'il était si malade que sa tête s'en trouvait affectée et se refusait presque à la faculté de penser. Cette excuse, pour pallier une chétive réponse, ne serait admissible qu'autant que le ministre se hâtât de réparer en meilleure santé ce qu'il a fait de travers pendant son indisposition. Dans ce cas, il s'agirait d'attendre que le premier moment de surprise soit passé pour

---

(1) *Réponse remise par M. de Vergennes à M. de Mercy.* — C'est avec une parfaite sensibilité que le Roi a entendu le rapport de la communication amicale que M. le comte de Mercy a faite au comte de Vergennes de l'ordre exprès de l'Empereur, de l'état présent des affaires entre la cour impériale de Russie et la Porte Ottomane, de l'invasion dont celle-ci est menacée très immédiatement et des conséquences qui peuvent en résulter pour les intérêts de la maison d'Autriche.

S. M. sent le prix de la confiance que l'Empereur lui marque dans cette critique circonstance; elle est analogue aux liens de l'amitié, de la parenté et de l'alliance qui les unissent. Le Roi qui les chérit, se portera toujours avec empressement à y correspondre, en s'expliquant avec la franchise qui est dans son caractère.

S. M. aurait dû se flatter, après le succès que ses offices combinés avec ceux de l'Empereur avaient eus pour amener les Turcs à redresser les griefs dont la cour impériale de Russie s'était plainte, et la satisfaction que cette même cour en avait témoignée, en décernant des remerciements au Roi, enfin après la négociation amicale qui s'était établie et qui se suit encore à Constantinople pour la formation d'un traité de commerce entre la Russie et la Porte Ottomane, sans qu'il se soit élevé aucune difficulté d'une certaine importance, et sans qu'il ait été mention d'aucun nouveau grief, S. M., dis-je, avait lieu de se flatter que toute semence de trouble était étouffée de ce côté-là, et que l'Europe allait enfin jouir des bénédictions de la paix universelle pour le rétablissement de laquelle LL. MM. l'Empereur et l'impératrice de Russie avaient manifesté leur généreuse sollicitude.

Cet aspect si consolant s'évanouit. Il n'est plus permis de douter que l'impératrice de Russie est dans la ferme résolution, qui vraisemblablement a déjà eu son effet, de s'emparer de la Crimée et du Kouban pour les unir à ses vastes États, ces deux provinces qu'Elle avait séparées par la paix de Kainardji de la domination ottomane, pour en faire un État libre et indépendant.

On s'abstient d'examiner les motifs sur lesquels la Russie fonde une détermination aussi tranchante. On ne discutera pas davantage les faits sur lesquels on en établit la nécessité, sans doute qu'elle en a des preuves irréfragables et qu'elle les administrera; mais en supposant cette entreprise légitimée dans son principe, elle n'en sera pas moins alarmante dans ses conséquences.

Quoique celles-ci ne puissent pas peser immédiatement sur le Roi, néanmoins S. M. n'en partage pas moins l'attention que l'Empereur donne au résultat possible du nouveau système de jurisprudence politique qu'on semble vouloir établir et qui ne pourrait que préparer la voie à des révolutions successives et à la plus étrange confusion.

Le Roi comprend que bien des considérations puisées dans la distance des lieux et dans les rapports existant entre les différentes puissances ne peuvent permettre à l'Empereur de s'opposer à force ouverte à l'invasion de la Crimée et du Kouban, mais avant d'en venir à ce moyen extrême, S. M. I. désespérerait-Elle de faire partager à l'impératrice de Russie les principes

éclaircir avec certitude quels pourront être les calculs que l'on fera ici et pour juger de leurs effets. Je n'ai pas épargné les raisonnements non plus que des vérités fortes, mais énoncées d'un ton amical, et je les ai même étendues beaucoup au delà de ce que l'expose ma dépêche d'office [1].

Entre temps, j'ai cru devoir porter toute mon attention et mes soins

d'équité et de modération qui lui sont en si grande recommandation? Sa voix serait d'un poids d'autant plus grand qu'il est plus que probable que celle de l'Europe se joindrait pour détourner ou calmer un orage aussi effrayant. Le Roi en son particulier est très disposé à se joindre à l'Empereur et à toutes les puissances bien intentionnées en faveur de la tranquillité publique, pour disposer l'impératrice de Russie à se prêter aux expédients, qui, en constatant plus parfaitement qu'elle ne l'a peut-être été, l'indépendance des Tartares de la Crimée et du Kouban, préviendraient les inquiétudes que cette princesse pourrait avoir pour la tranquillité de ses frontières, sans s'approprier deux provinces dont la position est si redoutable pour la sûreté de l'Empire turc. S. M. se portera avec un égal empressement à rendre tous les offices nécessaires pour disposer les Turcs aux facilités qui, sans compromettre les intérêts essentiels de leur empire, pourront satisfaire la Russie et écarter tout sujet de rixe et de guerre. Ce plan semblerait pouvoir d'autant mieux se concilier avec les vues générales et particulières que, suivant une lettre de la main de l'impératrice de Russie à l'Empereur, cette princesse désavoue le dessein de vouloir conquérir l'Empire Ottoman. Ce projet n'existant pas, Elle semble devoir être plus disposée à écarter tout ce qui pourrait en accréditer ce soupçon, et rien ne lui donnerait plus de consistance que la conquête de la Crimée et du Kouban.

Si malgré les représentations les plus solides et les plus sérieuses, et surtout si malgré l'exemple de désintéressement que l'Empereur a manifesté au Roi, l'impératrice de Russie persévérait dans son dessein d'accaparement, et décelait par là le projet de détruire un jour l'Empire Ottoman, le Roi qui ne peut y être indifférent pour l'intérêt général, et qui sent combien sa réussite pèserait éminemment sur la maison d'Autriche, propose de se concerter avec l'Empereur sur les moyens que S. M. I. jugera les plus propres à arrêter l'un et à prévenir l'autre. D'ailleurs, comme l'Empereur paraît combattu par la défiance qu'il se croit fondé à mettre dans les intentions du roi de Prusse, quoiqu'il reconnaisse que ce prince ne peut pas être indifférent à un trop grand agrandissement de la Russie, le Roi offre de sonder les dispositions de ce prince et de faire ce qui dépendra de lui pour faire partager à S. M. Prussienne ses principes et ses vues.

En attendant que le Roi puisse connaître les dernières intentions de l'Empereur, S. M. va ordonner préliminairement à ses ministres à Constantinople et à Pétersbourg d'agir d'après le système que S. M. propose conjointement avec les ministres impériaux, S. M. ne doutant point que l'Empereur ne fasse donner de son côté de pareils ordres.

[1] Le samedi 14 juin, M. de Mercy, suivant ce qui avait été convenu le mardi, vint chercher la réponse de M. de Vergennes. Il trouva le ministre très mal portant. M. de Vergennes lui apprit que le mercredi précédent il avait été pris de coliques si violentes qu'on avait dû le porter dans sa chambre et qu'il y serait encore resté s'il n'avait eu rendez-vous avec lui; en réalité, il était à peine en état de penser. Cependant, après avoir dit qu'à une communication verbale il aurait pu répondre

sur deux objets également essentiels. Le premier consiste à affermir la Reine dans les idées exactes de l'importance des conjonctures présentes

de même, il remit à M. de Mercy la note ci-dessus. L'ambassadeur, après en avoir pris rapidement lecture, fit tout de suite à M. de Vergennes les plus vives objections. Il lui déclara nettement qu'en lui communiquant sans la moindre réserve les instructions qu'il avait reçues, il espérait recevoir une réponse catégorique; mais la note qu'il venait de lui remettre ne contenait que des compliments aimables et de vaines assurances d'amitié. Cependant la question posée par la cour de Vienne au cabinet de Versailles était bien claire: on lui avait demandé comment il jugeait la situation, qu'on venait de lui exposer confidentiellement; mais au lieu de faire savoir ce que l'Empereur pouvait ou non attendre du Roi, on évitait de répondre. M. de Vergennes, d'une voix brisée par la fatigue et l'émotion, répliqua en phrases entrecoupées : «Mais! mais!... monsieur... pensez donc..... que c'est un événement soudain, imprévu..... Il faut éviter avec soin les décisions précipitées... On devrait au moins avoir le temps de rassembler ses idées et de les peser avec soin.» Puis, prenant l'offensive, il accusa l'Autriche d'avoir caché à la France l'étendue de ses liaisons avec la Russie, ce qui changeait les conditions de l'alliance austro-française. Là-dessus s'engagea une vive discussion qui se termina par la déclaration formelle de M. de Mercy que l'alliance de l'Autriche avec la Russie était purement et simplement défensive.

Alors M. de Vergennes revint à l'examen de la situation et s'appuyant sur cette considération que l'Empereur n'avait d'autre désir que le maintien de la paix, déclara qu'on n'avait pas à s'occuper d'autre chose. A cela, M. de Mercy répliqua que la Russie persistant dans son entreprise, on était bien obligé d'examiner la situation où l'Empereur se trouverait placé par la nécessité de maintenir l'équilibre.

L'ambassadeur, revenant sur ses instructions en date du 27 mai, établit qu'elles portaient sur ces trois points essentiels : 1° maintenir la paix, si possible; 2° éviter tout ce qui pourrait blesser Catherine II, afin de ne pas la rejeter dans les bras de la Prusse; 3° démontrer que le souci des justes intérêts et du salut des États héréditaires d'une part et du maintien de l'équilibre européen de l'autre interdisaient à l'Empereur de permettre que la Russie reçût un nouvel agrandissement sans que lui-même obtînt un territoire en rapport. M. de Vergennes répondit à ce long raisonnement en insinuant que sans doute cette compensation devait consister dans la Moldavie et la Valachie; et il ajouta que ces deux provinces avaient bien de la valeur que la misérable Crimée et le Kouban qui pour la Turquie n'avaient qu'un intérêt stratégique.

Alors M. de Mercy fit clairement entendre au ministre que la situation de l'alliance deviendrait très critique si des déclarations du cabinet de Versailles la cour de Vienne venait à conclure que la France verrait avec bien moins d'inquiétude l'agrandissement de la Russie que celui de l'Autriche. Et comme M. de Vergennes, sur une question formelle lui affirmait qu'il n'avait rien de plus à lui dire, l'ambassadeur déclara que cela étant le Roi Très Chrétien ne pourrait pas trouver mauvais que l'Empereur employât les moyens qu'il croirait nécessaires au bien de ses États. Et, se levant pour prendre congé du ministre qui paraissait fatigué, M. de Mercy ajouta qu'il se retirait le cœur gros et que son dévouement aux intérêts des deux monarchies lui aurait fait vivement désirer recevoir une réponse plus satisfaisante. Sur quoi M. de Vergennes de dire : «Donnez-nous le temps de nous reconnaître. Êtes-vous si pressés de prendre?» M. de Mercy répondit : «Nous serions bien

en Lui suggérant les moyens dont Elle peut faire usage pour y influer d'une manière analogue à sa tendre amitié pour S. M. l'Empereur, et à l'intérêt qu'Elle doit prendre aux convenances de son auguste maison. La Reine est bien pénétrée du désir de faire preuve de ses sentiments; je La vois dans une grande anxiété sur les résultats possibles de la circonstance présente, et je tâche de faire tourner ses craintes en actions utiles[1]. Mais malheureusement le crédit de la Reine, si étendu et efficace en toutes autres matières, l'est beaucoup moins en celles qui ont trait à la politique, parce que la Reine n'a donné que trop de sujet à son auguste époux de présumer qu'Elle comprend peu les affaires d'État et qu'Elle n'est pas à même d'en évaluer l'importance[2].

. . . .

plus pressés d'entendre de vous le moyen de ne rien prendre.» Et il déclara qu'à son avis tout danger serait encore une fois écarté, si l'on pouvait persuader à la Porte de donner en même temps satisfaction aux deux cours impériales. M. de Vergennes dit que sans doute la satisfaction à donner à la cour de Vienne serait la cession spontanée de la Moldavie et de la Valachie, et avec un sourire amer il pria l'ambassadeur de lui indiquer qui pourrait bien prendre sur lui de faire à la Porte cette proposition.

Là-dessus finit ce long entretien et M. de Mercy se rendit chez la Reine. (Dépêche d'office du comte de Mercy du 17 juin 1783.)

[1] Le 14 juin M. de Mercy alla lire à la Reine la note que venait de lui remettre M. de Vergennes et il lui raconta sa conférence avec ce ministre. Marie-Antoinette se montra très inquiète sur les conséquences possibles de cette affaire. Elle voulait faire appeler tout de suite M. de Vergennes et lui exprimer durement son mécontentement. Mais M. de Mercy lui représenta qu'en ce moment cette démarche, qui serait attribuée à ses conseils, serait bien plus nuisible qu'utile. Il valait mieux attendre quelques jours jusqu'à ce que le Roi eût parlé de cette affaire à la Reine. Alors tout ce qu'Elle pourrait dire au comte de Vergennes serait considéré comme une suite naturelle de sa conversation avec le Roi. Marie-Antoinette répondit que le matin même Elle avait causé des affaires d'Orient avec son mari et qu'Elle était bien certaine qu'Il n'avait pas vu cette méchante réponse; car ce qu'Il Lui avait dit ne s'accordait pas avec cette note. Entre autres choses, le Roi Lui avait confié qu'à son avis le seul moyen de mettre un frein à l'ambition de l'impératrice de Russie était la conclusion d'une entente entre l'Empereur, la Prusse et la France. Elle ajouta que quelques jours auparavant, peu après la première conférence de M. de Mercy avec le comte de Vergennes, Elle s'était par hasard entretenue de ces affaires avec le Roi. Entre autres choses, Elle Lui avait dit que si sa tendre amitié pour son frère ne l'abusait pas, il Lui semblait que le Roi avait vu avec plaisir que l'Empereur s'était expliqué avec la plus grande franchise. Là-dessus, le Roi Lui avait répondu, avec sa rondeur habituelle, que certainement, cette fois, la confiance n'avait rien laissé à désirer; mais que l'Empereur avait été joué par l'Impératrice, qui L'avait bien mal récompensé de toutes les attentions qu'Il n'avait cessé d'avoir pour Elle. (Dépêche d'office du comte de Mercy du 17 juin 1783.)

[2] Suivent deux paragraphes exactement semblables aux paragraphes 3 et 5 de la lettre de M. de Mercy à l'Empereur de même date.

Je n'ai pas lieu de me plaindre de M. de Breteuil depuis son retour; il tient des propos fort convenables sur les affaires et sur tout ce qui a rapport à son ambassade. Il se loue infiniment des bontés de l'Empereur, de celles que V. A. lui a marquées, et il se vante fort d'avoir obtenu sa confiance ainsi que son approbation. Cette conduite et ce langage tiennent beaucoup au désir de se concilier la protection de la Reine. Elle ne serait pas éloignée de placer M. de Breteuil dans le département de la Maison du Roi; M. de Vergennes a eu ou a simulé l'intention de lui procurer la Marine, persuadé peut-être que la pétulance du baron et plus encore son incapacité pour cette place le débarrasseraient bientôt d'un homme qu'il n'aime pas et pour lequel cependant il veut paraître avoir des ménagements. Enfin il a été et il est encore question de faire entrer simplement M. de Breteuil dans le conseil, où il se trouverait vraisemblablement sans influence, mais à portée cependant de déraisonner sur les matières politiques. Au reste, à en juger par le médiocre intérêt auquel il est porté soit par la Reine, soit par le ministre, à ces différentes destinations, il est très possible qu'il n'arrive à aucune, surtout si le nouveau maréchal d'Aubeterre quitte son commandement en Bretagne, lequel dans ce cas serait probablement donné au baron. Ce qui me paraît le plus décidé est qu'il ne retournera pas à Vienne, et que l'on ne tardera guère à y envoyer son successeur le marquis de Noailles. V. A. trouvera dans ce nouvel ambassadeur toutes les formes d'un jésuite, un peu de pédanterie, peu de connaissances réelles, mais beaucoup de douceur, beaucoup de régularité dans sa conduite privée et de modération dans son langage. Je présume et j'espère qu'il se comportera sagement pour peu qu'il puisse s'attendre par là à bien mériter de la Reine et obtenir son appui pour lui et pour les siens.

Il ne me reste qu'à joindre ici deux pièces assez scandaleuses publiées contre le garde des sceaux; elles donnent une idée de l'opinion publique à l'égard des principaux personnages du gouvernement actuel.

P. S. Dans ce moment, la Reine daigne me communiquer le contenu de sa lettre à l'Empereur [1]. Elle mande à S. M. que l'on a d'abord rendu ici toute justice à l'honnêteté, franchise et amitié de son procédé,

---

[1] Cette lettre manque.

que comme il connaît le terrain et les acteurs, il ne sera pas surpris qu'on ait été embarrassé pour la réponse, que l'on craint qu'il n'en soit mécontent. La Reine ajoute que, comme il n'y a qu'embarras et indécision sans mauvaise volonté, Elle espère que si les affaires de son auguste frère lui permettent de patienter, qu'Il aura dans la suite lieu d'être plus content.

Ces dernières assertions de la Reine me servirent à Lui faire bien sentir que l'idée de son influence, de son crédit serait entièrement compromise dans l'esprit de l'Empereur si, après Lui avoir annoncé pour la suite des sujets de contentement, Elle n'effectuait pas cette promesse, et si au lieu de cela S. M. l'Empereur n'éprouvait que des procédés dont Il eût motif de se plaindre.

P. S. Dans toutes les affaires qui par la suite pourraient devenir communes entre les deux cours impériales et qui donneraient lieu à quelques négociations à celle-ci, ma position deviendra assez embarrassante vis-à-vis de MM. les plénipotentiaires russes, par un effet de la jalousie ou, pour mieux dire, de l'aversion qui règne entre eux. Elle est telle, particulièrement de la part du prince Bariatinsky, qu'à titre de confiance et d'ancienne connaissance il m'a dépeint son collègue sous les couleurs les plus fâcheuses et ne m'a pas caché le regret qu'il aurait de me voir en une certaine liaison avec un homme qu'il regarde comme son antagoniste. Cependant, le prince Bariatinsky qui est un assez bon homme, dont je n'ai jamais eu lieu de me plaindre relativement à sa conduite politique, est d'ailleurs si borné que l'on n'est jamais sûr de lui avoir fait comprendre ce qu'on a voulu lui dire, tandis que M. de Markoff, instruit et délié, paraît avoir de l'aptitude aux affaires et posséder d'ailleurs la principale confiance de sa cour.

Je tâche de me conduire envers ces deux ennemis de manière à ne me heurter ni contre l'un ni contre l'autre; mais il est des cas où cela pourrait ne pas me réussir toujours et où on en apercevrait des indices dans leurs rapports.

Je n'ai pas cru devoir pour le moment faire mention de cette particularité dans ma dépêche d'office, mais il m'a paru de mon devoir d'en rendre un compte direct à V. A.

108. — JOSEPH II À MERCY.

Vienne, ce 31 juillet 1783. — C'est avec satisfaction qu'après mon retour je reprends le fil de ma correspondance ordinaire avec vous. Il s'est passé depuis des choses assez importantes qui m'ont mis dans le cas d'apprécier le vrai système d'État de la France, qui en se disant mon amie et étant mon alliée, non seulement ne veut contribuer en rien aux avantages qui pourraient revenir à mes États sans lui nuire, mais même les jalouse plus que ceux de tout autre. Voilà donc les principes qu'on attribuait à la faiblesse et à l'intrigue des dernières années du règne du feu Roi, sous le ministère du duc d'Aiguillon, réalisés actuellement et découverts comme faisant maxime d'État sous ce règne et ministère.

On m'a parfaitement mal jugé, et M. de Vergennes s'est blousé en croyant au désir que j'avais et à l'empressement de faire des conquêtes sur les Turcs; l'effet le fera voir que je ne veux ni Moldavie ni Valachie.

L'occupation de la Crimée, du Kouban et de l'île de Taman a été aussi inattendue et aussi nouvelle pour moi qu'à tout le reste de l'Europe, et S. M. l'Impératrice ne m'en a donné part qu'au moment que la chose allait se faire. Je n'ai point donné mon avis ni même écrit en Russie depuis que la France lui a offert sa médiation, puisque je ne voulais influer en rien dans les décisions de l'Impératrice à ce sujet, d'autant plus que cette démarche est insignifiante et qu'elle ne peut que s'attirer une réponse déclinatoire, encore heureux si elle est polie.

Les Turcs feront ou ne feront point la guerre à la Russie. S'ils la font, il faudra bien que d'une façon ou d'autre j'en sois pour quelque chose. S'ils ne la font point, je regarde pour un moindre inconvénient cette nouvelle acquisition de la Russie, que si je provoquais une nouvelle guerre à laquelle il y a si peu à gagner de mon côté et tant d'inconvénients et embarras à obvier. Mais si les démarches ultérieures du ministère de France continuent de même, et que ce que M. de Vergennes vous a dit ne soit point une effervescence du moment, alors il faudra que je pense sérieusement à prendre un autre parti et peut-être que la France se mettra dans le cas de perdre en grande partie tous les fruits qu'elle a acquis par la guerre qu'elle vient de terminer avec l'Angleterre.

Je n'entre point en détail sur ce sujet dans ma lettre à la Reine, mais je lui en touche légèrement quelque chose et je l'adresse à vous pour les informations ultérieures [1].

109. — KAUNITZ À MERCY.

Vienne, le 1ᵉʳ août 1783. — Tous les raisonnements auxquels j'ai cru devoir me laisser aller aujourd'hui dans ma lettre d'office, ne me laissent presque rien à y ajouter, et tout se réduit au fond à ce que tout comme il est tout simple que la France, laquelle pour la défense de l'Empire Ottoman non seulement n'a pas plus de moyens, mais peut-être moins encore pendant le ministère de M. de Vergennes, qu'elle n'en avait du temps de celui du duc d'Aiguillon, n'a pu nous régaler que de belles phrases, et qu'ainsi il n'y a pas à se plaindre des gens, lorsqu'ils ne font pas l'impossible, il a été très maladroit en même temps de nous témoigner si fort à découvert par une misérable jalousie, sans se mettre aucunement à notre place, que l'on s'embarrassait fort peu de notre équilibre de puissance vis-à-vis de la Russie, pourvu que la Porte perde moins vis-à-vis d'un seul que naturellement elle devrait perdre vis-à-vis de deux.

J'ai tâché, comme vous observerez, d'être très bref dans notre réponse verbale [2], sans oublier de dire cependant, à ce que je crois, ni

---

[1] *Joseph II à Marie-Antoinette, 30 juillet 1783.* — Ma chère sœur, si j'ai tardé depuis mon retour à vous écrire, c'est que j'attendais d'un moment à l'autre le départ du courrier. Je vous rends bien des grâces de tout ce que votre lettre, ma charmante amie, contient d'amical pour moi; j'en sens tout le prix, et je puis vous assurer du plus parfait retour de ma part. Je n'entre point à vous parler d'affaires; le comte de Mercy vous en informera. On m'a si souvent méconnu et on a rendu si peu de justice à ma façon de penser et d'agir que rien ne m'étonne, mais, tout en me méconnaissant, j'apprends parfaitement à connaître les intentions et la façon de penser à mon égard de ceux qui se disent et devraient être de mes amis. C'est sans humeur que je vous dis cela, car je me trouve en mesure et moyens à pouvoir attendre quelque événement.....

[2] L'Empereur a appris avec la plus grande satisfaction les assurances de la sensibilité de S. M. T. C. sur la confiance qu'il Lui avait marquée en l'informant amicalement de l'état présent des affaires entre la cour impériale de Russie et la Porte Ottomane, en s'expliquant en même temps confidemment vis-à-vis d'Elle sur cette critique circonstance et en Lui demandant en échange, comme une suite des liens de l'amitié, de la parenté et de l'alliance qui subsistent heureusement entre les deux cours, la fa-

plus ni moins qu'il ne convient dans ce moment-ci. Vous y trouverez depuis le commencement de la période : *Mais comme il pourrait arriver*, etc., quelques défauts de diction qui ne sont pas de ma façon et sur lesquels j'ai été obligé de me dire *transeat cum cæteris*, parce qu'ils ne sont pas absolument essentiels.

Je commence à croire, au reste, que les Turcs pourraient bien changer le printemps prochain, et je ne répondrais pas, si les Russes se croient aussi fondés à l'appréhender que je crois l'être, qu'ils ne commencent à prendre peut-être Oczakow, d'ici à dix mois qu'ils ont devant eux, avant que les Turcs ne puissent paraître en campagne. Enfin il faudra voir ce qu'il conviendra et ce que l'on pourra faire dans tous les cas possibles, et je vous promets que je ne manquerai pas de le suggérer, mais je ne vous réponds pas pour cela que cela se fera. Je serai charmé s'il peut arriver que l'on voie, pense et fasse mieux que moi, mais dans le cas contraire, je suis tout déterminé à m'en consoler, parce que sans cela il faudrait se pendre, et je n'en suis pas tenté en vérité.

çon dont la France envisageait ce nouvel état des choses et quelles étaient ses intentions dans le cas de tous les événements qu'il pourrait amener.

L'Empereur a donné jusqu'ici les preuves les plus incontestables de la sincérité de ses vœux pour le maintien de la tranquillité dans la partie de l'Europe dans laquelle elle paraît être menacée actuellement. Il a employé à cette fin avec zèle, tant à Pétersbourg qu'à Constantinople, toutes les représentations amicales qu'il a pu se permettre d'y faire. Il n'a pas hésité même à se livrer aux mesures les plus coûteuses qui Lui ont paru pouvoir contribuer au maintien de la paix, et, au moyen de tout cela, il semble qu'il a prouvé ses intentions d'une façon qui n'admet aucun doute. Elles sont encore constamment les mêmes et très certainement, tant et aussi longtemps que S. M. I. ne se verra pas dans l'impossibilité absolue de persévérer dans ce système pacifique, Elle agira en conséquence de toutes les façons imaginables.

Mais comme il pourrait arriver que, malgré tous ses soins et tous ses efforts, la guerre vint néanmoins à s'allumer entre la cour impériale de Russie et la Porte Ottomane, et qu'il ne saurait se permettre dans des cas possibles d'en abandonner les suites aux hasards des événements qui pourraient, de façon ou d'autre, lui devenir funestes ou au moins très préjudiciables, Il croit ne pas devoir dissimuler au Roi T. C., son ami et son allié, qu'en pareil cas il pourra se trouver dans la nécessité de devoir se déterminer à y prendre part pour sa propre sûreté présente et future.

L'Empereur espère que S. M. T. C. sentira qu'il ne pourra se dispenser d'en agir ainsi, si malheureusement des cas pareils venaient à exister; que la nécessité Lui en fera une loi et que, par conséquent, quoique bien malgré lui, il ne se prendra alors de sa part que le parti auquel tout autre à sa place se verrait obligé de se déterminer. (Archives des affaires étrangères de France, série Autriche, vol. 346, fol. 305.)

Je vous prie de faire remettre au comte de Scarnafis[1] une petite boîte à son adresse avec des compliments bien cordiaux de ma part. Dites-moi donc un peu des nouvelles du baron de Breteuil, dont vous ne me parlez plus depuis quelque temps. Dites-m'en aussi de Belderbusch[2], auquel je m'intéresse comme à un garçon qui m'a témoigné de l'attachement. Mais surtout aimez toujours bien votre bon ami.

110. — MERCY À JOSEPH II.

Paris, 17 août 1783. — Les très gracieux ordres de V. M. I., datés du 31 juillet, m'ont été remis le 11 de ce mois par le garde-noble, qui en était porteur, et le lendemain je me rendis à Versailles pour y présenter à la Reine la lettre qui Lui était adressée. Cette auguste princesse la reçut avec des marques d'un grand empressement, et Elle n'en eut pas moins à en faire tout de suite la lecture; après quoi la Reine me questionna beaucoup sur ce que V. M. me marquait relativement aux circonstances présentes. Je répondis qu'ainsi qu'il m'avait été facile de le prévoir, et que j'avais si souvent pris la liberté de le prédire à la Reine, V. M. témoignait le plus grand et le plus juste mécontentement de la conduite que l'on tenait ici, de l'odieuse jalousie que l'on faisait paraître envers Elle, et des mauvais procédés que l'on avait en retour de la parfaite confiance et franchise dont V. M. n'avait cessé de donner des preuves dans la conjoncture présente. Après une longue analyse de cette matière, je répétai à la Reine ce que je Lui ai déjà exposé plusieurs fois et ce dont Elle est pleinement convaincue, c'est-à-dire que dans la présente conjoncture, le comte de Vergennes a envisagé les choses tellement à rebours du bon sens, qu'en suivant la route où il s'est acheminé, il pourrait bien perdre

---

[1] Le comte Ponte de Scarnafis, ministre du roi de Sardaigne à Paris, de 1777 à 1788. Il avait d'abord été en cette même qualité à Vienne, «où cet homme délié, écrivait Marie-Thérèse, s'était fait bon nombre d'amis et de partisans pour le bon ton qu'il savait employer dans les compagnies et surtout amuser. L'Empereur et Kaunitz, ajoutait l'Impératrice mère, sont sensibles à le perdre.» (Marie-Thérèse au comte de Mercy dans le *Recueil* de MM. d'Arneth et Geffroy, t. III, p. 100.)

[2] Le baron Charles-Léopold de Belderbusch fut ministre de l'archevêque-électeur de Cologne près la cour de France de 1779 à 1784.

tous les moyens de se rendre utile à la Porte et en même temps dégoûter et aliéner pour jamais le principal et le plus précieux allié de la France. J'observai que d'après ce que la Reine a daigné Elle-même me confier, le Roi est très incomplètement instruit des affaires et paraît en saisir peu les nuances; d'où il résulterait que si cette princesse n'y apporte toute son attention et son influence, il arrivera que les bévues d'un ministre bouleverseront tout, et qu'entre autres fâcheux effets, l'Europe verra avec étonnement que l'opinion qu'elle a eue du grand crédit de la Reine n'était dans le fond qu'une chimère, puisque ce crédit a été si cruellement déjoué dans le point le plus intéressant aux sentiments de la Reine et le plus essentiel aux vrais intérêts de la France. Telles et semblables remarques produisent toujours une grande sensation momentanée; j'ai laissé la Reine fort résolue de mettre de la suite et de la force à ses démarches, et je présume qu'Elle en écrira dans ce sens à V. M.

La circonstance présente est tellement au-dessus des forces du comte de Vergennes, qu'il en a été en quelque façon écrasé; craignant la critique de ses ennemis sur tous les partis qu'il pourrait prendre, il s'est d'abord laissé aller de méprises en méprises, mais telles que sont ici les choses et les personnes, telles enfin que V. M. les a vues par Elle-même, il est plus que probable que les erreurs du moment proviennent moins d'une maxime d'État adoptée que du peu de fonds et de capacité des ministres qui forment le Conseil de Versailles. D'ailleurs, au sortir d'une guerre honorable, mais ruineuse, on n'est point en état de songer de quelque temps à des entreprises d'éclat. Je dois à cet égard en référer à un nombre de détails que contient ma dépêche d'office du 5 de ce mois, ainsi que celle d'aujourd'hui, et je présume qu'après un nombre de petites tentatives insignifiantes, on reviendra sur ses pas de manière à pallier ou effacer les torts que l'on a à se reprocher vis-à-vis de V. M.

Dans la correspondance prussienne que je remets ici très humblement, j'observe avec satisfaction que jusqu'à présent le comte de Vergennes n'a pas encore fait à la cour de Berlin des confidences assez étendues pour que l'on en pût augurer des projets de liaison. A en juger même par la manière infidèle et exagérée avec laquelle le baron de Goltz a toujours ci-devant rédigé ses rapports, il est à supposer que dans le cas présent il n'aura pas changé de méthode. Je dois cependant convenir que, dans ces derniers temps, le ministre prussien a été mieux informé de quelques faits, et les a rendus avec moins d'inexactitude qu'il n'est accoutumé d'en mettre dans ses dépêches. Au reste, je ferai en sorte que sa marche ne m'échappe pas, et en portant sur ce point toute mon attention, de même qu'en continuant vis-à-vis du comte de Vergennes le langage ferme que j'ai commencé à lui tenir, j'espère que rien ne sera omis de ce qu'exige ici l'auguste service de V. M.

111. — MERCY À KAUNITZ.

Paris, le 17 août 1783. — J'ai reçu par le garde-noble mensuel la lettre dont V. A. m'honore, du 1ᵉʳ de ce mois, et conséquemment à ce qu'Elle veut bien m'y faire connaître, j'ai tâché de régler mon langage vis-à-vis de M. de Vergennes, de manière à ne lui laisser aucun doute que ses vues, ses procédés sont appréciés chez nous à leur juste valeur et que probablement ce ne sera pas par cette marche qu'il parviendra aisément au but qu'il se propose. Il a écouté mes raisons avec plus de douceur et de patience qu'il n'en avait marqué dans nos conversations précédentes et j'ai lieu de croire qu'après nombre de petites tentatives insignifiantes, M. de Vergennes se persuadera que la France, à l'issue d'une guerre honorable mais ruineuse, ne pouvant se livrer à de grandes entreprises, n'a de meilleur parti à prendre que celui de ne pas dégoûter un allié qui lui est aussi essentiel que l'est notre auguste monarque.

Dans le dernier entretien que j'ai eu avec la Reine, en Lui suggérant ce qui m'a paru le plus convenable, j'ai tâché de Lui persuader que les circonstances actuelles allaient être la pierre de touche de son crédit, et que l'Europe entière fixerait à cet égard son opinion, de façon que, si la Reine se laissait déjouer dans un point aussi essentiel, on regarderait comme une chimère l'idée que l'on a eue jusqu'à présent de sa grande influence. De semblables remarques font quelques impressions momentanées, mais il faut y revenir souvent, pour les rendre efficaces.

Par mes deux dernières lettres, j'ai eu l'honneur de rendre compte à V. A. de tout ce qui concerne M. de Breteuil. Il a toujours en vue le département de la Maison du Roi et de Paris, mais je le crois encore bien éloigné d'y parvenir. M. de Vergennes le tiendra aussi longtemps qu'il pourra dans la nullité honorable du Conseil d'État, dont la forme est devenue maintenant une simple rubrique de cour, d'autant moins gênante pour les chefs des départements, qu'ils n'y traitent les affaires que d'après leurs vues et volontés[1]. Les succès ultérieurs que M. de Breteuil pourra avoir dans sa carrière ministérielle dépendront beaucoup de l'issue du projet de mariage de sa petite-fille avec le fils de la duchesse de Polignac. Ce motif seul pourra déterminer la Reine à rendre sa protection efficace; en attendant, Elle marque au baron beaucoup de bontés, et pour les mériter, il tient sur les affaires présentes un langage assez raisonnable.

J'ai remis à M. de Scarnafis la petite boîte qui lui était adressée; il m'a bien recommandé de témoigner à V. A. toute sa sensibilité au souvenir dont Elle l'honore. M. de Belderbusch a bien réussi dans ce pays-ci, et il s'y trouverait encore mieux, si la passion du jeu ne l'entraînait quelquefois trop loin. Il est intéressant par ses qualités personnelles; il marque toujours le plus grand et le plus respectueux attachement pour V. A. Ce sentiment a formé une liaison suivie entre nous deux; il se propose d'écrire à V. A. pour avoir l'honneur de la remercier des bontés qu'Elle veut bien lui conserver.

---

[1] Dans sa dépêche d'office du 5 août 1783, M. de Mercy annonçait l'entrée du baron de Breteuil au Conseil d'État, c'est-à-dire au Conseil d'En-Haut, qu'il ne faut pas confondre avec le Conseil privé ou des Parties, que l'on appelait aussi communément le Conseil d'État. Par le seul fait de leur convocation au Conseil d'État ou d'En-Haut, les membres de ce conseil, fort peu nombreux d'ailleurs, avaient le titre de ministres d'État, tandis que les membres du Conseil privé étaient appelés conseillers d'État. C'est au Conseil d'État ou d'En-Haut que se discutaient surtout les questions de politique extérieure, tandis que les affaires intérieures se traitaient au Conseil des dépêches où assistaient, avec les ministres d'État, les secrétaires d'État, le contrôleur général des finances et le garde des sceaux ou le chancelier, qui souvent n'avaient pas séance au Conseil d'En-Haut. Dans cette même dépêche, M. de Mercy disait que le baron de Breteuil devait cette faveur au comte de Vergennes, qui l'avait fait entrer au Conseil d'État dans l'intention de rendre plus difficile sa nomination à un département ministériel. Suivant M. de Mercy, le baron devait avoir peu d'influence dans le conseil.

Chamfort rapporte une anecdote où l'on prête à M. de Vergennes des propos qui expliquent de façon plaisante pourquoi ce ministre fit arriver au Conseil le baron de Breteuil afin de le perdre plus sûrement et plus promptement.

112. — JOSEPH II À MERCY.

Ce 9 septembre 1783. — C'est de Hloupietin, un petit village près de Prague, au milieu de mon camp, que j'ai le plaisir de vous écrire. J'avoue que les occupations journalières, que les manœuvres m'y donnent, ne m'ont pas fait compter de m'y occuper tant de la politique, mais la réponse impertinente [1], je puis la titrer ainsi, que

---

[1] *Mémoire présenté le 1er septembre 1783 par le chargé d'affaires de France au prince de Kaunitz.* — Après l'ouverture amicale faite de l'ordre du Roi à M. le comte de Mercy le 14 juin dernier et communiquée ensuite à M. le prince de Kaunitz par le chargé d'affaires de France à Vienne, S. M. aurait pu s'attendre à des explications plus analogues aux dispositions qu'Elle s'était empressée à faire connaître que celles consignées dans la note remise par M. le comte de Mercy le 12 du présent mois d'août. Malgré cela, le Roi, fidèle à ses principes de justice, à ses sentiments d'amitié pour l'Empereur et aux liens de toute espèce qui l'unissent à S. M. I., ne balance pas à revenir sur les mêmes objets et à entrer dans les détails que la gravité de la matière et la crise des circonstances semblent rendre nécessaires. C'est par ces motifs que le Roi offre à l'Empereur les observations que l'écrit remis par M. le comte de Mercy lui donne lieu de faire.

Le Roi se plaît à croire que le vœu de l'Empereur a été et est encore de détourner la guerre qui menace l'orient de l'Europe, et que dans cette vue S. M. I. n'a omis aucune des représentations amicales qu'Elle a pu se permettre à Saint-Pétersbourg et à Constantinople. C'est même cette confiance dans la sincérité des dispositions de l'Empereur qui a rendu le Roi si longtemps inaccessible à tous les bruits d'un concert étroit qui se formait entre les deux cours impériales, et dont les Turcs devaient être le premier objet direct.

S. M. était d'autant plus rassurée que, dans le principe du rétablissement de la bonne intelligence entre l'Empereur et l'Impératrice de Russie, les engagements qui pourraient en résulter devaient être parfaitement innocents; un simple traité d'amitié devait en faire le fondement, chacune des parties contractantes demeurant dans les alliances alors établies. Rien n'autorisait donc à faire présager le renouvellement des anciens engagements dont la notification a été récemment faite et qui, pouvant avoir reçu plus d'étendue, forment un objet réel d'inquiétude pour plus d'une puissance.

La sécurité du Roi reçut un nouvel accroissement lorsque dans le courant de l'hiver dernier l'Empereur invita S. M. à se joindre à Lui pour disposer les Turcs à l'adoption de certains articles proposés et exigés de la part de la cour de Russie, comme le terme péremptoire de sa satisfaction.

L'Empereur sait avec quel zèle le Roi s'y est porté et quel a été le succès de leurs offices combinés. Le traité de commerce, signé le mois de juin dernier à Constantinople entre la cour de Russie et la Porte Ottomane, que l'on assure être très avantageux pour la première, a mis le complément à la satisfaction qu'Elle avait exigée. Le Roi croirait trahir la confiance qu'il a mise si constamment dans la délicatesse de l'Empereur s'il se permettait de penser que, dans le moment même où l'intervention du Roi, provoquée par S. M. I., assurait à la Russie tous les objets de sa satisfaction, l'Empereur aurait eu le moindre indice des prétentions vraiment exorbitantes que cette puissance vient de faire éclater.

Le Roi ne juge point les motifs que l'im-

M. de Vergennes vient de faire remettre au prince Kaunitz, et dont celui-ci sans doute vous enverra copie, m'a obligé à expédier ce cour-

pératrice de Russie a énoncés dans son manifeste; mais S. M. doit à son amitié pour l'Empereur de Lui observer que, puisqu'Il n'a eu aucune connaissance des vues ultérieures de la Russie, rien ne peut Lui faire une obligation de les favoriser et de les appuyer à main armée.

Les engagements que les deux cours impériales ont renouvelés entre elles étant purement défensifs, ainsi qu'on en a fait la déclaration, l'Empereur en a rempli tous les devoirs, en procurant à la cour de Russie la satisfaction péremptoire qui devait faire le sceau de sa réconciliation avec la Porte Ottomane et le gage du maintien de la paix; aller plus loin, ce serait donner à ces mêmes engagements un caractère offensif qu'ils n'ont pas et répandre une alarme générale.

Cependant l'Empereur prévoit le cas où Il pourrait être entraîné à prendre part à la guerre. Le Roi n'aperçoit rien qui pourrait amener cette nécessité, et S. M. ne saurait se persuader que S. M. I., gênée par ses nouveaux liens avec la Russie, ne pouvant plus se montrer comme le défenseur de l'Empire Ottoman, veuille coopérer à sa destruction, et, malgré une paix saintement observée par les Turcs dans des conjonctures séduisantes pour eux, se prévaloir de leur affaiblissement pour leur porter le coup mortel et prendre part à leurs dépouilles.

La considération que l'intérêt de la maison d'Autriche lui conseille de s'étendre en raison de ce que la Russie peut acquérir, serait un exemple funeste, dont cent ans de guerre n'expieraient peut-être pas la fatale erreur. Si la crainte que la puissance russe ne gravite un jour sur la puissance autrichienne, est un titre suffisant pour se compenser aux dépens d'un tiers innocent, ne doit-on pas prévoir que d'autres puissances craignant avec autant de raison que la puissance autrichienne ne gravite à son tour sur la leur, s'autoriseront de l'exemple des deux cours impériales pour se procurer des accroissements et des compensations aux dépens de qui il appartiendra? Où en serait l'Europe si jamais, ce qu'à Dieu ne plaise! ce monstrueux système venait à s'accréditer? Tous les liens politiques seraient dissous; la sûreté publique serait détruite, et l'Europe n'offrirait bientôt plus qu'un théâtre de troubles et de confusion.

Le Roi craint d'autant moins d'exposer ce tableau aux yeux de l'Empereur, que S. M., toujours fidèle à sa confiance dans les principes magnanimes de ce prince, est bien persuadée qu'Il se rappelle sans cesse que leur heureuse union n'a pas moins pour base la conservation de la propriété publique que celle de leurs couronnes.

Le Roi croit remplir les devoirs d'un bon parent, d'un fidèle allié et d'un ami sincère de l'ordre et de la paix, en exposant à l'Empereur franchement et avec la loyauté qui lui est ordinaire, tout ce que la complication des conjonctures présentes peut lui faire prévoir ou appréhender. S. M. se flatte encore que ses représentations ne seront pas infructueuses; mais, si contre son attente, son espoir était encore déçu, Elle ne pourra plus que prendre l'intérêt général et le sien propre pour règle de sa conduite.

Le Roi concevant que l'incertitude du parti que le roi de Prusse pourra prendre peut un jeter sur les résolutions de l'Empereur, S. M. ne perd pas un moment à s'adresser à S. M. Prussienne pour lui proposer un concert tendant à prévenir les malheurs dont l'Europe sera menacée si la guerre s'engage en Turquie. Il serait agréable au Roi de voir l'Empereur partager un soin aussi désintéressé, mais des considérations particulières pouvant y mettre obstacle, le Roi prendra volontiers sur son compte la garantie de tout ce dont il sera raisonnable de convenir pour que l'Empereur puisse sans inquiétude agir pour le bien de la paix et de la justice.

rier avec la réponse qui me paraît d'autant mieux faite que même grammaticalement *interrogatio et responsio casu consentiunt*. J'ai cru bien faire d'écrire une fois au long à la Reine, et d'assez bonne encre, la vraie situation sous laquelle j'envisage toute cette affaire; pour épargner des répétitions, je vous en joins la copie [1]. Vous me ferez plaisir de me marquer l'impression qu'elle aura faite sur ma sœur, et je désirerais que dans un bon moment elle pût la lire au Roi. Je crois qu'il y trouverait des vérités, que personne ne peut et ne veut lui rendre aussi clairement; mais vous engagerez la Reine à ne pas laisser sortir cette lettre hors de ses mains, puisqu'elle est uniquement confidentielle et qu'elle n'en doit compte à personne.

---

[1] Voici les principaux passages de cette lettre, qui est imprimée p. 30-34 du *Recueil* de M. d'Arneth, ayant pour titre *Marie-Antoinette, Joseph II und Léopold* :

«Je rends toute la justice qui est due à votre cœur et à votre façon de penser, et je sens toute la délicatesse que votre situation exige. Il se peut que les intentions et la volonté, comme vous dites, soient meilleures que la forme et les expressions dont M. de Vergennes se sert, apparemment par ordre du Roi, et il est très bien fait à vous de tâcher de garder l'illusion à ce sujet le plus longtemps possible; mais il n'en est pas de même pour moi, qui ai les intérêts de la monarchie entre les mains et qui dois voir clair dans ce qui l'intéresse............

«Depuis l'éloignement du ministère du duc de Choiseul, la fluctuation qui a existé dans le ministère, les intérêts personnels d'un chacun qui s'y trouvait, le peu de consistance personnelle des individus avaient réduit bientôt plus, bientôt moins, notre alliance à des paroles, à des compliments, à des phrases de la part de la France. Elle a prêté l'oreille très souvent aux calomnies prussiennes et n'a jamais abandonné un instant de se ménager par toutes sortes de cajoleries cet ennemi conjuré et enragé, l'on peut le nommer ainsi, de l'Autriche. La France a fomenté toujours le parti contredisant en Empire; enfin elle a tout fait, même en n'observant point les engagements les plus solennels lors de la guerre de l'année 1778, et elle s'est même évertuée à diminuer tous les avantages présents et à venir de la maison d'Autriche à la conclusion de la paix de Teschen.

«Elle continue de même et avec bien plus d'énergie encore en ménageant peu les termes dans cette occasion; elle ménage l'impératrice de Russie qui prend trois provinces, et elle s'avise de prendre le haut ton vis-à-vis de moi, crainte que je puisse seulement être dans la possibilité de me procurer également quelque avantage, lorsque je n'ai pas fait la moindre démarche; et tout cela arrive lorsque, de mon côté, j'ai donné les preuves les plus convaincantes, les plus fortes à la France des avantages qu'elle peut retirer seule de mon amitié et de mon alliance.

«La France a augmenté ses États par l'acquisition de la Corse sans que la moindre jalousie ait été manifestée de la part de l'Autriche, quoique pour nombre de raisons, cette acquisition ait été très préjudiciable aux possessions de la maison d'Autriche et de ses branches en Italie. Cette dernière guerre avec l'Angleterre, la France aurait-elle pu la faire de même et aurait-elle pu en sortir avec les mêmes avantages sans l'exactitude et la sûreté de nos liens? A-t-elle jamais pu entrevoir de ma part la moindre jalousie des avantages qu'elle avait et de l'abaissement de sa rivale? M'a-t-elle vu du ménagement pour l'Angleterre ou quelque tripotage, dont par nombre d'offres

Je ne puis comprendre quelle mouche pique M. de Vergennes et comment cet homme, qui a donné tant de preuves de sagesse, puisse voir si mal et avec tant de prévention dans ce moment-ci. Est-il gagné par les Prussiens, ou a-t-il peur dans le ventre du qu'en-dira-t-on des femmes et des fanfarons qui veulent guerroyer à Paris?

J'ai eu les offres les plus avantageuses et les plus belles occasions pour acquérir, sans coup férir même, des provinces turques. Je m'y suis constamment refusé, parce que j'ai préféré la conservation de la paix à tous les avantages et l'existence de la Porte à toutes les acquisitions que je pourrais faire sur elle, si elle venait à être détruite. Mes dispositions sur mes frontières sont celles qui doivent sauver les qui m'ont été faites, j'aurais eu les plus belles occasions? Est-ce que depuis mon amitié personnelle avec l'impératrice de Russie, elle n'a pas dû s'apercevoir de la différence qu'il y avait dans les démarches de cette dernière vis-à-vis de la cour de France, et de combien la prépondérance autrefois anglaise à Pétersbourg avait diminué; et c'est même peut-être à ce dernier coup porté aux espérances de l'Angleterre qu'elle doit la paix avantageuse qu'elle vient de conclure...........................

«La France vient de sortir d'une guerre avec gloire et avantage; mais ses finances et moyens, pour parler modestement, ont été bien tendus. La marine à laquelle on a pu, à cause de mon alliance, se livrer entièrement, a fait que l'armée de terre et surtout la remonte de la cavalerie a été fort négligée. Le roi de Prusse a soixante-douze ans et la goutte; l'Espagne s'est fait connaître; l'Angleterre, actuellement qu'elle a renoncé à l'Amérique, dans un moment où la France se verrait occupée d'autres objets et d'une guerre de terre, devra naturellement faire tous ses efforts pour que, d'une façon ou l'autre, elle regagne sa prépondérance d'autrefois sur mer, et je pourrais donner même des preuves que cette puissance en est très occupée et qu'elle croit que cet événement, s'il pouvait occasionner un revirement des liaisons, serait un de ces coups de fortune unique qui ont tant de fois déjà servi l'Angleterre. Le courage d'esprit et la ferme volonté qui font toujours trouver des moyens à l'impératrice de Russie doivent être reconnus. Mes arrangements et l'état de mon armée avec ma volonté, qui actuellement seule les guide, me permettent d'attendre les événements et de prendre le parti que je croirai me convenir. Voilà d'importantes choses, ma chère Reine, dont je vous entretiens, et tout ce tableau paraît effrayant pour l'humanité et pour toute l'Europe. Mais, de grâce, demandez le pourquoi de tout cela? Et alors, vous en trouverez le vrai motif, probablement si misérable, qu'il est plutôt risible, car certainement des petites raisons d'intérêt personnel et des inquiétudes causées par les jactances des cafés, dont le roi de Prusse, par différentes voies, est le souffleur, font parler et écrire M. de Vergennes au contresens de sa propre raison et conviction....

«Adieu, ma chère sœur, pardonnez la longueur de cette épître à l'intention qui me l'a fait écrire. J'attends avec une impatience infinie la confirmation de la nouvelle de votre grossesse, et je vous prie, en bonne citoyenne et comme mon amie, de me marquer bien franchement si l'opinion du Roi est telle que parlent les réponses, et surtout la dernière, de M. de Vergennes, à laquelle j'ai répondu sur le même style, qui n'est pas ordinaire entre amis et alliés qui veulent le rester.»

Turcs, car sans la crainte d'être attaqués par moi conjointement avec l'impératrice de Russie, jamais ils ne souscriront à laisser à cette princesse la jouissance de ce qu'elle a occupé, ce qui m'a paru n'être pas d'un genre assez menaçant pour ne pas vouloir m'attacher l'Impératrice par le service que je lui rends, et pour la détacher du roi de Prusse, dont j'étais sûr que dans le moment il ferait la bévue de sonner le tocsin et de se perdre par là dans l'esprit de l'Impératrice. Mais il ne faut pas que la France fasse de même et me mettre dans le cas d'accepter des offres qu'on est tout prêt de me faire pour me lier avec l'Angleterre.

Je vous dis tout cela, mon cher Comte, avec la confiance que vous me connaissez. Je ne crains point que la France me fasse la guerre; elle y pensera deux fois; mais j'avoue que cette occasion, jointe à plusieurs autres, m'a dévoilé à fond que ses maximes d'État et sa façon de penser vis-à-vis de la maison d'Autriche sont toujours les mêmes que du temps de Louis XIV.

113. — KAUNITZ À MERCY.

Vienne, le 12 septembre 1783. — Aussi déraisonnable qu'insolent, M. de Vergennes m'a forcé enfin à lui parler d'un ton qui pourra ne pas lui plaire, mais qu'il s'est attiré, et à être un peu plus long que de coutume, parce qu'il a fallu répondre non-seulement aux choses, mais même à plusieurs expressions choquantes et offensantes, qu'il aurait mal fait de se permettre s'il avait eu à faire avec un duc de Modène ou une république de Gênes. L'Empereur, absent encore, a trouvé, à ce qu'il me mande, ma réponse parfaite [1], c'est son expres-

---

[1] *Réponse à l'écrit remis le 1ᵉʳ septembre 1783 au prince de Kaunitz par le chargé d'affaires de France, le sieur Barthélemy, et relatif aux affaires actuelles entre la Russie et la Porte.* — L'Empereur a cru devoir ne point témoigner la sensation que lui avait faite le mémoire, qui a été remis par ordre du Roi au comte de Mercy le 14 juin dernier, et il serait même bien aise de pouvoir s'en dispenser encore. Mais comme le Roi lui apprend dans un nouveau mémoire, que le sieur Barthélemy vient de remettre au prince de Kaunitz, qu'il avait trouvé sa réponse peu analogue au mémoire susdit, l'Empereur pense ne plus devoir lui dissimuler que, si telle lui a paru sa réponse, bien moins analogue à toutes les ouvertures les plus franches et les plus amicales, qui

sion, et il écrit une très longue lettre à la Reine, à ce qu'il croit, en conséquence, mais à laquelle, comme vous verrez sans peine, je n'ai

avaient été faites au Roi de sa part, a dû lui paraître le mémoire qui en a été la suite; attendu qu'il ne lui apprenait aucune des choses sur lesquelles il avait requis le Roi de vouloir bien, en retour de confiance s'expliquer vis-à-vis de lui, et qu'on a cru pouvoir se borner, dans une circonstance aussi critique et aussi décisive, à l'offre d'un concert impossible dans son exécution, et dont d'ailleurs il n'avait jamais été et ne pouvait pas même être question vis-à-vis des liens d'amitié et des engagements défensifs existant entre les deux cours impériales dont l'Empereur venait d'informer S. M. T. C.

L'Empereur, au contraire, dans sa réponse verbale a dit positivement ce qu'il pouvait et ce qu'il se proposait de faire. C'est ce que S. M. T. C. a paru désirer savoir, c'est le but auquel a paru destiné le mémoire en question, et l'Empereur moyennant cela, surtout ce qu'il contenait de relatif à lui et pouvait admettre une réponse de sa part, croit y avoir répondu d'une façon très analogue au sujet. Mais comme S. M. T. C. croit ce nonobstant devoir revenir sur les objets qui ont été traités dans le mémoire du 14 juin dernier et offrir en conséquence à l'Empereur des observations que l'écrit remis par le comte de Mercy Lui donnait lieu de faire, l'Empereur ne balance pas à y répondre par une suite de ses sentiments d'amitié pour le Roi, et des liens de toute espèce qui l'unissent à S. M. T. C.

L'Empereur a été bien aise d'apprendre que le Roi se plaît à croire aux assurances de ses vœux pour le maintien de la paix, ainsi qu'à la sincérité de tous les soins qu'il a employés jusqu'ici pour cet effet. Il croit même devoir se flatter que S. M. T. C. non seulement se plaît à y croire, mais qu'Elle ne peut pas même se permettre aucun doute à cet égard après les assurances que l'Empereur lui a données, et dont il se

serait dispensé sans doute, s'il avait pensé différemment.

Il était conforme par conséquent à l'équité ainsi qu'à la sagesse de S. M. T. C. de ne point se laisser aller aux insinuations contraires qu'on Lui faisait parvenir, et S. M. I. pense qu'en se rappelant que l'empereur Charles VI a déjà été l'allié de la Russie, que feu l'Impératrice-Reine l'a été, et qu'Elle a continué à l'être même longtemps après ses liens heureusement contractés avec la France, rien ne peut autoriser à envisager actuellement comme en droit d'alarmer le renouvellement d'une alliance que ci-devant toute l'Europe a regardée comme la plus naturelle des possibles.

Le Roi a été très fondé aussi à regarder comme une nouvelle preuve de la sincérité des intentions de l'Empereur l'invitation qui Lui a été faite de sa part dans le courant de l'hiver dernier de se joindre à lui pour disposer les Turcs à l'adoption des articles proposés alors par la cour de Russie, comme le terme péremptoire de sa satisfaction, attendu qu'il est manifeste que si S. M. I. avait désiré une rupture entre la Russie et la Porte, au lieu d'inviter le Roi à s'employer conjointement avec Elle à contenir les Turcs, Elle aurait dû souhaiter bien plutôt qu'Il les excitât. La démarche d'inviter le Roi à ce concours a été conséquemment une nouvelle preuve non équivoque de ses intentions, et il est bien aise moyennant cela que le Roi ait jugé ne devoir se permettre aucun doute à cet égard.

L'Empereur d'ailleurs a communiqué au Roi dans ce temps-là tout ce qui alors était à sa connaissance. Il Lui a communiqué de même depuis les intentions de l'impératrice de Russie relativement à la Crimée, au Kouban et à l'île de Taman, dès qu'Elle les Lui a fait connaître, et il a été bien aise par conséquent d'apprendre que le Roi ne se permettait pas de supposer le contraire.

Au demeurant, l'Empereur depuis que

aucune part. Si vous pouvez empêcher M. de Vergennes et sa cour de faire une sottise, dont à coup sûr elle se mordrait les doigts, mais

la nouvelle lui en est parvenue, et que cette notion même devait lui faire entrevoir la possibilité d'une nouvelle guerre entre la cour impériale de Russie et la Porte Ottomane, n'a fait que ce qu'une juste prévoyance devait l'engager à faire, et que tout État est le maître de faire chez lui, sans qu'il ait aucun compte à en rendre à personne. Pour être préparé à tout événement possible, il y a pris les mesures qu'il a jugé propres et nécessaires à cet effet, et par ces mesures il n'a offensé et ne se propose d'offenser personne, tant et aussi longtemps qu'il lui sera possible de persévérer dans son système pacifique. Mais comme il ne s'ensuit pas que les Turcs, malgré la satisfaction qu'ils ont donnée à l'impératrice de Russie sur les articles exigés pendant l'hiver dernier, ne puissent point rompre avec la Russie pour d'autres sujets, et faire exister par là exactement le cas des engagements défensifs entre les deux cours impériales, il est tout simple que l'Empereur ait prévu des circonstances dans lesquelles il pourrait se trouver dans l'obligation de devoir prendre part à la guerre, et il l'est de même que la guerre, quoique purement défensive, une fois allumée, les puissances belligérantes tentent d'en tirer tout le parti possible, et qu'il s'ensuive pour les unes et pour les autres tout le bien et tout le mal qui pourra en résulter.

Il serait superflu par conséquent, à ce qu'il semble, d'entrer dans les détails qu'exigerait ce que contient l'écrit remis par le sieur Barthélemy, tant au sujet de l'existence du *casus fœderis*, sur lequel il n'est que les contractants qui aient le droit de prononcer, qu'à l'égard du système monstrueux dont il y est fait mention, et l'Empereur croit d'autant plus devoir s'en abstenir, qu'il ne pourrait pas se dispenser de se rappeler à cette occasion ce qui est arrivé entre autres à la maison d'Autriche en plus d'une occasion, en conséquence de principes de cette catégorie, et qu'il lui paraît plus convenable d'ensevelir dans l'oubli que de relever.

L'Empereur a reçu d'ailleurs en bon ami et en bon allié ce que la confiance du Roi dans ses principes L'a engagé à lui exposer. Il n'a jamais oublié et n'oubliera jamais que son heureuse union avec S. M. T. C. n'a pas moins pour base la conservation de la propriété publique que celle de leurs couronnes, et certainement il en remplira tous les devoirs avec la plus grande exactitude, toutes et quantes fois que cela ne sera pas aussi impossible que le serait l'idée de l'engager à rompre avec l'impératrice de Russie, et de La mettre par là en droit de l'attaquer dans ses propres États conjointement avec son allié le roi de Prusse et peut-être même par un concert, au moins pour un temps, nullement impossible avec la Porte Ottomane.

Attendu donc l'absurdité manifeste de pareille idée, dès que de sang-froid on se met à sa place, l'Empereur, après tout ce que ci-dessus, est dans le cas de devoir se borner à assurer S. M. T. C. qu'Elle trouvera toujours en lui, aussi longtemps qu'il Lui plaira, l'allié le plus fidèle et l'ami le plus sincère, l'intérêt réciproque et manifeste de son alliance, avec le Roi, qui lui semble en rendre la durée éternelle, s'il se peut, très désirable, en faisant l'objet de tous ses vœux. Il ne se permet pas même de douter que le Roi ne pense parfaitement de même à cet égard. Mais comme néanmoins S. M. T. C. a jugé à propos de lui déclarer que si les représentations qu'Elle a trouvé bon de lui faire de préférence à l'impératrice de Russie, que l'objet regarde cependant bien plus immédiatement, étaient infructueuses, et que, si contre son attente, son espoir était déçu, Elle ne pourra plus que prendre l'intérêt général et le sien propre pour règle de sa controp tard, vous leur rendrez un grand service. Surtout empêchez que la Reine ne donne ni ne laisse prendre copie de la lettre de l'Empereur, à qui que ce soit, et que pour cet effet Elle ne la laisse en mains ni au Roi ni à M. de Vergennes, sauf à la leur laisser lire en sa présence, tant qu'ils voudront, si Elle le juge à propos et que ce soit votre avis. Ayez soin surtout, si on s'avisait de prendre le haut ton et de vouloir nous intimider, de le prendre plus haut qu'eux en ce cas, et de leur faire sentir que leur infidélité à la longue au moins pourrait leur coûter plus cher qu'à nous. J'attendrai de vos nouvelles sur ceci pour vous en dire davantage, et je vous embrasse pour aujourd'hui à la hâte, mon cher Comte, du fond du cœur.

114. — KAUNITZ À MERCY.

Vienne, le 28 septembre 1783. — J'attends avec impatience, mon cher Comte, l'arrivée du courrier, par lequel vous nous apprendrez la façon dont vous aurez exécuté les ordres qui vous ont été adressés par le dernier qui vous a été dépêché, ainsi que ce qui en aura résulté, et jusque-là je crois devoir suspendre tout ce que je pourrais vous dire ultérieurement sur la conduite aussi indécente qu'incompréhensible du ministre français à notre égard, témoin entre autres ce que je vous mande aujourd'hui d'office des propos de M. d'Adhémar vis-à-vis de M. Fox [1], que M. de Vergennes cependant aurait dû

duite, l'Empereur de son côté croit ne pas devoir Lui dissimuler qu'en ce cas, qu'il veut bien espérer cependant ne devoir jamais exister, il ne pourrait plus également de son côté que prendre l'intérêt général et le sien propre pour règle de sa conduite.

L'Empereur ne peut s'en rapporter au reste qu'au propre jugement de S. M. T. C. des suites que pourra avoir la démarche qu'Elle a jugé à propos de faire vis-à-vis de S. M. Prussienne, ainsi que sur l'espèce de concert analogue à ses engagements avec la Russie, auquel ce prince croira pouvoir donner les mains.

L'Empereur de son côté n'en connaît point de compatible ni avec sa propre sûreté ni avec les liens d'amitié et les engagements défensifs qui l'unissent à l'impératrice de Russie, et il ne peut par conséquent que se borner à des vœux bien sincères pour le maintien de la paix, et aux assurances réitérées qu'il continuera avec zèle à y contribuer de tout son pouvoir.

[1] Les insinuations du comte d'Adhémar à M. Fox avaient été révélées par le ministre anglais au cabinet de Saint-Pétersbourg qui s'était empressé d'en faire part au prince de Kaunitz. A plusieurs reprises, M. d'Adhémar avait fait entendre à M. Fox que l'impératrice de Russie se

sentir ne pas être payé pour lui en garder le secret, ainsi au contraire. C'est le comble de l'ineptie de faire tout ce que l'on peut pour se brouiller avec nous, pour rester vis-à-vis de rien et bien pis, attendu que M. de Vergennes devrait penser que, s'il nous y force, nous pourrions faire payer bien cher à la France l'énorme sottise qu'elle aura faite en abandonnant notre alliance. Car comme vous comprenez bien, nous ne manquerons pas de moyens de toute espèce. Enfin il faudra voir si la démence pourra aller jusque-là. Heureusement nous pouvons attendre tranquillement l'événement, car nous sommes en mesure, nous avons de grands moyens en nous-mêmes; et vis-à-vis de quiconque nous le voudrons bien, nous ne manquerons pas d'être reçus à bras ouverts. *Proxime plura.*

---

115. — MERCY À JOSEPH II.

Paris, 30 septembre 1783. — Les très gracieux ordres de V. M. I., datés du 9 septembre, m'ont été remis le 22 au soir par le garde-noble qui en était porteur. Le lendemain matin je me rendis à l'au-

---

trompait si Elle comptait trouver dans ces circonstances un allié cordial et fidèle dans l'Empereur.

Le 24 août (v. st.), le vice-chancelier de Russie, le comte d'Ostermann, écrivait cette lettre au prince Galitzin, qui en laissa copie au prince de Kaunitz : « M. d'Adhémar, après avoir commencé par mettre en avant le tableau des avantages qui naissent de la paix et des inconvénients d'un renouvellement de guerre, a cherché de faire sentir à M. Fox qu'il ne convenait pas aux intérêts de l'Angleterre de consentir aux vues d'agrandissement de la Russie, ni de voir avec indifférence passer sous les lois de S. M. I. les provinces de l'Orient qu'Elle était dans l'intention de s'approprier. Après avoir épuisé sur ce sujet tous les raisonnements qu'il a cru les plus propres à porter coup, il a tâché d'ébranler l'opinion de M. Fox, en mettant sous ses yeux avec beaucoup d'adresse la conduite de la Russie pendant le cours de sa dernière guerre envers l'Angleterre, en lui faisant voir qu'elle n'était pas d'une nature à se concilier l'amitié de la Grande-Bretagne, ni de mériter dans ce moment que S. M. Britannique embrassât avec chaleur ses intérêts. Il a appuyé fort longtemps sur ce dernier point et n'a rien épargné de ce qui pourrait opérer un changement dans le sentiment de M. Fox. »

En communiquant ces renseignements au comte de Mercy, le prince de Kaunitz ajoutait que M. de Vergennes devait être revenu de ses illusions sur la possibilité de faire adopter ses vues au cabinet de Saint-James et être maintenant convaincu qu'il dépendait de la Russie de se lier étroitement avec l'Angleterre. (Dépêche d'office du prince de Kaunitz au comte de Mercy du 28 septembre 1783.)

dience de la Reine, et après quelques détails préalables sur les circonstances du moment, je Lui présentai la lettre qui Lui était adressée. Elle l'ouvrit sur-le-champ, et, m'en remettant ensuite la première feuille, Elle me dit : *Cette lettre est parfaite en tout point.* Sans témoigner rien savoir de son contenu, je parcourus cette première feuille pendant que la Reine lisait la seconde, qu'Elle me donna également. Comme d'un premier mouvement, j'observai qu'il pourrait être très utile que le Roi eût connaissance de cette lettre. La Reine me répondit que dans l'instant il Lui était venu la même idée, et cela d'autant plus que la lettre susdite était *remplie de franchise, de noblesse, et que V. M. paraissait plus occupée des vraies convenances de la France, que des siennes propres.* Ce sont les termes de la Reine, et, en les exposant très humblement, je crois ne pouvoir mieux obéir à l'ordre que me donne V. M. de Lui rendre compte de l'impression qu'a éprouvée son auguste sœur. Dès ce moment, la Reine se décida à lire la lettre en question au Roi, sans toutefois la Lui donner entre les mains, ni sans rendre le comte de Vergennes participant à cette confidence, idée que je tâchai d'écarter lorsque je m'aperçus qu'elle était venue à la Reine. Cette auguste princesse s'est proposé de marquer Elle-même à V. M. ce qu'Elle aura aperçu de l'effet produit par la lecture susdite[1]. Au mo-

---

[1] La lettre de Marie-Antoinette à Joseph II du 29 septembre 1783 a été publiée par M. d'Arneth dans le Recueil cité plus haut. Nous en reproduisons seulement les passages où la Reine parle des affaires politiques :

«Vous dirai-je, mon cher frère, que votre lettre m'a ravie par son énergie et par sa noblesse? Et pourquoi ne vous le dirai-je pas? Je suis sûre que jamais vous ne confondrez votre sœur, votre amie, avec les démêlés et les tracasseries politiques.

«J'ai lu votre lettre au Roi. Vous devez être sûr que celle-ci, comme toute autre de vous, ne sortira jamais de mes mains. Le Roi a été frappé de plusieurs de vos réflexions et les a même confirmées. Il m'a dit qu'il désirait et espérait entretenir toujours amitié et bonne intelligence; qu'on ne pouvait cependant pas répondre que la différence des intérêts n'en mît quelquefois dans la manière de voir et de juger les affaires. Cette idée m'a paru ne venir que de lui-même et de la méfiance qu'on lui a inspirée depuis longtemps; car lorsque je lui ai parlé, je crois être sûre qu'il n'avait pas encore vu M. de Vergennes depuis l'arrivée du courrier. M. de Mercy vous aura mandé la tranquillité et douceur avec laquelle ce ministre lui a parlé. J'ai eu occasion de voir que les têtes des autres ministres, qui s'étaient un peu échauffées, sont fort refroidies. J'espère que cette tranquillité durera, et dans ce cas la réplique ferme que vous avez faite doit faire oublier la malhonnêteté du style qu'on avait employé ici. Vous connaissez le terrain et les personnages; ainsi vous ne devez pas être surpris que le Roi laisse quelquefois passer des réponses qu'il ne ferait pas de lui-même.»

ment où j'écris, je n'ai pu encore en être informé, mais je suis moralement assuré que de tous les moyens propres à faire entendre raison ici, il n'en était aucun aussi infailliblement efficace que celui qu'il a plu à V. M. d'employer dans cette occasion. Je ne dois pas répéter ce qui s'est dit dans le reste de mon audience chez la Reine, parce que ces détails sont consignés dans ma dépêche d'office d'aujourd'hui [1]. V. M. daignera y voir de quelle manière le comte de Vergennes com-

[1] Le mardi 23 septembre, en sortant du cabinet de M. de Vergennes, M. de Mercy trouva un laquais de la Reine qui lui apportait l'ordre de se rendre immédiatement près de S. M. Marie-Antoinette s'informa avec le plus grand empressement de la conférence que l'ambassadeur venait d'avoir avec le ministre et lorsqu'elle eut reçu connaissance de la réponse de l'Autriche et des commentaires dont M. de Mercy l'avait accompagnée, Elle manifesta sa plus complète approbation. Elle ajouta qu'Elle avait bien dit depuis longtemps qu'aussitôt que la cour de Vienne ferait entendre au cabinet de Versailles un langage plus sérieux et plus ferme, le comte de Vergennes prendrait peur et deviendrait plus souple. Elle en tira cette conclusion que maintenant tout était arrangé et que la bonne entente d'autrefois était rétablie entre les deux cours.

M. de Mercy observait à ce sujet que la Reine aimait à se flatter de ces espérances trompeuses et à voir tout sous le jour le plus favorable, ce qui La délivrait de soucis, qui Lui pesaient lourdement, bien qu'Elle s'intéressât de tout cœur aux affaires qui concernaient son frère. Aussi l'ambassadeur jugea utile de bien faire comprendre à la Reine que tout était loin d'être fini, que les sentiments de modération dont le comte de Vergennes était maintenant animé pourraient changer; car ce ministre était dans la plus grande anxiété sur l'accueil qui lui serait fait au Conseil et sur les reproches qui l'y attendaient. Il dit à la Reine qu'il était absolument nécessaire que S. M. fît preuve de vigilance et de fermeté pour maintenir le ministre dans les idées qu'il manifestait en ce moment.

La Reine avoua que cette fois tous les ministres d'État sans exception avaient la tête très échauffée, ce qui causait dans le Conseil la plus grande agitation. M. de Mercy fit alors observer à la Reine qu'Elle-même avait été trompée sur ce point : car quelques semaines auparavant, Elle lui avait dit le contraire et Elle avait même soupçonné le comte de Vergennes d'avoir fait courir ce bruit pour dégager sa responsabilité.

Ensuite Marie-Antoinette raconta à M. de Mercy qu'Elle avait représenté au Roi, sous les couleurs les plus sombres, la situation où se trouverait la France, si le système de la politique extérieure du royaume était changé. Ce serait pour l'Angleterre le plus heureux de tous les événements et pour la France le plus grand malheur. En cas de guerre continentale, le Roi devrait payer de forts subsides au roi de Sardaigne et aux princes de l'Empire. Pour mettre le roi de Prusse en mouvement, il faudrait faire une énorme dépense. Enfin on serait obligé de compter avec les réclamations de tous ces princes, avec leurs projets d'agrandissement et il serait impossible de faire la paix au moment qui conviendrait le mieux aux intérêts du Roi. En faisant à son mari ces observations bien intentionnées, Elle mettait de côté, avait-Elle dit, tous ses sentiments d'attachement à sa maison et de dévouement à son frère bien-aimé; Elle n'avait devant les yeux que l'intérêt et la gloire du Roi, son repos et sa satisfaction; Elle ne pouvait mieux justifier la confiance qu'Il lui accordait, qu'en

mence à revenir sur ses pas, ce que dans l'origine j'avais prévu devoir infailliblement arriver [1].

Il est de mon devoir d'exposer très humblement à cet égard une observation qui reste soumise aux hautes lumières de V. M. et qui se rapporte au dernier paragraphe de Sa très gracieuse lettre.

A prendre du siècle dernier, il semble que l'on pourrait assigner au temps du ministère du cardinal de Richelieu le commencement du système réel d'opposition de la France à l'auguste maison d'Autriche. Ce système a duré pendant tout le règne de Louis XIV; mais les événements subséquents pourraient faire croire qu'il a fini avec ce prince et que depuis cette époque il n'y a plus eu en France de système d'État dont les principes et les suites n'aient été subordonnés à de pures convenances et intérêts personnels des ministres en place. En effet, la guerre de 1733 avait une cause fortuite et unique. Il est notoire qu'à la mort de Charles VI, de glorieuse mémoire, une intrigue de cour dirigée contre le cardinal de Fleury lui força la main et l'entraîna contre son gré dans la guerre de 1740. Maintenant les grandes rumeurs du conseil de Versailles partent bien moins d'une politique directement contraire à V. M., que du projet d'attaquer personnellement le comte de Vergennes, de le harceler et de l'expulser, s'il est possible, de son poste. On ne saurait se dissimuler qu'il ne se joigne à cette manœuvre un fond de jalousie relative à la puissance impériale, mais cette jalousie ne peut prévaloir au point de faire méconnaître l'immense avantage et, j'ose dire, la nécessité dont il est pour la France, de rester unie à V. M. Cependant, malgré cette vérité, il serait difficile de répondre des inconséquences partielles et des gaucheries que l'on peut commettre ici; elles tiendront sans doute au personnel des ministres français actuels, qui sont trop connus de V. M. pour que j'aie rien à dire sur leur excessive médiocrité. J'ose conclure d'après ces très humbles remarques, qu'en prenant un ton plus

---

Lui faisant à cœur ouvert les représentations qu'Elle croyait utiles pour l'empêcher de se laisser entraîner trop loin dans les circonstances actuelles.

M. de Mercy remarquait qu'en cette occasion la Reine avait fait usage de diverses considérations qu'il Lui avait soumises, mais qu'Elle les avait habillées à sa mode. Toutefois, il croyait que cette explication entre les deux époux n'avait pas été complètement inutile et qu'elle avait eu une certaine action sur l'attitude du cabinet de Versailles. (Dépêche d'office du comte de Mercy du 1ᵉʳ octobre 1783.)

[1] Voir plus bas, p. 215, n. 1.

ou moins énergique et sévère, il y aura moyen de contenir cette cour-ci dans de certaines bornes, et que si d'un côté il n'y a pas dans les circonstances présentes un parti utile à tirer d'elle, il n'y a pas non plus à prévoir de sa part des embarras, qui pussent au moins de longtemps contrarier ce qu'exigera le bien de l'auguste service.

Par les pièces de la correspondance prussienne, que je joins ici, il paraît démontré que jusqu'au 25 d'août, le comte de Vergennes n'avait fait à la cour de Berlin aucune des confidences qu'il aurait pu et qu'il n'aurait pas manqué de lui faire, s'il avait eu un projet formé de lier partie avec elle. Au lieu de cela, on ne voit dans les rapports du baron de Goltz que des faits tronqués, inexacts, et il est si mal informé des moindres circonstances qu'il s'est trompé sur le jour où la conférence préliminaire, pour la signature de la paix, s'est tenue chez moi. Il reste encore à savoir au juste quel peut avoir été le fond et la tournure de cette dernière réponse venue de Berlin, et dont, au dire de la Reine, on a été mécontent [1]; à en juger par les antécédents, il se pourrait que ce fait n'eût rien de bien important.

La lettre que V. M. a daigné écrire au baron de Breteuil a produit le plus grand effet sur ce nouveau ministre d'État. J'étais en défiance de sa tête ignorante et fougueuse, mais je n'avais que des soupçons sans preuves; j'ai lieu de présumer maintenant qu'il n'a pas excité les alarmes du Conseil. Je le vois d'ailleurs si pénétré des grâces que V. M. lui a marquées, et il a un si grand besoin de celles de la Reine que ce double motif le retiendra dans les limites du bon sens.

116. — MERCY À KAUNITZ.

Paris, le 30 septembre 1783. — J'ai tâché de remplir le mieux possible les ordres que m'a apportés le garde-noble mensuel, et que V. A.

---

[1] Le 23 septembre, la Reine dit à M. de Mercy que la modération de M. de Vergennes devait être en partie attribuée au mécontentement que lui causait la conduite du roi de Prusse. Dans sa réponse au cabinet de Versailles, ce monarque avait bien déclaré qu'il considérait son alliance avec la Russie comme n'existant plus, mais il avait laissé entendre qu'il ne voulait pas s'exposer au moindre ennui et même s'expliquer clairement sur ce sujet. M. de Mercy aurait bien voulu avoir des renseignements plus étendus et plus précis, mais la Reine n'en savait pas plus. (Dépêche d'office du comte de Mercy du 1er octobre 1783.)

a bien voulu m'expliquer plus particulièrement, par la lettre de main propre dont Elle m'honore.

M. de Vergennes a subi avec grande douceur [1] la bonne et sublime

---

[1] Le mardi 23 septembre M. de Mercy alla présenter à M. de Vergennes la note du prince de Kaunitz qui se trouve p. 206, n° 1; mais en prévision de l'effet que ce document produirait sûrement sur le ministre, l'ambassadeur résolut de préparer le terrain, afin d'éviter un éclat et de se ménager les moyens de reprendre la discussion après ce coup redoutable. Il commença par obtenir de M. de Vergennes la promesse qu'il viendrait le vendredi suivant chasser chez lui à Chennevières, entre Pontoise et Conflans-Sainte-Honorine. Il l'entretint ensuite d'une foule de détails sans importance. Enfin; prenant un ton plus sérieux, M. de Mercy déclara au ministre qu'il avait bien prévu tout de suite que la note qu'il lui avait remise le 25 août sans lui donner le temps de la lire ensemble blesserait au vif la cour de Vienne. Là-dessus, il entama un petit discours préliminaire en manière d'introduction, et ce n'est qu'après avoir pris toutes ces précautions qu'il remit à M. de Vergennes cette terrible note. Le ministre la lut à haute voix d'un bout l'autre et quand il en eut achevé la lecture il la déposa sur la table en disant seulement qu'il la présenterait au Roi. Mais on voyait qu'il était vivement ému et qu'il se retenait pour ne pas éclater. Alors, M. de Mercy, sur un ton plus doux se mit à paraphraser cette pièce tout en l'atténuant un peu dans les termes et il fit en sorte de rouvrir l'entretien. Mais M. de Vergennes l'écouta sans l'interrompre; il paraissait se consulter et hésiter entre la violence et la modération. Enfin il rompit le silence; le visage sombre et d'une voix triste et sérieuse, il fit cette déclaration solennelle :

« Je suis comptable à mon souverain et à ma nation de toute la prévoyance nécessaire à employer dans une conjoncture aussi délicate. J'ai rempli, à cet égard, tout ce que je devais. Après un écrit pareil à celui que vous venez de me remettre, il ne me reste d'autre parti à prendre que celui de proposer au Roi, mon maître, de ne plus donner de conseils et d'attendre l'issue des événements pour régler sa conduite d'après les circonstances. »

Il ajouta que si le Roi voulait approuver son avis, notre dernière note resterait absolument sans réponse; car des écrits semblables ne serviraient qu'à aigrir les esprits sans être de la moindre utilité pour les affaires. Le cabinet de Versailles avait toujours été attaché au système de l'alliance austro-française et il en était encore sincèrement partisan. On n'avait à se reprocher rien qui pût y être contraire. La seule démarche qu'on se fût permise consistait dans l'envoi d'un courrier à Berlin pour connaître l'opinion du roi de Prusse sur la situation actuelle, et de sa réponse on devait conclure qu'il désirait surtout le maintien de la paix, ce qui était en rapport avec son âge et l'état de sa santé.

Après s'être ainsi justifié, M. de Vergennes chercha à faire dire à M. de Mercy comment le *casus fœderis* pourrait se produire. Et petit à petit, il reprit son ton habituel, calme et amical. Tantôt il regrettait les suites incalculables de la chute de l'Empire Ottoman; tantôt il se berçait de l'espoir qu'on pourrait peut-être le maintenir quelques années et pendant ce temps trouver un moyen de prévenir ce malheur. Puis il avouait la complète impossibilité de redonner des forces et quelque consistance à la nation turque, qui était tombée dans une décadence irrémédiable. Enfin il se lamentait sur tous les embarras que lui causait cette affaire. Il paraissait surtout ennuyé des attaques réitérées que cette question lui attirait de la part des membres du Conseil d'État.

leçon, bien méritée, que V. A. a jugé à propos de lui faire, et il est plus que probable qu'il ne s'exposera pas de longtemps à en recevoir

Le 26, M. de Vergennes se rendit à la chasse avec ses deux fils chez M. de Mercy à Chennevières, où il trouva entre autres le baron de Breteuil et le marquis de Noailles, qui était sur le point de partir pour aller prendre possession de son ambassade à Vienne. Après le repas, M. de Vergennes proposa de faire un tour dans le parc et, dès que M. de Mercy fut libre, il le prit à part pour reparler d'affaires. Il lui dit qu'il avait reçu la réponse de la Russie à l'*Office verbal* présenté par le marquis de Vérac et que cette réponse était conçue dans les termes les plus convenables. Bien qu'on ne pût se fier légèrement aux paroles de la cour de Russie, il y avait dans cette note un passage qui le tranquillisait un peu ; c'était celui où l'Impératrice s'obligeait en quelque sorte à ne pas attaquer les possessions propres de la Turquie, y compris Oczakow. Cela étant, on pouvait encore avoir quelque espoir de maintenir la paix et tout de suite il avait envoyé un courrier à Constantinople, où à la vérité la France n'avait plus d'ambassadeur puisque M. de Saint-Priest était devenu tout à fait russe.

Il dit ensuite à M. de Mercy que la Reine lui avait tout dernièrement reproché de toujours tenir à la Russie des propos doux et mielleux au lieu de lui parler avec fermeté. Mais, à son avis, ce langage était imposé par les circonstances présentes, car des paroles dures, qui n'auraient pas été appuyées tout de suite par des actes, n'auraient fait qu'aigrir l'Impératrice et la fortifier dans ses projets.

Comme M. de Mercy lui disait en souriant qu'il n'avait pas eu tant d'égards pour sa cour, M. de Vergennes répliqua que c'était une tout autre affaire. Entre alliés et amis, on devait se parler rondement et à cœur ouvert, car on n'avait pas à craindre d'exciter la colère ; il ne s'agissait pas de s'échauffer un peu mutuellement, mais d'éclaircir les affaires et d'en établir la véritable situation.

Le 28 septembre, le prince de Bariatinsky, un des ministres de Russie à Paris, venait apprendre en confidence à M. de Mercy ce que M. de Vergennes lui avait dit la veille. Le ministre lui avait avoué qu'on avait tenté de lui donner des idées fausses sur la façon de penser de la cour de Vienne ; mais maintenant il était bien certain que les idées de l'Empereur étaient sûrement pacifiques et telles qu'on pouvait le désirer pour le maintien de la paix. M. de Mercy n'était pas dupe du stratagème de M. de Vergennes ; il était intimement persuadé que le ministre avait fait cette confidence à M. de Bariatinsky à seule fin qu'elle lui fût reportée.

Le 30, M. de Mercy eut avec M. de Vergennes une conférence qui lui donna la certitude que le ministre était tout à fait revenu à de meilleurs sentiments. M. de Vergennes lui lut la réponse du cabinet de Versailles à la dernière note russe et les instructions qu'il envoyait aux ambassadeurs de France à Londres et à Constantinople. Tous ces documents étaient rédigés de la façon la plus satisfaisante.

La franchise et la confiance que lui témoignait M. de Vergennes donnaient à penser à M. de Mercy que ce ministre avait abandonné les idées de défiance craintive, qui le hantaient auparavant. Cependant l'ambassadeur écrivait au prince de Kaunitz qu'il n'oserait pas affirmer que cet état d'esprit fût de longue durée ; car de nouveaux événements et surtout la pression du Conseil d'État pouvaient facilement décider le ministre à changer d'avis. Aussi, le 30 septembre M. de Mercy, qui trouvait la Reine très heureuse de la tournure que prenaient les affaires, croyait de son devoir de La supplier instamment de ne pas trop se fier au calme du moment. (Dépêche d'office du comte de Mercy du 1ᵉʳ octobre 1783.)

une pareille. La Reine a été enchantée de cette réponse; je Lui en ai fait remarquer toute l'énergie et la dignité. A force de harceler cette princesse, Elle s'est un peu mieux prêtée, dans ces derniers temps, à remplir ce qui convenait au bien de la chose. Je dois toute justice et hommage à ses bonnes intentions, à ses qualités charmantes, mais Elle est quelquefois désolante par sa légèreté et ses petites inconséquences. La lettre que Lui a écrite S. M. l'Empereur a produit de l'effet; la Reine s'est décidée à la lire au Roi, sans toutefois la Lui laisser entre les mains. Je me suis fortement opposé à ce que pareille lecture fût faite à M. de Vergennes, et cela par des raisons qui ne peuvent échapper à V. A.

Dans la lettre que m'écrit l'Empereur, il daigne me dire, entre autres, que les circonstances présentes, jointes à plusieurs autres, lui ont dévoilé à fond que les maximes d'État de la France et la façon de penser vis-à-vis de la maison d'Autriche, sont toujours les mêmes que du temps de Louis XIV. Dans ma réponse à S. M., je soumets à ses hautes lumières quelques remarques qui tendent à prouver que le système d'opposition de la France contre la maison d'Autriche a fini avec le règne de Louis XIV; que depuis cette époque il n'y a plus en France de système d'État dont la solidité n'ait été subordonnée aux intrigues, aux intérêts personnels des gens en place; que les effervescences du Conseil de Versailles ont dans ce moment-ci pour objet principal celui de cabaler contre M. de Vergennes; qu'il s'y mêle sans doute un fond de jalousie de la puissance impériale; mais que cette jalousie ne saurait prévaloir sur le grand intérêt et, on peut dire, sur le besoin indispensable de la France de maintenir son union avec notre cour; que les procédés partiels et même inconséquents des ministres français actuels tiennent à leur médiocrité reconnue; mais qu'avec un langage plus ou moins énergique et sévère, il y aura probablement bon moyen de le ramener à la raison.

La lettre de l'Empereur à M. de Breteuil, ainsi que celle de V. A., ont fait grande impression sur la mauvaise tête de ce nouveau ministre d'État. Je m'étais méfié de sa conduite présente, mais je n'avais que des soupçons sans preuve. Je crois voir qu'il a été plus modéré que je ne le présumais; il paraît pénétré des grâces de l'Empereur, son existence tient à celles de la Reine qu'il doit tâcher de se conserver; ce double motif devrait le rendre sage pour l'avenir. Il est comme assuré d'avoir le département de M. Amelot⁽¹⁾, si ce dernier succombe à sa longue et cruelle maladie, ou si elle le met hors d'état de servir, mais dans le cas contraire, M. de Breteuil pourrait être loin de son but. Avec peu d'acquit et de talent, son capital consiste dans un grand fonds de suffisance et de mouvement. A la vérité, il n'en faut pas davantage pour faire bien du chemin dans ce pays-ci; mais je vois qu'il se permet auprès de la Reine un ton d'aisance, qui approche un peu de la familiarité, et cela pourrait lui réussir très mal, au point même de le perdre au moment où il y penserait le moins.

117. — JOSEPH II À MERCY.

Vienne, ce 18 octobre 1783. — J'ai reçu par le courrier votre lettre et j'étais charmé d'y voir que la réponse que j'avais faite au mémoire de la France, a eu son effet, savoir, de faire reconnaître à M. de Vergennes son tort. Le parti qu'il a pris de ne plus y répondre était effectivement le seul, car la réponse était sans réplique. Il m'a paru en même temps entrevoir par la lettre de ma sœur que celle que je lui avais écrite, avait assez rempli son objet, et vous avez, mon cher Comte, parfaitement bien fait de lui avoir laissé à elle-même imaginer de faire voir cette lettre au Roi, ce qui avait un air bien plus naturel et donnait une plus grande valeur à la chose. Il est effectivement inconcevable comment des affaires personnelles, des pusillanimités des gens en place, puissent faire faire des démarches aussi risquantes pour le maintien de l'alliance qu'il importe également à toutes les deux puissances de conserver.

Je ne puis rien vous annoncer encore de ce qui arrivera, car j'ignore et je ne puis pas même imaginer ce que les Turcs feront. Par les dernières lettres, nous avons appris qu'il y a eu un mouvement très considérable au Divan, et, sans la prudence du grand vizir, la guerre serait déclarée. Actuellement, la France et l'Angleterre travaillent conjointement à faire concevoir aux Turcs que leur salut dépend de la

---

⁽¹⁾ M. Amelot était ministre de la maison du Roi depuis le mois de mai 1776. Il avait succédé à M. de Malesherbes.

conservation de la paix. Il n'y a que ce diable de roi de Prusse qui souffle continuellement la Porte et qui, par ses mensonges tous officieux, trompe tous ceux qui l'écoutent. Son projet continuel et suivi, depuis qu'il existe, n'est d'autre chose que de pêcher en eau trouble, et cela lui fait désirer aussi que la guerre ait lieu, puisqu'elle amènerait des événements desquels il espérerait tirer son profit. Pour moi, je ne change point ma façon d'agir et, prêt à tous les événements, je les attendrai tranquillement, et sans me presser à faire peut-être des fausses démarches.

P. S. M. Perronnet m'ayant envoyé par vous la description des ports de France et le plan du théâtre de Bordeaux, je vous prie d'acheter quelque tabatière ou nippe au prix proportionné et de la lui donner de ma part en m'envoyant ensuite le compte de vos déboursés. De même vous remercierez de ma part M. Franklin, pour les constitutions des États-Unis qu'il m'a envoyées.

Je joins ici la correspondance prussienne de même qu'une lettre pour la Reine avec la copie de ce que je lui écris [1].

---

118. — KAUNITZ À MERCY.

Vienne, le 29 octobre 1783. — Je ne connais point assez encore M. de Noailles pour vous dire ce que j'en pense, et tout ce que j'y vois

---

[1] *Joseph II à Marie-Antoinette, 18 octobre 1783.* — Ma très chère sœur, j'ai reçu avec une vraie satisfaction la charmante lettre que vous m'avez écrite par le dernier courrier. Vous avez parfaitement saisi avec la sagacité et perspicacité que vous possédez le vrai sens et l'objet de ma longue lettre que je vous avais adressée de mon camp de Bohême. Il serait bien fâcheux et impardonnable que pour des misérables raisons personnelles et l'inquiétude de quelque individu pour sa place l'on se portât à des actions ou que l'on se permit des démarches précipitées qui dussent sinon rompre, au moins amener du refroidissement dans une alliance qui est faite et prouvée être de la vraie et seule convenance des deux États. Pour moi, ma marche, mes procédés sont conséquents et amicaux et les effets le prouveront. J'ajoute même cette tranquille patience que la certitude de sa cause, d'avoir raison et de connaître ses moyens seule donne. Mais je vous avoue, ma chère sœur, qu'il faudra mettre de la suite, témoigner moins de jalousie, de soupçon et plus de confiance de la part du Roi et de son conseil dans leurs démarches à l'avenir, si l'on veut faire triompher les principes et la soli-

jusqu'à présent, c'est qu'il a l'air de devoir être moins incommode que son prédécesseur et, quant au ton, son antipode. Je n'ai guère parlé d'affaires encore avec lui, mais je me propose, s'il m'en fournit l'occasion, de ne pas lui dissimuler honnêtement, mais en bon français, combien nous devons être mécontents de la mauvaise volonté que nous a toujours témoignée sa cour, et surtout dans ces derniers temps, et les risques auxquels elle expose par là un système, au maintien duquel elle a pour le moins autant d'intérêt que nous.

119. — JOSEPH II À MERCY.

Vienne, ce 30 octobre 1783. — Quoique je n'aie point, depuis la dernière lettre que je vous ai écrite, à vous parler d'affaires intéressantes, j'ai pourtant voulu me donner le plaisir de vous écrire.

Les Turcs paraissent avoir bien de la peine à prendre patience sur l'événement de la Crimée, et ils imaginent l'impossible pour me détacher de l'Impératrice, ou au moins m'arracher quelque promesse que je ne prendrai point part à la guerre qu'ils lui feraient; mais en preux chevalier, j'ai renoncé à toutes leurs tentations, et c'est le seul moyen par lequel je pourrai conserver à la fois mes liens avec la Russie, mon alliance avec la France, et sauver la Porte de sa perte.

L'ambassadeur de Noailles me paraît un homme fort sensé. Je ne le crois pas bon Autrichien, comme toute sa tribu, mais au moins il n'a dité de l'alliance sur tous ceux qui par leurs menées sourdes et faussetés ne cherchent qu'à échauffer les esprits, à former des cabales, à inquiéter et enfin tout cela pour amener des événements dans lesquels ils puissent pêcher en eau trouble. Je crois qu'il n'est pas nécessaire de vous les nommer, ils sont connus n'exister que par ces moyens.

Je suis enchanté, ma chère sœur, de vous savoir enceinte et bien portante. Ménagez-vous bien de grâce, et le voyage de Fontainebleau m'inquiète un peu, car je sais qu'on y veille et se fatigue beaucoup, et tout échauffement serait pernicieux pour votre état. C'est en vous embrassant tendrement que je vous prie de me croire pour la vie.......

Présentez, je vous prie, au Roi et à toute la famille mes complimens.

Il y a une année que je tiens toujours le régiment de Voghera vacant pour votre protégé, le prince de Darmstadt, et comme je n'entends plus parler de lui, j'ai voulu vous en avertir que je croyais son zèle refroidi et que par conséquent je comptais disposer du régiment; néanmoins, j'attendrai encore votre réponse.

pas l'air d'être un boute-feu ni une tête aussi effervescente que son prédécesseur.

Je vous joins ici une lettre pour la Reine et de même un nouveau chiffre français, qui me paraît nécessaire que dans les circonstances présentes vous l'ayez à la main. La chancellerie d'État en tient la copie pour que vous puissiez vous en servir en correspondant avec elle.

Voilà enfin encore une feuille à part dont je prends à tâche de me charger moi-même, le grand écuyer comte Dietrichstein étant absent en Silésie.

120. — MERCY À KAUNITZ.

Fontainebleau, le 3 novembre 1783. — La vive alarme que la Reine nous a donnée hier, vient de se terminer par un faux germe que S. M. a fait, et qui ne laisse craindre même des suites fâcheuses que peuvent occasionner les fausses couches ordinaires. La Reine est tellement bien, qu'Elle se trouvera rétablie sous peu de jours [1]. Cette princesse m'a déjà ordonné de retourner à la fin de la semaine à Paris, pour y expédier le garde-noble mensuel, qui pourra partir le 9 ou le 10, et par lequel je me réserve d'avoir l'honneur de rendre un compte détaillé à V. A. sur tous les objets courants.

Le Roi, de son propre mouvement, a voulu que, par attention pour S. M. l'Empereur, le présent courrier français fût dépêché sur-le-champ.

P. S. J'ai cru devoir adresser en allemand à S. M. le peu de détails que je mande à V. A.

---

[1] Le samedi 1er novembre 1783, la Reine, revêtue d'habits de riche et lourde étoffe, tint, à Fontainebleau, cercle dans ses appartements et le soir soupa au grand couvert. Dans la nuit, Elle ne se sentit pas bien et son accoucheur, appelé aussitôt, reconnut les signes précurseurs d'une fausse couche. Le 2, la Reine fut saignée deux fois; mais les douleurs continuèrent, et dans la nuit du 2 au 3, vers 3 heures du matin, Elle fit un faux germe. (Dépêches d'office du comte de Mercy des 2 et 3 novembre 1783.)

121. — MERCY À JOSEPH II.

Paris, 10 novembre 1783. — Je regrette infiniment que les très gracieux ordres de V. M. I., relatifs à une emplette de chevaux, ne me soient pas arrivés au commencement d'octobre, temps où les remontes arrivent de Normandie. Ce qu'elles avaient de meilleur sera déjà en partie enlevé, mais je vais prendre toutes les mesures imaginables pour suppléer à cet inconvénient.

Le nommé Pecquet est absent d'ici pour huit ou dix jours; en attendant son retour, je vais voir d'autres marchands, pour m'assurer d'abord de l'état de leurs écuries.

Les maquignons sont certainement ici plus fripons que nulle part, et le service de V. M. courrait trop les risques d'être compromis, si, sur la parole de ces maquignons, j'arrêtais ici des achats avec eux, au lieu qu'en les chargeant de conduire des chevaux à leurs risques et périls, ils les vendront à la vérité un peu plus cher, mais les écuyers de V. M. auront le choix et les moyens de s'assurer de la qualité des chevaux.

Je ferai d'abord un prix pour le voyage de chaque cheval, en cas d'achat; la désignation de la taille et autres propriétés énoncées seront bien expliquées; mais il sera presque impossible qu'avant quinze jours ou trois semaines, je sois en état de rendre un très humble compte final sur cet objet. J'y mettrai tous les soins et l'activité que je dois et que me prescrit mon zèle pour le meilleur service possible de V. M. Je crains aussi les rigueurs d'une saison avancée et les risques auxquels elle expose les jeunes chevaux, pendant un long voyage; peut-être que les maquignons ne voudront l'entreprendre qu'à l'ouverture du printemps prochain; mes premiers très humbles rapports exposeront ce qui en sera à cet égard.

P. S. A l'instant où, suivant les intentions de la Reine, j'allais partir de Fontainebleau, un garde-noble dépêché en Espagne m'a apporté le 6 à 9 heures du soir, les très gracieux ordres de V. M. I., datés du 30 octobre. Il était trop tard pour que j'allasse présenter moi-même la lettre adressée à la Reine, mais je la Lui fis parvenir sur-le-champ avec un très humble billet de ma part.

V. M. daignera voir dans ma dépêche d'office, comment j'eus encore le même soir occasion de faire usage auprès du comte de Vergennes de ce qu'il m'était enjoint de lui communiquer.

Je présume et j'espère que le marquis de Noailles aura une conduite mesurée sur le désir et le besoin de se concilier la bienveillance de la Reine; il n'est pas parti sans savoir ce qu'il risquerait à en agir autrement.

Relativement au chiffre que V. M. daigne m'envoyer, je dois observer très humblement qu'il y a ici, dans le bureau du baron d'Ogny, des déchiffreurs d'une habileté à laquelle rien n'échappe en ce genre. L'indiscrétion française m'a donné lieu à avoir presque certitude entière sur ce fait; cela m'a toujours retenu de faire usage des chiffres et c'est ce qui rend mes rapports par la poste si arides; je ferai cependant ce qu'un ordre réitéré m'enjoindra à cet égard.

122. — MERCY À JOSEPH II.

Paris, 10 novembre 1783. — Les très gracieux ordres de V. M. I., datés du 19 octobre, m'ont été remis à Fontainebleau, le 30 du même mois au matin, et je me rendis sur-le-champ au château pour présenter à la Reine la lettre qui lui était adressée. Après en avoir fait lecture, Elle daigna me la communiquer et marqua la plus grande satisfaction de son contenu. D'abord, la Reine en revint à la remarque à laquelle Elle incline le plus, qui est de voir les choses sous des aspects satisfaisants, de croire la confiance rétablie et tout aplani. J'observai que la lettre de V. M. en marquait assez le désir de sa part, mais je fis voir par la manière de s'expliquer qu'Elle était un peu fatiguée des inconséquences, des jalousies, des soupçons dont on a donné ici de si fréquentes preuves, et qu'il fallait du temps et beaucoup de suite dans les procédés pour effacer tant de torts. Je fis porter principalement ces réflexions sur ce qui a trait aux manœuvres du roi de Prusse, et j'ajoutai que relativement à cet article, on ne me paraissait pas ici, même actuellement, exempt de reproches. La Reine m'assura que d'après le langage du Roi et de ses ministres, qu'Elle sondait de temps à autre sur ce point, Elle était moralement assurée qu'il n'y avait rien

224   MERCY À JOSEPH II.

de sérieux ni d'essentiel dans le petit agiotage politique du comte de Vergennes avec la cour de Berlin. J'excitai beaucoup la Reine à y regarder de plus près et à confier directement à V. M. ce qu'Elle aurait lieu d'apercevoir à cet égard. Elle s'y engagea en daignant me dire que si Elle faisait quelque découverte, Elle le manderait par ce courrier [1]; mais l'accident arrivé le 2 de ce mois a suspendu tout moyen d'attention et de démarche de la part de la Reine sur pareilles matières. Le courrier français dépêché par ordre du Roi le 3, et qui a porté à V. M. une lettre de la Reine, me dispense de rappeler ici les détails de cet événement, auquel trop peu de ménagements a donné lieu, mais qui heureusement n'a pas eu d'autres suites fâcheuses, la Reine se retrouvant dans son état de santé ordinaire.

J'éviterai de répéter ici ce que ma dépêche d'office expose très humblement à V. M., soit sur le roi de Prusse, soit sur les apparences du retour du comte de Vergennes à une conduite plus raisonnable [2].

[1] Le 30 octobre, M. de Mercy fit connaître à la Reine les instructions qu'il avait reçues le matin et l'entretien qu'il venait d'avoir avec M. de Vergennes. Mais les distractions extraordinaires que le séjour de Fontainebleau offrait à S. M. l'empêchèrent de donner à l'ambassadeur toute l'attention qu'il aurait désirée et que l'importance du sujet aurait méritée. La Reine assura M. de Mercy que dans ses conversations confidentielles avec son mari, soit dans les divers entretiens qu'Elle avait eus de temps en temps avec les ministres, Elle n'avait pas découvert la moindre trace d'une entente dangereuse entre le cabinet de Versailles avec le roi de Prusse. Elle voulait même soutenir comme une vérité certaine qu'on n'était pas content de ce roi. Ensuite Elle parla de la complète impossibilité où se trouvait la France de penser à la guerre. A l'appui de cette opinion Elle cita la crise financière vraiment effrayante qui sévissait en ce moment. Cependant, M. de Mercy n'en pensait pas moins que le cabinet de Versailles pouvait avoir noué quelques intrigues avec le roi de Prusse et il supplia la Reine de scruter avec soin les idées de son mari sur cette importante question. Elle le promit volontiers, mais en ajoutant que, comme cette recherche dépendait du temps et des occasions, M. de Mercy ne pourrait peut-être pas en attendre le résultat à Fontainebleau, auquel cas Elle l'écrirait Elle-même à l'Empereur. (Dépêche d'office du comte de Mercy du 10 novembre 1783.)

[2] Le 30 octobre, M. de Mercy eut avec M. de Vergennes une longue conférence. L'ambassadeur impérial commença par établir qu'il était très peu probable que le cabinet de Versailles pût faire accepter par la Russie ses propositions de conciliation et encore moins vraisemblable qu'il réussît jamais à reconsolider l'Empire Ottoman. Il entra ensuite dans de longs raisonnements sur la marche des armées russes dans la dernière guerre d'Orient, sur les préparatifs bien plus considérables que l'Impératrice venait de faire, sur le renouvellement de l'alliance défensive entre les deux cours de Vienne et de Pétersbourg, sur les mesures militaires que par suite l'Empereur avait dû prendre le long des frontières turques et sur la possibilité d'événements qui pourraient forcer l'Empereur à reconnaître le *casus fœderis*

V. M. daignera voir qu'il m'a formellement nié l'existence d'un concert réel avec la cour de Berlin. Ce n'est pas sans doute sur cette périlleuse parole qu'il y aurait beaucoup à compter, mais les observations suivantes pourraient en rendre la vérité assez vraisemblable.

Depuis le moment de la paix il n'a cessé de se manifester ici des plaies profondes et des embarras d'autant plus graves que les personnages, qui par leurs places se trouvent proposés pour y porter remède, en sont à tous égards et manifestement reconnus incapables. Leur désunion ajoute encore à l'inconvénient de leur insuffisance, et on peut dire que dans tous les départements, il ne se fait presque pas une opération qui ne soit une faute dont l'effet ne soit immédiatement ressenti.

Malgré cet état actuel des choses, qui n'est visiblement occasionné que par l'ineptie des gens en place, la monarchie offre tant et de si grandes ressources, que tout se trouverait promptement et facilement dans l'ordre, si l'autorité était remise entre les mains d'un homme capable, mais on peut moralement s'assurer qu'un tel homme ne sera

---

réclamé par la Russie. M. de Vergennes répliqua que ces considérations formaient le fond de la dépêche qu'il avait envoyée le 10 octobre à M. de Saint-Priest et il déclara que rien n'était plus propre à maintenir la Porte dans des idées pacifiques que les énormes préparatifs de guerre faits par l'Empereur sur les frontières ottomanes. Là-dessus, M. de Mercy développa cet argument, fourni par le prince de Kaunitz, que le pire ennemi de la Porte serait celui qui lui conseillerait de risquer le tout dans l'espoir très incertain de sauver une partie de ses possessions. Et il ajouta comme une réflexion venant de lui-même : «*Ce n'est pas le moment le plus favorable, monsieur le Comte, pour vous expliquer le sens de ces dernières phrases; mais un temps viendra peut-être où vous connaîtrez à fond ceux avec lesquels vous pouvez avoir à faire dans ce moment-ci et alors le sens des phrases susdites s'expliquera de lui-même.*»

M. de Vergennes répondit au comte de Mercy qu'il le comprenait très bien. Dans ces derniers temps, il avait même eu des motifs de soupçonner le roi de Prusse d'avoir conseillé à la Porte de résister et de demander aide et secours à la France; mais il avait tout de suite enjoint à M. de Saint-Priest de rejeter nettement et sur-le-champ toute demande qui lui serait faite en ce sens. Il déclara qu'entre le cabinet de Versailles et celui de Berlin il n'y avait rien eu de plus que ce qu'il avait confié à M. de Mercy. Il pouvait lui donner l'assurance la plus formelle qu'il avait toujours été intimement persuadé et que cette conviction n'avait jamais été ébranlée, même un instant, qu'entre toutes les alliances possibles on ne pouvait en imaginer une seule qui fût plus essentiellement convenable et plus utile à l'une et à l'autre partie contractante que celle qui existait entre les deux cours de Versailles et de Vienne, *tant que cette alliance aurait pour base et objet notre convenance, notre sûreté commune et celle de tout le monde.*

M. de Mercy, tout en louant comme il convenait cette profession de foi, en profita pour entrer dans de longues considérations

dès longtemps ni cherché ni reconnu nécessaire. D'ailleurs, quand on en trouverait un, il est plus que probable qu'à moins de lui accorder, pour première condition, une refonte générale de tout le ministère, un pareil homme, connaissant le local, ne se résoudrait jamais à travailler avec des coopérateurs qui lui rendraient toute bonne besogne absolument impossible. Indépendamment de cela, il est reconnu que le Roi craint les gens de génie; c'est ce qui pour la finance a donné exclusion absolue à M. Necker, qu'un cri général de la nation, dans les provinces les plus reculées, redemandait. C'est aussi par la même raison que l'archevêque de Toulouse est tenu à l'écart, et il en sera de même de tous les personnages de cette trempe.

Le public est indigné de voir pour chef de la justice un homme comme le présent garde des sceaux, qui est aussi vilipendé et taré qu'il est ignorant et fourbe. Ce même homme est cependant établi comme principal membre du comité suprême, qui décide de toute la finance de l'État et de la majeure partie de l'administration du Gouvernement.

---

sur l'existence précaire qu'aurait désormais l'Empire Ottoman et sur sa chute inévitable à plus ou moins bref délai. Il conclut en disant que ce serait folie de s'en remettre au hasard sur les suites d'une telle catastrophe et que la prudence politique exigeait que dès maintenant, quand il en était encore temps, on s'entendît sur les moyens à prendre pour rendre le moins nuisible possible un malheur inévitable. M. de Vergennes écouta ce raisonnement avec le plus grand calme; il répondit qu'il était absolument nécessaire que toute l'Europe s'employât à éviter encore cette fois-ci la révolution qui la menaçait; mais il ajouta qu'il ne pouvait pas faire autrement que donner son approbation aux considérations que M. de Mercy venait de développer, car elles présentaient l'avenir sous le jour le plus vraisemblable; il ajouta qu'il s'était entretenu à plusieurs reprises de cette question avec le Roi et que son maître était prêt à s'entendre en bon allié avec l'Empereur sur les moyens à adopter pour parer aux conséquences fâcheuses que cette catastrophe pourrait avoir pour les cours alliées. Il déclara que la Russie paraissait possédée d'un tel désir d'acquérir, qu'elle pouvait bien se tromper grossièrement dans son système d'agrandissement à l'avenir; car les défauts physiques et moraux de cette puissance étaient tels que si elle réussissait à étendre ses limites trop loin elle déterminerait infailliblement sa ruine par cela même. «*Enfin*, dit-il, en propres termes, *si la Russie parvenait à s'approprier la partie européenne de l'Empire turc, je vous prédis que dans un siècle la maison d'Autriche régnerait à Constantinople.*»

M. de Mercy répondit en souriant à M. de Vergennes que les calculs politiques de la cour de Vienne étaient bien différents des siens; que dans les circonstances présentes elle ne s'occupait pas d'objets si lointains et certainement fort invraisemblables; mais qu'elle était tout entière aux soins qu'exigeait sa conservation, qui méritait toute son attention. (Dépêche d'office du comte de Mercy du 10 novembre 1783.)

M. de Vergennes, qui depuis quelque temps donne lieu à le soupçonner d'être un ambitieux timide, marque de plus une avidité qu'il satisfait sans bruit ni éclat. Il veut ménager tout le monde, pour n'être pas troublé dans son petit système, et, se mêlant de tout, il ne fait absolument rien, si ce n'est peut-être dans la politique. Il est attaqué vivement par MM. de Castries et de Ségur: il les craint, et cette guerre ministérielle prévaut à tout autre soin.

M. de Castries jette les hauts cris sur les trois cents millions de dettes de la marine, qu'il s'agira de payer dans l'année prochaine, et ses clameurs assez publiques sur l'état des finances et sur ceux qui les dirigent, augmentent encore la crainte des particuliers, font resserrer l'argent des capitalistes, et ajoutent au discrédit général.

On a eu recours à l'expédient accoutumé en pareils cas, qui est de changer le ministre de la finance. Le sieur de Calonne, à qui cette place est confiée, la reçoit sous les plus mauvais auspices: on lui accorde de l'esprit, mais on ne peut être plus taré dans l'opinion publique, qu'il ne l'est du côté du caractère, de la probité, et les parlements lui sont contraires à la suite d'anciens démêlés qu'il a eus avec eux. La Reine ne s'est aucunement mêlée de ce choix [1].

---

[1] Cette affirmation de M. de Mercy semble n'être pas exacte et il est probable que l'ambassadeur, ordinairement si bien informé sur ce qui touche la Reine, ignora complètement les circonstances de la nomination de M. de Calonne, proposée le 31 octobre et décidée le lendemain. Cette mise en défaut de la surveillance si active de M. de Mercy s'explique aisément. Il avait bien eu le 30 octobre une conférence importante avec M. de Vergennes et un long entretien avec la Reine sur les affaires d'Orient, sur les intrigues du roi de Prusse et sur la crise financière; mais ce jour-là, il n'était pas encore question de la disgrâce du contrôleur général d'Ormesson et par conséquent Marie-Antoinette n'eut pas à parler à M. de Mercy du choix du nouveau ministre des finances.

La veille de la Toussaint, l'ambassadeur impérial eut à préparer son retour à Paris pour les premiers jours de novembre afin de pouvoir s'occuper plus à l'aise de l'expédition du courrier mensuel. A Fontainebleau, il n'avait pu trouver une maison assez vaste pour y installer pendant ce séjour toute sa chancellerie; en outre, la température humide lui occasionnait de fréquentes attaques de rhumatisme; enfin pour éviter l'encombrement de la route dans les derniers jours qui précédaient le retour de la cour à Versailles, il voulait partir de bonne heure, en même temps que la plupart des ministres étrangers. Le 1ᵉʳ novembre, la Reine, toute à ses devoirs de représentation, ne put certainement pas s'entretenir en particulier avec M. de Mercy. Dans la nuit du 1ᵉʳ au 2, elle fut prise de douleurs qui se terminèrent par une fausse couche la nuit suivante. Et c'est seulement le 6 qu'elle put donner à M. de Mercy quelques instants qui se passèrent à parler de la politique extérieure. Ainsi M. de Mercy n'eut pas l'occasion de causer avec sa maî-

Les mouvements que se donne le maréchal de Ségur pour compléter l'armée de terre, n'aboutissent dans le fond qu'à la remettre sur le pied où elle était avant la dernière guerre. Le militaire est mécontent du ministre et on le tient pour incapable de remplir sa place. En résumant l'ensemble de cette légère esquisse, elle pourrait n'être pas inutile aux combinaisons présentes et à venir, mais elle semble surtout indiquer qu'un gouvernement qui se trouve dans une position

tresse de la nomination de Calonne. Il aurait dû être renseigné par l'abbé de Vermond; mais le changement du ministre des finances se fit si vite qu'il est vraisemblable que la Reine eut toute facilité de cacher son intervention à l'abbé afin d'éviter les reproches de ce confident très hostile à Mme de Polignac et à sa société, dont l'élévation de Calonne était l'œuvre.

Il est vrai que Mme Campan prétend que dès cette époque la Reine était hostile à Calonne; elle s'exprime en ces termes : «Les amis de la Reine, réunis en ce moment au comte d'Artois et par je ne sais quel motif à M. de Vergennes, firent nommer M. de Calonne. La Reine en eut un déplaisir extrême.» (*Mémoires*, t. I, p. 264.) Mais on a démontré que le témoignage de Mme Campan est sans valeur historique et qu'on ne doit tenir aucun compte des confidences, qu'elle dit avoir reçues de la Reine, dans le but de faire croire qu'elle possédait la confiance de sa maîtresse.

Nous avons d'ailleurs deux autorités décisives sur cette question.

Le baron de Besenval, qui était un des amis intimes de Mme de Polignac et le confident du comte d'Artois, rapporte que «M. de Calonne qui avait pour lui son oncle Bourgade, tous les d'Harvelay, mais surtout M. de Vaudreuil et par conséquent Mme de Polignac, l'emporta sur son concurrent, M. Foulon.» (*Mémoires*, éd. de 1821, t. II, p. 149, et aussi t. I, p. 394.)

Le fermier général Augeard est bien plus explicite et on doit le croire; car il fut directement mêlé à toute l'intrigue.

Augeard appartenait à la fois à la finance et à la robe. Très lié avec M. de Maurepas, il avait été son conseiller secret en matières financières; il était en étroites relations avec M. de Calonne, M. de Vergennes et leurs amis les d'Harvelay. M. d'Harvelay occupait les fonctions lucratives de garde du Trésor royal; il était beau-frère du célèbre banquier de Laborde, et sa femme, fille de Mme Nettine, de Bruxelles, était depuis longtemps déjà l'amie de M. de Calonne qu'elle épousa quelques années plus tard. Très attaché à la Reine, dont il était l'un des deux secrétaires des commandements depuis 1777, Augeard lui donna de nombreuses preuves de dévouement, surtout au début de la Révolution et dans ses Mémoires il lui est très favorable. Quoique très passionné et très mêlé aux intrigues de cette époque, Augeard est très véridique et ses Mémoires sont de ceux qui résistent le mieux au contrôle des lettres contemporaines d'authenticité certaine et des dépêches diplomatiques. Publiés d'après le manuscrit autographe seulement en 1866, leur rédaction est antérieure à la divulgation de la plupart des mémoires sur cette époque et spécialement de ceux du baron de Besenval qui parurent au mois d'août 1805; Augeard était mort le 30 mars 1805. C'est donc un témoignage indépendant et d'une autorité indéniable.

Augeard rapporte que le vendredi 31 octobre 1783 il eut une entrevue avec M. de Vergennes, en sa qualité de chef du Conseil des finances, à propos d'un arrêt qui portait cassation du bail des fermes générales. M. de Vergennes reconnut qu'il fallait

aussi gênée et critique, ne peut guère hasarder à rompre un système dont il a éprouvé l'utilité, pour tenter des aventures périlleuses en se liant trop avec une cour telle que celle de Berlin, dont la politique est aussi décriée que reconnue.

En remettant ici très humblement les deux pièces de la correspondance prussienne, dont un paquet m'est arrivé par le garde-noble dépêché en Espagne, et les deux autres pièces par le présent garde-noble, je n'ai à faire sur ces deux dernières qu'une observation qui

---

changer tout de suite le contrôleur général des finances ; mais il ne voulait pas entendre parler de M. de Calonne. Cependant quelques moments après, tout en refusant à M. d'Harvelay de proposer M. de Calonne au Roi, M. de Vergennes promit de ne pas s'opposer à sa nomination si elle était demandée par d'autres. «M. d'Harvelay courut chez Mme de Polignac qui protégeait M. de Calonne, pour l'avertir de ne point compter du tout sur M. de Vergennes et de lier sa partie d'une autre manière. Elle s'adressa au baron de Breteuil qui monta avec elle chez la Reine, le même jour vendredi et y entama la négociation pour Calonne. Ils trouvèrent d'abord la Reine très récalcitrante; elle les remit au lendemain samedi à la même heure, pour en conférer avec le Roi, et enfin ce jour-là, après bien des débats, ils obtinrent de Leurs Majestés une nomination d'où devait résulter un jour la destruction totale de leur royaume et ensuite la leur sur un échafaud. Cette princesse n'a pas été un mois sans se repentir de ce choix malheureux; elle ne s'est jamais pardonné cette fatale condescendance. Le baron de Breteuil ne fut pas plus de temps à ouvrir les yeux ainsi que moi. Je partis le jour même de Fontainebleau, quoique malade. A mon arrivée à Paris, je fis avertir Calonne par mon valet de chambre de passer chez moi; je lui appris de mon lit sa nomination qu'il croyait encore manquée.» (Augeard, *Mémoires*, p. 121.)

A ce récit, on peut faire deux objections de détail : 1° que la nomination de Calonne ne fut faite que le 3 novembre (dépêche d'office de M. de Mercy du 3 novembre); mais il est fort possible que le choix du nouveau ministre, arrêté le 1er, n'ait été publié que le 3; l'émoi que dut causer la fausse couche de la Reine, explique ce retard; 2° pendant ce voyage de Fontainebleau, Mme de Polignac, gouvernante des Enfants de France, aurait dû être constamment près du Dauphin qui était resté à la Muette. Mais on sait que Mme de Polignac sollicitait et obtenait la permission de quitter son service, même pour des causes futiles, par exemple pour aller chez M. de Vaudreuil à Gennevilliers entendre le *Mariage de Figaro*.

On doit donc admettre la version d'Augeard qui précise et complète celle de Besenval. C'est Mme de Polignac qui arracha à la Reine la nomination de Calonne. Il est probable que quatre ans plus tard, dans une lettre à l'Empereur, qui nous manque, la Reine, tout en reconnaissant la bonne foi de Mme de Polignac, regrettait d'avoir eu la main forcée par sa favorite dans cette affaire; car le 5 novembre 1787, Joseph II écrivait à sa sœur : «Ce que vous me dites de Mme de Polignac et de ses amis est parfaitement juste; mais je ne suis aussi bon de croire qu'ils se sont trompés au sujet de Calonne. Au contraire, ils l'ont très bien jugé en arrachant de lui nombre de concessions et d'avantages personnels sous l'apparence de le soutenir, sachant que cet homme sacrifiait tout à sa convenance, etc.» (*Marie-Antoinette, Joseph II und Léopold II*, p. 110.)

répond à la note de la chancellerie en chiffre insérée dans la très gracieuse lettre de V. M.

J'ai connaissance presque certaine que depuis quelque temps, ainsi que cela s'est pratiqué dans d'autres circonstances intéressantes pareilles, les dépêches adressées au baron de Goltz sont envoyées au maître des postes à Wesel, et ce dernier les fait tenir à Paris soit par des voyageurs sûrs, soit par des employés au bureau de poste; ils viennent ici sans aucune marque qui les donnerait à reconnaître comme courriers. D'après mes recherches, on en a vu jusqu'à trois ensemble chez le baron de Goltz, qui les reçoit et les renvoie sans bruit et à ce qu'on m'assure pas toujours par la poste. Il ne m'a pas été possible jusqu'à présent d'acquérir des notions plus étendues. Quant à celles que la chancellerie voudrait avoir sur la nature et les dates des insinuations que le baron de Goltz a à faire ici, il est bien difficile d'indiquer précisément le jour de ses conférences, et encore moins celui où il en rend compte, mais les indications les plus rapprochées de ces deux articles se trouvent régulièrement dans mes dépêches d'office, quand j'ai à y marquer la connaissance de quelque démarche du ministre de Prusse.

Je me procurerai incessamment une boîte d'or pour être remise par ordre de V. M. au sieur Perronnet, et je dirai au ministre Franklin, qui n'a pas été à Fontainebleau, que V. M. a daigné agréer le très humble hommage qu'il lui a fait d'un exemplaire de la Constitution des États-Unis d'Amérique.

---

123. — MERCY À KAUNITZ.

Paris, le 10 novembre 1783. — Le garde-noble mensuel arrivé le 30 octobre à Fontainebleau, m'y a remis les dépêches dont il était chargé, et parmi lesquelles je n'ai trouvé aucun ordre particulier de V. A., mais je dois accuser aujourd'hui la réception de ceux dont Elle m'avait honoré, en date du 28 septembre, par la voie d'un courrier passé en Espagne, et je ne puis mieux y répondre qu'en transcrivant ici littéralement ce que j'expose à l'Empereur, sur l'idée que me marque S. M., d'une liaison peut-être bien avancée, entre la cour de France et celle de Berlin.

....

En résumant cette légère esquisse, elle pourrait servir à des combinaisons qui semblent démontrer qu'au moins pour quelque temps, la France ne sera pas en mesure de prendre des engagements périlleux, et qu'elle prévoirait pouvoir l'entraîner trop loin.

Pour la première fois, M. de Vergennes a paru écouter l'importante vérité du besoin dont il est de prévoir la décadence inévitable de l'Empire turc, et de concerter des mesures raisonnables à cet égard. Je ne cesserai de le ramener à cette réflexion et de tâcher d'en tirer le meilleur parti possible.

P. S. La lettre dont V. A. m'honore, du 29 octobre, m'a été remise au moment où, d'après les intentions de la Reine, j'allais partir de Fontainebleau. Ma dépêche d'office expose comment je m'y suis acquitté des ordres que je venais de recevoir.

Je crois ne m'être point trompé dans ce que j'ai eu l'honneur d'exposer ci-devant à V. A., sur la tournure et le caractère de M. de Noailles. Il sait très bien que la Reine sera informée de sa conduite, et il la réglera à coup sûr au moins dans les formes apparentes sur le désir qu'il a de se concilier la protection de cette princesse; c'est dans les mêmes vues que M. de Breteuil s'affiche maintenant comme un des plus grands zélateurs de l'alliance. Je ne répondrais pas qu'il remplît exactement cet office dans le conseil du Roi; mais il y a trop peu d'influence pour que ses avis y soient d'un grand poids. Il est décidé qu'il aura la place de M. Amelot si la santé de ce dernier l'oblige à quitter, ainsi qu'il y a toute apparence.

L'honnête M. Barré est depuis quinze jours attaqué d'une fièvre, qui a des caractères de malignité et me fait craindre qu'il ne succombe à cette maladie. Je suis moi-même tourmenté d'une goutte vague, qui me fait beaucoup souffrir : ce double inconvénient me cause de l'inquiétude sur l'expédition d'aujourd'hui, et je dois avoir recours aux bontés et à l'indulgence de V. A. sur les omissions qu'Elle pourrait y observer, mes dépêches ayant été assujetties à des interruptions et à des incidents qui m'ont empêché de les rédiger dans l'ordre convenable.

124. — JOSEPH II À MERCY.

Vienne, ce 13 novembre 1783. — J'étais vraiment touché de l'attention amicale que le Roi vient de me témoigner, en me dépêchant un courrier pour me faire part de la fausse couche de la Reine. Ce fâcheux événement m'a vivement affecté, et la Reine se rappellera le pressentiment que j'avais eu, que le voyage de Fontainebleau ne fût nuisible à son état. Je m'empresse de marquer au Roi, par estafette, la peine que j'en ressens, ainsi que ma reconnaissance pour la lettre qu'il m'a écrite à cette occasion.

125. — JOSEPH II À MERCY.

Vienne, ce 30 novembre 1783. — Mon cher comte de Mercy, le porteur de la présente est Salieri [1], mon maître de chapelle, qui se rend à Paris pour y faire exécuter un opéra, qu'il a composé sous la dictée de Gluck. Je vous prie de lui prêter tout l'appui et les secours dont il pourrait avoir besoin pour le succès de son ouvrage. Je vous adresse aussi, à cet effet, une lettre à la Reine, que vous remettrez à Salieri, en lui procurant l'occasion et les moyens, afin de pouvoir la présenter lui-même. Je crois que s'il n'y a pas de cabale, ce jeune homme, qui a déjà fait de très bonnes musiques italiennes, et qui d'ailleurs est un élève de Gluck, dont il est fort estimé, sera seul capable de le remplacer un jour, étant mis hors de combat.

126. — MERCY À JOSEPH II.

Paris, 3 décembre 1783. — Ne croyant pas pouvoir arrêter le garde-noble, qui revient de Madrid, je dois borner mon présent et très humble rapport au seul objet qui concerne les ordres de V. M. I.;

---

[1] Antonio Salieri, né le 19 août 1750 à Legnago (Vénétie), mort à Vienne le 12 mai 1825. Il avait été emmené à Vienne, en 1766, par Gassmann, directeur de la chapelle impériale, et, depuis l'année 1774, il suivait les conseils de Gluck.

relativement à une emplette de chevaux normands, et je mets ici à ses pieds les demandes des trois principaux maquignons de Paris, au nombre desquels se trouve le nommé Becket. Ces demandes paraissent à tous égards exorbitantes, et je crains qu'elles ne le soient principalement en raison de la qualité des chevaux que les maquignons susdits seront dans le cas de fournir. Je sais que leurs remontes ont été extrêmement médiocres cette année et que tous les connaisseurs en sont mécontents. Au reste, comme ces marchands ont décidément déclaré ne pouvoir risquer aucun transport dans la mauvaise saison, et remettant ainsi au printemps prochain tout arrangement à conclure, j'ai été d'autant moins dans le cas de rien arrêter vis-à-vis d'eux, qu'il me reste tout le temps à recevoir les nouveaux ordres définitifs qu'il plaira à V. M. de me faire parvenir, et que j'exécuterai avec tout le zèle et le soin possibles.

Depuis le retour de la cour de Fontainebleau, il y a eu peu de mouvement dans les affaires politiques, celles de l'intérieur surtout; les tracasseries personnelles entre les ministres absorbent leur attention et causent assez d'embarras au comte de Vergennes; j'en expose sommairement le principal motif dans ma dépêche d'office [1].

---

[1] M. de Mercy écrivait au prince de Kaunitz, comme en ayant été le témoin oculaire, que, pendant tout le voyage de Fontainebleau et depuis, M. de Vergennes s'était presque exclusivement occupé des affaires intérieures. Ce ministre y avait même joué le rôle principal, mais à son désavantage, car il était bien certain qu'il avait perdu une grande partie de son influence. Bien qu'on ne pût pas soupçonner le comte de Vergennes de malversations, il se montrait trop cupide dans toutes les affaires qui touchaient à ses intérêts personnels. Ainsi, on lui mettait sur le dos bien des détails désagréables à propos d'une seigneurie que le Roi lui avait donnée en Lorraine. M. d'Ormesson, qui avait appris que M. de Vergennes avait été le principal auteur de sa disgrâce, criait très haut contre l'avidité du ministre des affaires étrangères; ces bruits étaient même arrivés jusqu'aux oreilles du Roi, qui en avait reçu une impression fâcheuse pour ce ministre. (Cf. Augeard, p. 118 et 122.)

M. de Calonne n'était pas très bien disposé pour M. de Vergennes, et, comme le contrôleur général des finances était un intrigant d'une grande habileté, on en concluait que M. de Calonne pourrait être un embarras pour le ministre des affaires étrangères; ce qui rendait cette conjecture vraisemblable, c'est la suppression du Comité des finances, qui avait été décidée peu de temps après l'entrée de M. de Calonne au ministère; on avait considéré cet événement comme un signe de la baisse du crédit de M. de Vergennes. (Cf. Besenval, II, 149.)

Enfin la situation du garde des sceaux paraissait très ébranlée et on parlait de la disgrâce prochaine de ce ministre, qui était un ami intime de M. de Vergennes. (Cf. Besenval, t. I, p. 395 et suiv.) [Dépêche d'office du comte de Mercy du 3 décembre 1783.]

La Reine se porte très bien et il ne reste plus aucune trace de l'accident arrivé à S. M.

Je viens d'envoyer au sieur Perronnet la boîte que V. M. m'a ordonné de lui faire tenir. Je n'ai pas encore sa réponse à ma lettre d'accompagnement, entre temps, je joins ici la facture quittancée du bijoutier qui m'a fourni la boîte.

127. — JOSEPH II À MERCY.

Vienne, ce 3 décembre 1783. — J'ai reçu votre lettre par le courrier; j'ai tardé un peu à vous envoyer celui-ci, croyant que nous aurions quelques nouvelles de Constantinople intéressantes à vous communiquer. Mais tout ce que j'ai appris par la dernière poste, c'est que dans peu le ministre de Russie allait donner son mémoire aux Turcs. Cette délation et la lenteur qu'ils mettent pour l'ordinaire à leur réponse, qui selon toutes les apparences ne fera que traîner les affaires en longueur, sans les décider tout de suite, m'engagent à exécuter le voyage que depuis deux ans je comptais faire, pour voir la famille de mon frère le Grand-Duc, et que je n'ai jamais pu exécuter. L'importance m'en a déterminé à partir sous peu de jours pour Pise.

Vous serez déjà informé, monsieur le Comte, des différends qui se sont élevés entre les Hollandais et moi. Vous connaissez mes intentions à ce sujet, par le mémoire que je vous avais envoyé l'année passée, au mois de décembre. Les arrangements sont pris de façon que cette négociation à l'amiable devra se traiter à Bruxelles, et que j'insiste à conglober dans une même négociation tous les différents objets en litige qui existent avec eux, pour avoir par là plusieurs objets à céder, dans l'intention principale de ravoir la liberté de mon Escaut. Vous verrez, monsieur le Comte, comment vous pourrez engager le ministère de France, par le crédit de son parti en Hollande, de ne pas s'opposer à ce projet, mais plutôt même de l'épauler comme une chose qui d'aucune façon et dans aucun temps ne peut être nuisible à la France et pas même aux Hollandais, et vous ferez sentir, soit à la Reine, soit à M. de Vergennes, que ce serait là une occasion bien simple et bien naturelle, de me faire oublier entièrement les démarches louches pour l'alliance que la France s'était permises à l'occasion des troubles de la Russie avec la Porte. Comme je ne demande rien aux Turcs, ni aucun dédommagement, mais seulement quelques avantages de commerce et la sûreté de mon pavillon, je crois que la France verra combien je suis désintéressé et éloigné de préférer des avantages même réels, que je pourrais me procurer facilement en obligeant les Turcs à une guerre qui pourrait être l'époque de leur destruction.

La description que vous faites parfaitement bien, monsieur le Comte, du peu d'ordre et de la confusion qui règnent dans l'administration interne de ce royaume, se manifeste toujours davantage par la variation des différentes dispositions. La ferme générale détruite et refaite en quinze jours de temps, M. de Breteuil à la place de M. d'Amelot, tout cela dénote bien de la faiblesse et de l'inconséquence; mais cela n'en est que d'autant mieux pour tous ceux qui ont à faire avec eux, et je suis bien curieux d'apprendre comment le nouveau contrôleur général se tirera de cette embarrassante besogne.

P. S. La correspondance prussienne, pour M. de Goltz, doit avoir pris un autre chemin que l'accoutumé et ordinaire de Liège, et les lettres en doivent aller, sous des adresses inconnues de négociants, ou elles doivent passer par un exprès de Wesel jusqu'en France. Si vous pouviez en découvrir quelque chose, vous me feriez bien du plaisir, puisque sans cela, je me verrais privé de cette correspondance intéressante. Si vous ne croyez pas pouvoir faire usage du nouveau chiffre, je vous prie de me le renvoyer par la première occasion, et quant à l'achat de mes chevaux, j'en attendrai les ultérieures nouvelles que vous me promettez.

On me fournit dans ce moment quelques pièces de cette correspondance, qu'on a tirées du nouveau chiffre et que je m'empresse de vous communiquer.

128. — KAUNITZ À MERCY.

Vienne, 3 décembre 1783. — Mon cher Comte, l'Empereur vient de se déterminer à ne pas différer plus longtemps son départ pour l'Italie. Il se propose de se mettre en voyage mardi prochain au plus tard, et d'être de retour dans le courant du mois de février, à moins que je ne sois dans le cas de devoir le rappeler plus tôt, ce qui n'est pas vraisemblable. En attendant, la promptitude de ce départ inopiné, comme vous pensez bien, me met dans le cas d'avoir bien des choses à arranger avec lui, et il ne me reste pas moyennant cela le temps de pouvoir vous écrire, ainsi que je me proposais de le faire, fort au long, sur la très singulière profession de foi du comte de Vergennes, qui mérite des réflexions très sérieuses, qui font schisme entre sa façon de penser sur l'alliance et la mienne, et sur laquelle, si je ne parviens pas à le convertir, je ne vous cacherai pas que je crains fort qu'un peu plus tôt ou un peu plus tard, *uti solet*, du schisme il n'en résulte séparation. Je veux bien espérer cependant que la raison pourra trouver accès et ouvrir les yeux sur tout ce qu'il y a d'erroné dans les anciens préjugés et les lieux communs, par lesquels on se laisse égarer là où vous êtes; au moins, je le souhaite bien vivement, le contraire serait très fâcheux pour nous sans doute, mais il est démonstratif et démontré que, si on était assez fou en France pour se déterminer à nous quitter, ce serait bien pis encore pour elle que pour nous, la ruine de la France par tous les moyens qui ne nous manqueraient pas pour la faire repentir de sa perfidie. Mais bannissons une idée aussi fâcheuse.

Je m'expliquerai plus particulièrement à la première occasion, et comme je suis dans le cas de devoir me borner aujourd'hui aux assurances réitérées de tous mes sentiments pour vous, je vous prie d'en être persuadé et de me croire. . . . .

129. — KAUNITZ À MERCY.

Vienne, le 8 décembre 1783. — Je n'ai point fait entrer dans mes lettres d'office ce qu'il m'a paru ne pouvoir vous dire sans inconvénient que dans ma lettre particulière. On ne voit déjà que trop clair, et j'ai cru devoir m'abstenir, moyennant cela, de tout ce qui aurait pu aigrir encore davantage. Les observations, que fournit la profession de foi du comte de Vergennes sur le chapitre de l'alliance, auraient produit sans doute cet effet; elles sont du nombre de ces choses, qui ne peuvent se dire impunément qu'entre nous, mais en même temps néanmoins d'une si grande importance, que je ne puis, ce me semble, me permettre de vous les laisser ignorer.

Selon moi, l'alliance de la maison d'Autriche avec celle de Bourbon est fondée sur l'intérêt réciproque de l'une et de l'autre.

Elle délivre la France du plus puissant de ses ennemis possibles sur le continent, et lui donne conséquemment l'avantage de pouvoir employer désormais à sa marine la plus grande partie de ses moyens, que ci-devant elle était toujours obligée de partager entre ses forces de terre et de mer, et qui devenaient moyennant cela insuffisants pour l'un et pour l'autre de ces deux objets.

Elle délivre de même la maison d'Autriche d'un ennemi puissant, et, quoiqu'elle n'en retire pas absolument le même avantage, attendu qu'il ne lui reste pas moins un voisin non seulement formidable, mais de plus toujours en état et à portée de pouvoir l'attaquer dans le centre même de ses provinces héréditaires, indépendamment de la possibilité d'une agression de la part des Turcs, elle n'est plus néanmoins dans la nécessité de devoir séparer ses forces, pour défendre ses provinces détachées du centre de la monarchie, et peut au contraire actuellement les rassembler selon le besoin contre l'un ou l'autre de ces deux ennemis possibles.

Ces avantages réciproques ne peuvent se retrouver dans aucun autre système d'alliance. La France en a déjà éprouvé les heureux effets dans tout ce qu'elle a voulu entreprendre jusqu'ici pour son agrandissement direct ou indirect. Elle n'a jamais rencontré aucune opposition ou témoignage de jalousie de la part de la maison d'Autriche, depuis qu'elle est son alliée. Depuis lors, elle n'a plus été envisagée de sa part comme une puissance rivale, dont l'agrandissement pût jamais lui devenir dangereux, tant et aussi longtemps que durerait cet heureux état de choses. Elle croit qu'il ne doit ni ne peut finir jamais, parce que dans mille et mille ans il sera aussi vrai qu'il l'est aujourd'hui, que nul autre ne pourra jamais en tenir lieu, ni à elle ni à la France. Sa conduite a toujours été conséquente à cette idée, et en partant de là ni de fait ni de propos elle n'a jamais témoigné à son alliée aucune de ces petites jalousies, qui deviennent encore plus révoltantes, qu'elles ne le sont déjà par elles-mêmes, lorsqu'elles portent sur une supposition aussi odieuse qu'invraisemblable, et on peut dire aussi impossible que l'est la pensée que ce système pourrait ne pas durer toujours, à moins que la France, par sa conduite, n'en fasse exister le cas, lequel d'ailleurs n'existerait certainement jamais du fait de la cour de Vienne, moyennant sa façon de raisonner sur la valeur de l'alliance.

Quelle est en échange la façon de penser de M. le comte de Vergennes à cet égard?

Il avoue qu'il n'est aucune alliance imaginable qui puisse réunir tous les avantages mutuels, qui se trouvent dans celle qui subsiste heureusement entre les cours de Vienne et de Versailles, et aucune par conséquent qui puisse en tenir lieu, mais il ajoute : *Tant que cette alliance aurait pour base et objet notre convenance, notre sûreté commune et celle de tout le monde.*

Cela veut dire, si je comprends bien le français, que si cette alliance cessait d'avoir pour base et pour objet notre convenance, notre sûreté commune et *celle de tout le monde*, elle ne serait plus ce qu'elle lui a paru être jusqu'ici. Et cela ne serait pas douteux, si la phrase ne parlait que de notre convenance et de notre sûreté commune; mais vouloir y faire entrer en même temps *la convenance et la sûreté de tout le monde* me paraît une chose inconcevable. La convenance et la sûreté de l'Angleterre par exemple peut-elle être jamais, ou au moins peut-elle être toujours celle de la France? Et *vice versa* la convenance de la maison d'Autriche peut-elle être jamais celle de ses ennemis naturels? Comment par conséquent la maison d'Autriche et la maison de Bourbon auraient-elles jamais pu établir pour base et pour objet de leur alliance une idée aussi contradictoire, aussi chimérique et aussi absurde? Comment M. le comte de Vergennes a-t-il pu oublier, en la mettant en avant, qu'il s'en suivrait, si elle était aussi vraie qu'elle est complètement fausse, que l'Empereur, en faveur de la Grande-Bretagne, qui se trouvait actuellement en guerre et qui dans le système général de l'Europe n'est pas assurément d'un moindre poids que ne peut l'être la Porte Ottomane, aurait été en droit de tenir à la

France le langage, que celle-ci a cru pouvoir lui tenir au sujet des dangers apparents seulement et non existants encore de la Porte, et que cependant il ne lui a point tenu, parce qu'il n'a jamais imaginé que la chimère de la convenance et de la sûreté de tout le monde fût ni la base ni l'objet de ses engagements avec la France; parce qu'il a cru que tant et aussi longtemps qu'existerait son alliance avec elle, aucun avantage direct ou indirect de son allié ne pourrait jamais être contraire à ses intérêts, et parce qu'il a pensé que par conséquent il ne devait pas se permettre d'y mettre aucun obstacle.

Mais malheureusement il semble que la France n'a point pensé ni raisonné jusqu'à présent de la même façon. Elle n'a pu oublier jusqu'ici que la maison d'Autriche avait été autrefois sa rivale, et malgré la cessation de la cause, plus ou moins elle a toujours continué de la regarder encore comme telle, et d'avoir pour elle en conséquence dans toutes les occasions des procédés diamétralement opposés à ceux qu'elle a toujours éprouvés de sa part. Dans toutes les occurrences elle a témoigné appréhender toute augmentation de sa puissance, toujours sur la supposition déraisonnable de la dissolution possible de son alliance, et elle a donné des preuves de cette façon de penser toutes les fois qu'il a pu en être question.

Dès la première guerre, qui a donné occasion à l'alliance, elle a fait la paix particulière dans le moment, auquel il lui parut possible qu'elle pourrait finir encore d'une façon avantageuse pour la maison d'Autriche. Il en est résulté la défection de la cour de Pétersbourg, découragée par la défection de la France, et de là pour la cour de Vienne la nécessité de devoir faire la paix aussi de son côté, avec la fâcheuse perspective d'un avenir tout aussi peu rassurant, que l'avait été jusque-là le passé.

Dans la circonstance du dernier interrègne en Pologne, des troubles qui en ont résulté, et du partage de ce royaume, qui se trouvait déjà tout arrêté entre la Russie et le roi de Prusse, pour le cas même auquel la cour de Vienne, que l'on y invita enfin à y prendre part, se refuserait à l'offre qu'on lui en faisait, celle-ci se trouvant dans la nécessité de devoir concourir à ce démembrement, pour diminuer au moins relativement à elle et même à la balance générale, un mal qu'elle ne pouvait empêcher, c'est beaucoup plus de la part qui lui était dévolue, que de celle de la Russie et du roi de Prusse, que la France a témoigné être fâchée et jalouse.

A l'occasion de la succession bavaroise et de l'agression manifeste du roi de Prusse dans cette occurrence, bien loin de remplir ses engagements défensifs vis-à-vis de la maison d'Autriche, c'est la France qui l'a forcée à se contenter de la petite portion qui lui en est restée, et on a même *osé* faire témoigner dans le cours de la négociation que l'on ne pouvait pas seconder les vues de l'Empereur sur la partie de la Bavière qui lui ouvrirait une communication immédiate avec le Tyrol, parce qu'on la regardait comme contraire aux vues de la France, qui avait intérêt à ce qu'il lui restât par là un chemin libre, par lequel elle pût se porter au besoin en Autriche et en Italie.

Mais ce qui met le comble à tous ces faits, c'est la conduite de la France dans la circonstance actuelle. La Russie a jugé devoir en user ainsi qu'elle a fait au sujet de la Crimée, du Kouban et de l'île de Taman, sans que l'Empereur y ait eu d'autre part que celle d'empêcher par ses exhortations et ses armements une guerre, qui sans cela aurait eu lieu indubitablement.

Au lieu de Lui en savoir gré, on se permet de prendre vis-à-vis de Lui, un ton que l'on n'a point osé se permettre vis-à-vis de la Russie. De fait et de propos on témoigne que dans la destruction de l'Empire Ottoman, que l'on n'est ni ne sera jamais en état de pouvoir empêcher, lorsque l'empire de Russie trouvera bon de l'entreprendre, ce que l'on verra avec le plus de peine, c'est la part qui pourrait en revenir, en ce cas, à la maison d'Autriche; quoiqu'il soit impossible de disconvenir de sang-froid que, pour la balance générale et particulière, ce serait sans contredit le seul moyen de diminuer un mal inévitable.

Ne pouvant se dissimuler qu'on était sans moyens directs contre la Russie, on a frappé à toutes les portes pour tâcher de se faire un parti. Indépendamment de l'Espagne et du roi de Sardaigne, on a invité à un concert les cours de Londres et de Berlin, bien certain qu'il ne pouvait convenir ni à l'une ni à l'autre de donner les mains à des mesures qui pourraient déplaire à celle de Pétersbourg, un concert par conséquent qui ne pouvait avoir que la maison d'Autriche pour objet. Et pour rendre sa mauvaise volonté à son égard encore plus sensible, on a fait remuer en même temps des troupes du côté des Pays-Bas et sur le Rhin, on a fait courir le bruit d'une augmentation dans l'armée française, d'une négociation avec la cour de Turin et d'un armement de l'Espagne pour l'Italie. Pendant toute la guerre qui vient de se terminer, et actuellement plus que jamais on tient au roi de Prusse tous les propos les plus propres à lui faire regarder comme dissolubles les liens de l'alliance qui attachent la France à la maison d'Autriche; et des propos de ce genre avec une conduite analogue dans toutes les occasions, plus ou moins, dans toutes les cours de l'Europe, et même dans l'Allemagne, ont si bien accrédité cette idée, qu'il n'est plus personne qui ne regarde cette alliance que comme un système du jour au lendemain.

Il n'est pas convenable sans doute que la France, à laquelle le maintien de l'alliance doit importer tout au moins autant qu'à nous, et qui sans vouloir s'aveugler ne peut pas méconnaître que plus tôt ou plus tard sa dissolution pourrait fort bien entraîner sa ruine par toutes sortes de moyens trop faciles à imaginer pour qu'il vaille la peine d'en faire l'énumération, ait pu se conduire jusqu'ici et continue à se conduire encore, ce nonobstant, exactement de la seule façon qui puisse faire cet effet; et c'est cependant ce que prouvent incontestablement tous les faits que je viens d'exposer.

Il en résulte 1° que la France continue à regarder encore la maison d'Autriche comme sa rivale, quoiqu'elle ait cessé de l'être, et qu'elle aurait dû cesser de le lui paraître depuis le moment qu'elle est devenue son alliée;

2° Qu'elle regarde cette alliance comme dissoluble, quoique aucune autre imaginable ne pourrait jamais la remplacer, ni pour l'un ni pour l'autre des alliés, et comme il serait facile de le démontrer, beaucoup moins encore pour la France que pour la cour de Vienne, qui est de tous points d'un bien autre poids qu'elle ne l'était il y a trente ans;

3° Qu'en partant de cette supposition, qui est une vraie chimère, elle croit que toute augmentation de la puissance autrichienne, dont elle pourrait éprouver les effets dans ce cas imaginaire, ne lui convient pas;

4° Qu'il lui convient par conséquent de s'y opposer directement ou indirectement dans toutes les occurrences, de se regarder comme ayant à cet égard un intérêt commun avec le roi de Prusse, de le lui témoigner, de le lui dire même;

Et enfin 5° que de tout cela la maison d'Autriche doit en conclure que non seulement la France ne contribuera jamais à ses avantages, tant que tels seront les principes de sa politique, mais qu'elle les empêchera même toujours autant qu'il lui sera possible de le faire.

Mettons à présent vis-à-vis de tout cela la façon de penser de la maison d'Autriche à l'égard de la France, depuis qu'elle est devenue son alliée : elle est dans tous les points exactement le contraire. De fait et de propos, elle a toujours été aussi régulière et aussi décente que celle de la France n'a été ni l'un ni l'autre; et nous y verrons une différence si odieuse, une inégalité si décidée et par conséquent, si cela devait durer, un si mauvais marché du côté de la maison d'Autriche, que je me crois très fondé à en appréhender les suites.

Ce sont toutes ces considérations qui m'ont engagé à cet épanchement de cœur vis-à-vis de vous, mon cher Comte! Rien n'est plus faux et plus déraisonnable que la façon dont on a raisonné et dont on a agi jusqu'ici en France. Pour le bien des choses, je me garderai bien de dire à autre qu'à vous tout ce que je viens de vous dire; mais comme nous avons à faire, ainsi que vous ne l'ignorez pas, à quelqu'un qui est très capable de voir tout cela par lui-même, je ne vous cacherai pas que je désire bien vivement que l'on se détermine enfin et sans tarder à brûler ses vieux livres là où vous êtes, à adopter enfin complètement notre façon de penser et de raisonner sur la nature et la valeur de l'alliance, et que l'on soit conséquent à l'avenir dans tout ce que l'on fera ou ne fera pas, sans se borner à protester que l'on croit notre alliance la meilleure des possibles, tandis que très indécemment, et même très imprudemment, selon moi, on fait tout le contraire de ce qu'il faudrait faire pour être cru.

Tâchez, je vous en conjure, d'ouvrir les yeux à M. de Vergennes, si vous croyez que cela soit possible, et regardez au reste la confiance sans bornes que je vous témoigne dans cette occasion, comme une très grande preuve de mon estime et de la tendre amitié avec laquelle.....

130. — MERCY À JOSEPH II.

Paris, 21 décembre 1783. — Les très gracieux ordres de V. M. I., datés du 3 de ce mois, m'ont été remis le 14 par le garde-noble qui en était porteur, et j'ai fait parvenir sur-le-champ à la Reine la lettre qui lui était adressée [1]. Le mardi suivant, j'eus occasion de déduire à cette auguste Princesse, dans le plus grand détail, tout ce qui a trait aux différends survenus entre V. M. et les Hollandais, et au but auquel doit tendre l'issue de cette circonstance, mais par les raisons énoncées dans ma dépêche d'office [2], je proposai à la Reine de suspendre ses démarches jusqu'à ce que je sois averti par le comte de Belgiojoso, que les États généraux se sont formellement engagés à une négociation et qu'ils ont nommé leurs commissaires à cet effet, parce qu'alors il faudra bien que le comte de Vergennes chemine droit, au lieu qu'informé prématurément il pourrait se permettre de petites manœuvres cachées dont on ne pourrait pas le convaincre et qui aboutiraient peut-être à conseiller aux Hollandais d'éviter une négociation où tous les objets de litige en général se trouveraient compris. Le parti principal de la France en Hollande consiste dans la ville d'Amsterdam, laquelle sera sans doute la plus opposée à la libre navigation de l'Escaut; mais cette cour-ci ne manquera pas des moyens à faire valoir ses bons offices si, comme elle le doit à tous égards, elle s'y détermine. La Reine est bien disposée à y employer toute son influence, et il ne sera certainement rien omis dans cette importante affaire de tout ce qui pourra convenir ici au meilleur service de V. M.

---

[1] Cette lettre manque.

[2] Le 16 décembre, M. de Mercy avait exposé à la Reine tous les détails des difficultés qui venaient de s'élever entre l'Empereur et les Provinces-Unies des Pays-Bas, et il avait trouvé S. M. disposée à faire tout ce qu'Elle pourrait pour être utile et agréable à son frère; mais il avait été décidé que la Reine ne devrait pas intervenir avant que les Hollandais n'eussent accepté d'ouvrir à Bruxelles des négociations générales et qu'elles ne fussent si bien engagées qu'il leur fût impossible de se dégager, car M. de Mercy craignait que, si le comte de Vergennes était informé de cette affaire avant le temps, il ne se permît d'exciter sous main les Hollandais et de les empêcher d'accepter une négociation générale. Ces intrigues pourraient surtout réussir près de la ville d'Amsterdam, qui était toute dévouée à la France et qui devait avoir le plus à souffrir de l'ouverture de l'Escaut. (Dépêche d'office de M. de Mercy du 21 décembre 1783.)

Plusieurs particularités très humblement exposées dans mon rapport d'office [1], confirment l'intention où l'on paraît être ici, de réparer en quelque façon, envers l'alliance, les lourdes bévues auxquelles on s'était laissé entraîner dans le principe des troubles entre la Russie et la Porte. Parmi les raisons qui peuvent avoir donné lieu à ce retour, il en est qui sont personnelles au comte de Vergennes. Le déchet de son crédit ajoute à sa timidité naturelle; il en devient plus conciliant, il craint la Reine par-dessus tout, et si dans ce point Elle voulait se prêter un peu plus aux moyens bien faciles d'asservir entièrement le ministre, je m'en prévaudrais très utilement pour l'auguste service. Le

---

[1] Le 16 décembre, M. de Mercy eut avec M. de Vergennes un long entretien, où il fit usage des instructions qu'il venait de recevoir. M. de Vergennes loua beaucoup la note par laquelle l'Empereur avait déclaré à la Porte que, suivant les circonstances, Il pourrait se trouver forcé de prendre part à la guerre et de faire usage des troupes qu'il avait rassemblées sur les frontières de l'Empire Ottoman. Il espérait que ces menaces décideraient la Porte à céder; cependant, il avouait que le grand vizir s'était montré très ému à la lecture du passage de cette note où il était dit que la cour de Vienne considérait comme légitime et irrévocable la prise de possession de la Crimée, de l'île de Taman et du Kouban par la Russie. M. de Mercy fit remarquer qu'on se tromperait étrangement si l'on considérait l'arrangement des difficultés présentes comme un gage du maintien futur de l'Empire Ottoman. Aussi le prince de Kaunitz avait été très heureux d'apprendre que M. de Vergennes reconnaissait que la chute de la monarchie turque était inévitable et avouait lui-même que la conduite des deux cours alliées serait inexcusable si elles ne se concertaient pas amicalement sur les événements qui pourraient se produire et sur les moyens à employer pour rendre le moins fâcheux possible un malheur inévitable. Mais M. de Mercy devait déclarer que le moment n'était pas encore venu. M. de Vergennes répondit qu'en effet il lui paraissait absolument impossible de maintenir pendant longtemps l'Empire Ottoman, et il ajouta que depuis son dernier entretien à Fontainebleau avec M. de Mercy sur cette grave question, il en avait causé maintes fois avec le Roi. Ce monarque l'avait autorisé à répéter que, dans le cas où l'impossibilité de sauver la Turquie d'une ruine complète deviendrait évidente, S. M. Tr. Chr. serait toute prête à s'entendre avec l'Empereur en pleine et amicale confiance sur les mesures à prendre des deux côtés pour le bien commun.

M. de Mercy dit qu'il pensait que, dans ce cas, il faudrait, d'une part, réduire autant que possible les agrandissements auxquels prétendrait la Russie et, d'autre part, satisfaire au mieux les convenances particulières de chacune des deux cours alliées. M. de Vergennes ne fit pas d'objection. Alors M. de Mercy, passant à un autre ordre d'idées, accusa de nouveau le roi de Prusse de pousser à la guerre à Constantinople et d'insinuer partout qu'il était absolument d'accord avec le cabinet de Versailles, ce qui, entre autres fâcheuses conséquences, pouvait exciter la Russie à se lier avec l'Angleterre. Sur quoi, M. de Vergennes fit cette déclaration : «*Dans le fait, nous ne sommes dans aucune liaison avec le roi de Prusse : il sait bien lui-même à quoi s'en tenir à cet égard, c'est ce que je puis bien vous dire.*» (Dépêche d'office du comte de Mercy du 21 décembre 1783.)

baron de Breteuil, placé par la Reine, Lui est entièrement dévoué; les occupations de son département le mettent hors de la politique et cela n'en est que mieux. Quant au nouveau contrôleur général, il n'est pas possible encore de juger des effets de son administration, mais telle qu'elle puisse être, il ne parviendra pas dès longtemps à rétablir assez d'ordre dans les finances pour que l'on soit en état de sortir de la position passive où tous les désordres de l'intérieur tiennent cette monarchie, et je ne pourrais que répéter à cet égard ce que j'ai tâché de démontrer dans mes très humbles rapports précédents.

Les pièces de la correspondance prussienne que je remets ici aux pieds de V. M., donnent matière à quelques observations. La dépêche du baron de Goltz du 19 septembre prouve évidemment que la première alarme sur la sûreté de sa correspondance lui a été donnée par le comte de Vergennes, lequel, ayant depuis longtemps la connaissance des chiffres prussiens, a pu naturellement soupçonner que l'on pourrait avoir les mêmes notions à Vienne. Cette démarche du comte de Vergennes a eu lieu sans doute dans le premier délire de ses fausses spéculations sur la possibilité d'un concert utile et confidentiel avec le cabinet de Berlin, et il s'en est suivi l'arrangement des exprès dirigés aux ministres de France à Liège; mais comme V. M. daigne m'apprendre que cette voie ne subsiste plus, et qu'en effet une lettre du secrétaire Sandoz, du 25 octobre, indique *le nouvel établissement d'un courrier par semaine,* on pourrait en conclure que ce projet d'intelligence confidentielle a eu si peu de fond et de suites, que le roi de Prusse ne veut plus maintenant que ses dépêches passent par les mains d'un ministre français, et qu'il a des raisons pour se procurer une sûreté de correspondance également vis-à-vis du ministère de Versailles que vis-à-vis de celui de Vienne. Je suis dans le cas de vérifier en effet l'apparition de ces courriers prussiens, qui arrivent assez régulièrement de huit à dix ou à quinze jours de distance. Ils ne portent aucunes marques de courriers, ils ne logent pas chez le baron de Goltz, et on m'assure qu'ils n'arrivent pas toujours par la poste. En rapprochant ces faits avec ce que m'a dit la Reine, et avec l'ensemble des circonstances telles qu'elles se comportent dans le moment présent, il se pourrait que cet échafaudage mystérieux ne fût qu'un vain prestige, et que le roi de Prusse bientôt lassé de la dépense de ces exprès, ainsi que du peu de fruit qu'il en retirera, fera tout uniment rentrer la correspondance dans les voies ci-devant accoutumées. Je continuerai cependant toutes les recherches imaginables sur la matière et rendrai compte de ce que pourront produire mes découvertes.

Vu l'habileté des déchiffreurs que l'on emploie ici, je suis moralement assuré qu'à la seconde ou troisième fois que j'emploierais le chiffre que V. M. a daigné me faire parvenir, il serait infailliblement découvert, et cela me détermine à le renvoyer d'après l'ordre qu'il Lui a plu de me donner.

Par mon très humble rapport du 3 de ce mois, j'ai mis sous les yeux de V. M. I. les demandes que font trois maquignons, pour se charger de la livraison d'un nombre de chevaux normands. D'après les informations que je viens de me procurer de l'intérieur de cette province, elle se trouve si dépourvue de bons chevaux de selle, qu'il y a peu à compter sur les engagements que pourraient contracter les maquignons en question, et dans cette prévoyance il m'est venu une idée dont il y aurait certainement bon parti à tirer. Ce serait qu'il plût à V. M. de me faire envoyer un piqueur des écuries impériales, que je ferais accompagner dans le Limousin par un homme dont je puis disposer, qui connaît à fond cette province et tous les endroits où on y trouve les meilleurs chevaux. Cet homme serait très propre pour les indiquer, mais nullement pour les choisir, encore moins pour en arrêter le prix, ce qui se ferait par le piqueur impérial. Je suis presque assuré que par cet arrangement, qui ne pourrait s'effectuer que dans le mois de mai, V. M. aurait de bons chevaux achetés sur les lieux, au prix de 15 à 20 ou 25 louis, et que toute dépense comprise ils seraient rendus à Vienne à la moitié meilleur marché que si cette emplette passe par les mains des maquignons.

---

131. — MERCY À KAUNITZ.

Paris, 21 décembre 1783. — J'ai reçu par le garde-noble mensuel la lettre dont V. A. m'honore, en date du 3 de ce mois, et je conçois toute la justesse et l'importance des remarques qu'Elle veut bien m'y communiquer. Lorsque M. de Vergennes m'a débité ses étranges maximes politiques sur l'alliance, je n'ai pas imaginé un instant que ce fût son dernier mot, et quelques détails consignés dans ma dépêche d'aujourd'hui semblent prouver que le ministre en question se hâte de revenir sur ses pas. J'avoue qu'à en juger par le courant des affaires ordinaires, je n'aurais jamais soupçonné M. de Vergennes aussi mince qu'il l'est à tous égards, dans ses idées et ses moyens, lorsqu'il s'agit d'objets majeurs. Maintenant, le déchet de son crédit ajoute à sa timidité naturelle; il en devient plus conciliant, il craint la Reine par-dessus tout, et si cette princesse voulait se prêter un peu plus aux moyens bien faciles d'asservir entièrement le ministre, je m'en prévaudrais d'une manière bien utile pour le service de notre cour. Au reste, le désordre général qui règne ici doit tenir encore longtemps cette monarchie dans un état passif, et quels que soient les personnages qui la dirigent, ils ne peuvent méconnaître l'abîme où ils se précipiteraient, en rompant les liens qui les unissent à nous. Cela posé, il y a une sorte d'ineptie malhonnête à se prêter, comme on a fait ici, à des apparences d'intelligence avec le roi de Prusse, et je ne cesse de porter autant que possible toute l'attention de la Reine à faire sentir à son auguste époux l'indécence, très gratuite, du rôle que son ministre s'est permis de jouer dans ces derniers temps. M. de Breteuil affiche de n'y avoir pris aucune part; il veut paraître entièrement dévoué à la Reine; d'ailleurs les occupations de son département le mettent en quelque façon hors de la politique, et cela n'en est que mieux pour lui et pour les affaires.

Ainsi que V. A. me l'a ordonné, je lui expose dans un P. S. d'office ce que je pense sur le remplacement du secrétariat d'ambassade [1],

---

[1] Le baron Georges de Barré, conseiller de l'ambassade impériale à Paris, était mort le 10 novembre 1783, après trois semaines d'une douloureuse maladie. Il fut très regretté tant par le comte de Mercy que par le prince de Kaunitz.

A la fin de l'année 1755, Georges de Barré, qui était sans doute originaire du pays de Liège et qui avait été secrétaire de légation d'abord à Turin, ensuite à Hanovre, avait été envoyé à Paris. Le 14 janvier 1756, le comte de Starhemberg écrivait au comte de Kaunitz : «M. Barré est arrivé avant-hier. Je suis très satisfait des premières conversations que eues j'ai avec lui et je dois bien de la reconnaissance à V. Exc. de ce qu'Elle a eu la bonté de m'envoyer un sujet, qui me paraît à tous égards très propre et tout à fait convenable.» Le comte de Starhemberg employa M. de Barré aux négociations secrètes qu'il poursuivait alors avec la cour de France en vue de la conclusion d'un traité d'alliance et à partir de janvier 1756, les rapports confidentiels en français de cet ambassadeur sont écrits de la main du nouveau secrétaire.

Lorsque le comte de Starhemberg quitta la France en 1766, M. de Barré fit les

auquel il sera indispensable de joindre un copiste, sans lequel un homme seul ne pourrait suffire à la quantité d'écritures qu'occasionnent les différentes correspondances attachées à cette mission. Un jeune sujet que j'ai élevé dès son enfance, qui est né en Hongrie dans la maison de feu mon père, et qui a transcrit le *P. S.* d'office que je viens de citer, serait peut-être propre à l'emploi de copiste; il pourrait l'exercer sans titre, avec le seul avantage d'une modique gratification annuelle, qui deviendrait un encouragement à ce service passager. Le jeune homme en question a vingt-huit ans; il est d'un caractère sûr et honnête; il y joint de l'esprit et des talents agréables; en lui faisant donner une éducation soignée, mon objet a été de me l'attacher personnellement et conséquemment je lui ai assuré un sort pour l'avenir [1].

P. S. Ma lettre d'office étant écrite, je viens de recevoir par la poste ordinaire celles dont V. A. m'honore en date du 8. Autant que je puis le remarquer, elles ont été ouvertes au bureau de Paris et j'en suis d'autant plus aise que, dans ce cas, M. de Vergennes aura déjà sous les yeux une des meilleures leçons qu'il recevra dans sa vie. La

---

fonctions de chargé d'affaires du mois de juin au mois de septembre. Avant son départ, M. de Starhemberg avait fait nommer conseiller de légation M. de Barré, qui resta en cette même qualité près de M. de Mercy. Plus tard, M. de Barré, qui avait reçu le titre de secrétaire, puis de conseiller d'ambassade et la petite croix de Saint-Étienne, demanda, conformément aux statuts de cet ordre, la collation du titre héréditaire de baron, et, le 24 août 1777, l'impératrice Marie-Thérèse, sur la proposition du prince de Kaunitz, lui accorda cette faveur. M. de Mercy avait en grande estime son collaborateur, comme en témoigne le billet suivant, adressé par l'ambassadeur au prince de Kaunitz, le 23 juin 1781 : « Je ne puis me refuser de joindre de très humbles instances à celles que M. de Barré a l'honneur d'adresser aujourd'hui à V. A. pour qu'Elle veuille le garantir d'une diminution dans la pension que feu S. M. l'Impératrice avait daigné lui accorder. Les talents, les anciens et fidèles services de M. de Barré parlent en sa faveur, et mon amitié personnelle pour ce digne et vertueux homme me fera partager la vive et respectueuse reconnaissance qu'il doit aux bontés et à la protection dont V. A. lui a de tout temps fait éprouver les effets. »

M. de Barré eut pour successeur François-Paul de Blumendorf, qui était attaché à l'ambassade de M. de Mercy depuis longues années et avait, au témoignage de l'ambassadeur, rempli ses fonctions avec beaucoup d'habileté et de zèle. Lorsque M. de Mercy quitta la France, au mois d'octobre 1790, M. de Blumendorf fut nommé chargé d'affaires et il demeura en cette qualité à Paris jusqu'à la fin du mois de mai 1792, où il se rendit à Bruxelles en même temps que le ministre du roi de Prusse, le comte de Goltz.

[1] Ce jeune homme se nommait Hoppe.

précision, la force des raisonnements, la tournure amicale et en même temps très énergique, que V. A. a donnée à ses remarques, sont des traits d'une vérité et d'un génie si supérieur, qu'ils doivent écraser et confondre le ministre français. Sans paraître soupçonner qu'il a intercepté ces lettres, je me propose d'en mettre non seulement la substance, mais même la diction dans ma mémoire, et à la première occasion, j'en ferai un usage qui sera aussi souvent répété que me paraîtra l'exiger la situation d'esprit de M. de Vergennes. Il sera également très utile que la Reine se pénètre des vérités, qui lui feront grande impression, comme venant directement de V. A. Enfin, de tous les côtés, il n'y aura pas un seul mot de cette sublime pièce, dont je ne sache tirer un parti utile, et dans son temps j'aurai l'honneur d'en rendre bon compte à V. A.

---

132. — KAUNITZ À MERCY.

Vienne, le 9 janvier 1784. — Je suis très curieux d'apprendre par votre premier courrier, si vous avez pu vous apercevoir dans vos conversations avec le comte de Vergennes qu'il a vu cette terrible lettre, que je vous ai adressée par la poste ordinaire. J'ai bien senti, en l'écrivant, qu'en ce cas elle pourrait fort bien l'achever de peindre, comme on dit, dans l'esprit du Roi; mais il m'a paru que cette considération ne devait pas m'empêcher de tâcher de renforcer les fondements d'un édifice qui menace ruine, lorsqu'il en est temps encore. Quoi qu'il arrive néanmoins, ce qu'il y a de bien certain, c'est que le ministre français, qui fera rompre l'alliance tôt ou tard, sera à mon avis le roi des fous et un homme pendable, non pas par rapport au mal qui nous en arrivera, mais par rapport à celui qui en arrivera à la France, à laquelle la maison d'Autriche aura en ce cas plus d'un moyen de faire payer bien cher sa sottise, et ces moyens sont si faciles à imaginer que je ne comprends pas comment il est possible que le cabinet de Versailles puisse ne pas le sentir, et vouloir moyennant cela se conduire entre autres vis-à-vis du roi de Prusse d'une façon tout au moins très louche, et qui doit nous indisposer et entraîner peut-être de proche en proche un événement qui, je le répète, est, à mon avis, ce qui peut arriver de plus fâcheux à la monarchie française.

Dans ces circonstances très critiques, j'attends conséquemment avec impatience tout ce que vous pourrez me mander successivement sur un objet aussi important; car au bout du compte, il faut que la porte soit ouverte ou fermée; il faut savoir à quoi s'en tenir pour le présent et pour l'avenir, et il ne nous convient point de continuer à vivre dans une inquiétude, ou au moins dans une incertitude continuelle; et, pour cet effet, il faut que de bonne foi le cabinet de Versailles convienne au moins vis-à-vis de lui-même qu'il a mal raisonné jusqu'ici sur le chapitre de l'alliance, et qu'il fasse un vœu solennel de se conduire dorénavant en conséquence, s'il veut qu'elle tienne.

---

133. — MERCY À KAUNITZ.

Paris, le 1ᵉʳ février 1784. — Je n'ai plus le moindre doute que la lettre particulière du 8 de décembre, dont V. A. m'a honoré par la poste ordinaire, n'ait été ouverte, et que le Roi et son ministre n'aient eu connaissance de son contenu avant moi. Il ne m'a pas été difficile de l'observer par les tournures que M. de Vergennes a prises pour tâcher de me faire parler. Je ne m'y étais pas prêté dans une première conversation, où j'avais cherché à lui marquer par ma réserve et mon silence un vrai dégoût de tout ce qui s'est passé ici jusqu'à présent; mais dans un second entretien, il m'interpella affectueusement et d'une manière si directe aux principes et à l'objet de l'alliance, que je lui tins le langage énoncé dans un article de ma dépêche d'office [1].

---

[1] Dans cet entretien confidentiel, M. de Mercy rappela d'abord à M. de Vergennes que, le 30 octobre 1783, il lui avait dit en propres termes qu'il « regardait l'alliance comme la meilleure des possibles, tant qu'elle aurait pour base et pour objet notre convenance, notre sûreté commune et celle de tout le monde »; ensuite, après s'être élevé hautement contre cette maxime pernicieuse, il demanda au ministre ce qu'il aurait pensé si, dans la dernière guerre entre la France et l'Angleterre, la cour de Vienne, conformément à ce principe, avait adopté envers le cabinet de Versailles le système de conduite que celui-ci avait suivi dans le différend entre la Russie et la Porte. Ce texte donna à M. de Mercy l'occasion de maints développements et il eut l'occasion de remettre sous les yeux du ministre tous les sujets de plaintes que la France avait

J'avais la lettre de V. A. si présente, que je suis sûr de n'en pas avoir omis une phrase, et soit en contenance, soit en raisonnement, je n'ai jamais trouvé M. de Vergennes si pauvre que dans cette occasion.

Précédemment, j'avais communiqué à la Reine la lettre susdite, dont Elle avait senti toute la force et l'énergie. Elle présume que le Roi en a eu connaissance et fonde cette conjecture sur l'embarras du monarque, relativement à quelques questions qu'Elle lui a faites. Il aurait été bien facile à la Reine de s'en éclaircir plus positivement; mais le défaut de précision rend toujours les démarches de cette princesse fort incomplètes. Le Roi, de son côté, a si peu de goût pour les affaires politiques et il les entend si mal, qu'il ne paraît pas se permettre de jugement sur la manière dont son ministre les conduit; aussi le déchet du crédit de ce dernier ne provient-il d'aucune cause qui tienne à son département. C'est une avidité trop manifeste et mise trop maladroitement en œuvre, qui fait perdre à M. de Vergennes la confiance de son souverain. Celui-ci ne semble capable d'attention que sur ce qui a trait à l'argent; il envisage les objets de finance avec un esprit de parcimonie, mais d'ailleurs dans le sens le plus étroit; il n'en existe pas moins de gaspillage qu'il n'y en avait sous le règne

---

donnés à son allié, surtout par ses intrigues avec le roi de Prusse. L'embarras de M. de Vergennes était très visible; mais l'ambassadeur ne fit rien pour le diminuer : au contraire. Au commencement de l'entretien, M. de Vergennes avait vivement défendu cet article de sa profession de foi politique : il avait prétendu que la dernière partie — *et celle de tout le monde* — s'appliquait à *la sûreté* et non à *la convenance*. Mais M. de Mercy lui avait clairement prouvé que cette interprétation n'était pas moins contraire que l'autre à l'esprit de l'alliance; car si une puissance quelconque voulait exercer des violences injustes contre l'une des deux cours alliées, cette puissance ne pourrait ni ne devrait trouver aucune sûreté dans les moyens que le traité d'alliance mettait à leur disposition pour remettre l'agresseur à sa place. Après une longue suite de raisonnements plus ou moins mauvais que les autres (suivant M. de Mercy, le ministre n'aurait pas pu trouver un argument topique), M. de Vergennes se borna à répéter sur tous les tons et sur tous les modes qu'à Versailles on était bien résolu à tout faire pour conserver l'alliance actuelle qui, d'après son propre aveu, ne pourrait pas être remplacée par une plus avantageuse pour l'une ou l'autre des deux cours alliées. M. de Mercy écrivait encore au prince de Kaunitz que, dans cette occasion, il n'avait pas manqué de représenter vivement au ministre le grand danger que courrait l'alliance si les choses restaient sur le pied où elles étaient depuis quelque temps. Aussi l'ambassadeur croyait-il s'être finalement aperçu que le ministre était convaincu qu'il était grand temps de rentrer dans la bonne voie. Et depuis quelque temps M. de Vergennes paraissait se donner beaucoup de peine pour persuader M. de Mercy de son revirement en lui donnant plus de marques d'amitié et de confiance. (Dépêche d'office du 1ᵉʳ février 1784.)

précédent; le Roi se débat beaucoup sur cet article; il ne sait comment y remédier, et probablement personne de ses alentours actuels ne lui en suggérera les moyens.

Relativement à la manière dont on paraît envisager ici le système actuel, malgré l'extrême médiocrité du ministère, il est hors de doute qu'il sent combien notre alliance est utile, même nécessaire à la France, mais je me suis aperçu depuis quelque temps, qu'en s'exagérant peut-être la fâcheuse situation où se trouve l'Angleterre, on présume qu'un retour de notre part à l'ancien système en devient plus difficile, et je me persuade que ce calcul est la cause principale des petites jactances que M. de Vergennes s'est permises dans les conjonctures du moment. Je redoublerai d'attention sur tout ce qui concerne cette importante matière, et j'en rendrai compte successivement à V. A.

---

134. — MERCY À JOSEPH II.

Paris, 14 février 1784. — Les ordres qu'il a plu à V. M. I. de me donner de Pise, en date du 30 janvier, me sont parvenus ce matin par la poste ordinaire [1]. La saison affreuse que l'on éprouve ici, et qui y rend tout le monde malade, me faisant éprouver le même sort dans cet instant, je n'ai pu aller porter moi-même à Versailles la lettre adressée à la Reine, mais je la Lui ai fait parvenir dans cet après-midi, je présume que cette auguste Princesse attendra, pour y répondre, l'occasion du courrier mensuel.

Il y a plus d'un mois que Salieri m'a apporté les ordres de V. M. à son sujet, en date du 30 novembre passé. Ce maître de chapelle a présenté lui-même la lettre de V. M. à la Reine; il a été ensuite mandé plusieurs fois à Versailles; je lui ai donné tous les renseignements utiles à son sujet, et je vois que l'opinion publique lui est favorable, malgré l'enthousiasme où l'on est encore ici de quelques ouvrages italiens donnés récemment [2].

---

[1] Cette lettre manque.

[2] M. de Mercy fait sans doute allusion à la *Didon*, de Piccini, représentée pour la première fois avec le plus grand succès à la cour à Fontainebleau le 16 octobre 1783, et à l'Opéra de Paris le 1ᵉʳ décembre, et à la *Chimène*, de Sacchini, donnée à l'Opéra le 8 février 1784.

14 FÉVRIER 1784.

Deux heures avant de recevoir aujourd'hui la très gracieuse lettre de V. M., je venais de renvoyer le garde-noble qui a apporté la nouvelle de l'arrangement entre la Russie et la Porte. Cet événement cause ici une grande satisfaction; on ne disconvient plus qu'il est dû à la sagesse des mesures que V. M. a prises dans cette importante circonstance, mais je dois m'en remettre des détails de cet objet au contenu de ma dépêche d'office de ce jour, qui sera déjà parvenue sous les yeux de V. M.

Monsieur le Dauphin et Madame fille du Roi, ont été attaqués d'un rhume assez violent, mais cette indisposition n'a eu aucune suite fâcheuse. La Reine jouit d'une très bonne santé.

---

135. — MERCY À KAUNITZ.

Paris, le 14 février 1784. — Les intentions de V. A. ont été exactement remplies en ce que je me suis trouvé le premier à annoncer ici[1] l'importante nouvelle, qu'Elle m'a fait l'honneur de m'apprendre par un courrier. Le Roi a très bien senti le prix de cette attention, ainsi que M. de Vergennes; ce dernier aurait fort désiré paraître avoir eu une part prépondérante à l'événement; mais j'ai cru devoir faire tout ce qu'il dépendait de moi pour ne pas lui laisser usurper si facilement aux yeux de son maître un mérite auquel il est bien éloigné d'avoir le moindre droit, et si la Reine veut user avec un peu d'attention et d'adresse, du langage que je Lui ai suggéré, il pourra en résulter le double avantage d'éclairer son auguste époux sur les faits passés, et de Le mettre en garde contre les erreurs à venir, particulièrement sur ce qui concerne l'esprit et l'objet de l'alliance.

M. de Vergennes ne chemine droit que vers un seul but, qui est celui de s'enrichir; sur tout autre point sa marche est oblique, elle n'a ni franchise ni noblesse; probablement il restera en place, et en examinant ceux qui seraient en mesure de lui succéder, il est douteux que l'on gagnât au change; mais il deviendrait utile que le Roi, qui ne veut que des gens médiocres, fût au moins porté à les recon-

---

[1] Le mardi 3 février 1784, dans sa conférence hebdomadaire avec M. de Vergennes.

naître pour ce qu'ils sont, et qu'il en résultât de sa part moins d'abandon à leur manière de voir et d'agir. Je ne cesse de rappeler cette observation à la Reine. Elle y réfléchira sans doute, quand le temps aura donné un peu plus de maturité à ses idées: malheureusement cette époque ne paraît pas aussi prochaine qu'il serait à désirer.

Je ne me suis point trompé en prévoyant que M. de Breteuil oublierait sa politique pour ne s'occuper que de son département, qu'il remplit avec une activité tranchante qui lui est naturelle et qui réussit assez auprès du Roi. Les autres ministres en prennent quelque ombrage, et particulièrement M. de Vergennes, dont la posture bourgeoise et mesquine se trouve fort effacée par l'état de maison magnifique que le baron sait étaler et qui attire chez lui un grand concours; d'ailleurs, M. de Breteuil s'annonce auprès de la Reine comme le partisan fidèle de l'alliance, mais il n'y a pas d'apparence que cela puisse le conduire un jour au ministère des affaires étrangères, où il serait à tous égards déplacé, soit pour lui, soit pour la chose.

Relativement à l'objet de l'escadre hollandaise qui se trouve dans la Méditerranée, je n'ai rien pu apprendre au delà de ce que ma dépêche d'office expose à V. A. sur cet article, et il m'a paru que M. de Vergennes n'en savait réellement pas davantage.

Je suis profondément pénétré de la bonté que V. A. me marque, en faisant mention de l'état de ma santé, laquelle jusqu'à ce moment n'a cessé d'être dérangée par des incommodités rhumatiques fort douloureuses: j'espère qu'elles finiront avec la saison affreuse, qui peut-être les a occasionnées; elle ne permet pas de songer encore à l'envoi des arbres que V. A. a ordonné, mais le choix en est fait, et je tâcherai de les expédier avant la fin de mars.

---

136. — KAUNITZ À MERCY.

Vienne, le 3 mars 1784. — Avant de répondre à toutes les mauvaises raisons dont vous a régalé M. de Vergennes pour la justification de sa conduite ministérielle pendant l'année dernière, je crois devoir me donner le temps de voir si ses actions, par la suite, vaudront mieux que n'ont valu ses propos dans ce moment-ci. Je ne doute pas, à la vérité, que la peur que doit lui avoir fait ma lettre du 8 décembre dernier ne l'engage à l'avenir à beaucoup de ménagements vis-à-vis de nous; mais je ne vous cacherai pas néanmoins que je ne suis et ne serai tranquille sur la solidité de l'indissolubilité de l'alliance, que lorsque je verrai ce ministre plus intimement convaincu qu'il ne paraît l'être encore de l'importance dont il est pour la France de se la conserver, et qu'au lieu de la belle phrase, *que le Roi la chérit,* j'entendrai dire en son nom, en tous lieux et en toutes occasions, que la France y est inviolablement attachée *par système* comme à la plus analogue à son intérêt et à ses convenances, et que par une conduite nette et conséquente elle ne laissera plus aucun doute à la cour de Vienne qu'elle ne pense ainsi *par principe,* ainsi qu'elle aurait dû faire il y a longtemps; parce que bien loin qu'il y en ait aucune au monde dont elle puisse retirer les mêmes avantages, sa dissolution entraînerait pour elle les suites les plus funestes, qu'elle n'aurait aucun moyen suffisant de pouvoir parer, dès le moment que *pour faire mieux* nous nous déterminerions à lui abandonner pour un temps à l'entrée d'une guerre ce qu'elle pourrait envahir sur nous dans les parties éloignées du centre de la monarchie autrichienne.

Vous comprendrez à peu près, mon cher Comte, ce que je veux dire, et vous sentirez qu'il s'ensuit qu'à moins que le Roi et tous ses successeurs, ainsi que M. de Vergennes et tous les siens, n'établissent comme un principe immuable de la politique française, l'utilité, la nécessité même de se conserver l'alliance de la maison d'Autriche, que l'on ne cesse de l'envisager comme une puissance rivale, et que l'on ne se conduise en conséquence dans toutes les occasions possibles, en un mot, que de tout point on ne pense ainsi que nous pensons encore sur cet important objet. Il est très fort en l'air et très mortel au lieu d'immortel qu'il pourrait être dans le cas d'égalité parfaite et systématique de raisonner sur ce point.

Je ne puis pas vous en dire davantage aujourd'hui, mon bon ami. Je m'en rapporte comme toujours à votre sagesse de l'usage que vous jugerez à propos de faire, en temps et lieu, de ces réflexions, peut-être un peu trop sucrées pour être bien claires, et moyennant cela avec toute la confiance que vous méritez de ma part, je vous embrasse de tout mon cœur.

137. — MERCY À JOSEPH II.

Paris, 20 mars 1784. — La Reine attendait impatiemment l'occasion de ce présent garde-noble mensuel, pour pouvoir répondre aux dernières lettres qu'Elle a reçues de V. M. I.

Par mes rapports d'office qui sont parvenus sous les yeux de V. M., Elle aura daigné voir les différentes circonstances qui ont eu lieu ici dans l'espace de trois mois jusqu'à l'époque de l'arrangement conclu entre la Russie et la Porte. Cet événement tant désiré par le comte de Vergennes a dû lui faire reconnaître une partie de ses erreurs: ce qu'il dit maintenant sur la sagesse des mesures prises par V. M. et sur leurs effets, le langage qu'il a tenu en dernier lieu à la Reine[1] et celui dont il use envers moi annonceraient la conviction et le repentir; mais le caractère du ministre dont il s'agit, ainsi que ses talents politiques inspirent si peu de confiance qu'il n'y a que des actions

---

[1] Le 9 mars, après sa conférence avec M. de Vergennes, M. de Mercy alla faire sa cour à la Reine; Elle lui raconta que dernièrement Elle avait mandé le comte de Vergennes pour lui faire une recommandation particulière. Ce ministre, naguère toujours si réservé, était, de son propre mouvement et sans la moindre provocation de part de la Reine, entré dans les plus grands détails sur la situation des affaires politiques. Entre autres choses, il avait dit à la Reine qu'il était absolument impossible de contester que l'accord conclu entre la Russie et la Porte ne fût uniquement dû aux mesures si prudentes que S. M. l'Empereur avait prises pour empêcher la guerre d'éclater. Il devait avouer loyalement à S. M. que le roi de Prusse avait eu recours aux intrigues les plus dangereuses pour entraîner le cabinet de Versailles sur une fausse route. Bien que lui, Vergennes, eût jusque-là toujours vécu dans une défiance constante de la politique prussienne et des divers artifices dont usait ce monarque, cependant il était obligé de reconnaître que, dans ces derniers temps, il ne s'était pas suffisamment défendu contre les promesses fallacieuses du cabinet de Berlin, qui l'avaient à un certain moment placé dans le plus grand embarras; toutefois, il ne s'était jamais écarté de cet important principe que les maximes et les desseins politiques du roi de Prusse ne pourraient jamais être d'accord avec les sentiments du roi de France.

La Reine dit à M. de Mercy qu'elle avait saisi cette occasion pour faire comprendre à M. de Vergennes combien l'Empereur avait de motifs d'être mécontent de la conduite de la cour de France. Maintenant que la tranquillité était rétablie, il fallait prendre les moyens les plus convenables pour effacer la mauvaise impression que le passé avait faite sur l'esprit de l'Empereur. Pour ces motifs, Elle était très heureuse de voir que le ministre était fermement convaincu de l'utilité reconnue de l'alliance et de la nécessité de travailler à la fortifier de plus en plus, et Elle l'invitait à ne négliger rien qui pût contribuer à augmenter la solidité du système politique qui liait les deux cours. M. de Vergennes s'était borné à répondre qu'il en était toujours très sérieusement occupé. (Dépêche d'office du comte de Mercy du 20 mars 1784.)

réelles qui puissent constater que l'on rentre ici dans la bonne voie, après s'en être écarté d'une manière aussi absurde que choquante. Je ne perds aucune occasion de revenir sur cette importante matière, je n'épargne pas les vérités, quelquefois même assez sèches. La prochaine négociation entre le gouvernement général des Pays-Bas et les États généraux des Provinces-Unies donnera lieu peut-être à quelques circonstances qui feront mieux connaître les dispositions du comte de Vergennes; j'espère que la Reine contribuera à les déterminer dans le sens convenable, et je vois que cette auguste princesse en est sérieusement occupée.

Pendant le séjour de V. M. en Italie, j'ai reçu par le cabinet les pièces secrètes que je remets ici très humblement. Une de mes dépêches d'office précédente a exposé les aveux du comte de Vergennes à la Reine, sur les motifs de la correspondance établie par la voie de Liège[1]; mais ce ministre s'est bien gardé de faire mention de la per-

---

[1] Vers le 15 janvier 1784, la Reine eut avec M. de Vergennes un entretien où Elle montra beaucoup d'inquiétude. Elle était, dit-Elle, absolument certaine que depuis quelque temps on s'occupait à nouveau des moyens d'établir une correspondance sûre avec le roi de Prusse; Elle en concluait que le cabinet de Versailles était engagé dans des négociations très importantes avec ce monarque, négociations qui, certainement, étaient très dangereuses pour l'alliance.

Le comte de Vergennes, sans laisser voir le moindre embarras, se borna à répondre qu'on avait déjà depuis longtemps des doutes sur la sécurité de la correspondance avec l'Allemagne et les pays au delà. On avait pensé aux moyens de remédier à cet inconvénient et on avait cru que le bien du service du Roi exigeait de recourir à ces moyens dans la circonstance présente. Il entra dans les plus grands détails sur l'arrangement fait à Liège, en ajoutant qu'en fait ce système n'avait pas plus de portée que l'envoi de courriers dont les cours se servaient constamment, d'autant plus que, dans le cas actuel, il ne s'agissait pas seulement d'assurer la sûreté de la correspondance diplomatique avec la Prusse, mais aussi avec la Russie, la Pologne et les autres cours du Nord. Il pouvait donner à S. M. l'assurance la plus formelle que ce changement n'avait pas été déterminé pour des motifs qui fussent en opposition avec l'alliance, comme Elle le soupçonnait. Il n'était nullement question ici de négociations secrètes, et la vérité l'obligeait à déclarer qu'il n'y en avait aucune engagée en ce moment avec la cour de Berlin. Pour en donner à S. M. une preuve irréfutable, M. de Vergennes dit qu'il croyait pouvoir Lui confier, sans prendre au préalable la permission du Roi, que, pendant le dernier voyage de la cour à Fontainebleau, le roi de Prusse, après diverses tentatives préliminaires infructueuses, s'était enfin avancé jusqu'à envoyer un projet de traité d'alliance entre lui et le Roi T. C.; mais cette proposition avait été rejetée de telle façon que ce roi avait pu voir clairement que la cour de Versailles était plus que jamais attachée à son alliance avec la cour de Vienne, et depuis ce moment il se l'était tenu pour dit.

A cette confidence, M. de Vergennes ajouta beaucoup d'autres considérations. Il voulait s'efforcer de convaincre la Reine que

fidie avec laquelle il a associé la cour de Berlin à des moyens de sûreté qui ne devaient au plus être employés que pour les dépêches du cabinet de Versailles. Ces petites manœuvres vis-à-vis du roi de Prusse n'ayant plus d'objet, il est probable qu'elles sont finies. Je dois le présumer par l'inaction où je vois le baron de Goltz, ainsi que par les propos que je sais qu'il tient maintenant, de manière que l'on pourrait s'attendre à voir bientôt la correspondance prussienne rentrer dans les voies ordinaires.

---

138. — MERCY À KAUNITZ.

Paris, le 20 mars 1784. — Ma dépêche d'office d'aujourd'hui expose à V. A. quelques nouveaux traits sur le langage que tient maintenant M. de Vergennes[1]. La confession qu'il est allé faire à la Reine serait d'assez bon augure, si on pouvait d'ailleurs prendre quelque confiance dans le caractère de ce ministre; mais il est trop faible pour

si le différend entre la Russie et la Porte avait donné lieu à quelques explications un peu vives entre les cabinets de Vienne et de Versailles, la France, dans cette affaire, n'avait pas été animée par des sentiments de mauvaise humeur ou de jalousie, dont on l'avait peut-être soupçonnée. Elle avait uniquement obéi au désir d'éloigner autant que possible une grande guerre, qui aurait causé en Europe un tel ébranlement que le plus profond politique n'aurait pu en calculer les suites.

Marie-Antoinette, à la première occasion, raconta tout à M. de Mercy qui Lui fit observer qu'en ce qui concernait le nouveau mode de correspondance avec la Prusse, les raisons de M. de Vergennes n'étaient pas sérieuses; il Lui prouva que sur divers points le ministre ne Lui avait pas dit la vérité, et il en conclut que cette conduite déloyale dans un moment où il cherchait à donner à ses communications une tournure de confiance illimitée, devait engager S. M. à ne pas se fier légèrement à ce ministre. Elle devrait faire entendre que désormais Elle se tiendrait pour offensée si jamais Elle s'apercevait qu'on avait cherché à Lui donner une fausse idée des choses. Enfin M. de Mercy osa faire remarquer à la Reine que, sans doute faute de vouloir, Elle avait mis son mari en état de Lui cacher le projet d'alliance présenté par le roi de Prusse à la France pendant le voyage de Fontainebleau. C'était une preuve manifeste que S. M. n'était pas informée des événements politiques qui se produisaient de temps à autre aussi exactement qu'Elle le croyait. Maintenant qu'Elle voulait acquérir une influence qui pût contribuer à sa propre gloire et au bien de la chose, Elle ne devrait jamais perdre le fil des affaires et se conduire de telle façon, tant avec le Roi qu'avec ses ministres, que ni l'un ni les autres ne fussent en situation de Lui cacher les événements qui pourraient survenir. (Dépêche d'office du comte de Mercy du 1er février 1784.)

[1] Voir plus haut, p. 257, n. 1.

qu'on ne le soupçonne pas d'être faux, et il n'y a, ainsi que V. A. me fait l'honneur de me le marquer, que des actions réelles qui puissent constater que l'on rentre ici dans la bonne voie, après s'en être écarté d'une manière aussi absurde que choquante. Je ne perds aucune occasion de revenir sur cette importante matière, je n'épargne pas les vérités, quelquefois même assez sèches; elles sont écoutées avec modération; mais il me semble que tous les errements de la politique de M. de Vergennes sont toujours combinés sur la peur bien caractérisée que lui inspire le personnel de S. M. l'Empereur[1]. Il se présente sans cesse des indices qui me portent à le croire. Cette disposition d'esprit doit nous assurer de la part de cette cour-ci beaucoup de ménagements à l'avenir, parce que d'un autre côté je ne puis douter qu'elle ne sente la nécessité de conserver une alliance dont elle ne peut méconnaître l'utilité, et à laquelle elle n'aurait rien à substituer qui ne lui devînt infiniment dangereux.

La prochaine négociation entre le gouvernement général des Pays-Bas et les États généraux des Provinces-Unies donnera lieu peut-être à quelques circonstances, qui feront mieux connaître les dispositions réelles de M. de Vergennes à notre égard. J'espère que la Reine contribuera à les déterminer dans le sens convenable; je n'ai rien omis pour Lui en indiquer les moyens, et si cette princesse veut un jour s'occuper, d'une manière sérieuse et suivie, du grand rôle qu'Elle est en mesure de remplir, il ne sera pas difficile de rétablir ici les choses sur un pied convenable à l'alliance.

---

139. — JOSEPH II À MERCY.

Vienne, ce 2 avril 1784. — C'est avec plaisir que je vous annonce mon retour à Vienne, et je recommence avec vous ma correspondance qui a été un peu interrompue par les quatre mois d'absence que j'ai

---

[1] M. de Mercy connaissait bien le ministre auquel il avait affaire, comme le prouve le mémoire présenté, le 29 mars 1784, par M. de Vergennes. Ce curieux document, aujourd'hui conservé aux Archives nationales (K 161), et publié dans la *Politique de tous les cabinets* (édition de 1793, t. II, p. 420-445) est tout entier dirigé contre l'Empereur, dont le ministre affecte de redouter l'ambition excessive.

faite. Je vous joins ici une lettre pour la Reine, que je vous prie de lui remettre. Je lui ai écrit de Naples, de Pise et de Gênes, et je me flatte qu'Elle aura reçu toutes ces lettres.

C'est avec bien du plaisir que j'ai vu par vos relations, mon cher Comte, le bon effet que les vérités que vous avez dites au ministère français, joint aux preuves les plus convaincantes qu'il a eues de la loyauté de ma façon de penser, et à l'exacte vérité de tout ce que je n'ai cessé d'avancer de mes vues, eu égard aux affaires de la Porte, ont produit. Je crois néanmoins avoir fait une très bonne besogne, ayant rendu un grand service à la cour de Russie, en me procurant en même temps tous les avantages que je pouvais désirer pour le commerce de mes sujets, et je crois avoir découvert en plein le compte que je puis faire sur la bonne volonté de la France, et que ce n'est certainement que de sa faiblesse que je puis m'attendre à des complaisances qui pourraient tendre à mon avantage.

Adieu, mon cher Comte; accablé d'affaires au moment de mon arrivée, je ne puis que vous assurer de la parfaite estime et de la vraie amitié avec lesquelles......

J'avais déjà fermé ma lettre lorsque le courrier arrive et me remet la vôtre, à laquelle était jointe celle de la Reine[1]. Je vous suis fort obligé de ce que vous me mandez; cela ne me fait pas changer d'opinion sur la façon de penser du ministère de France à mon égard.

Pour le présent, je ne puis vous marquer autre chose, mon cher Comte, et quand vous saurez comment l'opéra de Salieri aura réussi, je vous prie de m'en instruire, m'intéressant à ce jeune homme.

La Reine vous fera part peut-être du projet de ma sœur Marie, de venir la voir en France.

140. — MERCY À JOSEPH II.

Paris, le 20 avril 1784. — Les très gracieux ordres de V. M. I., datés du 2 de ce mois, m'ont été remis le 14 par le garde-noble, qui en était porteur, et je n'ai pas tardé à aller présenter à la Reine la lettre

---

[1] Cette lettre manque.

qui Lui était adressée[1]. Depuis quelque temps cette auguste princesse s'est occupée avec beaucoup d'attention, de zèle et de suite, des objets qui intéressent le service de V. M., nommément de celui qui a trait à la prochaine ouverture des négociations à entamer à Bruxelles avec les États généraux des Provinces-Unies. Les premières démarches que je viens de faire sur cette matière, vis-à-vis du comte de Vergennes, ont été reçues de manière à me persuader que ce ministre aura dans cette occasion le bon esprit de chercher à réparer un peu les fautes passées, mais selon la marche qu'il pourra tenir, la mienne est combinée de manière à lui causer quelque embarras personnel, s'il donnait sujet de se plaindre de ses procédés.

La Reine se trouve toujours dans la position la plus favorable du côté de l'entière condescendance que Lui marque le Roi; mais cette princesse use particulièrement de son pouvoir dans ce qui regarde les objets de grâces, et ne l'étend pas autant qu'il serait à désirer, sur d'autres matières beaucoup plus essentielles. Elle a peine à s'accoutumer aux affaires. Elle les trouve arides, et il n'y a que le désir de marquer son attachement à V. M. qui puisse Lui faire surmonter quelquefois ses répugnances à tout ce qui tient à la politique; mais comme la Reine a vivement à cœur le maintien de l'alliance, et que je Lui représente souvent les objets sous des aspects très noirs, il en résulte le bon effet d'exciter l'attention et même un peu d'activité.

La Reine a été assez inquiète de l'état de M. le Dauphin; ce jeune prince a une humeur scorbutique qui exige de grandes précautions. Les médecins donnent les assurances les plus tranquillisantes à cet égard; mais leur réputation n'est pas le meilleur garant de la justesse de leur opinion.

J'ai été informé par S. A. R. Madame l'Archiduchesse et monseigneur le duc de Saxe du désir qu'ils avaient de venir ici, et la Reine a daigné m'en parler en dernier lieu. Elle tient beaucoup à ce que ce voyage ne s'effectue que lorsque la cour ira à Compiègne, qui est le lieu où Elle se trouve le plus débarrassée du tumulte et de cette affluence de princes et princesses du sang, qui sont souvent incommodes par leurs prétentions, lesquelles relativement à Madame l'Ar-

---

[1] Cette lettre manque.

chiduchesse deviendraient un manque de respect dont le reflet tomberait sur la personne de la Reine.

Relativement à l'ordre que V. M. me donne, de Lui rendre compte de l'opéra de Salieri, je crois pouvoir annoncer d'avance que cet ouvrage aura le plus grand succès par l'opinion générale que je vois que le public en a. Salieri a été plusieurs fois à Versailles, la Reine est parfaitement contente de cette musique; mais il me semble que le maître de chapelle ne l'est pas du talent des acteurs qui doivent l'exécuter. On a fait une quantité de répétitions auxquelles personne, sans exception, n'a été admis, de façon que je n'ai encore rien pu entendre de cet opéra. Il devait être mis en scène cette semaine, et ce qui prouve l'opinion et l'empressement du public, c'est que depuis deux mois toutes les loges du théâtre sont retenues pour les six premières représentations.

P. S. par lequel j'avertis l'Empereur que le maquignon Pequet aura bientôt fini sa commission de chevaux et qu'il compte partir vers la fin de ce mois-ci.

141. — MERCY À KAUNITZ.

Paris, le 20 avril 1784. — Le garde-noble mensuel m'a apporté, le 14, les dépêches dont il était chargé, et parmi lesquelles je n'ai trouvé aucun ordre particulier de V. A.

Depuis quelque temps, la Reine s'est occupée avec plus d'attention, de zèle et de suite, des objets qui intéressent le service de son auguste frère, nommément de celui qui a trait à la prochaine ouverture des négociations qui vont s'entamer à Bruxelles avec les États généraux. Les premières démarches que je viens de faire sur cette matière, vis-à-vis de M. de Vergennes, ont été reçues de manière à me persuader que ce ministre se comportera plus sagement que par le passé; mais selon la marche qu'il pourra tenir, la mienne sera combinée de manière à lui causer quelque embarras personnel, s'il donnait sujet de se plaindre de ses procédés. La Reine a vivement à cœur le maintien de l'alliance; mais en voulant la chose, Elle ne veut pas toujours les moyens. Je lui représente souvent les objets sous des aspects très noirs pour exciter son attention et en obtenir un peu d'activité.

142. — JOSEPH II À MERCY.

Vienne, ce 13 mai 1784. — C'est avec bien du plaisir que j'ai reçu votre lettre et que j'y ai vu que la santé du Dauphin, qui était menacée, se trouve remise. Je voudrais que la Reine mît plus d'attention et de suite aux affaires sérieuses; mais trop d'intérêts multipliés des gens qui l'entourent s'y opposent pour qu'on puisse jamais l'espérer. En attendant, je voudrais au moins que pour son bonheur personnel elle tâche de ne point négliger tout ce qui pourrait lui procurer une succession et au moins encore un fils. L'idée seule de la voir derechef sans Dauphin me fait frémir.

Vous connaissez, mon cher Comte, tout ce que je désire de nos bons voisins les Hollandais, que ce ne sont ni polders, ni des morceaux de campines, ni de leurs forteresses, mais bien seule et uniquement la libre navigation de l'Escaut, dont la nature et le bon droit m'a mis en possession jusqu'à deux pas de son embouchure, à Anvers.

Moi je vous avoue sincèrement que depuis dix mois les Français se sont tellement fait connaître à mes yeux, que ce que vous avez fait sentir à la Reine est parfaitement de la possibilité, et un changement dans notre alliance n'est plus du tout une chimère, m'étant persuadé que les Français ne désirent que de trouver une occasion favorable et de ramasser assez d'alliés ou assez de moyens pour lever le masque et se lier plus que jamais avec le roi de Prusse. Ils n'ont point cessé et ne cesseront jamais de regarder tout avantage quelconque que la monarchie autrichienne pourrait avoir, pour un désavantage réel de la France. Avec cette façon de penser, que leurs belles paroles ne nous pourront jamais plus couvrir, ayant eu la maladresse de se montrer si à découvert dans ces derniers temps, vous sentez bien qu'il est de mon devoir de me préparer de loin à cet événement pour ne pas être pris au dépourvu.

Adieu, mon cher Comte, portez-vous bien. Je vous prie de remettre cette lettre à la Reine[1], et croyez-moi avec bien de l'amitié et estime.

Je vous suis obligé des nouvelles que vous me donnez de Salieri et je souhaite d'apprendre bientôt que son opéra ait réussi, même avec les changements qu'on désire.

143. — MERCY À JOSEPH II.

Paris, 29 mai 1784. — Le garde-noble mensuel m'a remis, le 23, les très gracieux ordres de V. M. I., datés du 12 de ce mois, et je n'ai point tardé à aller présenter à la Reine la lettre qui Lui était adressée. Cette auguste princesse a été de nouveau, pendant huit ou dix jours, assez inquiète de l'état de M. le Dauphin, lequel, à la suite d'un rhume, était tombé dans une sorte de langueur et de dépérissement dont on ne pouvait deviner la cause. On l'attribua d'abord à quelque humeur scorbutique; le jeune prince ne grandissait plus depuis trois ou quatre mois; enfin la nature a produit une crise qui a tourné en fièvre tierce, les accès ont toujours été en diminuant, ils ont cessé sans le secours de remèdes bien actifs; les médecins sont très contents de la marche de cette maladie et ils la regardent comme un des plus puissants moyens de fortifier la constitution du jeune prince, dont l'existence devient d'autant plus précieuse que le régime et les habitudes du Roi ne donnent guère d'espérance à Lui voir une nombreuse postérité.

Mes dépêches d'office précédentes et celle que j'expédie aujourd'hui exposent avec tant de détails tout ce qui a trait aux négociations entamées à Bruxelles, que je ne pourrais, sans tomber dans des répétitions inutiles, rien ajouter sur cette matière dans le présent et très humble rapport. V. M. aura daigné voir que dans l'occasion dont il s'agit, la Reine a mis plus d'activité, de volonté et de suite au désir qu'Elle a de rendre ses soins utiles à V. M. Si l'expérience du passé ne rendait pas les intentions de la France si suspectes, on pourrait croire que, désabusée de ses erreurs, elle se dispose à les réparer en partie; mais ce retour est trop incertain et faible encore pour rien

---

[1] Cette lettre manque.

diminuer de la justesse des remarques éclairées que V. M. a faites sur la conduite absurde que l'on s'est permise ici et sur les principes qu'elle fait soupçonner à trop juste titre. Qu'ils soient l'effet d'une réflexion systématique, ou qu'ils partent de l'ineptie, de l'inconséquence des ministres français actuels, les résultats en sont toujours les mêmes, ils détruisent jusqu'aux seuls avantages négatifs que V. M. pourrait retirer d'une alliance depuis longtemps stérile, qui pourrait enfin s'acheminer à devenir nuisible et qui indique la nécessité des plus sérieuses précautions contre les événements à venir.

Si l'opinion personnelle du Roi influait autant dans le gouvernement qu'il serait à désirer, il y aurait de grands moyens de remédier aux affaires; mais au défaut de cette influence, il faudrait ici en général un nouvel ordre des choses et ce n'est que du hasard qu'on peut l'attendre. Cet important chapitre est celui de toutes mes représentations à la Reine, qui daigne quelquefois y prêter une attention qu'un peu d'expérience rendrait plus fructueuse. Le langage que je tiens depuis longtemps au comte de Vergennes doit lui donner assez à connaître les justes dégoûts de V. M. Il me semble souvent que je réussis à l'intimider, et cela d'autant plus qu'en faisant ici tout ce qu'il faut pour dissoudre peu à peu l'alliance, il m'est démontré que l'on n'envisage pas, sans une peur très réelle, la possibilité d'un événement dont on ne saurait se dissimuler les fâcheuses conséquences inévitables pour la France. Persuadé de cette vérité, je tâche d'en tirer parti suivant les circonstances et de manière à ce qu'au moins, dans les objets du moment, l'auguste service soit rempli le mieux possible.

Les légers changements faits à l'ouvrage de Salieri en ont établi le succès décidé[1]; le théâtre est toujours rempli quand on y joue *les Danaïdes*, et la confiance que l'on a prise dans leur auteur a donné lieu à la demande d'une permission, pour qu'il puisse rester encore

---

[1] La première représentation de cet opéra fut donnée le 26 avril à l'Académie royale de musique, et la pièce fut annoncée : paroles, sous le nom de M. ***; musique, sous celui de MM. Gluck et Salieri. Mais, par une lettre insérée dans le *Journal de Paris*, Gluck déclara bientôt que la musique était en entier l'œuvre de son élève Salieri. A en croire Meister, l'opéra de Salieri n'aurait pas eu autant de succès que le dit M. de Mercy; mais Meister est un picciniste avéré et, sur ce point, sa partialité est manifeste, car, même encore en 1817, l'Opéra fit une reprise aussi brillante que fructueuse des *Danaïdes* de Salieri. (*Correspondance littéraire* de Grimm, Meister et autres, édit. Tourneux, t. XIII, p. 527.)

quelques semaines ici pour diriger la remise des opéras du chevalier Gluck, dont on donnera l'*Armide* sur le théâtre de Versailles, quand le roi de Suède y sera arrivé.

144. — JOSEPH II À MERCY.

Laxenbourg, 18 juin 1784. — J'ai reçu votre lettre par le dernier courrier; ce n'est pas vous dire quelque chose de nouveau que de vous assurer que vous avez parfaitement bien vu l'objet concernant notre négociation avec les Hollandais.

Si la Reine voulait ou presque, dirais-je, pouvait dans les nombreuses dissipations qui l'entourent, suivre avec quelque attention les divers objets d'intérêt qui regardent la France, sa famille et même sa propre personne, il y aurait bien de la facilité pour tout et bien de la sûreté pour son bonheur.

Mais ainsi cette aimable et bonne femme court les risques de se voir le jouet des événements et devenir inutile tant pour son avantage personnel que pour celui de sa famille, car enfin ma sœur ne se prépare aucune ressource pour les temps à venir quand elle vieillira, en négligeant de se procurer les moyens pour être continuellement utile et même nécessaire au Roi. J'avoue que votre situation m'a toujours fait de la peine et qu'elle m'inquiète pour la Reine à qui je suis tendrement attaché. Mais vous savez mieux que moi qu'à cela il n'y a pas de remède; il faut donc, la trouvant montée ainsi, abandonner tout au hasard.

Vous avez trouvé moyen de rectifier au moins les expressions, sinon les sentiments de M. de Vergennes. Il faut lui rendre justice que depuis ses derniers errements au sujet de la Porte, sa façon de s'exprimer, tant ici par M. de Noailles que vis-à-vis de vous à Paris, est beaucoup plus convenable; reste à voir ce qu'effectivement à l'occasion de notre dispute avec la Hollande, les Français voudront faire tant publiquement que sous main, et je vois que vous ne les perdez pas de vue à ce sujet.

Je suis charmé que Salieri ait bien rencontré avec son opéra. Dans les lettres qu'il a écrites ici, il se loue infiniment des bontés que vous avez eues pour lui. Il est singulier que depuis que le secret est dévoilé et qu'on sait que cette pièce est tout entière de lui, elle trouve plus d'approbation[1]. Cela fait voir que le public est indulgent pour ce premier essai en faveur de la bonne volonté du compositeur.

Adieu, mon cher Comte, portez-vous bien. Je suis actuellement à Laxenbourg en compagnie d'une trentaine de personnes et j'y attends mon frère, le Grand-Duc, avec son fils aîné qui seront ici les premiers jours de juillet[2]. Mon érésipèle est presque passé et il ne m'en reste qu'un peu de rougeur au visage.

Je vous réitère avec autant de plaisir que de sincérité les assurances d'estime et d'amitié avec lesquelles je suis.....

145. — KAUNITZ À MERCY.

Vienne, le 20 juin 1784. — C'est par une combinaison de circonstances que l'expédition de ce garde-noble a été retardée.

Selon votre coutume, vous avez très bien raisonné, mon cher Comte, en jugeant qu'il ne convenait pas de rendre un compte trop suivi et trop assidu de la marche des négociations établies à Bruxelles. Une longue expérience m'a appris qu'il ne faut pas gâter les gens par un excès de bons procédés, et surtout les Français, qui en abusent d'abord et sont capables de regarder comme devoir ou crainte jusqu'aux attentions les plus arbitraires. Il ne peut qu'être utile que la Reine entretienne, avec poids et mesure toutefois, dans le Roi et son ministère la peur que je leur ai inspirée par mon importante lettre du 8 décembre; mais il serait désirable que vous puissiez leur faire bien comprendre, qu'en raison de leur intérêt le plus essentiel il leur convient de ne pas s'exposer à perdre l'alliance de la maison d'Autriche, en les engageant de raisonner de sang-froid sur les suites inévitables et irréparables pour eux de cet événement. Dès ce moment il est manifeste que l'Angleterre reprendrait sur la France et l'Espagne toute sa supériorité maritime, et qu'en même temps il ne resterait plus à

---

[1] Voir plus haut, p. 265, n. 1.
[2] Léopold, alors grand-duc de Toscane et, à la mort de Joseph II, empereur d'Allemagne sous le nom de Léopold II, et son fils aîné, François, empereur en 1792 sous le nom de François II.

la France des moyens proportionnés à des flottes capables de tenir tête à l'Angleterre, et en même temps à des armées capables de pouvoir faire face en tous lieux à celles qu'en ce cas pourrait lui opposer la maison d'Autriche avec ses alliés actuels et possibles dans l'avenir; d'où il s'ensuit que la France serait dans le cas de devoir s'épuiser d'hommes et d'argent, sans aucune vraisemblance de pouvoir soutenir seulement, sans les plus grands désavantages par mer et par terre, une guerre défensive, bien loin de pouvoir jamais plus penser à une offensive. De sang-froid, il est impossible que la France ne sente pas la force de ces vérités dans toute leur étendue, et si elle la sent, il s'ensuit qu'il faut qu'elle se fasse une loi sainte et irrévocable de ne plus se permettre ni d'omissions ni de commissions vis-à-vis de nous; ce que de l'une et de l'autre façon nous ne nous sommes jamais permis, et par principe, ne nous permettrons jamais vis-à-vis d'elle.

Peut-être me déterminerai-je à la première occasion qui me paraîtra convenable, à vous écrire par la poste ordinaire de ces vérités frappantes, pour soutenir le grand effet que je m'aperçois avoir fait celle que je vous écrivis par la même voie le 8 décembre, et en attendant je m'en rapporte à l'usage qu'en temps et lieu vous pourrez juger à propos de faire du contenu de celle-ci.

Je vous remercie bien cordialement, mon bon ami, de ce que dès à présent vous avez la bonté de vous occuper de mes petites affaires en matière de jardinage. J'aurai soin de vous faire parvenir mes commissions à cet égard d'assez bonne heure, pour qu'elles puissent être bien faites, et en attendant je vous embrasse bien tendrement.

---

146. — MERCY À KAUNITZ.

Paris, 6 juillet 1784. — J'ai reçu par le courrier mensuel la lettre particulière dont V. A. m'honore, en date du 20 de juin, et j'y trouve un grand encouragement à mon zèle dans l'indulgence et la bonté avec lesquelles Elle approuve la conduite que j'ai tenue ici relativement à l'objet des négociations entamées à Bruxelles. A moins d'une inconséquence et d'une vilenie qui n'est point à supposer, il paraît impossible que M. de Vergennes se rétracte du langage qu'il m'a tenu lorsqu'au delà de mes espérances j'ai obtenu de lui des aveux assez analogues à nos vues, et quoique le système de ménagements envers les États généraux, que cette cour-ci adopte, ne permette pas d'attendre de sa part des offices bien efficaces, il reste presque démontré qu'elle ne nous opposera aucun obstacle réel, de façon que, si les grands motifs d'État, qu'il appartient à V. A. seule de connaître et d'évaluer, pouvaient comporter de notre côté quelques démonstrations assez sérieuses pour intimider les Hollandais, il serait bien probable que nous obtiendrions avec la liberté de l'Escaut cette partie de la Flandre hollandaise, sans laquelle le premier des deux avantages ne serait peut-être que précaire et d'une moindre importance.

En attendant les ordres de V. A., je me suis préparé les moyens de les remplir, et je me crois à cet égard en assez bonne mesure. Dans mes entretiens avec la Reine, ainsi que dans mes conversations avec M. de Vergennes, je ne perds aucune occasion de faire bon usage de tout ce que renferment les lettres particulières de V. A., et lorsque dans les circonstances convenables elle jugera à propos de m'en écrire par la poste ordinaire, l'inspection que l'on prendra ici du contenu de ses lettres deviendra un moyen très propre à faire connaître ou répéter des vérités, qui ne peuvent manquer de produire un grand effet, ainsi que le prouve celui de la lettre de V. A. du 8 décembre dernier. C'est de cette époque que date le changement très visible en mieux dans la contenance et le langage de M. de Vergennes; mais par défaut de lumières autant que par caractère, il est si méfiant, si peu sincère, que l'on ne saurait le surveiller de trop près. Ses idées chimériques sur les vues d'agrandissement qu'il suppose à l'Empereur le tourmentent, et, sans méconnaître combien il importe à la France de maintenir le système actuel, son unique étude est de tâcher de s'en approprier tout le bénéfice sans partage, ce à quoi il espère de réussir par ses petites manœuvres. Je le crois maintenant un peu détrompé de ce calcul et je n'omettrai rien pour tâcher de le porter à en former de plus raisonnables.

147. — MERCY À JOSEPH II.

Paris, 7 juillet 1784. — Les très gracieux ordres de V. M. I. m'ont été remis le 30 du mois dernier par le garde-noble mensuel qui en était porteur, et je me suis sur-le-champ rendu auprès de la Reine pour lui présenter la lettre qui Lui était adressée [1]. Elle avait été informée dans le temps par le marquis de Noailles de l'indisposition de V. M., et en témoignant à cet ambassadeur le gré qu'Elle lui savait de son exactitude, Elle l'avait chargé de Lui donner toujours dans des cas pareils des nouvelles promptes et directes. L'inquiétude de la Reine et sa joie d'en voir cesser la cause ont marqué dans cette occasion ainsi que dans toute autre son vrai et tendre attachement pour V. M. Je ne dois point omettre une petite attention du Roi, laquelle, vu les formes habituelles de ce monarque, a quelque chose de significatif. Lorsque vers le 15 du mois passé, la Reine écrivit à V. M. sur son indisposition, le Roi vint le matin à deux reprises dans son appartement pour Lui bien recommander qu'Elle n'oubliât pas dans sa lettre les témoignages d'intérêt et d'amitié qu'Il désirait que V. M. y trouvât de sa part [2].

Il est constant que les sentiments de la Reine subjuguent et guident ceux de son auguste époux; mais il est également étonnant et déplorable que cette vérité influe si peu dans l'esprit des choses. Je dois avouer que les remarques que V. M. daigne me faire, en sont la seule et unique cause; les qualités vraiment rares dont la Reine est douée du côté du caractère et de l'esprit, sont sans cesse offusquées par ses alentours. Cependant Elle permet qu'on Lui expose la vérité; il n'y a que l'abbé de Vermond et moi qui soyons à même de remplir cet office. La Reine connaît la pureté de notre attachement à sa personne; Elle semble souvent nous exciter à La délivrer des prestiges qui L'environnent; Elle en paraît quelquefois excédée, mais les dissipations déjouent tout. Malgré cela, comme rien n'est altéré dans le fond du caractère de la Reine et que son penchant naturel La porte au bien, j'espère avec certitude qu'Elle y sera ramenée par le temps, l'expérience et les circonstances. Il en est plusieurs où cette auguste prin-

---

[1] Cette lettre manque. — [2] Cette lettre manque.

cesse montre plus de dispositions que par le passé à s'occuper des choses sérieuses, et j'en ai une preuve dans ce qui a trait aux négociations de Bruxelles. V. M. daignera voir par mon rapport d'office les termes où en est ici cet objet intéressant [1].

De la manière dont le comte de Vergennes s'est expliqué, il ne pourrait revenir sur ses pas, à moins d'une inconséquence et d'une vilenie que l'on ne saurait présumer. Cela posé, il n'y aura aucun obstacle réel à éprouver de la part de cette cour-ci; son système de

[1] Le 29 juin 1784, M. de Mercy eut avec M. de Vergennes un long entretien sur le différend entre l'Empereur et les Provinces-Unies des Pays-Bas. L'ambassadeur se plaignait vivement des Hollandais, qui malgré l'assurance formelle de l'Empereur de n'entreprendre aucun acte d'hostilité contre la République, avaient envoyé des troupes sur la frontière des provinces autrichiennes. Cette démarche, qui ne pouvait être considérée que comme une provocation indécente, avait causé une véritable panique parmi les sujets de l'Empereur habitant sur les frontières; de crainte d'une invasion des troupes hollandaises, ils s'étaient enfuis en masse à l'intérieur du pays. Tout cela finirait sans doute par lasser la patience de l'Empereur qui pourrait se décider à user de représailles capables de faire repentir les Hollandais de leur manque d'égards envers un monarque aussi puissant.

M. de Vergennes répondit qu'il avait fait tout le possible pour empêcher les Hollandais de prendre des mesures militaires aussi précipitées. Il se flattait toutefois d'avoir réussi à les détourner d'envoyer une flotte à l'embouchure de l'Escaut. Il serait peut-être aussi parvenu à arrêter la mise en marche des troupes de terre sans la division qui existait dans la République entre les partis, dont l'un tout dévoué au Stathouder poussait aux mesures les plus violentes, tandis que l'autre, composé d'hommes tranquilles, raisonnables et ne pensant qu'au bien de leur patrie, n'osait pas s'y opposer trop fortement, dans la crainte d'encourir une grande responsabilité.

Là-dessus, M. de Mercy entama une discussion approfondie de l'affaire, en prenant toutefois la précaution de prier instamment M. de Vergennes de regarder seulement tout ce qu'il allait lui dire comme l'expression de ses idées personnelles, à lui Mercy. Après avoir beaucoup réfléchi sur les difficultés qui existaient depuis si longtemps entre la cour de Vienne et la République, il en était arrivé à se convaincre qu'elles étaient de telle nature que la cour de France pourrait facilement y mettre fin, d'autant plus que par son intervention active dans un arrangement utile et agréable elle trouverait l'occasion de rendre à l'Empereur un véritable service d'ami tout en procurant aux États généraux des avantages si sensibles et si durables que raisonnablement ils ne pourraient pas les refuser. Quant à lui il pensait que pour avoir tous les bons effets qu'on en attendait, l'ouverture de l'Escaut devait entraîner la cession de la Flandre hollandaise à l'Empereur, moyennant une large compensation par une rectification de frontières avantageuse pour la République. Ce lambeau de territoire n'avait d'autre utilité pour les Hollandais que de leur permettre de nuire aux possessions autrichiennes; car ils n'en tiraient aucun avantage direct; au contraire ce pays leur coûtait beaucoup d'argent pour l'entretien des forteresses et des troupes. La cession de ce district ne serait donc pas pour eux un grand sacrifice; par contre, la convenance de ce territoire pour les Pays-Bas autrichiens était telle qu'elle pourrait déterminer l'Empereur non seulement à renoncer en échange à ses prétentions si justifiées

ménagements envers les États généraux rendra, à la vérité, ses offices peu utiles; mais si les grandes raisons d'État pouvaient admettre que V. M. ordonnât quelques démonstrations assez énergiques pour inspirer aux Hollandais la peur nécessaire à les décider, il est probable que V. M. acquerrait avec la libre navigation de l'Escaut toute la Flandre hollandaise, sans laquelle le premier avantage serait bien précaire et d'une moindre importance.

L'indulgence et la bonté avec lesquelles V. M. daigne approuver la sur Maestricht, mais même à indemniser largement les Hollandais en leur abandonnant un riche morceau de la Gueldre autrichienne. La cour de Vienne ne pourrait rien faire de la Flandre hollandaise, dont sans doute elle s'empresserait de faire raser les forteresses. En consentant à cet échange, elle ne saurait avoir en vue que l'amélioration des voies commerciales dans les provinces héréditaires et la division entre deux ports des opérations aujourd'hui concentrées à Ostende, opérations que personne n'y pouvait interdire ou entraver. La France, de son côté, pouvait en maintes occasions y trouver un avantage essentiel, car elle aurait deux ports sûrs à sa disposition au lieu d'un dans les Pays-Bas autrichiens et on se souvenait sans doute des services si considérables que le port d'Ostende avait rendus dans la dernière guerre au commerce français.

M. de Vergennes, qui avait écouté M. de Mercy avec la plus grande attention, ne fit aucune difficulté de lui avouer qu'il n'avait pas la moindre objection à faire à tout ce qu'il venait de lui exposer. A son avis, le projet d'échange de la Flandre hollandaise contre un territoire plus convenable pour la République était une occasion très favorable, et il n'y avait que des gens imbus de vieux préjugés qui pussent s'y opposer. La cour de Versailles ferait tout pour faciliter la conclusion de cet arrangement et, si M. de Mercy voulait bien le lui permettre, il en parlerait le jour même en ce sens aux ambassadeurs hollandais. Mais, pour s'en tenir au système qu'il avait adopté en commençant, M. de Mercy répondit que cette idée de l'échange de la Flandre hollandaise lui était personnelle, qu'il avait bien tout lieu de croire qu'elle était absolument conforme aux sentiments de sa cour, mais que cependant il devait le prier d'attendre, pour en faire part aux ambassadeurs hollandais, qu'il eût reçu des ordres positifs et de se borner pour le moment à tâcher de disposer ces républicains à accepter des arrangements qui, de son propre aveu, seraient tout à leur avantage.

M. de Vergennes donna à M. de Mercy l'assurance la plus formelle que la France ferait tout pour appuyer les projets de la cour de Vienne. Mais sur le pied où le cabinet de Versailles était avec la Hollande, qu'il voulait complètement détacher de l'Angleterre, il lui paraissait tout à fait nécessaire de ménager quelque peu cette République. On ne pouvait pas lui dicter des lois; mais, sous l'apparence d'insinuations amicales, on ne lui en tiendrait pas moins un langage conforme aux désirs de la cour de Vienne. Déjà le chargé d'affaires de France à la Haye, M. de Béranger, avait reçu des instructions en ce sens et il avait eu l'ordre de se conformer à ce que lui proposerait le ministre impérial, baron de Reischach. Mais ce dernier avait prié l'agent français de s'exprimer formellement sur la liberté de la navigation de l'Escaut; cette démarche, qui aurait été sans aucune utilité pour la cour de Vienne, n'aurait pu qu'affaiblir la confiance du gouvernement hollandais dans la cour de France et peut-être l'en éloigner tout à fait. Maintenant il fallait attendre la réponse des Hollandais à la communication du tableau sommaire des revendications impériales et,

manière dont j'ai tâché de remplir ici mes devoirs dans les circonstances présentes, sont un grand encouragement à mon zèle; il ne me laissera jamais omettre rien de ce que je croirai utile au bien de l'auguste service.

d'après les avis qui lui étaient venus, cette réponse serait démesurément longue. D'ailleurs il était bien persuadé que, relativement à l'ouverture de l'Escaut, la République devrait bien à la fin en passer par ce que voudrait la cour de Vienne. De son côté, il ne manquerait pas, à la première occasion favorable, de bien faire voir aux ambassadeurs hollandais tout l'avantage que la République se procurerait en accordant de bonne volonté la libre navigation de l'Escaut, dont l'ouverture était pour ainsi dire inévitable, et la cession de la Flandre hollandaise.

Ayant reçu, le 30 juin, un courrier de Vienne, M. de Mercy eut peu après un nouvel entretien avec M. de Vergennes. Il lui déclara que maintenant il pouvait lui affirmer que ce qu'il lui avait exposé quelques jours auparavant, comme étant l'expression de ses idées personnelles, était en complet accord avec les instructions qui venaient de lui arriver; il ne s'était pas trompé sur les sentiments de sa cour. Pour mettre promptement terme aux préparatifs déplacés de la République, l'Empereur avait pris la résolution de dire son dernier mot, et il avait chargé le comte de Belgiojoso de rédiger cet ultimatum. Dès que ce document serait achevé, il serait envoyé à M. de Mercy qui, dès maintenant, avait l'ordre de le remettre tout de suite à M. de Vergennes, en le priant de le communiquer aux ambassadeurs hollandais, comme un moyen de conciliation imaginé par lui pour remplir la promesse des bons offices de la cour de Versailles qu'il leur avait faite. Ensuite M. de Mercy insista de nouveau sur la nécessité de joindre à l'ouverture de l'Escaut la cession de la Flandre hollandaise, car autrement il dépendrait du gouvernement de la Haye de mettre mille entraves au passage des vaisseaux, et la liberté de la navigation de l'Escaut serait absolument illusoire. En réclamant cette cession, la cour de Vienne cherchait seulement un moyen de maintenir la bonne intelligence avec ses voisins, car elle leur abandonnait en échange des territoires qui devaient leur être beaucoup plus utiles. Aussi elle comptait que, dans cette circonstance où les convenances de l'Empereur étaient d'accord avec les intérêts de la République et en certain sens avec ceux de la France, la cour de Versailles y prêterait volontiers les mains et s'emploierait activement à la conclusion d'un arrangement aussi désirable.

Bien loin de faire la moindre objection à ce raisonnement, M. de Vergennes y adhéra complètement. Il avoua ouvertement à M. de Mercy que ce projet lui paraissait très favorable aux Hollandais, puisqu'on leur donnait un arrondissement avantageux en échange d'un district frontière, qui était séparé du reste de leurs provinces par l'Escaut, qui, sans les couvrir contre une attaque ennemie, leur coûtait beaucoup d'argent et ne pouvait leur servir qu'à nuire aux provinces autrichiennes. D'ailleurs, aussitôt qu'il aurait l'ultimatum de l'Empereur, il prendrait sans retard les ordres du Roi son maître. (Dépêche d'office du comte de Mercy du 6 juillet 1784.)

148. — JOSEPH II À MERCY.

Vienne, ce 1ᵉʳ août 1784. — J'ai reçu votre lettre par le dernier courrier mensuel, et je vous en suis fort obligé. Les propos du comte de Vergennes sont à la vérité fort honnêtes, mais ce ne sont que des propos; en attendant, il faut s'en contenter. Vous verrez, mon cher Comte, par ce que vous mande le prince de Kaunitz, comment j'envisage toute la négociation avec la Hollande et la façon décisive avec laquelle je compte emporter la liberté de la navigation sur l'Escaut; elle m'a paru la seule faisable et la plus propre aux circonstances. M. de Vergennes devrait furieusement se contredire si, dans cette occasion, il ne conseillait point aux Hollandais, sinon de l'accorder, au moins de dissimuler le passage de nos bâtiments et de ne point se compromettre à faire un acte d'hostilité [1].

Vous verrez, outre cela, l'important objet en négociation avec l'Électeur palatin au sujet d'un troc de la Bavière contre les Pays-Bas. J'ai voulu que le prince de Kaunitz vous en informe préalablement, tant par une suite de la parfaite confiance que j'ai en vous, mon cher Comte, que pour vous mettre dans le cas que, si la chose venait à percer et qu'elle fût connue en France, vous puissiez en détourner les mauvaises impressions que cela pourrait y faire, en faisant

---

[1] Le 13 août, aussitôt après avoir reçu son courrier, M. de Mercy alla communiquer à M. de Vergennes les nouvelles instructions qui venaient de lui parvenir. Le ministre libella, en présence de M. de Mercy, les points de cette résolution finale de l'Empereur. (Dépêche de M. de Mercy à M. de Belgiojoso du 16 août 1784.)

Cette note, qui porte en marge cette mention : *Extrait écrit sous les yeux et sous la dictée de M. de Mercy le 13 août,* — est ainsi conçue :

«L'Empereur est disposé à se désister de toutes les prétentions qu'il a faites sur Maëstricht, etc.

«S. M. I. n'insistera plus sur l'échange de la Flandre hollandaise, mais Elle demandera que les limites de la Flandre soient rétablies sur le pied de 1664 et que l'Escaut soit libre.

«L'Empereur, en faisant cette notification aux États généraux comme moyen de conciliation, leur fera déclarer en même temps que, s'ils entreprennent de troubler la navigation du premier bâtiment impérial entrant dans l'Escaut, S. M. I. le considérera comme une déclaration de guerre.

«L'Empereur se promet de l'amitié du Roi que, sa déclaration faite, S. M. voudra bien intervenir par ses bons offices pour éclairer les États généraux sur l'intérêt qu'ils ont à prévenir une rupture et à se prêter aux moyens de rétablir avec S. M. I. la bonne intelligence qu'il leur importe si particulièrement de maintenir.» (*Archives des affaires étrangères de France*, série *Hollande*, vol. 559, fol. 13.)

plutôt concevoir à la France que c'est le seul moyen de me rendre vraiment un allié utile à cette puissance, en me mettant hors de cas de former des liaisons quelconques avec les puissances maritimes, et surtout avec l'Angleterre, puisque la considération que j'ai encore pour elles à cause des Pays-Bas viendrait à cesser entièrement. Je n'entre point dans l'importance du secret que cette affaire exige ; vous la sentirez vous-même ; sa réussite ne dépend plus que de la volonté efficace de l'Électeur d'en vouloir embrasser les moyens et du consentement du duc des Deux-Ponts[1]. On ignore encore ce projet aux Pays-Bas et vous êtes le premier à qui j'en fais la confidence. Ainsi, je vous prie, mon cher Comte, de n'en faire mention à qui que ce soit, pas même au comte de Belgiojoso.

Je vous joins ici deux lettres[2], l'une à remettre à la Reine et l'autre également pour ma sœur, mais sur la double enveloppe de laquelle est écrite : *lettre secrète*. Vous voudrez bien lui faire passer la première comme de coutume ; il n'y est question en rien de la Bavière, mais vous ne ferez usage de la seconde que lorsque vous le jugerez à propos et nécessaire d'instruire la Reine du projet de l'échange en question. Je n'y entre point en détail, mais je lui recommande seulement d'écouter avec intérêt ce que vous lui direz à ce sujet. Vous pouvez donc garder cette lettre tant qu'il vous plaira, ou ne la point lui donner du tout, selon que vous le trouverez à propos. Je crois cependant que, dès que l'affaire viendrait à s'ébruiter, il serait nécessaire d'en informer la Reine, pour qu'elle puisse en détruire les mauvais effets ou contenir les conséquences hasardées qu'on pourrait en tirer.

149. — KAUNITZ À MERCY.

Vienne, le 2 août 1784. — Tout ce que je vous mande par la lettre d'office[3] bien importante que je vous adresse aujourd'hui est si clair,

---

[1] Charles-Auguste, né le 29 décembre 1746, duc des Deux-Ponts depuis la mort de son oncle décédé sans enfant le 5 novembre 1775, était héritier présomptif d'un autre de ses oncles, l'Électeur palatin de Bavière, aussi sans enfant.

[2] Ces lettres manquent.

[3] Ces instructions, en allemand, sont fort longues et nous ne pouvons en donner ici qu'un résumé. Le prince de Kaunitz commence par dire qu'il profite d'une occasion sûre pour donner au comte de Mercy,

si vrai, si raisonnable et si incontestable, que, le cas existant, je me flatte que la France se conduira comme elle le doit, relativement à

dans le plus grand secret, communication d'une affaire encore en cours de négociation. Il lui rappelle que dans la convention, signée le 3 janvier 1778, entre la feue Impératrice et l'Électeur de Bavière, l'article 6 réservait la possibilité d'un échange de la Bavière. Cet échange de toutes ses possessions en Bavière contre les Pays-Bas autrichiens était l'objet des désirs du nouvel Électeur. Il le fit bientôt connaître, et, le 4 mars 1778, son ministre présentait à la cour de Vienne une note *pro memoria* en ce sens, mais la disproportion des revenus entre les deux pays à échanger parut d'abord trop grande et la guerre qui survint bientôt, à l'occasion de la succession de Bavière, mit fin à ces pourparlers.

Mais l'Autriche ne renonça point à cette idée; elle chercha un moyen de remédier à la disproportion des revenus entre la Bavière et les Pays-Bas : elle crut le trouver en joignant à la Bavière les districts de Salzbourg et de Berchtesgaden. L'Empereur se proposait d'abandonner au chapitre de Salzbourg et au prieuré de Berchtesgaden les provinces de Luxembourg et de Limbourg et une partie de celle de Namur, ce qui aurait été une riche compensation pour l'archevêché, tandis que la meilleure partie des Pays-Bas serait revenue à l'Électeur en échange de la Bavière, du Haut-Palatinat et de leurs annexes. On s'était entendu sur ces bases avec l'Électeur et on cherchait en ce moment le moyen de diminuer autant que possible la défiance du duc des Deux-Ponts contre l'Autriche et de le détacher du roi de Prusse.

L'Empereur avait confidentiellement prévenu de son projet l'impératrice de Russie (lettre du 13 mai 1784, n. s.), et il en avait reçu la promesse formelle du concours le plus absolu et le plus actif (lettre du 23 mai 1784, v. s.). Mais quelle serait l'attitude de la France? Le prince de Kaunitz exposait dans cette prévision plusieurs considérations qui pourraient avoir quelque influence sur les décisions de la cour de Versailles. Il évaluait la superficie de la Bavière, du Haut-Palatinat, des districts de Sulzbach, Neubourg, Salzbourg et Berchtesgaden à 800 milles carrés, et celle des Pays-Bas à 700; mais il faisait remarquer qu'on ne pouvait pas établir la moindre comparaison entre les deux pays quant à leur climat, leur agriculture, leur industrie, leur population, etc. La population de la Bavière et des pays voisins à échanger n'atteignait pas 1,400,000 âmes, tandis que celle des Pays-Bas autrichiens dépassait 1,800,000. Ainsi, à cet échange, l'Empereur ne perdrait pas moins de 400,000 âmes; à cette perte en hommes s'ajouterait une perte d'un million de florins de revenus annuels, sans compter que les Pays-Bas, par leur abondance en numéraire, par la prospérité de leur industrie et de leur commerce, étaient d'une grande ressource en temps de guerre par la facilité d'y percevoir des dons gratuits et d'y contracter des emprunts. Ainsi l'Empereur, loin de s'enrichir par cet échange ferait une perte très sensible. Ce qui l'y déterminait, c'était la situation physique de sa monarchie et la nécessité absolue d'en défendre le cœur contre ses ennemis mortels.

Le danger que faisait courir chaque jour à l'Autriche la monarchie prussienne, pouvait s'accroître d'un moment à l'autre par la réunion à la Prusse des margraviats d'Anspach et de Bayreuth. Si l'on considérait que la Saxe était étroitement liée à la Prusse, on verrait avec effroi quelle serait la position de la monarchie autrichienne quand la Bavière et le Palatinat viendraient en la possession du duc des Deux-Ponts, tout dévoué à la cour de Berlin. Sur toutes ses frontières, de Moravie, de Silésie, de Bohême et d'Autriche, elle serait entourée d'une chaîne d'ennemis.

son propre intérêt présent et à venir, et qu'elle n'imaginera pas même pouvoir manquer vis-à-vis d'une alliée qui doit lui être très précieuse,

C'était pour échapper à ce péril de mort que l'Empereur se décidait à un échange aussi désavantageux sous tous les autres rapports. Il voulait par là concentrer toutes ses forces contre l'ennemi le plus dangereux de la monarchie afin d'en assurer le maintien.

Cet échange d'ailleurs ne pouvait se faire que par le concours volontaire et amical de tous les intéressés qui devaient être largement indemnisés. Quant à la constitution interne de l'Empire, elle ne devait pas subir le plus petit changement du fait de cet échange, puisque les diverses parties contractantes conserveraient leurs qualités, privilèges, voix, etc. D'où il suivait que la garantie donnée par la France et la Russie, lors de la paix de Teschen, n'était pas touchée. D'ailleurs, cet échange était prévu par l'article 18 du traité de Bade, qui portait que dans le cas où, après sa rentrée en possession de la Bavière, l'Électeur voudrait l'échanger, le Roi T. C. ne pourrait pas s'y opposer. Par conséquent la France n'avait sur cet échange aucun *jus legitimum contradicendi;* bien mieux, les traités lui imposaient formellement l'obligation de le laisser s'accomplir sans opposition. D'ailleurs il laissait le système d'alliance complètement intact et même il le renforçait, en permettant à l'Autriche de tourner toutes ses forces contre la Prusse et à la France d'appliquer les siennes à la marine. Elle recevait dans l'Électeur palatin un voisin qui serait assez puissant pour lui être utile, mais qui n'aurait jamais la force de lui être nuisible; il serait à toujours dans sa dépendance. En outre la forteresse de Luxembourg passait des mains de l'Empereur dans celles d'un chapitre qui n'aurait ni les moyens, ni la volonté de l'entretenir. Enfin, cet échange faisait disparaître une des conséquences de l'ancienne alliance entre l'Autriche, l'Angleterre et la Hollande et cesser toute occasion de la renouveler, ce qui confirmait d'autant le système actuel.

Toutes ces considérations devaient donner l'espoir bien fondé que non seulement la France ne s'opposerait pas à cet échange, mais qu'elle le faciliterait avec la fidélité d'un bon allié. Toute opposition deviendrait un scandale qui démontrerait que l'alliance était une sorte de liaison dont l'une des parties contractantes cherchait à tirer tout l'avantage possible, pendant que l'autre était contrariée par son allié, même dans des objets de simple convenance, qui lui imposaient les plus lourds sacrifices et ne pouvaient avoir d'autre avantage que l'accroissement de leurs moyens de défense contre leur ennemi le plus dangereux.

Aussi longtemps que la négociation demeurerait secrète, ces raisonnements ne devaient servir qu'à l'instruction personnelle du comte de Mercy, qui ne pouvait en faire usage envers qui que ce fût. Mais si, comme cela pouvait facilement arriver (déjà des bruits vagues en ayant paru dans diverses gazettes), le comte de Vergennes y faisait une allusion plus ou moins directe, M. de Mercy pourrait lui dire que la cour de Vienne n'ayant pas encore terminé ses négociations avec les principaux intéressés n'avait pas cru pouvoir en faire part à son allié et en même temps lui présenter comme des idées à lui, Mercy, ces considérations qui devaient faire compter sur le concours de la cour de Versailles. M. de Mercy devrait aussi en faire usage près de la Reine et Lui représenter avec toute la force possible que c'était l'occasion la plus importante qu'Elle pourrait avoir dans toute sa vie d'employer pleinement sa puissante influence pour donner un témoignage de son amical dévouement pour son frère et servir efficacement les intérêts les plus essentiels de son auguste maison. (Rescrit du prince de Kaunitz au comte de Mercy du 2 août 1784.)

à l'engagement solennel, que par l'article 18 du traité de Bade elle a pris vis-à-vis de la maison d'Autriche, lorsque celle-ci était bien éloignée d'être à son égard ce qu'elle est aujourd'hui, et je ne saurais vous cacher que, si contre toute attente elle en était capable, l'alliance ne trouverait plus en moi son défenseur et son plus ferme appui, comme elle l'y a trouvé jusqu'ici dans toutes les circonstances, parce qu'elle ferait cesser par là complètement toutes les raisons qui m'ont engagé et autorisé à l'être jusqu'ici. Je ne répondrais pas cependant qu'elle ne fût capable de porter l'aveuglement jusque-là, si, au lieu de M. de Vergennes, qui est pourtant un homme sage et qui raisonne, sa place était occupée par quelque fou, comme par exemple le baron de Breteuil, sur le chapitre duquel je voudrais savoir, je vous l'avoue, s'il a lu ma fameuse lettre du mois de décembre dernier, et si vous pouvez parvenir à le savoir, vous me ferez plaisir de m'en informer confidemment.

Une autre chose, dont je désirerais fort aussi d'être informé, c'est d'un fait dont il s'est répandu le bruit depuis quelque temps comme d'une chose très positive, mais dont je crois devoir douter encore, parce que vous ne m'en avez jamais parlé. On soutient qu'en vertu d'une convention bien cimentée, faite avec le roi de Suède, la France lui a cédé en pleine propriété l'île de Saint-Barthélemy contre le droit d'avoir constamment un dépôt de marine et de commerce à Gothenbourg. La Russie, le Danemark et la Grande-Bretagne en sont déjà très émus et très intrigués. Si cela est, il me semble que c'est une école politique d'avoir voulu donner si promptement une alarme générale à toutes les puissances principales commerçantes du Nord. Quoi qu'il en soit cependant, comme le oui et le non à cet égard sont presque également intéressants, je vous prie de ne pas manquer de m'informer de ce que vous en saurez ou que vous pourrez parvenir à en apprendre.

150. — MERCY À JOSEPH II.

Paris, 16 août 1784. — Au moment où j'allais expédier le garde-noble qui se trouvait ici, celui qui devait le relever est arrivé et m'a remis les très gracieux ordres de V. M. I. en date du 1ᵉʳ de ce mois.

16 AOÛT 1784.   279

Tout ce qui a trait aux négociations entamées avec la Hollande et aux dernières résolutions que V. M. vient de prendre à cet égard, est si amplement déduit dans mes dépêches d'office qu'il ne me reste rien à ajouter sur cet article[1]. La Reine, qui dans cette occasion a donné des preuves d'un vrai zèle et d'un extrême désir de marquer sa tendre amitié à V. M., a bien voulu me lire un passage de sa lettre où Elle expose avec précision la cause première des difficultés odieuses que je rencontre souvent en négociant avec le comte de Vergennes[2]. Il m'avait

---

[1] Le 13 août tout au matin, lorsque ses dépêches, datées du 13 étaient déjà fermées et le garde-noble prêt à partir, M. de Mercy reçut les rescrits du 2 août qui lui apportaient les nouvelles instructions de l'Empereur touchant à l'Escaut (voir plus haut, p. 274, n. 1). Aussitôt après avoir lu ces dépêches, M. de Mercy les jugea si importantes qu'il ne voulut pas attendre encore quatre jours la conférence ordinaire du mardi et qu'il se rendit tout de suite à Versailles chez M. de Vergennes. Le ministre, fort soulagé de voir disparaître la demande de faire usage de l'ultimatum comme de son propre ouvrage, accueillit avec la plus grande satisfaction la communication de M. de Mercy. Et comme l'ambassadeur lui demandait ce qu'il pensait de la résolution finale de la cour de Vienne, le ministre lui répondit que dans cette dernière demande il ne voyait rien qui pût gêner le Roi dans son désir bien sincère de pouvoir rendre quelque service utile à S. M. l'Empereur. Relativement à la liberté de la navigation de l'Escaut, il dit même que dans cette question il n'était point juge, mais qu'il était toujours d'avis que l'ouverture de ce fleuve ne serait ni nuisible ni inquiétante pour le commerce hollandais et devrait, en fin de compte, être accordée à la cour de Vienne sans grande difficulté. Il voulut même donner tout de suite une marque réelle de sa bonne volonté. Il fit observer à M. de Mercy que, relativement à la notification à faire que l'Empereur regarderait comme une déclaration de guerre la première insulte faite au pavillon impérial sur l'Escaut, il serait peut-être convenable que cette déclaration précédât au moins de trois semaines ou un mois l'apparition des vaisseaux autrichiens sur ce fleuve, parce que toutes les insinuations à faire à la République devant circuler dans les différentes provinces et cette méthode exigeant nécessairement quelque temps, il pouvait arriver qu'un des bâtiments autrichiens fût insulté par des vaisseaux d'une des provinces qui n'aurait pas encore été avertie et contre l'intention de la République. (Dépêches d'office du comte de Mercy au prince de Kaunitz et au comte de Belgiojoso du 13 août 1784.)

[2] Cette lettre de la Reine à Joseph II du 16 août 1784 n'est pas dans les archives de Vienne; mais les dépêches d'office du comte de Mercy, en allemand au prince de Kaunitz et en français au comte de Belgiojoso, des 1er, 13 et 16 août 1784, en tout plus de soixante-dix pages in-folio, sont si détaillées qu'elles permettent de reconstituer presque jour par jour l'intervention de la Reine dans cette affaire.

Le mardi 27 juillet 1784, M. de Mercy avait présenté à M. de Vergennes l'ultimatum de l'Empereur au sujet de son différend avec la République de Hollande. L'Empereur renoncerait à ses prétentions sur la ville de Maëstricht, le comté de Vroenhoven et leurs dépendances, qui avaient été cédées au roi d'Espagne par un article du traité d'alliance offensive et défensive conclu à la Haye le 30 août 1673; il confirmerait la cession faite à la République d'une partie de la Gueldre par l'article 18 du

enfin forcé à le serrer de si près qu'il en était résulté entre lui et moi une brouillerie personnelle. Ma dernière conférence a prêté aux

traité de *la Barrière*, et il céderait le surplus de la Gueldre autrichienne avec les terres y annexées, ainsi qu'un arrondissement de limites aux pays d'Outre-Meuse à␣␣a convenance des États généraux. La République, de son côté, consentirait à la réouverture de l'Escaut, à la liberté d'y imposer tels droits et impôts que l'Empereur trouverait convenir, ainsi qu'à la liberté de naviguer directement des ports des Pays-Bas aux deux Indes. La République évacuerait tous les forts qu'elle occupait sur les rives de l'Escaut sous la domination de ʻEmpereur et lui céderait toute la portion de la Flandre qu'elle possédait.

M. de Mercy écrivait, le 1ᵉʳ août, au comte de Belgiojoso qu'il avait commencé par dire à M. de Vergennes que : «le Roi ayant témoigné d'une manière si amicale le désir de se rendre utile à nos vues, l'Empereur, par une suite de sa confiance dans S. M. T. C., avait décidé sur-le-champ que son dernier mot serait confié à cette cour, en la requérant cependant que M. de Vergennes fût chargé de faire valoir cet ultimatum vis-à-vis des ambassadeurs de Hollande comme son ouvrage propre et comme une idée qui lui était venue pour concilier d'une manière juste et équitable les intérêts de l'intime allié de la France avec ceux de la République; .... qu'il était aisé de prévoir que si 'les Hollandais s'apercevaient, même de loin, que le plan en question était notre ouvrage, ils ne manqueraient pas de faire naître mille difficultés, au lieu que recevant les propositions comme un moyen de conciliation imaginé par une cour telle que la France, qu'ils ont tant de motifs de ménager, ils ne pourraient raisonnablement pas se refuser à y donner les mains. Loin de me faire quelque objection à cet égard, le ministre me répliqua que, connaissant l'amitié du Roi pour l'Empereur et son désir de lui en donner des preuves dans la circonstance actuelle,

il avait lieu de croire que son souverain l'autoriserait à agir en cela conformément à nos intentions et qu'alors il s'en acquitterait avec autant de zèle que d'exactitude. D'après les formes habituelles de M. de Vergennes, son langage était un acquiescement assez clair à notre demande, et je crois en cela avoir gagné quelque chose sur lui, d'autant plus qu'après un de nos premiers entretiens, ce ministre avait fait des réflexions qui l'éloignaient très fort de l'idée de présenter notre projet sous les apparences de son ouvrage. Cette notion m'était revenue de bonne part. J'avais mis quelques moyens en œuvre pour rendre le secrétaire d'État plus facile et je vis avec plaisir que ces moyens m'avaient réussi. »

Dans ses dépêches au comte de Belgiojoso, M. de Mercy ne fait jamais mention de l'action de la Reine, dont il réserve le compte rendu pour l'Empereur et le chancelier. Le 1ᵉʳ août, l'ambassadeur écrivait au prince Kaunitz que la Reine, dans une conversation avec le Roi, s'était aperçue que la remise de l'ultimatum, comme étant l'ouvrage propre de la cour de France, pourrait causer de grandes difficultés. Elle en avertit M. de Mercy qui Lui représenta très fortement quelle importance considérable cette manœuvre avait pour la cour de Vienne et La supplia instamment de parler dans ce sens avec la plus grande énergie tant au Roi qu'au ministre. La Reine avait fait appeler M. de Vergennes et du ton le plus sérieux Elle lui avait déclaré que toutes les fois que les intérêts de la France seraient en opposition avec ceux de l'Empereur, Elle balancerait d'autant moins à embrasser le parti de la France que son mariage avait été béni de Dieu et qu'Elle avait eu le bonheur de donner au Roi des enfants; mais comme dans le cas actuel la cour de Versailles, sans se causer le moindre préjudice, pouvait donner à l'Empereur des preuves de son bon vouloir, Elle n'avait pas

moyens de me remettre en meilleure posture vis-à-vis de ce ministre, et j'en suis fort aise par réflexion sur le très important objet que V. M.

hésité à déclarer au Roi que l'on manquerait à toutes les convenances si l'on n'obligeait pas l'Empereur dans cette affaire et Elle croyait devoir inviter le ministre à bien réfléchir de son côté à ce qu'il aurait à faire.

Cette déclaration parut produire une profonde impression sur M. de Vergennes. Il dit que cette affaire méritait d'être mûrement considérée, que l'on commettrait à son avis une grosse faute politique si, dans ce moment, on ne ménageait pas les Hollandais dont on voulait se rapprocher pour les détacher complètement de la Grande-Bretagne. La France ne pouvait pas dicter de lois à la République et on était contraint de se borner à des représentations amicales. D'ailleurs on devait d'abord attendre pour voir quelle tournure les choses prendraient, car on ne pouvait pas encore le prévoir. Mais la Reine lui répliqua qu'il ne s'agissait pas du tout de dicter des lois à la Hollande; mais puisque la France avait promis ses *bons offices* à l'Empereur ainsi qu'à la République, elle devait tenir à sa promesse et se mettre activement à l'œuvre pour donner une preuve sensible de son réel attachement à l'alliance.

Cette intervention de la Reine ne fit pas changer M. de Vergennes de sentiment, mais elle l'obligea à dissimuler et, dans leur conférence du 27 juillet, il fut assez habile pour satisfaire à demi M. de Mercy sans cependant s'engager à rien. A la lecture de l'ultimatum de l'Empereur, il manifesta sa satisfaction de voir que les cessions offertes par la cour de Vienne étaient plus considérables que ne le pensait le public, qui les limitait au district de Fauquemont; mais quand il en vint à la liberté de navigation de l'Escaut, il déclara qu'il prévoyait une extrême répugnance de la part des Hollandais à se prêter sur cet article; que la province de Zélande et surtout la ville d'Amsterdam marquaient les plus fortes alarmes à cet égard, qu'elles craignaient la ruine totale de leur commerce, préjugé dont il serait assez difficile de les faire revenir. M. de Mercy répliqua que les Pays-Bas autrichiens étaient déjà en possession de la partie du commerce qu'ils pourraient exercer, que de l'arrangement proposé par la cour de Vienne, il ne résulterait qu'un partage de la même masse de commerce en deux; qu'au reste S. M. l'Empereur regardait déjà dès ce moment le point de la libre navigation de l'Escaut comme hors de toute contestation, soit comme un objet fondé sur le droit de nature, soit comme un effet des infractions constantes des Hollandais aux anciennes conventions, qui en avaient disposé autrement. Il rappela ensuite à M. de Vergennes que, dans une de leurs conversations précédentes, il avait lui-même regardé cet objet comme si peu important pour la République que, selon ses propres expressions, s'il était ministre hollandais il n'hésiterait pas à l'abandonner.

Dans le cours de la discussion sur cet ultimatum, M. de Vergennes fit à M. de Mercy les observations qu'il avait déjà faites à la Reine; il lui dit nettement que la France ne pouvait pas dicter de lois aux États généraux et qu'on se tromperait fort en supposant au cabinet de Versailles un grand crédit en Hollande; que son influence y était très combattue par les différentes factions subsistantes dans la République; que la France désirait à la vérité entrer en relations avec elle pour la détacher entièrement de l'Angleterre; mais que l'on était très incertain de la réussite de ce projet.

M. de Mercy terminait sa dépêche du 1er août au comte de Belgiojoso par cet aveu: «M. de Vergennes, sans varier dans ses assurances d'une bonne volonté sincère, mais, se retranchant sur des difficultés à prévoir, sur l'impossibilité où l'on se trouvait ici de dicter la loi aux Hollandais, n'articula bien de clair dans le jugement qu'il daigne me confier, et par rapport aux circonstances où cette cour-ci pourrait y entrer pour quelque chose. Je crois qu'il sera indispensable

portait de l'issue de nos négociations, et par là même il me confirma dans l'idée que j'ai toujours eue du système que l'on s'est formé ici d'éviter soigneusement de se compromettre vis-à-vis de nous, mais en même temps d'observer de grands ménagements envers les États généraux. Il reste donc à juger si, d'une conduite aussi circonspecte, il peut en résulter des effets aussi efficaces qu'il serait nécessaire pour déterminer les Hollandais à conclure à notre satisfaction l'arrangement que l'on aura en vue. »

La suite des événements ne devait pas tarder à prouver combien la défiance de M. de Mercy était bien fondée. Cependant pour vaincre la résistance de M. de Vergennes, l'ambassadeur n'avait pas hésité à faire encore appel à la Reine. Le 8 août, Marie-Antoinette fit connaître à M. de Mercy par une personne de confiance (sans doute l'abbé de Vermond) qu'Elle venait d'avoir un vif entretien avec le Roi à propos de la présentation de l'ultimatum de l'Empereur dans la forme que désirait ce monarque. Après quelques phrases générales sur la façon dont les affaires étaient traitées à Versailles, sur le peu d'accord des ministres entre eux, sur les obstacles que le comte de Vergennes d'accord avec le contrôleur général, M. de Calonne, cherchait à placer sur le chemin des autres ministres, la Reine avait amené la conversation sur les affaires de Hollande. Elle demanda au Roi où en était la question de l'ultimatum et s'il serait présenté dans les conditions que proposait la cour de Vienne. Cette demande mit le Roi dans un embarras visible. Il répondit que la présentation sous cette forme était absolument impossible et que le Conseil d'État l'avait reconnu après une longue délibération. La cour de Versailles ne pouvait prescrire aucune loi aux Hollandais, et dans l'état actuel des affaires, il serait par trop dangereux de présenter à la République, que l'on devait ménager, cet ultimatum comme l'expression pure et simple des idées de la cour de France.

La Reine fut très émue de cette déclaration inattendue et Elle ne cacha pas son mécontentement. Avec une certaine vivacité, Elle répondit au Roi que tout ce qu'Il venait de Lui dire n'était qu'un prétexte fort mal choisi. Elle ne pouvait pas comprendre comment Lui, le Roi, se rangeait à l'avis de son conseil, dont la composition, hélas! était trop connue de tous. Il ne s'agissait pas de lois à dicter à la Hollande, mais bien d'une chose qui, de près ni de loin, ne pouvait porter le moindre préjudice à la France. Il y avait seulement à rendre un service essentiel à la cour de Vienne, ce qui était pour le cabinet de Versailles une occasion excellente de réparer en quelque sorte l'impression fâcheuse causée par sa mauvaise conduite antérieure envers l'Empereur. Si, au lieu de tirer parti de cette occasion, on la laissait maladroitement passer, la Reine ne pouvait s'empêcher de dire que ce serait très mal agir et qu'on s'exposerait au danger d'exciter le mécontentement de l'Empereur au plus haut degré. Elle fit remarquer que, d'après ce que le comte de Vergennes avait dit à M. de Mercy, la remise de l'ultimatum était chose fort possible et Elle s'étonna que tout à coup on eût complètement changé d'avis. Le Roi ayant voulu laisser entendre qu'il se pouvait que M. de Mercy n'eût pas bien compris le ministre, la Reine répliqua qu'Elle était parfaitement sûre du contraire, car les bons et longs services de l'ambassadeur Lui étaient garants qu'il était capable de comprendre et de rapporter exactement ce qu'on lui disait. Elle ajouta que dans tout cela Elle reconnaissait les petites manœuvres de M. de Vergennes, qui, pour ne pas s'exposer au moindre embarras avec les Hollandais, avait présenté au Roi et à son conseil cette afen son temps de prévenir la Reine sur cette grande affaire, mais le moment n'est pas encore arrivé, et quoiqu'il y eût toute sûreté dans

faire comme très épineuse. Il en ressortait clairement que l'opinion du Roi était soumise à celle de son ministre et que l'on ne pouvait faire aucun fond sur les idées personnelles du Roi.

Sans se fâcher le moins du monde, le Roi chercha à se tirer d'affaire par des assurances vagues de son bon vouloir et, quoique au début l'entretien ait été assez vif, les deux époux se séparèrent sans qu'il restât entre eux la plus petite trace de mécontentement.

Mais un ou deux jours après la Reine revint à la charge. Elle représenta au Roi combien dans une affaire aussi simple et aussi peu importante que le différend de l'Empereur avec les Hollandais il était aussi étrange qu'inconvenant pour une grande cour de ne pas tenir la parole donnée à un intime allié. Elle ajouta que dans tout cela ce qui Lui tenait le plus à cœur c'était l'idée qu'on se ferait du caractère du Roi. Elle Lui dit que le public croyait de plus en plus que Lui, le Roi, n'avait ni volontés, ni opinions à Lui et qu'Il n'osait pas rejeter une idée qui Lui était insinuée par un de ses ministres. En fait, c'était une fâcheuse inconséquence de promettre ses bons offices à un ami et de s'appliquer ensuite à soulever mille difficultés inutiles sur tous les moyens qui pourraient être efficaces. Et si une fois cette réputation s'établissait bien à l'étranger, le Roi pouvait compter que pendant tout son règne Il n'aurait jamais plus un allié qui Lui fût sincèrement attaché. Après avoir essayé quelques faibles réponses pour sortir d'embarras, le Roi, comme dans le premier entretien, manifesta quelque doute que M. de Mercy eût bien entendu et bien compris les paroles de M. de Vergennes. Là-dessus, la Reine, comme la première fois, répondit de la fidélité de M. de Mercy. Elle ajouta que d'ailleurs il était bien simple de tirer la chose au clair. Elle était très portée à faire appeler en même temps MM. de Vergennes et de Mercy devant Elle afin d'éclaircir en sa présence ce qui s'était dit entre eux.

M. de Mercy était convaincu que le Roi avait fait connaître à M. de Vergennes cette idée de la Reine, car, lorsque le mardi 10 août l'ambassadeur entra dans le cabinet du ministre, il fut reçu avec une froideur marquée et un embarras visible. Il demanda à M. de Vergennes si une résolution avait été prise concernant l'ultimatum; mais celui-ci prenant son air le plus froid et élevant un peu le ton, se borna à dire qu'il avait mis cette pièce sous les yeux du Roi et qu'il serait incessamment en état de faire connaître la réponse de S. M. Comme M. de Mercy se récriait vivement, le ministre répondit qu'«*il le priait fort en ce moment de ne pas le presser davantage, parce qu'il ne lui dirait rien de plus*». Cependant M. de Mercy insista si longuement que M. de Vergennes finit par lui dire que, s'il voulait relire la fin du mémoire explicatif qu'il lui avait présenté avec l'ultimatum, il ne serait plus aussi surpris qu'il paraissait l'être de la réserve dont il se plaignait; qu'il y verrait avec quelle exigence on voulait que le Roi fît des propositions comme de Lui aux États généraux; que cette demande n'était point admissible et que, dans l'ensemble des circonstances telles qu'elles se trouvaient, le Roi ne pouvait rien proposer du son chef aux Hollandais. Alors, du ton le plus naturel, M. de Mercy lui répondit que ne pouvant concilier en aucune manière le langage qu'il lui tenait actuellement avec celui qu'il lui avait tenu dans toutes les conférences précédentes, il le priait finalement de lui dire quel était l'usage qu'il comptait faire de l'ultimatum; qu'en le recevant, il s'était sans doute proposé d'en faire un usage quelconque, sans quoi il aurait refusé de le recevoir. Il rappela à M. de Vergennes que, le 27 juillet, il ne lui avait pas fait la moindre objection. Enfin il fit tant

la discrétion de cette auguste princesse, je crois devoir garder la lettre secrète qui Lui est destinée, pour ne la remettre qu'à l'instant même où cela deviendra utile; entre temps, je suis si pénétré de l'extrême importance d'un pareil secret que, malgré une parfaite certitude sur

et si bien qu'il amena le ministre à lui déclarer que l'usage que la cour de Versailles pourrait faire de l'ultimatum consisterait à sonder peu à peu les Hollandais sur les différentes propositions de la cour de Vienne et à avancer progressivement dans le détail des différents objets à mesure que l'on apercevrait plus ou moins de facilités à les faire adopter. M. de Mercy répliqua qu'il lui semblait voir que c'était le mot *proposer* qui choquait et que dans ce cas sa cour accepterait très bien de remplacer cette expression par les mots *insinuations, sonder, raisonnements, conseils*, etc., pourvu que ces différents moyens fussent mis en œuvre par le cabinet de Versailles avec l'énergie que l'Empereur était en droit d'attendre d'après le langage tenu par le ministre lui-même à lui, Mercy, et par M. de Noailles au prince de Kaunitz. Pour mettre fin à cette discussion orageuse qui l'ennuyait visiblement, M. de Vergennes accepta ce biais et on convint d'un échange de lettres en ce sens, ce qui fut fait le lendemain.

Dans le cours de cette conférence, M. de Vergennes dit à M. de Mercy que le district de la Gueldre autrichienne à céder aux Hollandais était peu de chose, qu'il ne comprenait que Ruremonde et trois ou quatre villages, et il avait aussi insisté sur la répugnance invincible des Hollandais à l'ouverture de l'Escaut. Tous ces propos faisaient supposer à M. de Mercy que M. de Vergennes avait secrètement communiqué l'ultimatum aux ambassadeurs hollandais et l'avait discuté avec eux. Aussi à la fin de sa dépêche du 13 août 1784 au comte de Belgiojoso il affirmait que, comme il l'avait toujours dit, il ne fallait pas dans cette affaire compter sur la coopération secrète de la France.

En quittant M. de Vergennes, M. de Mercy se rendit chez la Reine et il Lui raconta son entretien avec le ministre; de son côté, Elle lui fit part de tout ce qui s'était dit entre Elle et le Roi. La Reine ajouta qu'Elle *avait vainement cherché les causes qui pouvaient avoir retourné M. de Vergennes d'une façon si subite*. Elle croyait qu'un des motifs de ce revirement consistait dans une difficulté imprévue qui serait survenue tout à coup dans les négociations du traité projeté entre la France et la Hollande, traité qui tenait beaucoup à cœur à la cour de Versailles. La Reine voulait avoir un nouvel entretien avec le ministre pour savoir à quoi s'en tenir, et Elle était bien résolue, en cas de besoin, de lui faire les reproches les plus sensibles pour atteindre le but qu'elle se proposait. Mais Elle ajouta que si Elle parvenait à réduire le ministre à faire purement et simplement usage de l'ultimatum de l'Empereur comme s'il émanait du cabinet de Versailles, le ministre ne manquerait pas de moyens pour faire échouer les projets de la cour de Vienne. Elle n'était pas éloignée de croire que M. de Vergennes était capable, en présentant les propositions de l'Empereur aux Hollandais, de leur déclarer que ce qu'il en faisait c'était uniquement pour remplir la promesse de *bons offices* faite à la cour de Vienne, mais que la France n'avait aucun intérêt à la réussite de ce projet, Elle pensait que, s'il commettait une semblable perfidie, il saurait si bien cacher son jeu que non seulement Elle-même, mais peut-être aussi le Roi ne pourrait pas s'en procurer une preuve convaincante.

M. de Mercy vit la Reine tellement montée contre le comte de Vergennes que, pour éviter un éclat fâcheux, il crut devoir chercher à La calmer un peu.

la fidélité de ma secrétairerie d'ambassade, je la laisse dans l'ignorance du fait dont il s'agit. C'est par cette raison que V. M. n'en trouvera aucune trace dans mes dépêches copiées, et je me borne à répondre par une lettre particulière au prince de Kaunitz à la dépêche d'office qui m'est adressée sur cette matière. Enfin, sachant évaluer une grâce aussi précieuse à mon zèle que l'est celle de la confiance qu'il plaît à V. M. de me marquer, je me conduirai dans tous les sens de manière à tâcher de m'en rendre digne.

Quoique dans la lettre à la Reine, V. M. ne Lui ait fait aucune mention de l'accident qui Lui est arrivé à la chasse[1], quelques lettres particulières l'ayant annoncé, j'ai cru devoir en parler à la Reine avec les précautions nécessaires pour qu'Elle n'en fût pas trop frappée dans l'état de grossesse où il n'est plus douteux qu'Elle se trouve. Cette princesse s'est réservé de parler Elle-même d'une circonstance, laquelle, grâce au ciel, n'a pas eu de suites fâcheuses, mais j'ai vu dans cette occasion, ainsi qu'en toutes celles qui se présentent, combien les affections que la Reine doit à son auguste sang se réunissent toutes sur la personne de V. M.; mais il est de mon devoir d'observer que ses augustes frères n'y ont pas tout à fait une part proportionnée. La Reine se plaint quelquefois de leur oubli, mais surtout de celui de monseigneur le grand-duc de Toscane, qui ne Lui écrit que dans des occasions d'étiquette très rares et avec plus de cérémonie que de marques d'amitié[2].

---

[1] Joseph II lui-même raconta cet accident en ces termes dans une lettre du 29 juillet 1784 à son frère Léopold : «J'ai eu hier une assez singulière aventure. Logeant à l'Augarten (château impérial situé au milieu d'un beau parc aux portes de Vienne, dans la Léopoldstadt), j'ai été le matin à la Brigittenau (alors grand parc au nord de Vienne, au delà de l'Augarten), à la chasse, au même lieu où nous avons été et manqué ensemble des cerfs. Pour que cela ne m'arrive plus, je me suis placé au bas de la digue (la Brigittenau est entre deux bras du Danube); un grand cerf arrive, s'effarouche de mon chargeur d'armes, se retourne et saute sur moi, me renverse et m'arrache un gros morceau d'habit qu'il a emporté. J'en ai été quitte pour une contusion au côté et une à la nuque du cou, causée par la chute, mais qui ne m'empêche point d'aller partout en souffrant un peu.» (*Joseph II und Leopold von Toscana... Ihr Briefwechsel*, t. I, p. 219.)

L'habit vert porté par Joseph II dans cette occasion fut tout déchiré; il est conservé encore aujourd'hui à la cour de Vienne.

[2] Nous ne pouvons pas donner de spécimen de cette correspondance, car on n'a plus que les lettres échangées entre Marie-Antoinette et Léopold pendant la Révolution et publiées dans le recueil de M. d'Arneth, ayant pour titre *Marie-Antoinette, Joseph II und Leopold II*.

Quant à la position actuelle de la Reine, elle est constamment des plus favorables et telle que S. M. donnera à son crédit toute l'étendue qu'Elle voudra, lorsqu'un peu plus d'habitude et de goût pour les affaires sérieuses Lui donneront les moyens d'appuyer ses volontés autant par des raisonnements qu'Elle sait quelquefois les faire valoir par la force. Je prends souvent la liberté de Lui représenter que ce dernier moyen n'est pas toujours suffisant, surtout dans les objets politiques, et la Reine commence à en convenir. La prochaine visite du prince Henri de Prusse Lui déplaît à l'excès; je ne présume pas que cette apparition devienne de quelque conséquence en affaires; cependant j'y veillerai avec la plus scrupuleuse attention [1].

---

151. — MERCY À KAUNITZ.

Paris, le 16 août 1784. — J'allais expédier le garde-noble qui se trouvait ici, lorsque celui qui devait le relever est arrivé et m'a remis les dépêches dont il était chargé ainsi que la lettre particulière dont V. A. m'honore du 2 de ce mois.

Le changement que les dernières résolutions de S. M. l'Empereur apportent dans les négociations avec la Hollande, donne en même temps toute facilité à cette cour-ci de se conduire à notre égard d'une manière moins odieuse qu'elle ne l'avait fait jusqu'à présent; mais je dois m'en remettre sur cette matière à tout ce qui en est amplement déduit dans mes dépêches d'office d'aujourd'hui. L'embarras où j'ai mis M. de Vergennes vis-à-vis de la Reine, et le dépit qu'il en a conçu auraient pu dégénérer en une querelle personnelle entre lui et moi. Notre dernière conférence a dissipé ce petit orage, et je vais tâcher de me maintenir en bonne mesure auprès de ce ministre, pour le cas où il soit question de traiter avec lui sur le grand et important

[1] Le prince Henri de Prusse, frère puîné du grand Frédéric, était né le 18 juin 1726. Il mourut en 1802. Il s'était surtout distingué dans la guerre de Sept ans où il avait rendu de grands services à son frère et, dans un séjour à Pétersbourg en 1770-1771, il avait fort contribué à déterminer le premier partage de la Pologne. Dans l'été de 1784, il entreprit un voyage en Suisse et en France, et le 13 août, M. de Vergennes annonça à M. de Mercy la prochaine arrivée du prince, qui devait avoir, le mardi 17, sa première audience du Roi.

objet, qui est celui de la dépêche séparée que je viens de recevoir. Jusqu'à ce que ce projet ait acquis le degré de maturité convenable, et que surtout on se soit assuré de M. le duc des Deux-Ponts, il me paraît infiniment essentiel que cette cour-ci ignore nos vues, et quoique très sûr de ma secrétairerie d'ambassade, je lui ai soustrait la connaissance de cette affaire si majeure: c'est par cette raison que V. A. n'en verra aucune trace dans mes dépêches copiées. Je ne vois pas que jusqu'à ce moment on ait ici le moindre soupçon du projet dont il s'agit; nos négociations hollandaises serviront merveilleusement à en éloigner l'idée; si M. de Vergennes en pénètre quelque chose et s'il m'en parle, je lui tiendrai le langage qui m'est prescrit en pareil cas.

V. A. m'ordonne entre temps de lui exposer mes faibles conjectures sur la sensation et les mesures qu'une telle circonstance pourra produire ici. Je crois qu'avant de se livrer à un examen réfléchi sur l'objet, M. de Vergennes commencera par être effrayé de l'aspect d'un projet important et vaste. Sa grande méfiance l'induira ensuite à le regarder comme l'acheminement à un projet plus vaste encore, c'est-à-dire celui de soustraire à la France un gage qu'elle croit avoir sous sa main, de nous mettre par là à notre aise vis-à-vis d'elle, pour nous lier plus intimement avec la Russie, peut-être avec d'autres puissances et pour procéder avec des moyens formidables à la subversion et au partage de l'Empire Ottoman. Il m'est presque démontré que cette crainte, qui n'a jamais diminué, est la cause fondamentale de la mauvaise grâce que nous éprouvons ici depuis longtemps et en toute occasion. Tel sera, sans doute, le premier fantôme qui frappera l'esprit de M. de Vergennes de manière qu'instruit de nos vues, s'il se croyait à temps de les contrecarrer, soit auprès du duc des Deux-Ponts, soit en excitant la cour de Berlin, il est très probable qu'il s'en occuperait plus ou moins ouvertement. Mais si, au contraire, restant dans l'ignorance de notre projet, le ministre n'en est informé qu'après un accord bien cimenté entre les parties intéressées, alors il est à croire qu'en faisant usage de tous les raisonnements victorieux que V. A. m'a dictés, et y joignant le concours de la Reine, laquelle certainement y interviendra de tout son pouvoir, il est à croire, dis-je, qu'alors on ne se portera ici à rien d'odieux ni de bien embarrassant pour nous.

Voilà, Monseigneur, le premier et encore le seul aperçu que je puisse dans ce moment mettre sous les yeux de V. A.; j'observerai bien attentivement tout ce qui par la suite me mettra à même d'en dire de plus.

Quoique à l'exception de ce qui regarde son département, M. de Vergennes soit bien éloigné d'un grand crédit, il n'y a cependant aucune apparence de son déplacement, et, s'il avait lieu, M. de Breteuil n'aurait aucun moyen de lui succéder. Je ne présume pas que ce dernier ait eu connaissance de la lettre si énergique dont V. A. m'a honoré en décembre dernier. Je suis assez lié avec M. de Breteuil pour que j'eusse pu lui en apprendre les points essentiels, mais il est reconnu pour tellement incapable d'aucun bon raisonnement politique, que je me suis abstenu de lui en parler, me tenant satisfait du grand effet que cette lettre avait produit sur M. de Vergennes.

D'ailleurs, le baron de Breteuil n'a aucune influence au conseil; il ne s'occupe que des détails de sa place, et même avec peu de succès; son air hautain, son ton brusque, réussissent fort mal à la cour, ainsi qu'à Paris; il a eu du dessous dans plusieurs conflits de juridiction avec ses collègues et il n'est guère à prévoir qu'il joue jamais un grand rôle.

P. S. Je présume que mon très humble rapport particulier à l'Empereur sera communiqué à V. A.; j'en aurais joint une copie en entier, si les objets qu'il renferme étaient de quelque importance, mais je crois devoir me borner au seul article suivant sur le secret qu'exige l'affaire de la Bavière.

P. S. Par ma dépêche numéro 25, datée du 6 juillet, *littera* R, j'ai eu l'honneur de rendre compte à V. A. de ce que m'avait dit M. de Vergennes sur la cession de l'île Saint-Barthélemy au roi de Suède, contre le droit pour la France d'un dépôt de marine et de commerce à Gothenbourg [1]. On m'a assuré, depuis, que cet arrangement va s'accomplir.

---

[1] Averti par le ministre plénipotentiaire d'Angleterre à Paris, M. Hailes, que la cour de Versailles négociait avec la Suède la création d'un entrepôt à Gothenbourg, M. de Mercy, bien que trouvant le fait invraisemblable, s'arrangea de façon à faire tomber, dans une de ses conférences avec M. de Vergennes, la conversation sur ce sujet.

Le ministre lui répondit qu'il pouvait lui

152. — JOSEPH II À MARIE-ANTOINETTE.

1ᵉʳ septembre 1784. — Vous avez parfaitement raison d'être sûre de la part que je prends à votre grossesse et des désirs que je forme pour qu'elle se termine selon nos communs souhaits. Le ménagement le plus exact et les précautions les plus suivies doivent être employés par vous, afin que vous n'ayez rien à vous reprocher, surtout les premiers mois qui sont les plus dangereux pour faire une fausse couche. Je vous rends en même temps des grâces pour l'intérêt que vous me témoignez prendre à mon aventure avec le cerf; elle s'est passée si heureusement que je n'ai pas cru que cela valait la peine de vous en parler. Quoique renversé et qu'il m'ait emporté avec les bois les boutonnières de mon habit, j'en étais quitte pour quelques contusions, et comme je n'ai pas eu le temps de m'en effrayer, je n'ai pas cru nécessaire de prendre remède quelconque.

Il est sûr que la conduite de M. de Vergennes est peu faite pour resserrer et presque même pour ne pas conserver les liens d'alliance et de politique qui nous unissent. Une seule question dessillerait les yeux fascinés; c'est de se demander : Qu'est-ce que l'Empereur a donc fait jusqu'à présent qui fût préjudiciable aux intérêts de la France? Et qu'aurait-il pu faire s'il eût voulu dans maintes occasions pour arrêter nos progrès et pour se procurer des avantages que nous n'eussions pas pu empêcher? Voilà les questions qui, si l'on veut y répondre impartialement, doivent faire sentir combien l'on donne en faux. Mais la mode, les petits écrivains sourds, les insinuations fausses, les menées du roi de Prusse, tout cela fascine les yeux, et à un ministre qui préfère son existence au bien-être de son roi, qui sent ne devoir point sa place à son esprit et à ses talents, mais à son bonheur et à sa souplesse, cela l'engage à se prêter à tous les cris, et sans

---

confier que ce bruit n'était pas aussi dénué de fondement qu'il le croyait. Depuis des années, la Suède demandait à la France de lui céder, moyennant un arrangement convenable, une de ses Antilles; elle était récemment revenue à la charge, et enfin on était convenu d'abandonner à la Suède la petite île de Saint-Barthélemy, où il y avait à peine vingt habitants, à la condition que le roi de Suède accorderait à la cour de Versailles le droit de créer à Gothenbourg un entrepôt pour le commerce français. (Dépêche d'office du comte de Mercy du 6 juillet 1784.)

système fixe peut-être à se trouver isolé aux premiers jours de tout allié, et sans moyens ni volonté de commencer une guerre dans plusieurs endroits et sur plusieurs éléments à la fois. Voilà comme je considère le conseil du Roi dans ce moment et, qui plus est, je suis sûre que vous êtes, ma chère sœur, leur dupe.

Dans les misères et dans les petites faveurs, ils vous font accroire que vous avez du crédit, et les grandes choses se font sans que vous les sachiez et sans qu'on se mette en peine d'en avoir votre avis préalable. Ceci me peine moins comme souverain que comme votre tendre ami; car je crois que vous imaginez bien que je suis préparé au parti que j'ai à prendre et que même j'en prévois l'événement; mais pour vous, je vous vois un avenir bien désagréable et qui vous le paraîtra d'autant plus qu'il ne dépendait que de vous de jouer le plus beau et le plus grand rôle que jamais femme avait joué.

Vous aurez actuellement le prince Henri; comme je le connais, je puis me représenter ce qu'il y fera, mais cela suffira pour échauffer quelques cervelles et pour en inquiéter d'autres. Après qu'on vient de croire au roi de Suède et à des insinuations de la cour de Turin, que je visais je ne sais à quelle conquête en Italie[1], l'on peut, en vérité, croire tout possible. Adieu, ma chère sœur, je vous embrasse de tout mon cœur. Croyez mon attachement et mon amitié pour vous à toute

[1] Dans sa dépêche d'office du 13 août au prince de Kaunitz, le comte de Mercy disait que depuis quelque temps déjà il remarquait que le cabinet de Versailles se montrait très inquiet des projets de conquête de l'Empereur aux dépens des divers États d'Italie. Il fut confirmé dans cette opinion par une personne sûre qui lui communiqua une conversation qu'elle venait d'avoir avec le marquis de Talleyrand, nouvellement nommé ambassadeur de France à Naples. Ce diplomate avait dit que, lors de sa désignation pour ce poste, il pensait que ses occupations seraient peu ou point importantes, mais que depuis que l'on connaissait les idées d'agrandissement de l'Empereur, son ambassade ne serait pas moins épineuse que pénible; car la situation des affaires l'obligerait à avoir constamment l'œil ouvert sur les démarches de la cour de Vienne, puisque toutes les puissances intéressées à la sûreté et au maintien de l'Italie pouvaient à un moment donné se trouver placées dans la nécessité de prendre toutes les mesures nécessaires. Le confident de M. de Mercy avait ajouté cette remarque que le langage du marquis était sans doute conforme aux instructions qu'il venait de recevoir.

M. de Mercy croyait que le roi de Suède avait beaucoup contribué à inspirer ces craintes aux ministres français.

Dans son voyage à travers l'Italie, ce monarque avait sans doute recueilli par-ci par-là des bruits vagues, qui lui auraient été confirmés par la cour de Savoie à son passage à Turin, et il en aurait fait un mauvais usage près du cabinet de Versailles.

épreuve; ils font l'unique objet de mes désirs dans tout ce que j'ose vous mander ici. Présentez mes compliments au Roi, et je vous prie de me croire pour la vie.....

---

153. — JOSEPH II À MERCY.

Turas, ce 1ᵉʳ septembre 1784. — J'ai reçu par le dernier courrier mensuel votre lettre particulière ainsi que votre dépêche d'office qui y était jointe. J'y ai vu, avec scandale, la conduite de M. de Vergennes qui devient d'autant plus impardonnable qu'il n'y a plus à douter qu'il a joué la Reine et vous aussi, mon cher Comte, en niant toujours l'alliance contractée avec la Hollande, tandis que la *Gazette* de Leyde [1], d'autorité publique, en annonce tous les articles.

Je vous joins ici l'original et la copie de la lettre que je viens d'écrire à la Reine en réponse à celle qu'elle m'a écrite et où elle me parlait de ces affaires. Vous verrez que je lui dis franchement la vérité, m'ayant paru nécessaire de lui donner l'éveillée là-dessus.

J'espère que Belgiojoso mettra de la prudence dans la déclaration dont je l'ai chargé [2] et qu'il donnera le temps nécessaire aux Hollan-

---

[1] Dans le *Supplément* au numéro LXVI (*Nouvelles extraordinaires de divers endroits*), du mardi 17 août 1784, cette gazette publiait une lettre datée de la Haye, le 15 août, et commençant ainsi : «Les États de *Hollande* et de *West-Frise*..... ont unanimement approuvé, dans leur séance du 10 de ce mois, le projet de traité d'alliance offensive et défensive entre la *France* et les *Provinces-Unies des Pays-Bas*, qui avait été envoyé ici il y a quelque temps par les ambassadeurs de la République comme le résultat de leurs négociations avec M. le comte de Vergennes..... Quoique cette convention soit encore imparfaite à plus d'un égard, nous la communiquerons dès à présent à nos lecteurs en son état actuel.....»
Suit la teneur de ce projet en treize articles.

[2] Dans une conférence tenue à Bruxelles le 23 août 1784, M. de Belgiojoso remit aux ambassadeurs hollandais le mémoire suivant :

«Dès le moment où il s'est agi des affaires et des événements qui ont donné lieu aux conférences établies à Bruxelles, l'Empereur, en exprimant d'une manière bien intéressante ses sentiments et son inclination pour la République des Provinces-Unies, n'a cessé de témoigner son intention et son désir de trouver dans l'esprit de conciliation et de confiance le moyen de terminer tous les différends et d'établir sur un fondement solide la base d'une amitié sincère et inviolable avec la République.

«C'est dans cet esprit et avec cette confiance qu'on a rédigé et transmis à Leurs Hautes Puissances, au moyen du mémoire du 4 mai, le tableau sommaire des dedais pour avertir leurs vaisseaux garde-côtes et leurs forts de ne pas s'aviser à insulter mon pavillon sur l'Escaut.

Quant à l'affaire secrète qui vous a été confiée, j'ai parfaitement agréé la discrétion dont vous avez usé en y répondant; nous n'en sommes pas encore plus avancés. L'Électeur témoigne toujours désirer ce troc, mais il ne peut se décider définitivement, il veut finasser et faire des comptes d'apothicaire sur les revenus de sa Bavière et du Haut-Palatinat. Je presse autant qu'il est possible de parvenir à une décision finale sur cette affaire.

Je suis très curieux d'apprendre comment le prince Henri aura réussi et ce qu'il aura fait à Paris. A juger d'après la facilité qu'on y a de se faire accroire à mon sujet, il ne lui faudra que la moitié de sa fausseté et de sa facilité à avérer les choses les plus controuvées pour être entendu et cru. Au reste, vous trouverez, je pense, que ce n'est plus le même homme.

mandes et prétentions que S. M. a formées à la charge de la République, et il serait d'autant plus superflu de rappeler à MM. les Plénipotentiaires de Leurs Hautes Puissances le point de vue sous lequel le Plénipotentiaire de l'Empereur leur a constamment développé, de vive voix et par écrit, les sentiments favorables pour la République qui conduisaient S. M. dans cette circonstance, que dans leur mémoire du 28 juillet ils ont réclamé eux-mêmes les assurances, données à cet égard au nom de S. M.

«Leurs Hautes Puissances ayant adopté dans leur réponse le parti de contester les points les plus essentiels des demandes et prétentions de l'Empereur, on a cru devoir mettre en évidence la justice et le fondement des unes et des autres, et c'est ce qui a été fait par la réplique remise le 18 du courant à MM. les Plénipotentiaires.

«A présent que ce préalable, dû d'ailleurs à la dignité de l'Empereur, est rempli, son plénipotentiaire ne saurait prendre sur lui de différer de communiquer à Leurs Hautes Puissances le moyen que la modération et la générosité ont dicté à S. M. pour établir promptement cet ordre de choses, qui doit être le pivot de la conciliation et de la confiance.

«S. M., dans la combinaison de ce moyen, a préféré à ses droits et à ses intérêts le bien de ses sujets et les convenances mêmes de la République; mais il ne Lui coûte pas de faire des sacrifices lorsqu'Elle peut trouver dans son désintéressement l'occasion de faire preuve des sentiments qu'Elle conserve à la République et de ses dispositions de vivre en bonne intelligence avec elle.

«Ce moyen consiste en ce que Leurs Hautes Puissances reconnaissent que la rivière de l'Escaut est rouverte et que la navigation y est entièrement et absolument libre; qu'il est libre aux sujets de l'Empereur de naviguer et de recommercer directement des ports des Pays-Bas aux deux Indes et que S. M. a le droit de régler ses douanes comme bon Lui semble.

«Moyennant cette reconnaissance, moyennant que les limites en Flandre restent déterminées sur le pied réglé par la convention de 1664 et que l'on prenne des arrangements stables pour prévenir toute gêne et difficulté par la suite relativement à l'écoulement des eaux dans cette partie,

4 SEPTEMBRE 1784.   293

Je suis bien enchanté de la grossesse de la Reine, pourvu qu'elle se ménage surtout les premiers mois afin d'éviter les accidents pareils à celui qu'elle a éprouvé l'année passée.

Adieu, mon cher Comte; c'est du camp de Moravie que je vous écris et que je vous réitère avec plaisir les assurances d'estime et d'amitié.

---

154. — KAUNITZ À MERCY.

Vienne, le 4 septembre 1784. — Je me flatte que par la communication directe de notre ultimatum ayant délivré la France de l'embarras de devoir le communiquer aux États généraux comme sa propre idée, M. de Vergennes aura au moins la bonne foi de l'appuyer, au cas que les Hollandais, comme sans doute ils le feront, lui de-

et moyennant que Leurs Hautes Puissances fassent évacuer les forts de Lillo et de Liefkenshoeck, en même temps ceux de Cruysschans et de Frederic-Henry pour être démolis, S. M. veut bien renoncer à toutes ses autres prétentions territoriales articulées dans le tableau sommaire, et nommément à ses droits et prétentions sur la ville de Maëstricht, le comté de Vroenhove et le pays d'Outre-Meuse hollandais, de même qu'à toutes ses prétentions pécuniaires, parmi la compensation de celles de la République.

«Quant aux prétentions des administrations et des particuliers, sujets de S. M., et aux petits différends qui peuvent subsister à l'égard des limites dans le Brabant, le pays d'Outre-Meuse et la Gueldre, ces objets seront traités et arrangés dans les conférences suivant l'équité et les convenances réciproques.

«Telles sont les conditions auxquelles S. M. s'est déterminée à conclure d'abord un arrangement général avec la République. Elles présentent absolument son dernier mot, et avec l'intention qui anime certainement Leurs Hautes Puissances dans cette affaire, on ne saurait douter qu'elles n'ac-

cueillent avec empressement ces mêmes conditions comme une marque particulière de la bienveillance et de l'affection de S. M. pour la République.

«En attendant, l'Empereur a jugé à propos de regarder déjà dès maintenant l'Escaut comme entièrement et absolument rouvert et libre. S. M. a résolu en conséquence d'y faire rétablir d'abord la navigation, et c'est par son ordre que le comte de Belgiojoso déclare à MM. les Plénipotentiaires de Leurs Hautes Puissances que, si l'on commettait de la part de la République quelque insulte au pavillon de l'Empereur, S. M. la regarderait comme une déclaration de guerre et comme un acte formel d'hostilité.

«MM. les Plénipotentiaires sont requis de porter incessamment le présent mémoire à la connaissance des Seigneurs États généraux, leurs maîtres.

«Fait à Bruxelles, le 23 août 1784.»

Dans une lettre du 4 septembre, le prince de Kaunitz donnait à cet écrit son approbation formelle en ces termes :

«La tournure que V. Exc. a donnée au mémoire renfermant le dernier mot de l'Empereur est on ne peut pas mieux.»

mandent avis et conseil, et qu'au moins ni directement ni indirectement en ce cas il ne nous desservira, parce que cela serait infâme, d'après l'offre et les assurances des bons offices, lesquels tout au moins en doivent exclure de mauvais.

Quant au passé, entre vous et moi, je n'ai consenti à cette exigence de donner notre ultimatum comme leur idée, que parce qu'on l'a voulu absolument, ne l'ayant trouvé, quant à moi, ni juste ni raisonnable dans les circonstances où se trouve actuellement la cour de Versailles à l'égard de la République des Provinces-Unies et qui, sans contredit, requièrent des ménagements vis-à-vis d'elle. D'ailleurs, je n'y ai vu au vrai ni nécessité ni même une grande utilité, attendu que si, consultée, son avis nous est favorable, pour nous ce sera la même chose; tandis que, quant à la France, l'état actuel des choses lui épargne une démarche odieuse, qu'entre nous, je vous le répète, selon moi nous avons eu tort d'exiger d'elle. C'est par ces considérations que j'ai pardonné à M. de Vergennes l'humeur qu'il vous a témoignée, d'autant qu'il ne lui est pas venu dans l'esprit de s'en tirer comme j'eusse fait dans son cas, en vous disant tout naturellement, amicalement et du plus grand sang-froid : « Nous ne pouvons pas, Monsieur l'ambassadeur, ce que vous nous demandez, par rapport aux ménagements que, comme vous savez, nous avons besoin d'avoir actuellement vis-à-vis des Hollandais. Mais faites remettre vous-même votre ultimatum, et soit qu'on nous consulte, ou qu'on ne nous consulte pas, nous dirons que vous nous l'avez communiqué et je vous promets que notre opinion vous sera favorable. »

Mais comme il n'est pas donné à tout le monde d'avoir les idées également nettes, et que l'on ne peut savoir mauvais gré à un homme qui n'a pas la vue aussi bonne qu'un autre de voir trouble, on ne peut, ce me semble, que le plaindre, mais on n'est pas en droit de se plaindre de lui.

Quant à notre autre beaucoup plus grande affaire vous avez parfaitement raison dans tout ce que vous m'en avez dit, et je ne doute pas un moment que l'on ne pensera tout ce que vous imaginez. On aura même raison sur plusieurs choses, mais je pense qu'on se gardera bien de le dire. Cela n'est pas fait cependant encore, et tant s'en faut ; et tout ce que j'espère n'est fondé que sur la considération, que comme les extrémités se touchent, on est quelquefois le plus près d'une chose, lorsqu'on semble en être le plus éloigné. Au moins quant à moi, j'y ferai ce que je pourrai; mais je vous avoue que je suis bien mal secondé, et que je suis dans le cas de devoir me dire *ibant qua poterant*.

155. — MERCY À JOSEPH II.

Paris, 25 septembre 1784. — Le garde-noble mensuel, arrivé le 18, m'a remis les très gracieux ordres de V. M. en date du 1ᵉʳ de ce mois, et je n'ai pas tardé à aller présenter à la Reine la lettre qui Lui était adressée. Cette auguste princesse m'a paru extrêmement affectée de ce que V. M. Lui mandait; quelques jours après, Elle me communiqua sa réponse [1] et daigna m'en demander mon avis. J'applaudis beaucoup à l'entière confiance avec laquelle la Reine s'y explique, mais j'observai qu'Elle y parlait trop modestement de son crédit, que ce n'était pas les insinuations passées du duc de la Vauguyon ni celles du comte de Maurepas, encore moins celles du comte de Vergennes, qui pourraient mettre des bornes à l'influence de la Reine dans les affaires majeures, si S. M. voulait s'en occuper avec suite et parfaite connaissance

---

[1] *Marie-Antoinette à Joseph II, 22 septembre 1784.* — «Je ne vous contredirai pas mon cher frère, sur le défaut de vue de notre ministère. Il y a déjà du temps que j'ai fait une partie des réflexions que vous me faites dans votre lettre; j'en ai parlé plus d'une fois au Roi; mais il le faudrait bien connaître pour juger du peu de ressources et de moyens que me fournissent son caractère et ses préjugés. Il est de son naturel très peu parlant et il lui arrive souvent de ne pas me parler de grandes affaires lors même qu'il n'a pas d'envie de me les cacher. Il me répond, quand je lui en parle, mais il ne m'en prévient guère, et quand j'apprends le quart d'une affaire, j'ai besoin d'adresse pour me faire dire le reste par les ministres, en leur laissant croire que le Roi m'a tout dit. Quand je reproche au Roi de ne m'avoir pas parlé de certaines affaires, il ne se fâche pas; il a l'air un peu embarrassé et quelquefois il me répond naturellement qu'il n'y a pas pensé.

«Je vous avouerai bien que les affaires politiques sont celles sur lesquelles j'ai le moins de prise. La méfiance naturelle du Roi a été fortifiée d'abord par son gouverneur. Dès avant mon mariage, M. de la Vauguyon l'avait effrayé sur l'empire que sa femme voudrait prendre sur lui et son âme noire s'était plu à effrayer son élève par tous les fantômes inventés contre la maison d'Autriche. M. de Maurepas, quoique avec moins de caractère et de méchanceté, a cru utile pour son crédit d'entretenir le Roi dans les mêmes idées. M. de Vergennes suit le même plan et peut-être se sert-il de sa correspondance des affaires étrangères pour employer la fausseté et le mensonge. J'en ai parlé clairement au Roi

de cause, que, dans cette hypothèse, le Roi qui a besoin de conseils, en les trouvant auprès de son auguste épouse, n'irait pas les chercher ailleurs et sortirait volontiers de l'espèce de dépendance où il s'est mis de ses ministres, qu'il était bien prouvé que la Reine avait assez de pouvoir pour décider du choix de ces derniers ainsi que de leur renvoi, qu'avec un moyen aussi puissant rien ne résisterait à la Reine si Elle voulait seulement se mettre assez au fait des choses pour savoir motiver ses opinions et les appuyer de raisonnements. Ma conclusion fut que les bornes au crédit de la Reine en matières d'État ne provenaient que de la persuasion où est le Roi que les affaires politiques ennuient la Reine, et qu'Elle ne veut pas se donner la peine de les connaître assez pour être en état de juger de leurs conséquences.

Au reste, il est bien certain que la lettre de V. M. a fait une grande impression; mais, quoiqu'il y ait sans doute beaucoup à désirer sur la manière dont la Reine emploie les offices, je dois cependant affirmer que, dans ces derniers temps, Elle a donné des marques d'un vrai zèle ainsi que d'un extrême désir de se rendre utile à V. M., et comme dans tout état de cause, malgré les omissions de forme et de méthode, l'influence de la Reine sera toujours d'un grand poids dans ce qui se passera ici et que cette influence pourrait devenir très utile

et plus d'une fois. Il m'a quelquefois répondu avec humeur et, comme il est incapable de discussion, je n'ai pu lui persuader que son ministre était trompé ou le trompait.

«Je ne m'aveugle pas sur mon crédit; je sais que, surtout pour la politique, je n'ai pas grand ascendant sur l'esprit du Roi. Serait-il prudent à moi d'avoir avec son ministre des scènes sur des objets, sur lesquels il est presque sûr que le Roi ne me soutiendrait pas? Sans ostentation ni mensonge, je laisse croire au public que j'ai plus de crédit que je n'en ai véritablement, parce que, si on ne m'en croyait pas, j'en aurais encore moins.

«Les aveux que je vous fais, mon cher frère, ne sont pas flatteurs pour mon amour-propre, mais je ne vous veux rien cacher, afin que vous puissiez me juger autant qu'il est possible de la distance affreuse où mon sort m'a éloignée de vous.

«Vous entendrez assez parler du prince Henri, pour que je ne vous en ennuie pas. La comparaison du roi de Suède a augmenté l'admiration des enthousiastes prussiens. Pour moi je ne l'ai vu que deux ou trois fois et si passagèrement que je ne puis m'en faire encore qu'une idée fort vague.

«Tout le monde est étonné du bon état dans lequel mon fils est revenu de la Muette. Ma fille a dans ce moment-ci une petite indisposition, mais qui ne sera rien, j'espère. Ma santé et ma grossesse vont toujours fort bien. Adieu, mon cher frère, je vous aime et vous embrasse tendrement.» (*Marie-Antoinette, Joseph II und Leopold II, Ihr Briefwechsel*, p. 38.)

dans la grande affaire de Bavière, si elle a lieu, je dois soumettre à V. M. si Elle ne jugera pas à propos à la première occasion d'encourager la Reine par quelques marques de satisfaction sur ses sentiments d'attachement et sur ses bonnes intentions qu'Elle pourra rendre de plus en plus efficaces à l'avenir.

Je garderai la lettre destinée à la Reine sur l'important objet de la Bavière jusqu'à ce que les circonstances mettent V. M. à même de m'en ordonner la remise; d'ici là, je crois qu'il est essentiel que le plus profond secret soit observé ici où rien ne paraît encore avoir transpiré. Depuis la mort du fils unique du duc des Deux-Ponts[1], le prince Maximilien[2], son frère, devient plus significatif; il est au service de France, entièrement dévoué à cette cour. J'ignore si le prince Maximilien pourrait, dans de certains cas, être employé comme un instrument d'opposition aux arrangements dont il s'agit, mais il ne peut rien échapper au ministère de V. M. de tout ce qu'il y aura à prévoir ou à faire à cet égard.

Dans les premiers temps où il fut question d'un traité entre la France et la Hollande, le comte de Vergennes ne me cacha pas ses désirs à cet égard non plus que les motifs sur lesquels ils étaient fondés. Dès lors je ne m'occupais que du soin d'empêcher que dans ces futures stipulations il n'y entrât rien qui fût de nature à croiser les vues de V. M. Je pressai vivement le secrétaire d'État de s'en expliquer, et il le fit de la manière précise et formelle qu'expose ma dépêche du 5 septembre adressée au gouvernement général des Pays-Bas. Conséquemment, à moins d'une trahison aussi manifeste qu'inouïe, les stipulations à conclure entre cette cour-ci et les États généraux ne contiendront rien qui soit en opposition aux justes prétentions de V. M. à la charge de la République, et je crois que, sur cet article, le comte de Vergennes ne s'exposera à aucun reproche; mais j'ai toujours prévu et annoncé qu'il y en aurait beaucoup à lui faire, relativement à ses ménagements pour les Hollandais, ainsi que sur la manière de tergiverser dans l'emploi des bons offices qu'il aurait pu et dû mettre en

---

[1] Charles-Auguste-Frédéric, fils unique du duc des Deux-Ponts et de sa femme, Marie-Amélie de Saxe, était né le 8 mars 1776; il venait de mourir à l'âge de huit ans.

[2] Maximilien-Joseph, frère du duc des Deux-Ponts, était né le 28 mai 1756. Il succéda en 1799 à son oncle, l'électeur palatin Charles-Théodore, et en 1806 il prit, le premier, le titre de roi de Bavière. Il mourut en 1825.

œuvre, même sans risque de se compromettre vis-à-vis des nouveaux amis de sa cour. Maintenant, je m'attache à faire sentir à ce ministre qu'il ne lui reste plus d'autre parti à prendre que celui de retenir les Hollandais dans les bornes d'une déférence respectueuse envers V. M., parce que, si ces républicains venaient à s'en écarter, ce serait à eux qu'il faudrait s'en prendre de toutes les suites qu'une conduite aussi indécente pourrait entraîner.

Je ne dois pas répéter, dans ce présent et très humble rapport, les détails consignés dans mes dépêches sur l'accueil assez froid qu'a éprouvé et qu'éprouve encore, de la part de la cour, le prince Henri de Prusse[1]. J'ai observé sa marche de manière à m'assurer qu'à l'exception des occasions indiquées, il n'en a eu aucune autre de s'entretenir avec le comte de Vergennes. Il n'y a que par la voie de son âme damnée, le baron de Grimm, ministre de Saxe-Gotha, qu'il pourrait avoir fait passer quelques propos au ministre des affaires étrangères, et je n'aperçois même aucune trace de semblables détours. Il est d'ailleurs évident que le prince Henri est fort peu satisfait du rôle mince qu'il joue ici; tous les sectateurs prussiens n'en cachent ni leur surprise ni leur mécontentement; ils tâchent d'en dédommager l'illustre voyageur par des éloges en vers et en prose; les beaux esprits s'en occupent beaucoup et le prince ne paraît s'occuper que d'eux. La seule circonstance où il a voulu se donner un air d'affaires a été de s'entretenir plusieurs fois avec les ambassadeurs de Hollande, lesquels, depuis quelque temps, se sont fort rapprochés du baron de Goltz. Dans ces mo-

---

[1] M. de Mercy disait que la noblesse faisait beaucoup de démonstrations en l'honneur du prince Henri, mais à la cour on l'avait reçu si froidement que le public commençait à le remarquer. Il n'avait pas été invité une seule fois aux fêtes que la Reine avait données au Petit Trianon, où elle venait de passer trois semaines; et cependant on y avait joué de nouveaux opéras et de nouvelles comédies. Le prince avait bien senti cette froideur et il n'était allé que quatre fois à Versailles : la première, le jour de sa présentation à la cour; la seconde, le jour de la Saint-Louis; la troisième, pendant l'absence du Roi, qui était allé chasser à Compiègne, pour visiter le château de Versailles, sous la conduite de M. de Vergennes; la quatrième, enfin, le dimanche 19 septembre, il était allé faire sa cour à la Reine. Il n'avait pas eu d'autre entrevue avec le comte de Vergennes, à tel point que M. de Mercy se demandait si cette froideur n'était pas affectée et si des négociations ne se poursuivaient pas en secret par l'intermédiaire du baron de Grimm, qu'il croyait aussi dévoué au secrétaire d'État français qu'au prince prussien. Cependant M. de Mercy avouait qu'il n'avait aucune raison de penser que le prince Henri fût chargé d'une mission politique par le Roi son frère. (Dépêche d'office du comte de Mercy du 25 septembre.

ments critiques, je redoublerai d'attention et de soins pour ne rien omettre de ce qui pourra être adapté au meilleur service de V. M.

---

156. — MERCY À KAUNITZ.

Paris, le 25 septembre 1784. — Les dépêches d'office que, depuis six semaines, j'ai eu l'honneur d'adresser à V. A. ainsi qu'au gouvernement général des Pays-Bas, contiennent tant de détails sur ce qui se passe ici relativement aux affaires hollandaises, que j'ai aujourd'hui très peu de choses essentielles à y ajouter. Dans mes dernières conversations avec M. de Vergennes, je l'ai trouvé plus raisonnable dans ses propos, sans qu'il en résulte plus d'espoir vraisemblable de tirer meilleur parti de la conduite stérile pour nous, qu'il a tenue jusqu'à présent. Ce ministre, sans courir les risques de se compromettre vis-à-vis de ses nouveaux amis, aurait pu et dû sans doute se montrer d'une manière plus satisfaisante envers une cour intimement alliée; mais cette mesure est évidemment au-dessus des forces de M. de Vergennes, et V. A. a trop bien jugé l'homme pour qu'il me reste d'autres remarques à faire sur ce qui le concerne.

L'Empereur a écrit à la Reine une lettre un peu sévère où Il Lui dit des vérités qui ne sont malheureusement que trop fondées, mais qui ne paraissent pas avoir le mérite de l'*à propos*, parce que dans la conjoncture présente la Reine a moins mal fait que dans aucune autre, pour tâcher de marquer son zèle et le vrai désir qu'Elle a de se rendre utile à son auguste frère. Elle Lui répond avec beaucoup de cordialité et de franchise; Elle a daigné me communiquer sa lettre et, conséquemment, j'ai cru devoir observer très humblement à l'Empereur, que comme dans tout état de cause, malgré les omissions de forme et de méthode, l'influence de la Reine sera toujours d'un grand poids dans ce qui se passera ici, et que cette influence pourrait devenir très utile dans la grande affaire de Bavière, si elle a lieu, il conviendrait peut-être qu'il plût à S. M. d'encourager la Reine par quelques marques de satisfaction sur ses sentiments d'attachement et sur les bonnes intentions qu'Elle pourra rendre de plus en plus efficaces à l'avenir.

Par le courrier du mois d'août, l'Empereur m'avait envoyé pour la

Reine une lettre où Il La prévenait sur l'important objet de la Bavière; mais, comme S. M. m'avait permis de ne faire usage de cette lettre que lorsque je le croirais convenable, j'ai pris le parti de la garder, parce qu'il m'a paru trop prématuré de faire dès à présent une démarche qui pourrait compromettre un secret d'une si grande conséquence. Si le projet réussit, son succès sera dû, Monseigneur, à votre génie, à vos lumières, et j'espère qu'elles suppléeront au concours ordinairement nécessaire au progrès des grandes affaires; alors il en arrivera dans celle-ci ce qui est arrivé dans presque toutes les conjonctures les plus éclatantes de votre glorieux ministère.

157. — JOSEPH II À MARIE-ANTOINETTE.

Presbourg, 9 octobre 1784. — Ma chère sœur, j'ai mille grâces à vous rendre pour votre chère lettre. Je suis vraiment touché de la façon franche et amicale avec laquelle vous me parlez de votre situation et de l'influence de votre crédit. Cette marque flatteuse de votre confiance et sincérité à mon égard, s'il était possible, augmenterait encore infiniment mon attachement pour vous, et je puis bien vous protester que je renoncerais plutôt à tirer quelconque avantage politique de votre influence pour le bien-être de notre patrie que de vous compromettre un instant ou de vous attirer à ce sujet des désagréments. Vous devez éviter de toute façon d'avoir des scènes avec quelconque des ministres du Roi. Dire à une jolie femme, qui a de l'esprit et de la finesse dans le tact comme vous, de quelle façon elle doit s'y prendre quand elle connaît les personnages, et si elle veut bien une chose pour la faire réussir, ce serait bien peine perdue et vous apprêter à rire. La suite, la persévérance, l'instruction dans les détails, la patience, la complaisance, un peu de gêne sont les vraies armes et les moyens les plus puissants et infaillibles que le sexe a sur nos volontés; mais il faut préparer ces voies d'avance et ce n'est pas toujours dans le moment où l'on veut qu'on emporte la pièce. J'ose vous dire cela par l'intérêt vif et tendre que je prends à la continuation de votre bonheur; plus vous avancerez en âge, plus un crédit solide et la considération qui en est la suite vous seront nécessaires parmi la nation avec laquelle vous vivez. Comptez que vous n'avez pas d'ami plus sincère que moi, et que je sens toute l'amertume de l'éloignement dans lequel nous sommes condamnés de vivre.

Je suis enchanté que votre fils se porte bien, et j'espère que l'incommodité de votre fille ne sera d'aucune conséquence.

J'attends d'un moment à l'autre des nouvelles de mon Escaut, et si les Hollandais auront l'impudence de commettre des hostilités.

Je suis actuellement occupé d'une tournée en Hongrie pour y arranger quelques affaires.

158. — JOSEPH II À MERCY.

Presbourg, ce 9 octobre 1784. — C'est à l'occasion d'une tournée que je fais en Hongrie pour y arranger quelques affaires que j'ai reçu ici votre dernière lettre par le dernier courrier. On ne saurait certainement mieux voir les objets que vous le faites; j'en suis parfaitement content, de même que de la sincérité et de l'amitié qui règnent dans la lettre de la Reine. Je vous joins ici celle que je lui écris ainsi que la copie; j'y touche légèrement ce que vous m'avez paru désirer et qu'on ne peut assez lui répéter, savoir qu'elle doit mettre plus de suite et d'attention aux affaires majeures.

Je crois que le prince de Kaunitz vous chargera de parler de l'échange de la Bavière à la Reine et au ministère de France. Si ces gens connaissent leurs intérêts, ils devraient être très aises de perdre mon voisinage et de me troquer contre l'Électeur, d'autant plus que, par ce moyen, je leur deviendrais moins nuisible et plus utile, tandis que les Hollandais seraient à jamais à leurs ordres, et qu'il ne me resterait plus de motif le plus éloigné d'intérêt à renouer mes liaisons avec l'Angleterre. J'aurais foncièrement un million moins de revenus, qui n'est pas peu de chose, et la France serait pour toujours la maîtresse du commerce des Pays-Bas dont les ports et les ressources seraient perdus pour l'Angleterre en temps de guerre.

S'il y a moyen de faire concevoir ces avantages au ministère français et même de l'y faire entrer, c'est une chose faite et la réussite n'en est plus douteuse, car je sais que son influence sur le duc des

Deux-Ponts, et principalement sur son frère Maximilien est absolue. L'Électeur[1], cet homme qui ne sait jamais se décider, ni dire oui ou non, a encore de la peine à se déterminer : non sur la chose, mais seulement sur les moyens, croyant, par des comptes d'apothicaire et toutes sortes de projets qui ne signifient rien, obtenir encore plus d'avantages que ceux qu'on lui a proposés.

Je n'ai pas besoin de vous dire, mon cher Comte, combien il serait à désirer que cette affaire pût réussir, puisque vous en sentez vous-même l'intérêt dans toute son étendue, et vous connaissez trop bien le pays et les personnages pour ne pas mettre tous les moyens en pratique afin de parvenir au succès tant désiré.

Je ne vous parle point des Hollandais puisque j'attends d'un moment à l'autre des nouvelles s'ils auront laissé passer mes bâtiments impunément ou non.

159. — KAUNITZ À MERCY.

Vienne, le 10 octobre 1784. — Je viens de recevoir tout à l'heure, par estafette, de la part de M. le comte de Belgiojoso, la lettre que vous lui avez fait parvenir par votre garde-noble stationnaire à Paris, ainsi que sa réponse.

Elles m'apprennent l'une et l'autre l'état actuel des choses relativement à nos différends avec les États généraux des Provinces-Unies, et la marche que continue à tenir M. de Vergennes à cet égard menace à mon avis des suites si fâcheuses que je ne peux pas m'empêcher de vous mander aujourd'hui encore, à la hâte, ce que j'en pense dans l'incertitude où je suis du jour auquel l'Empereur, absent encore, me mettra en état de pouvoir vous dépêcher le courrier mensuel, sauf à vous transmettre par cette voie le duplicata de cette lettre, si, par hasard, elle se présentait plus tôt que je ne l'imagine.

---

[1] Charles-Théodore, électeur palatin de Bavière, était né le 11 décembre 1724. Il était fils aîné du duc Jean Christian de Sulzbach.

À l'âge de neuf ans il fut appelé à la cour de Mannheim, où il fut élevé en qualité d'héritier présomptif de l'électeur palatin, Charles-Philippe, auquel il succéda le 31 décembre 1742. Le 30 décembre 1777, il avait hérité de l'électeur de Bavière, Maximilien-Joseph, mort subitement sans laisser d'héritier direct.

Toute cette affaire a pris un très mauvais pli, et je n'en suis point étonné d'après la façon dont la cour de Versailles s'y est prise dès le premier pas qu'elle a fait à cet égard. Elle a débuté par une démarche tout à fait irrégulière, en promettant ses bons offices aux États généraux auprès de l'Empereur, sans lui demander auparavant s'il trouverait bon qu'elle se mêlât de ses affaires; et si je n'ai point relevé cette irrégularité, ce n'a été que dans l'opinion que l'on rectifierait ce manque d'égards et tout le mal qui devait résulter de cette première fausse démarche dans le courant de la négociation; mais, contre mon attente, M. de Vergennes m'a mis dans le cas de ne plus m'en flatter. A sa place, j'aurais pensé qu'il ne pouvait point convenir à la France de se mêler d'une affaire contentieuse dans laquelle son allié était demandeur et les Hollandais des gens qu'elle avait intérêt de ménager dans ce moment-ci, et, en conséquence, très amicalement, je leur aurais dit : Le Roi vous prie de le dispenser de ce que vous lui demandez, et de lui épargner par là les embarras inévitables dans lesquels ne pourrait manquer de l'entraîner l'emploi de ses bons offices, sans qu'il puisse vous en revenir aucune utilité, attendu que le Roi naturellement ne pourra jamais se permettre de plaider votre cause de préférence à celle de son allié, tandis que, en supposant même qu'il pût se permettre de ne pas prendre plus d'intérêt à lui qu'à vous, de part ou d'autre, il n'éviterait pas le soupçon de partialité et mécontenterait peut-être même les deux parties.

C'est ainsi que j'aurais cru devoir en user et de si bonnes raisons n'auraient fâché personne. Mais si on a cru devoir faire autrement, au moins aurait-on dû commencer par répondre poliment à la République sur la demande des bons offices de la France, que les égards que le Roi devait à l'Empereur, son allié, lui imposaient la nécessité de lui demander avant toutes choses s'il trouvait bon qu'elle les accordât, et qu'en ce cas elle s'en ferait un plaisir. Mais au lieu d'en user ainsi, comme il eût été dans l'ordre de le faire, on a trouvé bon de les accorder tout de suite sans ce préalable, et on a mis par là la République dans le cas de fonder des espérances chimériques sur le grand effet qui devait en résulter, en s'exposant soi-même à devoir peut-être retirer sa parole si, comme il pouvait fort bien arriver, l'Empereur, en réponse à la question, avait trouvé bon de prier la France de lui laisser poursuivre ses différends avec la République sans s'en mêler, ou bien si, malgré cela, on avait voulu persister à employer ses bons offices pour la République, à devoir prendre fait et cause contre son allié, que je ne pense pas que l'on puisse avoir intention de vouloir troquer contre les Hollandais.

Depuis ce moment, après avoir promis également ses bons offices à l'Empereur, ce qui était bien le moins que l'on pût faire à l'égard de quelqu'un qui n'eût pas trop présumé, ce me semble, s'il s'en était promis beaucoup plus de la part de son allié, tout ce qui a été fait de la part de la France a été marqué au coin de la plus grande partialité. Quoique en termes polis, nous n'avons vu plaider que la cause de la République, et sa conduite prouve assez que ce ne peut être tout au plus que très faiblement que l'on y a plaidé la nôtre, car sans cela il est impossible que l'on ne fût pas parvenu à faire comprendre aux États généraux que, de la libre navigation de l'Escaut, Amsterdam aussi solidement établi qu'il l'est, vis-à-vis d'une puissance qui n'a point de marine militaire, qui n'a point de chantiers de construction, et qui ne fait et ne pourra même faire jamais qu'un commerce très médiocre, qu'elle peut faire d'ailleurs par ses autres ports, et pour laquelle par conséquent la réouverture de l'Escaut est plutôt une affaire de dignité que d'intérêt, il paraît impossible que les Hollandais n'eussent pas senti que leurs appréhensions, vraies ou simulées, n'étaient que des chimères et des terreurs paniques destituées de tout fondement raisonnable, surtout si l'on y avait ajouté que le désistement de l'Empereur à toutes ses prétentions, l'entière liberté de la navigation de l'Escaut seule exceptée, était une preuve de l'emploi des bons offices de la France, et qu'il ne lui restait par conséquent, pour satisfaire à ceux qu'elle avait promis également à son allié, qu'à exhorter la République à réfléchir de son côté, de sang-froid et sans prévention, sur le vrai degré d'importance que pouvait avoir son acquiescement à ce que l'Empereur demandait.

Mais, au lieu d'en agir de cette manière, qui eût été, ce me semble, sage, régulière et convenable, on a fait tout ce que l'on n'aurait pas dû faire, et on n'a rien fait de tout ce qui aurait été convenable non seulement en sa qualité d'allié, mais même dans le cas où on n'eût voulu être que parfaitement neutre et parfaitement impartial.

La France fournit moyennant cela à l'Empereur par sa conduite à son égard dans cette circonstance une nouvelle preuve de la façon dont tout le monde prétend qu'elle pense sur son alliance avec la maison d'Autriche, c'est-à-dire qu'elle ne méconnaît pas à la vérité les avantages qui lui en reviennent, et qu'aucune autre ne remplacerait, mais qu'en même temps, supposant apparemment, quoique contre rime et raison, qu'elle ne convient pas au même degré à la maison d'Autriche, elle croit sa dissolution possible; qu'en partant de cette supposition erronée, elle continue à la regarder comme une puissante rivale possible, et, moyennant cela, non seulement ne concourra jamais de bonne foi à ses avantages, mais que, même directement ou indirectement, elle les traversera toujours tant qu'elle pourra.

On ne peut pas disconvenir que tout ce qui est arrivé depuis l'année 1756 ne soit très fort à l'appui de cette opinion. Je me rappelle que je suis entré en quelques détails à cet égard avec vous, dans une lettre confidentielle que je vous écrivis, faute d'autre occasion dans ce moment-là, par la poste ordinaire au mois de décembre dernier, et je puis, par conséquent, m'en épargner la répétition[1]. Mais ce que je crois devoir vous répéter en échange de ce que je vous disais alors, c'est que, si dorénavant, de fait et non pas seulement de paroles, au lieu de prouver à la cour de Vienne qu'on pense exactement comme elle sur la valeur réciproque de l'alliance, et qu'au lieu de se conduire en conséquence, on continue à lui donner des justes sujets de plainte d'accréditer par sa conduite l'opinion, où est toute l'Europe, que l'on n'y tient pas par principe et que, par des procédés louches et des chipotages et coquetteries peu honorables pour celui qui se les permet, on persévère à donner aux ennemis de l'alliance des espérances sur la possibilité de sa dissolution, et à son allié sujet de ne pouvoir compter que faiblement sur son indissolubilité, je crains fort que la France ne parvienne enfin à faire l'impossible, c'est-à-dire à détruire un système que nous regardons comme de convenance réciproque parce que nous avons le bon esprit de ne pas être jaloux de l'avantage prépondérant que doit y trouver notre allié dans tous les temps à venir et qui, par conséquent, peut et doit être éternel; car ce qui est vrai aujourd'hui doit être vrai dans cent mille ans d'ici.

Pour le bien général de l'Europe et pour le bien particulier de l'al-

---

[1] Voir plus haut, p. 236 et suiv.

liance, tâchez donc, mon cher ambassadeur, de faire entendre raison au ministre français, si vous le pouvez. Puissiez-vous y réussir!

Je fais pour cela les vœux les plus sincères, et je suis en attendant comme toujours......

160. — KAUNITZ À MERCY.

Vienne, le 16 octobre 1784. — Je suis sur le point de vous dépêcher un courrier par lequel vous serez chargé d'une commission très importante, dont l'événement sera la pierre de touche de la façon de penser de notre allié au sujet de l'alliance. Je crois devoir vous en prévenir, pour vous y préparer sur ce que je vous en ai déjà mandé préalablement par le courrier Bartsay.

Je ne sais comment on raisonnera dans le conseil du Roi sur la confidence que vous êtes chargé de lui faire par le canal de M. le comte de Vergennes, mais je crois en attendant devoir ne pas vous laisser ignorer quel y serait mon avis, si j'avais l'honneur d'en être, et le voici :

Je dirais que personne n'étant en droit de mettre obstacle à un arrangement quelconque, que de gré à gré jugent être de leur convenance des souverains indépendants, la France non seulement ne l'est pas plus qu'un autre, mais même beaucoup moins dans le cas présent, moyennant l'engagement solennel qu'elle sait bien avoir contracté jadis vis-à-vis d'une puissance alors sa rivale, et son alliée aujourd'hui, et j'en conclurais que, sans lui manquer essentiellement, elle ne peut s'opposer au succès de la négociation dont il est question, ni directement ni indirectement.

J'y ajouterais qu'en même temps elle n'est nullement intéressée à y mettre obstacle.

J'observerais que c'est un fantôme et une chimère fondée uniquement sur un ancien préjugé que d'imaginer la possibilité de la dissolution de son alliance avec la maison d'Autriche, parce qu'elle ne peut point l'appréhender de la part de son allié, attendu qu'elle lui convient de préférence à toute autre, moyennant son système politique qui n'est point conquérant, mais pacifique, comme il est évident et prouvé par la circonstance même qu'elle la regarde comme lui convenant de préférence, au lieu que, clairvoyante comme elle l'est, elle devrait l'envisager comme ne pouvant lui convenir dans le cas contraire;

Que la France doit regarder tout de même ce système d'alliance comme celui qui convient de préférence à ses circonstances présentes et à venir;

Que par conséquent il ne doit ni ne peut être regardé comme un système passager, d'une durée incertaine et d'une fin possible qui pourrait lui donner, si jamais elle avait lieu, un ennemi d'autant plus formidable qu'il aurait augmenté en puissance pendant son existence;

Qu'ainsi au contraire, envisagé ainsi qu'il doit l'être comme ne pouvant jamais finir, à moins qu'on ne se plaise à vouloir s'égarer et continuer à vivre dans l'erreur, la France doit voir, non seulement sans crainte, sans envie et sans jalousie tout ce qui peut être de la convenance de son allié sans injustice et sans préjudice d'un tiers, mais même y contribuer autant qu'il peut dépendre d'elle, attendu qu'il ne peut, d'une pareille façon de penser et d'une conduite analogue, qu'en résulter pour elle-même l'avantage d'avoir augmenté l'utilité dont pourra lui être son allié dans les occasions, ainsi que le poids et la considération de son alliance; et je conclurais de ce raisonnement incontestable, que non seulement la France ne peut point être intéressée à s'opposer à la convenance de la maison d'Autriche dans cette occurrence, mais qu'elle doit même d'autant plus s'employer de bonne foi à en faire réussir le projet que de plus d'une façon il ne peut que lui être utile à elle-même.

Vous savez mieux que personne, mon cher Comte, que nous pensons à l'égard de la France, comme je viens de dire, ce que de bonne foi je croirais devoir penser au sujet de la cour de Vienne, si j'étais du conseil du Roi. Nous l'avons prouvé jusqu'ici dans toutes les occasions, et le passé, qui a été l'effet d'un raisonnement systématique, peut être un sûr garant de l'avenir.

J'attendrai, comme vous pensez bien, avec impatience, ce qui pourra arriver dans une circonstance aussi importante, qu'elle sera significative pour la suite des temps. Je vous prie de ne pas me faire grâce de la moindre des choses, que l'on vous dira, que vous aurez vue, et que vous croirez même entrevoir dans l'avenir. Vous êtes trop éclairé pour ne pas sentir combien il importe de me mettre en état de pouvoir en juger, et je compte, par conséquent, que vous ne me laisserez rien à désirer.

Vous trouverez peut-être que je rabâche un peu comme faisait souvent feu M. Voltaire, et j'en conviens; mais c'est ainsi que lui, par un principe vrai et qui est : que l'on ne saurait trop souvent ni de trop de manières redire des grandes vérités que l'on désire faire adopter. Dieu veuille que tout ce que je dis puisse l'être, et je vous avoue que pour l'intérêt que je prends à la France, je désire fort que je parvienne à persuader, attendu que bien certainement elle s'en mordra les doigts si elle persiste à être assez aveugle pour persévérer dans ses erreurs, et si elle force par là un allié, qui lui est si utile et si nécessaire, même pour que par mer elle puisse tenir tête à l'Angleterre, à devenir pour elle un ennemi bien dangereux et bien formidable. Car pour peu qu'elle veuille ne point s'abandonner à l'illusion de l'avantage qu'elle pourra prendre sur nous à l'entrée d'une guerre par l'occupation momentanée des Pays-Bas, et peut-être même d'une partie de la Lombardie autrichienne, laquelle, moyennant la nécessité d'y laisser des troupes, et par conséquent de s'affaiblir ailleurs, pourrait même par la suite tourner à son très grand désavantage, elle devrait sentir que, si trop avisés pour nous laisser aller à l'idée de courir directement après la récupération de ces deux possessions que l'on nous aurait enlevées, comme sans doute il arriverait, nous prenions en ce cas l'un ou l'autre des grands partis, que nous jugerions être le plus convenable aux circonstances, ou le plus propre à lui faire le plus de mal que possible; à la longue, elle pourrait ne pas trouver son compte à sa désertion.

161. — KAUNITZ À MERCY.

Vienne, le 21 octobre 1784. — L'Empereur ne peut pas s'empêcher d'envisager comme une déclaration de guerre de la part des Hollandais l'insulte la plus complète qu'ils viennent de se permettre à l'égard de son pavillon, après le leur avoir déclaré d'avance au cas que cela arrivât.[1] S. M. I. ne pourrait pas même s'en dispenser, quand même Elle ne l'eût pas annoncé préalablement, et Elle vient de prendre, en conséquence, toutes les mesures auxquelles autorise et que peut rendre nécessaires un pareil état de choses.

M. le baron de Reischach vient d'avoir ordre de quitter la Haye, sans prendre congé. Le gouvernement général est autorisé à accorder des lettres de marque à tous nos armateurs et toutes les dispositions sont données pour rassembler une puissante armée dans les Pays-Bas,

---

[1] Il s'agit des coups de canon tirés le 8 octobre à la hauteur de Saftingen, un peu au-dessus de Lillo, par un navire de guerre hollandais sur un vaisseau marchand, le brigantin *le Louis*, qui, suivant la déclaration faite par le comte de Belgiojoso aux ambassadeurs de la République, devait descendre l'Escaut d'Anvers à la mer sous le pavillon impérial pour en constater la réouverture. Une copie du journal du capitaine de ce brigantin, concernant ces événements, fut remise le 13 octobre à M. de Vergennes par M. de Mercy et se trouve encore aux archives des affaires étrangères; mais ce journal est si détaillé qu'il est impossible d'en donner ici un résumé. On le trouve d'ailleurs publié tout au long dans les *Causes célèbres du droit des gens*, de Martens, 2ᵉ édition, Leipzig, 1859, in-8°, t. III, p. 359. Il nous a paru préférable de citer un passage des résolutions des États généraux des Provinces-Unies du 9 octobre; car la version hollandaise, bien moins prolixe, ne diffère pas sensiblement, au moins sur les points essentiels, du récit du capitaine flamand.

Le 9 octobre au soir, le stathouder de Hollande vint communiquer aux États généraux une lettre du capitaine de Volbergen, datée du 8, à 1 heure 1/4 de l'après-midi, à bord de la frégate *le Pollux*, étant à l'ancre devant Saftingen. Cette lettre disait: « que le matin dudit jour un certain brick, sous pavillon impérial, venant d'Anvers, était en chemin pour passer; que le lieutenant Cuperus qui se trouvait à l'ancre à une demi-portée de canon de distance, avait envoyé une chaloupe avec un officier et fait avertir le commandant du brick de jeter l'ancre; ce que celui-ci refusa de faire: sur quoi le lieutenant Cuperus lui cria de revirer; mais, que le voyant continuer sa route, il lui tira un coup de canon chargé à poudre, que le brick ne respecta pas; non plus qu'un coup de canon chargé à balle, mais continua toujours de s'avancer pour passer, ce qui le mit dans le cas de lui envoyer toute sa bordée; qu'alors le brick revira et se mit à l'ancre, et qu'il était encore à la même place au moment du départ de la lettre». (*Archives des affaires étrangères*, série de Hollande, vol. 579, n° 82.)

En envoyant copie du journal du capitaine du *Louis*, le comte de Belgiojoso écrivait le 9 octobre au prince de Kaunitz:

« Les observations qu'il y a à faire sur l'atrocité de la conduite tenue contre notre navire se présentent d'elles-mêmes à la lecture du procès-verbal qui offre le tableau de l'insulte la plus caractérisée qui fût jamais et d'autant plus saillante qu'elle a été préméditée et faite par ordre exprès, comme on le voit par le procès-verbal; que l'on a tiré à fleur d'eau avec une précipitation qui n'a presque pas donné d'intervalle; qu'on a tiré à mitraille; qu'enfin le cutter hollandais a agi en plein à l'imitation des Barbaresques.» (Cf. le chapitre consacré à l'histoire de cette affaire dans l'ouvrage de M. Gachard: *La Belgique au XVIIIᵉ siècle*. Bruxelles, 1880, in-8°, p. 569 et suiv.)

aussi promptement que pourra le permettre le temps physique qui se trouve être nécessaire pour cet effet.

Vous aurez soin d'informer sans délai le Roi Très Chrétien de ces résolutions de l'Empereur, et S. M. se flatte que son allié les trouvera conséquentes aux circonstances et à sa dignité. Je vous prie de m'informer le plus tôt possible de tout ce que vous pourrez avoir à me mander, et j'ai l'honneur d'être.....

---

162. — KAUNITZ À MERCY.

Vienne, le 21 octobre 1784. — J'ai jugé devoir retarder le départ de ce courrier parce qu'il m'a paru que l'événement de la sortie de notre pavillon des ports d'Anvers et d'Ostende pouvait altérer considérablement l'état actuel des choses, et que j'ai cru moyennant cela devoir attendre les nouvelles de ce qui pourrait être arrivé à cette occasion. Vous le savez, et l'avez même su avant moi, et il ne me reste moyennant cela qu'à vous informer du parti vigoureux que vient de prendre l'Empereur dans ce nouvel état de choses et que naturellement sa dignité trop grièvement blessée a rendu nécessaire.

Je ne vous cacherai pas cependant que je regrette un peu, beaucoup même, tout l'argent que ces foutus Hollandais vont nous faire dépenser, et qui sera très considérable, attendu que l'Empereur se propose de rassembler aux Pays-Bas une armée de 80,000 hommes, indépendamment des troupes étrangères qu'Il pourra peut-être se déterminer de prendre à sa solde.

Avec son activité ordinaire, Il m'a même déjà envoyé aujourd'hui tous les ordres qu'il a adressés à son conseil de guerre, à la caisse générale, et à moi pour cet effet, et si la France ne parvient pas à Lui faire avoir raison en plein des Hollandais, et très promptement, je Le vois si piqué au jeu que tout ceci ne peut manquer d'avoir des suites très fâcheuses.

Le vin étant tiré, vous me connaissez trop pour ne pas être persuadé que je seconderai l'Empereur avec tout autant de zèle et de chaleur que j'eusse pu y mettre, si tout ce qui s'est fait ou ne s'est pas fait, avait été de mon avis. Je compte que, de votre côté, vous nous rendrez aussi tous les services que vous pourrez, mais je vous avoue en même temps que je ne conçois pas trop que l'on puisse s'en tirer sans guerre, à moins que ces insolents marchands de fromage ne donnent les mains complètement à notre ultimatum, contre la demande par exemple, que, l'article de l'Escaut excepté, l'Empereur leur accorderait sa garantie de tout le reste du traité de Münster. Mais comme je ne lui ai rien dit encore de cette idée, je ne sais ce qu'il en pensera, et je vous prie moyennant cela, supposé que vous soyez d'avis que l'on puisse la suggérer avec vraisemblance de succès là où vous êtes, de ne le faire que par des voies indirectes et qui puissent ne pas me compromettre.

Je sais que les affaires ainsi que moi nous sommes en bonne main vis-à-vis de vous, et moyennant cela, non seulement je suis sans inquiétude, mais j'espère même encore pour autant qu'il peut être raisonnable d'espérer : *in einer salva venia verhunzten Sache*[1].

---

163. — MERCY À KAUNITZ.

Paris, le 27 octobre 1784[2]. — Si la Reine, au lieu de me laisser vous l'approuvez, vous l'envoyiez. Si non, mandez-moi tout de suite par mon homme ce qu'il y a à redire pour que j'en écrive une autre, comme aussi si vous croyez qu'il serait mieux que le Roi envoyât un courrier à lui.

« Je me suis ménagé le moyen de voir M. de Vergennes et de l'y décider, si cela vous semblait mieux ; l'essentiel seulement est que cette lettre parte avant l'arrivée du courrier mensuel et que ni vous ni moi n'en ayons point l'endosse.

« Adieu, Monsieur, j'attends votre réponse. je ne vous parle point de mes sentiments pour vous ; ils vous sont trop connus pour que vous puissiez en douter. Ce mercredi, [27 octobre], à onze heures du matin. »

En recevant ce billet de la Reine et la lettre du Roi, M. de Mercy se mit sans doute à préparer tout de suite une lettre

---

[1] Dans une affaire gâchée, sauf respect.

[2] La date de jour manque sur la minute de cette lettre, écrite de la main de M. de Mercy ; il est certain qu'elle fut rédigée le 27 octobre ; car ce jour-là la Reine envoya à M. de Mercy une lettre du Roi avec ce billet :

Marie-Antoinette à Mercy. « Voilà la lettre du Roi, qu'il me charge, Monsieur, de faire passer à l'Empereur par le courrier que vous avez ici. J'ai combattu quelque temps cette idée, mais j'ai fait réflexion depuis que, comme la lettre est de lui uniquement, et que je désire même que l'Empereur la croie bien telle, il est peut-être plus simple de ne pas l'envoyer par M. de Vergennes. Mais comme, si elle ne plaît pas là-bas, je ne veux rien avoir à me reprocher, j'ai écrit en même temps, et je vous envoie ma lettre sous cachet volant, pour que si,

hier dans l'incertitude sur les résolutions du Roi [1], avait bien voulu me prévenir de la possibilité qu'elles fussent aussi promptes, je ne me

confidentielle pour le prince de Kaunitz; mais il n'eut pas à l'expédier, car ce même jour au soir la Reine lui écrivit ce billet :

« J'ai fait entendre à M. de Vergennes qu'il fallait que ce fût un courrier de ce pays-ci qui portât la lettre du Roi et la mienne. Il avait à point nommé un ancien courrier du marquis de Noailles ici, qu'il era partir demain matin; cela vaut mieux de toute manière, pour vous et pour moi. » (*Marie-Antoinette, Joseph und Léopold II, Ihr Briefwechsel*, p. 40.)

Bien que la plupart des détails contenus dans ce projet de lettre de Mercy à Kaunitz du 27 octobre soient répétés sous une forme à peu près identique dans la lettre n° 166, du 6 novembre suivant, nous avons imprimé cette minute pour bien montrer les changements survenus dans cet intervalle.

[1] Le 26 octobre, après la conférence hebdomadaire avec M. de Vergennes, M. de Mercy alla rendre compte à la Reine de sa conversation avec le ministre. Elle lui dit qu'Elle avait eu tout dernièrement un entretien avec le Roi, qui Lui avait laissé voir qu'Il était très ennuyé de la tournure que prenaient les affaires de Hollande. Il Lui avait confié que suivant une idée qui lui avait été suggérée par M. de Vergennes, Il avait le projet d'écrire une lettre autographe à l'Empereur pour le prier de Lui communiquer en toute confiance ses intentions au sujet de son différend avec la République. Et tout aussitôt le Roi avait tiré de sa poche une lettre, qu'Il Lui avait lue. A la première lecture, Elle avait deviné tout de suite que cette lettre avait été dictée mot à mot par M. de Vergennes dont Elle avait reconnu le style diffus et équivoque. Le Roi y paraissait trop occupé d'excuser la conduite des Hollandais. Cet écrit Lui parut si misérable que la Reine jugea nécessaire qu'on ne l'envoyât pas à Vienne. Elle dit au Roi que cette lettre, loin d'avoir l'effet qu'Il désirait, ferait plus de mal que de bien, car elle était rédigée de telle sorte que sûrement elle déplairait fort à l'Empereur. Le Roi reprit sa lettre et dit qu'Il allait en écrire une autre d'après ses idées à Lui personnelles et sans intervention de son ministre. Et bientôt après Il revint soumettre son œuvre à la Reine. Elle vit bien qu'il y avait encore beaucoup à redire à cette nouvelle lettre qui ressemblait trop à la première; cependant elle lui parut infiniment mieux que celle dictée par M. de Vergennes et Elle la laissa passer sans faire d'objections.

Elle croyait même avoir remporté une grande victoire et décidé le Roi à secouer au moins pour une fois le joug de son ministre. Le 2 novembre, la Reine dit à M. de Mercy que peu auparavant M. de Vergennes était venu Lui présenter une sorte de défense de la lettre qu'il avait préparée pour le Roi; il s'était efforcé de démontrer que tel ou tel passage n'avait d'autre but que de retenir l'Empereur. Comme la Reine avait cru s'apercevoir que le ministre ne savait pas que son projet n'avait pas servi, Elle avait cru devoir le laisser dans l'erreur. (Dépêche d'office du comte de Mercy du 6 novembre 1784.)

Mais soit que, suivant son habitude, la Reine, peu habituée aux affaires sérieuses, n'eût pas prêté assez d'attention aux explications du ministre et les eût mal comprises, soit que le Roi eût exigé le secret de M. de Vergennes en lui apprenant ce qui s'était passé entre lui et la Reine à cette occasion, soit enfin, ce qui n'est pas vraisemblable, que le ministre eût fait ouvrir cette lettre en secret et s'en fût ainsi procuré copie, toujours est-il que la Reine était dans l'erreur et que le ministre connaissait cette lettre, car le 5 novembre, M. de Vergennes écrivait au Roi : « Sire, j'ai l'honneur de mettre aux pieds de V. M. les nouvelles réflexions que la crise alarmante qui se développe m'a donné lieu de faire; V. M. les jugera peut-être prématurées

trouvderais pas dans l'embarras de devoir dépêcher sur l'heure le présent garde-noble sans que cette précipitation puisse me permettre d'écrire une dépêche aussi détaillée que les circonstances et les matières m'en auraient fourni les moyens.

Quoique la Reine me marque beaucoup de confiance, cependant, soit par une de ces petites réticences impossibles à expliquer, et qui se rencontrent quelquefois chez cette princesse, soit par un défaut de mémoire de sa part, Elle n'a jamais pu ou voulu me dire avec précision ce que contenait la lettre dictée par M. de Vergennes [1] et réformée

---

parce qu'Elle voudra sans doute attendre l'effet de *la lettre confidentielle qu'Elle a écrite à l'Empereur.*» (*Archives nationales*, K 161, vol. 3, à la date.) En outre, une copie de la lettre de Louis XVI à Joseph II du 26 octobre 1784, absolument semblable à l'original qui se trouve à Vienne, est encore aujourd'hui aux archives des affaires étrangères (série *Hollande*, vol. 559, n° 104).

Cette copie paraît être de la main du scribe qui transcrivait le déchiffrement sur les dépêches du chargé d'affaires de France à la Haye, M. de Bérenger. De tout ceci il résulte que Louis XVI avait certainement mis M. de Vergennes dans la confidence et que Marie-Antoinette s'abusait sur l'importance du succès qu'elle croyait avoir obtenu.

[1] Ce projet, dicté par M. de Vergennes, ne se trouve pas aux archives des affaires étrangères, ni dans la correspondance de Hollande, ni dans la correspondance de Vienne et son supplément. Il n'est pas non plus aux Archives nationales parmi les débris des papiers du *cabinet* de Louis XVI, conservés dans les cartons K 161, 163 et 164, où est conservée une partie de la correspondance particulière de M. de Vergennes avec le Roi.

Il est probable que ce projet aura été détruit par le Roi. Cette conjecture paraît d'autant plus fondée que la dépêche qui avait été préparée pour être envoyée à M. de Noailles avec la lettre du Roi à l'Empereur a été complètement remaniée. La première minute contenait ce passage : «Cet état de choses, l'affaire du 8 octobre sur l'Escaut, met le Roi dans la plus grande perplexité. S. M. a jugé n'avoir d'autre parti à prendre que de suivre l'impulsion de son désir pour le maintien de la paix et de son amitié pour l'Empereur et ce double motif l'a déterminée à écrire de sa main à S. M. I., à Lui présenter avec confiance et onction les inconvénients de la guerre et à L'exhorter à suivre par la voie de la conciliation la satisfaction qui peut Lui être due. Vous voudrez bien remettre vous-même ou faire parvenir à l'Empereur la lettre de S. M.»

Mais dans la rédaction définitive, tout ce paragraphe a été supprimé, ainsi que tout ce qui était relatif à une lettre du Roi à l'Empereur. Par contre, on a ajouté cette phrase, qui n'était pas dans le premier projet : «Je joins ici une lettre de la Reine pour l'Empereur ; l'intention de S. M. est que vous ne différiez pas à la faire parvenir à ce prince.» (*Archives des affaires étrangères*, série *Autriche*, vol. 348, f°° 181, 183.)

Cette dépêche fut expédiée le 28 à M. de Noailles, qui le 6 novembre en accusa réception. Dans cette lettre, l'ambassadeur de France à Vienne disait qu'il avait fait parvenir sur-le-champ la lettre de la Reine à l'Empereur, sans parler d'une lettre du Roi ; au contraire, il écrivait ceci : «Je prévoyais bien, Monsieur le Comte, que je ne serais point chargé de porter ici de nouvelles paroles au ministère. Au point où les choses en sont venues, nous ne pouvons qu'espérer jusqu'au dernier moment que les parties intéressées ouvriront d'elles-mêmes quelque voie d'accommodement.»

ensuite, non plus que ce que renferme celle qui est envoyée aujourd'hui. J'avoue à V. A. que j'ai bien peu d'opinion de cette lettre[1], parce que je ne puis me former aucune bonne idée de ce qui se fait avec la légèreté, le décousu et l'inconséquence, que l'on met ici à toutes choses. La Reine est fortement affectée des conjonctures présentes, mais comme Elle ne veut rien prévoir, rien préparer, et que chez Elle les grands intérêts sont entremêlés de tant d'objets mineurs, son intervention perd presque toute son efficacité.

Le Roi vient d'acheter au prix de six millions le château de Saint-Cloud pour en faire présent à la Reine en pur don et en toute propriété. Les ministres sont charmés de tourner l'attention de cette princesse sur de semblables fantaisies, et de les favoriser, parce qu'ils comptent qu'Elle leur fera grâce des matières de gouvernement, et

(*Ibidem*, 203.) Cependant il est certain que la lettre de Louis XVI à l'Empereur du 26 octobre fut expédiée le 28 avec la dépêche citée plus haut par un courrier du marquis de Noailles. (Voir plus haut, p. 312.) Il est probable que cette lettre était contenue dans celle de la Reine à l'Empereur, et que, pour mieux conserver le secret de cette correspondance directe entre les deux souverains, on ne mit pas l'ambassadeur dans la confidence, tout au moins au début.

Cette lettre de la Reine à l'Empereur, dont il est aussi parlé dans la lettre de la Reine à M. de Mercy (voir plus haut, p. 311, n. 1), n'est pas dans les archives de Vienne.

[1] *Louis XVI à Joseph II, 26 octobre 1784.* «Mon cher beau-frère, connaissant votre amitié pour moi, je ne peux pas tarder plus longtemps de vous faire part que la Reine avance heureusement dans le quatrième mois de sa grossesse; elle se porte à merveille, et j'espère qu'elle comblera mes vœux en me donnant un second garçon.

«Je profite en même temps de cette occasion, mon cher beau-frère, pour vous ouvrir mon cœur sur la situation des affaires présentes qui ne peut que me chagriner extrêmement. J'y suis engagé par l'amitié personnelle que vous m'avez inspirée et les liens qui nous unissent. Je désire sincèrement tout ce qui peut contribuer justement à la satisfaction de V. M. C'est dans ces sentiments que je me suis abstenu de juger les demandes qu'elle a formées à la charge des Hollandais et que j'ai fait passer des bons offices pour tâcher d'amener les choses à une négociation.

«Je ne lui dissimulerai pas que c'est contre mon vœu que les Hollandais ont agi dans la dernière occasion, quoiqu'ils se soient fondés sur les traités et notamment sur celui de Münster.

«Je mets tant de prix au maintien de la tranquillité générale de l'Europe, que les suites de cette affaire pourraient troubler, que, ne désespérant pas de ramener les choses à une conciliation équitable, je m'adresse à V. M. pour la prier de me rendre dépositaire de ses vues et de ses intentions, et c'est dans ces sentiments que je lui offre mon entremise pour terminer les différends.

«Soit qu'elle accepte cette ouverture ou qu'elle préfère une négociation directe, je la prie d'être assurée que mes vœux pour sa satisfaction et la conservation de la paix ne sont pas moins sincères.

«Je finis, mon cher beau-frère, en vous priant de ne pas douter de mes sentiments personnels et de mon amitié constante pour vous.» (*Marie-Antoinette, Joseph II.... Ihr Briefwechsel*, p. 41.)

ils ne se trompent pas de beaucoup dans ce calcul. D'ailleurs, ce qui paraît une absurdité à dire, et qui cependant n'est qu'une trop grande vérité, c'est que le Roi n'a lui-même aucun crédit dans les affaires d'État, parce qu'Il n'y apporte aucune volonté, trop peu de connaissances, et que, combattu entre les intentions de la Reine et les raisonnements de la fausse politique de ses ministres, Il se laisse entraîner par ces derniers, faute de savoir s'en défendre. Cet état des choses est vraiment décourageant; malgré cela, je tâche, Monseigneur, d'y faire de mon mieux, et je vais redoubler de soins, de zèle et d'action relativement à l'importante affaire de la Bavière, laquelle, je présume, éclipsera totalement celle de nos démêlés avec la Hollande.

Les deux lettres que V. A. m'a fait l'honneur de m'écrire par la poste en date du 10 et du 16 de ce mois, ont été ouvertes, et je m'en suis particulièrement aperçu au cachet de la dernière [1]. Je dis un mot dans ma dépêche d'office de la sensation que la première de ces lettres a paru faire sur M. de Vergennes [2]. Il m'a donné lieu à lui bien déduire la matière, j'en ai fait pareillement un très bon usage auprès de la Reine, je réserve plusieurs détails à cet égard pour le moment où j'aurai le loisir de les déduire. Relativement à la lettre qui concerne l'échange de la Bavière, et qui m'est parvenue hier, j'attends avec impatience les ordres ultérieurs que V. A. m'annonce, et je médite sur les moyens de les remplir; entre temps, cette lettre interceptée donnera pâture aux réflexions de M. de Vergennes; je crois qu'il avait déjà quelques notions sur l'objet, et j'en juge par un propos que passé

---

[1] Il existe encore aujourd'hui aux archives des affaires étrangères de France, (série *Autriche*, vol. 348, f° 150), une copie de la lettre interceptée du prince de Kaunitz, du 16 octobre.

[2] Le 26 octobre 1784, lorsque M. de Mercy entra dans le cabinet de M. Vergennes, le secrétaire d'État prit un air si sombre et si renfrogné que l'ambassadeur attribua tout de suite cette mauvaise humeur manifeste à la connaissance que le ministre aurait eue de la lettre que le prince de Kaunitz lui avait envoyée le 10 octobre par la poste ordinaire et aux reproches si justes qu'elle contenait à l'adresse de la cour de Versailles. Cette conjecture devint une quasi-certitude, quand, sans que l'ambassadeur lui en eût donné le moindre prétexte, le ministre entreprit de se défendre contre plusieurs des griefs énumérés dans cette lettre. Il conclut en disant à M. de Mercy qu'il ne pouvait pas lui cacher son chagrin de voir que, malgré tout ce que sa cour avait fait jusqu'ici pour faire réussir les desseins de l'Empereur et ce qu'elle faisait encore, on ne lui en savait aucun gré, mais qu'on la regardait même comme si elle n'avait rien fait.

En entendant M. de Vergennes mettre de lui-même la conversation sur ce sujet,

huit jours il a tenu à la Reine, en lui disant que l'Empereur *s'occupait d'affaires relatives à l'Allemagne, lesquelles pourraient lui causer bien des embarras, AINSI QU'À TOUT LE MONDE.*

La Reine n'a rien compris à ce langage et je n'ai pas cru alors devoir encore le Lui éclaircir, mais à l'arrivée du courrier mensuel, je remettrai la lettre secrète de l'Empereur à son auguste sœur, et tenterai l'impossible pour la porter à mettre en œuvre les derniers efforts de son crédit dans une conjoncture, laquelle, selon mes faibles idées, réunit tant de grands et importants aspects pour l'auguste service.

Je n'adresse point de rapport direct à l'Empereur, parce que cela aurait trop retardé l'expédition de ce garde-noble; je m'en remets à la protection de V. A. de vouloir bien faire valoir ce motif auprès de S. M. à laquelle je n'aurais pu d'ailleurs exposer que ce que contient la présente lettre.

164. — KAUNITZ À MERCY.

Vienne, le 28 octobre 1784. — L'Empereur étant dans le cas de devoir dépêcher pour Bruxelles le courrier qui vous remettra cette lettre confidentielle de ma part, j'ai jugé devoir le faire passer de là jusqu'à Paris pour répondre à vos derniers rapports qui me sont bien parvenus par un courrier du gouvernement général des Pays-Bas, en autant au moins que peut me le permettre le peu de temps que me laisse le départ de ce courrier, que l'Empereur est pressé de faire

l'ambassadeur crut que c'était la meilleure occasion pour lui rappeler tous les griefs que la cour de Vienne avait contre lui, et il en profita pour lui exposer l'un après l'autre tous les points essentiels qui étaient touchés dans la lettre du prince de Kaunitz du 10 octobre. Il le pria de se souvenir des vives protestations qu'il lui avait présentées lorsque le cabinet de Versailles avait si légèrement accordé ses bons offices aux Hollandais, sans même s'informer auparavant si l'Empereur trouverait bon que la France se mêlât de ses affaires. Suivant lui, cette démarche inconsidérée était la cause première de l'opposition opiniâtre des Hollandais aux réclamations si modérées et si fondées de la cour de Vienne.

M. de Vergennes, ne sachant que répondre à ces raisonnements si serrés, eut recours à son moyen favori. Il se borna à de vagues protestations d'attachement à l'alliance, et il donna à M. de Mercy l'assurance qu'il pensait sans cesse aux moyens de prévenir l'ouverture des hostilités. (Dépêche d'office du comte de Mercy du 10 novembre 1784.)

arriver aux Pays-Bas pour y faire parvenir avec toute l'accélération possible différentes dispositions militaires dont il est chargé.

Je sens que la France, sur des suppositions ou appréhensions de choses qui lui paraîtraient possibles, pourrait croire devoir ne point prendre dans l'occurrence présente le parti qui seul néanmoins serait, à mon avis, conforme à l'état violent des choses qui exige un remède très prompt, si elle veut que la guerre n'éclate pas effectivement, ainsi qu'il me semble qu'elle doive le vouloir, dès qu'elle sera assurée que de la part de l'Empereur elle n'aura point les suites que peut-être on appréhende, et que même elle pourra ne point avoir lieu du tout, pourvu que le Roi Très Chrétien emploie sans perte de temps bien sérieusement en Hollande l'efficacité dont doit y être l'influence qu'il se trouve y avoir actuellement, et par l'emploi vigoureux de laquelle il la conservera, au lieu que s'il ne l'emploie pas, il pourra fort bien s'ensuivre une coalition entre les deux partis actuellement existants dans la République, et de là des nouvelles liaisons entre elle et la Grande-Bretagne qui en entraîneraient la perte pour la France et la rendraient à l'Angleterre, ce qui serait un très grand mal assurément.

Pour le prévenir donc autant qu'il peut dépendre de moi, et empêcher, s'il se peut, que dans le doute sur l'étendue des intentions de l'Empereur, on ne se laisse entraîner en France à ne point prendre un ton propre à persuader, et à imposer à la Haye, je crois devoir vous confier :

Que l'Empereur, qui croit sa dignité grièvement blessée par la conduite des Hollandais à son égard, est à la vérité bien sérieusement déterminé à les en faire repentir par tous les moyens de force nécessaires qui sont en sa puissance, s'il n'obtient pas d'eux, avant que la guerre n'éclate, un acquiescement complet à son ultimatum et une réparation convenable de l'insulte qu'ils ont eu l'imprudence de lui faire; mais qu'en même temps ce n'est point du tout son intention de vouloir profiter de l'occasion pour détruire la République ou pour faire des conquêtes sur elle, ni même de lui faire la guerre, s'il peut s'en dispenser, c'est-à-dire s'ils sont assez sages pour la prévenir, en lui faisant raison sur le pied que je viens de vous dire, au lieu que dans le cas contraire ils peuvent y compter indubitablement et s'attendre à ne pas l'y avoir forcé impunément.

Je suis persuadé qu'en se mettant pour un moment seulement de sang-froid à la place de l'Empereur, le Roi Très Chrétien sentira que dans le cas tout à fait pareil il ne pourrait ni penser ni faire autrement que ne pense et se propose de faire l'Empereur.

On peut compter en France sur ce que je viens de vous dire et je vous en donne ma parole. Je me promets de la sagesse du comte de Vergennes qu'on se conduira en conséquence, et dans cette confiance, j'attends, sans inquiétude, les premières nouvelles que je recevrai de votre part en vous réitérant les assurances de la tendre et inviolable amitié avec laquelle je suis.....

P. S. Confiez à la Reine une copie ou même l'original, si vous voulez, de la lettre ostensible que je vous écris et dont, à titre de confiance, vous pouvez accorder lecture au comte de Vergennes, sans cependant lui en donner ni lui en laisser prendre copie et en insinuant de même à la Reine de ne point en donner non plus de son côté ni copie ni en laisser prendre.

Je sais combien je puis et je dois compter sur votre sagesse et votre amitié et j'y compte, mon bon ami, dans toute l'étendue de la mienne pour vous.

165. — JOSEPH II À MERCY.

Vienne, ce 29 octobre 1784. — De retour de mon voyage en Hongrie, je m'empresse à recommencer ma correspondance avec vous. L'événement des Hollandais est d'un genre à absorber toute notre attention. Vous l'avez parfaitement bien saisi, et le rapport que vous avez fait au prince de Kaunitz[1], et qui a passé par la voie de Bruxelles,

---

[1] Le 11 octobre, M. de Mercy reçut un courrier qui lui apporta, avec des dépêches du comte de Belgiojoso, divers documents relatifs à l'affaire qui venait d'avoir lieu sur l'Escaut, entre autres une copie du procès-verbal du capitaine du navire anversois qui le 8 avait reçu les coups de canon des Hollandais. Mais le matin même le Roi était allé passer quelques jours à Fontainebleau pour y chasser, et M. de Vergennes avait profité de l'absence de son maître pour se retirer dans sa maison de Montreuil, aux portes de Versailles, afin de soigner sa santé. M. de Mercy ne voulut pas aller l'y déranger, d'autant plus que, si l'on parlait à M. de Vergennes d'événements importants sans qu'il ait eu le temps d'y réfléchir auparavant, il se bornait à ré-

contient tout ce qui était possible pour le moment, et vous avez jugé et agi avec cette prudence et sagacité qui vous sont propres.

L'idée et les raisons que vous avez parfaitement bien expliquées de pondre des phrases vagues et entortillées qui pouvaient induire en erreur sur ses véritables sentiments. L'ambassadeur préféra écrire pour plusieurs motifs, dont le plus important était qu'en n'allant pas à Versailles on le soupçonnerait moins facilement d'être l'instigateur des démarches qu'il se proposait de demander à la Reine.

La lettre de M. de Mercy n'était ni longue ni bien importante; il se bornait à faire sentir au ministre la preuve de confiance qu'il lui donnait en lui communiquant confidentiellement cette dépêche et à dire sur l'événement en lui-même : «Voilà une insulte faite à l'Empereur qui devient bien grave par les circonstances dont elle a été accompagnée, quoiqu'elles ne fussent nullement nécessaires à l'objet que MM. les Hollandais s'étaient proposé.» Le ministre répondit sur-le-champ par une lettre vague et presque vide : cependant il déclarait que, connaissant les sentiments du Roi, il était convaincu que Sa Majesté apprendrait cet événement avec d'autant plus de peine qu'Elle avait fait tout ce qui dépendait d'Elle pour le conjurer. Et il rappelait les insinuations qu'il avait été chargé de faire aux Hollandais, sans doute afin de les dissuader d'avoir recours à la force pour s'opposer au passage des navires portant pavillon impérial sur l'Escaut.

En même temps qu'il écrivait à M. de Vergennes, M. de Mercy envoya une longue lettre à la Reine pour L'informer de tout ce qui venait d'arriver et La prier d'agir tout de suite avec énergie. Le même soir, Marie-Antoinette écrivit au Roi à Fontainebleau, et Elle Lui témoigna combien Elle était touchée de l'outrage fait par les Hollandais à son frère et combien il Lui tenait à cœur que l'Empereur reçût une satisfaction en rapport avec l'insulte. Le Roi répondit tout de suite qu'Il avait appris cette affaire avec autant de peine que de surprise, car elle était très désagréable, surtout par les conséquences qu'elle pourrait avoir. Mais en 1778 la situation avait été bien plus critique, et cependant on avait trouvé moyen d'arranger les choses. Dans la circonstance présente, Il ferait aussi tout ce qui Lui paraîtrait convenable et possible pour tout terminer au mieux.

M. de Mercy s'applaudissait du succès de cette démarche, qui s'était faite sans qu'il eût paru chez la Reine et sans qu'on pût avoir la moindre preuve qu'il L'eût conseillée.

La Reine ne s'était pas contentée d'écrire à son mari. Elle avait fait appeler M. de Vergennes et Elle avait eu avec lui un long entretien. Et le 15 octobre, Elle affirmait à M. de Mercy que le ministre Lui avait tenu un langage assez convenable qui semblait montrer son bon vouloir. Entre autres choses, la Reine avait représenté à M. de Vergennes combien il était important pour la France, dans l'état actuel des affaires, de se conduire de telle façon que l'Empereur ne fût point forcé de renoncer à un système auquel il était dévoué de tout cœur; car, dans le cas où l'alliance serait rompue, il serait nécessaire que l'Empereur se rapprochât de l'Angleterre et la France du roi de Prusse; mais il n'y avait à compter sur ce Roi que peu ou point, et d'ailleurs la Russie le tiendrait en bride et lui donnerait tant à faire que la France, obligée de faire seule face à toutes les forces de la Grande-Bretagne et de la maison d'Autriche, se trouverait dans la situation la plus critique. Le ministre avait répondu qu'on était loin de méconnaître les avantages réciproques de l'alliance et qu'on n'avait jamais perdu de vue combien il importait de la maintenir. Cependant il ne pouvait nier que les circonstances actuelles ne fussent très critiques, car on ne connaissait pas encore les intentions de l'Emla lettre que le comte de Vergennes avait imaginé que le Roi devrait m'écrire m'ont fait naître l'idée si une lettre à la Reine, qui serait ostensible, ne serait pas utile pour contredire les soupçons que l'on

pereur. S'il avait décidé la ruine de la République, il était certain que cet événement si considérable, qui se passerait aux frontières de la France, porterait un coup très sensible à tout le système européen. Mais on pouvait encore espérer que les desseins de l'Empereur n'allaient pas si loin. En outre, les troupes impériales dans les Pays-Bas étaient peu nombreuses, et en cas de guerre il en faudrait faire venir des pays héréditaires; cela prendrait du temps, et on aurait le loisir d'entrer en explications; mais, si ces pourparlers devaient se faire par l'intermédiaire des ministres des deux cours, ils entraîneraient de telles formalités qu'on aurait plus de chances d'embrouiller les affaires que de les arranger. Aussi pensait-il proposer au Roi d'écrire à l'Empereur pour Lui demander de Lui confier ses intentions; ainsi ces deux grands souverains pourraient s'entendre comme de bons parents et de vrais alliés pour le mieux des intérêts de leurs États. Pour donner pleine confiance à la Reine, M. de Vergennes Lui fit des confidences sur les vaines tentatives du prince Henri de Prusse pour entrer en discussion avec lui sur la situation politique et sur les délibérations du Conseil d'État dont certains membres avaient fait des propositions, comme d'assembler des troupes sur les frontières de Flandre et autres analogues qu'il désapprouvait hautement.

Dès que le Roi fut de retour, la Reine eut avec Lui une explication complète sur la situation des affaires. Elle lui soumit tous les arguments qu'Elle avait déjà exposés au comte de Vergennes et Elle crut remarquer que le Roi était personnellement très opposé à tout ce qui pourrait déplaire à l'Empereur.

Le 15 M. de Mercy alla voir M. de Vergennes qui, pensait-il, devait avoir eu tout le temps de réfléchir sur les événements. Il lui dit que les Hollandais prétendaient que leurs dernières propositions avaient reçu l'approbation du cabinet de Versailles. Mais que M. de Vergennes répondit : « Cela n'est pas vrai, et vous savez, Monsieur l'Ambassadeur, lorsque ces propositions me furent remises, je n'hésitai pas à dire à MM. les Ambassadeurs de Hollande que je souhaiterais bien qu'elles eussent quelque effet, mais je les croyais très insuffisantes. » Puis il avoua à M. de Mercy qu'il n'aurait jamais pensé que le parti que prendrait la République sur l'apparition des vaisseaux impériaux sur l'Escaut pût devenir aussi violent et aussi imprudent qu'il l'avait été. Il dit même que la veille il n'en avait pas caché son extrême surprise aux ambassadeurs de Hollande et qu'il s'était permis plusieurs réflexions sur le peu de cas que l'on faisait à la Haye de ses conseils. M. de Mercy écrivait le 17 à M. de Belgiojoso que pendant cette conversation de plus de deux heures il n'y avait eu de la part du secrétaire d'État aucun propos qui cherchât à pallier la conduite de la République.

Pour pénétrer l'opinion du ministre sur les événements à venir, M. de Mercy lui tint un langage très vif sur la gravité de l'insulte commise envers le pavillon de l'Empereur et sur la nécessité indispensable où Sa Majesté se trouvait de s'en procurer une satisfaction des plus éclatantes. Il rappela que la manière d'être inconsidérée et révoltante de ces républicains avait donné lieu à la guerre de 1672, dans laquelle le roi Louis XIV s'était cru obligé de donner à toutes les grandes puissances le bon exemple du châtiment qu'il fit éprouver aux Hollandais à la suite du manque d'égards et de respect qu'il avait essuyé de leur part, et il observa qu'en comparant les circonstances l'Empereur n'avait pas de moindres griefs à venger, et que par conséquent il serait tout simple

pourrait s'être formés, ou qu'on voulût faire accroire de mes vues ultérieures. Je vous joins donc ici, mon cher Comte, la lettre originale pour la Reine et une copie qui vous mettra au fait de son contenu. Vous insinuerez à la Reine que sans affectation elle la donne à lire au Roi et même à M. de Vergennes, si cela s'arrange naturellement; tout ce que j'y écris est vrai et conséquent aux circonstances et ce que réellement je suis décidé de faire [1].

Si la France veut prendre le ton convenable vis-à-vis des Hollandais, il faut bien qu'ils plient, et la France pourra, néanmoins, compter également sur la Hollande dans les liaisons qu'elle veut contracter avec elle, puisque moins la Hollande peut compter sur moi, plus elle doit se mettre sous l'appui de la France.

que Sa Majesté y employât les mêmes moyens.

M. de Mercy ne put, par ce discours, tirer de M. de Vergennes que des expressions vagues, «qui annonçaient assez clairement ses craintes de toute voie active». Le ministre répéta plusieurs fois ce qu'il avait déjà dit précédemment à l'ambassadeur sur les dangers qu'une étincelle ne causât un grand incendie; qu'il ne fallait désespérer de rien; que l'on n'omettrait aucun moyen, aucun expédient pour tâcher de ramener les Hollandais à la raison; qu'il convenait de bonne foi que cette République avait un grand tort à réparer, mais qu'il lui semblait que cela pouvait avoir lieu sans en venir à des voies de force ouverte; qu'il ne cachait pas l'espèce de découragement que lui causait le peu de fruit que ses démarches avaient eu jusqu'à ce moment-ci; mais qu'il n'en serait que plus zélé à les continuer.

En quittant le ministre, M. de Mercy se rendit chez la Reine, qui lui raconta ses entretiens avec le Roi et avec M. de Vergennes. Il exposa longuement à la Reine la différence capitale qu'il y avait entre vouloir la ruine totale d'un État et prendre les mesures nécessaires pour tirer vengeance d'un affront. Ensuite il Lui rappela qu'on ne pouvait avoir grande confiance dans la sincérité et l'exactitude des déclarations de M. de Vergennes. L'idée du ministre sur l'opportunité d'une lettre amicale à écrire par le Roi à l'Empereur pouvait aussi bien cacher un piège que témoigner d'un réel bon vouloir; car il était bien possible que le ministre, en partie dans la crainte d'exciter contre lui le ressentiment de la Reine, en partie pour se mettre à l'abri de tous reproches, eût adopté cette idée afin d'éviter toute responsabilité envers la Reine en raison des événements futurs. La lettre du Roi à l'Empereur serait sûrement dictée par le comte de Vergennes, qui y mettrait ses formes habituelles. Si la Reine voulait rendre un véritable service à son frère, Elle devrait s'arranger de façon à ce que le Roi n'écrivît à l'Empereur rien qui ne Lui eût été soumis auparavant. M. de Mercy se proposait d'indiquer à la Reine ce qu'il faudrait retrancher ou ajouter; si Sa Majesté avait quelques doutes, Elle pourrait s'efforcer de gagner du temps, afin de les communiquer à Mercy qui serait peut-être en état de les éclaircir. (Dépêches d'office du comte de Mercy, du 17 octobre, au comte de Belgiojoso et au prince de Kaunitz.)

[1] *Joseph II à Marie-Antoinette. Vienne, le 29 octobre 1784.* — «Ma chère et charmante Reine, je viens de retourner de mon voyage de Hongrie et je m'empresse de profiter de la première occasion pour vous embrasser

Le grand objet du troc avec la Bavière est entièrement en suspens par cet événement; mais si vous pouviez voir jour que ce troc pût, après satisfaction reçue néanmoins de la part des Hollandais, être mis en avant comme un expédient pour empêcher la guerre, et que la France le goûtât et voulût elle-même contribuer à le faire agréer par sa puissante influence au duc des Deux-Ponts et au prince Max de même qu'à l'Électeur, je crois que ces trois coups de canon auraient été tirés bien à propos, et que je ne devrais pas regretter les dépenses que la marche des troupes exige. Ce n'est qu'à votre prudence consommée que j'ose confier cette idée vague, et je crois réellement qu'il faut une occasion pareille et aussi prochaine d'une guerre qui ne convient personnellement ni au Roi ni aux ministres, pour qu'on puisse jamais leur faire goûter ce troc et les y faire coopérer.

et vous parler, avec cette franchise et cordialité que vous me connaissez, des événements du moment. Je crois que je n'ai pas besoin de vous raconter tout ce qui s'est passé et ce que MM. les Hollandais se sont permis à mon égard. Vous devez le savoir; je crois donc que personne ne sera étonné que je fasse marcher des troupes d'Allemagne aux Pays-Bas pour tirer raison de la République, si elle ne se ravise d'elle-même encore à temps à acquiescer à l'ultimatum que je crois être en droit d'exiger d'elle et à me procurer une réparation convenable de l'insulte faite à mon pavillon. Je veux bien vous confier, ma chère sœur, que je m'en contenterais encore, afin d'éviter à l'humanité les malheurs qui sont une suite nécessaire d'une guerre quelconque; je vous assure très positivement que je ne veux point la destruction de la République ni faire des conquêtes sur elle; mais je vous avoue en même temps que, si son arrogance continue et qu'elle ne me fasse raison de la façon que je viens de vous le marquer, j'emploierai tous les moyens de force que je croirai les plus propres à l'en faire repentir, et il ne sera certainement pas dit qu'elle m'aura fait la guerre impunément. Personne ne pourra, je crois, s'en étonner, cette affaire intéressant en commun la dignité de toutes les grandes puissances, dont chacune ferait certainement à ma place ce que je fais.

« Si des propos et écrits de quelques têtes exaltées veulent donner une autre tournure à mes démarches et encore plus à mes projets, je vous mets, ma chère sœur, dans le cas de les contredire parfaitement, puisque je vous ai dit ici tout mon secret avec la plus grande confiance. Voilà l'occasion où l'on pourra faire paraître dans tout leur jour les avantages mutuels de notre alliance ainsi que sa solidité. C'est de la personne du Roi, de sa sagesse et surtout de son amitié personnelle pour moi qui me sont connues et auxquelles je rends une parfaite justice, que j'attends avec impatience d'apprendre ce qu'il aura trouvé bon de faire et le ton qu'il prendra en cette occasion vis-à-vis les Hollandais, comme mon allié et ami.

« Adieu, ma chère sœur, je suis bien enchanté de savoir que vous avancez heureusement dans votre grossesse et vous pouvez être persuadée que rien n'est plus indissoluble que la tendre et véritable amitié que je vous ai vouée. C'est dans ces sentiments que je vous embrasse tendrement et que je vous prie de me croire pour la vie.... »
(*Marie-Antoinette, Joseph II und Léopold II, Ihr Briefwechsel*, p. 43.)

6 NOVEMBRE 1784.   323

Les régiments marchent ces jours-ci, et si dans peu je ne vois de la disposition de la part des Hollandais à acquiescer à mon ultimatum et à me donner une satisfaction convenable, les hostilités commenceront et alors il faudra voir comment la chose finira. Elle est toujours très désagréable pour moi puisque les gains à faire ne pourront jamais valoir les frais, et encore moins les malheurs de plusieurs individus, suite de toute guerre. Si des opérations sérieuses ont lieu, je compte m'y rendre en personne.

Je n'ai pas besoin de vous recommander, mon cher Comte, l'attention la plus suivie à tous les mouvements que vous pourrez observer ou apprendre qui se feraient dans le militaire français, ou des résolutions qui pourraient se prendre au conseil du Roi. C'est le moment où la Reine doit, par amitié pour moi et par amour-propre, être bien à la suite de tout ce qui se passera.

---

166. — MERCY À JOSEPH II.

Paris, le 6 novembre 1784. — Le garde-noble mensuel m'a remis le 1ᵉʳ de ce mois les très gracieux ordres de V. M. I. datés du 9 octobre, et je n'ai pas perdu un instant à aller présenter à la Reine la lettre qui Lui était adressée. La communication que V. M. avait daigné me faire sur son contenu ne me laissait aucun doute sur l'effet que devaient produire des avis si merveilleusement appropriés à leur objet. Je fus témoin du contentement de la Reine et de l'extrême sensibilité qu'Elle marqua en cette lecture. Il me parut que cela ajoutait à l'émotion que Lui causent les circonstances présentes ainsi qu'à son vif désir de s'y rendre utile à V. M.

Ma dépêche d'office d'aujourd'hui s'étendant à cet égard sur plusieurs détails[1], je dois en éviter la répétition pour me renfermer

---

[1] Le 31 octobre au soir, M. de Vergennes reçut des dépêches de M. de Noailles du 24, qui lui annonçaient que l'Empereur avait résolu de se faire justice de l'insulte infligée au pavillon impérial par les Hollandais; qu'il avait ordonné au baron de Reischach de quitter la Haye sans prendre congé, et qu'il faisait passer 80,000 hommes aux Pays-Bas. Cette nouvelle provoqua une réunion extraordinaire du Conseil

dans quelques remarques sur des points essentiels. En ce qui regarde les affaires de Hollande, la Reine a visiblement opéré quelque bien sur l'esprit de son auguste époux, mais ce monarque, combattu par les intentions de la Reine et en même temps par les insinuations de la fausse politique de ses ministres, est d'autant plus embarrassé qu'Il

d'État, le lundi 1ᵉʳ novembre. Au début, la séance fut assez orageuse, non pas qu'on eût l'idée de s'opposer en quelque manière à l'action de l'Empereur, mais parce que suivant l'usage ordinaire, lorsqu'une guerre était sur le point d'éclater entre des États voisins, on voulait réunir des troupes pour assurer la sûreté de nos frontières. Cette proposition avait été si vivement soutenue, que le Roi avait dû prendre la parole pour mettre fin à la discussion. Il avait déclaré que la décision de l'Empereur était toute naturelle et qu'on devait s'y attendre. L'Empereur ne pouvait pas ne pas tirer vengeance de la grave insulte qui Lui avait été faite. Aussi Il ne voulait pas qu'on fît faire le moindre mouvement à ses troupes. Les frontières de la France étaient suffisamment couvertes. D'ailleurs puisque, d'après le marquis de Noailles, l'armée rassemblée dans les Pays-Bas par ordre de l'Empereur ne devait pas dépasser 80,000 hommes, elle ne pouvait pas donner lieu à des mesures extraordinaires de la part de la France, et on aurait tout le temps de voir comment tourneraient les événements et ce que par la suite ils pourraient exiger. Cette déclaration du Roi avait réduit tous les ministres au silence.

Le 2 novembre, en communiquant ces détails à M. de Mercy, la Reine ajouta que c'était sans doute le motif de la tranquillité d'esprit dont M. de Vergennes avait fait montre dans la conférence qu'il venait d'avoir quelques instants auparavant avec l'ambassadeur. Elle dit encore à M. de Mercy qu'Elle s'était longuement entretenue de cette affaire avec le Roi, qui Lui avait exprimé la crainte que l'Empereur n'eût le dessein de détruire la République et Lui avait en même temps fait remarquer que quand bien même la France laisserait faire toutes les autres puissances s'y opposeraient. La Reine Lui avait répondu que, puisqu'Il avait cette idée c'était une raison de plus pour lui de ne pas s'en mêler. Elle Lui rappela l'affaire de la succession de Bavière, le différend entre la Russie et la Porte à propos de la Crimée et comment dans ces diverses occasions la cour de Versailles s'était mal conduite envers la cour de Vienne. Elle conclut en disant que ce serait une véritable vilenie, un scandale pour toute l'Europe et en même temps la rupture immanquable de l'alliance si la France se permettait la moindre démonstration hostile dans une affaire où il s'agissait moins des intérêts de l'Empereur que de sa dignité. La Reine croyait que le Roi avait été absolument convaincu par ces arguments; car Il redoutait tout ce qui même de loin pouvait lui faire supposer la possibilité d'une guerre générale, mais Elle craignait que les insinuations de ses ministres n'ébranlassent plus ou moins les bonnes résolutions du Roi.

M. de Mercy profita de cette crainte de la Reine pour Lui faire les plus fortes représentations. Il Lui fit observer que plusieurs des ministres qui Lui devaient leur place étaient de ceux qui avaient les idées les plus raisonnables et les plus dangereuses. Parmi eux se trouvait le maréchal de Ségur, dont le caractère personnel et l'incapacité notoire étaient l'objet de la risée générale; comme il était assez fou pour s'imaginer qu'une guerre nouvelle serait pour lui l'occasion de se perpétuer au ministère, il se permettait dans le monde des discours qui étaient d'autant plus incompréhensibles qu'un pareil langage tenu

est peu accoutumé et préparé à se permettre un jugement propre avec une volonté décidée. On croit ici que les vues de V. M. ne tendent pas à moins qu'à anéantir les États généraux en s'appropriant celles de leurs provinces qui sont les plus propres au commerce. On est disposé à calculer la probabilité de ce soupçon sur la force de l'armée qui sera rassemblée pour agir, et selon le plus ou moins de frayeur par un ministre d'État donnait naissance à ces bruits ridicules et insensés qui couraient dans le public. En outre ces discours avaient une influence très fâcheuse sur l'idée que l'on se faisait de la façon de penser de la Reine et de son crédit. Aussi M. de Mercy croyait-il absolument nécessaire que la Reine daignât retenir ses créatures dans les limites convenables.

Le 2 novembre, M. de Mercy avait eu aussi une longue conférence avec M. de Vergennes, auquel il avait communiqué verbalement et avec de fortes réserves les instructions du prince de Kaunitz en date du 21 octobre. Comme l'ambassadeur lui déclarait que l'Empereur, confiant dans l'amitié du Roi et ses sentiments de bon allié, comptait que S. M. Tr. Chr. regarderait les mesures qu'il prendrait contre la Hollande comme une conséquence nécessaire de l'outrage fait à sa dignité, M. de Vergennes ne répondit que par des paroles vagues sur la fâcheuse tournure qu'avaient prise les démêlés de l'Empereur avec les Hollandais. M. de Mercy en ayant rejeté toute la faute sur les Hollandais, le ministre lui avoua que, si fiers qu'il les connût, il ne se serait jamais imaginé qu'ils auraient poussé l'orgueil si loin. Il était convaincu que leur entêtement devait être attribué aux intrigues nationales dont le stathouder était le chef. Il voulait croire que sans cela ils n'eussent peut-être pas consenti tout de suite à la libre navigation de l'Escaut, mais il était certain que dans le cas où ils s'y seraient opposés ils ne se seraient jamais permis d'employer les voies de fait auxquelles ils avaient eu recours et que lui-même regardait comme outrageantes. Enfin, du ton le plus doux, il laissa tomber cette observation qu'il était possible que l'amour-propre et la fierté républicaine des États généraux eussent été froissés par la tournure quelque peu autoritaire de l'ultimatum de l'Empereur sur l'Escaut. Bien que le ministre eût employé tous les ménagements possibles pour glisser cette remarque, M. de Mercy ne laissa pas de la relever avec la plus grande vivacité. Il rappela tout ce que la patience magnanime de la cour de Vienne avait eu à souffrir depuis cent ans de la part de ces républicains; il conclut en disant que, dans le moment même où l'Empereur avait déclaré positivement et formellement ses prétentions si bien justifiées, il avait sacrifié les plus grands avantages au profit de la République et que s'il leur avait prescrit des lois ces lois avaient été dictées par la grâce et la bienveillance.

M. de Vergennes ne répliqua pas : il se borna à reconnaître à demi-mot que sûrement la République s'était attiré ce dont l'Empereur la menaçait; mais il ajouta cette réserve : *pourvu seulement que cela n'aille pas trop loin*. A quoi M. de Mercy répondit que le meilleur moyen de prévenir ce danger était que la France s'employât activement à ramener les Hollandais à des idées plus saines. Mais le ministre lui avoua que dans ce moment tous les efforts que pourrait faire la cour de Versailles seraient inutiles. Les esprits en Hollande étaient tellement excités que la moindre tentative en ce sens exposerait la France au danger de se compromettre gravement et de perdre le peu d'influence qu'elle avait conservée sur un petit nombre de membres du parti patriote hollandais. (Dépêche d'office du comte de Mercy du 6 novembre.)

qu'inspireront ces calculs, il en résultera probablement plus ou moins de fausses démarches ouvertes ou cachées. Si on se persuade qu'il ne s'agit que de châtier des insolents voisins sans leur faire d'autre mal que celui de les forcer à ouvrir l'Escaut et à rembourser en argent partie des frais qu'aura coûtés cette correction, alors il est vraisemblable que l'on tiendra ici une conduite mesurée et passive.

J'avais présumé que l'échange de la Bavière était peut-être à un degré de maturité propre à éclipser les démêlés avec la Hollande, mais il arrive tout le contraire, puisqu'un P. S. de la chancellerie de Cour et d'État m'interdit de parler encore du grand objet en question. De plus, par un article de la lettre de V. M. je vois avec peine qu'Elle n'est pas assurée à cet égard du consentement du duc des Deux-Ponts, et que pour se le procurer, Elle compte sur la coopération amicale de la France. J'espère bien, en effet, que de fortes raisons à mettre en usage serviront à persuader cette cour; mais son ministère actuel avec tous les inconvénients qui l'accompagnent, ne laisse pas que de présager d'assez grandes difficultés. Cela me conduit à observer très humblement qu'étant évident que le Roi a en horreur tout ce qui de près ou de loin pourrait occasionner une guerre générale en Europe, et que le comte de Vergennes partage cette répugnance par réflexion sur ses convenances personnelles dont la plus essentielle consiste à travailler tranquillement à arrondir sa fortune, il se pourrait que de telles dispositions de la part du souverain et de son ministre les rendissent peut-être plus faciles à adopter des moyens qu'on leur présenterait d'écarter les dangers qu'ils redoutent. Un de ces moyens le plus approprié aux circonstances présentes serait l'échange de la Bavière avec les Pays-Bas, en supposant qu'il éteignît la première étincelle d'une guerre prête à éclater. D'après ce raisonnement, je dois soumettre aux hautes lumières de V. M. si le moment ne serait pas favorable pour confier son projet à la France. Des indices annoncent que le comte de Vergennes en a déjà quelques notions, et j'en juge par un propos que passé quinze jours il a tenu à la Reine en lui disant que *V. M. s'occupait d'affaires relatives à l'Allemagne, lesquelles pourraient Lui causer beaucoup d'embarras.* La Reine n'a rien compris à ce langage et je n'ai cru pas alors devoir encore le Lui éclaircir. J'attendrai, à cet effet, les ordres ultérieurs de V. M. et je me proposerai à les remplir avec le plus grand zèle.

6 NOVEMBRE 1784.

Le Roi vient d'acheter au prix de six millions le château de Saint-Cloud pour en faire présent à la Reine et en pur don et en toute propriété. S. M. avance très heureusement dans sa grossesse et Elle n'a jamais joui d'une meilleure santé; celle de Monsieur le Dauphin se fortifie de jour en jour.

---

167. — MERCY À JOSEPH II.

Paris, 6 novembre 1784. — Mon très humble rapport était écrit, je n'attendais que les lettres de la Reine, et le garde-noble devait partir dans la nuit, lorsque hier au soir j'ai reçu par un courrier de Bruxelles les ordres de V. M. I. en date du 29 octobre. Je me suis rendu ce matin à Versailles, et en y présentant à la Reine la lettre qui Lui était adressée, Elle jugea d'abord d'Elle-même qu'il était convenable de la communiquer au Roi et à son ministre. J'insinuai tout ce qui pouvait être dit verbalement à cette occasion, et la Reine daigna en rester d'accord; mais Elle observa que le Roi étant à la chasse, Elle ne le verrait pas de la journée; que celle de demain ne lui fournirait aucune occasion assez tranquille pour parler d'affaires avec fruit, que le lundi le monarque allait à Fontainebleau pour deux jours, et que d'ailleurs le comte de Vergennes était malade et hors d'état de sortir de sa chambre; que par conséquent la communication projetée ne pourrait s'effectuer qu'au retour du Roi [1]. Au milieu de ces

---

[1] *Marie-Antoinette à Joseph II. Versailles, le 5 novembre 1784.* — «Vous aurez probablement répondu au Roi, mon cher frère, avant que celle-ci vous parvienne. Je souhaite que vous ayez été à même de lui faire quelque ouverture qui lui donne moyen d'amener les Hollandais à la réparation qu'ils vous doivent. J'espère aussi qu'il trouvera dans votre lettre de quoi le rassurer sur l'esprit de conquête et d'agrandissement qu'on cherche toujours à vous supposer. Le marquis de Noailles a mandé que vous alliez envoyer 40,000 hommes aux Pays-Bas. Le Roi n'en a pas été surpris et a dit dans son conseil que, dans l'état des choses, vous ne pouviez pas faire autrement. Si l'affaire m'intéressait moins, je serais contente de la manière tranquille dont M. de Vergennes a reçu M. de Mercy mardi dernier. Mais cette tranquillité silencieuse m'inquiète un peu. Je n'ai pas voulu faire venir ce ministre dans ce premier moment. Je crois qu'en différant quelques jours il me sera plus facile de démêler quelque partie de ses idées. Ce ne sera jamais dans les affaires qui intéresseront personnellement mon cher frère que je manquerai de suite et d'attention. Mon âme est trop préoc-

fâcheux contre-temps, j'ai cru qu'il était essentiel que V. M. fût, en attendant, promptement informée de l'état des choses telles qu'elles se trouvent dans ce moment-ci et cela me décide à faire partir le garde-noble.

V. M. daignera voir que dans mon premier rapport j'ai eu le bonheur de rencontrer ce que Lui ont suggéré ses hautes lumières sur le moment qui pourrait être bientôt favorable pour parler ici de l'échange de la Bavière. Il ne s'agira plus que d'un dernier ordre positif de V. M. pour que j'aille en avant sur cette matière; quelques semaines de retard de plus auront l'effet de laisser mûrir ici la crainte que l'on a d'une guerre, et cela n'en sera que mieux; alors la proposition paraîtra comme un expédient pour pouvoir se conformer aux vœux de la France et ce sera pour elle un motif de plus à devoir s'y prêter. Si le moment de cette proposition était trop anticipé et que l'on crût que d'autres expédients pacifiques pourraient être mis à la place de celui de l'échange de la Bavière, alors on s'y rendrait plus difficile; car il est bien certain que la politique française y répugnera

cupée de celles-ci pour ne pas fixer toute ma tête.

« Le Roi était à la vérité convenu avec M. de Vergennes qu'il vous écrirait, mais dans le fait ce ministre n'a eu aucune part à sa lettre. Il en avait donné une espèce de projet au Roi qui me l'a montré. Je n'ai pas eu de peine à lui prouver qu'elle était longue, mal écrite et contenait des réflexions déplacées. Je crois être sûre que celle qu'il vous a écrite est partie sans que M. de Vergennes l'ait vue. Le prince Henri doit partir dans deux jours, et j'en suis d'autant plus aise que depuis quelque temps il s'occupe d'intriguer et d'échauffer les esprits.

« Mes enfants se portent à merveille ainsi que moi. Adieu, mon cher frère; je vous embrasse de tout mon cœur. Je ne vous dirai jamais assez combien je vous aime de toute mon âme.

« Ce n'est pas trop le moment, mon cher frère, de vous parler d'une acquisition intéressante pour mes enfants et pour moi; mais je serais fâchée que vous l'apprissiez par d'autres. M. le duc d'Orléans me vend Saint-Cloud ; le contrat n'en sera passé qu'au mois de janvier. Le Roi est convenu qu'il sera en mon nom et que je le pourrais donner à celui de mes enfants que je voudrai. Ils y passeront les étés. La Muette est trop petite pour les réunir. »

Le 6 novembre. — « Je rouvre ma lettre pour vous dire, mon cher frère, que je viens de recevoir votre lettre par le courrier de Bruxelles. Il n'y a rien de plus juste et de plus raisonnable que tout ce que vous m'y mandez. Dieu veuille qu'on l'entende bien ici. Je comptais la montrer au Roi tout de suite; mais il chasse et, ne voulant pas arrêter le courrier, je ne pourrai vous parler de l'effet qu'elle aura produite que par la première occasion. Vous connaissez trop mon âme pour douter du soin que je prendrai pour que l'on vous juge toujours d'après ce que vous êtes. Adieu, je vous embrasse de tout mon cœur.... » (*Marie-Antoinette und Joseph II..... Ihr Briefwechsel*, p. 45.)

beaucoup et que ce ne sera que l'aspect d'un danger extrême à éviter qui pourra la déterminer à ce moyen.

Je crois aussi devoir renvoyer la lettre secrète destinée pour la Reine, parce que, si V. M. Lui en écrit une sur la matière, Elle trouvera peut-être nécessaire, pour les concordances, de Lui présenter l'idée comme un effet de son désir d'écarter les troubles et de complaire par là à son allié.

Si quelque chose pouvait ajouter à mon zèle, ce serait la clémence avec laquelle V. M. daigne le considérer; il ne me laissera sûrement rien échapper dans les mouvements qui auront lieu ici. Je suis bien sûr que jusqu'à ce moment il n'y a rien au delà de ce dont je rends compte aujourd'hui, mais vis-à-vis d'un ministère tel que l'est celui-ci, il devient presque impossible de tabler sur les idées d'un jour à l'autre. Au reste, la Reine est si sincèrement occupée de la conjoncture présente, que sans doute Elle réussira à s'y rendre utile.

---

168. — MERCY À KAUNITZ.

Paris, le 6 novembre 1784. — Le garde-noble mensuel m'a remis les ordres particuliers de V. A. en date du 21 octobre, et j'avais reçu peu de jours auparavant les lettres importantes qu'Elle m'a fait l'honneur de m'écrire par la poste ordinaire, datées du 10 et du 16. Ces lettres ont été ouvertes, et je m'en suis plus particulièrement aperçu au cachet de la dernière. Quant à celle du 10, ma dépêche d'office expose l'effet remarquable qu'elle a produit, et comment M. de Vergennes m'a donné lieu à lui récapituler tous les chapitres de cette excellente leçon. Elle a été de nature à pouvoir établir une impression durable, si un caractère de la trempe de celui de M. de Vergennes en était susceptible, mais plus j'apprends à connaître ce ministre, et plus je me persuade que ses idées ainsi que sa conduite sont si incertaines et tellement dépendantes de petites combinaisons personnelles, que l'on ne peut se permettre de compter sur rien de solide de sa part.

V. A. était prévenue de son projet d'engager le Roi à écrire à l'Empereur, ainsi que cela a eu lieu⁽¹⁾. Quoique la Reine me marque la plus grande confiance, cependant, soit par une de ces petites réticences impossibles à expliquer et qui se rencontrent quelquefois chez cette princesse, soit par un défaut de la mémoire, elle n'a jamais pu ou voulu me dire avec précision ce que contenait la lettre dictée par M. de Vergennes et réformée ensuite, non plus que ce que renferme celle qui a été envoyée la semaine dernière. J'avoue que j'ai bien peu d'opinion de cette lettre, parce que je ne puis me former aucune bonne idée de ce qui se fait avec la légèreté, le décousu et l'inconséquence que l'on met ici à toutes choses. La Reine est fortement affectée des conjonctures présentes; ce qu'expose ma dépêche d'office relativement à ses démarches, est exact quant au fond; mais comme la Reine ne veut rien prévoir à temps, rien préparer, qu'Elle se laisse sans cesse déjouer par ses protégés, et que chez Elle les intérêts sont entremêlés de beaucoup d'objets minutieux, son intervention dans les grandes affaires perd la majeure partie de son efficacité.

Le Roi vient d'acheter au prix de six millions le château de Saint-Cloud pour en faire présent à la Reine en pur don et en toute propriété. Les ministres sont charmés de tourner l'attention de cette princesse sur de semblables fantaisies et de les favoriser, parce qu'ils comptent qu'Elle leur fera grâce des matières de gouvernement, et ils ne se trompent pas de beaucoup dans ce calcul; d'ailleurs ce qui paraît une absurdité à dire, et qui cependant n'est qu'une trop grande vérité, c'est que le Roi a lui-même peu de crédit dans ses propres affaires d'État, parce qu'Il n'y apporte aucune volonté, trop peu de connaissances, et que combattu entre les intentions de la Reine et les raisonnements de la fausse politique de ses ministres, Il se laisse entraîner par ces derniers, faute de savoir s'en défendre. Cet état de choses est vraiment décourageant; malgré cela je tâche d'y faire de mon mieux et dans le moment actuel je vais redoubler de soins, de zèle et d'action.

J'avais présumé que la grande affaire de la Bavière éclipserait totalement celle de nos démêlés avec la Hollande, mais il en arrive tout le contraire, et par un article de la lettre que daigne m'écrire l'Empereur, je vois avec peine que non seulement S. M. n'est point assurée

---

⁽¹⁾ Voir plus haut, p. 320.

du consentement du duc des Deux-Ponts, mais que même Elle fait dépendre en partie ce consentement de la coopération amicale qu'à cet effet Elle se promet de la part de cette cour-ci. Je désire plus que je ne l'espère qu'il y ait moyen d'effectuer cette coopération, mais si on l'obtient, ce ne sera pas sans de grandes difficultés, et cela par des raisons que j'ai eu l'honneur d'exposer à V. A. dans une de mes lettres précédentes[1]; entre temps j'observerai qu'il est évident que le Roi a en horreur tout ce qui de près ou de loin pourrait occasionner une guerre générale en Europe, et que M. de Vergennes partage cette répugnance par réflexion sur ses convenances personnelles, dont la plus essentielle est de travailler tranquillement à arrondir sa fortune. De telles dispositions de la part du souverain et de son ministre les rendraient peut-être plus faciles à adopter des moyens qu'on leur présenterait, d'écarter les dangers qu'ils redoutent. Un de ces moyens le mieux adapté aux circonstances présentes serait l'échange de la Bavière avec les Pays-Bas, en supposant qu'il éteignît la première étincelle d'une guerre prête à éclater. D'après ce raisonnement je dois soumettre aux lumières supérieures de V. A., si le moment ne serait pas favorable à confier notre projet à la France. La lettre interceptée du 16 en a déjà donné quelque indice; je crois que M. de Vergennes en avait déjà d'autres notions d'ailleurs, et j'en juge par un propos, que passé quinze jours il a tenu à la Reine, en lui disant *que l'Empereur s'occupait d'affaires relatives à l'Allemagne, lesquelles pourraient lui causer beaucoup d'embarras.* La Reine n'a rien compris à ce langage et je n'ai pas cru alors devoir encore le Lui éclaircir.

Une partie de ce que je viens de dire forme la substance du très humble rapport que j'adresse aujourd'hui à l'Empereur, et il ne me reste que quelques remarques à exposer ici sur les résolutions que S. M. a prises de se faire raison des Hollandais. On paraît fort porté à croire que les vues de notre monarque ne tendent pas à moins qu'à anéantir la République en s'appropriant celles de ses provinces qui sont les plus propres au commerce. On semble disposé à calculer la probabilité de ce soupçon sur la force de l'armée qui sera rassemblée pour agir. Si l'Empereur la commande en personne, on ne doutera plus qu'il ne soit question d'un projet très vaste, la frayeur sera au

---

[1] Voir plus haut, p. 286.

comble et pourra induire à toute sorte de fausses démarches ouvertes ou cachées. Si, au contraire, on a lieu à se persuader qu'il ne s'agit que de châtier d'insolents voisins, sans leur faire d'autre mal que celui de les forcer à ouvrir l'Escaut et à donner de l'argent pour les frais de cette correction, alors il est vraisemblable que l'on tiendra ici une conduite mesurée et passive.

Je m'occuperai avec le plus grand zèle de tout ce qui me paraîtra le mieux convenir aux intentions de V. A. J'ai remis à la Reine une copie de sa lettre du 10 octobre, pour qu'elle serve de direction au vrai désir que témoigne cette princesse de se rendre utile à son auguste frère. J'ai pareillement décidé la Reine à suggérer au Roi et à son ministre, comme une idée propre à Elle, l'expédient dont V. A. m'a fait mention, savoir, que les Hollandais donnent les mains complètement à notre ultimatum, contre la demande que, l'article de l'Escaut excepté, l'Empereur leur accorde la garantie de tout le reste du traité de Munster. Cette proposition réunit le double avantage de pouvoir servir à tranquilliser la France sur ses soupçons et de donner le démenti aux imputations exagérées que se permet la République sur les prétendus projets de l'Empereur. Je m'empresserai de rendre compte à V. A. de ce que la Reine aura à me dire sur l'issue de cette démarche, et j'ai l'honneur d'être. . . . .

---

169. — MERCY À KAUNITZ.

Paris, le 6 novembre 1784. — Le garde-noble était hier au moment de partir, lorsqu'un courrier de Bruxelles m'a apporté le soir la lettre dont V. A. m'honore du 28 octobre, et dont j'ai ce matin communiqué confidentiellement le contenu à M. de Vergennes. Il m'a écouté avec une extrême attention, en me priant de lui relire plusieurs passages une seconde fois. Au paragraphe où V. A. cite la possibilité d'une coalition entre les deux partis existants dans la République, il me dit que cette coalition s'était déjà effectuée et que l'on délibérait sur le parti de se livrer à la France ou à l'Angleterre, indécision dont le ministre me parut fort affecté. Je lui parlai fortement sur ce que cette cour-ci devait à notre alliance par principe de bonne politique et par honneur; j'appuyai sur les suites infaillibles qu'entraînerait une conduite louche; il me protesta que l'on avait tenté ici de bonne foi tout ce qui était possible pour rendre les Hollandais traitables, ajoutant que ce qui le *désespérait, était de prévoir que ces vilaines gens ne céderaient jamais sur l'article de l'Escaut, et cela plus par fierté que par les raisons d'intérêt qu'ils alléguaient.* J'observai entre temps que M. de Vergennes était fort soulagé de trouver dans la lettre de V. A. l'assurance qu'il ne s'agissait pas de la destruction de la République.

Malgré tout ce que dit la Reine, et quoique l'on n'articule rien à Versailles qu'avec circonspection et ménagement, il deviendra peut-être nécessaire, Monseigneur, de faire expliquer nettement ces gens-ci; leur tournure a quelque chose de suspect. Le caractère de M. de Vergennes n'est pas rassurant à cet égard; il est certain que la Reine opère en bien sur l'esprit du Roi, mais ce prince n'ayant ni connaissances ni volonté, il y a trop peu de fond à faire sur son opinion personnelle.

J'ai relu deux fois à la Reine la lettre de V. A.; je n'ai pas cru pouvoir Lui en laisser l'original, et je Lui en remettrai une copie. L'Empereur Lui a écrit dans un sens approchant; Elle fera lire cette lettre au Roi.

Je me hâte de faire partir le garde-noble parce qu'il me paraît essentiel que V. A. soit promptement informée de l'état du moment, quoique assez obscur encore. Si l'attention et le zèle de ma part peuvent y faire quelque chose, il n'y aura de ce côté-là rien d'épargné, non plus que dans tout ce qui pourra me mériter les bontés de V. A.

---

170. — JOSEPH II À MERCY.

Vienne, ce 19 novembre 1784. — J'ai reçu par le courrier mensuel vos deux lettres; j'y ai vu avec une vraie satisfaction que nos idées s'étaient rencontrées à l'égard de l'échange de la Bavière dont la proposition, ainsi que vous l'observez très bien, pourrait être faite dans ce moment comme le plus favorable et peut-être l'unique pour le faire réussir et goûter en France.

Vous me paraissez étonné de ce que je n'étais pas encore sûr du duc des Deux-Ponts. La raison en est parce que les doutes et les délais provenus de la part de l'Électeur palatin m'avaient empêché jusqu'ici de porter directement ce projet à la connaissance du duc, mais au moyen de M. de Romanzow [1] et par d'autres voies on était déjà parvenu à le prévenir favorablement qu'on avait des propositions avantageuses à lui faire, qui lui procureraient en même temps des secours pécuniaires dont il a si grand besoin, et comme on a su par lui-même qu'il ne s'engagerait à rien au monde sans consulter la France, on a voulu tarder de lui en parler jusqu'à ce qu'on pût en faire l'ouverture en même temps à la France.

Je vous joins ici, mon cher Comte, copie du mémoire qu'on voulait présenter au duc des Deux-Ponts et dont l'Électeur est déjà informé. Il me paraît qu'il n'y a rien à dire sur son contenu, que les avantages de la Maison palatine y sont bien clairs et que la plus parfaite justice y est observée. L'Électeur y a consenti en gros et ce n'est que sur les revenus de la Bavière qu'il voudrait par son esprit de petitesse ordinaire faire un compte d'apothicaire pour les faire valoir au delà de ce qu'ils importent.

Je suis parfaitement d'accord avec la Russie qui désire également cet échange et s'est engagée d'y contribuer de toute façon et même les armes à la main s'il en naissait une guerre. Vous sentez bien que ce n'est pas une chose à dire à la France, déjà trop jalouse de mes liaisons avec la Russie.

De la manière dont j'entrevois encore l'incertitude du succès de cette affaire, il me paraît qu'elle ne saurait réussir que dans ce moment, et cela pour ainsi dire comme par un coup de main, en y mettant la plus grande célérité pour éviter encore l'ouverture de la campagne. Je vous dirai donc confusément la marche que cette affaire pourrait prendre pour être portée à son but.

---

[1] Le 23 mai (v. s.) 1784, Catherine II avait écrit à l'Empereur : « En attendant que le moment soit venu d'instruire mes ministres auprès des cours étrangères de ce qu'ils devront faire pour concourir aux vues de V. M. I., j'ai ordonné au comte Romanzow, mon envoyé à Francfort, de ne négliger aucun moyen pour faire sentir au duc des Deux-Ponts combien il lui importe de s'appliquer à mériter les bontés et la protection du chef de l'Empire comme le plus sûr moyen d'améliorer son sort. » (*Joseph II und Katharina von Russland, Ihr Briefwechsel*, p. 230.)

Par la lettre que le Roi m'a écrite et par ma réponse [1] ainsi que par ma lettre à la Reine dont je vous envoie ici des copies, vous verrez de quoi il s'agit à l'égard des Hollandais. Comme il est très naturel que la Reine pourra et devra montrer au Roi la lettre que je lui écris et dans laquelle je lui parle clairement du projet de l'échange de la Bavière, elle sera en état d'observer l'effet que cette idée fera sur le Roi, et s'il en est, comme il est probable, déjà prévenu.

Je vous envoie une autre lettre pour la Reine [2], mais qui n'est que pour elle seule et dans laquelle je la presse davantage de concourir au succès de ce projet comme le seul moyen que j'entrevoie de pouvoir empêcher la guerre et tout ce qui pourra s'ensuivre.

Si le Roi désire l'explication des moyens que j'annonce vous avoir envoyés, c'est une marque qu'il n'est pas impossible que la chose réussisse. Si au contraire il la rejette tout de suite et qu'il y oppose des diffi-

---

[1] *Joseph II à Louis XVI, le 20 novembre 1784.* — «Mon cher beau-frère, vous ne rendez que justice à la tendre amitié que je vous ai vouée, en vous assurant de la part sincère que je prends à la satisfaction que vous cause la grossesse de la Reine. Je réunis bien sincèrement mes vœux aux vôtres pour qu'elle vous donne un second fils.

«Je ne suis pas moins sensible à la franchise avec laquelle vous voulez bien, mon cher beau-frère, me parler en même temps dans votre lettre des circonstances dans lesquelles je me trouve avec les Hollandais. J'y reconnais toute l'étendue de votre amitié pour moi, et c'est dans les mêmes sentiments que je vous fais ici, dans la plus grande confiance, le dépositaire de ma façon de penser à leur égard.

«En conséquence de la déclaration, qui contient entre autres l'offre d'un accommodement amiable que j'ai fait à la République pour mon ultimatum, je ne peux pas m'empêcher de regarder comme une déclaration de guerre la violence que les Hollandais se sont permise à l'égard de mon pavillon.

«Je suis obligé par conséquent de recourir à la voie des armes que, par ce fait et d'autres qu'ils continuent, ils ont provoquée; et, après le refus absolu de la compensation que j'avais proposée, il ne me reste qu'à en revenir à mes prétentions et griefs détaillés dans le tableau sommaire que je leur ai fait communiquer et de m'en faire raison de force.

«Il faut donc, dans les termes où l'on est actuellement, de deux choses l'une : ou il faut que l'on me satisfasse sur toutes mes prétentions et que l'on me rembourse mes frais de la guerre, ou que l'on consente à la compensation que j'ai offerte.

«Dans l'un ou l'autre cas, je me tiendrai pour satisfait et ne prétends rien au delà. V. M. peut y compter et être certaine que mes vues n'ont pas plus d'étendue. Je crois qu'en se mettant à ma place, Elle penserait et agirait de même, et c'est avec plaisir et une entière confiance dans son amitié que j'accepte l'entremise qu'Elle veut bien m'offrir dans cette affaire. Je La prie d'être bien persuadée que l'on ne saurait être plus sincèrement attaché à l'heureux système de notre alliance et surtout à votre personne en particulier que moi qui, en vous embrassant tendrement, vous assure d'être pour la vie...» (*Marie-Antoinette und Joseph II..... Ihr Briefwechsel*, p. 49.)

[2] Voir plus loin, p. 338.

cultés, on en peut conclure qu'il est déjà prévenu contre ce projet par M. de Vergennes. Si le succès paraît probable, le meilleur sera que le Roi me fît savoir le plus tôt possible par vous, que non seulement il n'était pas contraire, mais qu'il s'emploierait même à faire goûter au duc des Deux-Ponts et à son frère Maximilien la proposition que je ferai faire au premier, de même qu'à l'Électeur qui se tranquilliserait sur la façon dont la France envisagerait ce troc.

Les Hollandais devraient être engagés à me mettre en possession soit de Maëstricht et de la partie des objets litigieux dans la Flandre et le Brabant, ou à m'accorder la libre navigation de l'Escaut pour aussi longtemps que la Maison d'Autriche posséderait les Pays-Bas, ce qui, ce troc venant à se faire, ne pourrait porter le moindre préjudice au commerce des Hollandais. Il faudrait ajouter à l'une et l'autre de ces conditions qu'ils devraient toujours me donner une satisfaction convenable de l'insulte faite à mon pavillon et me rembourser les frais de la guerre qu'on pourrait évaluer à huit millions. Si l'on fait envisager ceci à la France comme le seul moyen d'éviter la guerre, ainsi que vous l'observez très bien, elle pourrait peut-être s'y prêter et y concourir par les moyens de persuasion qu'elle a tant sur les Hollandais que sur le duc des Deux-Ponts. Pour cet effet, il lui faut représenter le danger imminent de la guerre et le commencement des hostilités; que ce n'était qu'en considération de la France que j'avais suspendu jusqu'à présent de faire donner des lettres de marque et de faire agir hostilement contre les Hollandais, sachant fort bien la mauvaise situation dans laquelle ils se trouvent, et combien il y aurait eu de l'avantage pour moi en les prévenant, au lieu qu'en y mettant du retard leurs bâtiments marchands seront rentrés dans les ports et se mettront plus sur leurs gardes, en même temps que leurs forces de terre seront augmentées et leurs forteresses mieux fournies de toute façon.

Vous sentez bien, mon cher Comte, que tout ceci ne forme que des idées creuses que j'entasse ici comme elles se présentent à mon imagination, que je vous prie de rectifier et de n'en faire usage que selon l'esprit et le zèle que je vous connais et que vous verrez jour pour les mettre en œuvre. Mais ce qui importe réellement, c'est que le plus tôt possible vous puissiez m'informer du plus ou moins de probabilité de cette affaire, puisqu'il en dépend de mon côté l'accélération de plusieurs dispositions encore très nécessaires pour la campagne, et qui à l'égard de la distance énorme exigent beaucoup de temps et sont très coûteuses; et voyant que je devrais naturellement renoncer pour toujours à ce troc, je m'emploierais avec bien plus de force à me procurer des avantages réels sur les Hollandais aux Pays-Bas. Cela déterminera aussi mon propre voyage aux Pays-Bas, car si l'on ne peut compter sur le grand bien que nous attendons de ces circonstances et qui consiste dans l'échange de la Bavière, il faudra au moins pousser la guerre avec vigueur.

Quant à nos opérations militaires qu'une guerre rendrait indispensables, je n'ai pas voulu insérer dans ma lettre au Roi que je m'attendais au moins de sa part à une parfaite neutralité, m'ayant paru que ce serait l'offenser que de supposer le contraire de la part d'un allié. Par la même raison, j'ai formellement accepté dans ma lettre les bons offices qu'il m'a offerts, afin de le mettre à même de pouvoir les effectuer de l'une ou de l'autre façon.

Vous voudrez bien, mon cher Comte, faire sentir à la Reine et au ministère de France combien cet échange m'éloignerait de tout intérêt à ménager l'Angleterre pour tous les événements et combien mon alliance avec la France gagnerait de consistance, en même temps que cette puissance serait mise dans l'heureuse impossibilité d'être attaquée sur le continent où elle n'aurait qu'un seul point d'attaque, qui est sur le Rhin, où elle aurait toutes ses forces concentrées et où se trouvent toutes ses places. Si j'avais mes forces plus réunies, je serais aussi plus dans le cas de résister au roi de Prusse, et, par conséquent, je pourrais être plus indépendant de la Russie dans tous les événements possibles. Si l'Électeur palatin obtenait la dignité royale, je destinerais celle d'électeur à la maison de Wurtemberg, qui serait aussi plus dépendante de la France que celle de Hesse-Cassel.

Enfin, je vous envoie toutes ces idées mal digérées et je vous prie d'en faire l'usage que vous trouverez convenable. Vous trouverez aussi ci-joint copie de la lettre particulière à la Reine, pour que vous y voyiez de quelle manière je lui recommande cette affaire.

Adieu, mon cher Comte; je suis fâché des nouvelles peines que je vous donne; mais comme c'est peut-être l'époque la plus intéressante de mon règne, je ne saurais assez vous engager à y employer toutes vos lumières et tout le zèle dont vous êtes capable, et soyez bien persuadé de l'estime et de l'amitié avec lesquelles je serai toujours.....

---

171. — JOSEPH II À MARIE-ANTOINETTE.

19 novembre 1784. — Ma chère sœur, je vous écris exprès encore cette lettre à part, que je vous prie de garder uniquement pour vous, m'imaginant que vous pourrez être dans le cas de faire voir l'autre [1]

---

[1] *Joseph II à Marie-Antoinette, le 19 novembre 1784.* «Ma chère sœur, je viens de recevoir votre chère lettre par le courrier, de même que celle que vous m'avez écrite en m'envoyant la lettre du Roi. Je vous joins ici ma réponse pour lui, en vous priant de lui faire agréer mes excuses de ce que j'ai un peu tardé à la faire; mais, comme j'attendais l'arrivée d'un courrier d'un moment à l'autre, cela m'a fait perdre quelques jours.

«J'ai été on ne peut pas plus sensible à la marque d'amitié du Roi, et c'est avec la même confiance qu'une âme aussi honnête que la sienne est bien faite d'inspirer, que je lui réponds. Je désire qu'il en soit content et qu'il apprécie bien la vérité de ce que je sens pour lui et de ce dont je l'assure.

«Je veux bien vous confier, ma chère sœur, pour preuve bien convaincante que je suis fort éloigné de toute vue d'agrandissement du côté des Pays-Bas, que me rappelant, il y a quelque temps, que M. l'Électeur de Bavière avait témoigné en plusieurs occasions beaucoup de penchant à donner les mains à l'ancienne idée de l'échange de la Bavière, j'ai cru pouvoir lui demander s'il était encore toujours dans les mêmes dispositions à cet égard; et, comme il a témoigné persister à l'être, je lui ai fait exposer les bases sur lesquelles je croyais que pouvait et devait être appuyé un arrangement équitable sur ce sujet. Il y a acquiescé en gros et j'étais même sur le point d'en faire la confidence à vous, au Roi et à M. le duc des Deux-Ponts, lorsque les différends survenus entre moi et les Hollandais m'en ont empêché et m'ont même engagé à surseoir à tout pourparler ultérieur avec M. l'Électeur.

«Le tout contenait des propositions qui pour sûr devaient de toute façon faire la convenance de l'Électeur et de toute sa famille, de même que le système de l'Empire n'en aurait pas été altéré et que surtout le Roi y aurait trouvé la plus parfaite assurance de mon attachement éternel à l'alliance. Si vous voulez en savoir quelques détails, j'en ai informé en confidence le comte de Mercy, qui pourra vous les communiquer, et vous les jugerez, je crois, de même comme toute personne impartiale.

«Votre bonne santé et l'heureuse continuation de votre grossesse me causent la plus vive satisfaction. Je souhaite très sincèrement que vous combliez tous nos vœux en donnant encore un fils au Roi.

«J'ai été enchanté de la nouvelle marque d'amitié que le Roi vous a témoignée par l'achat et le présent qu'il vous a fait de Saint-Cloud et de tout ce qui y appartient. C'est un superbe lieu et une bien belle position.

«Continuez toujours, ma chère sœur, à vous conserver son attachement et son amitié, qui seuls peuvent faire le bonheur de votre vie. Je vous embrasse tendrement et vous prie de me croire pour la vie....» (*Marie-Antoinette und Joseph II..... Ihr Briefwechsel*, p. 47.)

au Roi. Je vous prie de me faire l'amitié d'écouter le comte de Mercy, que j'ai informé de tout ce qui est relatif au projet d'échange; c'est sûrement le seul et unique moyen de faire éviter, si l'on s'y prend à temps, les maux et les inconvénients que la guerre devrait amener, mais il faut autant de célérité que de bonne volonté pour sa réussite. Cet objet est de la dernière importance pour la patrie et pour votre famille, en même temps qu'il procure des avantages réels à la monarchie et rend à jamais indissolubles les liens d'alliance qui subsistent entre nous, en m'éloignant pour toujours de la possibilité de tout intérêt à ménager l'Angleterre, de même que cela mettrait les Hollandais à la disposition absolue du Roi. Enfin c'est un grand coup d'État, si cela peut réussir, et son succès dépend uniquement de ce moment et de la façon de voir la chose sans partialité ou vue seconde. Que ne vous devrais-je pas, ma chère sœur, si vous vouliez y contribuer, et, s'il était possible, la reconnaissance que je vous devrais augmenterait encore mon tendre attachement pour vous. Mais de grâce! ne faites aucune démarche que du su et de l'aveu du comte de Mercy, pour ne rien gâter par un empressement outré. J'ai mille grâces à vous rendre pour la façon charmante avec laquelle vous avez agi dans cette occasion et tout ce que vous m'écrivez[1].

---

172. — KAUNITZ À MERCY.

Vienne, 19 novembre 1784. — Je vous ai su bien bon gré, mon cher Comte, de la peine que vous avez prise de m'écrire une aussi longue lettre autographe; mais comme la conservation de votre santé m'intéresse infiniment, et que j'appréhende que beaucoup écrire de votre main pourrait l'altérer, je vous autorise, mon bon ami, une fois pour toutes, de dicter dorénavant toutes les lettres particulières et familières que vous serez dans le cas de m'écrire à celle des personnes affidées de votre secrétairerie qu'il vous plaira.

Il ne me reste rien à ajouter au contenu de ma lettre d'office qui

---

[1] Voir plus haut, p. 327, n. 1.

est, comme vous verrez, des plus détaillées[1], si ce n'est qu'il serait cependant fort désirable que l'on pût obtenir du Roi d'écrire à l'Em-

---

[1] Le prince de Kaunitz commençait par communiquer à M. de Mercy la lettre du Roi à l'Empereur du 26 octobre (voir plus haut, p. 314, n. 1). Le chancelier trouvait, d'après divers passages, qu'il n'était pas vraisemblable que le Roi eût en entier composé et rédigé cette lettre de lui-même; il pensait qu'au moins pour certains endroits le comte de Vergennes avait été consulté sous main ou que le Roi avait conservé des parties du premier projet dont on devait à la Reine le rejet. D'ailleurs, le chancelier était d'avis que, tout bien considéré, la cour de Vienne n'avait pas à se plaindre de cette lettre. Il trouvait même que, depuis l'outrage fait au pavillon impérial par les Hollandais, la conduite du cabinet de Versailles était assez satisfaisante, car le comte de Vergennes n'avait pas épargné les représentations amicales pour calmer les Hollandais dont les têtes étaient si montées, pour leur faire examiner de sang-froid la situation et éviter l'ouverture des hostilités. Mais jusqu'ici ces représentations n'avaient eu aucun effet et, après l'insulte faite au pavillon impérial sur l'Escaut, les Hollandais n'avaient pas craint de commettre des actes hostiles sur un territoire qui appartenait incontestablement à l'Empereur. Il fallait attendre pour voir si les efforts du cabinet de Versailles aboutiraient, car si les Hollandais persistaient dans leur entêtement et si l'on ne trouvait aucun moyen d'arrangement, une guerre était inévitable. Dans ce cas l'intention de l'Empereur n'était pas de faire des conquêtes importantes, encore moins de détruire la République, sa réponse au Roi devait donner là-dessus toute certitude. Ses desseins n'allaient pas plus loin qu'à se procurer la réparation qu'exigeait le soin de sa dignité outragée, soin qu'une grande puissance ne pouvait négliger.

Quant à l'échange de la Bavière contre les Pays-Bas, l'Empereur en parlait amplement dans sa lettre à la Reine (voir plus haut, p. 338, n. 1). La situation actuelle devait être très embarrassante pour la France, qui, si la guerre venait à éclater, serait placée dans une position très désagréable entre son ancien et son nouvel allié; cette lettre avait pour but de sonder le terrain et de voir si l'on ne pourrait pas amener le cabinet de Versailles à adopter cette idée de l'échange afin de sortir d'embarras et peut-être aussi afin de tirer la Hollande d'affaire pour maintenant et pour toujours. Car les prétentions de la cour de Vienne tomberaient entre les mains d'une cour qui ne serait jamais en état de les faire valoir et qui serait toujours dans la dépendance la plus absolue de la France. Pour faire accepter la chose par le gouvernement français, on pourrait lui faire remarquer qu'en proposant cet échange, l'Empereur n'avait aucune vue d'agrandissement, puisqu'il y perdait sous tous les rapports: population, revenus, ressources extraordinaires, etc. Il désirait seulement concentrer les forces de la monarchie pour la mettre mieux en état de résister à la puissance prussienne. La constitution de l'Empire ne serait pas changée; les Hollandais ne pouvaient rien désirer de mieux et la France y trouverait aussi son compte.

Il faudrait, par l'intervention de la Reine, amener M. de Vergennes à s'expliquer sur cette affaire, ce qui fournirait à M. de Mercy l'occasion de lui en faire un exposé complet.

Le mémoire, joint à cette dépêche, devrait être présenté par la Reine au Roi, en ajoutant que l'Empereur lui disant dans sa lettre que M. de Mercy lui fournirait de plus amples renseignements, Elle lui avait demandé ce mémoire afin de mettre le Roi en état de se faire une opinion. Dans le cas où M. de Mercy ne serait pas d'avis de faire faire cette communication par la Reine, il pourrait prendre tout autre moyen qu'il jugerait bon ou attendre l'occasion de faire cette communication à M. de Vergennes lui-même.

pereur qu'il pouvait compter non seulement sur la plus parfaite impartialité, mais même sur la persévérance de l'emploi de ses bons offices. Le moyen sans doute le plus efficace serait l'échange des Pays-Bas, mais je ne vous cacherai pas que je le désire beaucoup plus que je ne l'espère, moyennant toutes les raisons que vous savez aussi bien que moi.

Puissent vos succès répondre à mes vœux! Je vous le souhaite bien cordialement, et en attendant votre réponse à la présente expédition, je suis......

173. — MERCY À KAUNITZ.

Paris, le 27 novembre 1784. — Lorsque dans ma dernière lettre j'eus l'honneur d'observer à V. A. qu'il pourrait devenir nécessaire de faire expliquer ces gens-ci d'une manière claire et positive, je ne prévoyais pas alors, que le moment fût si prochain où ils se décideraient par eux-mêmes à faire tomber le voile qui depuis trop longtemps couvrait la mauvaise foi et la perfidie de la France à notre égard. Les soupçons que j'en avais auraient peut-être été éclaircis plus tôt et plus facilement, si la manière dont la Reine s'est laissé tromper ne m'avait pas tenu dans un état de perplexité et d'incertitude sur bien des choses que je croyais apercevoir, mais qui se trouvaient démenties par des assertions émanées de la propre bouche du Roi. Maintenant tous les doutes cessent, et aussi longtemps que les individus actuels du ministère de Versailles resteront en place, il paraît presque impossible de rétablir un système d'alliance qui par le fait n'existe plus, puisque ses bases fondamentales sont si indignement méconnues ici.

La sphère de mes combinaisons est si étroite qu'elle ne me permet pas d'exposer à V. A. des idées sans doute trop au-dessous de ses lumières; mais en réfléchissant sur les embarras présents, je désirerais bien qu'il se trouvât un moyen d'en sortir, en parlant ici du projet de l'échange de la Bavière contre les Pays-Bas, non pas qu'à cet égard ni à aucun autre, je présume qu'il y ait à se flatter de la moindre bonne volonté de la part de la France, mais si en opposant une profonde dissimulation à la perfidie, on pouvait par des négociations quelconques gagner assez de temps pour avoir celui de se lier avec d'autres puissances et se mettre en bonne posture, alors il en résulterait peut-être des facilités à faire repentir cette cour-ci de sa conduite choquante envers nous.

L'aveu aussi étonnant qu'indiscret de M. de Calonne [1] sur la manière

---

[1] M. de Mercy, qui dans la journée du dimanche 21, avait reçu avec un mot de M. de Vergennes une copie de la note envoyée la veille au marquis de Noailles, était tout occupé à réfléchir sur ce document singulier, lorsque le lundi soir, en rentrant chez lui, on lui dit que le contrôleur général des finances, M. de Calonne, était venu lui-même s'informer comment il pourrait voir l'ambassadeur avant qu'il n'allât le lendemain à Versailles pour la conférence hebdomadaire du mardi avec le secrétaire d'État des affaires étrangères. M. de Mercy fut très surpris de cette démarche, car il n'était pas en relations particulières avec M. de Calonne. Il n'était que très lié avec les d'Harvelay, les plus intimes amis de ce ministre, qui s'était toujours empressé de profiter de cette circonstance pour cultiver le plus possible la connaissance de l'ambassadeur, dans l'espoir sans doute qu'il pourrait lui être de quelque utilité près de la Reine, qu'il redoutait outre mesure. Mais ce ministre avait, avec beaucoup d'esprit, une grande ambition et un désir illimité d'acquérir l'apparence d'une influence prépondérante dans toutes les affaires et, en même temps, il était d'une légèreté qui le rendait capable des démarches les plus irréfléchies. Bien qu'il fût absolument sans expérience dans les affaires touchant à la politique extérieure, il parlait de tout avec une assurance qui laissait voir qu'il était incapable de diriger les affaires d'État et même de calculer les conséquences de ses paroles, ce qui ressortait clairement du récit de son entretien avec lui, Mercy.

Le 23, à 7 heures du matin, l'ambassadeur fit dire à M. de Calonne qu'il était obligé de partir avant 8 heures pour Versailles, que sans doute l'heure était trop matinale pour qu'il pût le recevoir et qu'il passerait chez lui à son retour. Mais le ministre était déjà debout et M. de Mercy se rendit tout de suite chez lui. Après quelques vagues compliments, M. de Calonne déclara à M. de Mercy que, bien qu'il n'eût pas l'honneur de le connaître intimement, leurs amis communs pouvaient être de sûrs garants de leur loyauté et de leur franchise. Ces deux qualités formaient, dit-il, le fond d'un caractère et il était résolu à en donner à M. de Mercy dans cet entretien des preuves incontestables. Il y était poussé par deux motifs puissants : l'un était son profond dévouement à la Reine qui, par amour pour son frère, devait être effrayée de la situation des affaires; l'autre consistait dans la connaissance qu'il avait de la loyauté de M. de Mercy, de son amour du bien et de son attachement à la maison d'Autriche. L'ambassadeur avait sans doute reçu une note de M. de Vergennes, dont la teneur aurait mis sous ses yeux les conséquences incalculables qu'auraient sûrement les affaires de Hollande si l'on ne trouvait pas moyen d'y porter remède. Ces moyens n'auraient quelque utilité qu'autant qu'ils pourraient retenir l'Empereur dans l'exécution des ses desseins contre la République. Ce bienfait ne pourrait être que l'œuvre de la Reine par suite de son immense influence sur l'esprit de son frère. Or, comme cette princesse honorait de toute sa confiance M. de Mercy, il avait cru que l'ambassadeur était en situation de faire à S. M. les propositions convenables pour obtenir ce grand résultat, il pouvait lui donner l'assurance que le seul désir de contribuer au bonheur de l'humanité, lui avait suggéré cette démarche. Il lui donnait sa parole d'honneur en échange de la sienne que tout ce qui pourrait se dire entre eux resterait

d'évaluer ici l'utilité de l'alliance, se rapporte parfaitement à la profession de foi de M. de Vergennes, qui a donné lieu à la lettre de toujours secret, et il le priait même, dans le cas où sa visite serait connue, de dire qu'il était venu le voir pour affaires de son département; quant à lui, il n'en soufflerait mot à personne, pas même à M. de Vergennes.

M. de Mercy ignorant où le contrôleur général voulait finalement en venir, ne sachant pas si cette ouverture était seulement un effet de la légèreté habituelle du ministre ou si elle cachait un piège, il lui fit une réponse analogue. Puis, après toutes sortes de protestations, il lui dit que, puisqu'il voulait bien l'assurer du secret, il allait lui confier ses idées personnelles. Il commença par insister sur la conduite inouïe du cabinet de Versailles envers l'Empereur, et il déclara que, dès maintenant, il considérait son ambassade comme terminée ainsi que l'alliance entre les deux cours. Il raconta tout ce qui s'était dit entre le comte de Vergennes et lui depuis le commencement de cette affaire et, en distinguant entre les diverses époques, il montra clair comme le jour combien il était incroyable que la cour de France eût poussé si loin la perfidie afin de déterminer l'Empereur à prendre un parti décisif devant toute l'Europe et de l'engager au point qu'il ne peut plus reculer. C'est ce moment qu'on avait attendu pour déclarer à ce monarque une opposition formelle, dont jusque-là on n'avait pas laissé percer la plus petite trace. Sans insister sur les obligations nombreuses que la couronne de France avait envers un allié de trente ans, aussi puissant et aussi fidèle, il ne voulait retenir que ce seul point: dans le cas où la cour de Versailles, après avoir reçu connaissance de tous les projets de l'Empereur dont on pouvait aisément calculer les suites, aurait cru, d'après des motifs certainement très peu plausibles, que ses véritables intérêts exigeaient qu'elle s'opposât à ces projets, la simple loyauté ne l'obligeait-elle pas à faire connaître ses idées trois mois plus tôt? Mais de la façon dont le ministère français avait agi, il n'hésitait pas à déclarer qu'on ne trouverait dans les annales des négociations politiques que peu d'exemples d'une conduite aussi déloyale et aussi choquante. Il pouvait même affirmer que si la dernière note envoyée à M. de Noailles avait été rédigée à Potsdam, elle ne l'aurait pas été d'une façon plus blessante.

M. de Calonne ne parut pas moins frappé des propos de l'ambassadeur que de la vivacité avec laquelle ils étaient dits. Il répondit à M. de Mercy que certainement il connaissait assez l'organisation du ministère de Versailles pour savoir que le ministre des affaires étrangères était celui qui dirigeait surtout la politique extérieure du royaume; seulement dans les cas très importants, comme celui-ci, cette règle souffrait quelques exceptions; que le Roi, dans cette dernière affaire, avait demandé un mémoire par écrit à chacun des membres du Conseil d'État (ce sont les mémoires de Vergennes, du 5 novembre; de Soubise, d'Ossun, de Castries, de Calonne, de Ségur, de Breteuil, du 11 novembre, publiés par M. Tratchewsky dans sa brochure ayant pour titre *La France et l'Allemagne sous Louis XVI*. Paris, 1880, in-8°); que tous avaient été du même avis aussi bien sur la forme que sur le fond de cette note; il devait lui avouer qu'il avait aussi partagé l'opinion de ses collègues. Après une longue et mûre délibération, on s'était persuadé que les différends de l'Empereur avec la Hollande priveraient la France de son alliance avec la République, qui se jetterait dans les bras de l'Angleterre, ce dont tout récemment on avait reçu avis de bonne source. Cet événement causerait à la France un grand préjudice dans le cas d'une guerre toujours possible avec l'Angleterre, surtout dans les Indes orientales. Avec non moins de franchise, M. de Calonne déclara à M. de Mercy

V. A. du 8 décembre dernier, et dès lors que l'on peut croire que cette opinion s'est établie en système, il est clair que tous les avantages à qu'on avait eu grand tort de ne pas s'expliquer plus tôt avec la cour de Vienne. Mais sans doute le génie de l'Empereur, par considération pour un Roi qui était à la fois son allié et le mari de sa sœur chérie, ne manquerait pas de trouver des moyens de revenir en arrière.

Après avoir réfuté cet argument par des paroles aussi dures et aussi piquantes qu'il put trouver, M. de Mercy entra dans des considérations très détaillées sur les avantages réciproques que les deux cours de Vienne et de Versailles avaient retirés de leur alliance. Il fit ensuite entrevoir au ministre les conséquences fâcheuses que la dissolution de cette alliance aurait pour la monarchie française. Il lui montra les longues guerres continentales et navales que la France aurait à soutenir, les dépenses excessives qui épuiseraient le pays comme autrefois, et il ajouta qu'à son avis cet événement devrait surtout toucher le contrôleur général, qui aurait la lourde tâche d'y faire face.

M. de Calonne parut si ému de ces considérations, qu'elles le déterminèrent à faire des aveux irréfléchis. Entre autres choses, il dit à M. de Mercy qu'à Versailles on ne pouvait pas s'imaginer que l'Empereur se déciderait à rompre sérieusement avec la France. Mais si jamais cela arrivait, il voyait bien que ce serait la ruine des finances du royaume, car le trésor royal était déjà tellement chargé par les dettes provenant de la dernière guerre, qu'il lui serait impossible de remettre de l'ordre dans les finances comme il s'en était flatté jusqu'ici. Il ne lui resterait rien de mieux à faire que d'augmenter toujours et toujours les impôts qui étaient déjà excessifs. De cet aveu, il passa à un autre qui, suivant M. de Mercy, paraissait incroyable dans la bouche d'un ministre du Roi. Il confia à l'ambassadeur que depuis peu le cabinet de Versailles avait longuement délibéré sur les avantages de l'alliance autrichienne pour la France; qu'on avait reconnu qu'elle était très utile aussi longtemps qu'elle assurait le maintien de la tranquillité générale, mais qu'en même temps on avait observé que sous un monarque aussi remuant que l'Empereur elle mettrait souvent la cour de Versailles dans l'embarras en l'entraînant dans des affaires fort épineuses.

Ensuite M. de Calonne raconta à M. de Mercy que dernièrement le prince Henri de Prusse était venu le voir sous prétexte de visiter les objets d'art rassemblés dans l'hôtel du Contrôle-Général, mais en réalité pour l'entretenir de la situation. Ce prince, entre autres choses, lui avait dit que le caractère du Roi, son frère, était bien connu, qu'il savait de source certaine que son esprit était très agité par les événements actuels et que l'on pouvait aisément se figurer ici que ce monarque, fidèle au système qu'il avait toujours suivi de prendre les devants (*das prævenire zu spielen*), pourrait bien adopter un jour ou l'autre des résolutions qui déplairaient peut-être à la cour de France et on le laissait ignorer plus longtemps comment le cabinet de Versailles jugeait la situation. Au contraire, si l'on trouvait bon de l'informer dès maintenant des idées du gouvernement français, cette démarche serait un bon moyen d'empêcher ce Roi de prendre un parti, et, plus tard, il serait plus aisé de le déterminer à adopter des mesures qui concorderaient avec celles auxquelles se déciderait la France. Comme M. de Calonne n'était pas autorisé à entrer dans une négociation de ce genre, il se borna à faire une réponse polie, mais vague, et tout de suite, il rendit compte de cet entretien au Roi et à M. de Vergennes. Il fut alors chargé d'aller rendre visite au prince Henri, qui se trouvait chez le duc d'Orléans, à Sainte-Assise, et de lui dire que la communication dont il l'avait honoré avait paru

attendre de nos liaisons avec la France ne sont qu'illusoires et qu'il ne nous reste que des inconvénients à prévoir.

Il me revient d'assez bonne source que les Hollandais ont mis ici le marché à la main et que leur menace de se jeter entre les bras de l'Angleterre a décidé le ministère de Versailles à se déclarer dans le sens que porte la note envoyée à M. de Noailles[1]. Cependant la Reine mériter la plus grande attention; que la cour de Versailles ne pouvait regarder d'un œil indifférent les desseins de l'Empereur contre la Hollande; que, toutefois, ils ne s'étaient pas encore assez clairement manifestés pour qu'on pût prendre une décision, mais qu'aussitôt que la situation serait plus nette, on n'hésiterait pas à confier au roi de Prusse le parti auquel la France pourrait se résoudre.

M. de Calonne affirmait qu'en cela seulement consistait tout ce qui s'était dit avec le prince Henri de Prusse; mais naturellement M. de Mercy ne croyait pas que cette confidence fût complète et il soupçonnait M. de Calonne de lui avoir caché la plus grande partie de son entretien avec le prince Henri. Il ne se fit pas faute de représenter au contrôleur général ce que la cour de Versailles avait à attendre de la politique bien connue du roi de Prusse. Et pour amener M. de Calonne à lui faire par la suite des confidences encore plus complètes, il lui dit qu'en retour de la confiance qu'il lui montrait il lui ferait lire une dépêche secrète du prince de Kaunitz de la plus grande importance, celle du 10 octobre (voir plus haut, p. 302). En même temps, il lui fit espérer qu'en temps et lieu il ne manquerait pas de lui rendre près de la Reine les services qu'il pouvait désirer, ce qui provoqua de la part du contrôleur général les plus vives assurances de sa sincère reconnaissance. Ainsi se termina cet entretien, qui avait duré plus d'une heure. (Dépêche d'office de M. de Mercy du 27 novembre 1784.)

[1] *Mémoire remis par le marquis de Noailles.* — «L'amitié sincère qui attache le Roi à l'Empereur et les vœux que S. M. forme pour le maintien de la tranquillité publique lui font un devoir de s'expliquer sans réserve avec S. M. I. sur le différend qui s'est élevé entre ce monarque et les Provinces-Unies. Le Roi hésite d'autant moins à exprimer sa façon de penser sur cet important objet, que la pureté de ses principes et de ses intentions ne peut être révoquée en doute.

«S. M., en employant, à la demande des deux parties, ses bons offices pour concilier l'Empereur et les Provinces-Unies, s'est abstenue d'articuler aucune opinion sur le fond des premières prétentions de S. M. I.; le Roi se prescrit encore le même silence; mais l'intérêt qu'il prend à la gloire de l'Empereur l'autorise à lui observer que ses premières prétentions et la demande de l'ouverture de l'Escaut ne sauraient être considérées sous le même point de vue. Les Hollandais, en résistant à cette dernière demande, n'ont fait que soutenir un droit qu'ils exercent sans trouble depuis près d'un siècle et demi, qui leur est assuré par un traité solennel et qu'ils regardent comme le fondement de leur prospérité et même de leur existence. Il semble résulter de là que le refus des États généraux, qui ne porte que sur un objet de compensation, ne devait avoir d'autre effet que de ramener la négociation entamée à Bruxelles à ceux énoncés dans le tableau sommaire et d'établir une discussion dont le résultat devait naturellement dépendre des titres respectifs.

«Le Roi désirerait d'autant plus que cette marche fût adoptée, qu'elle préviendrait les hostilités et qu'elle pourrait conduire à des arrangements équitables.

«En suivant une marche opposée, il est

m'assure que le Roi est *excédé* et *ennuyé* des Hollandais, qu'Il s'en explique souvent ainsi vis-à-vis d'Elle; mais cela ne change rien à l'état des choses, et ne sert qu'à prouver la vérité de ce que j'ai eu l'honneur d'exposer à V. A. dans ma dernière lettre, savoir que le Roi n'a lui-même aucun crédit dans ses propres affaires d'État, parce qu'Il n'y apporte ni connaissances ni volonté.

Je n'adresse point de rapport particulier à l'Empereur; j'espère que S. M. ne le trouvera pas mauvais, puisque je n'aurais pu Lui exposer rien au delà de ce que contient ma dépêche d'office; d'ailleurs les nouvelles qui arrivent de toutes parts annoncent que ce monarque est déjà parti de Vienne pour se rendre aux Pays-Bas. La Reine écrit à son auguste frère; Elle est dans une affliction très vive [1]; Elle s'en serait

à craindre que l'Empereur n'excite une inquiétude générale, et que la plupart des puissances ne se croient dans le cas de prendre les précautions et les mesures que les événements pourront exiger de leur part. Le Roi lui-même ne pourra se dispenser d'assembler des troupes sur les frontières.

« D'ailleurs, dans aucune hypothèse S. M. ne pourrait être indifférente au sort des Provinces-Unies et les voir attaquées à force ouverte dans leurs droits et leurs possessions. S. M. le peut bien moins aujourd'hui qu'Elle est au moment de consommer avec la République une alliance dont les bases étaient arrêtées avant les derniers différends.

« Si des considérations si importantes peuvent déterminer l'Empereur à suspendre toutes démonstrations hostiles pour n'écouter que la voie de la modération et de l'humanité, le Roi lui renouvelle l'offre de son entremise pour procurer entre lui et les Provinces-Unies un accommodement juste et convenable. S. M. s'y portera avec d'autant plus de zèle qu'en suivant le mouvement de ses sentiments personnels pour l'Empereur Elle aura la satisfaction de concourir à éteindre dans un principe le feu d'une guerre dont les suites seraient incalculables. »

[1] Le 23 novembre, M. de Mercy alla voir la Reine, qu'il trouva très émue de tout ce qui s'était passé depuis huit jours. Elle lui dit que le Roi était venu Lui parler de la note à envoyer à Vienne et Lui en avait communiqué verbalement la teneur. La Reine s'était récriée vivement contre cette démarche inconsidérée, qui avait un caractère odieux. Elle dit que, dans le cas où il aurait paru nécessaire de tenir à la cour de Vienne un langage de cette sorte, les convenances exigeaient qu'on l'eût tenu tout au début sans attendre que l'Empereur eût pris une position qui ne Lui permettait pas de revenir sur ce qu'Il avait déclaré devant toute l'Europe; mais, ce qui rendrait cette démarche encore plus mauvaise, ce serait d'envoyer cette note avant que le Roi n'eût reçu une réponse à la lettre qu'Il avait écrite à l'Empereur. Le Roi parut convaincu par ces raisons; ce que voyant la Reine Le pria de Lui permettre de faire appeler le comte de Vergennes. Elle obtint sans difficulté cette autorisation. Alors Elle manda le ministre et Elle lui parla avec la plus grande énergie. Du ton le plus sérieux, Elle lui déclara qu'il devait bien se mettre dans la tête que si la conduite de la France déterminait la rupture de l'alliance, toute la responsabilité en pèserait sur ses épaules dans le cas où les suites de cette démarche porteraient atteinte aux véritables intérêts de la monarchie française. Le comte de Ver-

27 NOVEMBRE 1784.   347

vraisemblablement épargné les causes si Elle avait bien voulu les prévenir à temps, mais je me suis assez expliqué sur ce chapitre pour qu'il me reste rien à y ajouter.

P. S. Je reçois dans l'instant la lettre de la Reine à S. M. l'Empereur; Elle m'en apprend le contenu, et me presse de la faire partir

gennes, qui paraissait fort embarrassé, répondit qu'il n'avait fait qu'exécuter les ordres du Roi, pris sur l'avis unanime de tous les ministres. Ensuite il avait voulu entrer dans quelques détails sur les motifs de cette résolution, et il avait cherché à en faire valoir pour la raison principale la crainte de manquer l'alliance avec la Hollande; en même temps, il feignait de redouter l'ambition de l'Empereur et ses vastes projets. Il avait fait encore remarquer à la Reine que le prince de Kaunitz, par le langage qu'il avait tenu aux Hollandais, avait par trop humilié ces républicains.

La Reine répliqua qu'Elle savait de quel ton les grandes puissances devaient parler aux petites, et qu'il serait à souhaiter que tous les ministres des grandes cours suivissent les exemples que leur donnait le prince de Kaunitz en cette matière tant pour le fond que pour la forme. Comme M. de Vergennes répondait que les règles d'une sage politique voulaient que les grandes puissances ménageassent les petites, la Reine lui répliqua que ce principe ne pouvait être appliqué qu'autant que les petites puissances auraient pour les grandes les égards convenables et prendraient envers elles une attitude de déférence et de soumission.

Ensuite M. de Vergennes se répandit en plaintes amères contre la cour de Vienne qui, suivant lui, semblait avoir pris à tâche de faire tout ce qui pourrait causer quelque embarras à la cour de Versailles. Il dit même à la Reine que S. M. ne pouvait pas se figurer avec quel superbe dédain le prince de Kaunitz avait coutume de parler de la France. La Reine pensait qu'en s'exprimant ainsi le comte de Vergennes faisait allusion à la dépêche du prince de Kaunitz qui avait été dernièrement interceptée. (Voir plus haut, p. 302.) Elle s'était bornée à lui répondre qu'Elle ne pouvait pas comprendre comment dans une affaire aussi importante on se contentait de raisons aussi misérables.

Elle persistait à penser que l'envoi d'une note, comme celle dont on avait l'idée, serait une démarche absolument inconvenante. Mais si on voulait à toute force l'expédier, Elle désirait au moins que cela n'eût pas lieu avant l'arrivée de la réponse de l'Empereur à la lettre du Roi. Mais M. de Vergennes trouvait que cette réponse aurait dû être arrivée depuis plusieurs jours, et il voyait dans ce retard une preuve du peu de cas que l'Empereur faisait du Roi. La Reine au contraire soutenait que ce retard indiquait que la cour de Vienne préparait un plan pour donner satisfaction aux désirs du Roi.

En fin de compte, la Reine parvint à arrêter pendant cinq jours seulement, du 15 au 20 novembre, l'expédition du courrier qui devait porter la note au marquis de Noailles pour la remettre au prince de Kaunitz.

Dans cet intervalle, Elle avait eu un autre entretien avec M. de Vergennes, et le peu de détails qu'Elle avait donnés à M. de Mercy suffisaient pour faire voir que le ministre avait été très durement traité.

En outre la Reine avait très souvent parlé de cette affaire au Roi; mais, bien que ce monarque parût convaincu par les raisons qu'Elle lui donnait, *Il finissait toujours par conclure qu'Il devait se ranger à l'avis unanime de ses ministres*.

La Reine, en racontant tous ces détails à M. de Mercy, le 23, s'excusait de ne pas

promptement. La Reine mande à l'Empereur que, si la réponse particulière qu'il doit au Roi présente des vues et des moyens, il sera essentiel que le ministère impérial ne réponde pas à la note remise par le marquis de Noailles, avant de savoir l'impression qu'auront faite les propositions que l'on attend de S. M. I. La Reine parle ensuite de l'étonnement et de la peine que Lui a faits la dernière résolution prise au conseil du Roi; Elle réitère ses assertions sur l'attachement personnel du monarque pour l'alliance[1].

l'en avoir averti plus tôt. Mais, comme il s'agissait d'un secret d'État qui avait été confié à la Reine, M. de Mercy n'aurait pu faire la moindre démarche ni paraître à Versailles sans La compromettre gravement. Mais cette réserve n'avait pas eu d'inconvénients; car Elle se souvenait parfaitement de toutes les considérations que M. de Mercy Lui avaient présentées à maintes reprises, et Elle en avait fait usage dans toutes les occasions qui s'étaient offertes.

La Reine était très émue tant à cause des événements en eux-mêmes qu'en raison du caractère et de l'esprit du Roi qui, tout en approuvant les observations qu'Elle Lui faisait, n'avait pas assez d'énergie et de volonté pour forcer ses ministres à y conformer leur conduite. Bien qu'Il eût une piètre opinion de leurs capacités, Il ne pouvait se décider à les changer pour porter remède aux maux du royaume par un choix meilleur. La Reine se désolait que par cette faiblesse les choses resteraient toujours dans le même état sans amélioration possible. Elle avoua même à M. de Mercy que, dans bien des circonstances très importantes, Elle avait été jouée. (Dépêche d'office du comte de Mercy du 27 novembre 1784.)

[1] *Marie-Antoinette à Joseph II, 26 novembre 1784.* «Quoique dans le chagrin et l'agitation que me donne l'état des affaires je ne sois guère en état d'écrire, je ne veux pourtant pas laisser partir le courrier sans vous dire un mot, mon cher frère, de ce que je vois.

«Vous avez dû être étonné et étrangement surpris de cette odieuse dépêche, sans attendre votre réponse à la lettre du Roi, qui, aux yeux des gens les plus étrangers aux affaires, ne rime à rien. Il y a quinze jours qu'elle a été arrêtée au conseil. J'ai suspendu le départ du courrier pendant sept jours; c'est tout ce que j'ai pu obtenir.

«Combien je désirais que votre courrier pût arriver avec un plan ou au moins quelques mots qui auraient suffi pour tout suspendre.

«J'étais enchantée de votre dernière lettre; je l'avais lue au Roi, qui en avait été touché. Il est vrai que M. de Vergennes, à qui je l'avais lue aussi, m'y avait paru froid et indifférent et avait déjà pris son parti. Sa conduite est un tissu de fausseté, de faiblesse et de crainte des propos de ce pays-ci.

«Au reste si j'ai été trompée sur ce qu'on tramait, c'est parce que les ministres eux-mêmes ne devinaient pas, il y a un mois, qu'ils en viendraient où ils en sont aujourd'hui. Il me paraît que, quand même j'aurais été bien instruite d'avance, je n'aurais pu changer la résolution du conseil. Quoique je ne puisse plus me flatter de rien de bon, j'ai encore quelque espérance que votre réponse au Roi pourra changer les dispositions. Il est bien vrai que le ministre est venu à bout de persuader à son maître qu'il n'y a rien que de juste dans ce qui a été arrêté au conseil; mais le Roi tient fort à la paix et regretterait l'alliance, et je ne vois pas que, dans ses propos toujours peu suivis sur les affaires, il m'ait jamais trompée, comme l'a fait M. de Vergennes dans ses conférences avec M. de Mercy.

«J'attends avec bien de l'impatience votre réponse au Roi, et si elle présente des objets

La Reine m'ajoute qu'Elle s'était proposé de venir passer deux jours à Paris, mais que dans l'attente d'un courrier essentiel, et dans la peine que Lui font les affaires Elle restera à Versailles dans l'espoir que quelque incident pourrait L'y rendre utile à l'Empereur.

Selon mon faible sentiment, le seul parti à tirer de tout ceci, serait peut-être de faire accepter et appuyer par la France la proposition de l'échange de la Bavière, échange qui mettrait l'Empereur bien à son aise vis-à-vis d'un allié qui n'en a plus que le nom. D'ailleurs tout ce que j'expose aujourd'hui sert à évaluer les idées de la Reine sur les sentiments personnels du Roi, ainsi que sur leurs effets, de façon qu'à moins d'une refonte totale du ministère de Versailles, il serait bien difficile de remédier aux maux présents et de se promettre un meilleur avenir.

---

174. — JOSEPH II À MERCY.

Vienne, 1ᵉʳ décembre 1784. — Je ne puis que me rapporter au contenu de la dépêche qui vous parviendra du prince de Kaunitz[1]. Je vous

à discuter, comme le délai me le fait présumer, je souhaite bien que vous puissiez différer jusqu'après cette discussion votre réponse à la note qui a dû être remise par le marquis de Noailles.

«Quelle sera ma position si on ne peut étouffer ce funeste germe de division? Conservez-moi, mon cher frère, votre cœur, votre amitié; je le mérite par celle que j'aurai toute ma vie pour vous, je le sens bien dans cette horrible circonstance.» (*Marie-Antoinette und Joseph II... Ihr Briefwechsel*, p. 50.)

[1] Ce long rescrit est presque entièrement consacré à la discussion de la note française du 20 novembre. (Voir plus haut, p. 345, n° 1.)

Le prince de Kaunitz commence par rappeler que l'objet de la lettre du Roi à l'Empereur en date du 26 octobre (voir plus haut, p. 314, n° 1) se résumait dans cette phrase : « *Je m'adresse à V. M. I. pour La prier de me rendre dépositaire de ses vues et de ses intentions et c'est dans ces sentiments que je Lui offre mon entremise pour terminer les différends.*» L'Empereur répondit à cette ouverture avec la plus grande confiance et de la façon la plus amicale. Mais ce qui était absolument extraordinaire, c'était que sans même attendre la réponse de l'Empereur à la lettre du Roi on eût chargé l'ambassadeur de France de remettre à la cour de Vienne la note ci-jointe. Ce document était d'autant plus scandaleux, qu'il était tout contraire à la dernière lettre du Roi, au langage tenu auparavant par le comte de Vergennes et aux confidences faites par la Reine au comte de Mercy.

En effet la Reine avait donné l'assurance que dans un des derniers conseils on avait agité la question de savoir si l'on devait réunir des troupes sur la frontière du nord de la France et que le Roi avait déclaré son intention formelle qu'on ne fît pas le plus petit mouvement parmi ses troupes. Néanmoins la note déclare sèchement : *que*

laisse juger de l'impression et de l'effet qu'a faits sur moi cette déclaration de la part de la France. Je n'écris point à la Reine à cette oc-

le Roi ne pourra se dispenser d'assembler des troupes sur la frontière.

Dans sa lettre le Roi s'exprime ainsi : *Je ne Lui dissimulerai pas que c'est contre mon vœu que les Hollandais ont agi dans la dernière occasion, quoiqu'ils se croient fondés sur les traités.*

Dans la note on parle sur un tout autre ton de la conduite des Hollandais et on affirme même *que les Hollandais n'ont fait que soutenir un droit qu'ils exercent sans trouble depuis près d'un siècle et demi, qui leur est assuré par un traité solennel et qu'ils regardent comme le fondement de leur prospérité et même de leur existence.*

Suivant un rapport du comte de Mercy, M. de Vergennes n'aurait pas contesté que la République par ses insolences n'eût provoqué le traitement qui l'attendait de la part de la cour de Vienne, et il aurait prononcé cette parole remarquable : «*pourvu que cela n'aille pas trop loin*». Maintenant on s'exprime sur un tout autre ton : on emploie le langage le plus indiscret et on déclare tout net «*que le Roi dans aucune hypothèse ne pourrait être indifférent au sort des Provinces-Unies et les voir attaquées à force ouverte dans leur droits et possessions*». Mais on oublie complètement que les Hollandais, en recourant à la force ont placé l'Empereur dans la nécessité de mettre à exécution la déclaration préalable qu'il a faite publiquement. M. de Vergennes oublie même qu'il a fait l'aveu «*que, malgré l'espèce de perplexité qu'il avait montrée précédemment sur le parti que prendrait la République à l'apparition de nos vaisseaux sur l'Escaut, il ne s'était jamais imaginé que ce parti pût devenir aussi violent et imprudent qu'il l'avait été en effet*». Il oublie totalement qu'il a lui-même dit «*qu'il convenait de bonne foi que la République avait un grand tort à réparer*».

Impossible d'imaginer rien de plus scandaleux que la comparaison du langage que l'on se permet envers l'Empereur avec celui que l'on tient aux Hollandais. Autant l'un est peu amical, contraire à l'alliance, pressant et presque ouvertement hostile, autant l'autre est mesuré, faible et partial.

D'après les confidences de la Reine à M. de Mercy sur le rejet du projet de lettre présenté au Roi par M. de Vergennes et sur l'erreur du ministre qui croyait que son projet avait été approuvé et expédié, le prince de Kaunitz pensait que M. de Vergennes avait pris secrètement connaissance de la véritable lettre, et que, furieux de cet échec, il n'en avait été que plus ardent à présenter à son maître des insinuations hostiles à la cour de Vienne, et qu'enfin il avait réussi à faire passer dans sa note les expressions blessantes qui avaient fait repousser son projet de lettre.

Ce mémoire était de telle sorte que si la cour de Vienne devait y faire une réponse écrite, elle ne pourrait qu'être analogue, c'est-à-dire dure et blessante. Pour éviter d'en arriver à cette extrémité et mettre le cabinet de Versailles encore plus dans son tort, l'Empereur avait jugé bon de ne rien répondre par écrit à cette note et de charger M. de Mercy de faire verbalement cette réponse. Comme l'Empereur avait répondu à la lettre du Roi en date du 26 octobre et s'était avec la plus grande confiance conformé au désir qui y était exprimé, la cour de Vienne faisait M. de Vergennes lui-même juge de la surprise pénible que S. M. I. avait dû ressentir en voyant que, sans attendre sa réponse, on Lui adressait une note semblable à celle que Lui avait remise l'ambassadeur de France. Ce mémoire était tel que l'Empereur croyait ne pas pouvoir donner une meilleure preuve de son amitié et de son estime pour le Roi et de son attachement à l'alliance qu'en considérant cette note comme nulle et non avenue et en n'y répondant pas par écrit.

1er DÉCEMBRE 1784. 351

casion par ménagement, craignant que ma plume pourrait ne pas lui épargner à ce sujet des vérités bien trop odieuses. Vous voudrez donc

D'ailleurs la réponse de l'Empereur était contenue dans ce passage de sa lettre au Roi : *Après le refus absolu de la compensation que j'avais proposée, il ne me reste qu'à en revenir à mes prétentions et griefs détaillés dans le tableau sommaire que je leur ai fait communiquer.*

Il faut donc dans les termes où l'on est actuellement de deux choses l'une, ou il faut que l'on me satisfasse sur toutes mes prétentions et que l'on me rembourse les frais de la guerre ou que l'on consente à la compensation que j'ai offerte. Dans l'un ou l'autre cas, je me tiendrai pour satisfait et ne prétends rien au delà.

L'Empereur désirerait encore obtenir ce résultat par des moyens pacifiques, en maintenant la tranquillité générale et il serait heureux de le devoir à la médiation amicale du Roi. Mais il doutait fort de l'issue d'une négociation et d'une discussion, *dont le succès devrait dépendre des titres respectifs*. L'expérience n'avait que trop appris combien peu de cas la République faisait des prétentions les mieux justifiées de l'Empereur. On devait s'attendre à ce qu'elle persévérerait dans cette ligne de conduite et qu'il s'ensuivrait un procès sans fin, ce qui était inadmissible dans une situation où l'on était presque en état de rupture ouverte. D'ailleurs il n'était pas possible maintenant d'entrer dans une discussion juridique, dont personne ne pouvait être juge. Avant toute chose il fallait que l'Empereur reçût une satisfaction suffisante de l'outrage fait à son pavillon. Pour le reste sa lettre au Roi prouvait clairement qu'il était loin de penser à la ruine de la République, à agrandir les possessions de la monarchie autrichienne, à rompre l'équilibre européen et à donner de l'inquiétude à une cour quelconque.

Cela dit, M. de Mercy devait entamer une discussion de la note du 20 novembre et sur un ton d'amitié et de confiance faire remarquer à M. de Vergennes le scandale considérable, qu'elle devait nécessairement causer. Il devrait surtout insister sur les différences manifestes entre les déclarations, que lui avait faites à diverses reprises M. de Vergennes et dont il avait rendu compte dans ses dépêches, et cette note, différences qui étaient telles que l'Empereur pouvait supposer que M. de Mercy avait mal compris ou inexactement rapporté dans ses dépêches les paroles du ministre. M. de Mercy dirait ensuite à M. de Vergennes qu'il regardait comme un véritable bonheur que la lettre amicale du Roi et la réponse de l'Empereur eussent précédé cette note. Autrement la cour de Vienne aurait dû y faire une réponse écrite qui naturellement aurait dû être rédigée sur le même ton. Les conséquences s'en présentaient elles-mêmes à l'esprit. Elles auraient été d'autant plus tristes que si l'on considérait de sang-froid la véritable situation des choses, cette conclusion s'imposait, qu'il ne s'agissait pas de la réalisation d'un projet dangereux, mais simplement d'une satisfaction suffisante que l'Empereur ne pouvait pas négliger de se faire rendre sans exposer au mépris la dignité impériale et sans rabaisser le prestige de toutes les grandes puissances.

Le prince de Kaunitz terminait en disant que, si l'affaire, comme tout le faisait espérer, se terminait par la réouverture des négociations, il faudrait avant tout convenir d'une suspension des hostilités et d'une réparation préliminaire à faire par la République à l'Empereur. Et pour montrer à M. de Mercy qu'il était possible de l'obtenir, il lui communiquait dans le plus grand secret ce passage d'une dépêche interceptée de M. de Bérenger, le chargé d'affaires de France en Hollande, datée de la Haye le 12 novembre : «Je hasarderai de dire ici, que, comme il est probable que

bien faire connaître cette raison à la Reine, et, en attendant vos réponses avec grande impatience, croyez-moi.....

175. — MERCY À JOSEPH II.

Paris, 3 décembre 1784. — Quoique mes dépêches d'office contiennent des détails assez étendus sur ce qui s'est passé depuis quelques jours, il me restait cependant beaucoup d'observations à y ajouter en réponse aux très gracieux ordres de V. M. I., datés du 19 novembre, et j'avais déjà rédigé plus de trois quarts d'un fort long et très humble rapport dont je suspends aujourd'hui l'envoi pour en remettre peut-être dans un autre moment la substance sous les yeux de V. M. Ce qui me détermine à ce parti, c'est la tournure très inopinée que semblent prendre les choses, ainsi que la Reine daigne me le mander par un billet dont la copie est ci-jointe [1].

---

[1] *Marie-Antoinette à Mercy, 2 décembre 1784.* « Je vous renvoie, Monsieur le Comte, notre grand projet et ma lettre pour l'Empereur. Il me paraît bien essentiel de ne pas perdre une minute pour envoyer la réponse que va vous faire M. de Vergennes. Je ne lui ai pas montré le projet; il m'a paru qu'il valait mieux qu'il le reçût de votre main et il y aurait peut-être eu de l'inconvénient à donner au conseil les détails qui auraient peut-être empêché leur décision sur le fond de la chose. Je dois vous dire que le Roi est bien revenu, et même sans M. de Vergennes, sur le fond du projet. Le ministre doit vous dire que la France n'y trouve pas d'inconvénients pour elle et que c'est à l'Empereur à s'assurer vis-à-vis des princes d'Allemagne et du roi de Prusse. Encore une fois vous aurez demain la réponse et je trouve bien important que le courrier puisse partir quelques heures après. Je ne mande à mon frère que la décision du conseil et pour le moment la bonne disposition de M. de Vergennes, qui m'a parlé hier avant le conseil beaucoup mieux qu'il n'avait fait depuis longtemps. Je dois encore vous dire qu'il a parlé de même vis-à-vis du Roi et des ministres. Si, ce que je ne présume pas, vous jugiez d'après votre conversation, que je dois encore mander quelques autres choses à l'Empereur, vous me le feriez dire tout de

l'Empereur exigera une réparation authentique et de grands sacrifices pour consentir à suspendre l'effet de ses menaces, je ne crois pas impossible d'engager la fierté républicaine à s'humilier devant la dignité impériale, quelque pénibles que puissent être des démarches satisfaisantes, si on est bien convaincu qu'il n'en est dû aucune; dans la cruelle alternative de périr ou de plier, il est peu d'âmes assez altières pour ne pas préférer le dernier parti, et je présume que, si les choses étaient amenées au point que le rétablissement du calme en dépendît, les Hollandais se soumettraient aux excuses et aux réparations d'éclat que l'Empereur croirait devoir à sa gloire. »

Si on compare la lettre du Roi à V. M. du 26 d'octobre avec l'indigne note envoyée au marquis de Noailles et avec un changement subit de langage de la part du comte de Vergennes, qui sans doute a fixé les résolutions prises au conseil du 1ᵉʳ de ce mois sur l'échange de la Bavière, il semble résulter de cette comparaison une si étrange fluctuation d'idées et de conduite qu'il est difficile de s'y retrouver. L'expérience que j'ai de la fausseté du ministre me donne beaucoup à penser à cet égard; il ne serait pas impossible qu'en voulant paraître se prêter il eût des moyens en réserve pour faire naître des obstacles, soit de la part du roi de Prusse, soit de la part du duc des Deux-Ponts ou autres princes de l'Empire, sans que la France parût s'en mêler.

Je suis convaincu (ainsi que V. M. daigne me le dire) que si cette grande affaire peut s'effectuer, ce ne sera que par un coup de main en y mettant la plus grande célérité. C'est ce qui me force à hâter le départ de ce courrier, au point de ne pas me donner le temps d'exposer bien des choses auxquelles je suppléerai plus à loisir.

Lorsque j'en étais ici de mon très humble rapport, le premier commis de Rayneval est venu m'apporter la délibération du conseil [1]

suite et j'écrirais un mot pendant que vous feriez votre dépêche.

«Adieu, Monsieur le Comte, je désire bien que votre santé soit meilleure.

«Toute réflexion faite, je vous envoie la copie de ma lettre.» (*Marie-Antoinette, Joseph II... Ihr Briefwechsel*, p. 54.)

[1] *Résultat des délibérations du Conseil d'État, tenu le 1ᵉʳ décembre 1784.* — «Le Roi, ayant entendu le rapport de l'insinuation faite par M. le comte de Mercy, relativement à l'échange de la Bavière contre les Pays-Bas, ne croit pas pouvoir prononcer un avis affirmatif avant de connaître mieux les détails de cette proposition. S. M. observe préliminairement qu'Elle n'y voit au premier coup d'œil rien qui semble blesser ses intérêts directs; mais considérant que cette affaire intéresse immédiatement l'Empire et par conséquent tous ses membres, S. M. demande si l'Empereur a des indices et même des sûretés que le Corps germanique s'y prêtera et que le roi de Prusse n'y apportera pas d'obstacles.»

Cette communication était accompagnée de cette lettre de M. de Vergennes à M. de Mercy, datée de Versailles, le 2 décembre: «Je me reprocherais d'exposer V. Exc. à l'inclémence du temps; sa santé demande des ménagements que je la prie de ne pas négliger. La mienne et les affaires ne me permettant pas de me rendre à Paris, je charge M. de Rayneval, secrétaire du Conseil d'État, de communiquer à V. Exc. notre premier aperçu touchant l'idée de l'échange de la Bavière contre la plus grande partie des Pays-Bas; cet objet demandant à être consulté sous plus d'une face, je prie V. Exc. de vouloir bien m'envoyer la note détaillée qu'Elle m'a fait espérer.

«M. de Rayneval aura l'honneur de vous entretenir, Monsieur, d'un expédient que le Roi croit pouvoir faciliter une conciliation décente. S. M. doit Elle-même en faire part à l'Empereur. J'envoie à cet effet un courrier à Vienne.»

que je n'ai pas trouvée aussi affirmative que la Reine me l'avait annoncé. Cependant c'est une sorte d'acquiescement conditionnel et qui ne présente que la supposition d'obstacles indépendants de ce qui a trait à la France. Il s'agira de tâcher de la décider plus positivement, et je dois soumettre aux hautes lumières de V. M. si, en attendant, il ne serait pas de la dernière importance à son auguste service de tout préparer, même par des sacrifices et en écartant les incidents étrangers à l'objet pour précipiter ce troc, afin que V. M. se trouve parfaitement à son aise vis-à-vis de cette cour-ci sur l'alliance de laquelle il me paraît impossible qu'en tout état de cause Elle puisse compter désormais sans en éprouver les inconvénients les plus graves. J'établirai en d'autres temps tous les motifs qui me portent à voir ainsi, et c'était le principal objet du très humble rapport que je suspends encore.

Il faudra sans doute que les Hollandais donnent une satisfaction convenable de l'insulte faite au pavillon de V. M. Cela ne peut d'aucune part souffrir des difficultés ; il pourrait en être de même à l'égard d'une somme d'argent pour les frais de la guerre. Quant à une possession momentanée de Maëstricht et autres territoires, cette forme pourrait se concilier avec les nouvelles propositions que le Roi fait aujourd'hui à V. M.[1] Au reste, sur cet article, je disputerai le terrain

---

[1] *Louis XVI à Joseph II*, 2 décembre 1784. — «Mon cher beau-frère, j'ai reçu votre lettre du 20 du mois dernier. La part que vous prenez à l'état de la Reine et les vœux que vous exprimez à cette occasion me pénètrent de sensibilité. Je n'en éprouve pas moins de la confiance avec laquelle V. M. s'exprime sur les affaires présentes. Ce n'est pas pour elle seule qu'elles sont un objet de sollicitude, j'en suis moi-même très occupé et très affecté. J'ai dû lui faire connaître à cette occasion ma position et les circonstances dans lesquelles je me trouve. La franchise avec laquelle je me suis expliqué doit lui être garante du désir que j'ai de découvrir des expédients propres à conjurer l'orage prêt à éclater et des soins que j'apporte à les rechercher.

«Votre ambassadeur vient de me faire communiquer l'idée de l'échange de la Bavière contre la presque totalité des Pays-Bas. Il ne l'a pas encore assez détaillée pour que je puisse l'apprécier avec précision ; mais au premier aperçu je craindrais que le grand nombre des volontés qu'il serait indispensable de réunir pour en assurer le succès ne préparât des lenteurs et des incertitudes, qui ne remédieraient pas efficacement à l'état présent des affaires et n'obvieraient pas aux suites qu'il est urgent de prévenir. Dans cette position j'ai imaginé un moyen conciliatoire qui semble pouvoir conduire à ce but si intéressant.

«En résumant la lettre de V. M., j'y vois que, si elle ne peut obtenir l'ultimatum qu'elle a demandé, elle entend qu'il lui soit donné satisfaction sur les prétentions énoncées dans le tableau sommaire. Les Hollandais, dans leurs différentes réponses ne se sont pas montrés éloignés de la satisfaire sur le plus grand nombre des objets qui composent ce tableau. Ce n'est que

pied à pied tant que cela sera faisable sans courir risque de compromettre la grande affaire de l'échange.

Faute de temps, je dois m'arrêter ici; mon zèle ardent, mon extrême désir de mériter en partie la clémence que V. M. daigne me marquer, redoubleront mes soins et mes efforts; s'ils ont quelque succès, ce sera le moment le plus heureux de ma vie.

Je ne puis finir sans observer que dans ces moments-ci la Reine s'est conduite avec une dextérité, une suite et une vivacité d'intérêt qui ont plus que jamais manifesté toute l'étendue de son attachement pour V. M.

---

176. — MERCY À KAUNITZ.

Paris, le 3 décembre 1784. — J'avais écrit un très long rapport à l'Empereur et une lettre fort détaillée à V. A., mais je suspends par rapport à l'accession de Maëstricht qu'ils ont marqué la plus grande résistance. Cette forteresse paraissant aussi indifférente à V. M. qu'elle semble nécessaire aux Hollandais, ne regarderait-elle pas comme un moyen conciliatoire, si, dans l'arrangement à faire, la République s'engageait à vous remettre la ville de Maëstricht, les forts et territoire qui en dépendent, conformément au traité de 1673? Par une autre stipulation, elle promettrait de rétrocéder aux Hollandais Maëstricht, ses forts ou tout ou une partie du terrain supposé en dépendre, moyennant des conditions pécuniaires qui seraient arrêtées à l'avance, et dont je garantirais l'exécution, si ma garantie est jugée respectivement nécessaire.

«Je remets cet expédient aux lumières et à la sagesse de V. M.; si elle le trouve acceptable, je la prie de me faire remettre confidemment la quotité de la somme qu'elle exigerait pour les objets rétrocédés. J'hésite d'autant moins, mon cher beau-frère, à vous faire cette ouverture, que me paraissant satisfaire votre dignité et vos intérêts, elle fait cesser le motif d'une guerre qui, j'en suis bien persuadé, répugnerait à votre humanité.

«Je dois vous prévenir que je laisse ignorer cette ouverture aux Hollandais et que je n'en ferai usage vis-à-vis d'eux que lorsque vous l'aurez agréée. Si vous l'acceptez, je ne puis trop vous exhorter à suspendre, s'il est possible encore, la marche de vos troupes ou au moins à leur faire prendre des postes qui les tiennent hors de portée d'augmenter des inquiétudes et de donner lieu à des voies de fait.

«V. M. doit reconnaître, dans ce que je lui expose, mon sincère attachement pour l'alliance comme pour sa personne. Elle jugera sans doute que l'ouverture que je lui fais est de nature à avoir besoin d'une prompte réponse.

«Voilà une lettre bien longue, mon cher beau-frère, mais dans des affaires aussi importantes, il n'y a rien à négliger. Je la finis en vous embrassant, mon cher beau-frère, avec toute la sincérité de l'amitié que je vous ai vouée pour la vie.» (*Marie-Antoinette, Joseph II... Ihr Briefwechsel*, p. 54.)

l'envoi de l'un et de l'autre, par l'effet d'un changement inopiné dans l'état de choses et dont le premier signal m'a été donné par la Reine au moyen du billet ci-joint en copie. Je pense comme cette princesse qu'il n'y a pas une minute de temps à perdre pour l'envoi de ce courrier, et j'en précipite l'expédition aux dépens de beaucoup d'observations que j'exposerai dans un autre moment.

Connaissant le caractère de M. de Vergennes, je ne saurais m'empêcher de craindre qu'il n'y ait de grandes fourberies cachées sous les apparences de facilité qu'il montre sur l'échange de la Bavière. Cependant il s'est avancé de manière que je dois soumettre aux lumières supérieures de V. A. si ce ne serait pas le moment de brusquer à tout prix la consommation de cette grande affaire, et cela avec une célérité qui empêchât le jeu des ressorts secrets préparés peut-être pour faire naître des obstacles. Ce qui me persuade le plus que ce coup d'État serait un des plus importants qui puisse exister, c'est qu'en quelque hypothèse que ce soit, il paraît bien difficile que le système d'alliance avec la France puisse désormais subsister encore longtemps sans qu'il en résulte, par le fait de cette dernière, de grands inconvénients pour l'auguste Maison d'Autriche. Ce ne sera que par un des prochains courriers que je pourrai déduire les motifs sur lesquels je fonde mes conjectures à cet égard.

Dans le temps que j'écrivais cette lettre partant des errements que m'avait donnés la Reine, M. de Rayneval est venu m'apporter la délibération du conseil que je trouve bien moins affirmative sur l'échange qu'Elle ne m'avait annoncé: je presserai la Reine de ne pas se laisser compromettre sur ce qu'Elle a avancé à S. M. l'Empereur[1].

---

[1] *Marie-Antoinette à Joseph II, 2 décembre 1784.* — "Aussitôt vos lettres reçues, mon cher frère, j'ai montré au Roi une de vos deux lettres et le projet d'échange. Soit qu'il ne voulût pas s'engager dans le premier moment, soit par ressouvenir très confus de ce qu'on lui avait dit sur l'échange avant la paix de Teschen, il n'a pas d'abord paru goûter ce projet; mais je dois vous observer qu'avant qu'il eût vu M. de Vergennes, la réflexion l'en avait déjà rapproché. M. de Mercy vous mandera la conférence de mardi (30 novembre), avec M. de Vergennes. D'après ce qu'il m'en a dit, j'ai fait venir mercredi ce ministre avant le conseil. J'ai trouvé son ton et ses propos fort changés et beaucoup meilleurs qu'ils n'avaient été depuis longtemps. Sur le récit que le Roi m'a fait de ce qui s'est passé au conseil, je vois que M. de Vergennes n'y a pas changé de langage. On y est convenu que le projet d'échange ne trouvera pas d'obstacle de la part de la France; mais qu'il fallait vous assurer quelles difficultés feraient les princes de l'Empire et le roi de Prusse. Voilà l'essen-

Le défaut de temps, joint à une incommodité douloureuse, laquelle en huit jours m'a presque anéanti, m'oblige à finir. Je profiterai de la permission que V. A. veut bien me donner, de dicter ce que j'ai l'honneur de lui mander en particulier, mais je n'userai de cette permission que pour quelques P. S. de moindre conséquence. Le secrétaire et le chancelliste d'ambassade sont trop occupés pour que je puisse les employer à d'autres objets que celui des dépêches, et je ne pourrais me résoudre à confier à mon secrétaire particulier le contenu de mes lettres à V. A. Je reconnais, dans cette occasion de même que dans toutes celles de ma vie, son extrême bonté pour moi, et je tâcherai de la mériter toujours par les sentiments du profond attachement et du respect avec lesquels j'ai l'honneur d'être.....

177. — JOSEPH II À MARIE-ANTOINETTE.

17 décembre 1784. — Il n'est donné qu'à un tendre ami de sentir cette vraie satisfaction et douceur dans le parfait retour de ceux qu'on aime. Vos deux chères lettres m'ont pleinement fait éprouver ce doux plaisir et je vous en rends mille grâces. Je vous avoue que la différence énorme entre la lettre du Roi et le mémoire présenté par son ambassadeur, sans avoir attendu ma réponse, m'a fait de la peine, puisque de toute façon je ne croyais pas mériter ni de pareils sentiments ni une pareille démarche, surtout de la personne du Roi, de l'amitié duquel je faisais tant de cas et sur la solidité de laquelle son caractère estimable me donnait l'assurance la mieux fondée. La seconde lettre qu'il vient de m'écrire, et dont j'ai été parfaitement content, m'en a convaincu, et, en vous joignant ici ma réponse [1] que je vous prie, ma

---

tiel de la réponse que doit faire M. de Vergennes à M. de Mercy; mais comme peut-être il la portera lui-même à Paris et que je ne veux pas retarder d'une minute le courrier, j'envoie ma lettre dès aujourd'hui.

« Je vous embrasse de tout mon cœur, mon cher frère; je ne puis vous dire combien je désire que cette ouverture puisse finir cette affaire à votre satisfaction. » (*Marie-Antoinette, Joseph II... Ihr Briefwechsel*, p. 52.)

[1] *Joseph II à Louis XVI*, 17 décembre 1784. — « Mon cher beau-frère, c'est par M. de Noailles que je viens de recevoir votre chère lettre. J'y ai reconnu avec plaisir les témoignages de votre amitié personnelle pour moi et de votre attachement au système de notre alliance de même que

chère sœur, de lui remettre, j'ose vous assurer que, si le Roi veut bien se prêter à ce que je désire de son amitié et coopérer à la réussite de l'échange de la Bavière, il n'aura certainement jamais raison de s'en repentir, car me trouvant alors plus concentré, je serai aussi plus à même en toute occasion d'épauler ses désirs et ses vues, soit pour la conservation de la Porte, soit que cela m'éloigne aussi à jamais de tout intérêt pour l'Angleterre. Je croirais faire du tort à la façon de l'intérêt que vous mettez au maintien de la paix. Animé des mêmes sentiments, je me prêterai volontiers, en autant que je le pourrai, pour parvenir à ce but salutaire. J'ai appris avec une vraie satisfaction que, sur l'idée de l'échange de la plus grande partie des Pays-Bas contre la Bavière, V. M. n'y trouvait rien qui semblât blesser ses intérêts directs. Je me flatte qu'en attendant le comte de Mercy aura été à même de lui donner tous les éclaircissements qui n'auront pu que la confirmer dans cette idée et en même temps lui lever les doutes quelconques sur le grand nombre des volontés qu'elle avait cru indispensable de réunir pour la faire réussir. Mais, pour la simplifier et le diminuer, je compte garder la province de Luxembourg et le Namurois en renonçant au projet de les échanger contre le pays de Salzbourg et de Berschtesgaden. Par là, toutes les volontés à réunir se réduisent seulement à trois personnes, savoir l'Électeur palatin, le duc des Deux-Ponts et son frère le prince Maximilien.

« Quant à l'Électeur, il a désiré cet échange de tout temps; aussi les avantages pour la maison palatine à tous égards, tant pour le présent que pour l'avenir, sont si clairs et si considérables que, surtout si vous agréez, mon cher beau-frère, cette idée et que vous vouliez l'appuyer par vos conseils et par votre influence prépondérante auprès du duc des Deux-Ponts et du prince Maximilien, son frère, il n'y a pas le moindre doute qu'ils ne s'empressent d'y consentir. Le consentement de l'Empire y est d'autant moins nécessaire que, comme vous aurez vu, il n'y aura par là aucun changement essentiel dans sa constitution, le Corps germanique ayant stipulé sans cela dans la paix de Baden la liberté de régler cet échange, et comment pourrait-il trouver à cette heure, ou comment quelques-uns de ses co-États pourraient-ils trouver un prétexte, même apparent, pour s'opposer à l'exécution de ce qu'ils ont formellement stipulé et ratifié alors? Outre cela, V. M. verra bien qu'il ne s'agit d'aucun agrandissement de ma part, et, bien au contraire, sous tous les aperçus possibles, si quelques arrangements d'administration interne et l'arrondissement seul ne rendaient cet échange pour moi faisable, que je ferais certainement le plus mauvais des marchés possibles et en revenus, en population et en ressources. Quoique l'on ne puisse point prévoir ce que le roi de Prusse en pensera, néanmoins il y a bien de la probabilité qu'il ne tenterait rien d'hostile dès qu'il saura positivement que vous en approuvez l'idée, et que, comme je n'ai pas raison d'en douter, l'impératrice de Russie l'approuve également.

« C'est donc avec une pleine confiance dans votre amitié que je vous prie de me faire le plaisir de coopérer vis-à-vis du duc des Deux-Ponts et de son frère pour avoir à ce sujet leur consentement. Vous obligeriez par là un allié et quelqu'un qui vous appartient de si près et qui a toujours été et sera toujours empressé de vous donner des preuves de la plus grande fidélité et du plus sincère attachement. Cela faciliterait et avancerait infiniment l'arrangement à faire avec la Hollande et tout cela sans faire le moindre tort aux intérêts de qui que ce soit.

penser du Roi, si je supposais qu'il aurait voulu me faire illusion en me déclarant qu'il ne trouvait rien de contraire à ses intérêts dans l'échange de la Bavière, et qu'en attendant il eût pris d'autres moyens sous main pour le rendre impossible. Enfin, ma chère sœur, voilà le moment intéressant où, sans cesser d'être bon roi de France, le Roi peut me témoigner d'être aussi mon allié, mon ami et mon beau-frère.

L'accélération de tout ceci est de la plus grande importance, et une assurance par deux mots de réponse de la part du Roi le plus tôt pos-

«Quant au moyen conciliatoire que V. M. a bien voulu me proposer dans sa lettre, c'est avec la plus franche amitié et la plus parfaite confiance que je ne puis lui cacher que Maëstricht et ses dépendances sont justement le point le plus important et le plus essentiel des prétentions que je forme à la charge des Hollandais, tout le reste n'étant que des objets de moindre importance. Cette prétention sur Maëstricht se fonde sur un titre des plus positifs, savoir les propres mots du traité de la Haye de 1673. Vous sentez vous-même, mon cher beau-frère, que de l'argent comptant ne peut être mis en balance avec de semblables droits et qu'il ne ferait jamais un objet de satisfaction convenable à ma dignité.

«Pour vous témoigner néanmoins la plus grande déférence possible pour votre avis amical, je veux bien, mais uniquement si l'échange peut avoir lieu, en même temps me prêter pour lors à adopter votre proposition à l'égard de Maëstricht, puisque mon intérêt pour cette ville cesserait. La rétrocession pour de l'argent pourrait s'arranger d'une façon convenable pour moi en ne demandant aux Hollandais que trois millions de florins d'Allemagne, dont ils payeraient un million et demi à l'Électeur, un au duc des Deux-Ponts et un demi au prince Maximilien son frère. Par là, les deux objets pourraient parfaitement être liés et promptement terminés ensemble.

«Quant au plus grand nombre d'articles qui composent mon tableau sommaire, je me repose entièrement sur vos bons offices dictés par votre amitié que vous m'arrangerez avec la République une conciliation convenable et décente. Mais je ne puis vous cacher, mon cher beau-frère, que le point qui est absolument nécessaire, c'est qu'elle me fasse une réparation préliminaire en envoyant deux députés à Bruxelles pour y faire des excuses sur l'offense faite à mon pavillon. Je me prêterai à convenir d'une suspension d'armes pour le terme de deux ou trois mois et dans cet intervalle l'échange et mon accommodement avec la République pourraient être aisément arrêtés et mis en exécution.

«Quant à ce que V. M. a bien voulu me marquer au sujet de mes troupes, comme elles sont déjà en pleine marche, je ne suis plus à même d'y porter de changement. Néanmoins, pour lui complaire le plus que possible, je les placerai dans les Pays-Bas de façon à prévenir des accidents momentanés et, en outre, celles qui doivent encore suivre, je ne leur laisserai pas passer en attendant la frontière.

«Voilà une bien longue lettre, mon cher beau-frère, mais il m'a paru indispensable de ne vous rien laisser ignorer sur cet objet si intéressant, pour vous mettre entièrement à même de pouvoir me donner des preuves de l'amitié personnelle dont vous me donnez des assurances si flatteuses, et c'est dans l'attente de votre réponse que je vous embrasse de tout mon cœur et que je vous prie de me croire pour la vie....»
(*Marie-Antoinette, Joseph II.... Ihr Briefwechsel*, p. 57.)

sible me suffira pour m'y reposer entièrement, et pour graver en même temps dans mon âme un sentiment de reconnaissance dont je lui donnerai certainement des preuves dans toutes les occasions.

Adieu, ma chère sœur, je ne vous en dirai pas davantage, ayant déjà beaucoup écrit aujourd'hui. Vous verrez de quoi il s'agit dans ma réponse au Roi, et c'est en vous embrassant tendrement que je vous prie de me croire pour la vie.....

---

178. — JOSEPH II À MERCY.

Vienne, ce 17 décembre 1784. — J'ai été parfaitement satisfait de la façon avec laquelle vous avez saisi les importants objets du moment, et vous aurez vu que nos idées ne se sont croisées qu'en route et non dans la chose, et que j'ai considéré toutes ces affaires sous le même point de vue que vous.

Il est sûr que la manière d'agir de la France, tant à l'occasion de la guerre pour la Bavière que vis-à-vis de la Porte et actuellement à l'égard des Hollandais, ne porte aucune empreinte d'un allié ni d'un ami, et qu'on ne peut rien s'en promettre pour l'avenir. Je ne puis vous donner de meilleurs détails de cette affaire qu'en vous envoyant ces deux copies : l'une de la dernière lettre du Roi [1], et l'autre de ma réponse que je vous joins ici [2]. Vous y verrez, mon cher Comte, que le point principal est de faire réussir l'échange de la Bavière et de ne le point séparer de la pacification avec la Hollande. Cet objet est d'une si grande importance, comme vous l'avez parfaitement bien reconnu, qu'on ne peut assez en presser la conclusion. Par ma lettre au Roi, je crois le mettre dans le cas de parler clair et se prêter à la chose ou dévoiler la fausseté de sa réponse. Si vous entrevoyez quelques autres moyens efficaces ou quelques articles propres à en accélérer la réussite, dans ce cas, vous pourrez faire entendre que je pourrais encore m'y prêter, pourvu que cela ne concerne pas des objets d'une grande importance.

J'ai tout lieu de soupçonner que la France ne pense peut-être elle-

---

[1] Voir plus haut, p. 354, n. 1. — [2] Voir plus haut, p. 357, n. 1.

même à faire acquisition au moins d'une partie des Pays-Bas, et que c'est peut-être l'attrait qui la tenait encore le plus à l'alliance, espérant toujours qu'à l'occasion d'une guerre avec le roi de Prusse ou les Turcs, elle pourrait obtenir quelques cessions dans les Pays-Bas si j'étais dans le cas de faire des acquisitions sur l'une ou l'autre de ces deux puissances.

C'est dans cette vue et pour accélérer la chose que j'ai renoncé expressément à l'échange du pays de Salzbourg et de Berchtesgaden, pour garder la province du Luxembourg et le Namurois. Vous pourrez même, si une occasion convenable s'en présentait, le faire entrevoir sous ce point de vue.

Il est essentiel que l'on soit persuadé que je ne renoncerai point à la possession de Maëstricht et de son territoire, si le troc n'a pas lieu en même temps et, qu'au moins alors, s'il était indispensable de devoir les rétrocéder, je me verrais dans le cas d'en exiger une plus grande somme d'argent qui ne pourrait être au-dessous de huit à dix millions.

S'il était possible que le Roi voulût être de bonne foi, il pourrait, en se chargeant de mes propositions si avantageuses au duc des Deux-Ponts et à toute sa famille, me faire avoir son consentement dans l'espace de huit jours. Ce serait le moment où la Reine pourrait influer essentiellement, puisqu'il s'agirait de la personne et de la volonté du Roi. Je rends toute la justice au zèle et à l'amitié que ma sœur m'a témoignés dans cette occasion et dont je lui sais infiniment gré; mais c'est le moment de ranimer toute son amitié et de faire valoir toute son influence pour faire réussir cette affaire si importante, qui certainement sera peut-être l'unique de ce genre dans tout le cours de ma vie.

L'accélération de cet objet, et que surtout vous puissiez bientôt m'informer sur ce que j'ai à attendre de la part de la France à ce sujet et s'il y a de la probabilité que l'échange pourra réussir, m'importe infiniment, puisque cela doit régler nombre de mes dispositions et arrangements coûteux que je suis dans le cas de faire.

Je vous joins ici en même temps la copie de la lettre que j'écris à la Reine, à laquelle vous pourrez conseiller de la laisser lire au Roi. J'y parle expressément de la conservation de la Porte et des Anglais, pour ôter le soupçon de la destruction des premiers qu'on pourrait supposer que j'eusse en vue dans le troc à faire pour avoir alors les mains plus libres de l'exécuter conjointement avec l'impératrice de Russie. Vous pourrez même faire sentir que le pays de Luxembourg et le Namurois, dans d'autres occasions où la France m'assisterait contre le roi de Prusse, pourraient lui tomber en partage. Enfin, il s'agit de mettre tous les moyens en jeu pour arranger l'affaire de l'échange qui est de la plus grande importance et qui seul peut me faire passer sur toutes les autres considérations dans l'arrangement à faire avec la Hollande.

Adieu, mon cher Comte; je vous prie de croire que je suis bien sensible au zèle et à l'intérêt que vous me témoignez en toute occasion, et que je ne suis pas moins fâché des peines que cela vous donne. Je désire bien sincèrement que votre santé soit entièrement rétablie, et croyez-moi pour toujours.....

P. S. Je vous joins ici ma lettre à la Reine où est renfermée celle pour le Roi.

---

179. — KAUNITZ À MERCY.

Vienne, le 17 décembre 1784. — Il me semble, mon cher Comte, que, par mes lettres d'office [1], j'ai si complètement épuisé la matière qui fait l'objet de cette expédition, qu'il ne me reste plus rien d'essentiel à y ajouter, si ce n'est que si, là où vous êtes, on ne se rend pas

---

[1] Les lettres d'office du prince de Kaunitz au comte de Mercy du 17 décembre 1784 traitaient surtout de l'échange de la Bavière, la principale affaire du moment. Il importait avant tout de savoir si la cour de Versailles avait l'intention de s'employer loyalement à faire réussir ce projet d'échange et de l'appuyer près du duc des Deux-Ponts et de son frère, ou si elle ne voulait pas seulement éviter l'odieux d'un refus direct et recourir sous main à tous les moyens pour faire échouer cette combinaison. Quoi qu'il en fût, le moment était venu de presser ce projet d'échange avec toute l'énergie possible et de forcer la cour de Versailles à s'expliquer sur ce point.

Si l'assurance donnée par le comte de Vergennes que la cour de France ne trouvait dans ce projet rien qui fût contraire à ses intérêts était sérieuse, il ne resterait qu'à détruire l'inquiétude manifestée par le cabinet de Versailles sur la difficulté de déterminer le concours de toutes les volontés nécessaires à l'échange et à lui démontrer que cette affaire pouvait facilement se traiter en même temps que celle de Hollande.

En fait, l'échange ne dépendait que de l'assentiment de l'Électeur palatin de Bavière, du duc des Deux-Ponts et de son frère. Ce projet était tel que ces trois intéressés méconnaîtraient leurs intérêts les plus

aux raisons incontestables que je vous fournis aujourd'hui en faveur de l'échange, ainsi que de l'utilité non seulement, mais même de la nécessité du prompt emploi de ce moyen pour qu'un arrangement convenable avec les Hollandais puisse avoir lieu aussi promptement que de besoin, il ne restera plus aucun doute que la mauvaise volonté de la France à notre égard est un principe fondamental de sa politique, principe incompatible, à ce qu'il me semble, avec tout système d'alliance raisonnable. Attendu que, d'après nos principes, ce serait absolument une société léonine.

J'eusse bien souhaité pouvoir attendre votre courrier, qui peut venir de moment à autre, avant de vous dépêcher celui-ci. Mais, comme il me paraît pressant de faire parvenir au Roi la réponse de l'Empereur et de vous faire parvenir à vous toutes les instructions qui vous sont nécessaires dans une circonstance aussi décisive, je n'ai pas voulu retarder cette expédition, qui sera suivie d'une autre le plus tôt possible, supposé que les notions, qui me parviendront par votre courrier, me paraissent l'exiger.

Je me trouve bien heureux d'avoir en France un homme tel que vous dans un moment comme celui-ci. Je souhaite bien vivement, et pour la chose et pour vous, que tout ce que je suis bien sûr que vous ferez puisse être couronné d'un heureux succès. Dieu veuille seulement que cette lettre vous trouve en aussi bonne et parfaite santé que je vous le souhaite avec les sentiments de la tendre amitié que vous me connaissez pour vous et avec lesquels je ne cesserai jamais d'être.....

essentiels s'ils le repoussaient, car il leur procurait à eux et à leur maison un surcroît de revenus de plus d'un million de florins chaque année. Il fallait convaincre le cabinet de Versailles que l'échange n'avait besoin que du consentement de ces trois intéressés, consentement que la cour de France obtiendrait aisément si elle le voulait. La France, par l'article 18 du traité de Bade, s'était d'ailleurs obligée à laisser faire cet échange, et le Conseil d'État avait reconnu qu'il n'était pas contraire aux intérêts du royaume. Il serait très facile au Roi de le faire agréer au duc des Deux-Ponts et à son frère. En ce faisant, le Roi rendrait un service important à son allié et proche parent. En même temps, il ne serait pas moins utile à ses nouveaux alliés les Hollandais, qui, dès lors, pourraient s'arranger aisément avec l'Empereur; en outre, ils auraient un voisin qui ne pourrait jamais devenir dangereux pour eux et qui serait dans la plus complète dépendance de la France.

Ces considérations ne laissaient aucun doute sur ce que devrait faire le cabinet de Versailles; si néanmoins il s'opposait à ce projet, il se démasquerait complètement et la cour de Vienne saurait à quoi s'en tenir sur les sentiments de son allié pour elle. (Rescrit du prince de Kaunitz au comte de Mercy du 17 décembre 1784.)

180. — MERCY À JOSEPH II.

Paris, 31 décembre 1784. — Les très gracieux ordres de V. M. I., datés du 1ᵉʳ décembre, m'avaient été remis par un garde-noble arrivé ici le 8; mais comme cette expédition s'était croisée avec celle de mon très humble rapport et de mes dépêches du 3, et que l'état des circonstances forçait à l'inaction jusqu'à ce que de nouveaux ordres relatifs au contenu de ces mêmes dépêches du 3 me missent en mesure d'agir, j'ai dû les attendre jusqu'au 25, jour auquel ils m'ont été remis par le garde-noble qui en était porteur. Quel que fût mon empressement à les remplir, je me suis convaincu que, pour y procéder avec succès, tout dépendait de bien préparer mes mesures et de les mettre à l'abri des pièges que la mauvaise volonté du comte de Vergennes pourrait me préparer. Cette réflexion a décidé la marche que j'ai tenue et dont j'expose officiellement les détails aujourd'hui. J'en éprouve une vraie mortification de devoir expédier une dépêche aussi énorme, aussi diffuse que l'est celle qui sera mise sous les yeux de V. M.[1], et le tout sans pouvoir rien mander de concluant sur les objets essentiels; mais il s'était accumulé plusieurs particularités intéressantes et j'ai cru qu'elles étaient toutes nécessaires à exposer dans une conjoncture où il s'agit d'éclaircir à fond non seulement tout ce qui a

---

[1] La dépêche d'office du 31 décembre 1784 est, en effet, énorme; elle n'a pas moins de soixante-dix-neuf pages in-folio; mais, bien qu'elle soit écrite en un allemand de chancellerie, surchargé de formules respectueuses et d'incises, elle n'en est pas moins très intéressante, car elle est d'une importance capitale pour l'histoire; malheureusement elle est si longue que nous ne pouvons pas en donner ici la traduction, ni même un résumé suffisant; nous devons d'autant plus y renoncer que l'un de nous aura peut-être à la publier un jour *in extenso* dans cette même collection. Nous nous bornerons à l'analyse des passages qui nous paraîtront absolument nécessaires à l'intelligence du texte.

En recevant, le samedi 25 décembre, jour de Noël, les dépêches expédiées de Vienne le 17, M. de Mercy, qui en vit la grande importance, se demanda s'il n'irait pas tout de suite à Versailles; mais il se dit que, s'il abordait la discussion avec M. de Vergennes avant que le ministre eût pu réfléchir sur la lettre de l'Empereur, il se bornerait à lui répondre qu'il prendrait les ordres du Roi, et il résolut d'attendre un peu et de faire pendant ce temps préparer le terrain par la Reine. Le 25 décembre, M. de Mercy écrivit à la Reine pour lui communiquer la lettre de l'Empereur et la supplier d'agir en ce sens sur le Roi et sur M. de Vergennes (voir ci-après, p. 371, n. 1). La Reine le promit et, le 26 et le 27, Elle exécuta sa promesse comme on le verra plus bas.

trait au présent, mais aussi tout ce qui peut servir aux combinaisons qui regardent l'avenir.

Cette dépêche répond à quelques articles essentiels des très gracieux ordres particuliers que V. M. daigne me confier en date du 17, et elle explique les motifs qui me déterminent à expédier le présent garde-noble, quoique le grand objet de l'échange soit dans une crise dont je ne puis encore prévoir l'issue. Peut-être sera-t-elle décidée avant le départ de mes dépêches, et en ce cas, j'y ajouterai ce dont je pourrais être informé; mais comme dorénavant j'ai à m'attendre, de la part du comte de Vergennes[1], à autant de mauvaise volonté personnelle à mon égard qu'il en a toujours marqué relativement au fond des affaires, il serait assez probable qu'il me cachât ce qui sera résolu au conseil, jusqu'à ce qu'il en ait informé l'ambassadeur du Roi à Vienne. Au reste, je dois cet hommage à la Reine qu'il est impossible de mettre plus de zèle, plus d'ardeur qu'Elle n'en a marqué à faire réussir ce que V. M. désire, et si la manière d'être inconcevable du Roi ne présentait des obstacles que l'on ne peut expliquer, il est certain que l'objet de l'échange aurait été emporté de haute lutte.

J'ai d'autant plus de regret à la terrible sortie de la Reine contre le ministre[2], qu'il n'y a pas à en conclure que ce dernier sera renvoyé,

---

[1] Le mardi 28 décembre, jour ordinaire de conférence, M. de Vergennes, encore sous le coup de l'algarade que la Reine lui avait faite la veille, avait pris la précaution de faire assister à son entretien avec M. de Mercy le premier commis Gérard de Rayneval, sans doute pour bien montrer à l'ambassadeur impérial qu'il se défiait de lui et qu'il craignait qu'il ne dénaturât leur conversation en la rapportant à la Reine qui se servirait de ses faux rapports près du Roi. En outre, M. de Vergennes s'était montré plus que froid. Il fut impossible à M. de Mercy d'entamer une discussion sérieuse et d'obtenir la plus petite réponse catégorique. M. de Vergennes se contenta de faire quelques objections de pure forme et de déclarer qu'il soumettrait l'affaire au Roi. (Dépêche d'office de M. de Mercy du 31 décembre 1784.)

[2] Comme Elle l'avait annoncé à M. de Mercy (voir plus bas, p. 371, n. 1), la Reine, le dimanche 26 au soir, remit au Roi la lettre de l'Empereur, et Elle convint avec Lui d'en parler longuement ensemble le lendemain matin. Le 27, après que le Roi eut dit qu'il était tout particulièrement satisfait du contenu de cette lettre, la Reine discuta les détails de l'échange projeté. Elle s'efforça d'en faire ressortir la grande importance, de montrer toutes les convenances qu'il présentait et de faire sentir au Roi toute l'étendue de l'amitié et de la confiance dont l'Empereur avait fait preuve dans cet arrangement. Quoique le Roi reconnût le bien-fondé de ces observations, cependant la Reine ne put pas tirer de Lui une seule parole formelle qui l'engageât à contribuer de son côté à la réussite de cette affaire. Alors la Reine Lui proposa de faire appeler M. de Vergennes, ce que le Roi accepta tout de suite.

au moins assez à temps, pour que l'auguste service en éprouve des avantages réels, et, dans la perplexité où je me trouve sur l'issue qu'auront ici les choses, il est moralement impossible d'asseoir des idées précises et qui ne fussent pas sujettes à erreur. En attendant, sans oser porter un regard téméraire sur les résolutions que, sui-

À peine le ministre était-il depuis huit ou dix minutes seul avec le Roi, que la Reine entra dans le cabinet de son mari et se mêla à la discussion. Elle reprit les observations et les arguments dont Elle venait de se servir pour tâcher d'arracher au Roi un mot décisif. Le ministre y opposa la nécessité de s'assurer auparavant si le roi de Prusse n'était pas hostile à l'échange. Pour appuyer cette idée, il dit, entre autres choses, que ce serait rendre un fort mauvais service à l'Empereur si, dans l'instant même où l'on cherchait les moyens de le retenir d'entamer une guerre avec la Hollande, on lui attirait une affaire bien plus grave avec son dangereux voisin.

La Reine répliqua qu'Elle ne pouvait regarder cette réponse que comme une très mauvaise excuse. C'était une affaire qui regardait uniquement son frère qui était le meilleur juge de ses convenances et des dangers auxquels il pourrait s'exposer. Le service, que la France avait à rendre, consistait seulement à donner quelques preuves manifestes de son amitié et de son bon vouloir en retour de toutes celles que l'Empereur, dans la circonstance présente, avait données au Roi. Alors, M. de Vergennes présenta quelques observations sur le nouveau projet de restreindre les territoires à échanger et de garder les pays de Luxembourg et de Namur. Les règles d'une sage politique obligeaient à penser à l'avenir plus qu'au présent; en ce moment où elle était unie à l'Empereur par d'étroits liens d'amitié, la cour de France pouvait ne rien trouver de désagréable ni de contraire à ses intérêts dans la possession, par ce prince, de plusieurs provinces situées immédiatement sur ces frontières. Mais si l'on voulait jeter un regard sur les événements qui pouvaient se produire dans l'avenir, on verrait que le seul avantage que le projet d'échange des Pays-Bas contre la Bavière présentait pour la France, consistait en ce que le royaume était complètement délivré de la présence sur ses frontières d'un voisin puissant qui, en temps et lieu, aurait pu l'inquiéter. En outre, il était probable que, si elle appartenait à une faible puissance, la forteresse de Luxembourg, qui autrefois avait tant gêné la France, serait bientôt rasée. Ces avantages disparaîtraient si l'Empereur conservait les provinces de Luxembourg et de Namur.

Dans ce nouvel argument mis en avant par le ministre, la Reine crut voir une marque de mauvais vouloir et un parti pris d'opposition. Elle ne put se contenir plus longtemps; Elle céda à un mouvement de vivacité et de colère, dont, dès le lendemain, à ce qu'Elle fit entendre à M. de Mercy, Elle se repentait. Elle déclara au comte de Vergennes qu'Elle reconnaissait bien là son désir de profiter des occasions qui s'offriraient d'être utile et agréable à l'Empereur. Dans les diverses conversations qu'Elle avait eues avec lui, Elle avait bien vu quelles étaient ses intentions et combien peu ses paroles étaient vraies et sincères. Rien de tout cela ne lui avait échappé et Elle regrettait bien vivement de n'avoir pas toujours pris la précaution de ne lui parler qu'en présence du Roi. Elle ne faisait aucune difficulté de lui dire devant le Roi qu'Elle connaissait bien sa manière d'agir. Cette méthode consistait à avoir bien soin d'arranger les choses de telle façon qu'il semblât que les avis, dont cependant il était l'auteur, ne venaient pas de lui. Pour mener à bien ses manœuvres cachées, il savait gagner à lui la plupart des voix du Conseil

vant les différentes conjonctures, V. M. pourra prendre, et en restant strictement dans le cercle des combinaisons qui semblent tenir à mes devoirs, je ne crois pas en outrepasser les bornes en me permettant d'observer qu'en quelque hypothèse que ce puisse être, soit que l'on persiste ici dans la conduite odieuse dont on a donné tant de preuves,

d'État et, entre autres, celles du marquis d'Ossun, du contrôleur général et du prince de Soubise ; il faisait mouvoir ces trois ministres d'après ses instructions, et c'est ainsi qu'il savait faire proposer et passer les opinions dont il ne voulait pas paraître l'auteur.

Le comte de Vergennes fut excessivement ému par cette attaque imprévue à tel point que, pendant quelques instants, il ne sut que dire. Il se borna à répondre que si ses augustes maîtres avaient conçu de lui une telle idée, il ne lui restait rien de plus à faire que de se mettre à leurs pieds pour leur demander la permission de quitter sa place. D'ailleurs, puisqu'il avait eu le malheur de recevoir en ce moment de S. M. la Reine un si sensible témoignage de son mécontentement, il croyait devoir quitter immédiatement le cabinet du Roi.

Mais la Reine lui répliqua que cela ne pouvait pas se passer comme cela. Elle avait prié le Roi de le faire appeler, lui, Vergennes, pour examiner une affaire importante et il devait rester là jusqu'à ce qu'on eût décidé quelque chose de certain sur l'objet en discussion.

Alors la Reine entra dans les plus grands détails sur les principes de l'alliance franco-autrichienne, sur l'utilité considérable dont elle avait été pour la France dans la dernière guerre, sur les avantages incalculables que ce royaume pourrait en retirer dans l'avenir. Puis Elle établit une comparaison entre les nombreux témoignages de loyauté et d'amitié que l'Empereur n'avait cessé de donner au Roi et la conduite de la cour de Versailles, où la Reine ne voyait que des marques de défiance, d'aversion et du mauvais vouloir le plus caractérisé. Enfin il était temps de penser sérieusement à effacer la mauvaise impression produite par ce fâcheux système. Puisque l'échange de la Bavière offrait une occasion favorable pour obtenir ce résultat, il serait incompréhensible qu'on n'y donnât pas la main, d'autant plus incompréhensible que cet échange réunissait toutes les convenances possibles pour la France, et la Reine se mit à détailler tout au long ces convenances.

Pendant que la Reine donnait toutes ces explications, M. de Vergennes avait pu se remettre un peu de sa vive émotion. Il donna à la Reine l'assurance que son sentiment personnel n'était pas contraire au projet d'échange. Cependant l'affaire lui paraissait avoir trop d'importance pour que le Roi pût trouver bon d'arrêter une résolution sur ce sujet sans réunir au préalable son conseil pour prendre son avis. L'échange sans doute aurait lieu tout de même ; mais il était nécessaire de délibérer sur les moyens à employer pour l'exécuter sans créer d'embarras. Il termina en protestant qu'il était bien persuadé de la bonté et de l'utilité du système actuel d'alliance. Sur ce, le Roi mit fin à l'entretien en congédiant son ministre.

Jusque-là, dans toute cette vive discussion, le Roi avait joué un rôle purement passif ; il n'avait pas dit un seul mot, ni pour, ni contre M. de Vergennes. Après la retraite du ministre, le Roi, en employant toutefois les expressions les plus douces, tenta de le justifier quelque peu. Il donna à la Reine l'assurance que ce ministre ne cherchait nullement à brouiller les deux cours de Vienne et de Versailles. La fâcheuse idée que la Reine s'en était formée ne reposait que sur des soupçons erronés qu'on avait insinués dans son esprit. Il voyait

soit qu'on cherche à la replâtrer pour un temps, il n'en restera pas moins certain que, depuis la formation du ministère actuel de Versailles, on lui a vu constamment une tendance plus ou moins cachée à dissoudre le système présent dont la base fondamentale, savoir celle d'admettre une utilité réciproque, est tellement méconnue qu'il est presque hors de vraisemblance de parvenir de longtemps à la rétablir;

avec une vraie peine que la Reine s'était mise en colère. A l'avenir, quand Elle voudrait demander quelque chose à M. de Vergennes, Il la priait de l'en avertir auparavant, afin qu'Il fût présent et qu'Il pût voir comment Lui et son ministre pourraient s'y prendre pour donner pleine satisfaction à la Reine autant que la nature des choses le permettrait.

A ces paroles aimables, la Reine répondit en donnant à son mari les marques de la plus vive sensibilité à ses attentions. Mais sans rien changer à l'opinion qu'Elle s'était faite du ministre, Elle continua à faire, à propos de l'échange, les plus fortes instances au Roi qui l'assura que, quant à Lui personnellement, Il y donnerait volontiers les mains pour autant qu'on ne Lui montrerait pas d'obstacles insurmontables.

Le mardi 28, lorsque la Reine lui eût raconté la scène de la veille, M. de Mercy prit la liberté de Lui représenter qu'une attaque aussi vive contre M. de Vergennes ne pouvait avoir d'autres conséquences que d'augmenter, d'une part, le mauvais vouloir du ministre, et, de l'autre, de l'exciter à redoubler de soins pour mieux cacher ses intrigues. Il lui semblait, à lui Mercy, qu'il serait bien plus avantageux de ne pas enlever à M. de Vergennes tout espoir de rentrer en grâce près de la Reine en adoptant une conduite opposée à celle qu'il avait suivie jusqu'ici et de le ramener par cet appât ainsi que par des raisonnements solides sur les affaires présentes.

La Reine en convint et, en même temps, Elle répéta combien Elle était désolée de ce mouvement de vivacité. Elle ajouta qu'Elle voyait bien qu'après un tel éclat sa dignité et son crédit exigeaient le renvoi immédiat du ministre. Comme Elle manifestait quelque penchant pour le cardinal de Bernis, M. de Mercy chercha à La décider en faveur de M. de Saint-Priest et il Lui lut une lettre du prince de Kaunitz qui recommandait chaudement ce diplomate. La Reine, comme Elle l'avait déjà fait plusieurs fois, assura qu'Elle était disposée à donner à cet ambassadeur, lors de sa prochaine arrivée à la cour, des marques de grâce et de bienveillance. Mais M. de Mercy vit clairement que la Reine était comme effrayée des nombreux obstacles qu'Elle aurait à renverser de tous côtés pour faire chasser M. de Vergennes et mettre à sa place M. de Saint-Priest.

M. de Mercy avouait au prince de Kaunitz que, malgré la puissance du grand crédit de la Reine, le sort de M. de Vergennes était très incertain, car, par caractère, le Roi répugnait à disgracier un ministre et surtout un ministre des affaires étrangères, dont le remplacement Lui causerait une foule d'ennuis. En outre, le Roi était lié à M. de Vergennes par une sorte d'accoutumance; une longue habitude avait une très grande influence sur l'esprit de ce monarque. Il n'était cependant pas impossible que la Reine ne réussît à le faire renvoyer. Mais il n'y avait pas d'apparence que cela pût se faire tout de suite et, par conséquent, à un moment où les convenances de l'Empereur l'exigeraient. Bien qu'il n'y eût pas à douter que l'énergie que la Reine venait de montrer ne fit une profonde impression sur le caractère timide de M. de Vergennes, on ne pouvait calculer sûrement quel en serait le résultat. Il fallait en attendre les effets. (Dépêche d'office de M. de Mercy du 31 décembre 1784.)

qu'enfin une alliance qui a été et aurait dû être toujours avantageuse à V. M., peut maintenant Lui devenir également dangereuse qu'elle l'est devenue même avec une progression plus ou moins lente, mais telle que lors du dernier voyage de V. M. en France, interrogé par Elle sur le système, j'osai Lui observer très humblement que ses avantages, incontestablement démontrés en bonne politique, n'étaient cependant plus pour l'auguste maison que *des avantages négatifs*. Mes moyens trop bornés ne me permettaient pas alors de voir plus loin; bien des causes ont contribué, même dans ces derniers temps, à dérouter le peu de prévoyance dont je puis être capable jusqu'à ce que les époques récentes aient tout éclairci de manière à ne pouvoir plus s'y méprendre.

La Reine ne se trompe pas sans doute sur les sentiments personnels du Roi; mais leur peu d'effet est constaté jusqu'à l'évidence; pour qu'ils en eussent de favorables, il faudrait le concours d'un ministère tout neuf, bien composé et bien intentionné, trois conditions dont rien n'annonce l'accomplissement prochain, tandis que tout semble en éloigner la probabilité. Malgré cela, aussi longtemps qu'il existera une lueur d'apparence de pouvoir opérer quelque chose d'utile aux vues de V. M., la Reine paraît fermement résolue d'y porter tous ses soins. Quant à ceux que m'imposent mes devoirs et mon zèle, ils ne me laisseront certainement rien omettre.

Ainsi que V. M. daigne m'y autoriser, j'épierai les moments propices à faire usage des insinuations de nature à flatter les idées que l'on pourrait avoir ici sur quelques parties des Pays-Bas ou sur les deux provinces que V. M. se propose de conserver et qui pourraient un jour devenir le prix, soit de quelque important service à rendre par la France, soit de quelque arrangement à prendre avec elle. Enfin, je me replierai de toutes les manières pour tâcher de tirer parti de ces gens-ci, et je resterai dans la conviction que tous mes efforts, même les plus heureux, ne mériteront jamais la moindre partie de l'extrême bonté et de la clémence que V. M. daigne me marquer.

P. S. de même date. La Reine daigne me communiquer le contenu de sa lettre à V. M. [1]; j'y vois que l'on n'a rien décidé sur l'échange, et

---

[1] *Marie-Antoinette à Joseph II, le 31 décembre 1784.* — « Les longueurs et les difficultés de M. de Vergennes vous impatienteront, mon cher frère. Elles seraient encore plus considérables si je ne lui eusse parlé de manière à lui en imposer. Je n'ai voulu

que cela traînera encore quelques jours. Je crois, par conséquent, ne pas devoir arrêter le garde-noble, parce que l'on ne se pressera pas à m'envoyer ce qui a été délibéré sur Maëstricht. J'irai demain à Versailles où je mettrai tout en œuvre pour y tirer le meilleur parti possible des circonstances.

181. — MERCY À KAUNITZ.

Paris, le 31 décembre 1784. — La lettre de V. A. en date du 1ᵉʳ décembre m'avait été remise par un garde-noble arrivé le 8; mais comme je n'ai pas cru devoir le renvoyer avant de nouveaux ordres relatifs à mes dépêches du 3, je les ai attendus jusqu'au 25, jour auquel je les ai reçus par le dernier garde-noble avec la lettre dont V. A. m'honore en date du 17.

Ma dépêche d'office contient tout ce qu'il m'est possible d'exposer sur les affaires du moment; mais en y joignant une copie de mon rapport particulier à l'Empereur, je dois rendre compte ici des motifs qui m'ont porté à présenter à S. M. quelques idées, que je soumets au jugement de V. A., afin que, si Elle n'y voit que des erreurs, Elle soit à même de les rectifier, et de me faire connaître ses intentions éclairées.

J'ai pensé que, si l'Empereur se proposait de rester toujours, et en

le voir qu'en présence du Roi, afin qu'il ne pût ni exagérer, ni défigurer ce que je lui aurais dit. D'ailleurs il ne pourra plus avoir de doute sur ce que je dis au Roi en cette importante affaire.

« Je ne vous répéterai pas des détails que M. de Mercy vous fera mieux que moi. On doit lui envoyer le résultat du conseil qui n'en est pas un, si ce n'est pour Maëstricht, dont on doit proposer la cession aux Hollandais. On a remis à délibérer sur tout le reste. M. de Vergennes communique à tous les ministres du conseil le rapport qu'il a fait sur la proposition d'échange. Je ne sais si c'est un nouveau manège de fausseté de sa part; mais d'après ce que le Roi m'a dit son rapport est plus conciliant que l'opinion de quelques autres ministres. Quoique cette affaire, de la manière dont elle a été menée, m'afflige et m'inquiète, je commence à espérer que, malgré les fausses vues et contradictions qu'on aura encore à essuyer, elle pourra finir d'une manière passable. Mon cher frère doit être sûr que, quelque chose qu'il arrive, mon zèle et mon activité ne se ralentiront jamais sur cet objet.

« Recevez, mon cher frère, les vœux de la tendre amitié que je vous ai vouée pour la vie. Je vous embrasse de tout mon cœur. » (*Marie-Antoinette und Joseph II... Ihr Briefwechsel*, p. 64.)

toutes circonstances dans une entière inaction, il lui serait alors bien facile de conserver l'alliance stérile de la France; mais si, comme on pourrait le présumer, ce monarque médite quelques grands projets et si leur exécution se rapporte à des temps rapprochés, alors en considérant l'état des personnes et des choses telles qu'elles se comportent ici, et telles qu'elles peuvent encore y subsister longtemps, je doute que dans des cas semblables il devienne possible de faire concourir la France à nos vues, ou même de l'empêcher d'y opposer tous les obstacles qu'il sera en son pouvoir de susciter. C'est dans cette persuasion que j'ai rédigé l'article de mon rapport qui a trait au système présent; je dois m'en remettre aux lumières supérieures de V. A., de prononcer si c'est une illusion de ma part ou une vérité.

Je n'ai point envoyé à l'Empereur copie de deux de mes lettres à la Reine et d'une réponse de cette princesse [1], parce que la manière dont Elle s'y explique sur le Roi est un effet de la confiance particulière dont Elle m'honore; j'ai cru par conséquent que la réponse en ques-

---

[1] *Paris, le 25 décembre 1784.* — «Je reçois le courrier que j'attendais avec impatience et qui est porteur de la lettre ci-jointe, laquelle contient la réponse de l'Empereur au Roi. Dans l'incertitude si cette réponse sera dans le premier moment communiquée à V. M., je crois devoir en mettre sous ses yeux une copie, parce qu'il est très essentiel que la Reine sache la substance de cette réponse avant que le Roi n'en informe son ministre. V. M. verra au premier aspect toute l'étendue de la condescendance de l'Empereur dans les moyens justes et raisonnables qu'il propose; cependant, par des motifs que je ne puis concevoir, mais dont il n'existe que trop de vestiges, il serait possible que l'on s'occupât à déjouer les circonstances favorables qui se présentent, et, pour écarter ce malheur, qui entraînerait tous ceux qu'il s'agit de prévenir, il semble que le moyen unique serait qu'il plût à la Reine d'avoir avec le Roi un entretien, dans lequel Elle porterait ce monarque à expliquer son opinion personnelle, et qu'ensuite le ministre fût appelé pour apprendre le résultat de cette opinion, laquelle, prononcée en présence de la Reine, deviendrait une règle invariable que l'on ne se permettrait pas facilement d'enfreindre. Si, comme je le présume, la lettre de l'Empereur à V. M. est d'une tournure à être communiquée au Roi, il ne pourrait sans doute qu'en résulter un bon effet, et la Reine jugera si cette remarque de ma part mérite attention.

«En attendant je ne paraîtrai à Versailles qu'après que les intentions et les ordres de V. M. me seront connus; et je ne manquerai pas de prétextes plausibles auprès de M. de Vergennes pour qu'il n'y ait pas lieu d'être surpris de ce retard.»

Marie-Antoinette à Mercy. Versailles, le 26 décembre 1784. — «J'ai lu avec bien de l'attention, Monsieur le Comte, tous vos papiers et je désire de tout mon cœur qu'ils produisent l'effet que leur franchise et manière amicale doivent produire; toute réflexion faite, je ne donnerai au Roi sa lettre que ce soir tard ou demain matin; il me sera impossible, et vous le connaissez assez pour n'en pas douter, de lui faire prendre une décision de lui-même assez forte pour qu'il la dise à M. de Vergennes devant moi et que surtout il ne change

tion ne pouvait être connue que de V. A. seule. Elle daigne me rendre entière justice en se persuadant que je tenterai avec ardeur toutes les voies imaginables pour tâcher de tirer quelque parti de la crise présente; je serais plus tranquille, si mes faibles talents répondaient à l'opinion qu'elle veut bien en avoir.

Je suis pénétré de la bonté avec laquelle V. A. me parle de ma santé; elle est toujours fort dérangée et me tient dans un état de souffrances continuelles. Heureusement, à quelques journées près, elle n'a mis obstacle ni aux courses à Versailles ni aux autres démarches qu'exigent mes devoirs; j'ai été beaucoup plus affecté et inquiet de votre indisposition, Monseigneur, que de la mienne; mais le dernier garde-noble m'assure qu'à son départ vous étiez entièrement rétabli.

A cette nouvelle année, de même que dans tous les temps de ma vie, je ne cesse de faire des vœux les plus ardents pour tout ce qui tient au bonheur de V. A., à sa conservation aussi nécessaire,

point après; mais comme le moment me paraît essentiel, je tâcherai de voir M. de Vergennes avec le Roi, et de là de les engager si bien tous deux, que ce ministre, quelque incompréhensible qu'il soit, se trouvera fort embarrassé; mais pour cela il faut attendre à demain, et si je donne la lettre ce soir au Roi après le conseil, je suis bien sûre qu'il ne reverra M. de Vergennes qu'après en avoir causé demain avec moi, et par là je verrai quelle couleur à peu près ses idées auront prise, ce qui me déterminera sur tout ce que j'ai à faire. Voilà mon plan; voyez s'il est bon.

«Adieu, Monsieur le Comte; je vous attends mardi; je croirais avoir un tort avec vous, si je vous assurais de mes sentiments pour vous; ils doivent vous être trop connus pour que vous en doutiez un moment.»

Mercy à Marie-Antoinette. Paris, le 26 décembre 1784. — «Je ne me permets qu'une seule remarque sur les objets importants que V. M. me fait la grâce de me mander, et c'est que, si M. de Vergennes témoigne vouloir traîner en longueur l'affaire de l'échange de la Bavière, ce sera une preuve qu'il y prépare des obstacles sous main; les sacrifices énormes que fait l'Empereur et la résolution qu'Il a prise de renoncer au pays de Salzbourg simplifient tellement cet échange, qu'il ne tient plus qu'au consentement de M. le duc des Deux-Ponts et à celui de M. son frère, et ce consentement peut être obtenu en huit jours.

«Tout Paris s'occupe de la destination de M. de Maillebois, et elle est attribuée à une complaisance de M. de Vergennes pour Mme de Monconseil; cette destination est assez indifférente pour le fond, mais elle devient un nouveau scandale politique très fâcheux pour l'Empereur, surtout dans un moment où Il donne le plus de preuves de sa confiance et de son amitié pour le Roi.»

Note de Mercy. — Sur cette lettre, la Reine a parlé de M. de Maillebois, et le Roi a assuré que l'on n'avait jamais eu idée de l'envoyer en Hollande; mais que si ce général, ruiné et hors de carrière, persistait à désirer d'aller chercher fortune ailleurs, on ne le retiendrait pas; qu'il était vrai qu'il avait le projet d'entrer au service de la République.

18 JANVIER 1785. 373

aussi précieuse à l'État, qu'elle l'est à mon cœur, et à tous les sentiments de reconnaissance et de respect avec lesquels j'ai l'honneur d'être...

P. S. La Reine me communique ce qu'Elle écrit à l'Empereur, et j'apprends que le conseil n'a rien statué sur l'affaire de l'échange, et que cela traînera encore quelques jours.

La Reine a vu avant le conseil M. de Breteuil; il a osé Lui dire qu'il fallait que la France gagnât quelque chose à l'échange, et il a parlé de Luxembourg et Namur. La Reine l'a malmené, et il a été fort doux et pacifique au conseil.

182. — JOSEPH II À MERCY.

Vienne, ce 18 janvier 1785. — J'ai attendu l'arrivée de la lettre du Roi [1], et après l'avoir reçue, il m'a fallu quelques jours pour y faire ma

---

[1] *Louis XVI à Joseph II. Versailles, le 6 janvier 1785.* — «Mon cher beau-frère, j'ai reçu votre lettre du 17 du mois dernier. Le retour des sentiments dont vous m'assurez excite de plus en plus toute ma sensibilité, et il augmente mon empressement pour coopérer au succès des vues de V. M., autant que la nature des choses et les circonstances peuvent le permettre. Je ne puis mieux répondre à cette confiance qu'en vous exposant avec la plus grande franchise les réflexions que me fournit l'expédient, dont vous avez bien voulu me faire part, pour trancher les difficultés qui subsistent entre vous et la Hollande.

«Cet expédient consiste dans l'échange de la Bavière contre la plus grande partie des Pays-Bas. Je m'abstiens, quant à présent, de le considérer sous les rapports qu'il peut avoir avec mes convenances, pour ne m'occuper que de l'effet qu'il pourrait produire relativement à l'Empire. En examinant ce projet avec autant d'impartialité que d'attention, V. M. ne saurait se dissimuler qu'il opérerait un changement de la plus grande importance dans la position actuelle du Corps germanique. En effet, il déplacerait la maison palatine du centre de l'Empire pour la reléguer à une de ses extrémités, ce qui dérangerait le système d'équilibre qui a été l'objet le plus essentiel du traité de Westphalie et qui a fait jusqu'à présent un des principaux soutiens de la constitution germanique.

«C'est cette considération qui m'a paru si majeure que de prime abord j'ai pensé qu'il convenait avant tout de s'occuper des moyens de prévenir les réclamations et les obstacles qu'on pourrait prévoir, soit de la part du Corps germanique, soit de celle de quelques-uns de ses co-États.

«C'est dans cette vue que j'avais proposé à V. M. de consulter au moins le roi de Prusse. Elle croit ce préalable peu nécessaire, se fondant sur l'article 18 de la paix de Baden, à laquelle l'Empire est intervenu. Mais, sans entrer sur le plus ou moins de force et d'étendue que peut avoir

réponse avant de renvoyer un courrier. C'est à cette occasion que je vous témoigne avec plaisir combien j'ai été satisfait, tant de votre lettre particulière que de votre dépêche d'office aussi détaillée qu'intéressante. Vous avez entièrement saisi le sens et l'importance des objets qui vous avaient été commis; vous avez apporté toute la modération à entendre des propos et des faits même qui pouvaient être très choquants. Tout ce que vous avez conseillé à la Reine est calqué sur l'obligation résultante de cet article, peut-on se flatter que le roi de Prusse se croira tenu d'y subordonner ses vues et sa conduite? Ce serait vraisemblablement se faire illusion que de le supposer. Ce prince très certainement ne considérerait que son intérêt politique et il pourrait croire sa considération affectée si l'on suivait à son insu un projet de cette conséquence.

« V. M. ne s'y est arrêtée que dans la vue d'éloigner des occasions de guerre et d'affermir par là le repos de l'Europe. Cette disposition, que je partage sincèrement avec elle, me fait un devoir de lui représenter de nouveau la nécessité de s'entendre avec le roi de Prusse. C'est à V. M. à déterminer, si elle préfère de s'en expliquer avec ce prince ou s'il lui conviendrait mieux que je lui en fasse la première ouverture. Dans ce dernier cas, je vous prie de me faire connaître sans réserve les moyens que vous jugerez propres à s'assurer par des voies amiables de son concours. Jusque-là je garderai le silence le plus absolu vis-à-vis du roi de Prusse, et je crois à même dans le moment ne devoir faire encore aucune démarche vis-à-vis du duc des Deux-Ponts et de son frère.

« En attendant la réponse de V. M. sur ce qui précède, je ne perds pas de temps à disposer les Hollandais aux objets de satisfaction qu'elle paraît désirer. Je les ai fait instruire de celle que vous exigez préliminairement, mon cher beau-frère, par l'envoi de deux députés et de la demande que vous persistez à faire de Maestricht et de ses dépendances. Vous êtes sans doute bien persuadé que je soignerai votre dignité autant qu'en pareil cas je soignerais la mienne propre et j'espère que vous voudrez bien vous reposer sur moi des termes qui pourront vous satisfaire à ce premier égard. Cet objet rempli, et c'est selon moi le plus essentiel, je compte qu'il sera possible de trouver des tempéraments pour concilier tous les objets qui ne touchent qu'à votre intérêt.

« V. M. peut être assurée que je m'y emploierai autant avec le zèle qu'elle a lieu d'attendre de mon amitié qu'avec l'intérêt que j'attache à voir régner la plus parfaite intelligence entre toutes les puissances.

« Je ne puis trop applaudir, mon cher beau-frère, à la disposition où vous êtes de convenir d'une suspension d'armes avec les Hollandais. Cette mesure ne pourra que faciliter le succès des négociations, et je remercie cordialement V. M. de ce qu'à ma prière elle veut bien placer celles de ses troupes qui se trouvent en marche pour se rendre dans les Pays-Bas, de façon à prévenir tout accident et en attendant de ne pas laisser dépasser ses frontières à celles qui devaient suivre. Dès que V. M. aura bien voulu me faire part de l'effet de ses dispositions, je m'empresserai d'en instruire les Hollandais, afin de renouveler auprès d'eux mes sollicitations les plus pressantes, pour que de leur part il n'arrive rien qui s'oppose au rétablissement de la bonne harmonie.

« J'espère, mon cher beau-frère, que vous reconnaîtrez dans la franchise de mes explications la sincérité de mes dispositions, mon fidèle attachement aux liens qui nous unissent et la tendre amitié avec laquelle je vous embrasse. » (*Marie-Antoinette, Joseph II. Ihr Briefwechsel*, p. 65.)

la prudence nécessaire aux objets et sur son bien-être personnel ; enfin vous ne vous faites point illusion et vous voyez au travers du masque dont le ministère de France couvre encore ses vues et ses maximes sous le titre d'allié. Je ne cesserai point de vous témoigner combien tout cela excite en moi d'estime, d'amitié et de reconnaissance pour votre personne.

Mais venons au fait. Depuis ma dernière lettre, les objets ont changé de face. Le duc des Deux-Ponts, conseillé aveuglément par la France et la Prusse, vient de faire la réponse au comte de Romanzow, dont je vous joins ici copie [1]. Il serait facile d'en réfuter le contenu, si le style vraiment indécent ne faisait voir clairement que cet homme renonce à tous ses propres intérêts pour se conformer à ceux des autres. Il faut donc renoncer d'autant plus à ce projet d'échange que, par la copie de la lettre que le Roi vient de m'écrire et que je vous joins ici, vous verrez que la France veut avant tout le consentement du roi de Prusse, chose qu'elle sait bien que je ne puis obtenir

---

[1] *Le duc des Deux-Ponts au comte de Romanzow. Carlsberg, 3 janvier 1785.* — «Monsieur le Comte, vos qualités aimables vous cautionnent l'affection générale et l'insouciance dont vous paraissiez regarder les objets politiques me faisant oublier l'attention et la réserve dont on use avec les gens du monde, je me suis livré avec plaisir au penchant de mon cœur et aux sentiments d'estime et d'amitié que vous tâchiez de m'inspirer par les assurances de votre attachement à ma personne et aux intérêts de ma maison. Il est impossible que vous ayez puisé dans ces liaisons l'idée de me surprendre par la lecture d'un plan d'échange, dont vous refusez la copie et auquel vous vouliez que j'accédasse sans consulter les personnes chargées de pareilles affaires et sans me concerter avec une grande cour qui a si généreusement défendu mes intérêts lorsqu'ils étaient en danger. En me faisant ces propositions, je pense que vous avez fait votre devoir. Permettez, Monsieur, que je fasse le mien en y répondant et que je vous dise, avec la franchise que vous me connaissez, que votre projet n'est pas neuf, qu'il a été suggéré par feu M. de Beckers et proposé par feu le sieur Ritter, précisément de la même manière, avec les mêmes circonstances et les mêmes motifs de persuasion ; que l'Électeur l'avait agréé, et que je l'ai rejeté avec l'approbation de toutes les grandes cours et des princes de l'Empire qui ont jugé ce plan absolument contraire aux intérêts de ma maison, dangereux dans ses principes et funeste par ses suites.

«En effet, il suppose d'un côté l'oppression du faible et de l'autre la convenance et la loi du plus fort. Son exécution saperait par ses fondements la prospérité de la maison palatine et la constitution germanique. Je conçois aisément les grands avantages que la réunion du cercle de Bavière aux États autrichiens donnerait au chef de cette monarchie et les obligations infinies qu'il aurait à celui qui pourrait les lui procurer. Mais j'ai trop haute opinion des sentiments élevés de justice et de générosité de ce grand monarque pour penser un instant qu'il veuille ajouter ce surcroît à ses forces immenses par l'oppression et la ruine d'une maison, qui ne fut jamais funeste à aucun de ses voisins et qui a, par de grands sacrifices,

que par des sacrifices coûteux et qui en feraient évanouir tout avantage.

Le Roi parle dans sa lettre de l'équilibre d'Allemagne, et il ne veut pas sentir que l'Électeur palatin garderait d'abord son électorat et ne changerait que le duché de Bavière contre le duché de Brabant et les comtés de Flandres, de Hainaut, etc., par lesquels il acquerrait plus de moyens en puissance et en revenus. Il ne sent ou ne veut pas sentir non plus que l'acquisition des deux margraviats de Bayreuth et d'Anspach qui sont assurés à la maison de Brandebourg contre le pacte de famille et sans que troc s'ensuive de quelque autre de ses possessions, est une vraie perte, un vrai agrandissement, un vrai changement d'équilibre dans l'Allemagne et surtout dans le cercle de Franconie.

Mais dès que les mauvaises volontés et le principe de nuire de toute façon, joints à la fausseté, dirigent toutes les actions, rien ne doit plus étonner. Je vous en donne ici une preuve bien forte dans une copie d'une communication secrète des propos et des démarches que

déjà tant contribué à la grandeur de la sienne. S. M. l'Empereur trouvera sûrement des moyens plus justes et plus nobles de s'immortaliser.

«Le zèle ardent et généreux que l'auguste monarque de toutes les Russies a fait éclater en toute occasion à la défense de la cause commune et particulièrement de celle des princes palatins me rassure sur la crainte que ses ordres allégués par vous pourraient m'inspirer touchant l'intérêt qu'Elle prendrait à l'exécution d'un plan qu'Elle a, de concert avec les cours de France et de Prusse, tâché d'anéantir en 1779. Sa haute prudence pénétrera certainement les suites incalculables qui en résulteraient par le désordre et la confusion que cela mettrait en Europe. Les autres souverains seraient invités ou nécessités de s'agrandir en proportion de la prépondérance que cet accroissement donnerait à la maison d'Autriche par les forces réelles qu'elle en acquerrait et la communication qu'elle établirait par là entre ses États d'Allemagne et d'Italie. Le grand génie et la sagesse sublime de cette auguste garante lui fourniront l'occasion et les moyens de concilier les avantages légitimes de son allié avec les engagements solennels qu'Elle a pris à la face de l'Europe par la garantie de la paix de Teschen et des pactes de la famille bavaro-palatine. Les assurances sacrées qu'Elle a daigné me donner et que vous, Monsieur, m'avez répétées si souvent de sa part et même de la part de l'Empereur sont trop respectables pour oser douter de leur sincérité.

«Je vous prie donc, au lieu de vous occuper du succès de votre projet, auquel ni moi ni les princes de ma branche ne consentirons jamais, sous telles conditions que cela puisse être, d'employer toute l'influence et le crédit que votre emploi vous donne tant à votre cour qu'à celle de Vienne, pour qu'on s'en désiste et que la paix de Teschen ainsi que les pactes de famille soient maintenus dans leur rigueur. C'est le seul et véritable moyen d'illustrer votre mission en Allemagne et de vous concilier la confiance des princes de l'Empire.

«Je suis avec une considération distinguée....»

M. de Choiseul-Gouffier se permet à la Porte[1]. Leur vérité est constatée et je vous prie même de n'en faire usage qu'en gros pour démasquer cet homme qui ne peut agir de cette façon par ordre, et qui surtout dans ses propos paraît mettre une légèreté qui, s'il y avait le moindre nerf dans le Roi, et qu'on pût le lui faire connaître, devrait casser le cou à cet homme et faire sentir qu'il n'est aucunement propre à la place où paraît l'avoir mis un mauvais livre dont il est auteur. Il est essentiel de ne pas commettre la voie sûre qui nous procure ces avis, mais vous pourrez en partie dire à la Reine les objets qu'Elle pourrait rendre au Roi et qui sont les plus forts et les plus propres à dévoiler cet homme.

Pour le présent, vous verrez par la copie[2] de ma réponse au Roi

---

[1] Le 10 décembre 1784, l'internonce impérial à Constantinople envoyait au prince de Kaunitz copie du rapport du drogman de la Porte sur l'entretien qu'il avait eu le 21 novembre avec l'ambassadeur de France. Entre autres choses, le marquis de Choiseul-Gouffier avait dit : «L'Empereur est un homme ambitieux. Il faut croire qu'il aime la guerre; mais il n'a pas assez de courage pour se tenir ferme dans ses résolutions, et quand on lui montre les dents, il a cette bonté de s'apaiser..... L'alliance que nous paraissons avoir avec la cour de Vienne ne doit pas du tout vous effrayer; car l'intérêt général du ministère et du public de France est le bonheur de la Turquie, et si la Reine de France est encore sœur de l'Empereur, mal gré, bon gré, les Français doivent prendre le parti des Turcs en cas de besoin.»

Le baron Herbert écrivait en même temps à propos du marquis de Choiseul-Gouffier : « Il ne mérite aucune confiance et se conduit de la manière la plus extravagante.»

[2] *Joseph II à Louis XVI, 19 janvier 1785.* — «Mon cher beau-frère, je m'empresse de vous témoigner combien je suis sensible au nouveau témoignage d'amitié que vous venez de me donner par votre lettre du 6 janvier et par laquelle V. M. me fait connaître ses réflexions sur le projet de l'échange de la Bavière, ainsi que les assurances du zèle avec lequel elle veut bien s'employer à soigner ma dignité et mes intérêts vis-à-vis des Hollandais.

«Les difficultés que vous trouvez, mon cher beau-frère, à l'exécution du projet de l'échange portent d'une part sur la totalité du Corps germanique et de l'autre sur le roi de Prusse en particulier.

«Quant au premier, l'article 18 du traité de Baden a été fait dans un temps auquel le système d'équilibre dans l'Empire était bien plus en faveur de la maison d'Autriche qu'il ne l'est aujourd'hui, et, malgré cela, on n'en a pas moins envisagé la stipulation comme très compatible avec l'échange des États de la Bavière.

«Ma maison depuis a diminué de puissance par l'augmentation surtout, à laquelle est parvenue à ses dépens celle de Brandebourg, indépendamment d'autres acquisitions qu'elle peut compter, dès à présent, de faire encore, et comme, outre cela, la maison palatine gagnerait considérablement en forces et en revenus par cet échange et resterait en possession des États électoraux, dont elle porte le nom en Allemagne, elle y conserverait tout au moins la connexion et l'influence qu'elle y a actuellement.

«Quant au roi de Prusse en particulier, il aurait aussi peu de droit, que tout autre

qu'il ne s'agit que de faire agréer aux Hollandais la démarche de satisfaction préalable, et que surtout je sois mis en possession de la

membre de l'Empire à y mettre obstacle et il n'est pas vraisemblable qu'assuré que V. M. l'approuvait et y consentait à l'instar de l'impératrice de Russie, il voulût s'y opposer de vive force, d'autant plus que je crois pouvoir compter sur les engagements défensifs que j'ai contractés, au cas que je fusse attaqué en haine de cet échange volontaire, dont je serais convenu avec les parties intéressées.

«Voilà les réflexions que je soumets à votre pénétration; mais comme, de votre côté, vous croyez ne pas pouvoir concourir au sujet de l'échange proposé sans être assuré préalablement du concours du roi de Prusse, qui n'est pas même vraisemblable, que tout au plus sous des conditions inadmissibles, et que d'ailleurs le duc des Deux-Ponts vient d'écrire au ministre de Russie, comte de Romanzow, la lettre ci-jointe en copie, du contenu de laquelle, quant au fond et quant à la forme, je vous fais juge, je vois bien que, dans cet état de choses, l'échange que j'avais proposé ne peut plus guère servir comme un expédient propre à trancher toutes les difficultés qui subsistent entre moi et les Hollandais.

«Il ne me reste donc qu'à me reporter à la lettre que j'ai écrite à V. M. le 20 novembre de l'année dernière, bien assuré que son amitié l'engagera à employer tous les moyens qu'elle jugera nécessaires et les plus convenables pour qu'au plus tard, avant l'expiration du terme de la suspension d'armes, il s'ensuive, sur le pied de l'alternative encore dans ma lettre susdite, de la part de la République des propositions que je sois dans le cas de pouvoir accepter, c'est-à-dire conformes à ma considération et à mes intérêts.

«En attendant, je remercie bien cordialement V. M. de la façon dont elle a bien voulu déjà s'employer à disposer les Hollandais aux objets de satisfaction que je lui ai témoigné désirer. Je ne doute point qu'ils ne défèrent à vos sages avis, sur la satisfaction à me donner au moyen de l'envoi de deux députés. Cela fait, ou au moins assuré, pour gagner du temps, je me prêterai à une suspension d'armes jusqu'au 1er de mai; mais je ne puis en accorder une plus étendue, puisqu'il ne me convient pas de continuer des frais de guerre coûteux et que n'ayant consenti que par déférence pour les désirs de V. M. à suspendre la marche du reste de mes troupes, qui pourraient m'être nécessaires encore aux Pays-Bas, s'il arrivait que les Hollandais ne fissent pas, sans perte de temps, des propositions acceptables, il m'importe essentiellement de pouvoir remettre ces mêmes troupes en marche, pour regagner autant que possible le temps que j'ai déjà perdu en consentant uniquement par amitié pour V. M. à suspendre leur marche, n'ignorant pas d'ailleurs l'état dans lequel se trouve en tous points encore l'armée de la République.

«Je suis persuadé que vous sentirez, mon cher beau-frère, l'importance dont ces considérations sont pour moi, et qu'en conséquence vous ferez comprendre aux Hollandais qu'il faut faire au plus tôt des propositions acceptables et analogues de tous points, nul excepté, aux circonstances dans lesquelles je me trouve, attendu que, si le terme de l'armistice venait à expirer avant qu'on pût arrêter les préliminaires d'un accommodement, V. M. est trop équitable pour ne pas sentir qu'en ce cas je me verrais dans la nécessité d'employer la voie des armes pour obtenir ce que je désirerais sincèrement ne devoir qu'à vos soins et à votre amitié.

«C'est en vous embrassant tendrement, mon cher beau-frère, que je vous prie de recevoir ici les assurances de mon fidèle attachement aux liens qui nous unissent et de la tendre amitié avec laquelle je suis...»
(*Marie-Antoinette, Joseph II... Ihr Briefwechsel*, p. 69.)

ville et du territoire de Maëstricht, sans condition quelconque de sa restitution, puisque je regarde la possession de cette ville comme le seul moyen de sauver ma dignité et ma considération, et que plutôt je me porterais à encourir tous les hasards de la guerre, tout comme cette possession, qui au fond est un hors-d'œuvre pour les Hollandais, ne peut rien faire à la France, parce que les Pays-Bas restent également ouverts de son côté ; elle n'augmente pas ma puissance, puisqu'elle me coûterait encore des frais d'entretien ; enfin, cet article une fois arrangé, je serais plus facile sur les autres, puisque je le regarde comme le seul moyen de me faire renoncer à l'ouverture de l'Escaut. M. de Vergennes vous a déjà une fois fait cette question, mais alors probablement dans la seule vue de séparer l'objet de l'échange du raccommodement avec la Hollande. Si ce ministre s'imaginait que les trois millions que j'avais demandés pour rendre Maëstricht, en cas que l'échange eût lieu, et que j'avais distribués entre l'Électeur, le duc des Deux-Ponts et le prince Maximilien, en feraient encore aujourd'hui le prix, vous voudrez bien lui faire sentir qu'actuellement l'état de choses a entièrement changé, et vous tâcherez de lui ôter toute illusion que, l'échange n'ayant plus lieu, je puisse jamais m'engager à rendre Maëstricht contre de l'argent, mais surtout contre une somme si modique comme est celle des trois millions.

L'essentiel est de bien faire sentir au ministère et à la Reine, combien il importe que la France presse les Hollandais et leur parle d'un ton convenable, puisque, si la complaisance avec laquelle je me suis prêté aux propositions que, sous le voile de l'amitié, le Roi m'a faites de main propre, devait tourner contre moi-même, et que ce moyen ne fût imaginé que pour faire gagner à la Hollande et à la France le temps nécessaire pour faire leurs dispositions, en ralentissant les miennes, et qu'on voulût finir ensuite quand elles seraient préparées à exiger de moi, le couteau à la gorge, des choses nullement convenables ou à ma dignité ou à mon intérêt ; on ne peut se dissimuler que ce procédé inspirerait de l'horreur à toute l'Europe, et que le Roi lui-même perdrait la réputation de probité personnelle qu'il a conservée et qui est si nécessaire à sa gloire, d'autant plus que le mauvais état de l'armée de la République et la confusion qui y règne ne me sont point inconnus.

Adieu, mon cher Comte ; voilà tout ce que je puis vous dire pour le moment. Soyez persuadé que je vous conserverai toujours les sentiments d'estime et de confiance avec lesquels je suis.....

P. S. Je joins ici une lettre pour la Reine[1] qui contient celle au Roi, et je vous prie de l'informer de son contenu et de tout ce qui a trait à la lettre du duc des Deux-Ponts.

183. — KAUNITZ À MERCY.

Vienne, le 17 janvier 1785. — Quoiqu'il soit vraisemblable que l'Empereur vous enverra copie de sa réponse à la dernière lettre du Roi[2], comme je n'en suis pas certain, je crois devoir vous en envoyer une, afin que vous soyez bien exactement informé de la façon dont j'ai jugé devoir tourner cette réponse, dont l'Empereur a bien voulu adopter le projet, au moins pour tout ce qu'elle contient d'essentiel. Mon objet a été : 1° de faire sentir à M. de Vergennes que l'on ne nous fait pas voir, comme on dit, *Lucciole per lanterne,* et que l'on ne nous fait pas prendre de mauvaises raisons pour argent comptant;

2° De faire sentir l'odieuse différence qui se trouve entre la conduite de notre allié et beau-frère, le roi de France, et celle de l'impératrice de Russie à notre égard;

3° Que c'est se moquer des gens que de vouloir faire dépendre le consentement et le concours de la France à l'échange du consentement et du concours préalable du roi de Prusse, que l'on sait bien être non seulement invraisemblable, mais même impossible, moyennant les convenances qu'il faudrait lui faire, et par lesquelles naturellement nous diminuerions notre puissance en raison que nous augmenterions la sienne;

4° D'obliger MM. les marchands de fromage à nous faire des propositions et d'éviter par là quelque nouveau ultimatum, que nous aimons tant, et que je crains horriblement, parce que je connais mes gens et que je sais combien l'on peut y compter;

5° Et enfin de faire comprendre qu'il n'y a pas un moment à perdre.

[1] Cette lettre manque. — [2] Voir plus haut, p. 377, n. 2.

Pour vous épargner des répétitions, je m'en rapporte au reste à ma lettre d'office [1], mais ce que je ne puis pas me refuser la satisfaction de vous redire, mon cher Comte, c'est que j'ai trouvé le détail de la façon dont vous vous êtes conduit en dernier lieu, d'après vos lettres du 31 du mois dernier, digne de vous à tous égards, et que je l'ai bien fait

---

[1] Le prince de Kaunitz écrivait au comte de Mercy que, d'après les rapports du comte de Romanzow, le duc des Deux-Ponts était très bien préparé à écouter les propositions qu'on avait à lui faire. A plusieurs reprises, il avait même manifesté le désir qu'on lui fit bientôt connaître complètement le projet dont on lui avait parlé. Il promettait de prêter volontiers les mains à tout ce qui ne serait pas ouvertement contraire à l'intérêt de sa maison et à ses liaisons avec la France. Son ministre Hofenfels, qui était dévoué corps et âme à la Prusse, n'avait pas eu la moindre connaissance des insinuations faites par le comte de Romanzow. De tout cela il advint qu'on s'attendait d'autant moins à cette lettre aussi insolente envers les deux cours impériales qu'injurieuse au plus haut degré pour le comte de Romanzow personnellement. Qui la lirait sans avoir connaissance des propositions faites au duc des Deux-Ponts croirait nécessairement qu'on avait voulu employer la force contre lui pour le dépouiller de la Bavière sans lui donner un équivalent. Mais qui comparerait les propositions faites à ce prince avec sa réponse ne pourrait pas comprendre comment cette réponse avait pu être rédigée de façon si blessante, d'autant plus qu'il eût été bien facile au duc des Deux-Ponts de refuser positivement son consentement au projet d'échange, mais avec convenance et avec les égards dus aux deux cours impériales. «Il y a assez d'indices pour révéler que les bons offices secrets de notre allié doivent nous avoir fort bien servi près du duc des Deux-Ponts, non pas que je pense le moins du monde qu'on lui ait conseillé une réponse aussi insolente, mais on a dû lui représenter l'affaire sous le jour le plus défavorable et l'amener à consulter le Hofenfels, qui aura rédigé cette réponse en donnant libre cours à l'*odium punicum* qu'il nourrit en commun avec la Prusse contre la cour de Vienne.»

Dans ces circonstances, comme il ne pouvait plus être question en ce moment de l'échange de la Bavière contre les Pays-Bas, il ne restait plus qu'à revenir à la lettre de l'Empereur au Roi du 20 novembre qui contenait l'indication de tous les moyens d'arrangement avec la République. Avant tout, il faudrait convenir de la satisfaction préliminaire à donner par les Hollandais. Il était indifférent que leurs deux députés vinssent à Vienne ou à Bruxelles. Le scandale que causaient les inondations devrait cesser immédiatement; les écluses devraient être rétablies dans leur état ancien, et les sujets autrichiens devraient être complètement indemnisés... Si les paroles du comte de Vergennes méritaient encore quelque confiance, il semblerait que tout espoir ne serait pas perdu de voir les Hollandais se résigner enfin à la réouverture de l'Escaut. Mais si on ne pouvait pas l'arracher, la cession de Maëstricht et de ses dépendances resterait l'article essentiel...

L'ambassadeur devait demander avec toute l'énergie possible que la République fût pressée par la cour de France de faire à l'Empereur une satisfaction préliminaire pour l'insulte qui lui avait été faite et des propositions d'arrangement acceptables, c'est-à-dire conformes à la dignité et aux intérêts de ce monarque, et cela de manière à enlever aux Hollandais l'espoir que l'Empereur pût jamais faire d'autres propositions. (Rescrit du prince de Kaunitz au comte de Mercy du 18 janvier 1785.)

sentir à l'Empereur, qui en est convenu avec moi à ma grande satisfaction.

Je vous prie de brûler cette lettre, dont nul autre que vous, ni pour le présent ni pour l'avenir, ne peut et ne doit avoir connaissance.

184. — KAUNITZ À MERCY.

Vienne, le 4 février 1785. — M. le marquis de Noailles est venu me remettre hier au soir le papier ci-joint en copie [1], dont le contenu signifiant, par la raison même qu'il est très insignifiant, m'a fait de la peine, ainsi que je n'ai pas pu m'empêcher de le témoigner à M. l'ambassadeur, parce qu'on n'y aperçoit aucun trait de dispositions compassées aux circonstances de l'Empereur, qui n'a pas le temps d'attendre et pour lequel il faut que la porte soit ouverte ou fermée incessamment. Ce n'est donc pas des réponses vagues, mais des déclarations positives et des propositions acceptables, calculées sur l'alternative, dont l'Empereur ne peut point se départir, qu'il faut, sans se bercer de l'espoir qu'il en fera de son côté, qu'il se laissera amuser et qu'il continuera à ne point remettre en marche toutes les troupes destinées pour les Pays-Bas, et auxquelles il n'a point encore fait dépas-

---

[1] Ce papier était une note intitulée : *Communication verbale*, et remise au comte de Vergennes par les ambassadeurs hollandais à Paris. Elle était ainsi conçue :

«Les ambassadeurs plénipotentiaires des États généraux des Provinces-Unies, ayant rendu compte à leurs maîtres de l'ouverture que S. E. le comte de Vergennes leur a faite des dispositions où se trouvait Sa Majesté Impériale d'éviter une guerre avec la République et de se prêter, au moyen de l'acceptation d'une condition préliminaire, à un arrangement amical, viennent de recevoir l'ordre de répondre provisoirement à cette communication que, comme l'intention de Leurs Hautes Puissances n'a jamais été de perdre de vue les égards qui sont dus à Sa Majesté Impériale, Elles sont aussi entièrement disposées à faire les démarches qui pourront être garantes de la haute estime qu'Elles portent à ce monarque et du désir dont Elles sont animées de rétablir et de cultiver la bonne intelligence qui a toujours subsisté si heureusement entre les deux États; qu'en outre, Leurs Hautes Puissances sont disposées à s'entendre amicalement avec Sa Majesté Impériale sur toutes les réclamations, mais qu'Elles se promettent de sa justice qu'Elle leur permettra de les discuter et que Leurs Hautes Puissances sont prêtes à renouveler et à donner les ordres les plus stricts pour que leurs troupes s'abstiennent de toute hostilité dans l'attente qu'il plaira à Sa Majesté Impériale de donner aussi de son côté les mêmes ordres à ses troupes et de faire arrêter la marche des troupes impériales vers les frontières des Provinces-Unies.»

ser ses frontières, uniquement par attention pour le Roi Très Chrétien. C'est ce que MM. des États généraux devraient sentir, ce me semble, s'il voulaient être équitables, et se mettre parfaitement à la place de l'Empereur, pour ne pas se tromper sur ce que l'on peut se permettre d'espérer de sa part, pendant qu'au lieu de cela, à en juger par la teneur de la communication verbale des ambassadeurs de la République auprès du Roi, ils y ont pris un ton un peu trop haut, ce me semble. Ils s'y méconnaissent un peu; ils s'oublient et oublient en même temps à qui ils parlent. Il semblerait à les entendre, que c'est l'Empereur qui est dans le cas d'avoir besoin d'*éviter* une guerre avec la République. Ce qui y est dit de leurs intentions relativement aux égards qui sont dus à S. M. I. et à la disposition où ils sont de faire les démarches qui pourraient être *garantes* de la haute estime qu'ils lui portent, ainsi que du désir de rétablir et de cultiver la bonne intelligence entre les deux États, n'a pas besoin de grandes protestations pour être cru. Mais il ne s'agit pas d'intentions et de dispositions où il est question de faire et d'agir, en conséquence des circonstances relatives, et c'est exactement ce que l'on ne fait pas, comme s'il y avait du temps à perdre pour prévenir et empêcher l'orage d'éclater.

Quant aux réclamations contenues dans le tableau sommaire des prétentions de S. M. I., les États généraux ont eu tout le temps de les *discuter* depuis qu'il leur a été remis. Actuellement il ne s'agit donc plus que de faire à S. M. I. des propositions qu'Elle puisse accepter, et non pas de discuter encore, attendu que l'Empereur a tout dit et que la République a eu bien au delà du temps nécessaire pour discuter ses prétentions.

On ne comprend pas trop d'ailleurs ni l'esprit ni l'intention des ordres renouvelés, qu'elle prétend faire valoir, pour que ses troupes s'abstiennent de toutes hostilités, comme si on pouvait en supposer ou en appréhender de sa part. Il n'est pas plus concevable non plus, comment elle peut imaginer d'engager l'Empereur à faire arrêter la marche de ses troupes dans le moment même, auquel ses ambassadeurs auprès de S. M. Très Chrétienne par leur communication verbale se sont expliqués d'une façon à tous égards assurément bien peu propre à faire entrevoir à S. M. I. un espoir fondé qu'Elle pourrait n'avoir plus besoin aux Pays-Bas du reste des troupes destinées pour l'armée, qu'Elle jugerait pouvoir lui être nécessaire dans ce pays-là.

En un mot, rien de plus déplacé et de plus déraisonnable, selon moi, que tout le contenu de cette communication verbale, et rien de moins propre à produire l'effet désiré. J'aurais pu, moyennant cela, différer jusqu'à l'arrivée du courrier, que nous attendons de votre part, tout ce que je vous mande dans cette lettre. Mais je n'ai pas pu me refuser à la sensation que m'a inspirée cette très mauvaise marche des affaires, qui finira mal, si l'on se flatte que l'on pourra continuer à la faire aller d'un pas aussi lent et aussi impraticable dans l'état actuel des choses.

M. de Vergennes est trop éclairé pour pouvoir ne pas le sentir ainsi que moi. Dites-lui ce que vous jugerez à propos de ce que je vous mande dans cette lettre. Je souhaite pour le bien de la République qu'il se détermine à serrer la mesure vis-à-vis d'elle autant que de besoin. Je compte que nous pourrons avoir un courrier de France dans le courant de la semaine prochaine et je suis.....

185. — MERCY À JOSEPH II.

Paris, 5 février 1785. — Contrarié ici en tous points de la manière la plus inouïe et la plus sensible, dans l'extrême désir que j'aurais de me rendre utile à l'auguste service, il ne pouvait rien m'arriver de plus encourageant, de plus consolant que le sont les marques de l'extrême indulgence et clémence que V. M. I. daigne accorder à mon zèle, et cette bonté me met au-dessus de tout ce que me fait éprouver d'ailleurs ma fâcheuse position.

C'est avec un véritable chagrin que je vois la grande affaire de l'échange de la Bavière manquée ou pour le moins remise à des temps plus reculés. Malgré les assertions du Roi Très Chrétien, on ne peut se défendre de croire que l'insigne perfidie du comte de Vergennes aura opéré dans cette occasion, ainsi qu'en tant d'autres, et la Reine en est si outrée que j'ai eu de la peine à La détourner de quelques scènes de vivacité fort inutiles dans le moment présent, attendu qu'elles n'auraient abouti qu'à intercepter l'avantage que je cherche de tirer du ministre relativement aux Hollandais. La Reine est d'autant plus piquée et affectée qu'Elle ne se permettra vraisemblablement pas d'en expliquer la vraie cause à V. M. Cette cause tient à l'instabilité des idées du Roi, à une abnégation de toute volonté propre qui Le tient dans une sorte de tutelle de son ministre, ainsi que ma dépêche d'office en présente une particularité frappante [1], et cette cause rend l'influence de la Reine insuffisante à opérer le renvoi du comte de Vergennes, parce que le Roi est effrayé de l'embarras où Il croirait se trouver dans des circonstances aussi importantes, aussi instantes que le sont celles du moment.

Cette conjoncture examinée dans son ensemble et dans ses résultats me porte à croire qu'une profonde dissimulation peut encore être nécessaire pour quelque temps, et c'est d'après cette opinion que j'ai proposé à la Reine de se conduire envers le ministre de la manière que l'expose ma dépêche d'aujourd'hui [2].

La Reine m'a paru fort frappée d'un passage de la lettre de V. M. où Elle cite, comme un moyen efficace d'abréger toute contestation

---

[1] Le 1ᵉʳ février 1785, la Reine raconta à M. de Mercy que le jour même, le 28 ou le 29 janvier, où le Roi reçut la lettre de l'Empereur du 19 janvier (voir plus haut, p. 377, n. 2), Il manifesta ouvertement à la Reine la profonde satisfaction que cette lettre Lui causait. En même temps, Il laissait percer un peu de mécontentement au sujet de la conduite des Hollandais. De son propre mouvement, Il fit remarquer à la Reine qu'en fait c'était une véritable impertinence de la part de ces républicains de se servir d'expressions comme celles qu'ils se permettaient dans leurs mémoires envers les grandes cours les plus considérables.

Une des phrases qui avaient paru le plus choquer le Roi était celle-ci : «*qu'ils* (les Hollandais) *désireraient pouvoir éviter la guerre avec l'Empereur*». Le Roi avait ajouté qu'on devrait enfin leur parler sur un ton qui mît fin à leurs excès de langage et les retint dans les limites de la considération et des égards dus à la cour impériale. Là-dessus la Reine, toute joyeuse de voir son mari dans ces bonnes dispositions, s'était appliquée à le maintenir et à le fortifier dans cet état d'esprit en lui exposant tous les arguments qu'Elle avait pu trouver. Mais, deux jours après, Elle crut s'apercevoir d'un changement complet dans les idées du Roi. Il ne laissait plus voir que craintes et doutes sur ce qu'il y aurait à faire d'après la marche des événements. Sa première façon de voir les choses, si juste et si favorable à la cour de Vienne, avait été complètement changée par les discours de son ministre. (Dépêche d'office du comte de Mercy du 5 février 1785.)

[2] Le 1ᵉʳ février 1785, M. de Mercy dit à la Reine qu'Elle ne devrait pas suivre si ponctuellement la règle qu'Elle avait adoptée de ne voir M. de Vergennes qu'en présence du Roi. Au contraire, il lui paraissait nécessaire que S. M. daignât s'entretenir avec ce ministre sans s'emporter et en lui représentant toutes les excellentes raisons que la Reine était mieux que personne capable de faire valoir. S'il plaisait à S. M. d'agir en ce sens avec suite, fermeté et énergie et d'appuyer son intervention par des raisonnements fondés sur les véritables intérêts de la France, il était entièrement persuadé que ce moyen aurait l'effet désiré. Bien que les intérêts de son frère tinssent

avec les Hollandais, celui de leur porter subitement quelque grand coup frappé de manière à les réduire. Si ce projet tient à la persuasion que la France ne se mêlerait pas de la querelle, l'opinion de la Reine n'admet point cette sécurité. Elle croit que, même sans le vouloir et en évaluant mal les fausses démarches auxquelles on pourrait se livrer, on se trouverait ici comme entraîné au delà des bornes dans lesquelles peut-être on se serait proposé de rester. Quelque possible que soit l'effet de cette conjecture, j'ai cependant bien de la peine à croire que, vu le chétif état où se trouve le militaire de terre en France, joint à l'embarras de ses dettes, de celui des dépenses à faire, et à tant d'autres considérations, on se déterminât à des entreprises hasardeuses, et si V. M. faisait rassembler 80,000 hommes dans ses provinces belges, il est vraisemblable qu'une armée si supérieurement composée assurerait le succès d'une première année de guerre et ne donnerait lieu à quelques risques que pour les suivantes. Ce n'est qu'en guise de commentaire aux réflexions de la Reine que je me suis permis ces remarques dont l'objet passe d'ailleurs la sphère dans laquelle je dois me renfermer.

En usant de toute la circonspection convenable à ne pas compromettre la source d'où partent les avis que V. M. a daigné me confier sur la conduite de l'ambassadeur de France à la Porte, j'en ai dit les principales circonstances à la Reine, et Elle en a été d'autant plus indignée que les assertions du comte de Choiseul au grand-vizir sur le prétendu langage de la Reine sont de la dernière fausseté au point même que l'ambassadeur en question vient d'écrire à cette princesse une lettre où il déplore sa situation qui le remplit d'inquiétude sur le danger où pourraient l'exposer ses devoirs de déplaire à la Reine, finissant par proposer de renoncer à son ambassade plutôt que d'encourir ce malheur.

J'ai observé que cette hypocrisie était un masque très maladroit, emprunté dans la seule persuasion de l'impossibilité d'être si promptement rappelé d'une mission très éloignée, où l'on songe à mettre à cou-

---

fort à cœur à la Reine, Elle était si fortement irritée contre M. de Vergennes que M. de Mercy eut beaucoup de peine à l'amener à ce qui lui paraissait le plus avantageux dans la circonstance présente. Enfin après Lui avoir fait envisager tous les événements possibles, il réussit à obtenir de la Reine la promesse qu'Elle suivrait son conseil. (Dépêche du comte de Mercy du 5 février 1785.)

vert les manœuvres répréhensibles que l'on se propose d'y remplir. J'ai supplié en même temps la Reine de ne pas perdre de vue l'instant où ce rappel pourrait avoir lieu, et Elle m'a paru fort portée à s'en occuper. Au reste, à la nuance près des expressions insolentes, la marche du comte de Choiseul s'accorde avec celle de ses collègues dans les autres cours; on y voit partout une opposition odieuse qui caractérise le système actuel du ministère de Versailles et qui justifie les observations que mon très humble rapport du 31 décembre a mis sous les yeux de V. M.; il reste à voir jusqu'où ce système influera dans les affaires hollandaises. Je ne me fais pas illusion sur les motifs qui ont engagé le comte de Vergennes à tenir en dernier lieu quelques propos raisonnables aux ambassadeurs de la République; j'en augure encore moins des suites efficaces; ces propos, que l'on ne saurait prendre comme indice de bonne volonté, le sont plutôt de la peur d'une guerre et viendraient dans ce sens à l'appui de mes observations sur les idées de la Reine [1].

---

[1] *Marie-Antoinette à Joseph II, Versailles, le 4 février 1785.* — « Il est impossible, mon cher frère, qu'une affaire comme celle-ci ne me peine et ne m'inquiète beaucoup. Pour que M. de Vergennes ne puisse faire au Roi des rapports faux ou équivoques de ce que je lui dis, je me suis mise sur le pied de ne plus lui parler de l'affaire de Hollande qu'en présence du Roi, et ces jours-ci, je lui ai écrit pour faire cesser l'inondation des Hollandais et j'ai montré au Roi ma lettre et sa réponse.

« Vous avez bien raison d'être content des sentiments personnels du Roi; ils sont encore mieux dans son cœur que dans ses lettres. J'en ai été contente et vous l'auriez été vous-même si vous aviez entendu ce qu'il me disait en lisant votre lettre. Il trouvait vos demandes justes et vos motifs très raisonnables; mais, je rougis de vous l'avouer, après qu'il a vu son ministre, son ton n'est plus le même; il est embarrassé, évite de me parler d'affaires et, quand il me mets dans le cas de me répondre, il se trouve souvent quelque nouvelle entrave qui affaiblit ce qu'il m'a dit de bon. Il m'avait annoncé, il y a quelques jours, que les députés étaient décidés pour la réparation du coup de canon. J'en étais fort contente parce que c'était un grand pas pour votre considération et un acheminement à la paix. Aujourd'hui il se trouve que cette décision est si affaiblie par des préalables et des restrictions qu'elle en deviendra peut-être sans effet.

« Vous avez toute raison, mon cher frère, d'exiger une prompte décision. J'y insiste et ne cesserai pas mes instances. Je crois aussi que vos troupes ne seraient pas longtemps à décider la querelle avec les Hollandais; mais seront-ils seuls? Cet article donne bien à penser. Devait-on croire que la France, instruite de la déclaration que vous faisiez aux Hollandais sur la navigation de l'Escaut, l'ayant presque approuvée, au moins n'ayant rien manifesté de contraire, vous déclarerait après coup qu'elle enverra une armée sur la frontière? Cette maudite déclaration, dont je n'ai pu arrêter le courrier que pendant cinq jours dans l'espérance qu'il en arriverait un de votre part, elle n'a pas été rétractée. Il est vrai, ce n'est pas une déclaration de guerre; il

Dénué de l'espoir vraisemblable de rendre mes soins essentiellement utiles, je n'en serai que plus animé et attentif à tâcher d'emporter au moins dans les détails les moindres avantages qui tendront au meilleur service possible de V. M. Je n'ai pas cru quant à présent devoir laisser au comte de Vergennes une ombre d'idée que Maëstricht pût être évalué à un prix d'argent, et, s'il devait en être question par la suite, je disputerais sur la quotité de ce prix avec toute l'insistance et la fermeté que V. M. m'ordonnera ou daignera me permettre d'employer.

Je remets ici très humblement les pièces secrètes et suis avec la plus profonde soumission.....

---

186. — MERCY À JOSEPH II.

Paris, 5 février 1785. — Mes dépêches étaient cachetées et le garde-noble prêt à partir quand la Reine m'a fait savoir à l'instant qu'Elle a eu ce matin avec le Roi un entretien très vif dans lequel, après Lui avoir rappelé les faits dans l'ordre où ils ont eu lieu, Elle avait conclu que, par principe d'honneur et d'honnêteté, pour procurer la paix, pour le bien même des Hollandais, il était temps que le Roi

ne s'agit que d'une armée d'observation; mais, quand deux armées sont aussi proches l'une de l'autre, l'ordre de marcher est bientôt exécuté. J'espère qu'on n'en viendra pas là; mais la conduite qu'on a tenue me fait craindre pour la suite. Je voudrais bien que tous ces nuages fussent dissipés avant mes couches. Quand j'y serai, on aura moyen de me cacher bien des choses, sous le prétexte honnête de mon état et de peur de m'affliger.

« J'ai encore, mon cher frère, une réflexion à vous faire sur ce que, vis-à-vis de vous, il n'y a plus rien à gâter. Vous avez certainement toute raison de vous plaindre des procédés de ce pays-ci. Rappelez-vous ce que vous en avez vu, ce que vous en savez. Demandez à vos ministres, MM. de Mercy et de Starhemberg. Les ministres changent quelquefois d'idées et de conduite; mais, quand ils seront constants, il est bien sûr que leurs successeurs auront d'autres vues. Je n'ai pas encore vu de changement de ministre qui n'en ait apporté d'essentiels dans chaque département. Il ne serait donc pas bien raisonnable de se vouer à un éternel mécontentement.

« Ma grossesse continue très heureusement. Mes enfants se portent à merveille. Adieu, mon cher frère; je vous embrasse de toute mon âme. Le Roi me charge de ses compliments pour vous.

« J'espère que vous voudrez bien brûler tout de suite cette lettre, qui est une véritable confession. » (*Marie-Antoinette, Joseph II..... Ihr Briefwechsel*, p. 72.)

leur fît déclarer qu'il ne les assistera pas s'ils diffèrent la cession de Maëstricht et l'envoi des députés.

Le Roi a répondu qu'il venait de faire écrire en Hollande pour le départ des députés sans attendre des réponses de Vienne; que le Roi confiait à la Reine de la meilleure foi qu'il était fort éloigné de se mêler de la querelle en faveur des Hollandais, mais qu'il était impossible de leur faire la déclaration proposée, parce qu'alors ils s'allieraient sur-le-champ avec l'Angleterre.

La Reine croit que le Roi s'attache trop aux expressions amicales contenues dans les lettres de V. M. et qu'il perd de vue ce qu'elles renferment de substantiel sur le fond des choses; qu'il en résulte que la Reine est dans le cas de donner des assauts dans lesquels Elle désirerait être soutenue; Elle croit qu'Elle trouverait ce secours dans les explications suivantes, s'il plaisait à V. M. d'en faire usage.

Cela consisterait à rappeler au Roi qu'on Lui avait communiqué l'*ultimatum* sur l'Escaut, que son ministère n'y avait rien opposé, qu'ainsi, au contraire, il avait donné un conseil sur le délai convenable à faire naviguer les bâtiments impériaux; que le Roi avait demandé à V. M. de suspendre la marche de ses troupes et tout acte d'hostilité, qu'Elle y avait consenti; que le Roi avait conseillé aux Hollandais d'envoyer des députés pour faire satisfaction sur la canonnade et de décider Maëstricht et ses dépendances; que les États généraux ne paraissaient disposés à se prêter sur le premier point que d'une manière indécente et insuffisante, et qu'ils se refusaient sur le second et principal article; qu'en conséquence de ce parallèle de complaisance entière d'une part et de réticence offensante de l'autre, V. M. voulait bien, par égard pour le Roi, suspendre les hostilités jusqu'au 1ᵉʳ de mai, mais qu'Elle ne pouvait pas également suspendre la marche de ses troupes, lesquelles devaient naturellement se trouver en lieu et place au moins quinze jours avant qu'il ne fût question de les employer.

La Reine désirerait principalement que V. M. voulût observer que si les propositions que le Roi par amitié Lui a faites de main propre, devaient toujours tourner contre Elle-même, l'Europe étonnée ne saurait que penser des sentiments que le Roi a voulu marquer à V. M.

Le Roi écrira aujourd'hui ou demain à V. M.; la Reine a vu la lettre; Elle y a trouvé plus de mauvaises tournures que de bonnes [1].

Comme c'est par ordre exprès de la Reine que je mets tout ceci très humblement sous les yeux de V. M. et que je n'ai qu'un instant pour m'en acquitter, j'implore l'indulgence de V. M. sur la tournure et la rédaction de ce supplément à mon très humble rapport.

La Reine espère que V. M., dans sa lettre au Roi, ne Lui donnera aucun indice qu'Elle est instruite de la résolution où le Roi proteste d'être de ne point donner de secours réels aux Hollandais.

---

[1] *Louis XVI à Joseph II. Versailles, le 6 février 1785.* — « Mon cher beau-frère, j'ai reçu la lettre que V. M. m'a écrite le 19 du mois dernier; elle m'a été d'autant plus agréable qu'elle renferme de nouvelles preuves de sa confiance dans mon amitié pour elle et qu'elle fortifie mes espérances pour la conservation de la paix. Il ne dépendra pas de moi que les bonnes dispositions de V. M. à cet égard n'aient le plus prompt effet. Je m'en flatte d'autant plus que les Hollandais les partagent et qu'ils désirent bien sincèrement de regagner l'affection de V. M. Vous aurez pu, mon cher beau-frère, vous en convaincre par la nouvelle résolution des États généraux que j'ai fait adresser, il y a quelques jours, au marquis de Noailles. Vous y aurez vu les dispositions où ils sont par rapport à l'envoi de la députation que vous avez demandée et à la reprise de la négociation sur les objets énoncés dans le tableau sommaire. Il me semble que dans cet état de choses V. M. peut sans inconvénient donner les mains à une suspension d'armes et consentir que les négociations soient reprises et continuées, soit directement, soit sous ma médiation.

« Je ferai certainement tout ce qui sera en mon pouvoir pour que vous obteniez une satisfaction convenable; mais je suis persuadé d'avance, mon cher beau-frère, que l'intérêt de votre dignité, qui est le point le plus essentiel, se trouvant satisfait, vous suivrez pour le reste plutôt l'impulsion de la magnanimité de votre âme que celle de votre puissance.

« Je crois devoir prévenir V. M. que je viens de presser de nouveau les Hollandais de délibérer sérieusement sur les propositions dont il conviendra qu'ils chargent les plénipotentiaires qui se rendront à Vienne; mais je désirerais, mon cher beau-frère, que vous voulussiez dès à présent me confier vos dernières intentions. Je ne ferai de cette confidence que l'usage auquel vous croirez pouvoir m'autoriser.

« Quant au projet d'échange de la Bavière, je juge, par le parti que prend V. M. de l'abandonner, qu'elle en a prévu comme moi les difficultés et les embarras. Il m'a été impossible de les prévenir faute d'avoir été averti à temps de la négociation secrète confiée au comte de Romanzow et, quoique je sois peiné de la réponse du duc des Deux-Ponts, je n'en suis pas étonné, parce que ce prince, livré à lui-même, s'est trop abandonné au sentiment que lui a inspiré la manière tranchante dont ce ministre russe lui a intimé vos propositions.

« En attendant votre réponse, mon cher beau-frère, je vous prie de recevoir les assurances de mon fidèle attachement aux liens qui nous unissent et de la tendre amitié que je vous ai vouée pour la vie. » (*Marie-Antoinette, Joseph II..... Ihr Briefwechsel*, p. 74.)

187. — JOSEPH II À MERCY.

Vienne, ce 21 février 1785. — J'ai reçu deux de vos lettres à la fois et ai été vraiment peiné de vous savoir incommodé, craignant que dans ces circonstances votre zèle ne vous emportât à sortir et à faire des courses de Versailles, toujours très incommodes dans cette saison, avant le temps. Je suis vraiment et tendrement obligé à la Reine pour tout ce qu'elle m'écrit et ce qu'elle vous mande encore de me faire connaître; j'y reconnais en plein son amitié et sa bonne volonté; mais, en même temps, on ne peut disconvenir du peu de succès qu'on a à s'attendre de sa part et de la bonne volonté efficace du Roi.

Je vous joins ici la copie de la lettre que le Roi m'a écrite et la réponse que j'y fais en original et copie [1]. Vous verrez que mon ton est

---

[1] *Joseph II à Louis XVI, le 21 février 1785.* — «Mon cher beau-frère, j'ai reçu la lettre de V. M. du 6 de ce mois de même que la dernière résolution des États généraux que vous m'avez fait communiquer par le marquis de Noailles et sur laquelle vous me témoignez votre opinion. Je voudrais la partager, mais je vous avoue que j'ai peine à adhérer au degré de confiance que vous paraissent mériter les dispositions des Hollandais, que je trouve beaucoup trop équivoques pour pouvoir m'y livrer. Néanmoins, pour ne pas faire perdre à V. M. le fruit de ses soins, je veux bien dissimuler tout ce qu'il y aurait à dire sur la façon dont ils ont motivé l'envoi de leurs députés et sur le langage trop familier de leur part, et je consens en conséquence à recevoir ces députés.

«Je veux bien également et uniquement par égard pour V. M. suspendre toute hostilité de ma part jusqu'au 1ᵉʳ de mai prochain, et j'autorise le comte de Mercy à signer à cet effet une convention avec les ambassadeurs de la République auprès de V. M.

«Je charge aussi mon ambassadeur de porter à sa connaissance mes dernières intentions, conformément aux désirs qu'elle m'en a marqués. V. M. trouvera bon que je m'y rapporte, attendu que les détails en seraient trop longs pour notre correspondance confidentielle.

«Je crois qu'elle trouvera ma proposition en tout point aussi modérée qu'équitable et propre à la fin à rendre les Hollandais raisonnables, si votre amitié et les preuves de confiance sans borne que je ne cesse de vous donner vous engagent à leur faire sentir de même que c'est mon dernier mot et que de son acceptation ou de son refus dépend la paix ou la guerre. Au moins il sera impossible que vous ne sentiez pas la différence qui existe entre la complaisance que je témoigne à tous vos désirs et celle à laquelle les Hollandais se refusent.

«Quant à ce qu'elle me marque dans sa lettre par rapport au projet de l'échange de la Bavière, je crois devoir la tirer de l'erreur dans laquelle elle me paraît se trouver à cet égard. Ce n'est nullement parce que j'en ai prévu les difficultés et les embarras, comme vous le supposez, mais uniquement parce que vous avez cru ne devoir vous employer à déterminer le duc des Deux-Ponts à donner les mains à une proposition qui lui était très manifestement des plus avantageuses et pour le présent et pour

un peu moins amical, et que, surtout au sujet du troc de la Bavière, je m'explique très clairement. S'il y avait moyen de parvenir encore à l'arranger, ce serait bien tout ce qu'il y aurait de plus désirable au monde; dussé-je même renoncer aux pays de Luxembourg et de Namur, je passerais sur toutes ces considérations, et si vous pouviez faire que la France me proposât cela et s'engageât d'y amener le duc des Deux-Ponts, outre les avantages réels qu'elle pourrait même se stipuler, soit du côté des pays rétrocédés ou dans le Luxembourg, ce serait le plus grand coup d'État que nous pourrions faire. Mais, s'il faut y renoncer, alors il ne reste plus que de finir cette mauvaise affaire le moins mal et le plus tôt possible. Les détails que le prince de Kaunitz vous envoie à ce sujet, vous en instruiront; l'essentiel est de presser une conclusion qui, par le caractère et la constitution des Hollandais, devient sans doute bien plus difficile que nulle part.

Je sais que M. de Vergennes a tout de suite consulté le roi de Prusse au sujet du troc de la Bavière; ainsi sa duplicité et ses mauvaises intentions sont bien clairement démontrées. Les mêmes insinuations insidieuses continuent de la part de leurs ministres à toutes les cours possibles.

Je n'ai pu me servir de toutes les expressions que vous avez bien voulu me suggérer, puisque je sais bien que l'effet de ma lettre n'était que très momentané auprès du Roi et toujours soumis à l'avis de ses ministres. C'est dans ma lettre à la Reine[1] que je me sers de la plu-

---

l'avenir et qui ne nuisait à personne, ainsi que très certainement je l'eusse fait pour vous si vous eussiez été dans mon cas, que j'en ai abandonné l'idée, attendu que, si, comme n'a point hésité de le faire l'impératrice de Russie, mon amie, vous eussiez bien voulu vous interposer auprès du duc des Deux-Ponts, ou que vous voulussiez même encore lui en faire connaître les avantages et m'assurer par là le libre consentement des deux chefs de la maison palatine bavaroise, je ne regarderais plus que comme nulle toute autre difficulté quelconque.

« C'est en remettant avec une vraie confiance mes intérêts entre vos mains que je vous prie, en vous embrassant, de me croire, avec tous les sentiments de la tendre amitié qui nous unit..... » (*Marie-Antoinette, Joseph II..... Ihr Briefwechsel*, p. 80.)

[1] *Joseph II à Marie-Antoinette, le 20 février 1785.* — « J'ai été sensiblement touché de votre chère lettre, qui m'a été remise par mon courrier. Je ne saurais assez vous témoigner combien toutes les marques d'amitié et d'intérêt que vous ne cessez de me donner me font plaisir.

« C'est en vous priant de remettre la lettre ci-jointe au Roi que je ne puis vous cacher, ma chère sœur, que jusqu'à présent je ne vois dans notre correspondance confidentielle que de ma part des complaisances et de la sienne des phrases d'amitié.

part de ces expressions, et vous pouvez lui conseiller de la faire voir au Roi, et en même temps elle ne sera pas sujette à être censurée par M. de Vergennes.

Je vous joins également ici la copie de cette lettre où il me paraît

«Sans vouloir récriminer, je ne puis néanmoins vous dissimuler ma sensibilité à ce sujet. Je crois avoir tout fait en allié et en ami. Je ne me suis permis aucune démarche ni même d'écouter quelconques propositions, qui n'ont pas manqué de m'avoir été faites de la part des ennemis du Roi; et jusqu'à ce moment, quoique le Roi veuille m'empêcher de prendre une juste satisfaction des Hollandais, même en rassemblant des armées, qu'il s'est refusé de contribuer à l'arrangement de l'échange avec l'électeur palatin, quoiqu'il l'ait reconnu ministériellement n'être aucunement contre les intérêts de la France, mais uniquement de crainte qu'il ne convienne pas au roi de Prusse, je n'ai sonné le mot vis-à-vis de l'Angleterre, ni cherché d'autres liaisons quelconques, ne pouvant attribuer tout ce qui se passe au cœur du Roi, dont je connais trop la sûreté et la droiture. Mais ceci n'est pas tout encore.

«Quoique je voie l'intérêt qu'on a de mon alliance et de mon amitié subordonné à l'amitié et à l'alliance de la Hollande, au roi de Prusse, à la Porte et à tout plein de petits princes d'Allemagne, chez lesquels sans exception tous les ministres français tiennent le langage le plus odieux sur ma personne, je veux de plus, ma chère sœur, rappeler à votre mémoire la duplicité, pour ne pas dire la fausseté, avec laquelle on a en agi à mon égard.

«L'arrangement de mes limites dans un coin de la Croatie avec la Porte a été non seulement reconnu juste et même convenable pour le Roi, mais son ambassadeur a été même chargé ministériellement de conseiller à la Porte de me satisfaire à ce sujet. Dès le moment qu'on m'a vu des embarras d'un autre côté, on a changé de ton, et M. de Choiseul excite actuellement la Porte à tenir ferme et à ne se prêter à aucun arrangement avec moi.

«Je fais communiquer au Roi mon ultimatum sur l'ouverture de l'Escaut. On n'y oppose rien; bien au contraire, on me fait une espèce de déclaration de guerre et on donne avec emphase des ordres pour rassembler deux armées, sans vouloir jamais me dire qu'on me ferait la guerre ni qu'on ne me la ferait point, pour me laisser dans l'incertitude. Le Roi désire que je suspende la marche des troupes et tout acte d'hostilité; j'arrête celles que je puis; je perds le temps, pendant que je sais la Hollande dans la plus grande confusion. Le Roi me propose l'envoi des députés de la République pour faire satisfaction sur la canonnade; il m'écrit de reconnaître mes droits sur Maëstricht et sur son territoire et de me les faire remettre sous des conditions. J'accepte cette offre et je renonce à cet égard à l'ouverture de l'Escaut et actuellement on ne veut plus qu'envoyer les députés d'une manière indécente et insuffisante et on ne me parle plus que très équivoquement de la reddition de Maëstricht. Je propose l'échange de la Bavière; il n'est possible qu'à la plus mauvaise volonté à y trouver à redire; on convient qu'il n'est point contre les intérêts du Roi; je ne demande que ses bons offices auprès du duc des Deux-Ponts; le Roi veut que j'aille obtenir le consentement des personnes qui n'y ont rien à faire et qui ne peuvent pas le désirer et cela pour gagner du temps, afin d'en avertir le roi de Prusse, et on fait prévenir le duc des Deux-Ponts par M. Grosschlag pour qu'il s'y refuse, comme il l'a fait; par la suite on m'écrit qu'apparemment j'y renonçais pour les difficultés que j'y avais reconnues.

que j'ai touché tous les points, de même que je vous envoie une autre lettre pour la Reine, que je vous prie de lui remettre et qui est uniquement pour Elle seule [1].

Il est de toute importance, mon cher Comte, que vous fassiez bien sentir que je sois informé tout de suite si les propositions aussi raisonnables que celles que je fais seront représentées avec énergie par la France à la République, ou qu'au moins la France déclare bien positivement que, si après ma complaisance poussée jusqu'à ce dernier période, la Hollande est encore déraisonnable, elle me laissera mettre ces messieurs-là à la raison, en me donnant des certitudes qu'elle ne s'en mêlera point et ne rassemblera aucune armée d'observation. Il faut que je sache tout cela le plus tôt possible pour remettre en marche les troupes qui sont encore arrêtées. L'objet essentiel est sans doute que les députés se rendent à Vienne pour m'y faire des excuses, sans être chargés d'aucune autre commission, et que le centre de la négociation reste à Paris.

J'en reviens toujours que, si le troc était faisable et que la France voulût l'appuyer, l'on voit déjà que le roi de Prusse n'osera rien faire seul et prendra son mal en patience.

Adieu, mon cher Comte, c'est là la seule façon d'en sortir honnêtement; mais si la chose n'est pas faisable, au moins il faut tâcher de la faire finir promptement : autrement elle deviendra toujours plus désagréable.

Je vous prie d'être persuadé de la sincérité de mon amitié et de ma parfaite confiance.....

«Voici la parallèle de ma conduite et de celle qu'on a tenue à mon égard, et si les propositions que le Roi m'a faites en amitié de main propre devaient toujours, comme jusqu'à présent, tourner contre moi et être insidieuses, pendant que je m'y livre avec franchise et amitié, je vous laisse à juger, quant tout cela sera connu, ce que toute l'Europe en doit penser.

«Je presse fortement le comte de Mercy, et je vous prie, ma chère sœur, de l'épauler, pour me faire avoir tout de suite des certitudes, si ce que je le charge de communiquer au Roi pourra passer tel qu'il est ou non, parce qu'il serait par trop fort qu'on exigeât de ma complaisance de me faire perdre le temps pour assembler mes troupes que j'ai fait arrêter et qui doivent cependant se trouver en place avant la fin d'avril pour pouvoir agir.

«Adieu, ma chère sœur, pardonnez tout cet épanchement et gardez-le pour vous. C'est avec la plus grande impatience que j'attends l'heureuse nouvelle de votre délivrance, et c'est en vous embrassant que je vous prie de me croire.» (*Marie-Antoinette, Joseph II..... Ihr Briefwechsel*, p. 76.)

[1] Cette lettre manque.

188. — KAUNITZ À MERCY.

Vienne, le 20 février 1785. — Je n'ai rien à désirer certainement, mon bon ami, ni sur le fond, ni sur la forme de tout ce que vous ont engagé à dire et à faire votre zèle et votre sagacité dans la fâcheuse circonstance où nous nous trouvons bien malgré nous, comme vous le pensez bien. Si nous étions assez équitables et assez raisonnables pour nous mettre de sang-froid à la place des gens auxquels nous demandons, ainsi que de ceux par lesquels nous exigeons que nos demandes soient appuyées, nous nous trouverions peut-être bien moins en droit de nous plaindre que nous ne faisons, soit dit entre nous. Mais être partout parfaitement équitable et raisonnable est le lot de bien peu de gens, et c'est malheureusement notre cas.

Vous verrez sans doute, par la teneur de ce qu'on vous écrit, que l'on est fort aigri, et je n'ai pas eu peu de peine à faire écrire ce que l'on écrit aujourd'hui au Roi[1] en réponse à sa dernière lettre confiden-

---

[1] M. A. Beer (*op. cit.*, p. 195 et suiv.) a publié une partie de la correspondance échangée entre Joseph II et le prince de Kaunitz à propos de cette réponse qui se trouve plus haut (p. 391). Le 14 février l'Empereur envoyait au chancelier les lettres qu'il venait de recevoir de la Reine et de M. de Mercy en date du 5 février. Il ajoutait qu'il irait en causer avec le prince le lendemain et il terminait en disant : «Il me paraît qu'il faut prendre un parti ou celui de renoncer à Maëstricht et à tout par conséquent ou tenir ferme et faire marcher les troupes qui sont encore arrêtées.» On n'a pas le billet du prince de Kaunitz; mais par la réponse de l'Empereur en date du 15 on voit que le chancelier avait demandé le temps de réfléchir et que Joseph II y avait consenti. Les méditations du prince de Kaunitz aboutirent à la présentation de ce projet, que M. A. Beer n'a pas publié. Il est d'autant plus curieux qu'il porte les observations autographes de l'Empereur : on les trouvera entre crochets après chaque article :

Articles qui pourraient être mis sous les yeux du Roi Tr. Chr. comme les dernières intentions de S. M. relativement aux affaires hollandaises.

«1. S. M. I. est disposée à renoncer aux droits incontestables qu'Elle a acquis par le traité de 1673 sur la ville et forteresse de Maëstricht à condition que la République des Provinces-Unies paye, à titre de rachat, la somme de douze millions valeur de Vienne et qu'elle acquiesce de plus aux conditions suivantes. [On peut marchander jusqu'à dix et même huit millions.]

2. S. M. se réserve des parties qui lui ont été cédées éventuellement par ladite convention de 1673 : le comté de Vroenhove et le pays d'Outre-Meuse, actuellement possédé par la République. L'on conviendra du territoire à attacher à la ville de Maëstricht et des communications à lui conserver, en cédant à cet effet à la République, si cela est nécessaire, une partie des terres dites de Rédemption, et si cet arrangement ne pouvait pas se faire à l'apaisement de la République, S. M. I. lui abandonnera même tout le comté de Vroenhove en se réservant le seul pays d'Outre-

tielle, quoiqu'on ait bien cruellement estropié ce que j'avais proposé moyennant ce que l'on a retranché et ce que l'on y a ajouté. Mais

Meuse hollandais. [On pourra renoncer au pays d'Outre-Meuse.]

3. Les limites de la Flandre doivent demeurer aux termes de la convention de 1664, et s'il en était qui, par le laps de temps, pussent avoir été ou être obscurcies, il sera nommé des commissaires de part et d'autre pour les rétablir.

4. On prendra les mesures les plus efficaces pour faciliter, d'une manière permanente et capable d'obvier à toute contestation, l'écoulement des eaux et prévenir les inondations tant dans cette partie que du côté de la Meuse, et on cédera à cet effet à S. M. les terrains et endroits qui lui seront nécessaires pour remplir cet objet. Leurs Hautes Puissances feront en même temps dédommager les sujets de l'Empereur des pertes qu'ils ont faites par les inondations que la République a fait faire à l'occasion des différends actuels. [On peut remettre cet article à une négociation de plus longue durée.]

5. Leurs Hautes Puissances reconnaîtront le plein droit de souveraineté absolue et indépendante de S. M. I. sur toute la partie de l'Escaut depuis Anvers jusqu'au bout du pays de Saftingen, de sorte qu'il ne leur sera pas permis ni d'y percevoir de leur part quelque droit au péage à quelque titre et dans quelque forme que cela puisse être, ni d'y gêner de quelque autre manière la navigation et le commerce.

6. Conformément à l'article 68 du traité de Munster de 1648 les forts de Cruyschanz et de Frédéric-Henry seront incessamment démolis et évacués.

7. Leurs Hautes Puissances évacueront aussi incessamment et remettront à la disposition de S. M. I. les forts de Lille et de Liefkenshoek, qui d'ailleurs, d'après la stipulation de l'article 6, leur deviendront parfaitement inutiles. [On pourra se relâcher au pis aller de cet article.]

8. On s'entendra à l'amiable sur les prétentions de S. M. qui font l'objet des articles 6, 7 et 8 du tableau sommaire. [On les remettra à une commission amicale après la signature de la paix.]

9. S. M. I. consent que les prétentions pécuniaires de souverain à souverain seraient compensées et quant à celles que des particuliers pourraient avoir on nommera des commissaires pour les liquider avec les indemnités à payer aux sujets de S. M. du chef des dernières inondations. »

Ces articles devaient être accompagnés d'un projet de lettre à écrire par l'Empereur au Roi, projet que nous n'avons pas. En effet le 19 février 1785 l'Empereur écrivait au prince de Kaunitz : « Je vous envoie ici la minute de la lettre que je compterais écrire au roi de France; vous verrez seulement que j'ai tâché de la rendre plus courte et un plus sèche, croyant que cela pourrait faire effet; au reste j'y ai suivi la marche de la vôtre. Je vous prie de me faire l'amitié d'y ajouter ou effacer ce que bon vous semblera. L'article pour la marche des troupes peut être omis ou laissé comme vous le jugerez à propos. »

Le même jour, le Chancelier répondit : « Je n'ai aucune observation à faire sur la minute, dont V. M. a bien voulu me donner communication, si ce n'est que je crois ne pas pouvoir me dispenser de porter à sa connaissance que je pense qu'Elle peut omettre l'article enclavé, parce qu'on pourra y suppléer, en chargeant le comte de Mercy de faire entendre par manière de conversation que V. M. ne pourra pas se dispenser de remettre ses troupes en marche au cas que, en dedans peu, les choses ne prennent une tournure qui en annonce un succès vraisemblable, et on pourra en user de même au sujet du lieu destiné à la reprise des négociations. Je ferai d'ailleurs le plus tôt possible, du mieux que je pourrai, conformément aux résolutions de V. M. que l'on vient de me remettre. »

que faire? *Ibant qua poterant.* Pourvu que je puisse parvenir à tirer encore cette fois-ci la charrette du bourbier : alors comme alors. On se lasse à la fin; et j'ai, ce me semble, si bien et si abondamment payé mon écot dans ma carrière, que l'on n'aura aucun reproche à me faire, quel que soit le parti que je prenne.

Si nous pouvons nous en tirer encore sur le pied des ordres[1] qui vous parviennent aujourd'hui, je ne vous cacherai pas, dans notre intimité, qu'il me paraîtra que nous serons, comme on dit, encore bien plus heureux que sages. Je suis bien sûr que vous y ferez tout ce que vous pourrez, et je vous serai bien obligé, en mon particulier, si

---

[1] Ces instructions sont basées sur les dernières intentions de l'Empereur, publiées ci-dessus. Le prince de Kaunitz informe en outre le comte de Mercy que l'Empereur est résolu d'accorder aux Hollandais un armistice jusqu'au 1er mai et il lui envoie des pleins pouvoirs en ce sens. Il était évident que, comme le faisait remarquer si justement le comte de Mercy dans ses dernières lettres, la République et même le cabinet de Versailles s'efforçaient ouvertement d'arranger l'envoi des députés hollandais à Vienne, comme s'ils avaient surtout et uniquement pour mission d'y poursuivre les négociations sous les yeux de l'Empereur. Pour faire échouer à l'avance ce projet l'Empereur était bien décidé à ne pas chicaner sur la teneur des pouvoirs de ces députés, mais à ne laisser s'entamer les négociations pour l'arrangement des difficultés pendantes nulle part ailleurs qu'à Paris par l'intermédiaire du comte de Mercy. Néanmoins, le cabinet de Versailles pouvait donner aux États généraux, au nom de la cour de Vienne, l'assurance «*que les députés choisis de leur assemblée seraient reçus et traités d'une manière convenable*».

Par égard pour les observations du Roi Tr. Chr. l'Empereur avait renoncé à sa demande de l'ouverture de l'Escaut et en était revenu à ses premières réclamations consignées dans le *tableau sommaire* parmi lesquelles la cession de Maëstricht et de ses dépendances était la plus importante et était fondée sur les termes formels du traité de la Haye du 30 août 1673. L'Empereur voulait bien aussi sur ce point entrer dans les idées du Roi Tr. Chr. Il faisait même plus : il ne réclamait plus la cession réelle de Maëstricht dont il laisserait aux Hollandais la tranquille possession, moyennant une somme de douze millions, *à titre de rachat de la ville et forteresse de Maëstricht*. On pourrait même, d'après les ordres formels de l'Empereur, descendre jusqu'à dix, neuf et huit millions. Il faudrait employer tous les moyens pour procurer à l'Autriche le pays d'Outre-Meuse et n'y renoncer qu'à la dernière extrémité.

L'Empereur ne doutait pas que le Roi ne fît connaître aux Hollandais qu'il approuvait ces propositions d'arrangement et ne leur fît sérieusement comprendre que la paix ou la guerre dépendait de leur acceptation ou de leur rejet. L'Empereur voulait bien attendre encore quelque temps pour voir si la République était sérieusement décidée à prévenir une rupture ouverte ou si les nouvelles concessions qu'il venait de faire pour faciliter la pacification ne seraient pas inutiles, comme cela était déjà arrivé. Dans ce dernier cas, l'Empereur devait déclarer par avance qu'il ne pourrait pas suspendre plus longtemps la marche des troupes destinées pour les Pays-Bas, qu'il avait arrêtées par égard seulement pour le Roi Tr. Chr. (Rescrit du prince de Kaunitz au comte de Mercy du 20 février.)

vous réussissez et me délivrez par là du fâcheux emploi de devoir être l'avocat d'une mauvaise cause. Et, si vous croyez que la crainte de devoir remettre en marche les troupes qui sont encore en arrière puisse faire quelque effet, vous pouvez, par manière de conversation, leur en donner l'appréhension, ce que cependant, entre nous, je souhaite plus que je ne l'espère, attendu l'opinion qu'on y a de nous, dès qu'on montre les dents, et qui est malheureusement déjà assez généralement répandue presque en tous lieux. Ce n'est que vis-à-vis de vous que je puis m'expliquer ainsi, en vous priant toutefois de brûler cette lettre, comme vous avez fait de la précédente.

Je vous souhaite tout succès désirable et suis au reste, comme toujours, mon très cher et très bien aimé.....

189. — MERCY À JOSEPH II.

Paris, 8 mars 1785. — Le garde-noble chargé des très gracieux ordres de V. M. I., datés du 21 février, étant arrivé ici le 28 du même mois, je me suis mis, dès le lendemain, en devoir de prendre les mesures nécessaires à remplir successivement et en tous points les hautes intentions de V. M. I. autant que les circonstances pourraient l'admettre. Elles se sont présentées si décidément contraires aux moyens de renouer sur le projet de l'échange de la Bavière, que j'ai vu sans peine l'inutilité, même le danger qu'il y aurait à remettre dans le mouvement présent cette grande affaire sur le tapis. La seule mention que V. M. en a faite dans sa lettre au Roi avait déjà effarouché le comte de Vergennes. J'aperçus que les craintes de la Reine, fondées sur la remarque de la fâcheuse disposition actuelle des esprits, ne permettraient pas de compter sur une coopération assez énergique de sa part, d'où il serait vraisemblablement résulté qu'en traitant en même temps deux objets, quoique analogues à une même fin, ils se seraient croisés l'un l'autre, par la raison que le comte de Vergennes n'aurait pas manqué d'employer l'affaire de l'échange comme motif des délais, des longueurs pernicieuses dans l'accommodement avec la Hollande, et que, sous de spécieux prétextes prolongeant ainsi ses manœuvres, elles auraient pu aboutir à la ruine des deux objets à la fois.

A cette réflexion qui m'a arrêté, il s'en joint une seconde, laquelle semble venir à l'appui de la première.

Au moyen des sacrifices notables auxquels V. M. paraîtrait portée, il ne serait peut-être pas impossible de reprendre en d'autres temps et sous de meilleurs auspices ce projet d'échange, et comme, de manière ou d'autre, il doit résulter de l'accommodement avec la Hollande, plus ou moins, mais toujours quelques avantages réels à ajouter aux provinces belges-autrichiennes, il s'ensuit que l'objet du troc doit acquérir plus de valeur et qu'il paraît essentiel de ne point embarrasser les moyens de lui en procurer une aussi étendue que possible. Quant à ces moyens qui dépendent de l'issue des négociations présentes avec les États généraux, je ne pourrais rien exposer dans ce présent et très humble rapport au delà des détails préliminaires et peu concluants encore que contient ma dépêche d'office d'aujourd'hui. Je suis bien préparé à tous les détours artificiels que l'on emploiera ici pour favoriser la Hollande et pour la mettre à même de se tirer d'embarras aux meilleures conditions possibles; en attendant, il m'a paru utile de mettre à cet égard quelque entrave aux intentions vraisemblables du comte de Vergennes et c'est ce qui m'a déterminé à lui tenir le langage consigné dans ma dépêche d'office [1]. Je sens bien que

---

[1] Le 1ᵉʳ mars M. de Mercy alla à Versailles communiquer à M. de Vergennes les instructions en date du 20 février qu'il venait de recevoir. En entendant l'ambassadeur annoncer que l'Empereur renonçait à être mis en possession de Maëstricht moyennant une indemnité, M. de Vergennes manifesta une vive satisfaction et demanda quelle était la somme fixée pour le rachat. Le chiffre de douze millions de florins impériaux parut exciter chez le ministre une certaine émotion. Il fit remarquer qu'en fait c'était une somme considérable: environ trente millions de livres de France. Il craignait qu'il fût impossible de décider les États généraux à payer un aussi fort prix. Mais M. de Mercy tint bon. Revenant sur la lettre de l'Empereur au Roi du 20 novembre, il fit remarquer que son souverain, tout en renonçant à la réouverture de l'Escaut, avait réclamé des Hollandais : 1° satisfaction à ses réclamations contenues dans le *tableau sommaire*, 2° le remboursement des frais de la guerre. Or l'Empereur ne parlait plus de ce remboursement qu'il avait englobé dans la somme à payer par les Hollandais pour le rachat de Maëstricht. Dès lors, le chiffre de douze millions était plus que justifié; il était évident qu'il était aussi modéré que possible.

Lorsque M. de Mercy dit ensuite du ton le plus sérieux que la paix ou la guerre dépendait de l'acceptation ou du rejet des dernières propositions de l'Empereur, M. de Vergennes prit tout de suite note de cette déclaration. A propos de l'exercice du droit de souveraineté sur l'Escaut et de la démolition des forts, le ministre, après avoir fait quelques objections, finit par avouer à M. de Mercy qu'il avait lieu de croire que les Hollandais n'étaient pas très éloignés d'y consentir.

ce langage a pu passer les bornes qui m'étaient prescrites, mais je n'ai pu résister à l'impulsion de mon zèle, ni à l'amertume dont je suis

Dans le premier moment de sa joie de voir les choses si bien s'arranger, M. de Vergennes pria instamment M. de Mercy de fixer le jour où l'armistice pourrait être signé.

Mais celui-ci s'y refusa net. Craignant que le cabinet de Versailles, dans cette occasion comme dans les précédentes, n'abusât des concessions de l'Empereur pour tenter de faire diminuer encore ses justes prétentions, afin de les réduire à rien, M. de Mercy prit sur lui de profiter du vif désir manifesté par M. de Vergennes pour tâcher d'en obtenir une réponse qui liât le cabinet de Versailles. Il dit au ministre que, bien que la signature aussi prochaine que possible d'un armistice lui tint fort à cœur, il lui paraissait absolument nécessaire de connaître auparavant quel effet auraient les concessions magnanimes de l'Empereur. Les ambassadeurs hollandais à Paris, qui sans doute connaissaient parfaitement quelles étaient les véritables intentions de leurs maîtres, devraient donner à M. de Mercy une certitude morale que les États généraux accepteraient volontiers les dernières propositions qui venaient d'être faites par l'Empereur. Comme M. de Mercy l'avait prévu, M. de Vergennes répondit qu'il n'était pas possible au Roi d'obliger à une semblable démarche les ambassadeurs hollandais, qui pouvaient eux-mêmes se trouver dans une ignorance telle qu'ils fussent incapables de donner de semblables assurances. Quoique ce raisonnement lui parût fondé, M. de Mercy n'en répliqua pas moins que dans cette affaire la France avait tant fait pour la République que, pour une fois, la cour de Versailles pouvait bien demander à ses représentants un peu plus qu'il n'était d'usage habituellement.

Sans plus s'arrêter sur cette demande, puisque M. de Vergennes croyait impossible d'y donner satisfaction, M. de Mercy lui proposa un second moyen, qui pouvait avoir le même effet. L'ambassadeur demanda qu'il plût au Roi Très Chrétien de déclarer à l'Empereur, son allié, qui, par égard pour lui, s'était désisté de ses réclamations les plus importantes, qu'il trouvait ses dernières propositions parfaitement justes ou bien au contraire de dire que parmi ces propositions il y en avait certaines qui paraissaient de nature à ne pas pouvoir être acceptées par les Hollandais, à provoquer l'ouverture des hostilités et à le mettre dans le cas de prendre parti pour la République contre la cour de Vienne. M. de Mercy ajouta que, sans doute, M. de Vergennes trouverait l'affaire assez importante pour la soumettre au Conseil d'État; il le pria de vouloir bien le faire le lendemain mercredi, jour ordinaire des réunions de ce conseil, et il insista pour avoir une réponse positive et décisive. Ce qui rendait cette réponse absolument nécessaire, était la déclaration faite à l'Empereur qu'en certains cas le Roi ne pourrait se dispenser de rassembler des troupes sur les frontières du royaume.

M. de Mercy dit en outre, que la cour de Vienne, qui aurait voulu pouvoir ensevelir dans un oubli éternel cette déclaration, avait été très étonnée et très sensiblement impressionnée par la publicité scandaleuse qui lui avait été donnée dans la *Gazette de Leyde*. M. de Vergennes manifesta un grand embarras. Il assura M. de Mercy que le Roi avait été vivement ému de cette publicité; que jamais on ne se serait laissé aller à communiquer confidentiellement cette lettre aux Hollandais et qu'il ne pouvait pas comprendre comment elle était parvenue à leur connaissance. M. de Mercy n'était pas dupe des assertions du ministre; car la Reine lui avait récemment confié que son mari lui avait appris que le roi de Prusse avait communiqué cette lettre à son envoyé à Pétersbourg où le ministre

abreuvé ici depuis si longtemps en éprouvant les effets de la duplicité que l'on se permet en tout ce qui a trait aux principes de l'alliance, à

hollandais avait trouvé moyen de s'en procurer copie.

Cependant M. de Mercy laissa tomber cette affaire, et, revenant sur la note du 20 novembre à M. de Noailles, il dit qu'il y était question de certains cas qui pourraient déterminer la mise en marche des troupes françaises, et il déclara que l'Empereur tenait beaucoup à savoir quels étaient ces cas, afin de pouvoir juger si les mesures à prendre pour les éviter étaient compatibles avec sa dignité. Dans une de ses lettres autographes à l'Empereur, le Roi avait manifesté le désir que ce monarque, son allié, reçût une satisfaction conforme à sa dignité. Dès lors, il serait aisé au Roi de donner son avis sur les meilleurs moyens à employer pour obtenir cette satisfaction, et, dans le cas où les Hollandais refuseraient d'y prêter les mains, de faire cesser toute incertitude sur les mesures que lui, le Roi, trouverait bon d'adopter. Le refus du Roi Très Chrétien de donner une réponse claire et positive sur ces points équivaudrait à dire que *le Roi désirait bien que les Hollandais fissent une réparation convenable à son allié, que lui-même s'y emploierait et donnerait des preuves du véritable intérêt qu'il y portait, mais que, dans le cas où ces républicains s'y refuseraient avec entêtement, il prendrait leur parti contre ce même allié.* M. de Mercy était bien éloigné de prêter une telle façon de penser au Roi; mais dans le cas où le Conseil d'État, pour des raisons politiques ignorées de la cour de Vienne, prendrait une résolution semblable, il priait M. de Vergennes de la lui communiquer par écrit. L'affaire ne pouvait plus souffrir de délai; il était enfin temps d'y voir clair. Dès que l'une de ces deux conditions serait remplie, il serait tout prêt à signer un armistice; dans le cas contraire, il n'y donnerait jamais les mains.

Après être convenu avec M. de Vergennes de venir prendre sa réponse le vendredi 4 mars, M. de Mercy se rendit chez la Reine et Lui raconta toute sa conférence avec le ministre. Elle approuva fort le ton un peu ferme sur lequel M. de Mercy avait parlé à M. de Vergennes et Elle lui promit de représenter avec force au Roi combien il était nécessaire de donner la déclaration demandée. En outre, Elle lui dit qu'après avoir ainsi préparé le Roi Elle ferait appeler le comte de Vergennes et lui parlerait énergiquement en présence de son mari. M. de Mercy ne manqua pas de présenter à la Reine toutes les observations qui pourraient donner plus de force et d'énergie à ses raisonnements, et il La laissa bien résolue à en faire bon usage.

Le 4, M. de Vergennes accueillit M. de Mercy en lui disant que le Roi avait reçu avec un vrai plaisir et reconnaissance les nouveaux témoignages de confiance et d'amitié de l'Empereur, et il lui remit la note suivante :

«Le Roi a reçu avec une parfaite sensibilité la nouvelle marque de confiance que l'Empereur vient de lui donner en communiquant les conditions auxquelles S. M. I. est disposée à s'arranger avec les Provinces-Unies, et S. M. y a trouvé avec une véritable satisfaction des bases capables de rétablir la négociation.

«Le Roi y interviendra avec plaisir et s'emploiera à en assurer le succès avec le zèle qui l'anime pour le maintien de la tranquillité générale comme pour tout ce qui peut intéresser particulièrement S. M. I.

«Le Roi ne saurait pressentir le point de vue sous lequel Leurs Hautes Puissances envisageront ces diverses stipulations; mais S. M. croit devoir assurer dès à présent l'Empereur qu'il n'omettra rien pour les déterminer à convenir d'une indemnité pour Maëstricht qui semble le point le plus important. Le Roi connaît trop la magnanimité et la grandeur d'âme de l'Empereur pour n'être pas persuadé

la bonne foi et en tout ce qui est dû à la dignité d'un grand et auguste monarque.

d'avance que ce monarque se prêtera à toutes les modifications raisonnables tant sur cet article que sur les autres, dont les États généraux pourront établir la justice.

«Comme il n'est pas possible que les ambassadeurs de la République répondent des intentions de leurs supérieurs avant de les avoir consultés, il ne le paraît pas également d'établir dès à présent avec eux l'armistice auquel l'Empereur veut bien donner les mains; cet objet ne pourra être déterminé que conséquemment à la réponse que le Roi recevra de Leurs Hautes Puissances.»

Après avoir lu cette note, M. de Mercy fut loin de manifester la satisfaction que M. de Vergennes lui avait dit espérer. Loin de considérer les deux dernières propositions de l'Empereur comme des bases capables de rétablir la négociation, il déclara qu'elles représentaient la limite extrême des concessions possibles et qu'elles n'étaient pas susceptibles de discussion. Prenant ensuite ce passage «que le Roi ne saurait pressentir le point de vue sous lequel Leurs Hautes Puissances envisageraient ces dernières stipulations», M. de Mercy dit qu'après les nombreux sacrifices faits par l'Empereur par égard pour le Roi et après le désir manifesté par ce monarque à diverses reprises d'être utile à son allié, la cour de Vienne aurait pu se flatter que le Roi Très Chrétien se déciderait à déclarer que les dernières propositions de l'Empereur étaient parfaitement justes et à le signifier aux Hollandais en leur conseillant de les accepter, sans quoi ils n'auraient plus à compter sur la protection de la France. C'était le point sur lequel il avait le plus insisté dans leur dernière conférence. Au lieu de lui donner la réponse qu'il espérait, M. de Vergennes se bornait à exprimer le désir que l'Empereur fît encore des concessions sur le prix de Maëstricht et sur d'autres articles. Dans cet état des choses, il voyait avec peine qu'il serait impossible de conclure l'arrangement projeté.

Ces observations de M. de Mercy provoquèrent une longue discussion entre lui et M. de Vergennes. Le ministre chercha à expliquer sa note et, d'explication en explication, il s'écarta tellement du texte de cette réponse verbale qu'il se trouva à peu près d'accord avec M. de Mercy. Il lui dit qu'il ne s'agissait pas d'entamer des négociations en règle sur le principe des dernières propositions de l'Empereur, mais seulement sur quelques adoucissements possibles, par exemple sur le prix du rachat de Maëstricht; il était si élevé qu'il était très douteux que les Hollandais pussent le payer. Malgré tout, il trouvait le principe du rachat très juste, et ce qu'il en disait c'était seulement par crainte de l'impossibilité où la République pourrait se trouver de donner une aussi forte somme. Quant à la déclaration sur laquelle M. de Mercy insistait tant, M. de Vergennes fit observer que si le Roi se trouvait dans le cas d'en faire une en ce sens, ce serait aux Hollandais et non à l'Empereur; mais qu'il pouvait lui confier que l'ambassadeur du Roi à la Haye recevrait l'ordre d'y tenir un langage tel que l'Empereur pouvait le désirer. Quant au passage de la note du 20 novembre, où il était dit que le Roi ne pourrait se dispenser de rassembler des troupes sur ses frontières, M. de Vergennes assura qu'on ne pouvait pas y voir la pensée d'une déclaration de guerre ou de démarches hostiles à la cour de Vienne, mais seulement l'idée de couvrir la frontière. D'ailleurs, en raison des dernières propositions de l'Empereur, la situation était complètement changée et il ne pouvait plus être question de semblables mesures.

Comme M. de Mercy connaissait trop par expérience combien peu il fallait se fier aux paroles de M. de Vergennes et combien il était habile à les expliquer et à les rétrac-

Après tout, on ne peut plus considérer la France que comme une puissance au moins soupçonneuse, jalouse, mal intentionnée envers

ter, il résolut, sous prétexte de soulager sa mémoire, de mettre par écrit sur le bureau même de M. de Vergennes le résultat de leur conversation et il soumit sa note au ministre, qui la reconnut exacte.

Voici cette note, avec les observations de M. de Mercy pour M. de Kaunitz à la suite de chacun des deux paragraphes qui la composent :

«M. le comte de Vergennes m'a fait l'honneur de me dire :

«1° Que, relativement aux prétentions et demandes de S. M. l'Empereur, l'état des choses était maintenant tout à fait changé.

«Cette manière de s'exprimer du ministre se rapporte à ce que lui disait l'ambassadeur sur la déclaration faite ici de mettre des troupes en mouvement et sur les motifs de cette démarche, motifs qui tenaient à l'incertitude où on voulait paraître se trouver relativement aux vues de S. M. l'Empereur;

«2° Que le Roi donnerait à son ambassadeur l'ordre de tenir à la Haye un langage tel que l'Empereur peut le désirer.

«Cette phrase de M. de Vergennes a été prononcée en réponse à la demande instante que faisait l'ambassadeur que l'on déclarât aux Hollandais que le Roi trouve les dernières demandes de l'Empereur justes et que si les États généraux s'y refusent, on les abandonnera.»

L'entretien se termina par une observation de M. de Vergennes sur les pleins pouvoirs de M. de Mercy et sur la phrase où il était parlé des excuses à faire par les Hollandais à propos de la canonnade de l'Escaut : *debitam faciant excusationem*. Il craignait que, par suite de la publicité que devraient avoir les pleins pouvoirs qui seraient annexés au traité, cette phrase ne blessât au vif les Hollandais et ne fît tout échouer. M. de Mercy fit seulement observer que l'outrage ayant été public la satisfaction devait l'être aussi. Mais, le 7 mars, dans une lettre qu'il écrivit à M. de Mercy pour l'informer que le courrier pour la Haye était parti la veille, M. de Vergennes insista encore fortement sur ce point.

Le 4, en quittant le ministre, M. de Mercy, comme d'habitude, se rendit chez la Reine pour Lui rendre compte de sa conférence. Elle lui dit qu'Elle avait suivi son conseil et qu'Elle avait parlé au comte de Vergennes seule et sans que le Roi fût présent. Il lui avait tenu le même langage qu'au comte de Mercy, mais en donnant un peu plus de détails. A propos des douze millions, il s'était fort récrié contre l'avidité insatiable de la cour de Vienne, et il avait dit que le Conseil d'État à l'unanimité avait été d'avis que la moitié de cette somme serait peut-être le maximum de ce que l'on pourrait obtenir des Hollandais. Mais la Reine avait insisté sur la nécessité de faire oublier à l'Empereur la façon dont le cabinet de Versailles s'était conduit envers lui et M. de Vergennes, tout en cherchant à s'excuser, avait promis de s'employer à rétablir la bonne intelligence entre les deux cours.

Avant de faire venir M. de Vergennes, la Reine avait eu un long entretien avec son mari. Le Roi s'était montré tout joyeux des dernières propositions de l'Empereur; «elles Lui permettraient, avait-il dit, de prouver à son allié toute la part qu'Il prenait à ses intérêts». Mais sur les douze millions, le Roi était encore plus inquiet que le ministre.

A l'exception de cet article et de quelques modifications sur certains autres, le Roi était bien résolu, si la réponse des Hollandais n'était pas satisfaisante, à prendre lui-même la parole dans le conseil, à réunir toutes les voix et à faire décider d'abandonner ces républicains à leur sort. Quant aux rassemblements de troupes sur les frontières, il ne pouvait plus en être

V. M., qui cache ses sentiments sous le masque de l'amitié et qui, par là, n'en devient que plus dangereuse. Peut-être V. M. jugera-t-Elle qu'avant d'arracher ce masque, il Lui conviendra de dissimuler encore pour tâcher de tirer quelque parti des derniers soupirs de l'alliance, soit relativement à la reprise possible de l'affaire de l'échange de la Bavière, soit relativement à d'autres objets; mais cela n'exclut pas la nécessité de faire expliquer nettement cette cour-ci sur la circonstance des démêlés avec la Hollande, et c'est d'après cette opinion que je me suis réglé d'autant plus que les ordres directs de V. M. semblent m'y autoriser.

La Reine est profondément affectée de ce que ses soins et son vrai zèle n'ont pas plus d'efficacité, et, plus d'une fois, je Lui en ai vu verser des larmes; mais l'instabilité des idées du Roi occasionne tout le mal et donne de si grands moyens à la mauvaise volonté de ses ministres qu'il devient infiniment difficile de leur en imposer complètement. La Reine s'expliquera [1] Elle-même sur l'usage qu'Elle a fait de la question, maintenant que la paix était assurée. Par son ordre, on avait fortement réprimandé le comte de Maillebois qui s'était permis de lever des recrues dans le royaume pour la légion que les Hollandais l'avaient chargé de former. La Reine apprit encore à M. de Mercy que les deux ambassadeurs hollandais, et surtout M. de Brantsen, s'étaient fort récriés sur la limitation de la mission des deux députés à envoyer à Vienne uniquement pour présenter des excuses à l'Empereur; mais on lui avait répondu sur un ton encore plus haut, si bien qu'enfin ils allaient s'exécuter; ces deux députés avaient été désignés par les États généraux dans le plus grand secret; au refus de M. de Berckenrode, on avait désigné un des plénipotentiaires aux conférences de Bruxelles; l'autre était l'ancien ministre hollandais à Vienne, M. de Wassenaar. Quant au traité d'alliance entre la France et la République, malgré les instances pressantes des Hollandais, il n'était pas encore signé et il ne le serait pas avant la fin des différends entre la République et l'Empereur.

M. de Mercy supplia instamment la Reine de bien faire voir au Roi et à M. de Vergennes combien il serait peu convenable de contester la somme de douze millions : 1° parce qu'elle représentait à la fois le rachat de Maëstricht et le remboursement des frais de guerre; 2° parce qu'il serait indécent de proposer à l'Empereur une somme insignifiante. (Dépêche d'office du comte de Mercy du 8 mars 1785.)

[1] *Marie-Antoinette à Joseph II, ce 15 mars 1785.* — «J'ai fait voir votre lettre au Roi, mon cher frère, et j'y ai joint quelques réflexions. Il me paraît aussi décidé que son caractère le comporte à faire finir les Hollandais. En raisonnant avec le Roi, je lui ai dit que, de bonne foi, je ne voyais rien de raisonnable à répondre à votre lettre et que, pour ne pas être en contradiction avec lui ou son ministre, j'en ferais un extrait auquel je le prierais de me donner des notes. Je vous envoie cet extrait et les réponses de M. de Vergennes. Vous jugerez de l'homme par cet échantillon et de la peine que j'ai auprès du Roi dans les affaires auxquelles il a sa confiance. Quoique j'espère que l'affaire va finir, je vous prie néanmoins de me renvoyer ces deux papiers et de m'en gar-

dernière lettre de V. M.; après en avoir extrait des notes, Elle a exigé que le Roi ordonnât au comte de Vergennes d'y répondre par écrit. L'absurdité de cette réponse m'a donné lieu à suggérer des moyens d'attaquer avec avantage leur auteur dans l'opinion du Roi. Par un retour de réflexion sur ce monarque, la Reine hésitait de montrer la réponse en question à V. M.; mais j'ai tâché de combattre cette répugnance et je crois l'avoir dissipée.

Maintenant, je vais réunir toute mon attention, tous mes efforts sur l'affaire hollandaise, et je disputerai le terrain avec la fermeté, même avec la roideur que V. M. daignera me permettre. Bien pénétré de la clémence avec laquelle Elle fait mention de ma santé, le dérangement où elle se trouve ne me laissera certainement rien omettre de ce qu'exigent mes devoirs.

190. — MERCY À KAUNITZ.

Paris, le 8 mars 1785. — L'état de souffrance où je me trouve depuis près de trois mois me rend les écritures si pénibles, qu'au moins, pour les pièces annexées à ma lettre, je profite de la permission que V. A. a bien voulu me donner de me servir dans ma correspondance particulière d'une main étrangère et qui est aujourd'hui celle du secrétaire d'ambassade.

J'ai l'honneur de joindre ici un P. S. adressé à l'Empereur par la voie du dernier courrier, et dont, faute de temps, je n'avais point fait

der le plus grand secret. Il est possible qu'ils me soient utiles s'il y a quelque nouvelle contradiction.

«M. de Mercy a employé une forme plus pressante que dans toutes ses autres conférences avec M. de Vergennes pour avoir une réponse catégorique. On ne la lui donne pas; mais ses instances ne sont pas tout à fait perdues et je crois qu'elles ont déterminé le Roi et son conseil à parler net aux Hollandais. Il faut pourtant attendre l'effet de ces bonnes dispositions pour y compter entièrement.

«On a si grande prévention ici contre l'échange que je doute qu'on s'y prête jamais de bonne grâce; mais, dans ce moment, ce projet remis sur le bureau ne servirait qu'à éloigner la satisfaction que vous exigez des Hollandais et à augmenter la dépense de vos troupes hors de chez vous.

«Ma santé est toujours très bonne; mais je sens et souffre tous les malaises ordinaires à la fin d'une grossesse. Adieu, mon cher frère; je vous embrasse de tout mon cœur.» (*Marie-Antoinette, Joseph II..... Ihr Briefwechsel*, p. 82.)

mention à V. A. D'après ce qu'elle sait que l'Empereur vient d'écrire en dernier lieu, elle verra l'usage que S. M. a jugé à propos de faire des insinuations que la Reine m'avait chargé de Lui exposer.

La lettre pleine de bontés que l'Empereur a daigné m'écrire par ce courrier, ne présente pas d'ailleurs de grands moyens à exercer efficacement mon zèle, et V. A. l'observera par ma très humble réponse à S. M., dont voici également une copie. Ces deux pièces, jointes à ce que contient ma dépêche d'office d'aujourd'hui, me dispensent ici de plusieurs détails qui ne seraient que des répétitions et que je dois épargner à V. A.

Accoutumé depuis trente-cinq ans [1] à servir sous ses ordres, je n'ai pas eu de peine à fixer mes idées sur ce que V. A. pourrait penser et vouloir relativement au fond ainsi qu'à la forme de tout ce qui se passe et ce qu'elle a la bonté de me dire à cet égard confirme mes opinions en augmentant mes regrets. Il ne reste, dans la conjoncture présente, d'autre attente vraisemblable, d'autre but, que celui de se tirer d'un précipice. Sans doute, Monseigneur, on y parviendra, et ce sera, de même que dans tant d'occasions, par le secours de vos lu-

---

[1] On ne sait pas comment M. de Mercy entra au service de l'impératrice Marie-Thérèse. Il est probable qu'il arriva à Paris à la fin d'octobre 1750 avec l'ambassadeur impérial, alors comte, plus tard prince de Kaunitz, qu'il suivait en qualité de chevalier d'ambassade (*Botschafts Cavalier*). Le 12 février 1752, le comte de Kaunitz adressait au baron de Koch, secrétaire de l'Impératrice, une note sur les comtes de Mercy, Wallenstein et Zinzendorf, qui étaient comme des attachés volontaires à son ambassade; voici ce qu'il disait de son futur successeur à Paris :

«Je suis très satisfait de la conduite des comte de Mercy et de Wallenstein, qui sont fort sages l'un et l'autre..... Le comte de Mercy joint à de fort bonnes mœurs de la prudence et de la douceur dans le caractère; malgré cela, je n'ai presque pas osé me flatter dans les commencements qu'il pût être jamais employé, parce qu'il était timide, taciturne et gauche dans ses façons jusqu'à la maussaderie; mais depuis qu'il est ici, j'ai tant fait et tant dit dans tous les tons, que je commence depuis quelque temps à m'apercevoir avec beaucoup de satisfaction de l'effet de mes conseils. Il commence à avoir un maintien très convenable; il ne voit que fort bonne compagnie et se fait aimer de tous ceux qui le connaissent.

«Je l'avais menacé tout en douceur que je ne l'emploierais point, que je ne le vis corrigé de ses défauts. Depuis que je vois du changement, je l'occupe dans ma secrétairerie. Il n'est pas fort dans la langue allemande; mais, comme il a grande envie d'apprendre, il apprendra. Ce ne sera pas un génie brillant, mais la bonté de son caractère, son zèle et son application lui tiendront lieu de ce qui peut lui manquer de ce côté-là et le mettront certainement en état de pouvoir être employé utilement.»

En 1754, M. de Mercy fut nommé ministre à Turin. L'instruction pour le chambellan impérial, comte Florimond de Mercy, est datée du 30 avril 1754.

mières supérieures ; mais si cet effort devait être le terme de votre glorieuse carrière, l'époque d'un important service deviendrait bien fatale à l'État par votre retraite. Cependant la lettre de V. A. m'autorise à prévoir que cela peut arriver, et cette perspective me frappe si vivement que je me vois forcé de mettre dès aujourd'hui sous ses yeux ce que je ne comptais avoir l'honneur de lui exposer que d'ici à quelques mois.

Il y a près de deux années que le dérangement continuel de ma santé m'avertit que je ne suis plus propre aux affaires. Des incommodités hémorrhoïdales, qui ne me donnent presque plus de relâche, me rendent souvent insupportables les moindres trajets en voiture, ainsi que généralement tout ce qui tient aux devoirs purement matériels de ma place, ce qui devient un inconvénient majeur dans un local où l'activité est aussi nécessaire qu'elle l'est ici.

C'est particulièrement dans le cours de la mauvaise saison que j'éprouve le plus les effets d'une si fâcheuse situation, puisque pendant toute la durée des hivers je ne suis pas sûr d'une seule journée, ni de pouvoir faire face à ce que des circonstances pressantes pourraient exiger de mon zèle. Menacé d'une incommodité bien plus grave encore, il serait nécessaire pour la prévenir que j'allasse pendant plusieurs années prendre des eaux minérales situées en Lorraine et dont l'effet est souverain contre les maladies néphrétiques; cependant les devoirs de mon état présent ne sauraient se concilier avec un pareil régime.

Depuis que la France a si étrangement varié dans ses maximes politiques, l'ambassade impériale se réduira bientôt ici à un office d'étiquette, de forme et de courses à Versailles, sans que celui qui le remplira puisse se flatter, au moins de longtemps, de pouvoir s'y rendre réellement utile.

Dans ma position isolée, sans autre famille que quelques parents très éloignés, approchant de soixante ans [1], mon existence physique et

---

[1] Jusqu'ici la date de la naissance du comte de Mercy n'a pas été fixée avec exactitude. Dans la note qu'il a consacrée à ce diplomate, M. de Bacourt, bien qu'il ait eu connaissance des papiers conservés par la famille de M. de Mercy, a commis une grosse erreur. Il dit que Florimond-Claude comte de Mercy-Argenteau naquit à Liège en 1722 (*Correspondance entre le comte de Mirabeau et le comte de la Mark*, publiée par M. de Bacourt. Paris, 1851, in-8°, t. I, p. 287). Cette date ne peut pas s'accorder avec ce que dit ici M. de Mercy lui-même, car s'il était né en 1722 il aurait eu soixante-trois ans en 1785. Néanmoins elle a été adoptée par Th. Juste dans son petit volume sur le

morale n'admet plus d'autre désir raisonnable que celui de me procurer un intervalle de tranquillité entre la vie et la mort, et de pouvoir jouir de ce repos, soit dans le pays de Liège, ma patrie, lieu de ma naissance et le berceau de ma famille, soit dans quelques terres éparses que je possède en France et en Lorraine et qui deviendront pour moi une retraite d'autant plus agréable que j'y porterai les goûts de mon âge, dont le plus essentiel est celui que j'ai toujours eu pour les occupations rurales. Dans cette vie solitaire et ignorée, il me restera beaucoup d'objets de méditation et de souvenir qui répandront du calme et de la douceur sur le reste de mes jours. Le premier, le plus précieux de ces souvenirs, sera celui de l'extrême bonté, si peu méritée, mais toujours constante, que vous m'avez fait éprouver, Monseigneur; je ne cesserai de me rappeler ce que, pendant une longue suite d'années, j'ai été à même d'admirer de près dans l'exemple que vous avez donné de tant de bienfaisance, de génie et de vertus les plus sublimes. Je contemplerai ce tableau avec tout le charme que m'y fera trouver la vive reconnaissance, le fidèle attachement et tous les sentiments profonds que mon cœur vous a voués et qu'il vous conservera jusqu'au dernier moment de mon existence.

Après cet exposé, et pour le temps où la crise politique actuelle sera entièrement terminée, j'invoque la bonté et la justice de V. A., en la suppliant de vouloir bien choisir le moment qu'elle jugera convenable pour mettre sous les yeux de l'Empereur les motifs qui me forcent à solliciter ma démission. Cette dernière seule et unique grâce que je demande à S. M. mettra le comble à l'extrême clémence qu'Elle

---

comte de Mercy-Argenteau (Bruxelles, 1863) et plusieurs autres auteurs. Certains, plus prudents (Wurzbach, *Biogr. Lex.*, t. XVII, p. 391; Wertheimer, *Hist. Zeitschrift*, t. LV, p. 367) disent que le lieu et la date de naissance sont inconnus.

Voici un extrait d'une lettre du commis expéditionnaire d'ambassade Hoppe au baron de Thugut, en date du 20 décembre 1794, qui lèvera tous les doutes :

«Votre Excellence y (l'extrait mortuaire de Mercy) remarquera une erreur sur l'âge de M. l'Ambassadeur qui, *étant né le 20 avril 1727*, n'avait que soixante-sept ans et quelques mois le jour de son décès.»

Or, le commis Hoppe (voir p. 248) avait été élevé dans la maison de M. de Mercy et par ses soins, et il est invraisemblable que, dans un document officiel, il ait pu commettre une erreur sur la date de la naissance de son bienfaiteur. D'ailleurs cette date s'accorde bien avec ce que dit M. de Mercy lui-même dans cette lettre au prince de Kaunitz.

Il est donc certain que le comte Florimond de Mercy-Argenteau est né le 20 avril 1727 dans le pays de Liège et très probablement dans cette ville même.

a daigné me marquer en tout temps, en toute occasion et que j'aurais tâché de mériter en partie par de plus longs et de meilleurs services, si mon état physique ne s'y était invinciblement opposé.

Relativement à l'ordre que V. A. me donne de voir si l'appréhension de la marche des troupes qui sont encore en arrière pourrait faire quelque effet, j'ai tenu sur cet article et sur d'autres semblables un langage assez décidé à M. de Vergennes; mais il est trop revenu de la peur que lui a causée pendant bien longtemps notre auguste monarque, et comme j'ai eu l'honneur de l'observer à V. A. dans ma dernière lettre, on se persuade ici qu'il suffit de parler bien haut pour arrêter l'Empereur dans les projets qu'il annonce. A cette opinion se joint celle que V. A. n'a jamais approuvé le fond ni la marche des affaires présentes. Je sais par la Reine que M. de Noailles l'a mandé; on n'était déjà que trop porté à le croire, et je crains infiniment que la réunion de ces idées n'influe d'une manière ruineuse dans la négociation qui va s'entamer. J'y apporterai certainement toute l'attention dont je suis capable et toute la fermeté qu'il me sera permis d'y employer.

La dernière lettre de V. A. est supprimée; j'avais pensé, de même que dans d'autres occasions, à lui renvoyer tout ce qui portait des marques particulières de la confiance dont Elle m'honore; mais, quelle que soit la sûreté des courriers, il est bien plus sûr encore de brûler sur place, et, en cela comme en tout, V. A. est bien certaine de mon exactitude et de ma fidélité.

---

191. — JOSEPH II À MERCY.

Vienne, 3 avril 1785. — L'heureuse délivrance de la Reine, dont je viens de recevoir la nouvelle par un courrier du Roi [1], m'engage à

---

[1] *Louis XVI à Joseph II. Versailles, le 27 de mars 1785, à 8 heures du soir.* — « C'est avec le plus grand plaisir, mon cher beau-frère, que je vous apprends que la Reine vient d'accoucher très heureusement d'un garçon, que j'ai nommé le duc de Normandie. Je connais assez votre amitié pour moi, mon cher beau-frère, pour être sûr que vous partagerez ma satisfaction. J'espère que vous ne douterez jamais de tous mes sentiments et de la tendresse avec laquelle je vous embrasse. » (*Marie Antoinette, Joseph II.... Ihr Briefwechsel*, p. 85.)

vous envoyer celui-ci pour n'être jamais en arrière à l'égard des attentions et faire rougir davantage ceux qui ne connaissent vis-à-vis de moi que des phrases et aucun fait amical. Je vous joins à cette occasion une lettre pour le Roi et une autre pour la Reine[1]. Je n'ai connu dans ce moment que mon tendre attachement pour elle et me suis livré uniquement au plaisir que cet événement doit lui faire. Le nouveau duc de Normandie est venu fort à propos et la bonne santé dont la Reine jouit, à ce que M. de Noailles m'assure, me remplit surtout de satisfaction. Vous me ferez plaisir de n'épargner aucune expression pour la convaincre de l'intérêt que j'y prends.

Je ne vous ai pas renvoyé de courrier en réponse à votre dernière dépêche, parce que j'ai même voulu faire connaître là-bas que c'était mon dernier mot. Vous avez parfaitement bien saisi le sens et l'objet pour lequel l'armistice devait avoir lieu et vous vous y êtes refusé très à propos, tout comme j'approuve entièrement la manière dont vous vous êtes expliqué vis-à-vis de M. de Vergennes avec la sagacité et le zèle qui vous sont propres. Les réflexions que vous faites ne sont malheureusement que trop vraies, mais le moment n'est pas encore venu pour pouvoir ressentir ouvertement les mauvais procédés et les mauvaises intentions que la France a développés sous le titre spécieux d'allié.

Je prévois bien que les Hollandais et la France voudront encore me marchander. Quant à l'argent, il y a une très bonne chose à dire, c'est que, si l'on trouve la somme trop forte et qu'elle surpasse la valeur de Maëstricht et de son territoire, ils n'ont qu'à me céder cette ville et ses dépendances et garder leur argent. L'essentiel est de tirer bien au clair, s'il est possible, si la France, dans le cas que les Hollandais ne se prêtent aux conditions prescrites, me laissera agir hostilement sans y prendre part? Voilà un aveu qu'il faudrait tâcher d'obtenir.

Je ne parle point à la Reine d'affaires, dans la crainte que, comme elle se trouve en couches, ma lettre pourrait être vue; mais je vous renvoie ici cachetées les deux pièces secrètes qu'elle m'a communiquées et qu'elle désirait ravoir. Je vous prie de les lui faire tenir en mains propres, en lui faisant connaître la raison qui m'a engagé à ne point lui en faire mention dans cette occasion. Mais, en même

---

[1] Ces lettres manquent.

temps, vous voudrez bien lui témoigner combien je suis sensible et reconnaissant pour tout ce qu'elle veut bien faire pour ma cause, et continuez en même temps à l'engager à y veiller et à diriger, autant que cela se peut, la faible volonté du Roi.

Quant au contenu des réponses de M. de Vergennes, qui se trouvent ci-jointes, la Reine les a parfaitement jugées, et si elle ne parvient à un changement avantageux dans le ministère, tout sera dit et pour mes intérêts et pour le crédit de la Reine, puisque cet homme-là agit non seulement par une fausse conviction, mais aussi par passion, et parce qu'il paraît être persuadé qu'on lui en veut et que ses offenses sont trop manifestes pour être oubliées.

Adieu, mon cher Comte; soyez, je vous prie, bien persuadé de mon estime, et je désire bien sincèrement d'apprendre de meilleures nouvelles de votre santé.....

Je vous joins ici la copie de la dernière lettre que le Roi m'a écrite[1]. Dans ce moment, je reçois, par le prince de Kaunitz, votre lettre et vous suis obligé des détails que vous m'y faites.

---

[1] *Louis XVI à Joseph II. Versailles, le 10 mars 1785.* — «Mon cher beau-frère, j'ai reçu la lettre que vous m'avez écrite le 21 du mois dernier, et le comte de Mercy m'a fait communiquer les conditions auxquelles V. M. veut bien traiter avec les Provinces-Unies. Je les ai examinées avec l'intérêt que j'apporterai toujours à ce qui la regarde; c'est ce sentiment qui a dirigé la réponse préliminaire que j'ai fait remettre à son ambassadeur.

«J'ai fait écrire en Hollande pour presser la République de délibérer sur les conditions proposées par V. M. et nommément sur le rachat de Maëstricht. C'est de la résolution que prendront les États généraux, que semble devoir dépendre la conduite ultérieure de V. M. aussi bien que la mienne. Celle que j'ai tenue jusqu'à présent a été invariablement dirigée au maintien de la paix; mon but est toujours le même et je n'en serai pas moins zélé pour procurer à V. M. toute la satisfaction qu'elle peut désirer. Ma juste confiance dans sa justice et dans sa magnanimité m'assure d'ailleurs qu'elle en adoucira plutôt qu'elle n'en aggravera les conditions.

«Quant au projet de l'échange de la Bavière je me contenterai d'observer à V. M. que ma qualité de garant des traités de Westphalie et de Teschen exigeait de ma part une grande circonspection; que je ne pouvais articuler une opinion avant de connaître celle des parties intéressées et qu'avant que je pusse la sonder on avait déjà mis le duc des Deux-Ponts dans le cas de s'expliquer. V. M. connaît au reste la sensation que ce projet a causée dans l'Empire.

«Je ne doute pas, mon cher beau-frère, que ces courtes observations ne vous convainquent que j'ai suivi par rapport à l'échange la seule marche compatible avec ma position et qu'elle n'a rien eu de contraire à l'intérêt sincère que je prends à tout ce qui peut toucher V. M. et à la tendre et inviolable amitié que je vous ai vouée pour la vie et avec laquelle je vous embrasse.» (*Marie-Antoinette, Joseph II... Ihr Briefwechsel*, p. 83.)

192. — MERCY À JOSEPH II.

Paris, 19 avril 1785. — Les très gracieux ordres de V. M. I., en date du 3, me sont parvenus le 11; dès le lendemain, j'ai présenté à la Reine la lettre qui Lui était adressée, les pièces secrètes qui se trouvaient sous une enveloppe particulière, et j'ai dit tout ce qui m'était enjoint sur la vive satisfaction que V. M. a éprouvée à l'occasion des couches heureuses de son auguste sœur.

Il est certain que la naissance d'un second prince donne un grand surcroît à l'influence et à la solidité du crédit de la Reine. Je n'omets rien pour tâcher d'en faire rejaillir les effets sur les circonstances présentes ainsi que généralement sur tout ce qui a trait au service de V. M., et quand on considère le vrai intérêt que la Reine y met, et que l'on compare le résultat de ses démarches, de ses désirs avec tout ce que sa position brillante devrait opérer, cet examen paraît impliquer dans l'ensemble des choses une contradiction, laquelle disparaît en partie lorsque l'on observe de près la tournure d'esprit et de caractère du Roi, son impéritie en affaires, la peur et le dégoût qu'elles lui causent et l'abandon de tous soins qui en résulte envers ses ministres. J'ai toujours représenté à la Reine qu'en matières d'État Elle ne parviendra jamais à diriger complètement le pouvoir de son époux; il faudrait subjuguer ce pouvoir, même l'écarter pour ainsi dire tout à fait, et cela ne serait pas à beaucoup près impossible, en mettant à ce projet la méthode et la suite nécessaires. Sans ce préalable, les ministres pourront bien, dans certains moments, craindre de perdre leurs places; mais tant qu'ils y seront, ils n'auront jamais à craindre d'être troublés dans l'exercice arbitraire de leurs départements; ils connaissent trop leur maître pour douter de l'infaillibilité des moyens qu'ils ont de ramener toujours sa volonté à la leur propre. Je devais très humblement entrer dans ces détails, parce qu'ils conduisent à l'éclaircissement de la question essentielle, savoir :

Si le cas existe, la France laissera-t-elle agir hostilement contre la Hollande sans y prendre part?

On pourrait affirmer avec assurance que le Roi, par sa façon de penser personnelle et par déférence pour celle de la Reine, serait très éloigné de s'engager dans une guerre et qu'il y répugnerait même fortement; mais il est presque aussi certain que l'opinion du comte de Vergennes déciderait du parti qui serait pris, et comme l'esprit, le caractère faux et les intentions suspectes de ce ministre n'admettent pas l'espoir de le faire expliquer nettement, et que, quand même il s'y prêterait, il y aurait peu à compter sur la véracité de ses assertions, il en résulte une grande incertitude sur la conduite que tiendrait cette cour-ci en cas de troubles. Cependant, à en juger par l'état actuel du militaire français, par celui des finances et par la complication des embarras qui les gênent, il n'est pas probable que la France se hasardât à des opérations réellement actives, et si elle mettait sur pied un corps d'armée, ce ne serait sans doute, surtout dans une première campagne, que pour le tenir sur les frontières dans une posture d'observation.

Quand il s'agit d'objets compliqués, j'ai pour méthode de remettre à la Reine des notes [1] rédigées dans la tournure convenable à sa manière de saisir les choses, et ces notes servent de texte à ses entretiens avec le Roi et son ministre. Je joins ici très humblement les remarques que je présentai à la Reine au mois de février, et, lorsqu'Elle en fit usage, le Roi Lui déclara positivement qu'en cas de réticence de la part des Hollandais, Il les abandonnerait et ne ferait pas la moindre démonstration en leur faveur. Cependant jamais il n'y eut moyen de faire articuler au comte de Vergennes un langage semblable et si même il l'avait tenu il n'y aurait pas eu trop à s'y fier.

Il est apparent que à l'exception de la quotité du prix de Maëstricht on a conseillé aux Hollandais de se prêter aux dernières demandes de V. M. Il resterait à savoir le degré d'énergie que l'on aura mis à ce conseil, et je crains bien qu'il ne soit pas tel que l'on puisse se promettre d'obtenir par les seuls moyens de négociation l'intégrité de la somme exigée. L'avis que la Reine a daigné me donner jeudi dernier annoncerait même de la difficulté d'atteindre aux huit millions de florins.

La dépêche d'office que j'adresse aujourd'hui au prince-chancelier de cour et d'État, ainsi que celle que j'écris au comte de Belgiojoso [2],

---

[1] On n'a aucune des notes rédigées par M. de Mercy pour la Reine.

[2] Dans ses dépêches du 13 et du 19 avril au comte de Belgiojoso et au prince de Kaunitz, le comte de Mercy rendait compte de ses deux premières conférences avec les ambassadeurs hollandais à Paris. Dans la première de ces conférences

seront mises sous les yeux de V. M., et elles ne me laissent rien à ajouter sur la matière. Je redoublerai d'activité et de zèle pour arriver au but qui m'est prescrit, et je suis avec la plus profonde soumission.....

P. S. Mon très humble rapport était écrit lorsque la Reine a bien voulu m'apprendre ce que tout en dernier lieu le Roi a ordonné au comte de Vergennes de faire connaître à la Haye. Comme la Reine le mande Elle-même [1] à V. M., *à moins que le ministre ne se serve de quel-*

les plénipotentiaires hollandais avaient déclaré que la République ne pourrait pas donner plus de trois millions pour racheter Maëstricht; en outre ils avaient vivement insisté pour qu'on leur laissât le comté de Vroenhove et le pays d'Outre-Meuse; sur les autres articles ils n'avaient guère discuté que pour la forme.

M. de Mercy avait supplié la Reine d'intervenir tant près du Roi que du comte de Vergennes pour leur faire sentir le plus fortement possible l'indécence de la somme dérisoire offerte par les Hollandais et d'insister pour qu'on tînt à ces républicains un langage ferme et énergique, capable de les mettre à la raison. Peu de temps après la Reine fit savoir à M. de Mercy que le jeudi 14 avril Elle avait parlé de ces affaires au Roi avec la plus grande énergie et que ce monarque avait manifesté son étonnement et son mécontentement de l'avarice des États généraux. Le Roi Lui avait promis d'en parler à M. de Vergennes et de lui donner l'ordre de représenter fortement aux ambassadeurs hollandais l'inconvenance de leur proposition et la nécessité pour eux de se soumettre aux volontés de l'Empereur. En même temps le Roi avait assuré que son ministre ne lui avait rien dit de cette affaire; mais Il avait été aussi d'avis que si les Hollandais se décidaient à payer quinze ou seize millions de livres, cela devrait être suffisant pour contenter l'Empereur sur Maëstricht.

M. de Mercy ne manqua pas de combattre cette opinion par tous les arguments qu'il avait déjà maintes fois exposés à la Reine. Il ajouta qu'il n'y avait plus maintenant rien à craindre quant à la ruine de la République ou aux agrandissements que l'Empereur voudrait se procurer à ses dépens, puisque les différends relatifs aux frontières étaient, pour ainsi dire, arrangés, et que ce serait un vrai scandale pour toute l'Europe si le cabinet de Versailles continuait à soutenir les Hollandais lorsqu'il ne s'agissait plus que d'une affaire d'argent.

La Reine fit si bon usage de ces considérations près du Roi qu'Il lui promit de donner l'ordre au comte de Vergennes de déclarer sérieusement aux Hollandais que dans leur intérêt on leur conseillait de ne pas trop marchander au sujet de Maëstricht; car pour une simple affaire d'argent le Roi Très Chrétien ne pouvait oublier les liens du sang et l'alliance qui l'unissaient étroitement à l'Empereur. Et peu de temps après le Roi vint assurer la Reine qu'une déclaration en ce sens avait été expédiée à la Haye. Mais M. de Mercy n'avait qu'une très médiocre confiance dans la façon dont M. de Vergennes exécuterait les ordres du Roi. (Dépêche d'office du comte de Mercy au prince de Kaunitz du 19 avril 1785.)

[1] *Marie-Antoinette à Joseph II, ce 18 avril 1785.* — «J'étais bien sûre, mon cher frère, que vous partageriez ma joie. On en a eu beaucoup ici pour la naissance de mon fils qui se porte très bien et a tous les symptômes d'une bonne constitution. Si dans ce moment M. de Vergennes

ques *faux-fuyants*, il devra résulter de cette démarche plus de facilités sur le prix de Maëstricht, mais je connais trop le comte de Vergennes pour ne pas rester dans une juste défiance jusqu'à ce que les faits en répondent.

193. — MERCY À KAUNITZ.

Paris, le 19 avril 1785. — La lettre dont V. A. m'honore, en date du 3 de ce mois [1], m'a été remise le 11, et, dès le lendemain, j'ai eu occasion d'en faire lecture à la Reine, ainsi que du billet écrit à M. de Noailles au sujet des couches de cette princesse. Elle a paru réellement touchée de ces témoignages d'attachement; Elle m'a parlé de l'attente d'une réponse à la lettre qu'Elle a écrite à V. A., en ajoutant qu'Elle recevrait avec un vrai plaisir, Monseigneur, cette nouvelle preuve directe de vos sentiments pour Elle.

....

Mes deux dépêches allemande et française ne me laissent plus rien à dire sur la matière, et mon très humble rapport à l'Empereur est une copie exacte de ce que je viens d'exposer à V. A [2]. Je suis pénétré de la mention qu'Elle veut bien faire de ma santé, mais je ne pourrais à cet égard que répéter ce que j'ai eu l'honneur de mettre sous vos yeux par une lettre du 8 de mars dont le dernier courrier était chargé. Quelques intervalles à mes souffrances en laissent subsister les causes, et s'il existe un moyen de les diminuer, ce ne sera qu'en obtenant en temps et lieu, mais le plus tôt possible, l'effet de mes vives instances, que j'ose renouveler ici, en invoquant plus que jamais, Monseigneur, votre justice et vos bontés.

---

ne s'est pas réservé des faux-fuyants, la lettre que le Roi m'a dit écrite par son ministre doit décider les Hollandais à ne pas marchander sur le prix de Maëstricht. Il y est parlé de l'alliance et de la parenté dans des termes dont vous seriez content et on leur fait entendre qu'on n'y manquera pas pour une affaire d'argent.

«Je me porte bien et je me ménage au point de ne pas user de toutes les facilités que les médecins me permettent eu égard à la saison et au bon état dans lequel je me trouve.» (*Marie-Antoinette, Joseph II... Ihr. Briefwechsel*, p. 86.)

[1] Cette lettre manque.

[2] M. de Mercy parle des paragraphes précédents que nous avons supprimés parce qu'ils répètent absolument dans les mêmes termes ce qui est dit dans la lettre à l'Empereur ci-dessus.

194. — JOSEPH II À MARIE-ANTOINETTE.

Vienne, 6 mai 1785. — Ma chère sœur, j'ai été enchanté de la lettre que vous venez de m'écrire, qui, en m'assurant de votre bonne santé et de celle vos enfants, me donne en même temps les marques les plus flatteuses de l'intérêt que vous prenez à la réussite de mes négociations avec les Hollandais; il faut espérer que, si cette fois-ci, on leur a tenu au nom du Roi le langage que vous me marquez, ils sentiront l'impertinence et la déraison de leurs difficultés. Ils traînent l'envoi de leurs députés pour sauver même l'apparence de me faire des excuses dont cependant le Roi et eux-mêmes avaient reconnu la convenance; et pour la somme d'argent, s'ils la trouvent trop forte, ils ont le marché en main et ils n'ont qu'à me donner Maëstricht avec son territoire, et je serai très content, car ce n'est pas pour l'argent, mais pour l'indécence de me marchander et de ne pas m'offrir une somme qui eût l'air séant et pas celui d'un pourboire, comme est la somme à laquelle ils se sont déclarés. Le comte de Mercy vous informera plus en détail sur ces deux objets qui seuls rendraient toute négociation impossible, et je suis très décidé de commencer, plutôt que d'y souscrire, les hostilités.

Du reste je puis vous assurer, ma chère sœur, et vous pourrez vous en faire garante auprès du Roi, que, malgré tous les contes que le roi de Prusse et d'autres soufflés par lui répandent, il n'existe pas l'ombre d'une idée ou d'un projet de ma part ni pour changer la Constitution germanique, ni de faire la guerre à la Porte, ni nulle autre part, et que je n'ai contracté de liens quelconques qui m'obligeraient ou pourraient m'engager à de pareilles démarches. Voilà ce que je puis vous assurer sur mon honneur, si vrai que je vous aime, et je le fais uniquement pour prévenir toutes les fausses insinuations dont il pourrait naître de fausses démarches.....

195. — JOSEPH II À MERCY.

Vienne, ce 6 mai 1785. — Mon cher comte de Mercy, j'ai reçu par le garde galicien votre lettre; j'étais parfaitement content de la façon dont vous avez géré toute cette négociation et tiré parti des étincelles de bonne volonté et de sincérité du ministère français; elle répond parfaitement à la juste confiance que j'ai toujours eue en votre zèle et en vos lumières.

Vous verrez par la dépêche du prince de Kaunitz que, pour le présent, il s'agit principalement de deux choses, savoir que la mission des deux députés à Vienne, chargés d'y faire des excuses, soit bien voyante, car c'est enfin le seul objet qui doit aux yeux de l'Europe sauver ma considération gravement lésée. Il paraît que la République veut, par le lanternage qu'elle met à leur départ, attendre la conclusion de quelques préliminaires et ensuite les envoyer, ce qui changerait toute la forme et l'objet de leur mission en lui donnant l'air d'un mutuel envoi de ministres, ce que la France a déjà osé insinuer ici par son ambassadeur qu'elle espérait que j'enverrais également bientôt un ministre à la Haye. Voilà un point sur lequel je ne céderai jamais et après que la France et même la République ont reconnu qu'une excuse m'était due, je ne balancerais point de faire plutôt la guerre que de mollir sur cette demande qui doit être bien voyante et clairement une excuse. C'est en conséquence de cela que vous recevrez les ordres de suspendre toute négociation jusqu'à ce que vous soyez informé d'ici que les députés y sont arrivés et que j'ai eu lieu d'être satisfait de la manière dont ils se sont acquittés de leur commission. Je vous prie, mon cher Comte, d'employer à cet égard toute votre éloquence et toute la fermeté qu'il exige, et surtout de bien faire sentir à la Reine que mon honneur le demandait ainsi. Un peu plus de temps de perdu pour la conclusion, les frais une fois faits, ne peut plus faire un objet, lorsqu'il s'agit de maintenir la considération de la monarchie.

Quant au second point qui concerne l'argent, je crois qu'il faut également rester ferme sur l'alternative d'entrer en possession de Maëstricht et de son territoire ou d'y renoncer moyennant le dédommagement pécuniaire fixé d'abord à douze millions de florins d'Allemagne. Je désirerais bien, vu le dérangement de leurs finances, qu'ils prissent le premier parti en me cédant Maëstricht. Au pis aller, pourtant, vous êtes autorisé de leur faire grâce d'une couple de millions, parce qu'il ne s'agit pas absolument de l'argent, mais que je n'aie pas l'air de me laisser marchander sur la somme que j'ai fixée. Vous ferez sentir que comme j'avais lieu de douter que la République voulût sincèrement se prêter à ces deux objets essentiels, je ne pourrai plus différer d'employer vis-à-vis d'elle les moyens de force, et, qu'en conséquence, je rassemblerai mes troupes aux Pays-Bas pour qu'elles puissent se mettre en mouvement et agir hostilement aussitôt que je me serai confirmé de la mauvaise foi que les Hollandais mettent dans cette négociation. L'essentiel est de bien savoir le parti que les Français prendraient dans ce cas-là, et, pour vous mettre au fait du peu de détails que la Reine me fait, je vous joins ici la copie de sa lettre [1].

Si son influence dans les affaires importantes devrait être de quelque valeur, elle aurait dû s'en préparer de loin les moyens et s'attacher quelque personne de poids et d'un caractère capable de la bien conseiller, au lieu de perdre son crédit pour des petits objets et pour des personnes dont le seul mobile est l'intérêt d'argent, d'emplois et d'honneurs pour leurs protégés et amis.

En vous joignant ici une lettre pour la Reine, je ne puis, mon cher Comte, que vous renouveler encore une fois que je suis parfaitement tranquille de savoir cette affaire entre vos mains, connaissant la sagacité avec laquelle vous avez toujours saisi et combiné tous les objets qui ont été confiés à votre ministère.

Quant à tous les autres articles, excepté les deux ci-dessus, j'approuve tout ce qui a été réglé à leur égard. Il serait seulement à désirer que le mot de *commerce* pût passer et même être interprété en faveur de mes sujets flamands pour la liberté du commerce aux Indes.

Adieu, mon cher Comte, soyez persuadé de tous les sentiments d'estime et d'amitié avec lesquels je serai toujours.....

Je vous joins ici une copie de la lettre que j'écris à la Reine. Il m'a paru important de la mettre dans le cas de contredire avec sûreté toutes les fausses insinuations qui, sur mes vues de troubles et d'agrandissements, pourraient parvenir au Roi et occasionner des fausses démarches. C'est surtout pour la Porte où les armements ne discontinuent pas et deviennent même embarrassants pour les voisins, que je vous prie de tenir le même langage au ministère de France.

[1] Voir plus haut, p. 414, n. 1.

196. — KAUNITZ À MERGY.

Vienne, le 6 mai 1785. — La partie de ce que voulait l'Empereur, et à laquelle il a bien voulu se borner sur mon avis, est le principal objet de cette expédition. Il m'a paru que cette dose du coup d'éperon, bien plus violente qu'on se proposait de vouloir donner, n'était sujette à aucun inconvénient majeur, et j'ai cru devoir moyennant cela y consentir. Il en résultera, à la vérité, un délai de quelques semaines; mais comme c'est *pantalon chi paga,* ce sont ses affaires. Un peu plus d'argent jeté par les fenêtres: *transeat cum cæteris.* J'ai parlé raison et cru devoir inspirer un peu d'inquiétude au marquis de Noailles et je souhaite qu'il fasse bon usage de mes propos.

Je me flatte au bout du compte que tout ceci approche insensiblement de sa fin, et je le souhaite bien fort, en grande partie entre autres par rapport à vous, mon bon ami, à qui je serais bien aise d'avoir redonné un peu de tranquillité.

Mais n'espérez pas que je puisse jamais consentir à l'exécution des idées que vous m'avez confiées par votre lettre en date du 8 du mois dernier, tant et aussi longtemps que je serai en place; et pour conserver à l'Empereur un serviteur aussi méritoire et aussi utile que vous, je vous promets d'y rester, si vous me promettez de rester dans la vôtre, au moins tant et aussi longtemps que je tiendrai bon dans la mienne, et je vous avoue que je compte si fort sur votre amitié, que je me flatte que vous me répondrez sur cet article comme je puis le désirer et le désire réellement avec beaucoup de vivacité.

Je vous prie de présenter la lettre ci-jointe à la Reine [1]. Je me flatte que vous en tirerez parti de plus en plus, attendu que *ogni giorno passa un di,* et que plus que toute chose, il me semble, nous n'avons besoin que de mûrir. Ayez soin de votre santé, conservez-moi votre amitié et comptez toujours, comme vous le devez, sur la mienne.

---

[1] Cette lettre manque.

197. — MERCY À JOSEPH II.

Paris, 18 mai 1785. — Le courrier mensuel m'a remis, le 13 de ce mois, les très gracieux ordres de V. M. I., datés du 6, et dès le lendemain 14, j'ai tâché de les remplir avec d'autant plus d'ardeur que, par une suite de sa grâce et de sa clémence, V. M. daigne me marquer qu'Elle est satisfaite de mon zèle dont les effets d'ailleurs répondent si peu à ce que je voudrais obtenir pour l'avantage de son auguste service.

Ma dépêche d'office contient ce qui s'est passé entre le comte de Vergennes et moi[1]; je dois, par conséquent, me borner à exposer ici

---

[1] Le 14 mai M. de Mercy eut à Versailles une longue conférence avec M. de Vergennes. Il insista surtout sur ces deux points : le retard de l'envoi des députés hollandais à Vienne et la somme vraiment dérisoire offerte pour le rachat de Maëstricht. Il annonça à M. de Vergennes qu'il avait reçu l'ordre de cesser toutes négociations avec les plénipotentiaires de la République à Paris jusqu'à ce qu'il fût informé que les députés hollandais étaient arrivés à Vienne et avaient fait à l'Empereur la satisfaction qu'il exigeait.

Le secrétaire d'État ne fit pas la moindre objection; il se borna à répondre qu'il userait de toute l'influence que la France pouvait avoir à la Haye pour presser le départ des députés. Il avoua même à M. de Mercy qu'il était bien éloigné de vouloir défendre la conduite des Hollandais qu'il trouvait aussi indécente qu'insensée. Il avait déjà envoyé un courrier à M. de Vérac pour le charger de parler fortement aux États généraux sur ce point. Lui-même il avait dit à plusieurs reprises son sentiment aux ambassadeurs hollandais, avec qui il venait d'avoir deux entretiens fort vifs.

M. de Mercy déclara ensuite à M. de Vergennes que la cour de Vienne pouvait d'autant moins faire de concessions sur le prix de Maëstricht que le roi de Prusse s'était permis de dire qu'il suffirait aux Hollandais « *de donner à l'Empereur quelques millions de florins pour boire.* » Le ministre s'efforça de manifester par ses paroles et par l'expression de son visage toute l'indignation que lui causait ce propos, et il dit qu'il ne concevait pas comment un si grand monarque pouvait se permettre une telle vilenie. M. de Mercy profita de l'émotion de M. de Vergennes pour lui soumettre de nouveau tous les motifs qui portaient la cour de Vienne à ne pas céder dans cette affaire, où il ne s'agissait pas de recevoir une somme d'argent plus ou moins forte, mais de sauvegarder la considération et la dignité de l'Empereur que les intrigues prussiennes voulaient entamer. M. de Vergennes répondit qu'il redirait aux Hollandais avec la plus grande énergie ce qu'il leur avait déjà déclaré maintes fois, c'est-à-dire que le Roi pour une simple affaire d'argent, ne briserait pas tous les liens qui l'unissaient à l'Empereur, et il ajouta qu'il était incroyable combien ils tenaient à l'argent. Il allait demander au Roi l'autorisation d'envoyer un nouveau courrier à M. de Vérac afin de lui renouveler l'ordre de faire les plus grands efforts pour ramener à la raison ces républicains.

En terminant le récit de sa conférence avec M. de Vergennes, M. de Mercy faisait remarquer que depuis longtemps il n'avait pas eu avec ce ministre un entretien où il eût montré tant de bon vouloir. (Dépêche d'office du comte de Mercy au prince de Kaunitz du 18 mai 1785.)

très humblement ce qui a trait à la Reine. Elle a parfaitement senti toute la franchise et l'amitié qu'exprime la lettre de V. M.; Elle s'est d'abord proposé de la montrer au Roi; j'ai fort appuyé sur cette idée et je me suis permis de suggérer le commentaire qui pouvait être joint utilement à cette communication. La Reine a été vivement piquée des propos tenus par le roi de Prusse; Elle s'y est crue personnellement offensée; il en est résulté des marques de dépit sur la conduite que l'on a tenue ici et je suis bien certain que cela attirera quelques nouveaux reproches au Roi et à son ministre. Dans des cas semblables, il n'est pas facile de régler les premiers mouvements de la Reine; je tâche toujours d'obtenir qu'Elle mette un peu moins de vivacité dans les propos et plus de raisonnement sur le fond des choses; ce n'est qu'avec cette méthode que le Roi pourrait être lié par ses paroles, et que ses aveux deviendraient une sorte d'engagement vis-à-vis de la Reine de s'en tenir irrévocablement à ce dont il est une fois convenu. Ce n'est pas que depuis quelque temps la Reine n'ait fait de vrais progrès dans sa manière de traiter d'affaires; Elle y apporte souvent une sagacité étonnante et qui, plus d'une fois, a fort embarrassé le comte de Vergennes. Le changement de ce ministre, vrai ou simulé, mais très subit et favorable dans ses apparences, doit être attribué à la crainte de la Reine et beaucoup aussi aux preuves que cette princesse a données de capacités et de connaissances dans les objets politiques du moment.

V. M. daignera observer dans les détails de ma dépêche d'office que le comte de Vergennes ne s'était jamais ci-devant expliqué d'une manière aussi précise et satisfaisante, et, quoique toujours en garde contre sa fausseté, il n'est plus possible de douter qu'il n'ait déclaré nettement aux Hollandais, qu'en cas de plus longue réticence ils ne seront point soutenus par cette cour-ci. L'assertion positive que le Roi en a réitérée à la Reine est en quelque manière une caution que le ministre était d'accord sur cet article. J'ai une égale certitude que ce dernier a tenu un langage ferme aux États généraux sur l'envoi de leurs députés, même sur le prix de Maëstricht, peut-être un peu moins sur la quotité de ce dernier point que sur le prompt accomplissement du premier. Tous mes soins seront maintenant dirigés à entretenir les bonnes dispositions présentes pour en tirer le meilleur parti possible; quand le moment sera arrivé de conclure, alors je disputerai le terrain au plus près sans me relâcher même au terme des pouvoirs qui me sont donnés avant que, par une dernière décision, V. M. n'ait trouvé bon de les confirmer. J'ajouterai, pour dernière remarque, que les approvisionnements et magasins formés pour l'ancien projet d'un camp d'exercice se vendent successivement pour suppléer à la disette totale de fourrages qui désole les provinces d'Alsace et de la Lorraine, de manière qu'abstraction faite de toutes autres raisons, on serait ici cette année dans l'impossibilité physique de tenir un corps d'armée en campagne, d'où il suit que, quelles que deviennent les circonstances, la conduite de la France ne saurait de longtemps être que passive. Je présume avec certitude que la Reine, à la suite des entretiens qu'Elle aura eus avec le Roi depuis vendredi, mandera à V. M.[1] quelques particularités nouvelles et satisfaisantes dont je ne puis pas encore être informé dans le moment où j'écris ce présent et très humble rapport; je dois, par conséquent, le terminer en mettant aux pieds de V. M. la profonde soumission avec laquelle je suis.....

198. — MERCY À KAUNITZ.

Paris, le 18 mai 1785. — Relativement à ce qui concerne ma situation personnelle, il n'y a rien d'exagéré dans les détails qu'à cet

---

[1] *Marie-Antoinette à Joseph II, ce 16 mai 1785.* — «Votre lettre m'a charmée, mon cher frère; j'ai bien joui de l'effet qu'elle a produit sur le Roi, à qui je l'ai fait lire. Il a été touché et pénétré de la franchise et loyauté avec laquelle vous vous expliquez sur les projets de conquête et d'empiétement qu'on voudrait vous supposer et depuis quelque temps M. de Goltz et son maître me paraissent avoir beaucoup perdu dans son esprit. Quoique toute cette tracasserie hollandaise m'impatiente beaucoup, je sens que vous ne devez tolérer ni le délai des députés et excuses, ni le marchandage des Hollandais. Ces deux points me paraissent près de leur conclusion. On vient d'envoyer un courrier en Hollande. M. de Mercy vous rendra compte de sa conférence avec M. de Vergennes; ses sentiments me paraissent si bons maintenant que je suis presque en doute sur leur sincérité.

«La mort de M. de Choiseul fait évanouir un grand fantôme, dont quelques personnes se servaient pour répandre des inquiétudes et des craintes qu'ils n'avaient pas. C'était un moyen de nuire aux affaires et à ceux qu'on voulait en éloigner. M. de Choiseul s'expliquait fort nettement en faveur de l'alliance et contre les mauvais procédés qui pouvaient l'affaiblir.» (*Marie-Antoinette, Joseph II... Ihr. Briefwechsel*, p. 87.)

égard j'ai eu l'honneur de mettre sous les yeux de V. A. Elle disposera toujours de mon existence telle qu'elle puisse être; cependant mes infirmités très douloureuses augmentent au point qu'elles prennent souvent sur mes devoirs. Ceux-ci mettent obstacle à tout régime qui me serait nécessaire; ils m'ôtent l'espoir et les moyens du soulagement que je trouverais dans une vie tranquille et solitaire; malgré cela dans mon cœur tout est subordonné au désir de marquer à V. A. mon profond attachement, mon respect et ma vive reconnaissance. Mais, Monseigneur, je ne puis vous faire hommage que de ce qui dépend de moi, et si ma santé venait à empirer encore, je me trouverais dans peu absolument hors d'état de servir. Cependant, sans m'inquiéter de cette prévoyance, dont l'effet est très vraisemblable, et de ce qui peut en arriver, je me bornerai aujourd'hui à demander à V. A. une grâce que je réclame de sa justice autant que de ses bontés, c'est que dans le cas, si des circonstances quelconques la décideraient un jour à quitter sa place, Elle veuille bien, avant de consommer ce projet, m'obtenir l'agrément de ma retraite. Jusque-là je me vouerai à tout ce qui peut lui plaire, autant que pourront l'admettre mes forces, et si elles viennent à manquer tout à fait, ce sera un terme involontaire qui ne laissera rien de douteux sur l'extrême désir que je conserverai toute ma vie de donner à V. A. quelques légères marques des sentiments fidèles et très respectueux avec lesquels, etc.

199. — JOSEPH II À MERCY.

Mantoue, ce 6 juin 1785. — Vous serez étonné du lieu d'où je date ma lettre; je n'ai pu résister au désir d'embrasser le roi et la reine de Naples qui venaient chez moi à Mantoue, d'autant plus que ce petit éloignement de mon centre dans ce moment-ci devait prouver le plus combien peu je pensais à réaliser une des innombrables calomnies que le roi de Prusse se plaît à répandre et que d'autres ont la faiblesse et sont assez dupes de croire.

Un moment avant mon départ de Vienne, j'ai reçu votre lettre par le garde Szabo, et comme c'est par la poste que je vous écris, je ne puis que vous témoigner ma parfaite satisfaction sur tout ce que vous me marquez avoir fait et dit, et c'est toujours là mon refrain ordinaire, s'entend avec vous seulement, mon cher Comte, que de trouver très bien toutes vos démarches marquées toujours au coin de la prudence et du zèle le plus louable.

Je me flatte que cette fois-ci la bonne volonté que le ministère de France a témoignée sera suivie d'effets réels, au moins je ne saurais pénétrer quelles autres vues secondes il pourrait encore avoir pour ne pas terminer cette affaire de la façon décente et convenable qu'il l'a promis.

Je vous joins ici une lettre pour la Reine[1], et en même temps je vous prie de me croire bien sincèrement et avec beaucoup d'estime...

200. — JOSEPH II À MERCY.

Milan, ce 25 juin 1785. — Je n'ai point pu attendre ici à Milan l'arrivée de Leurs Majestés Siciliennes, puisque cela m'aurait mené au moins à une quinzaine de jours d'absence encore. Je pars donc aujourd'hui pour Vienne, où j'espère de trouver de vos nouvelles et messieurs les Hollandais une fois raisonnables, ou qu'enfin on me laissera tout faire pour les mettre à raison, car les complaisances que j'ai eues pour mon allié dans cette occasion sont en vérité au delà de toute croyance, et à la fin elles deviennent duperies et il est par trop désagréable d'être l'auteur principal d'une telle farce politique; mais je vous parlerai de tout ceci plus au long de Vienne. D'ici je ne puis que vous faire connaître que je désirerais beaucoup qu'au moins une couple des Dames de l'ordre Saint-François-de-Sales, de la Visitation de Marie, voulussent se résoudre de venir ici au secours du couvent de la Visitation qui y existe et d'une religieuse nommée Bayonne venue de Grenoble, sur laquelle uniquement toute éducation des demoiselles réside. Le comte de Wilczek[2] vous en dira davantage et vous voudrez bien vous employer pour que cette affaire réussisse et qu'on ait au

---

[1] Cette lettre manque.
[2] Le comte Jean-Joseph Wilczek, né en 1738, mort en 1819, était depuis 1782 ministre plénipotentiaire en Lombardie, où il avait la haute direction des affaires sous l'archiduc Ferdinand, gouverneur général.

moins une couple, si pas quatre de ces dames, bien entendu toutes capables et en bon âge et qui veuillent au moins pour quelques années se transporter dans ce couvent.

Je vous joins ici, mon cher Comte, une lettre pour la Reine [1] que je vous prie de lui remettre. Il paraît que le destin, soit en grande, soit en petite chose, fait que je dois toujours vous tourmenter.

201. — KAUNITZ À MERCY.

Le 24 juillet 1785. — Ma lettre d'office [2] vous apprend, mon cher

---

[1] Cette lettre manque.

[2] On verra plus bas (p. 430, n. 2) les difficultés qui marquèrent l'arrivée des envoyés extraordinaires hollandais à Vienne et faillirent faire échouer leur mission au port. Après avoir exposé à M. de Mercy cette malencontreuse affaire et la façon dont il était parvenu à décider l'Empereur à y mettre fin, le prince de Kaunitz lui faisait connaître comment s'était passée l'audience donnée le 24 juillet et il lui communiquait les discours qui y avaient été échangés.

Le comte de Wassenaar avait porté la parole et avait donné à l'Empereur l'assurance que les États généraux n'avaient jamais eu l'intention d'insulter son pavillon et désiraient vivement de voir rétablie au plus tôt la bonne harmonie interrompue si malheureusement. Ce discours est publié *in extenso* dans Martens, *Causes célèbres du droit des gens*, 2ᵉ édition, t. III, p. 393.

L'Empereur lui avait fait cette réponse plus courte et aussi plus aimable que celle proposée par le prince de Kaunitz (voir plus bas):

«Je suis charmé que Leurs Hautes Puissances par votre députation, messieurs, aient satisfait à ce que j'avais désiré comme un préalable à tout accommodement. Je vais faire passer des ordres à mon ambassadeur à Paris de reprendre les négociations sous la médiation du roi de France, mon allié et beau-frère, et je ne doute point qu'une prompte conclusion pourra faire éviter tous les fâcheux événements, suite inévitable d'ultérieurs délais.»

Le même jour, l'Empereur en envoyant au prince de Kaunitz quelques documents concernant cette audience, lui écrivait un billet où il lui disait :

«M. de Wassenaar a prononcé sa longue harangue non sans avoir été embarrassé; mais pourtant elle est sortie tout entière. M. de Leyden n'a pas proféré une seule parole et, dès que ma réponse a été faite, sans dire autre chose et sans faire aucune question, ces messieurs se sont retirés et l'audience était finie.» (A. Beer, *op. cit.* p. 211.)

Le prince de Kaunitz chargeait ensuite M. de Mercy de remercier au nom de l'Empereur M. de Vergennes, pour l'heureuse issue de la médiation du Roi concernant l'envoi des députés et pour le prier de la continuer. L'ambassadeur devrait montrer que la République voulait tirer les négociations en longueur, afin de profiter des événements qui pourraient survenir, comme le lui faisait insinuer le roi de Prusse, et aussi afin de développer ses travaux de défense. Mais la dignité de

Comte, tout ce qui a trait à messieurs les députés hollandais, depuis le moment de leur arrivée jusqu'à ce jour. J'ai tâché de raccommoder tout le mal qui était résulté de ce qu'on a voulu faire tout le contraire de ce que j'avais conseillé, ainsi que vous le verrez par la copie[1] que je

l'Empereur et ses intérêts, lésés par ces longueurs qui causaient une forte augmentation de dépenses, l'obligeaient à déjouer les projets de la République. M. de Mercy était autorisé à rouvrir les négociations et en même temps à déclarer solennellement que si, contre toute attente, les préliminaires n'étaient pas signés le 15 septembre les troupes impériales dans les Pays-Bas commenceraient les hostilités. Dans le cas où, après la signature des préliminaires, les États généraux voudraient envoyer un ministre plénipotentiaire à Vienne, l'Empereur userait volontiers de réciprocité; mais si par hasard le comte de Wassenaar était déjà muni de lettres de créances et s'il voulait les présenter avant que les préliminaires ne fussent signés, elles ne seraient certainement pas reçues. (Rescrit du prince de Kaunitz au comte de Mercy du 25 juillet 1785.)

[1] Le 16 juillet 1785, l'Empereur, qui était malade et ne pouvait pas aller causer avec le prince de Kaunitz, lui adressa une longue lettre en allemand sur les mesures à prendre en prévision de la prochaine arrivée des envoyés extraordinaires hollandais. L'Empereur pensait que ces députés étaient uniquement accrédités pour lui présenter les excuses des États généraux. Aussi ne devait-on les traiter que comme de simples particuliers et non comme des ministres plénipotentiaires, à l'exception du jour où ils présenteraient leurs lettres de créance au prince de Kaunitz et de celui où ils auraient audience de l'Empereur. Dès que le chancelier aurait, après examen, reconnu la régularité de leurs pleins pouvoirs et de leurs lettres de créance, l'Empereur, aussitôt que sa santé le lui permettrait, indiquerait un jour pour leur audience et pour celle des autres étrangers de distinction qui se trouveraient à Vienne.

L'Empereur avait l'intention de faire au discours des Hollandais, qui lui aurait été communiqué préalablement par le chancelier, une réponse très courte. Il leur dirait qu'il était heureux que la République eût reconnu l'inconvenance de sa conduite et qu'il voulait bien passer là-dessus, ne doutant pas que par l'acceptation complète des conditions si modérées, qu'il leur avait fait transmettre par le roi de France, son ami et son allié, et qui sûrement étaient son tout dernier mot, il n'eût bientôt des preuves de leur façon de penser pour le présent aussi bien que pour l'avenir, et de leur désir d'étouffer tous les germes de dissension. La seule chose qu'il voulait sérieusement leur rappeler était la nécessité pour les États généraux de se hâter de prendre une décision, car il était bien décidé à ne pas gaspiller plus longtemps, en nouveaux délais, le temps et l'argent, et il était prêt à tout événement.

Dans les affaires de douane et autres, on devrait les traiter comme de simples particuliers, et même, dans le cas où on aurait quelque chose à leur envoyer, on ne devrait pas leur donner le titre de députés.

L'Empereur pensait que, s'il donnait l'assurance qu'il ne céderait pas sur l'alternative de la restitution de Maëstricht ou du payement de douze millions de florins, cela contribuerait beaucoup à la précipitation du dénouement, surtout si l'on y ajoutait une notification, tant au roi de France qu'à la République, que si à un moment donné, le 15 ou le 30 septembre, l'affaire n'était pas terminée par la signature des préliminaires, les hostilités commenceraient, parce qu'il ne voulait plus se laisser traîner en longueur et perdre son temps et son argent.

Le prince de Kaunitz était loin de partager les idées de l'Empereur, et pour

vous confie dans notre intimité, et ces messieurs, ainsi que le marquis de Noailles, sont aussi contents moyennant cela aujourd'hui, qu'ils

tâcher de le ramener aux siennes, il lui écrivit le lendemain une longue lettre (A. Beer, *op. cit.*, p. 207) dont voici les passages essentiels :

«Si j'étais à la place de V. M. dans la circonstance dont il s'agit, je commencerais par me dire :

«J'ai obtenu une démarche très forte d'une puissance souveraine et indépendante, qu'au fond je n'étais pas en droit d'exiger d'elle et à laquelle elle aurait pu se refuser; d'ailleurs j'ai promis d'accueillir convenablement les députés qu'elle m'enverrait, et le Roi Très Chrétien s'est rendu garant de cette promesse. Il sera dans l'ordre par conséquent qu'ils soient accueillis favorablement et même de mon propre intérêt que je donne tout le relief possible à leur caractère ministériel pour faire ressortir indirectement le degré de l'humiliation attachée à leur démarche.

«Et je conclurais, d'après ce raisonnement, que je dois et qu'il me convient de les traiter avec toute la distinction possible; bien loin de vouloir avilir leur caractère, je tâcherais d'en augmenter le relief, et à cette fin je les traiterais en tout et partout comme des personnes publiques, députées pour l'exécution d'une commission solennelle par un État souverain, munies de pleins pouvoirs et de créditives, attendu que c'est ce qu'ils sont effectivement, et que, si on ne les envisageait pas comme tels, on ne pourrait pas même les recevoir.

«Je me rappellerais qu'en une occasion à peu près pareille Louis XIV, très prudemment, en a usé ainsi vis-à-vis du légat du Pape et des ambassadeurs extraordinaires de la République de Gênes; que, par cette considération, il les a reçus et traités avec la plus grande distinction pendant tout le temps de leur séjour à Paris.

....

«Pour ce qui est de la réponse que V. M. se propose à donner à MM. les députés le jour de leur audience, je crois devoir observer que vraisemblablement elle deviendra publique, qu'elle se trouvera dans toutes les gazettes et sera commentée à tort et à travers; et que moyennant cela, pour ne donner aucune prise, la plus courte et la plus précise sera, selon moi, la plus conforme à la dignité de V. M. et la moins susceptible de commentaires odieux.

«A cette fin, je me bornerais à dire : Que V. M. voyait avec plaisir que les États généraux, au moyen de leur députation, venaient de satisfaire à la condition préalable à tout autre arrangement dont on était convenu; qu'en conséquence Elle autoriserait incessamment son ambassadeur à Paris à reprendre la négociation qui y était établie sous la médiation du Roi Très Chrétien; que V. M. comptait fermement qu'au plus tôt elle parviendrait à sa conclusion et qu'Elle souhaitait que par ce moyen on prévînt promptement toutes les suites fâcheuses qui pourraient résulter d'un plus long délai.

«Au demeurant, il est sans doute très possible que les Hollandais cherchent à traîner la négociation, en se promettant peut-être du bénéfice du temps et des circonstances qui peuvent en résulter des avantages que ne leur fournit pas le moment présent et je ne vois également de moyens plus propres à renverser ce projet, qui peut-être existe, que la détermination d'une époque, comme par exemple celle du dernier de septembre, pour la signature effective des préliminaires et la déclaration préalable que dans le cas contraire on commencera les hostilités, bien entendu néanmoins que nous soyons assurés d'être en état de pouvoir y procéder, sans nous exposer à quelque réciprocité fâcheuse de la part des Hollandais dans l'un ou l'autre des points d'attaque ou d'invasion possible, chose que j'ignore et que je ne puis qu'abandonner au jugement supérieur de V. M.

428   JOSEPH II À MERCY.

étaient désolés auparavant, et j'en suis bien aise, mais pas moins peiné cependant en même temps de ce que dans cette occurrence, ainsi que dans tant d'autres précédentes, on ait encore préféré de faire de mauvaise grâce ce qui aurait pu et dû se faire d'emblée de la meilleure grâce du monde, et vous conviendrez avec moi qu'il est cruel de se voir réduit à ne pouvoir guère plus faire que du bien négatif.

J'ai raccommodé aussi du mieux que j'ai pu la lettre qu'on voulait écrire au Roi Très Chrétien [1], comme vous le verrez par la copie du billet ci-joint [2]. Enfin j'ai fait tout ce que j'ai pu pour que tout fût bien ou au moins passablement bien. C'est de vous, mon ami, que j'attends le reste, et je vous aiderai ici, vous pouvez y compter, par tous les moyens que je pourrai imaginer, pour contribuer à vos succès.

Puissent-ils être aussi prompts qu'il est désirable qu'ils le soient; *in einer so verworrenen und schmutzigen Sache* [3].

Dites-moi quelque chose de l'état actuel de votre chère santé, et aimez toujours un peu.....

202. — JOSEPH II À MERCY.

Vienne, ce 26 juillet 1785. — Il y a quelque temps que je n'ai point eu le plaisir de vous écrire, mon absence et une certaine stagnation dans les affaires, occasionnée par la lenteur que les députés hollandais ont mise à se rendre ici, en étaient la cause. Actuellement qu'ils se sont mis en règle et que la condition préalable que j'avais

qui sait ce que je ne puis que supposer; mais même en ce cas je serais toujours du très humble avis que ce n'est pas ici, mais à Paris qu'il convient de le déclarer.

«Finalement, je soumets à la pénétration de V. M. s'il ne conviendrait pas qu'Elle adressât une lettre autographe au Roi Très Chrétien pour l'informer de la commission exécutée à sa satisfaction vis-à-vis d'Elle par les députés de la République, pour le remercier de la preuve d'amitié qu'il Lui a donnée, pour le prier de vouloir bien continuer à s'employer efficacement pour ce qui reste à faire et pour y faire mention de la fixation du dernier de septembre au plus tard, qui lui paraissait indispensable.»

Mais ces sages conseils ne furent pas suivis tout d'abord et il en résulta une désagréable affaire, où l'Empereur dut encore une fois renoncer à ses premières prétentions, mais trop tard. (Voir plus bas, p. 430, n. 2.)

[1] Voir cette lettre plus bas, p. 429, n. 1.
[2] Ce billet manque.
[3] Dans une affaire aussi embrouillée que sale.

exigée avant la continuation de la négociation est remplie, vous serez autorisé par le prince de Kaunitz à la reprendre. L'essentiel en est de bien persuader le ministère de France et les ambassadeurs de Hollande que je suis inébranlable sur mes conditions contenues dans mon ultimatum et que je suis également très décidé, le terme fixé au 15 septembre prochain étant échu sans que les préliminaires soient signés, de faire la guerre et de commencer les hostilités. Vous ne pouvez assez appuyer là-dessus et presser une décision, puisque le temps s'écoule pour les opérations de campagne et pour la marche des troupes que j'ai encore arrêtées sur mes frontières.

S'il est possible d'ajouter foi et de donner croyance à ce que M. de Vergennes a dit et même déclaré aux Hollandais, on devrait croire qu'il trouvera parfaitement juste ce que je désire et contribuera de son mieux pour l'effectuer, ou au moins me donnera pleine assurance qu'il me laissera faire.

L'argent est l'article essentiel; mais avec l'alternative de Maëstricht et de son territoire il me paraît qu'il n'y a rien à redire, et au moins les dix millions devront être accordés, outre la libre navigation de l'Escaut jusqu'à Saftingen, et la remise des forts de Liefkenshoek, de Lillo, de Kruickenschanz et Frederik-Henri. Voilà les articles principaux avec les dédommagements de ce que mes sujets ont souffert par les inondations.

Je vous joins ici une lettre pour le Roi avec la copie[1]; il m'a paru

---

[1] *Joseph II à Louis XVI, 26 juillet 1875.* — «Monsieur mon frère, les députés hollandais qui sont arrivés ici, venant de satisfaire à la condition préalable que j'avais exigée, je m'empresse de remercier V. M. de la preuve d'amitié qu'elle m'a donnée en cette occasion, et de lui faire part des ordres que je viens de donner à mon ambassadeur le comte de Mercy de reprendre les négociations interrompues pour l'arrangement définitif de mes différends avec la Hollande. L'intérêt obligeant qu'elle a bien voulu y prendre par sa médiation ne me laisse aucun doute que l'on parviendra à terminer promptement cette affaire sous les conditions vraiment modérées que je lui ai confiées et *desquelles je ne puis me départir*.

«En même temps, V. M. est trop clairvoyante et équitable pour ne pas trouver juste que je mette un terme positif, dans lequel la signature des préliminaires devra avoir lieu; que je déclare pour telle la mi-septembre prochain ou que dans le cas contraire les hostilités devront commencer, étant visible que la République ne cherche qu'à gagner du temps pour me faire perdre la saison propre aux opérations et à la marche des troupes que j'ai encore arrêtées sur mes frontières, avec l'intention d'augmenter alors de rénitence.

«V. M., à qui s'ouvre là-dessus mon cœur sans la moindre réserve, comme j'ai fait en toute occasion, voudra bien continuer à employer sa puissante influence auprès de la République pour appuyer efficacement la

convenable de Lui écrire en cette occasion, de même que je vous joins ici la lettre pour la Reine [1] qui devra de son côté presser la conclusion de cette désagréable affaire qui, après que le troc a manqué, ne vaut plus rien.

Vous voudrez bien, mon cher Comte, faire connaître à M. de Vergennes qu'il ferait chose agréable et qu'il pourrait contribuer à consolider les liens qui sont sur le point de se renouveler avec la République de Hollande si celle-ci voulait se résoudre à changer son ministre le comte de Wassenaar-Twikel, qu'elle paraît avoir choisi pour résider derechef à Vienne, cet homme s'étant mis dans le cas d'être peu estimé ici, puisque avant la rupture et depuis son retour il s'est rendu odieux par son caractère, le peu de vérité qu'il met dans ses propos, et par l'indiscrétion qui y règne, par ses liaisons ridicules, enfin par plusieurs autres vilenies, au nombre desquelles il faut compter la contrebande de dix-huit pièces d'étoffes de femme, dans laquelle il vient d'être surpris à son arrivée ici [2]. Son collègue, M. de Leyden paraît un

justice de mes demandes. Je saurai certainement apprécier ce nouveau témoignage de son amitié, n'ayant rien plus à cœur que de la convaincre également de la mienne dans toutes les occasions, ainsi que des sentiments de la plus haute considération avec lesquels je serai toujours......" (*Marie-Antoinette, Joseph II..... Ihr Briefwechsel*, p. 88.)

[1] Cette lettre manque.

[2] M. de Wassenaar, qui était ministre des Provinces-Unies à Vienne avant la rupture entre la République et l'Empereur, avait eu la faiblesse de promettre à un certain nombre de ses amis de leur procurer des étoffes prohibées et de les faire entrer à la faveur des privilèges diplomatiques dont il se croyait assuré; mais des indiscrétions furent sans doute commises; des dénonciations parvinrent aux autorités, qui donnèrent des ordres formels pour que la visite des bagages de M. de Wassenaar se fit avec la plus grande rigueur. Sans doute par précaution, M. de Wassenaar laissa chez un aubergiste de Purkerstorf, la dernière poste de la route de Linz avant d'arriver à Vienne, une caisse fermée à clef contenant dix-huit paquets de marchandises prohibées, et il s'arrangea de façon à n'entrer en ville qu'à minuit. (Rescrit du prince de Kaunitz à M. de Mercy du 25 juillet 1785.)

A la barrière, après avoir examiné les papiers de M. de Wassenaar, les employés le firent conduire sous escorte à la grande douane, où, après une longue attente, arriva un employé supérieur qui lui déclara qu'il devait visiter tous ses bagages et sans rien omettre. M. de Wassenaar eut beau protester, invoquer son caractère diplomatique, se réclamer des termes du passeport qui lui avait été délivré au nom de l'Empereur et, en fin de compte, demander à être reconduit à la frontière pour y attendre les ordres de ses maîtres; rien n'y fit. L'employé lui répondit : *Je n'ai nulle envie de me faire chasser demain par l'Empereur. Ceux qui m'ont donné les ordres doivent en répondre.* Tout ce qui se trouvait dans les deux voitures de M. de Wassenaar fut visité sans rien excepter. Mais le député hollandais n'eut pas la force d'attendre que tout fût fini; à 4 heures du matin, lorsque la visite de sa voiture particulière

tout autre homme que lui. Je ne doute point qu'en faisant connaître ce personnage au comte de Vergennes, il ne trouve moyen d'insinuer

eut été terminée, il demanda en grâce de tout laisser à la douane, même son linge, ses habits, ses papiers et son argent, et de pouvoir se faire conduire chez lui, car il mourait de fatigue et de faim; il n'avait absolument rien pris depuis vingt-huit heures, depuis son départ de Linz, qu'il avait quitté la veille à minuit. (Lettre de M. de Wassenaar à M. de Noailles, du 18 juillet 1785. *Archives des Affaires étrangères de France*, série *Autriche*, vol. 350, f° 24.)

Le 18 au matin, il alla voir l'ambassadeur de France, et il lui écrivit tout ce qui s'était passé. M. de Noailles envoya le jour même copie de cette lettre au prince de Kaunitz, avec une note où il disait qu'il ne s'agissait pas d'une réclamation de franchises, mais d'une question de bons procédés. Le chancelier soumit cette affaire à l'Empereur, en le priant de vouloir bien prendre une résolution, sans doute bienveillante pour les députés hollandais. En effet, le 19 juillet, il écrivit à Joseph II ce billet, qui suppose une communication antérieure que nous n'avons pas: «M. l'ambassadeur [de France] naturellement doit envoyer à sa cour une réponse quelconque, et, comme il doit la communiquer naturellement à MM. les députés des États généraux, selon l'ordinaire dans leur pays, elle sera vraisemblablement dans peu dans les gazettes, et je prie, moyennant cela, V. M. de vouloir bien me la prescrire, afin qu'elle soit bien parfaitement conforme à ses intentions.» La décision de l'Empereur, que nous n'avons pas, ne fut pas favorable aux députés hollandais; d'ailleurs, dans l'intervalle, leur situation s'était aggravée; l'aubergiste de Purkerstorf, chez qui M. de Wassenaar avait laissé sa caisse, était venu en informer la douane; on y avait envoyé tout de suite des employés qui, en présence du juge du lieu, avaient fait ouvrir cette caisse et y avaient trouvé dix-huit paquets d'étoffes prohibées portant chacun l'adresse des diverses personnes auxquelles ils étaient destinés. (Rescrit du prince de Kaunitz, cité plus haut.)

Le 19 juillet, M. de Kaunitz pria M. de Noailles de passer chez lui, et il lui dit: «Voici, contre mon attente, la réponse que j'ai reçue de l'Empereur, écrite de sa propre main.» Le chancelier, après avoir donné lecture de cette note impériale à l'ambassadeur, la lui remit pour qu'il en prît connaissance par lui-même. M. de Noailles la résumait en ces termes: «Qu'on examinerait si les gens de la douane étaient dans leur tort; que MM. de Wassenaar et de Leyden devaient être regardés comme des voyageurs; qu'on n'avait exigé d'eux que ce qui était conforme à la loi générale; qu'ainsi on ne pouvait pas dire qu'il se fût rien passé d'inconcevable à leur égard.» «Je me suis simplement récrié, écrivait M. de Noailles, sur la qualité de simples voyageurs donnée à des personnes dont l'Empereur avait reconnu le caractère public dans un passeport muni de sa signature. M. le prince de Kaunitz m'a interrompu pour me faire, a-t-il dit, sa confession, me priant de croire (ce sont ses propres termes) que toutes les résolutions en général, qui étaient prises de cette manière là, ne seraient point de lui; qu'il avait écrit très fortement et très longuement à l'Empereur après avoir reçu ma note; qu'il lui avait représenté qu'il faudrait faire un pont d'or aux députés pour en finir promptement; que je voyais là le résultat de ses remontrances.» (Dépêche de M. de Noailles du 19 juillet, volume cité plus haut, f° 30.)

M. de Noailles eut un moment fort critique à passer lorsqu'il lui fallut annoncer aux députés hollandais que l'Empereur voulait les considérer seulement comme de simples particuliers d'un rang considérable. Ils furent d'abord d'avis de repartir dans la

à la République de choisir pour ce pays-ci un sujet plus propre à y ménager ses intérêts et à entretenir la bonne intelligence qui va être rétablie entre les deux États, et vous pourrez même déclarer à M. de Vergennes que c'est par mes ordres que vous agissez à cet égard.

Il n'est pas croyable combien le ministère anglais, surtout M. de

journée, et si l'ambassadeur avait le moins du monde approuvé ce projet, ils l'eussent mis tout de suite à exécution ; mais il se refusa à leur faire connaître son sentiment. A la fin, ils se décidèrent à prier M. de Noailles de faire une nouvelle tentative près du prince de Kaunitz en lui communiquant à titre confidentiel leurs lettres de créance. Le même jour (20 juillet) M. de Wassenaar écrivit une longue lettre, où il insistait sur les termes de leur passeport, signé de la main même de l'Empereur, où ils étaient qualifiés de *deputati extraordinarii* et où leur était assurée la faculté de *libere transire cum famulitio et rebus suis omnibus*. Il terminait en disant : «Nous osons encore nous flatter que dans tout ceci il n'y a eu qu'un malentendu d'ordres donnés, et qu'on nous laissant la qualité déjà donnée de *deputati extraordinarii* ou du moins sans faire aucune mention de la qualité de simples voyageurs, on voudra bien nous faciliter les moyens de ravoir nos papiers, afin de pouvoir accélérer des démarches qui prouveront à S. M. que la République est dans l'impossibilité d'ajouter à la solennité d'une députation qui, sans exemple dans ses fastes, convaincra S. M. I. de la sincérité avec laquelle Leurs Hautes Puissances désirent le rétablissement de l'harmonie avec S. M. Daignez enfin implorer pour nous les bons offices de M. le prince de Kaunitz près de S. M. I. La sagesse, l'équité et la justice de ce monarque font encore tout notre espoir.»

M. de Noailles s'empressa de faire parvenir au grand chancelier cette lettre avec une note à l'appui. Le soir même, le prince de Kaunitz transmit le tout à l'Empereur avec ce billet daté du 20 juillet :

«Dès hier au soir, j'ai fait part à M. l'ambassadeur de France, que j'avais prié de passer chez moi, de ce que V. M. m'avait chargé de lui signifier en réponse à la note qu'il m'avait adressée, sans cependant lui rien donner par écrit, et j'y ai ajouté tout ce que j'ai pu imaginer de plus propre à adoucir la sensation que pourrait lui faire ma réponse et qu'effectivement elle lui a faite.

«Il m'a proposé de recevoir aujourd'hui MM. les députés ; j'y ai consenti ; je les ai attendus d'après l'heure convenue depuis les deux heures jusqu'à quatre et alors on est venu me remettre de la part de l'ambassadeur la note très humblement ci-jointe par laquelle V. M. verra entre autres que c'est à ma réquisition faite amicalement qu'il s'est procuré et m'a envoyé la copie de la lettre de créance de MM. les députés des États généraux.

«Je ne puis qu'abandonner aux sentiments de V. M. que réclament MM. les députés ce qu'Elle trouvera bon de déterminer sur l'objet dont il s'agit, et j'attendrai ses ordres avec le plus profond respect.»

Nous n'avons pas la décision de Joseph II ; mais le 21 juillet le prince de Kaunitz annonça au marquis de Noailles «que l'Empereur s'était déterminé à traiter MM. les députés sur le pied des ministres étrangers, et qu'ils jouiraient même des franchises ; qu'on avait déjà envoyé des ordres à la douane pour que leurs effets fussent conduits chez eux et qu'on ne fît d'autre visite que celle qui était d'usage et qui s'était pratiquée chez M. de Noailles quand il était arrivé.» (M. de Noailles à M. de Vergennes, du 22 juillet 1785, vol. cité plus haut, f° 37.)

Carmarthen, intrigue, pour me détacher, soit directement, soit par le canal de la Russie, de mes liaisons avec la France. Il se sert à cet effet des affaires d'Allemagne, de cette fameuse ligue; il promet monts et merveilles; il menace de se lier plus étroitement avec le roi de Prusse; il a écrit en Russie un plan d'alliance qui n'a pas le sens commun. Mais vous pouvez compter que je suis irrévocablement attaché à mon alliance avec la France, dont je connais toute l'utilité et même la nécessité à l'égard de ma position. Vous pouvez faire valoir ces sentiments vis-à-vis de la Reine et même du ministère de France.

Mais n'y aurait-il pas moyen de faire goûter encore à la France l'idée du troc de la Bavière où elle pourrait trouver son avantage réel en même temps que la Maison palatine et le duc des Deux-Ponts y gagneraient également? C'est ce que je laisse à votre prudence à développer; mais je désirerais savoir une bonne fois s'il y faut absolument renoncer ou s'il ne faut qu'attendre une occasion plus favorable, puisque je réglerais alors mes démarches en conséquence.

Adieu, mon cher Comte; mon amitié et l'intérêt sincère que je prends à tout ce qui vous regarde m'ont fait prendre les informations les plus détaillées du prince de Starhemberg[1] sur l'état de votre santé, mais

---

[1] Le comte Georges-Adam de Starhemberg, alors ambassadeur impérial à Paris, avait été élevé en 1765 à la dignité de prince autrichien et de prince d'Empire; le diplôme de l'impératrice Marie-Thérèse est daté du 13 novembre et celui de l'empereur Joseph II du 18 novembre 1765. L'année suivante, il quitta la France, où il fut remplacé par M. de Mercy, et il devint en 1770 ministre chargé de l'administration des Pays-Bas sous l'autorité du gouverneur général. Il resta à Bruxelles jusqu'en mai 1783; à cette époque, il fut nommé grand maître de la cour de l'Empereur et il eut pour successeur aux Pays-Bas le comte de Belgiojoso. Dans l'hiver de l'année 1784-1785, le prince de Starhemberg vint faire, sans mission politique, mais uniquement pour son agrément, un voyage en France et à Paris, où, pendant son long séjour, de 1753 à 1766, il s'était fait beaucoup d'amis. Après son départ, il écrivit au comte de Mercy cette lettre, qui est aujourd'hui dans les archives d'État d'Autriche :

«*A Spaa, ce 17 juin 1785.* — A la veille de partir de Spa, je vous écris, Monsieur l'Ambassadeur, ce peu de lignes pour prévenir Votre Excellence qu'ayant fait ici un séjour plus long que je n'avais compté et devant m'arrêter encore quelque temps en chemin, je ne serai rendu à Vienne que vers le 20 du mois prochain. Dès que je m'y serai remis un peu au courant sur tout ce qui peut vous intéresser, j'aurai l'honneur de vous écrire et de vous donner les meilleures informations qu'il me sera possible de me procurer. Celles que j'ai reçues dernièrement de Bruxelles m'annoncent le départ des députés hollandais pour Vienne. Je souhaite bien qu'elles se vérifient pour que vous puissiez enfin reprendre cette fastidieuse négociation, dont j'avais bien prévu que la conclusion ne serait pas si prompte que les premières apparences auraient pu le faire présumer.

comme il n'a pu m'en donner d'aussi satisfaisantes comme je l'aurais souhaité, je vous prie de m'en vouloir donner bientôt des meilleures et de ménager surtout une santé, à la conservation de laquelle je suis tant intéressé. Croyez-moi toujours avec la plus parfaite estime.....

Le terme du 15 septembre étant donné pour commencer les hostilités au cas qu'on ne pût signer les préliminaires jusque-là, vous voudrez bien tenir au fait le gouvernement de Bruxelles du plus ou moins d'apparence qu'il y aura de parvenir à un accommodement jusqu'à cette époque, afin que de toute façon les dispositions puissent ou s'accélérer ou se ralentir de la part du gouvernement ou du militaire, et que si hostilité doit avoir lieu à la fin de septembre, tout puisse être en place.

« Quant à certaine autre affaire (sans doute les projets de retraite de M. de Mercy), qui doit rester absolument secrète entre nous et sur laquelle vous m'avez confié, Monsieur l'Ambassadeur, dans votre dernière, la réponse que vous veniez de recevoir du prince de Kaunitz (du 6 mai, voir plus haut, p. 419), j'aurai l'air, si quelqu'un m'en parlait, de n'en avoir absolument aucune connaissance, mais je saisirai néanmoins toutes les occasions qui se trouveront de seconder vos vues si cela peut se faire, de manière à ne pas donner lieu de suspecter que je suis informé par vous de ce que je veux paraître ignorer. En un mot, me mettant à tous égards à votre place, j'en userai sur ce point comme pour tous autres qui peuvent vous concerner, comme je désirerais qu'il fût fait pour moi en pareille conjoncture.

« Je ne saurais prévoir encore de quelle manière je serai accueilli et traité par notre maître à mon retour. Ma longue absence pourra peut-être avoir opéré une diminution de l'espèce de confiance qu'il me témoignait ci-devant, et, en ce cas, je me garderai bien d'avoir l'air de vouloir savoir ce qu'on ne me dira pas, ni de m'ingérer dans des affaires qui ne sont pas du ressort de mon emploi. Mais si, au contraire, j'aperçois une disposition à savoir mon sentiment sur des objets qui intéressent le bien-être public, je m'expliquerai avec ma franchise accoutumée, sans néanmoins me laisser jamais entraîner au delà des bornes dans lesquelles je suis bien décidé de rester pour toujours.

« J'envoie la présente à M. de Crumpipen (conseiller d'État à Bruxelles), en lui réitérant l'injonction de ne jamais vous faire passer mes lettres que par des courriers ou autres occasions très sûres. Il en usera certainement de même de celles que Votre Excellence lui adressera pour moi. Ainsi vous pouvez, Monsieur l'Ambassadeur, m'écrire en toute confiance sans craindre que les lettres puissent être égarées ou tomber en d'autres mains. L'intérêt que je prendrai toujours à ce qui vous concerne, ainsi qu'à tous les événements grands et petits du pays où vous êtes et à nombre d'individus qui ont de l'amitié pour moi, me fera toujours beaucoup souhaiter de recevoir fréquemment de vos nouvelles, mais, bien entendu, à condition que ce soit sans vous gêner ni embarrasser.

« Mᵐᵉ de Starhemberg veut que je la rappelle au souvenir de Votre Excellence, que je prie de vouloir bien me rendre le même service près de tous ceux à qui Elle jugera que cela pourrait être agréable et d'être toujours persuadée de la durée constante de ma sincère amitié et de mon profond attachement. »

203. — MERCY À JOSEPH II.

Paris, 12 août 1785. — Les deux très gracieuses lettres que V. M. I. a daigné m'écrire de Mantoue et de Milan en date du 6 et du 25 juin me sont parvenues dans le temps avec les incluses que j'ai remises sur-le-champ à la Reine; j'attendais l'occasion d'un courrier pour en rendre très humblement compte à V. M., lorsque ses derniers ordres datés du 26 juillet m'ont été apportés par le garde-noble qui en était chargé.

Les détails consignés dans ma dépêche d'office[1] d'aujourd'hui sur

---

[1] Le 3 août, M. de Mercy était allé communiquer à M. de Vergennes les instructions qu'il venait de recevoir et il avait surtout insisté sur la nécessité de presser les négociations de telle sorte que les préliminaires fussent signés avant le 15 septembre afin d'éviter l'ouverture des hostilités. M. de Vergennes n'avait pas fait d'objections; il s'était surtout plaint des manœuvres de M. Harris, ministre d'Angleterre à la Haye, qui conseillait aux États généraux de résister aux demandes de l'Empereur pour les éloigner de la France et les amener à renouveler leurs anciennes liaisons avec la Grande-Bretagne. M. de Mercy en avait conclu que la crainte que les intrigues anglaises ne réussissent engagerait M. de Vergennes à mettre les plus grands ménagements dans l'emploi de ses bons offices en Hollande en faveur de la cour de Vienne. D'ailleurs l'ambassadeur avait vainement cherché à plusieurs reprises dans le cours de cette conférence à obtenir de M. de Vergennes la déclaration que, si les préliminaires n'étaient pas signés le 15 septembre, le Roi Tr. Chr. ne pourrait qu'approuver la résolution de l'Empereur de recourir aux armes; toujours le ministre s'était borné à répondre qu'il espérait bien que les choses n'en viendraient pas à cette extrémité.

Le même jour, M. de Mercy se rendit à Trianon, où était la Reine, et il La pria instamment de convaincre le Roi qu'il était absolument nécessaire de tenir aux États généraux un langage énergique qui les décidât à en finir avant le 15 septembre. La Reine déclara qu'Elle était prête à faire du mieux qu'il Lui serait possible; mais Elle ne cacha pas son embarras à M. de Mercy. Elle lui dit que, dans de semblables circonstances, Elle avait vu qu'après avoir ébranlé l'esprit du Roi par ses raisonnements pressants et l'avoir amené à partager son avis, les ministres étaient parvenus à détruire, par des affirmations contraires, l'impression qu'Elle avait produite sur son mari. Elle craignait que, dans cette occasion, le même effet ne se reproduisît et que les ministres, par leurs artifices, ne lui fissent perdre encore une fois le fruit de ses efforts et ne portassent un coup sensible à son influence et à son crédit. M. de Mercy parvint à La décider à agir énergiquement en Lui représentant que la situation était tout autre et que le prestige du Roi serait compromis si, malgré sa médiation, la Hollande ne voulait pas terminer les négociations dans le délai fixé.

En rentrant à Paris, M. de Mercy rencontra l'ambassadeur hollandais M. de Brantsen qui, à son grand étonnement, lui apprit qu'il ne pouvait pas reprendre les négociations interrompues depuis le 10 mai, car il manquait d'instructions. M. de Mercy s'empressa d'en avertir la Reine en La suppliant de faire cesser ce scandale. Elle parla

la forme et le fond des affaires hollandaises m'imposent d'exclure de ce présent et très humble rapport tout ce qui sur cette matière ne serait que des répétitions superflues, et je dois me borner à exposer à V. M. mes remarques relatives aux ordres directs qu'Elle daigne me donner.

Il est certain que la Reine vient encore en dernier lieu de renouveler avec autant d'attention que de zèle les démarches qui devaient déterminer cette cour-ci à une conduite telle que V. M. est en droit de l'exiger, mais le caractère indécis du Roi donne tant de facilités aux détours de ses ministres que la Reine se voit très souvent déjouée et qu'Elle en prend quelquefois un peu d'humeur. Elle m'en a marqué à l'occasion de la dernière lettre de V. M. au Roi; Elle y aurait désiré une sommation précise à ce monarque de s'expliquer clairement sur le cas d'une rupture avec la Hollande. La Reine m'a observé que cherchant à inspirer à son époux la crainte d'une guerre et le comte de Vergennes assurant qu'elle n'aura pas lieu, cette diversité d'avis pourrait aboutir à compromettre l'opinion de la Reine et à nuire par conséquent à son crédit. J'ai représenté à cette auguste princesse que l'on ne pouvait se méprendre sur l'unique motif qui jusqu'à présent a suspendu l'effet des résolutions de V. M., que ce motif était une suite de complaisances et d'égards pour le Roi, que le ministère de Versailles n'avait cessé d'en faire l'abus le plus contraire à l'alliance et à tout bon procédé, qu'avec de pareilles raisons la Reine était en force pour persuader la nécessité de réparer des torts qui portent atteinte au caractère de probité et à la façon de penser personnelle du Roi, que

---

avec tant de force au Roi qu'Il fit appeler M. de Vergennes et lui donna l'ordre d'expédier tout de suite un courrier à M. de Vérac et de faire les plus vives représentations à M. de Brantsen. Le courrier partit le 5 août et le ministre eut le dimanche 7 au matin un entretien avec l'ambassadeur hollandais. Mais M. de Vergennes, sans doute par crainte des intrigues anglaises, n'insista pas trop, si bien que les États généraux ne se pressèrent pas et que leurs envoyés extraordinaires à Paris ne reçurent leurs instructions définitives qu'à la fin du mois. Leur première conférence sérieuse avec M. de Mercy se tint le 29 août.

M. de Vergennes avait bien cherché à suppléer au défaut d'instructions finales des ambassadeurs hollandais en les engageant à demander à M. de Mercy de reprendre provisoirement les négociations d'après les premières instructions qui leur avaient été envoyées; le 10 août, M. de Brantsen avait eu une assez longue conférence avec M. de Mercy, qui avait bien voulu se prêter à cet expédient; mais, dans de pareilles conditions, il était impossible de négocier utilement et cette tentative n'avait pas eu de suites. (Dépêches d'office du comte de Mercy au prince de Kaunitz des 12 et 30 août 1785.)

ce monarque s'étant expliqué qu'en cas de rupture avec les Hollandais Il ne se mêlerait pas de la querelle, il serait humiliant pour Lui que ses ministres l'entraînassent contre son propre sentiment, et que de pareilles remarques répétées avec l'énergie convenable, ne pouvaient manquer de faire une impression décisive. Quoique la Reine me parût convaincue et fermement disposée à agir, cependant je ne serais pas étonné que V. M. trouvât dans sa lettre quelques traces des idées dont je viens de faire une très humble mention [1].

---

[1] *Marie-Antoinette à Joseph II. Trianon, ce 8 d'août 1785.* — «Votre grande activité, mon cher frère, me donne souvent de l'inquiétude sur votre santé. J'en ai eu beaucoup depuis quelque temps et votre lettre est venue bien à propos pour me rassurer. J'ai remis votre lettre au Roi; il m'en paraît fort content; pour moi j'aurais désiré qu'en la faisant aussi honnête et polie qu'elle l'est, vous eussiez pris une conclusion plus précise et plus ferme comme de demander au Roi sa parole pour vous et sa déclaration aux Hollandais que, si passé le 15 septembre ils n'ont pas conclu, la France ne se mêlera aucunement de cette affaire.

«J'ai toujours pensé que le Roi ferait tout pour éviter la guerre. Il y a plus de six mois que, pour le décider à un langage et à une conduite ferme vis-à-vis des Hollandais, je lui ai montré que les longueurs et biaiseries de ses ministres pouvaient l'engager malgré lui dans une guerre. Je l'ai ébranlé et décidé plus d'une fois; mais son ministre a toujours su éluder le moment et les événements l'ont mis en force pour persuader qu'on ferait plus de bruit que de besogne et qu'il n'y avait rien à craindre. En effet, l'époque du mois de mai a été annoncée, comme l'est actuellement celle du 15 septembre. Vous aviez mandé que vous faisiez marcher 80,000 hommes; on a dit qu'il n'y en avait pas eu 25,000. Vous avez eu sûrement de bonnes raisons, mon cher frère, pour ne pas faire un éclat; mais, si vous êtes décidé à agir au 15 septembre, les motifs qui vous ont arrêté au mois de mai ne seront-ils pas les mêmes au mois de septembre? Et puisque vous êtes persuadé qu'un langage ferme du Roi suffira, pourquoi, dans le moment où vous lui écrivez sur cet objet, ne pas lui demander positivement d'en prendre l'engagement avec vous et de le prononcer aux Hollandais?

«Vous pourriez croire au premier coup d'œil que mes réflexions viennent de ressentiment. Jamais ce mouvement ne trouvera place dans mon cœur lorsqu'il s'agira de vos intérêts; je ne pense au passé que pour aviser à une bonne conclusion. Je crains de ne pouvoir obtenir du Roi ce que vous ne lui demandez pas, surtout lorsque par l'expérience du passé le ministre a un nouveau moyen de lui persuader qu'il n'y a rien à craindre. Je vois déjà que M. de Vergennes écoute M. de Mercy sans le contredire; mais il ne prend aucun engagement. Il espère probablement déterminer les Hollandais par la simple persuasion; mais ce moyen réussira-t-il avant le 15 septembre et ne serez-vous pas encore compromis par l'annonce de cette époque? Quoi qu'il en soit, mon cher frère, la crainte et le doute du succès ne m'empêcheront pas d'y travailler de toute mon âme : vous en devez être bien sûr.

«Mes enfants se portent à merveille; à la fin du mois, nous irons nous établir à Saint-Cloud pour l'inoculation de mon fils. Mes compliments à M. de Starhemberg si vous le jugez convenable; je lui sais bon gré de vous avoir parlé de moi; mais, depuis mon enfance, mon cœur vous a été trop constamment attaché pour qu'il ait pu ajouter

J'ai rempli avec succès les hautes intentions de V. M. relativement au comte de Wassenaar. Sur le récit de l'inconduite qui lui a attiré la juste animadversion de V. M., le comte de Vergennes n'a pas hésité d'autoriser le marquis de Vérac à faire à la Haye les démarches nécessaires pour que les États généraux choisissent un autre sujet plus propre à la mission de Vienne [1].

Dans une de mes conversations avec le comte de Vergennes, les circonstances m'ont fourni tout naturellement le moyen de parler des intrigues de lord Carmarthen et du peu d'effet qu'elles produisent par une suite de l'attachement de V. M. à son alliance avec la France. Ce texte était susceptible de ma part de beaucoup de remarques et de vérités que j'ai tâché de déduire avec prudence, mais de manière à faire naître des réflexions salutaires sur le présent et l'avenir.

Quant à ce qui regarde l'échange de la Bavière, ce projet est sans contredit d'une si haute importance sous tous les aspects que selon mes faibles idées aucun serviteur fidèle de V. M. ne pourrait voir qu'avec bien du regret qu'Elle y renonçât tout à fait. J'en ai exposé celles des raisons qui se rapportent à cette cour-ci; on ne saurait se dissimuler que quelques avantages qui pourraient être présentés à la France, compenseraient difficilement celui d'avoir sous sa main un gage qui, dans bien des circonstances politiques lui a été si utile et

---

à l'idée de la tendre et inviolable amitié avec laquelle j'embrasse mon cher et bien-aimé frère de tout mon cœur.

« Je ne vous envoie pas la réponse du Roi; il vous écrira par un courrier du marquis de Noailles. » (*Marie-Antoinette, Joseph II... Ihr Briefwechsel*, p. 89.)

[1] Le 8 août 1785, M. de Vergennes écrivait à M. de Noailles : « Les désagréments qu'a éprouvés M. de Wassenaar nous ont infiniment peinés, Monsieur, à cause des conséquences qu'ils auraient pu entraîner après soi; mais nous ne saurions disconvenir que ce député ne se les soit attirés de gaîté de cœur et que sa conduite n'ait été on ne peut plus blâmable. » Et, dans une autre lettre de même date au même : « L'Empereur n'est pas d'accord avec M. le prince de Kaunitz sur le secret à garder de la contrebande que M. de Wassenaar avait tenté d'introduire à Vienne. S. M. I. s'en montre si irritée, ainsi que de plusieurs autres traits de légèreté et de manque de respect qu'Elle reproche à ce député, qu'Elle m'a fait requérir par son ambassadeur de sonder les États généraux sur le désir qu'Elle aurait que M. de Wassenaar ne restât point accrédité à sa cour lorsque l'accommodement aura lieu. Il paraît que l'Empereur serait content que M. de Leyden prît sa place. Quoiqu'un office de cette nature ne soit pas agréable à rendre, cependant j'ai pris la permission du Roi pour autoriser M. le marquis de Vérac à agir d'après les vues de S. M. I. Si les Hollandais sont susceptibles de bons conseils, ils n'hésiteront pas à donner cette satisfaction à l'Empereur. » (*Archives des affaires étrangères, Autriche*, vol. 350, f°s 78 et 82.)

peut encore lui procurer des moyens d'influence dans les événements à venir. Malgré cela, en consultant le chapitre des futurs contingents, il est possible, même vraisemblable qu'il en surviendra d'assez favorables pour en tirer au moins le parti d'un acquiescement passif de cette cour-ci. Quelque incertaine que soit l'époque de ces conjonctures propices, on pourrait les prévoir dans une plus grande consistance future du pouvoir de la Reine, dans quelques changements du ministère de Versailles, dans la mort du roi de Prusse, enfin dans le consentement de celui qui un jour pourrait avoir le plus de droit à transiger de cet échange; j'entends par là désigner le prince Maximilien des Deux-Ponts. Ce qui vient de lui arriver ici [1], et la manière un peu

---

[1] Après la mort du prince héritier des Deux-Ponts, la cour de France chercha à s'attacher le prince Max, frère du duc régnant et son héritier présomptif (voir plus haut, p. 297, n. 2). Elle lui faisait une pension annuelle de 75,000 livres qui s'ajoutait à pareille somme provenant du revenu de son apanage situé en Alsace et lui faisait 150,000 livres de rente. Comme il n'en avait pas moins beaucoup de dettes, le cabinet de Versailles cherchait à lui faciliter un arrangement avec ses créanciers et se montrait disposé à y contribuer jusqu'à concurrence de 850,000 livres. On avait voulu le marier avec la princesse de Condé. Après l'échec de ce premier projet, on avait pensé à la princesse Augusta de Hesse-Darmstadt et, pour décider le prince, on lui avait promis de lui donner une forte somme d'argent. Néanmoins il avait montré peu ou pas d'inclination pour ce mariage et on avait découvert que la cause de sa répugnance était une intrigue amoureuse qu'il entretenait depuis un certain temps déjà avec une riche veuve américaine. Alors le ministère avait jugé nécessaire un coup d'autorité, ce qui loin d'améliorer la situation l'avait aggravée.

La dame en question était une dame Dupin, née en Lorraine, qui avait été mariée fort jeune à un très riche négociant de Saint-Domingue, dont la mort l'avait mise en possession d'une très grosse fortune (environ 100,000 livres de rente). A la fin de la dernière guerre, elle était venue à Paris où elle avait trouvé l'occasion de faire connaissance du duc des Deux-Ponts, qu'elle avait su si bien prendre peu à peu qu'il lui avait sacrifié ses amourettes, ses parties de jeu, etc., pour vivre uniquement pour elle et qu'il lui avait fait par écrit une promesse de mariage. Ils vivaient ensemble depuis quelque temps lorsque fut mis sur le tapis le projet de mariage avec la princesse de Hesse-Darmstadt. On en attribua l'échec à l'aveugle attachement du prince à cette veuve, et, comme elle faisait mine de vouloir aller rejoindre le prince Max, qui était allé à Strasbourg, on lui intima, de la part du Roi, l'ordre de se tenir, maintenant et à l'avenir, toujours à plus de cent lieues du lieu où le prince Max pourrait se trouver. Cette injonction causa à la pauvre femme une telle émotion qu'elle tomba gravement malade; elle renvoya au prince sa promesse de mariage et le dégagea de tous les liens qui les unissaient. Lorsque sa santé fut rétablie, elle voulut se rendre à Aix en Provence; mais trois hommes de police vinrent tout à coup s'établir chez elle en vertu d'un ordre du Roi et pendant deux semaines la gardèrent à vue jour et nuit. Enfin on la laissa partir, mais en lui renouvelant la défense de jamais se rapprocher du prince. D'un autre côté on avait mis à Strasbourg près de ce dernier un officier de confiance,

sévère dont on a contrarié ses goûts désordonnés, en le détachant plus ou moins de la France, pourrait bien le porter à rechercher la protection de V. M., d'où il résulterait des moyens qui n'ont pas existé ci-devant. Au reste il semble que dans le moment présent l'idée du troc de la Bavière ne pourrait être reprise sans risques, mais j'en ai parlé à la Reine et l'ai trouvée toujours dans l'intention d'y coopérer à la première apparence d'une possibilité de réussir.

L'indisposition de V. M. [1] que l'on a attribuée ici à son pénible voyage qui devait avoir l'œil sur toutes ses démarches.

Le prince Max s'était montré très mécontent de la conduite du gouvernement, et, comme pour manifester son intention de ne plus revenir à Paris, il avait envoyé un intendant l'ordre de vendre une partie du mobilier de son hôtel et de lui expédier le reste à Strasbourg. Comme ce prince était brouillé avec son frère le duc des Deux-Ponts, M. de Mercy ne croyait pas impossible qu'il n'eût l'idée de se jeter dans les bras de l'Empereur et il pensait que tout au moins l'occasion présente était très favorable pour le détacher de la cour de Versailles et de l'attirer du côté de la cour de Vienne. (Post-scriptum de M. de Mercy à sa dépêche d'office du 12 août 1785.)

[1] En rentrant d'Italie, l'Empereur écrivait le 4 juillet à son frère Léopold que sa santé était encore un peu dérangée et qu'il avait commencé un *decoctum*; il toussait sec et il avait la voix plus faible et plus creuse. Puis un des côtés devint dur jusqu'à la hanche et le malade fut condamné à prendre tous les matins avec des sachets d'herbes. Le 11 juillet la toux sèche avait pris fin; mais la douleur du côté persistait au point d'empêcher la marche et il y avait plus de huit jours qu'il n'était sorti de sa chambre. Enfin une tumeur se manifesta et après un traitement énergique le mal céda. Le 21 juillet Joseph II écrivait à Léopold:

«Pour moi l'appétit et le sommeil étant revenus, la tumeur commençant à se dissiper, je me porte mieux et je sors même déjà.» (*Joseph II und Léopold von Toscana, Ihr Briefwechsel*, t. I, p. 287 et suiv.)

A cette occasion le prince de Kaunitz adressa le 26 juillet à l'Empereur ce billet, qui est encore inédit et se trouve aux archives d'État à Vienne:

«Je remercie très humblement V. M. de ce qu'Elle a daigné me donner de ses nouvelles par son gracieux billet du 18 du courant, et mes vœux pour la continuation de la santé précieuse de V. M. la suivant en tous lieux, je La prie cependant de la maltraiter le moins qu'Elle pourra, car en vérité ses sujets en ont grand besoin et pour longtemps, pour qu'il puisse leur arriver, même malgré eux, tout le bien que V. M. a en vue dans tout ce qu'Elle fait et qui malheureusement souvent ne se fait que beaucoup plus imparfaitement qu'il ne pourrait et ne devrait se faire, comme je l'ai vu et avec une vraie peine, par ce qu'Elle a la bonté de me dire au sujet de la Transylvanie. Il est cruel, en vérité, de se donner moralement et physiquement toutes les peines que se donne V. M. et de se voir privé de la satisfaction d'en être récompensé par le succès, faute d'intelligence ou de volonté de la part de ceux qui sont chargés non pas de penser et d'imaginer, mais uniquement d'exécuter, quoique la pure exécution ne soit au fond qu'une espèce de matérialité, qui devrait être et serait certainement chose bien facile à qui ne manquerait pas de bonne volonté. Il faut cependant absolument trouver un remède au désagrément de n'être pas

d'Italie, a beaucoup affecté la Reine; témoin de ses inquiétudes, je n'ose dire combien je les ai partagées. Je sens tout le prix de la clémence avec laquelle V. M. m'ordonne de Lui parler de ma santé; depuis près de deux ans elle n'a été qu'une suite de souffrances dont les causes peuvent admettre du soulagement, mais bien difficilement une guérison. Mon existence est trop peu de chose; je désirerais lui donner un prix en la rendant de quelque utilité à l'auguste service, et dans l'occasion présente j'y emploierai tout ce qui me reste de moyens et de force.

Je remplirai ponctuellement l'ordre que V. M. daigne me donner d'informer le gouvernement général des Pays-Bas du plus ou moins d'apparence à un accommodement; peut-être que les Hollandais, intérieurement décidés à finir, voudront cependant marchander jusqu'au dernier moment du terme fixé; les premières conférences donneront sans doute à cet égard des indices qui me serviront de règle.....

---

204. — MERCY À JOSEPH II.

Paris, 12 août 1785. — D'après les ordres qu'il a plu à V. M. I. de me donner lors de son séjour à Milan, j'ai eu ici avec la supérieure de la Visitation de Sainte-Marie plusieurs entretiens dans lesquels cette religieuse ne m'a montré que des difficultés dont la plus réelle est qu'en effet les vocations monastiques deviennent en France aussi rares que partout ailleurs et que l'on y manque de sujets pour repeupler les couvents. J'ai d'abord exigé que la supérieure en question m'écrivît ce qu'elle m'avait dit verbalement; elle s'en est acquittée comme le porte sa lettre très humblement ci-jointe, mais depuis obéi. J'ignore quels sont les moyens que V. M. emploie et a employés jusqu'ici pour cet effet; mais je vois par le fait qu'ils sont insuffisants, et moyennant cela je La prie de m'en informer au juste quand Elle en aura le temps, afin que je puisse Lui en chercher et Lui en suggérer d'autres, si je suis assez heureux pour pouvoir en trouver dans mon imagination, et comme je pense que cela ne doit pas être la chose impossible, qui sait? Peut-être en trouverons-nous?

«Je me flatte que les premières nouvelles que nous aurons de l'état de la santé de V. M. continueront à être telles que je le souhaite de tout mon cœur et en attendant je Lui baise les mains avec la plus profonde soumission.»

j'ai eu avec elle une conversation où elle s'est engagée à faire des recherches dont je tâcherai par toutes les voies possibles de hâter le succès. J'ai cru devoir m'adresser pour le même objet à la religieuse de Beauvais, supérieure du couvent de Compiègne, et j'en ai reçu la réponse pareillement ci-jointe.

Ainsi qu'il en a été usé dans une autre occasion, l'expédient le plus sûr serait de choisir ici deux novices qui s'engageraient par leurs vœux pour le cloître de Milan, mais cette méthode plus stable est en même temps plus longue et un peu plus coûteuse. Entre temps, je mettrai à cet objet la même attention et le même zèle que je dois à tout ce qui a trait à l'auguste service, et je préviendrai le comte de Wilczek de ce qui pourra s'effectuer à cet égard.

---

205. — MERCY À KAUNITZ.

Paris, le 12 août 1785. — J'ai été bien étonné des circonstances que V. A. a la bonté de me confier par la lettre dont elle m'honore en date du 24 juillet. M. de Vergennes, instruit par M. de Noailles de tout ce qui s'est passé[1], m'a dit que sans vous, Monseigneur, la députation hollandaise était manquée et n'aurait abouti qu'à augmenter les embarras. Le ministre, à cette remarque, en a ajouté d'autres auxquelles il ne m'était pas facile de répondre. Je m'en suis tiré en récriminant un peu sur la conduite que l'on a tenue ici et qui, à bien des égards, était propre à donner de l'humeur à notre auguste monarque. Quoique pareils incidents tournent toujours à la gloire du ministère de V. A., je comprends les peines qui lui en reviennent et les obstacles qui en résultent au bien du servic . A cet égard, la Reine en devine beaucoup plus que je ne voudrais; Elle observe que, relativement aux résolutions annoncées par l'Empereur, Il a d'abord reculé sur l'époque du 1er de mai; qu'il pourrait en arriver de même pour le terme fatal du 15 septembre; que, tandis qu'Elle tâche de persuader au Roi le danger d'une guerre, M. de Vergennes assure que l'Empereur est bien éloigné de s'y déterminer; que les faits, en

---

[1] Voir plus haut, p. 430, n. 2.

vérifiant l'opinion du ministre, compromettent celle de la Reine et accoutument ici insensiblement à une sécurité qui y discrédite nos démarches et notre langage. C'est ce que la Reine mande aujourd'hui à son auguste frère; Elle Lui parle de l'annonce de 80,000 hommes aux Pays-Bas, tandis que l'on est persuadé ici qu'il n'y en a pas 30,000 et que les préparatifs sont en défaut de toute part. J'aurais voulu modifier la tournure de cette lettre, mais la tête de la Reine était montée sur ce ton et je n'ai rien pu obtenir; cependant cette princesse sent très bien tout ce que l'on a à se reprocher ici du côté des procédés; Elle en est mortifiée. Elle marque autant de désir de coopérer à notre objet que de zèle dans la manière d'y procéder et Elle s'est prêtée en dernier lieu à tout ce que je Lui ai suggéré à cet égard.

La ligue signée à Berlin[1], l'abus qu'on en fait à la Haye[2], et toutes les intrigues qui en résultent, exigeraient de la part de M. de Vergennes des offices très énergiques pour en imposer aux Hollandais. V. A. jugera, par ma dépêche d'office[3] ce que l'on peut raisonnablement se promettre de cette cour-ci; quelle que soit sa conduite, au moins n'est-il pas vraisemblable, qu'en cas de rupture avec la Hollande, on osât ici porter l'indignité jusqu'à vouloir nous causer des embarras. Si même on y songeait, on n'en aurait pas les moyens cette année, de façon que si nous sommes en force suffisante au terme du 15 septembre et que les hostilités devinssent nécessaires, il serait peut-être facile de mettre d'un coup de main nos adversaires au pied du mur, avant que personne eût le temps d'arriver à leur secours.

Quant à ce qui peut dépendre des voies de négociations, je redoublerai d'activité et de zèle pour remplir mes devoirs. Je suis pénétré de la bonté avec laquelle V. A. veut bien faire mention de ma santé, qui est dans ce moment-ci moins souffrante, sans me donner l'espoir de la rétablir solidement.

---

[1] La ligue germanique autrement dite l'alliance des princes, signée le 23 juillet 1785 entre les Électeurs de Brandebourg, de Hanovre et de Saxe pour le maintien de la constitution de l'Empire.

[2] Le 9 août M. de Vergennes s'était plaint à M. de Mercy que le ministre d'Angleterre à la Haye, M. Harris, promettait aux États généraux l'appui de cette nouvelle ligue et les pressait même d'y accéder. (Dépêche d'office de M. de Mercy du 12 août 1785.)

[3] Voir plus haut, p. 435, n. 1.

206. — JOSEPH II À MERCY.

Vienne, ce 2 septembre 1785. — J'ai reçu votre lettre et j'ai vu vos dépêches adressées tant à Bruxelles qu'au prince de Kaunitz. Je n'ai pu regarder que comme une très mauvaise plaisanterie et faite très mal à propos la proposition que M. Rayneval s'est permis de vous faire au nom du comte de Vergennes[1], car l'on ne comprend pas faci-

---

[1] Le 21 août 1785 M. de Mercy écrivait à M. de Belgiojoso :

« Hier au matin M. de Vergennes m'envoya le premier commis des affaires étrangères, le sieur de Rayneval, qui me dit que sur des nouvelles récentes arrivées de la Haye le ministère de Versailles se trouvait dans le plus grand embarras relativement à nos affaires et à l'influence qu'elles paraissaient avoir sur le sort dont la République est menacée; que le ministre d'Angleterre, M. Harris, conjointement avec le ministre de Prusse, avait excité une fermentation dont il y a peu d'exemples; que par toutes sortes d'intrigues ils étaient venus à bout de procurer au parti stathoudérien une supériorité marquée; que les provinces d'Overyssel, de Gueldre et de Zélande étaient entièrement livrées à ce parti; que peu s'en était fallu que la province d'Utrecht s'y fût jointe et que si cela était arrivé, une révolution dans la constitution de la République aurait été inévitable; que dans une pareille crise le parti patriotique se voyant écrasé et sans force n'avait pu se déterminer à envoyer des instructions finales aux ambassadeurs de Hollande, parce que si ces derniers s'étaient trouvés autorisés à finir sur le pied qu'exige notre cour, aucun des membres patriotiques n'aurait été assuré de sa vie; que ces derniers désiraient sincèrement de terminer à la satisfaction de S. M. l'Empereur; qu'ils se décideraient à porter le prix de Maëstricht à cinq millions de florins; mais que l'acquiescement à une plus forte somme contre l'avis de trois provinces et de la majeure partie des individus républicains, donnerait lieu à ces derniers de les accuser de trahison; qu'il s'agirait de trouver quelque expédient au moyen duquel on pût se rapprocher de la somme demandée pour Maestricht, sans que cela eût l'apparence d'un payement pur et simple; que le meilleur moyen serait qu'il plût à l'Empereur de céder à la République certains terrains à titre de vente et qu'alors en fixant la valeur réelle de ces terrains, on pourrait en augmenter le prix de deux ou trois millions de florins, ce qui se rapprocherait beaucoup des conditions imposées.

M. de Rayneval appuya cette ouverture de beaucoup de raisonnements politiques. Il supposa qu'une révolution dans la République ne pouvait pas plus convenir à notre cour qu'à celle-ci; que la France se voyait au moment de perdre le fruit d'une négociation longue et intéressante, par laquelle elle s'était assurée de détacher la Hollande et l'Angleterre; que d'un autre côté et toujours dans l'hypothèse d'une révolution qui rendrait le stathouder, en quelque façon, maître de la République, cette dernière serait infailliblement entraîner d'accéder à la ligue d'Allemagne, événement qui, à bien des égards, ne pouvait pas être indifférent à notre cour. Il me réitéra ensuite l'assurance la plus positive et la plus claire que, dans ces derniers temps, M. de Vergennes avait fait tenir à la Haye un langage tel qu'aurait pu le tenir la cour impériale; que l'on n'avait épargné ni raisonnements, ni moyens de persuasion,

lement comment à moi, qui demande des restitutions de la part de la République, qui prouve qu'elle a empiété sur mon territoire et qu'elle tient injustement entre ses mains une possession qui devrait m'appartenir, l'on ait osé me proposer de lui céder un territoire à moi appartenant incontestablement, et cela sous titre de vente, pour ne pas même compléter avec mes propres terrains l'équivalent modéré que je demande de la République. Ceci apprête vraiment plus à rire que l'on peut s'en fâcher, mais enfin de tout ceci la conclusion en est que les Hollandais ne veulent faire autre chose que traîner et se moquer par là de moi et en exagérant en même temps leurs troubles internes et leurs affaires de parti, trompent la France et l'Angleterre qui les recherchent tous les deux. En calculant ce que la France peut faire de bien et de mal à la Hollande, et en mettant en parallèle ce que l'Angleterre peut lui faire dans les deux genres, je crois qu'il sera facile de décider si les appréhensions du comte de Vergennes que les Hollandais se jetteront aveuglément dans les bras des Anglais, sont fondées ou seulement exagérées exprès.

Le prince de Kaunitz vous marquera tous les détails pour la négociation; vous serez même autorisé de modifier la somme de douze millions jusqu'à six, si vous voyez que c'est à cela seul que s'accroche encore et se romprait la conclusion de la négociation. De tous les points dont on était presque déjà convenu, je ne puis et ne veux absolument pas me départir. Dans ces six millions, argent courant de Vienne, l'indemnisation des sujets qui ont souffert par les inondations ne sera pas comprise; mais vous n'articulerez cette condescendance que si sur tous les autres points l'on ne soit déjà d'accord, parce que, si les hostilités ont lieu, je demanderais ensuite une indemnisation bien plus forte, et je ne voudrais point avoir annoncé déjà des six millions seulement.

Quant au commencement des hostilités, ce sera à vous, mon cher Comte, à en décider. Le prince Albert et le gouvernement de Bruxelles ont ordre de se tenir à ce sujet entièrement à ce que vous leur marquerez.

ni même les menaces en déclarant que dans le cas où les États généraux hésiteraient à se prêter, le Roi était invariablement décidé à n'intervenir en manière quelconque dans les suites qu'entraînerait un pareil refus; mais que telles et semblables démarches étaient restées sans effet et que les manœuvres de l'Angleterre et de la cour de Berlin avaient prévalu avec autant de rapidité que de succès. »

L'essentiel est que tout le monde soit bien persuadé que c'est mon sérieux de faire la guerre, chose que bien gratuitement, par les complaisances outrées que j'ai eues pour la France, l'on veut bien mettre en doute jusqu'à présent. Il est donc essentiel que si vous voyez qu'il n'y a point d'espoir fondé de conclure, aux conditions qui vous sont connues, des préliminaires, soit jusqu'au 15 de septembre ou peu de jours après, que vous en avertissiez tout de suite le gouvernement des Pays-Bas. Vous devez avoir l'air de prendre uniquement sur vous le délai de quelques jours au delà du 15. Vous ne devez en faire usage que s'il y a une grande probabilité et presque certitude que les Hollandais acquiesceront aux points préliminaires exigés et que ce ne sera point un prétexte, mais seulement un empêchement physique attaché à la longueur de leurs formes, qui arrêteraient les ambassadeurs de signer à temps les préliminaires.

Je prévois qu'il n'y a rien de plus efficace, et que c'est le seul moyen peut-être de faire la paix que de commencer les hostilités et de faire voir par le sérieux de mes intentions et de présenter à la République tout l'effrayant des suites d'une guerre. Si elle a lieu, vous devez faire connaître au ministère de France que je ne m'y suis porté que pour obtenir de la République les conditions vraiment modérées que j'en avais exigées, et que je n'étais point intentionné de faire des conquêtes brillantes ni qui puissent menacer la République de sa ruine.

Je vous joins ici, mon cher Comte, ma lettre pour la Reine[1]. Je n'écris point au Roi parce que j'avoue que ses réponses, dont je vous joins ici copie de la dernière [2], ne sont point attrayantes, puisque l'on

---

[1] Cette lettre manque.

[2] *Louis XVI à Joseph II. A Versailles, le 8 août 1785.* — «Monsieur mon frère, j'apprends avec le plus grand plaisir par la lettre de V. M. du 26 du mois dernier que les députés hollandais ont rempli à sa satisfaction la condition préalable qu'elle avait exigée de la République et je regarde cette démarche comme l'heureux présage de la prochaine conclusion du raccommodement que V. M. a bien voulu confier à ma médiation. Elle peut être assurée que je ne négligerai rien pour engager les Hollandais à se porter à des tempéraments propres à en assurer le succès. Je connais trop d'ailleurs les sentiments magnanimes de V. M. pour n'être pas persuadé que de son côté elle se portera à toutes les facilités que sa modération lui suggérera. Je sens comme V. M. la convenance de ne pas laisser languir la négociation et j'ai déjà prescrit à mon ambassadeur à la Haye de faire connaître le terme auquel V. M. désire que l'arrangement soit consommé. Cependant comme il peut survenir des retards inattendus, j'espère qu'elle ne voudra pas re-

n'y voit que les propres termes et phrases ambiguës de M. de Vergennes. Je ne crois pas non plus pouvoir adopter ce que la Reine, par bonne intention et intérêt pour moi, a voulu me conseiller, savoir d'exiger du Roi, par écrit, une promesse positive de ne point se mêler de mes querelles avec les Hollandais, mais de me laisser agir librement. Or, voilà les raisons qui m'en empêchent : 1° je trouve un peu dur de faire connaître au roi de France que, si lui ne me promet pas d'une certaine façon de ne pas me faire la guerre, je n'oserais point la faire aux Hollandais; 2° il serait offensant pour le Roi, mon allié et mon beau-frère, de supposer qu'il pourrait, sans rime et raison et sans motif quelconque, m'attaquer; enfin, 3° cette démarche, qui contiendrait tout cet odieux, pourrait encore être infructueuse, puisqu'il ne manquerait point de phrases à M. de Vergennes par lesquelles il entortillerait si bien la réponse du Roi qu'elle me laisserait dans la même incertitude d'à présent.

Vous voudrez bien faire connaître ces raisons à la Reine, dont la bonne volonté et l'intérêt excitent toute ma reconnaissance et qui me sont d'un prix infini.

Je suis très fâché de l'histoire arrivée au prince Louis de Rohan [1],

garder le terme indiqué comme péremptoire et jugeant seulement les États généraux par la sincérité des dispositions, qu'ils témoignent pour terminer, qu'elle ne se portera pas à des hostilités, que je regarderais comme infiniment fâcheuses, mais plutôt qu'elle voudra admettre les délais que la nature des choses pourra nécessiter.

« Je prie V. M. de ne pas douter de la continuation de mes soins pour tout ce qui pourra contribuer à sa satisfaction personnelle ainsi qu'au rétablissement de la bonne harmonie entre elle et la Hollande. Je me flatte que V. M. trouvera dans mes sentiments comme dans mes démarches une nouvelle preuve de la tendre et sincère amitié qui m'attache à elle et avec laquelle je suis... » (*Marie-Antoinette, Joseph II... Ihr. Briefwechsel*, p. 91.)

[1] *Marie-Antoinette à Joseph II, ce 22 août 1785.* — « Vous aurez déjà su, mon cher frère, la catastrophe du cardinal de Rohan. Je profite du courrier de M. de Vergennes pour vous en faire un petit abrégé. Le cardinal est convenu d'avoir acheté en mon nom et de s'être servi d'une signature qu'il a cru la mienne pour un collier de diamants de 1,600,000 francs. Il prétend avoir été trompé par une madame Valois de la Mothe. Cette intrigante du plus bas étage n'a nulle place ici et n'a jamais eu d'accès auprès de moi. Elle est depuis deux jours dans la Bastille et, quoique par son premier interrogatoire, elle convienne d'avoir eu beaucoup de relations avec le cardinal, elle nie formellement d'avoir eu aucune part au marché du collier. Il est à observer que les articles du marché sont écrits de la main du cardinal; à côté de chacun, le mot *approuvé* de la même écriture qui a signé au bas : *Marie-Antoinette de France.* On présume que la signature est de ladite Valois de la Mothe. On l'a

d'autant plus que la Reine est si désagréablement compromise. J'ai toujours connu le grand aumônier pour l'homme le plus léger et le plus mauvais économe possible, mais j'avoue que je ne l'aurais jamais cru capable d'une friponnerie et d'un trait aussi noir que celui dont on l'accuse.

Adieu, mon cher Comte, je suis bien fâché que votre santé ne soit pas encore telle que je vous la désirerais de bon cœur. Les peines que vous coûte cette vilaine affaire m'inquiètent vraiment; mais, de l'une ou de l'autre façon, elle doit bientôt se terminer, et alors je vous prie de bien vouloir ménager votre santé et de me croire bien sincèrement.....

Quant aux religieuses de la Visitation qu'on souhaiterait d'avoir pour Milan, je vous prie de vous entendre à ce sujet avec le comte de Wilczek et de lui procurer une couple de bons sujets, soit comme religieuses, soit comme novices.

Comme j'apprends d'ailleurs que deux élèves de Saint-Cyr, qui sont connues à Mme Fossière, supérieure du couvent de la Visitation d'ici, désirent d'y passer en noviciat, et qu'il me serait agréable de faire une bonne acquisition pour ce couvent, vous me ferez plaisir de vous informer de ce qui en est.

comparée avec des lettres qui sont certainement de sa main: on n'a pris nulle peine pour contrefaire mon écriture, car elle ne lui ressemble en rien et je n'ai jamais signé *de France*. C'est un étrange roman aux yeux de tout ce pays-ci que de vouloir supposer que j'aie pu vouloir donner une commission secrète au cardinal.

«Tout avait été concerté entre le Roi et moi; et les ministres n'en ont rien su qu'au moment où le Roi a fait venir le cardinal et l'a interrogé en présence du garde des sceaux et du baron de Breteuil. J'y étais aussi et j'ai été réellement touchée de la raison et de la fermeté que le Roi a mises dans cette rude séance. Dans le moment où le cardinal suppliait pour n'être pas arrêté le Roi a répondu qu'il ne pouvait y consentir ni comme roi ni comme mari. J'espère que cette affaire sera bientôt terminée; mais je ne sais encore si elle sera renvoyée au Parlement ou si le coupable et sa famille s'en rapporteront à la clémence du Roi; mais dans tous les cas je désire que cette horreur et tous ses détails soient bien éclaircis aux yeux de tout le monde.» (*Marie-Antoinette, Joseph II..... Ihr Briefwechsel*, p. 93.)

207. — KAUNITZ À MERCY.

Vienne, le 2 septembre 1785. — Mon bon ami, je me hâte de vous faire parvenir les nouvelles directions qui vous sont nécessaires, parce qu'il n'y a pas un moment à perdre pour conjurer encore, s'il est possible, l'orage qui est sur le point d'éclater, et je me flatte que vous trouverez dans mes lettres d'office [1] les seuls moyens que la combinaison des circonstances, tant réelles que personnelles, a pu me permettre d'imaginer. Je vous avoue néanmoins qu'il m'est inconcevable que M. de Vergennes ait pu se charger de nous faire la plus absurde des propositions possibles, quelle que soit la façon dont on veuille l'envisager; même dans la supposition de la terreur la plus panique de la défection des Hollandais, dont il ne me paraît pas possible qu'il puisse être aussi effrayé qu'il veut nous le faire croire, et à laquelle je suis très fondé à ne pas croire de mon côté, parce que je suis informé, de source certaine, que le degré de crise, qu'il prétend exister dans la République, n'existe pas.

---

[1] Le prince de Kaunitz considérait comme une fort mauvaise plaisanterie la proposition faite par M. de Rayneval et il croyait que les craintes du cabinet de Versailles sur le succès des intrigues anglaises à la Haye étaient fort exagérées. Il fallait rejeter nettement et sans hésiter les propositions des soi-disant patriotes qui offraient cinq millions de florins hollandais pour Maëstricht et demandaient la fixation de nouvelles frontières en Flandre au lieu de celles de 1664. On ne pouvait pas plus accepter la cession d'une partie du pays de Fauquemont suggérée par M. de Rayneval, car cette cession réelle de territoire serait d'autant moins compatible avec la dignité de l'Empereur qu'elle serait faite pour de l'argent et uniquement pour augmenter de façon détournée le prix ridicule offert pour le rachat de Maëstricht. Par contre l'Empereur autorisait formellement M. de Mercy à réduire la somme demandée pour Maëstricht et même à six millions de florins, valeur de Vienne, mais seulement aux conditions suivantes : 1° que tous les autres articles, sur lesquels M. de Mercy n'était pas autorisé à faire de concessions, et spécialement celui visant la renonciation par la Hollande à l'article 26 du traité de Munster, seraient complètement accordés par les plénipotentiaires hollandais; 2° qu'il n'y aurait plus d'autres difficultés à craindre que celle de la détermination du prix du rachat de Maëstricht; 3° qu'il y aurait absolue nécessité ou de rompre les négociations et de recourir aux armes ou de réduire ce prix à sept et même à six millions; 4° que dans ce chiffre ne serait pas comprise la somme à payer par les Hollandais à titre d'indemnité aux sujets de l'Empereur, victimes des inondations, mais qu'elle serait fixée dans un article séparé. Enfin dans le cas où il serait impossible de signer les préliminaires avant le 15 septembre, M. de Mercy pourrait retarder l'ouverture des hostilités jusqu'à la fin du mois. (Rescrit du prince de Kaunitz au comte de Mercy du 2 septembre 1785.)

C'est certainement le rhingrave de Salm qui doit être arrivé à Paris le 19 ou le 20 au plus tard, peut-être même dès le 18, qui a été porteur de cette nouvelle absurdité, manifestement imaginée, comme toutes les précédentes, pour gagner du temps en embrouillant la matière. Quoi qu'il en soit cependant, il me semble que dans l'état actuel des choses on ne peut plus procéder de notre côté que de la façon à laquelle nous vous autorisons aujourd'hui. Je me suis refusé à la demande de M. de Vergennes de lui confier notre dernier mot, parce que je suis fondé à croire qu'il en aurait abusé, comme il l'a fait de toutes nos confidences précédentes, dont il n'a jamais fait que l'usage d'aller les dire tout de suite à ses prétendus patriotes Hollandais, sans aucune gradation, et j'ai d'ailleurs ajouté à mon refus que la connaissance du dernier mot n'était nécessaire qu'aux négociateurs et non pas aux médiateurs, et j'ai fait sentir en même temps qu'il n'avait pas plus de droit à la confidence du nôtre qu'à celui des États généraux, que sans doute il devait ignorer ou au moins ne pas trouver admissible, puisqu'il ne nous en avait rien dit jusqu'à présent.

Après-demain, je me propose de dire tout cela au marquis de Noailles, et en gros les raisons qui ne permettent pas à l'Empereur d'adopter en aucune manière la dernière absurdité que l'on venait de lui proposer, et de lui faire sentir la nécessité indispensable, dans laquelle nous nous trouverons, de réaliser ce que nous avons annoncé pour le cas auquel au 15 septembre on ne serait pas convenu de ses faits.

Les ordres que vous recevez aujourd'hui, je vous les aurais dépêchés il y a déjà huit à dix jours si on avait voulu m'en croire, mais ce n'est qu'aujourd'hui que j'ai pu parvenir à y être autorisé, encore vaut-il mieux tard que jamais. Soignez votre chère santé et conservez-moi votre amitié.....

208. — MERCY À JOSEPH II.

Paris, 20 septembre 1785. — Les très gracieux ordres de V. M. I., datés du 2, m'ayant été remis le 10 par le garde-noble qui en était porteur, je n'ai pas tardé à aller présenter à la Reine la lettre qui Lui était adressée, et j'ai eu occasion en même temps d'exposer à cette auguste princesse les motifs qui ont empêché V. M. de déférer à son avis sur la demande d'une promesse positive de la part du Roi de ne point se mêler des suites que les affaires hollandaises pourraient entraîner. Il m'a été facile de faire sentir toute la force des motifs en question, ce n'était d'ailleurs qu'un petit mouvement d'embarras et de dépit contre les ministres du Roi qui avait dicté à la Reine les remarques énoncées dans sa dernière lettre à V. M. Depuis cette époque les incidents survenus et les formes si variées qu'ont prises les négociations avec les Hollandais, changent les combinaisons et me mettent même dans le cas de supprimer aujourd'hui des remarques sur plusieurs articles de la lettre de V. M., auxquels j'aurais eu à répondre si les choses étaient restées dans l'état où elles se trouvaient alors.

Les préliminaires viennent d'être signés cet après-midi; leur forme incomplète tient aux raisons qu'expose ma dépêche d'office[1]. J'ai cru

---

[1] Dans sa dépêche d'office du 20 septembre au prince de Kaunitz et dans une dépêche du 21 au comte de Belgiojoso, M. de Mercy a rapporté en détail les nombreuses difficultés qu'il avait eu à surmonter dans cette dernière conférence du 20 septembre où les préliminaires avaient été signés. Un simple résumé de tous ces détails serait même fastidieux; il nous a paru préférable de mettre ici le commencement de la lettre du 21 au comte de Belgiojoso où M. de Mercy raconte les débuts de la conférence et la discussion sur l'objet le plus important, la fixation du prix du rachat de Maëstricht.

«Mon projet et mon désir étaient qu'il y eût des préliminaires rédigés dans la forme accoutumée, j'en avais même arrangé un modèle, qui dans le préambule se trouvait assimilé aux préliminaires qui ont terminé la dernière guerre entre la France et l'Angleterre.

«M. le comte de Vergennes, étant arrivé chez moi à 10 heures du matin et un moment avant les ambassadeurs de Hollande, m'apprit que ces messieurs se refuseraient à des préliminaires en règle, qu'ils avaient ordre de tout finir en une fois et de ne rien laisser en arrière. Je répondis qu'il n'y aurait à cela aucune difficulté de ma part, que si ces messieurs voulaient convenir tout de suite du traité définitif, j'étais suffisamment instruit et autorisé à cet effet; qu'il me paraissait cependant difficile d'achever un tel ouvrage en une seule séance; qu'au reste, si cela convenait à M. de Vergennes et aux ambassadeurs, nous resterions ensemble toute la journée, même toute la nuit suivante, enfin aussi longtemps qu'il serait nécessaire pour convenir de tous les articles du traité et pour le signer. M. de Vergennes me dit qu'il voyait bien que cela était impossible; de mon côté je lui observai qu'il me fallait quelque chose d'écrit et de signé sous quelque forme que ce fût; que connaissant très bien la méthode hollandaise de tâcher de se ménager toujours des moyens de temporiser, de revenir sur ce qui a été presque convenu, enfin de ne pas vouloir s'engager à rien que sous la condition du *spe rati*, je voyais bien toute la difficulté de me procurer de la part des ambassadeurs de la République les sûretés qui m'étaient nécessaires; que cependant je romprais plutôt que de ne pas en avoir d'une ma-

devoir mettre à couvert les points essentiels aux dépens de plus de précision sur d'autres articles de moindre importance. Il n'y a pas eu moyen de faire autrement avec les gens vis-à-vis desquels j'ai dû éprouver de grandes anxiétés dans une négociation qui laisse à mon zèle plus vif regret de n'avoir pu en tirer un meilleur parti pour l'auguste service. La Reine ne sera informée que ce soir fort tard de ce qui s'est passé et ne pourra en faire aucune mention dans sa lettre[1]. Il

nière ou d'autre; que je ne pouvais les trouver que dans une promesse que je demanderais à M. de Vergennes que le Roi son maître ne souffrirait pas que l'on cherchât à revenir sur rien de ce qui aura été convenu sous les yeux de son ministre. M. de Vergennes m'ayant donné là-dessus une assurance positive et les ambassadeurs étant arrivés sur ces entrefaites, nous nous mîmes au travail et ce fut M. de Vergennes qui prit la plume, qui écrivit tous les articles et qui dans bien des endroits que je citerai ailleurs, en suggéra la rédaction.

«Le premier article fut très pénible; les ambassadeurs offrirent sept millions de leurs florins où le dédommagement des inondations devait être compris. Je rejetai vivement la proposition; il s'éleva de longs débats sur le traité de 1673. M. de Vergennes m'aida assez bien pour en soutenir la validité incontestable; il s'avança même au point de dire aux ambassadeurs que le traité susdit n'ayant été abrogé par aucun de ceux qui l'ont suivi, on ne voyait pas qu'il restât aux États généraux des moyens raisonnables de revenir sur ce point. Le ministre médiateur me proposa de passer dans une autre pièce; il employa les exhortations, les prières, les raisonnements d'égards pour la médiation du Roi, le tout pour me porter à une diminution de la somme de dix millions de florins courants de Hollande, que j'avais annoncée pour le dernier mot. Je déclarai au ministre que rien ne me ferait reculer là-dessus; ce fut alors qu'il s'engagea à faire passer l'article pourvu que je consentisse à ce que les dédommagements pour les inondations y fussent compris. Je cédai enfin, voyant bien par le langage et toute la tournure du ministre que je ferais de vains efforts pour aller au delà; j'exigeai cependant qu'il y eût un article séparé pour les inondations. Je sentais bien dans le fond que ma demande ne signifiait rien; mais je prétendais prouver par là, que j'avais eu sur ce point des ordres bien précis et que je prenais beaucoup sur moi en y changeant quelque chose quant au fond et qu'au moins je ne voulais rien y changer quant à la forme. Je rentrai dans mon cabinet et les ambassadeurs de Hollande eurent à leur tour avec le ministre un entretien qui fut long, mais qui ne l'était peut-être que pour donner une apparence de grande difficulté à la chose.»

[1] *Marie-Antoinette à Joseph II, ce 19 septembre 1785.* — «Quoique j'aie horreur de la guerre, mon cher frère, vous devez être bien sûr que je ne vous conseillerai jamais un genre de patience qui compromettrait votre gloire et votre considération. J'ai eu tout lieu d'être contente de la manière dont se sont expliqués sur ce point le Roi et M. de Vergennes. En tout cas, le langage de ce ministre vis-à-vis de moi est beaucoup meilleur depuis quelque temps, et au point que j'ai été souvent tentée de croire qu'il cherche à me tromper; il paraît cependant jusqu'ici qu'il parle de même à M. de Mercy. Le courrier de Hollande est arrivé; il paraît qu'on a envoyé des pouvoirs décisifs. Demain M. de Vergennes et les ambassadeurs hollandais se trouveront chez M. de Mercy pour convenir des principaux articles et signer les préliminaires. J'envoie ma lettre d'avance, afin de ne pas

m'a paru qu'il était essentiel de ne pas perdre un moment à rendre compte à V. M. de l'état des choses; cette même raison m'oblige à terminer ce présent et très humble rapport. Je me mets aux pieds de V. M. et, en invoquant son indulgence et sa clémence, je suis avec la plus profonde soumission.....

209. — MERCY À KAUNITZ.

Paris, le 20 septembre 1785. — La célérité que je mets à la présente expédition ne me permet pas d'avoir l'honneur d'écrire à V. A. avec autant de détails que je le désirerais. Je perds par là un moyen d'excuser en quelque manière les fautes que je puis avoir commises, parce que, si je pouvais déduire les difficultés et les chicanes qu'il a fallu essuyer dans cette misérable affaire, il paraîtrait peut-être que le meilleur était de la brusquer. J'ai le plus vif regret de n'avoir pu en tirer meilleur parti, et c'est avec instance qu'à cet égard j'invoque l'indulgence de V. A. Dans la confection du traité définitif, je tâcherai de rétablir l'ordre et la précision qui manquent à une première ébauche; je crois au moins qu'elle lie cette cour-ci, et c'est un des motifs qui m'a guidé. M. de Vergennes m'a bien appuyé sur les points capitaux; il a été misérable sur les petits articles au point de les rendre embarrassants; il a fort contribué aux difficultés sur Dælhem et aurait presque fait rompre la négociation sur les terres de rédemption, les-

retarder d'une minute le courrier que M. de Mercy doit vous envoyer.
....

« Le cardinal a pris mon nom comme un vil et maladroit faux-monnayeur. Il est probable que, pressé par un besoin d'argent, il a cru pouvoir payer les bijoutiers à l'époque qu'il avait marquée, sans que rien ne fût découvert. Le Roi a eu la bonté de lui donner le choix d'être jugé au Parlement ou de reconnaître son délit et de s'en remettre à sa clémence. Il a pris le premier parti; on dit qu'il s'en repent. Pour moi, je suis charmée que nous n'ayons plus à entendre parler de cette horreur qui ne peut être jugée avant le mois de décembre. Je n'oublierai jamais la conduite que le Roi a tenue dès le premier moment et dans toute la suite de cette affaire : elle a été parfaite pour moi; et ses ministres, à qui il n'a parlé qu'en ma présence, n'ont pu le détourner d'une ligne, quoique les uns eussent des liaisons avec le cardinal et les autres avec ses parents.

« Adieu, mon cher frère; je souhaite et désire de toute mon âme que M. de Mercy vous envoie une bonne et définitive conclusion. Je vous embrasse de toute mon âme. » (*Marie-Antoinette, Joseph II... Ihr Briefwechsel*, p. 94.)

quelles, selon l'aveu du gouvernement général, forment ensemble un objet de cinq ou six mille florins de Brabant. Je me suis tenu en mesure sur la citation du traité de Vienne et j'ai eu de terribles assauts à soutenir sur la citation de l'article 14 du traité de Munster que j'ai récusée avec fermeté[1].

Les Hollandais sont formellement engagés à terminer le traité définitif sous un terme très court; je n'ai pu obtenir d'autre moyen de sûreté et quant aux dix millions, jamais je ne les aurais obtenus sans me prêter aux termes des payements stipulés.

Je supplie V. A. de pardonner le désordre de cette lettre, mais dix heures de travail, une violente attaque de mon incommodité et le désir d'expédier à l'instant les deux courriers pour Vienne et Bruxelles ne me laissent que le temps d'ajouter ici les assurances du respect avec lequel j'ai l'honneur d'être, etc.

---

210. — JOSEPH II À MERCY.

Vienne, ce 29 septembre 1785. — J'ai reçu, par le courrier garde-noble galicien, votre lettre, et ai vu, par les dépêches dont il était porteur, que vous aviez terminé et signé les préliminaires avec les ambassadeurs de Hollande. Avant de pouvoir entrer dans aucun détail, il faut que je vous témoigne, mon cher Comte, toute ma reconnaissance et toute ma satisfaction sur la façon avec laquelle vous avez entamé, conduit et fini cette affaire difficile et odieuse. Croyez que je vous en sais un gré infini et que, s'il ne me restait l'inquiétude que la tension et l'ouvrage continuel et multiplié que, surtout les derniers temps, la

---

[1] Les Hollandais demandaient qu'on rappelât le traité de Vienne du 16 mars 1731 entre l'empereur Charles VI, Georges II, roi de la Grande-Bretagne, et les Provinces-Unies des Pays-Bas, et spécialement l'article 5 par lequel l'Empereur, sacrifiant la fameuse Compagnie d'Ostende pour obtenir la reconnaissance de sa pragmatique sanction, reconnaissait que les sujets des Pays-Bas autrichiens ne jouissaient pas de la liberté de commercer avec les deux Indes; mais M. de Mercy s'y refusa énergiquement. Il tint bon aussi sur le rappel de l'article 14 du traité de Munster du 30 janvier 1648, par lequel il était dit que «les rivières de l'Escaut, comme aussi les canaux de Sas Zuyn et autres bouches de mer y aboutissant, seraient tenues closes du côté desdits seigneurs des États généraux».

conclusion de cette affaire vous a donnés, ne dérangent votre santé, je serais parfaitement content.

Dès que l'objet essentiel du troc était manqué et qu'il a fallu céder sur la libre navigation de l'Escaut, tout le reste tenait plus à la considération et à la forme qu'à l'avantage réel.

Vous avez pourtant disputé votre terrain pied à pied et plus obtenu qu'on ne pouvait s'attendre. Mon estime et mon amitié ne sont point susceptibles d'accroissement à votre égard, mais j'ai un si grand fond de reconnaissance et j'aime tant d'être dans le cas d'en faire usage, que vous pouvez compter, mon cher Comte, d'y avoir votre bonne part. Je vous prie de témoigner à M. de Vergennes également ma satisfaction sur la façon dont à la fin il s'est prêté à la conclusion de cette affaire, et j'écris de même à la Reine à ce sujet. Je vous joins ici ma lettre à laquelle j'en ai joint une petite pour le Roi[1].

Les objets qui sont encore restés à discussion ultérieure avec la Hollande, j'ai ordonné à M. de Belgiojoso de les arranger à l'amiable et de n'y mettre aucune chicane pour persuader à la République et à la cour de France que je ne répugnais point à oublier le passé, et que les liens que la République vient de contracter avec la France m'étaient agréables et chers.

Vous ne sauriez croire tout ce que l'Angleterre imagine par la voie de la Russie, n'ayant pu y parvenir directement, pour m'attirer à faire quelque démarche qui puisse me compromettre avec la France et déranger mes liens avec elle; mais je suis ferme et inébranlable à ce sujet, convaincu de l'utilité qui vient encore de se faire voir dans cette occasion-ci avec évidence. Vous pouvez donc en faire usage selon votre prudence là où vous le croirez à propos, mais surtout vis-à-vis de la Reine.

Je suis très charmé que l'inoculation du Dauphin se soit passée si heureusement, et je crois qu'on a très bien fait d'avoir pris ce parti, puisque la force de l'éruption a fait voir qu'il avait bien des humeurs.

Des sommes que les Hollandais s'engagent de payer, j'ai donné les ordres au comte de Belgiojoso de prélever tout de suite de la première rate la somme de 500,000 florins destinés aux sujets qui ont souffert par les inondations.

---

[1] Ces deux lettres manquent.

Pour que vous puissiez démentir tous les bruits qu'on peut faire répandre, j'ai donné aussi les ordres pour que toutes les troupes venues d'Allemagne aux Pays-Bas en retournent, afin qu'il n'y reste que les troupes qui y sont stationnées ordinairement.

Adieu, mon cher Comte; je désire bien que vous ménagiez à cette heure votre santé, et que vous vous donniez tout le repos que le travail continuel que vous avez fait paraît exiger. Croyez-moi, avec beaucoup d'estime et d'amitié.....

P. S. Je vous joins ici, mon cher Comte, une petite caisse dont vous verrez le contenu dans cette liste [1]. Vous voudrez bien remettre les deux boîtes au comte de Vergennes et à M. de Rayneval, ainsi que les deux bagues aux ambassadeurs hollandais, que vous ne remettrez qu'après la signature du traité définitif.

Le courrier est aussi chargé d'une autre petite caisse à l'adresse de la Reine, que je vous prie de lui faire parvenir tout de suite avec ma lettre.

211. — JOSEPH II À MERCY.

Ce 1ᵉʳ octobre 1785. — Dans ce moment, je reçois un courrier du comte de Belgiojoso, par lequel il me marque ses appréhensions et inquiétudes au sujet de notre commerce aux Pays-Bas, qui, par le rappel en gros du traité de Munster, se trouverait entièrement annulé. Or, il serait essentiel, mon cher Comte, que, dans le traité définitif, la dénomination de celui de Munster ne soit appliquée qu'à la navigation et à la sortie de l'Escaut, dont il est question à l'article 6, sans que cela puisse s'étendre sur Ostende et les autres ports qui se trouvent aux Pays-Bas. Il en est de même des douanes, car sans cela le peu de commerce, qui a commencé à vivifier ces provinces, serait perdu à

---

[1] Liste des nippes destinées pour présents :

1° Une boîte émaillée en bleu, enrichie de gros brillants, avec le portrait de S. M. l'Empereur, pour M. le comte de Vergennes;

2° Une boîte émaillée, garnie de brillants en bouquets de fleurs, pour M. de Rayneval;

3° Une petite boîte renfermant deux bagues de brillants pour MM. les ambassadeurs hollandais Brantsen et Berkenrode.

jamais, et tous les avantages quelconques qu'on obtiendrait par cette paix seraient entièrement effacés par ce seul article. Je le recommande donc particulièrement à votre zèle afin qu'il soit bien éclairci ou qu'il soit au moins déclaré que tout ce qui est relatif à ce sujet, doit rester sur le pied où les choses se trouvaient au moment qu'a commencé la querelle avec les Hollandais. Vous voudrez bien tenir ferme là-dessus et même engager la Reine et M. de Vergennes de vous appuyer de leur mieux, ainsi qu'on nomme un autre ministre pour ici que Wassenaar.

Je vous prie aussi de faire passer par la première occasion sûre la lettre ci-jointe au comte de Belgiojoso.

212. — KAUNITZ À MERCY.

Vienne, le 1ᵉʳ octobre 1785. — Je vous félicite de tout mon cœur, mon bon ami, de vos succès et de la preuve réitérée que vous avez eu occasion de donner de votre dextérité dans le maniement des affaires. La nouvelle que vous nous avez transmise m'a paru faire grand plaisir à l'Empereur et m'en a fait beaucoup aussi à moi, parce que c'est toujours avoir fait un grand bien que d'avoir empêché un grand mal. L'Empereur vous envoie quelques présents qui eussent été plus considérables si on avait voulu m'en croire, mais comme cela est au moins passablement bien, il a fallu m'en contenter. Pour moi, il m'a donné ce que vous verrez dans le petit extrait ci-joint[1], et je suis fort aise qu'il ne se soit point avisé de me donner rien au delà, parce que j'aime mieux donner que recevoir.

Je vous avoue que je désire fort que l'on mette toute l'accélération

---

[1] Le prince de Kaunitz, en apprenant la signature des préliminaires, envoya ce billet à l'Empereur :

«*Du Jardin de Mariahilf* (faubourg de Vienne, où le prince avait une maison de campagne), *le 28 septembre 1785.* — Votre Majesté est sans doute déjà informée plus ou moins du contenu de la dépêche très humblement ci-jointe (du comte de Mercy); mais je n'ai pas voulu différer néanmoins un instant de porter à sa connaissance la nouvelle agréable qu'elle m'apprend, en la suppliant de vouloir bien agréer que je lui en fasse mon très humble compliment.»

Joseph II répondit de sa main : «Je vous remercie, mon cher prince, de cette nouvelle, et je suis charmé, que pour votre fête, elle soit arrivée, puisque sa bonne réussite vous est seule due. Adieu.»

L'Empereur faisait allusion à la fête du patron du prince de Kaunitz, saint Wenceslas, qui se célébrait le 28 septembre.

possible à la confection du traité définitif, parce que je ne peux pas attendre le moment où il n'y aura plus rien à faire à une besogne qui a été assurément une des plus désagréables dont j'aie jamais été dans le cas de devoir m'occuper. Si vous croyez que cela puisse flatter M. de Vergennes ou être de quelque utilité, je vous prie de lui faire un compliment de ma part sur l'heureux succès de ses soins. Nous pouvons lui passer d'avoir plaidé la cause de la République dans les objets de moindre valeur, puisqu'il vous a assez bien secondé dans les essentiels, car on ne peut pas disconvenir que son rôle devait être assez embarrassant, ayant et nous et les Hollandais à ménager.

Je ne vous parlerai d'aucun des objets dont il est fait mention dans ma lettre d'office[1], pour vous épargner des redites, et moyennant cela, il ne me reste pour cette fois-ci qu'à vous renouveler les assurances de la tendre et sincère amitié, avec laquelle je ne cesserai jamais d'être.....

---

213. — MERCY À JOSEPH II.

Fontainebleau, 18 octobre 1785. — Le garde-noble, porteur des très gracieux ordres de V. M. I., en date du 29 septembre, est arrivé ici dans la nuit du 7 au 8 de ce mois; c'était la veille du départ de la cour pour Fontainebleau. La Reine m'avait prévenu qu'Elle ne pourrait me voir le dimanche, de manière que je dus me borner à Lui faire parvenir sur-le-champ la lettre et la caisse qui Lui étaient adressées. La Reine me renvoya tout de suite ce dernier objet [2], en me mandant dans des termes d'une bonté inexprimable les grâces dont V. M. daigne me combler et dans lesquelles Elle a voulu réunir à la fois toutes les gradations et les formes qui constituent la plus signalée faveur. Dans tous les temps j'ai éprouvé celle de son extrême bonté et de sa confiance. C'était déjà la plus grande récompense qui puisse toucher mon

---

[1] Le rescrit du prince de Kaunitz au comte de Mercy du 1er octobre est très court et n'a pas grande importance. Le prince recommande surtout d'insister sur la liberté réciproque en matière de douanes, et il dit que, pour l'obtenir, on peut faire des concessions sur tous les autres articles.

[2] Pour témoigner à M. de Mercy sa satisfaction de la signature des préliminaires, l'Empereur lui avait conféré la grand'croix de l'ordre royal hongrois de Saint-Étienne, et il avait prié la Reine de lui en remettre les insignes. Le décret impérial est daté du 30 septembre 1785.

âme et que mes faibles services n'ont point méritée. Les nouveaux effets de clémence que V. M. y ajoute sont accordés au profond attachement que j'ai voué à sa personne sacrée et à celle de son auguste sœur. Ce titre précieux est l'unique que j'aie acquis et que je conserverai jusqu'au dernier moment de ma vie. Pénétré de ces sentiments, que je ne puis assez exprimer, il ne me reste qu'à mettre aux pieds de V. M. mes très humbles actions de grâce avec les vœux que je forme pour un grand monarque, qui sera à jamais l'objet du zèle ardent, lequel ferait mon bonheur si, au moins dans une circonstance, je parvenais à le rendre réellement utile à l'auguste service. L'occasion présente m'était devenue à cet égard fort ingrate, par le fait de cette cour-ci ou par les erreurs personnelles du ministre qui en dirige la politique. Si ce dernier a fini par revenir un peu sur ses pas, ce n'est qu'après avoir tout gâté et s'être vu forcé par la Reine.

D'après cette vérité, j'ai usé modérément des témoignages de satisfaction que V. M. m'a autorisé à donner de sa part au comte de Vergennes; je lui ai dit que les Hollandais lui devaient de grandes obligations, mais qu'en même temps V. M. lui savait un vrai gré d'avoir finalement ménagé les choses de manière à la dispenser de sévir contre la République, ce qui serait infailliblement arrivé, si cette dernière n'avait pas cédé aux conseils prudents de la puissance médiatrice.

Le comte de Vergennes s'étant répandu, selon sa coutume, dans des protestations fastidieuses, je n'ai pas manqué de lui faire sentir avec des tournures convenables, que V. M. savait apprécier les paroles et les faits, que de sa part les faits avaient toujours prouvé son attachement à l'alliance, que cela était bien démontré à l'occasion des démêlés avec la Hollande, mais qu'il en existait encore bien d'autres preuves récentes. Il m'a paru que, sans une explication plus claire, celle-ci suffisait pour donner pâture aux réflexions du ministre, qui n'ignore pas les vues de l'Angleterre, ainsi que je m'en suis aperçu plusieurs fois. Il est même de mon devoir d'observer très humblement à cet égard, que peut-être le meilleur service de V. M. pourrait exiger que l'on ne soit pas ici sur l'avenir possible dans cette parfaite sécurité dont le ministère de Versailles a souvent abusé, en se permettant des petites manœuvres louches vis-à-vis de la cour de Berlin, mais seulement qu'on ait lieu de se persuader que, si V. M. veut bien oublier les fautes passées, Elle s'attend au moins qu'on les réparera dans les occasions futures.

Au point où en sont les choses sur l'ensemble du traité à conclure, il n'est pas probable, à moins de la plus mauvaise foi, qu'il survienne des embarras ou des longueurs artificieuses. Cependant, eu égard au système si connu des Hollandais et même à la manière d'agir de leur protecteur, il serait désirable que les provinces de V. M. aux Pays-Bas ne fussent pas entièrement dégarnies avant la signature du traité et qu'il subsistât des moyens d'en imposer au besoin à la République.

J'avais tâché de prévenir, par une dépêche du 21 septembre, le mouvement d'inquiétude que le comte de Belgiojoso a eu sur l'article de la liberté réciproque à stipuler en matières de douanes et de commerce. Indépendamment de plusieurs autres occasions, le jour même de la signature des préliminaires, je m'étais expliqué nettement en particulier avec le comte de Vergennes sur ce point capital et ses réponses ne m'avaient laissé aucun doute qu'il appuierait la demande en question. Comme cela s'est vérifié par la lettre de main propre qu'il m'a écrite le 1ᵉʳ de ce mois et qui sera maintenant sous les yeux de V. M. avec ma dépêche du 5 adressée au gouvernement général, cette stipulation étant mise à couvert, il ne s'agit plus que de ménager dans les détails de quelques autres articles le plus d'avantages qu'il sera possible d'obtenir et d'écarter des incidents nouveaux si on s'avisait d'en vouloir faire naître.

Depuis deux jours que je suis ici, l'expédition du présent garde-noble ne m'a pas permis d'avoir de longues audiences chez la Reine, mais cette auguste princesse m'a assuré de ses dispositions à interposer son influence dans tous les cas où elle pourrait devenir nécessaire [1].

---

[1] *Marie-Antoinette à Joseph II. Fontainebleau, ce 17 octobre 1785.* — «Je vous renouvelle de toute mon âme, mon cher frère, mon compliment et ma joie sur la décision de l'affaire de Hollande. Elle me paraît bien assurée, quoique dans certains moments je craigne que ces républicains, qui n'ont pu se décider que par la peur, ne reprennent de la hardiesse en voyant vos troupes s'éloigner et ne fassent les difficiles sur les articles qui n'ont pu être décidés le jour de la grande conférence.

«J'espère qu'actuellement on ne pourra plus répandre des nuages sur l'alliance. Je n'ai pas besoin d'exhortations pour y veiller; elle m'est plus précieuse qu'à personne. Si on était venu à bout de la rompre, je n'aurais plus connu ni bonheur ni tranquillité.

«J'ai eu grand plaisir à m'acquitter de

18 OCTOBRE 1785.

Après la signature du traité, je remettrai au comte de Vergennes, aux ambassadeurs de Hollande ainsi qu'au premier commis de Rayneval les présents que la munificence de V. M. leur a destinés. Il est convenu que dès demain les conférences commenceront, et il n'y aura rien d'omis de ma part pour que leur issue réponde à ce que mes devoirs et mon zèle me font désirer.

Je suis avec la plus profonde soumission.....

214. — MERCY À KAUNITZ.

Fontainebleau, le 18 octobre 1785. — Dans l'occasion présente, je n'ai d'autre mérite que celui du vif désir de suivre exactement la route que m'a tracée votre sagesse, Monseigneur; elle est la cause unique des succès que peuvent obtenir ceux qui ont le bonheur de travailler sous vos ordres. Cette vérité me rend bien intéressant le billet que l'Empereur a écrit à V. A.; toute l'Europe sait que de pareilles récompenses sont les seules qui puissent flatter son cœur.

J'ai dit à M. de Vergennes que les Hollandais lui devaient de grandes obligations, mais qu'en même temps l'Empereur et V. A. lui savaient un vrai gré d'avoir finalement ménagé les choses de manière à dispenser S. M. de sévir contre la République, ce qui serait infailliblement arrivé, si cette dernière n'avait pas cédé aux conseils prudents de la puissance médiatrice. Le ministre s'est contenté de ce compliment, et sans doute, il a senti dans le fond de son âme qu'il ne méritait rien de plus, pas même autant. Dans ces derniers moments, je tâcherai de l'engager à réparer un peu le passé en appuyant les mesures que je vais prendre pour terminer prompte-

---

votre commission pour M. de Mercy, et je vous remercie, mon cher frère, de ce que vous avez pensé à m'en charger. Il s'est conduit dans cette dernière affaire avec un mélange de fermeté, de patience et de douceur, qui a été très utile et qui était peut-être nécessaire, vu la disposition des esprits. Si milord Stormont en eût agi de même, nous n'aurions peut-être pas eu la dernière guerre, au moins la rupture n'eût été ni si violente ni si prompte.

«Mes enfants se portent à merveille. Ma fille est ici à Fontainebleau avec moi, les autres sont restés à Saint-Cloud, l'autre à Versailles. Adieu, mon cher frère; je vous embrasse de tout mon cœur.» (*Marie-Antoinette, Joseph II... Ihr Briefwechsel*, p. 97.)

ment; il me tarde que V. A. soit une bonne fois débarrassée de cette fastidieuse affaire. Le point de la liberté réciproque en matière de douanes et de commerce étant maintenant à couvert, il semble que rien ne devrait plus arrêter; cependant j'aurais bien désiré que le désarmement aux Pays-Bas restât suspendu jusqu'à la signature du traité.

L'Empereur vient de me combler d'un bienfait dont je n'ai pas hésité à reconnaître l'unique motif dans la protection et les bontés infinies de V. A.; ce seul titre est le plus précieux que je puisse ambitionner. S. M., dans cette occasion, a réuni à la fois toutes les gradations et les formes qui constituent une signalée faveur. Elle a voulu que j'en reçusse les marques par les mains de la Reine, qui me les a transmises avec des témoignages de sa part d'une bonté inexprimable. Ce serait le bonheur de ma vie si, par mon zèle, je pouvais me rendre digne de pareilles récompenses si peu méritées; j'en mets aujourd'hui aux pieds de l'Empereur mes très humbles actions de grâce. Je les présente également à V. A. avec l'âme pénétrée de la plus vive reconnaissance, du plus vif attachement et du respect avec lequel j'ai l'honneur d'être, etc.

---

215. — JOSEPH II À MERCY.

Vienne, ce 8 novembre 1785. — Le porteur de cette lettre est un nommé Boër[1], que j'envoie à Paris pour y perfectionner ses talents pour l'art d'accoucheur. Comme je lui accorde le même traitement dont ont joui les chirurgiens militaires que je vous ai adressés il y a quelques années, je vous prie d'avoir les mêmes soins à l'égard de celui-ci et de lui faire payer 66 florins 40 kreuzer, argent de Vienne, par mois[2], à raison de 800 florins par an pour son entretien, ainsi que tout ce qu'il faudra pour ses collèges[3], les instruments et les livres nécessaires. Je vous

---

[1] Lucas-Jean Boer, né le 19 avril 1751, devint plus tard chirurgien de l'Empereur et professeur d'obstétrique pratique à Vienne; il passait pour l'un des spécialistes les plus éminents de son temps; il mourut le 18 janvier 1835.

[2] Le florin argent de Vienne valait alors 2 livres 10 sous.

[3] En allemand *collegiengeld*, frais de travaux pratiques, honoraires de professeurs, etc.

ferai rembourser ces avances à mesure que vous m'en ferez savoir le montant.

Quant à l'objet principal de sa mission, vous voudrez bien, mon cher Comte, le recommander au professeur Louis, à M. Vermond et à tous ceux de son art qui pourront contribuer à cultiver ses bonnes dispositions et à le rendre capable de remplir un jour sa tâche avec succès.

Aussitôt qu'il aura achevé ses exercices à Paris, je pense le faire passer en Angleterre pour y cueillir également les connaissances que ce pays pourra lui fournir dans sa partie, et quand il sera temps, je vous prierai aussi de pourvoir à tout ce que ce voyage exigera, en observant cependant de m'en prévenir pour que je puisse lui faire donner des lettres pour Londres.

P. S. A l'égard de son entretien, je dois vous prévenir qu'il a déjà touché une anticipation de six mois, à commencer du 1er de ce mois.

---

216. — JOSEPH II À MERCY.

Vienne, ce 10 novembre 1785. — C'est avec bien du plaisir que j'ai vu par votre lettre que le dernier courrier m'a remise, que j'avais réussi dans l'objet que je m'étais proposé, savoir de vous obliger, mon cher Comte, et de vous témoigner la reconnaissance que vous doit la patrie pour tous les services que vous lui avez rendus en tant d'occasions.

Je me flatte qu'à l'arrivée de celle-ci les points litigieux avec la République pour conclure le traité définitif seront déjà arrangés. Ils consistent essentiellement, à ce que je vois, en quatre points, savoir :

1° Que la propriété de l'Escaut[1], au delà de Saftingen et du bras

---

[1] « Sur le point de la souveraineté de l'Escaut, il s'éleva la plus grande de toutes les difficultés, et M. de Vergennes m'avait prévenu d'avance en me disant que pendant les contestations actuelles il avait été articulé de notre part que le fleuve de l'Escaut finissait à Saftingen, et qu'à commencer de ce point on ne pouvait regarder ledit fleuve que comme étant la pleine mer; que cette explication avait tellement effarouché les États généraux qu'ils venaient de donner l'ordre précis irrévocable et, selon le ministre, exprimé dans les instructions comme *conditio sine qua non*, d'obtenir de notre part la reconnaissance formelle de la souveraineté des

du Swin comme de tout ce qui en dépend, soit bien exprimée, il n'y a point de difficulté à l'accorder, puisque cela faisait l'objet primitif du litige sur lequel il a déjà fallu céder; mais il faudra faire valoir cette complaisance de rendre plus clair l'article des préliminaires pour obtenir :

2° Une concession ou au moins le *statu quo* de liberté entière en fait de douanes et de commerce, point essentiel duquel je ne pourrais jamais me départir, et malgré la colère que M. de Vergennes en a eue [1], vous avez très bien fait de lui parler avec autant de fermeté sur ce point essentiel;

Hollandais sur la partie de l'Escaut qui doit leur rester. Cette matière avait été depuis plusieurs jours celle des contestations les plus vives entre M. de Vergennes et moi; d'après tout ce que je vois, je n'ai pas la moindre espérance de ramener les ambassadeurs à stipuler l'article comme nous le voudrions.» (Dépêche du comte de Mercy au comte de Belgiojoso du 24 octobre 1785.)

[1] Dans un post-scriptum réservé à sa dépêche du 24 octobre 1785 au comte de Belgiojoso, M. de Mercy a raconté cette scène en ces termes :

«Je savais que les ambassadeurs de Hollande avaient vu hier matin M. de Vergennes et dans l'intention d'apprendre ce qui pouvait s'être dit entre eux et le ministre, ma présente dépêche étant déjà écrite, je me rendis chez ce dernier. Notre conversation fut d'abord tranquille et amicale; il me lut une lettre de main propre qu'il écrivait à M. de Vérac et par laquelle il mande à cet ambassadeur que ce serait une obstination aussi fâcheuse que gratuite de la part de la République de se refuser à une stipulation de liberté réciproque en matière de douanes et de commerce, d'autant plus que cette liberté est depuis longtemps établie par le fait et qu'en s'abcurtant à ce point, on courrait risque de faire manquer ou pour le moins d'embarrasser bien longtemps la conclusion d'une affaire importante, prête à finir; que M. de Brantsen est absolument du même avis; que M. de Vérac doit employer tous les moyens de persuasion, pour que l'on ne soit pas arrêté par un tel obstacle.

«J'avouerai à V. E. que cette confidence me fit une forte impression en ce que je crus voir réellement qu'il pouvait exister plus de difficultés qu'on aurait pu et dû imaginer à emporter cet article, en ce qu'il m'était comme démontré par la lettre écrite à M. de Vérac que M. de Vergennes ne s'était ni concerté ni entendu avec les ambassadeurs de Hollande, ainsi que V. E. l'avait cru et que je l'avais moi-même soupçonné à la suite du projet d'article que le ministre en question m'avait écrit le 1er d'octobre. La perplexité où me jeta cette combinaison, me rendit fort pressant et pour serrer autant que possible la mesure, je dis à M. de Vergennes qu'il serait réellement inouï que nos affaires allassent échouer contre un pareil écueil, ce qui arriverait cependant en cas de refus de la part des Hollandais, puisque l'Empereur leur ferait plutôt la guerre que de céder sur la demande dont il s'agissait. A ce mot de guerre je ne puis exprimer à V. E. dans quel accès de colère M. de Vergennes se laissa aller; cela est d'autant plus frappant que depuis dix ans que je traite d'affaires avec lui, c'est la première fois où je l'ai vu hors de lui-même; mais ce qui rendit la scène vraiment tragique, c'est qu'il s'avisa de me dire que je ne lui avais pas parlé ci-devant à temps de cette liberté réciproque. Il m'est également impossible

3° L'échange du pays de Daelhem contre la portion du pays de Fauquemont est une chose à régler d'après les connaissances locales que M. de Belgiojoso vous a communiquées et qui même pourra être remise à un arrangement amical après la conclusion du traité définitif, s'il n'est pas possible de l'arranger tout de suite;

4° De vouloir comprendre les anciennes dettes de la Silésie dans cet arrangement avec la République est une chose d'autant plus infaisable que les traités conclus avec le roi de Prusse l'ont constitué, lui, le créancier, comme il était très naturel en ayant l'hypothèque; il faut donc absolument couper court à tous décomptes qu'on voudrait faire sur cette créance des argents que la République doit me payer et renvoyer les créanciers au roi de Prusse et à la convention amicale pour la liquidation de cette créance, statuée par les traités, à laquelle le roi de Prusse n'a jamais voulu se prêter jusqu'à présent.

Voilà, mon cher Comte, comme je crois que, si la chose n'est pas

de rendre le mouvement d'indignation que me causa un pareil déni et malgré tous mes efforts pour garder mon sang-froid je ne pus assez me dompter moi-même pour ne pas relever d'une manière très piquante un pareil trait; je lui rappelai et lui soutins fermement que dès les premiers temps des démêlés actuels je lui avais dit à bien des reprises dans son cabinet à Versailles que le point le plus essentiel pour ma cour était l'abolition de toutes les entraves insupportables que les Hollandais lui avaient imposées anciennement; que je lui avais nominativement expliqué le fond des articles 13 et 15 du traité de Munster; que lui, Vergennes, était convenu de l'absurdité de ces stipulations; qu'il avait également conclu à ce que rien n'était plus juste que chaque souverain fît dans ses États les dispositions qui lui convenaient le mieux. M. de Vergennes persistant dans ses dénégations et moi soutenant plus vivement que jamais de lui avoir dit, ce que je lui ai dit en effet, la scène devint d'une chaleur qu'il serait difficile de rendre.

«Il semble cependant que le ministre sentit combien il s'était oublié; j'avais l'avantage d'avoir gardé mon sang-froid et je n'avais opposé que de la fermeté et de la précision à beaucoup de colère. Enfin après quelques moments de silence, il parut se calmer et vouloir réparer un peu ce qui s'était passé entre nous. Il me dit que, vu les soins, les peines et le zèle que cette cour avait employés dans les affaires présentes, il serait cruel que la nôtre lui fît manquer une alliance, qui lui est utile, qui est pour ainsi dire conclue depuis un an et qui n'est tenue en suspens que par égard pour nous, et cela pour un objet qui, selon lui, Vergennes, ne nous est d'aucune conséquence, puisqu'il s'agit de stipulations non observées et tombées d'elles-mêmes par le laps de temps; qu'il pouvait même me prouver qu'en aucun état de cause ces stipulations ne pouvaient ni nous gêner, ni nous embarrasser, puisqu'au pis aller et au cas d'un refus constant de la part des Hollandais, il nous était parfaitement libre de faire à la suite du traité une déclaration portant que nous nous reconnaissions libres en matières de douanes et commerce et remettre cette déclaration à la puissance médiatrice, supposé que les Hollandais refusassent de l'accepter.»

déjà terminée, on pourra la régler avec la plus parfaite équité, hors qu'on ne veuille y mettre une chicane et une mauvaise foi inouïes.

Vous avez parfaitement raison, mon cher Comte, qu'il ne faut pas donner à la France cette certitude parfaite, comme si, qu'elle fasse ce qu'elle veuille, mon alliance avec elle m'importât trop pour ne jamais en changer, et je ne manquerai pas de profiter dans l'occasion de cet avis, que votre zèle et la connaissance que vous avez du local vous ont dicté.

Je vous joins ici la copie de la lettre que le Roi m'a écrite [1]; vous verrez que son style est un peu emprunté. Par cette occasion je n'écris qu'à la Reine, dont je vous joins ici la lettre; je n'entre avec elle dans aucun détail [2]. Je désire bien que cette vilaine affaire avec le cardinal de Rohan se termine bientôt et que ce mauvais sujet soit au moins éloigné de la cour.

Adieu, mon cher Comte; portez-vous bien et croyez-moi avec beaucoup d'amitié et de considération.....

---

[1] *Louis XVI à Joseph II. Fontainebleau, le 16 octobre 1785.* « Monsieur mon frère et beau-frère, la lettre que V. M. m'a écrite le 1er de ce mois, m'a causé une satisfaction d'autant plus vive qu'elle renferme l'expression non équivoque du contentement que lui ont donné les articles signés le 20 septembre dernier. En me chargeant de contribuer par ma médiation au rétablissement de la paix entre elle et les Provinces-Unies, je m'étais proposé de faire tout ce qui dépendrait de moi, pour qu'il ne lui restât rien à désirer, ni par rapport à sa dignité, ni par rapport à sa considération. Il m'est bien agréable d'avoir la certitude que j'ai réussi au gré de V. M. Ma conduite doit prouver à toute l'Europe que j'aime la justice et la paix et surtout que je mets un prix infini aux liens qui m'attachent à vous, mon cher beau-frère. La conservation de ces liens sera invariablement l'objet de mes soins. Ils ont pour base notre utilité commune en même temps qu'ils sont un sûr garant de la tranquillité générale. Celle-ci est essentiellement le but des vœux de V. M. comme elle est et le sera toujours des miens. C'est en vous embrassant, mon cher beau-frère, et en vous renouvelant les assurances de mon tendre et fidèle attachement, que je vous prie de me croire pour la vie... » (*Marie-Antoinette, Joseph II, Ihr Briefwechsel*, p. 96.)

[2] Cette lettre manque.

217. — KAUNITZ À MERCY.

Vienne, le 10 novembre 1785. — Je me flatte, mon bon ami, qu'ayant l'air de vouloir tenir bon et en faisant le difficile sur l'article de la souveraineté de l'Escaut depuis Saftingen, à laquelle les Hollandais heureusement paraissent mettre beaucoup plus d'importance que la chose ne mérite, vous pourrez emporter tous les autres articles sur lesquels on chicanait encore au départ de votre dernière lettre au comte de Belgiojoso, dont je fais mention dans ma lettre d'office, et j'en serai, je vous avoue, fort aise pour vous voir débarrassé aussi de votre côté de votre fastidieuse négociation, dans laquelle il faut avouer que M. de Vergennes s'est bien mal conduit vis-à-vis de vous et même vis-à-vis des Hollandais, ses protégés. Cet homme ne peut pas se guérir de la peur qu'ils pourraient lui échapper, et c'est cette terreur panique qui l'excuse un peu vis-à-vis de moi.

Il me semble que nous avons assez lieu d'être contents de M. de Simolin[1]. Dites-moi un peu, je vous prie, ce que c'est au fond que cet homme, pour le caractère, pour le talent et pour la façon de penser, tant à notre égard qu'au sujet de la France et de l'Angleterre.

Il me tarde bien de pouvoir vous envoyer une bonne traduction de l'examen des déclarations prussiennes, qu'à mon grand regret je n'ai pas pu me dispenser de laisser publier en langue allemande, parce qu'il me semble qu'il devrait pourtant ouvrir les yeux sur bien des choses à tous ceux qui seront capables de voir de sang-froid. Il ne m'a pas été possible de m'en procurer une raisonnable plus promptement. Mais vous pouvez compter d'en avoir une dès qu'elle sera sortie de la presse. Je hais d'ailleurs les guerres de plume, parce qu'on ne finit jamais et que communément cela ne mène à rien ou à peu près; mais, dans cette occasion, il n'a pas été possible de s'en dispenser, parce que le roi de Prusse a trouvé bon d'attaquer directement les deux cours impériales, en les dénonçant à toute l'Europe comme ayant attenté au système de l'Empire germanique et comme voulant en renverser la constitution pour avoir demandé tout bonnement à M. le duc des Deux-Ponts, s'il trouvait être ou ne point être de sa conve-

---

[1] M. de Simolin était depuis 1784 ministre de Russie à Paris; auparavant il avait été à Londres en cette même qualité.

nance d'échanger les États de Bavière contre une partie équivalente et même supérieure en revenus des Pays-Bas autrichiens, c'est-à-dire pour lui avoir dit : « Voyez si cela vous convient, et si cela ne vous convient pas, comptez que je n'ai rien dit ».

Vous avez bien raison, lorsque vous dites que vous eussiez désiré qu'avant la conclusion du traité définitif on n'eût rien altéré à l'état des choses relatives aux troupes, tant présentes qu'en route. J'ai fait tout ce que j'ai pu pour empêcher la hâte ridicule et enfantine que l'on a mise à cela, mais inutilement, *uti solet,* au moins bien souvent. Je souhaite que vous soyez bientôt dans le cas de me mander que tout est dit et fait, et je suis. . . . .

---

218. — MERCY À JOSEPH II.

Paris, le 11 novembre 1785. — Le traité définitif que je mets aujourd'hui très humblement aux pieds de V. M. I. aurait été signé quinze jours plus tôt, si le comte de Vergennes, soit par oubli, soit peut-être à dessein, n'avait négligé de prévenir les ambassadeurs de Hollande sur la stipulation de la liberté réciproque en matière de douanes et de commerce, article dont je m'étais expliqué plusieurs fois avec le ministre, quoiqu'il ait eu l'indignité de me le nier, ce qui occasionna entre nous, le 23 octobre, une scène violente, de laquelle je me fis sur-le-champ raison par les réponses piquantes et dures qu'il me força à lui faire[1]. La Reine, instruite de la circonstance, de ses particularités et de ses motifs, en serait venue à un éclat, si je ne l'en avais retenue par mes supplications, croyant ce sacrifice de ma part nécessaire au bien de l'auguste service. Le comte de Vergennes a paru depuis sentir combien il s'était oublié vis-à-vis de moi; ses avances et prévenances me donnent lieu à le présumer; mais, au fond, il n'a cessé de me déjouer jusqu'au dernier moment de la négociation. Il aurait en effet terminé son traité d'alliance avec la République avant que celui de V. M. fût signé, si la Reine n'était interve-

---

[1] Voir plus haut, p. 464, n. 1.

nue pour l'arrêter. Le zèle de cette auguste princesse ne s'est jamais ralenti un instant sur tout ce qui pouvait être agréable ou intéressant à V. M., et j'en ai eu une nouvelle preuve dans l'occasion dont il s'agit[1].

Ma dépêche au gouvernement général expose la conduite que j'ai cru devoir tenir; j'invoque la bonté et la clémence de V. M. dans le jugement qu'Elle daignera en porter. J'ose espérer que les points principaux ont été mis à couvert; j'aurais insisté plus opiniâtrement sur quelques détails, mais il fallait finir pour éviter des embarras qu'une médiation aussi partiale me faisait sans cesse prévoir et redouter.

Le comte de Vergennes a reçu son présent avec des démonstrations de la plus profonde et respectueuse gratitude; il en a été de même de la part du premier commis de Rayneval et des ambassadeurs de

---

[1] *Marie-Antoinette à Joseph II. Fontainebleau, ce 10 novembre 1785.* «Je vous fais mon compliment, mon cher frère, sur la signature du traité de paix avec les Hollandais. Cette affaire aurait été plus tôt terminée, si les intentions personnelles du Roi avaient été mieux secondées par ceux qui sont chargés de les remplir. M. de Mercy a éprouvé jusqu'à la fin beaucoup de désagréments et d'obstacles, que je suis parvenue, aidée de sa douceur et de ses conseils, à faire cesser. Ma tendre amitié pour vous ne m'a rien laissé oublier; mais aussi nous devons beaucoup à M. de Mercy et je doute que tout autre s'en fût tiré aussi bien.

«Mes trois enfants se portent à merveille; le petit mouvement de fièvre qu'à eu mon fils aîné n'a pas eu de suite. Il est à présent rentré à Versailles où dans huit jours j'irai le rejoindre. J'avoue que je n'en suis pas fâchée; la vie d'ici est si active et l'on est toujours si fort entouré de monde que pour le corps et l'esprit on a besoin de repos. Adieu, mon cher frère, ne doutez jamais de toute la tendresse avec laquelle je vous embrasse du fond de mon cœur.» (*Marie-Antoinette, Joseph II.... Ihr Briefwechsel*, p. 100.)

Peu de temps avant la clôture des négociations entre l'ambassadeur impérial et les envoyés hollandais, M. de Vergennes avait signifié à M. de Mercy «qu'il ne pouvait plus retarder la signature de son traité d'alliance avec la Hollande; qu'il avait la main forcée à cet égard par l'activité des intrigues de l'Angleterre qui offrait aux États généraux de payer les dix millions auxquels ils se sont engagés envers l'Empereur, pourvu qu'ils se désistassent de leur union projetée avec la France». Pour arrêter M. de Vergennes, M. de Mercy eut recours à des *moyens majeurs*, comme il dit lui-même, c'est-à-dire à l'intervention de la Reine, qui eut l'effet qu'il désirait; cependant le comte de Vergennes n'en continua pas moins de mettre la dernière main à son traité avec la Hollande, si bien qu'il put le conclure deux jours après la signature du traité entre l'Empereur et la République, qui ne s'était pas trop fait attendre et avait eu lieu le 8 novembre à Fontainebleau; car M. de Mercy avait vu la «nécessité indispensable de finir promptement avec des gens qui, sous le titre de nouveaux alliés de la France, se seraient montrés de plus en plus intraitables.» (Dépêches de M. de Mercy au prince de Kaunitz et au comte de Belgiojoso du 11 novembre 1785.)

Hollande; ils m'ont tous requis d'en faire parvenir le témoignage aux pieds de V. M.

J'abrège ce présent et très humble rapport pour ne pas retarder le départ du garde-noble, et je suis.....

219. — MERCY À KAUNITZ.

Paris, le 11 novembre 1785. — Je n'ai pas tardé à m'apercevoir ici, que le désarmement subit aux Pays-Bas me rendait plus difficiles les moyens de tirer tout le parti que j'aurais désiré de la négociation hollandaise, mais enfin le traité est signé, et il l'aurait été quinze jours plus tôt, si M. de Vergennes, au lieu de me nier indignement ce qui avait été convenu, s'était occupé de prévenir et de préparer les ambassadeurs de la République sur le point de la liberté réciproque en matière de douanes et de commerce. Cette omission du ministre a donné lieu entre lui et moi à une scène violente[1], dont la Reine aurait fait un éclat si je ne l'en avais dissuadée, croyant ce sacrifice de ma part nécessaire au bien du service; d'ailleurs je m'étais suffisamment fait raison par moi-même et M. de Vergennes avait paru sentir combien il s'était oublié.

J'ose espérer que les points essentiels du traité ont été mis à couvert; je n'y ai épargné ni soins ni zèle; la bonté et l'indulgence de V. A. la porteront à me pardonner les fautes que je pourrais avoir commises. Il fallait en finir promptement pour éviter de nouveaux embarras qu'une médiation aussi partiale me faisait sans cesse prévoir et redouter.

Maintenant, je vais rassembler les arbres et arbustes que V. A. m'a chargé de lui envoyer; ils seront expédiés du 15 au 20 par la voie d'Ulm et aucune précaution ne sera négligée pour que le tout arrive en bon état.

---

[1] Voir plus haut, p. 464, n° 1.

220. — JOSEPH II À MERCY.

Vienne, ce 8 décembre 1785. — Ce courrier-ci vous remettra les ratifications du dernier traité. Je n'ai pour le moment rien de bien intéressant à vous mander; j'attends d'un jour à l'autre des nouvelles de l'issue du procès du cardinal de Rohan.

La soi-disant ligue germanique va toujours son train, et plus ou moins le roi de Prusse est toujours sûr de trouver ses dupes et des gens qui veulent bien croire aux calomnies qu'il débite et que pourtant les faits démentent l'un après l'autre.

Les religieuses du Saint-Sacrement destinées d'aller en Pologne, et que, comme vous savez, la Reine protège, viennent d'arriver ici au nombre de dix.

Je vous joins ici une lettre pour la Reine[1], que je vous prie de lui remettre, et en même temps de me croire avec une parfaite estime et sincère amitié.....

---

221. — KAUNITZ À MERCY.

Vienne, le 8 décembre 1785. — Vous ne nous avez rien laissé à désirer, mon bon ami, à l'occasion de la signature du traité, dont je vous envoie aujourd'hui les ratifications. Vous vous êtes empressé de terminer, et cela était essentiel, et vous nous avez obtenu les meilleures conditions possibles, et bien au delà assurément de ce que selon moi, de bon droit, nous pouvions exiger.

Il n'y a donc qu'à vous féliciter de vos succès, et c'est un devoir dont je m'acquitte, comme vous pensez bien, avec une très grande satisfaction.

J'ignore si l'Empereur a pensé à féliciter le Roi de la conclusion de son traité avec les États généraux, directement ou peut-être par le canal de la Reine; et comme il se pourrait qu'Il l'eût oublié, si vous pouvez parvenir à le savoir, ayez la bonté d'y suppléer en Lui faisant

---

[1] Cette lettre manque.

parvenir des félicitations convenables par le canal du comte de Vergennes, comme si vous en aviez été chargé ministériellement.

Il est inconcevable que le comte de Vergennes puisse ne pas sentir que, sous le nom de l'électeur de Hanovre, au moyen de son association avec le roi de Prusse, l'Angleterre fait actuellement à notre alliance tout le mal que dans ce moment-ci il est en son pouvoir de lui faire, en attendant pis, dès qu'elle le pourra, et cela par système non pas contre nous, mais contre la France, en haine de laquelle, n'osant le risquer directement, il n'y a sorte de moyens odieux qu'elle n'emploie indirectement vis-à-vis de nous. Mais elle n'en retire que des réponses conformes à notre loyauté, et telles que je voudrais que fussent celles du comte de Vergennes, toutes et quantes fois de la part de notre ennemi implacable il est question de nous vis-à-vis de la France. Ce qui lui ferait bien plus d'honneur et de profit, comme on dit, qu'une conduite et des propos louches dont je n'appréhende rien à la vérité, parce qu'il est impossible qu'il nous remplace, mais qui n'en sont pas moins désagréables.

J'attends avec bien de l'impatience ce que vous avez la bonté de m'envoyer pour mes plantations et je souhaite bien fort qu'à l'arrivée de ce convoi le temps soit encore aussi favorable qu'il l'est à présent. Parlez-moi au moins de temps à autre de l'état de votre santé, qui m'intéresse toujours beaucoup, beaucoup, comme je me flatte que vous en êtes persuadé, ainsi que de ma tendre amitié.

---

222. — MERCY À JOSEPH II.

Paris, 27 décembre 1785. — Lorsque je reçus les ordres de V. M. I., en date du 10 de novembre, je supposais qu'un autre courrier ne tarderait pas d'arriver et donnerait lieu à pouvoir expédier mon présent et très humble rapport, mais cette attente a été prolongée jusqu'à l'arrivée du garde-noble qui, en m'apportant le 19 la ratification du traité avec la Hollande, m'a remis les très gracieux ordres de V. M. datés du 8 de ce mois. J'ai tâché de réunir dans ma dépêche d'office d'aujourd'hui tout ce qui a trait ici aux différentes circonstances politiques, et V. M. daignera y observer les mêmes nuances qui caractérisent depuis longtemps la marche et les intentions du ministère de Versailles dans tout ce qui concerne son auguste service. Aussi longtemps qu'il n'existera pas d'affaires majeures, les effets des petites menées du comte de Vergennes ne seront ni bien embarrassants, ni bien difficiles à contenir; mais dans des cas importants, il serait très désavantageux d'avoir à traiter avec un ministre de cette trempe. Je ne cesse d'exposer cette vérité à la Reine et de Lui en développer les conséquences infaillibles. Il serait temps qu'Elle prît enfin le parti de se faire justice de tout ce qui s'est passé depuis quelques années contre les égards et le respect qui étaient dus à ses intentions que, sinon en totalité, au moins en partie, on a su et osé déjouer en tant d'occasions. La Reine incline assez à en faire repentir les coupables; Elle sait que la consistance des ministres français actuels ne tient qu'à l'empire que l'habitude a sur l'esprit du Roi; mais cet empire devient plus dangereux à mesure qu'il se prolonge et il en résulte sans cesse de nouveaux inconvénients. La Reine vient d'en éprouver un relativement à l'affaire du cardinal de Rohan, pour lequel le comte de Vergennes a marqué une partialité qui tendait à sauver le prélat aux dépens de la juste satisfaction qui est due à la Reine, dont on a osé compromettre le nom auguste. J'ai rendu compte du dernier incident de ce fameux procès, lequel, après le décret de prise de corps, ne peut se terminer que par la destitution du grand aumônier. On présume qu'il perdra en même temps son évêché de Strasbourg, mais, par intrigue, on a déjà obtenu du Roi qu'à tout événement le cardinal conservera deux abbayes considérables pour acquitter ses dettes énormes.

J'ignore si la Reine parlera aujourd'hui à V. M. de quelque objet d'affaires [1], mais je L'ai vue en dernier lieu résolue de s'entretenir avec

---

[1] *Marie-Antoinette à Joseph II, ce 27 décembre 1785.* «Ma sœur Marie m'a annoncé, mon cher frère, son prochain départ. Elle paraît avoir grand plaisir à ce voyage; je pourrai bien lui proposer celui de Compiègne, si nous y allons cet été.

«Vous allez recevoir la ratification de la France et des Hollandais; j'espère que de longtemps nous n'entendrons plus parler de leurs tracasseries.

«Dès le moment où le cardinal a été arrêté j'ai bien compté qu'il ne pourrait plus reparaître à la cour; mais la procédure qui durera plusieurs mois, pourrait avoir d'autres suites. Elle a commencé par un décret de prise de corps qui le suspend de tous droits, fonctions et faculté de faire aucun acte civil jusqu'à son jugement. Cagliostro charlatan, La Mothe, sa femme et une nommée Oliva, barboteuse des rues, sont décrétés avec lui; il faudra qu'il leur soit confronté et réponde à leurs reproches. Quelle association pour un grand aumônier et un Rohan cardinal!

le Roi de la soi-disant ligue germanique et de la conduite louche que le comte de Vergennes paraît avoir tenue à cet égard. J'ai suggéré sur la matière quelques raisonnements propres à émouvoir le penchant naturel du Roi pour tout ce qui est honnête et loyal. Il a de l'éloignement personnel pour le roi de Prusse et s'en est plusieurs fois expliqué avec énergie vis-à-vis de la Reine. Des dispositions aussi raisonnables aboutiraient à des résultats utiles s'il survenait dans le ministère de Versailles des changements qui sont à présumer, sans que cependant on puisse encore en prévoir l'époque.

Le chirurgien accoucheur Boër est ici depuis quinze jours; je l'ai déjà mis en situation de remplir l'objet de son voyage. Le professeur Louis, le sieur Vermond et tout ce qu'il y a ici de plus habile dans l'art, concourront à perfectionner les talents du sujet dont il s'agit. Quant à son entretien et aux soins de lui fournir les instruments, livres et autres objets nécessaires à son cours d'étude, je pourvoirai à tout de point en point, ainsi qu'il a plu à V. M. de me l'ordonner.

---

223. — MERCY À KAUNITZ.

Paris, le 27 décembre 1785. — Dans l'attente d'un courrier dont je croyais l'arrivée plus prochaine qu'elle n'a eu lieu en effet, j'ai différé de répondre à la lettre dont V. A. m'avait honoré du 10 de novembre, et le garde-noble, porteur de la ratification du traité avec la Hollande, vient de me remettre celle qu'elle daigne m'écrire en date du 8 de ce mois.

Je commencerai d'abord par lui rendre compte de ce qu'elle veut savoir sur M. de Simolin pour autant que je suis jusqu'à présent

---

Mme de Brionne, qui depuis vingt ans paraissait brouillée avec lui, a pris cette affaire avec une chaleur qui lui fait faire mille extravagances.

«Mes enfants se portent à merveille; quoique mon fils cadet souffre beaucoup des dents, il se fortifie tous les jours et dans les moments où la douleur est passée, il est d'une gaîté singulière. Ma santé est toujours bonne; mais depuis quelque temps j'éprouve des tracasseries et des malaises, dont il me tarde bien de voir la fin. Le Roi me charge de vous faire son compliment de bonne année. Pour moi, mon cher frère, je ne puis que vous répéter ma tendre amitié et vous prier de ménager votre santé.» (*Marie-Antoinette, Joseph II.... Ihr Briefwechsel*, p. 101.)

instruit de ce qui le concerne; lors de mon séjour en Russie [1], il en était absent; il n'y jouissait pas d'une trop bonne réputation du côté du caractère; il n'a pas été jugé plus favorablement à Londres, où il ne se trouvait, à ce que l'on dit, lié qu'avec des espèces. Lorsqu'il fut nommé pour venir ici, M. de Vergennes en marqua un grand mécontentement fondé sur la très mauvaise opinion qu'il avait du sujet; il le croyait faux, tracassier, difficile et jactant en affaires; cependant rien de tout cela n'a paru depuis que M. de Simolin occupe sa place; il y a débuté avec mesure et sagesse, marquant beaucoup de désir d'un rapprochement de sa cour avec celle-ci et paraissant très prévenu contre le système et les vues de celle de Londres. Quant à sa conduite à mon égard, je n'ai que sujet de m'en louer; il cherche à me persuader autant de son zèle pour l'intimité de nos deux cours que de son aversion personnelle pour celle de Berlin; il me dénonce les menées du ministre de Prusse, quand il les sait ou quand même il les soupçonne, et je ne le vois pas dans la moindre relation avec ce dernier. Il me paraît d'ailleurs fin et assez adroit, et comme la loyauté n'est pas la qualité la plus commune à sa nation, je tâche de me comporter vis-à-vis de lui d'une manière amicale, mais propre à éviter en même temps tout inconvénient et toute plainte de sa part.

J'ai tâché de réunir dans ma dépêche d'office d'aujourd'hui tout ce qui a trait ici aux circonstances politiques, et V. A. y observera les mêmes nuances qui caractérisent depuis longtemps la marche et les intentions de M. de Vergennes dans tout ce qui concerne notre cour. La Reine est fort mécontente de ce ministre et pourrait bien saisir des occasions à le lui prouver; sa consistance tient plus à l'empire que l'habitude a sur l'esprit du Roi qu'à l'opinion de ce prince sur les talents de son ministre. Cependant rien n'annonce encore de changement dans l'état de choses, telles qu'elles se trouvent actuellement à Versailles.

L'Empereur n'avait pas pensé à féliciter le Roi sur son traité avec la Hollande; j'y ai suppléé dans la forme dont V. A. me l'avait ordonné.

Au renouvellement de l'année, permettez-moi, Monseigneur, de vous offrir l'hommage des vœux ardents et sincères que je ne cesse

---

[1] M. de Mercy avait été ministre de l'Empereur en Russie de 1761 à 1764.

de faire pour votre bonheur; le mien consistera toujours à tâcher de mériter les bontés dont V. A. daigne me combler, et à lui marquer le profond attachement et le respect avec lesquels j'ai l'honneur d'être, etc.

P. S. Dans ce moment M. le marquis de Noailles m'envoie la lettre ci-jointe; il se loue beaucoup de son séjour à Vienne et très particulièrement des bontés que V. A. lui a fait éprouver. Cet ambassadeur prolongera le plus qu'il pourra le congé qu'il vient d'obtenir, mais il paraît désirer de conserver son poste; j'ai supplié la Reine de le traiter de manière à l'engager d'y tenir une conduite raisonnable, lorsqu'il y retournera.

FIN DU TOME PREMIER.

TABLE DES MATIÈRES.

                                                                                                        Pages.

1. Kaunitz à Mercy. — *Vienne, le 6 décembre 1780.* — Mort de l'impératrice Marie-Thérèse. — Douleur de Kaunitz. — Ajournement de ses projets de retraite. — Lettre de l'Empereur à Louis XVI. — Confiance témoignée par Joseph II à Kaunitz. — Bonne opinion de Kaunitz sur Vergennes. — Note sur les origines, la carrière et le caractère de ce secrétaire d'État. — Sentiments de l'Empereur sur l'alliance. — Danger des intrigues du roi de Prusse. — Nécessité de faire changer d'attitude et de langage certains ministres de France tant en Allemagne qu'ailleurs 1

2. Mercy à Kaunitz. — *Paris, le 7 décembre 1780.* — Effet de la mort de l'Impératrice. — Bonne impression faite par la lettre de l'Empereur au Roi 4

3. Mercy à Kaunitz. — *Paris, le 22 décembre 1780.* — Excellent effet de l'ajournement indéfini de la retraite de Kaunitz. — Lettre de la Reine à Mercy. — Conférence de Vergennes avec Mercy. — Bonnes intentions du ministre. — Mensonges du baron de Goltz. — Langage satisfaisant tenu par Maurepas. — Bon vouloir de la Reine. — Entretien de Mercy avec Marie-Antoinette sur le choix du futur successeur de Maurepas. — Dissipation de la Reine. — Funeste influence de ses alentours. — Situation personnelle de Mercy. — Son projet de se retirer en même temps que Kaunitz. — Nomination du marquis de Ségur au ministère de la guerre.. 5

4. Joseph II à Mercy. — *Vienne, le 5 janvier 1781.* — Communication de la correspondance prussienne interceptée. — Railleries de l'Empereur sur Frédéric II. — Protestations d'attachement à l'alliance française. — Inquiétudes de Joseph II sur la santé de la Reine. — Fausseté du bruit du mariage de l'Empereur avec Madame Élisabeth de France.................................... 9

5. Kaunitz à Mercy. — *Vienne, le 5 janvier 1781.* — Duplicité de Vergennes. — Rétablissement des relations diplomatiques entre la Prusse et l'Espagne. — Projets de médiation russe. — Conduite fâcheuse des ministres de France en Allemagne et à Pétersbourg. — Peu de parti à tirer de l'influence politique de la Reine... 11

6. Joseph II à Mercy. — *Vienne, le 10 janvier 1781.* — Plaisanterie sur les intrigues de Frédéric II. — Projets de médiation austro-russe entre l'Angleterre d'une part, la France et l'Espagne de l'autre............................ 12

7. Kaunitz à Mercy. — *Vienne, le 10 janvier 1781.* — Médiation austro-russe. — Jugement défavorable sur les prétentions anglaises. — Choix de Vienne pour siège du futur congrès. — Attitude probable du baron de Breteuil......... 13

8. Mercy à Joseph II. — *Paris, le 21 janvier 1781.* — Mensonges du baron de Goltz. — Insinuations du roi de Prusse. — Ménagements de la cour de Versailles pour Frédéric II. — Bon effet fait sur la Reine par la lettre de l'Empereur.

— État de la santé de la Reine. — Son ascendant tout-puissant sur le Roi. — Ses alentours en abusent à leur profit. — Timidité de la Reine touchant les affaires politiques. — Portrait de Madame Élisabeth de France. — Exclusion du roi de Prusse de la médiation...................... 15

9. Mercy à Kaunitz. — *Paris, le 21 janvier 1781*. — Mauvaise foi de Vergennes. — Estime de la Reine pour Kaunitz. — Déclarations de Vergennes sur la médiation. — Résolution de la Reine d'intervenir pour en faire exclure le roi de Prusse. — Impuissance de la France à continuer la guerre............. 18

10. Joseph II à Mercy. — *Vienne, le 8 février 1781*. — Dissipation de la Reine. — Communication de la correspondance prussienne. — Médiation........ 20

11. Kaunitz à Mercy. — *Vienne, le 8 février 1781*. — Petitesse de la politique de Vergennes. — Sa manière sent le barreau. — Rapports du cabinet de Versailles avec l'Espagne et avec la Russie. — Protestations d'attachement à la Reine. 20

12. Joseph II à Mercy. — *Vienne, le 17 juillet 1781*. — Envoi des legs de la feue Impératrice à la Reine, au Roi et à leur fille...................... 22

13. Kaunitz à Mercy. — *Vienne, le 17 février 1781*. — État des négociations de l'affaire de la médiation. — Cachotteries maladroites de Vergennes........ 23

14. Mercy à Joseph II. — *Paris, le 21 février 1781*. — Espérances de grossesse de la Reine. — Opposition de Mercy contre les alentours de la Reine. — Intervention de Marie-Antoinette à l'appui des projets de médiation austro-russe. — Curieuse déclaration de Vergennes à Mercy. — Effet des mensonges du roi de Prusse. — Mercy excite les craintes de la Reine pour accroître son zèle aux intérêts de l'Empereur. — Compte rendu de Necker.............. 24

15. Joseph II à Mercy. — *Vienne, le 4 mars 1781*. — Fausseté de son prétendu penchant pour l'Angleterre. — Bonne impression produite sur l'Empereur par le Compte rendu de Necker. — État des négociations pour le renouvellement de l'ancienne alliance austro-russe............................ 26

16. Mercy à Joseph II. — *Paris, 18 mars 1781*. — Impression faite sur Maurepas et Vergennes par la communication des projets d'alliance entre l'Empereur et la Russie. — Mensonges du baron de Goltz. — Heureux effet de l'influence de la Reine sur les affaires. — Confirmation de son état de grossesse...... 29

17. Joseph II à Mercy. — *Vienne, le 6 avril 1781*. — Encore rien de décisif sur la médiation. — Plaisir que lui cause la grossesse de la Reine........... 31

18. Mercy à Joseph II. — *Paris, le 21 avril 1781*. — Incapacité du marquis de Castries, ministre de la marine. — Dégoût de Necker. — La Reine le protège. — Curieuses confidences de Necker à Mercy sur le désarroi du ministère français et sur la situation politique. — Ses projets de retraite. — Excellente santé de la Reine. — Mensonges du baron de Goltz.............. 32

19. Joseph II à Mercy. — *Vienne, le 20 mai 1781*. — Alliance austro-russe. — Projets de voyage de l'Empereur aux Pays-Bas et à Versailles.............. 34

20. Kaunitz à Mercy. — *Vienne, le 21 mai 1781*. — Combinaison imaginée par le chancelier pour le rétablissement de la paix générale. — Difficulté de négocier avec le baron de Breteuil................................ 35

TABLE DES MATIÈRES. 479

21. Mercy à Joseph II. — *Paris, le 1ᵉʳ juin 1781.* — Vif désir de la Reine de revoir l'Empereur. — Grands avantages qu'aurait ce voyage. — Effet produit sur M. de Vergennes par les propositions austro-russes pour le rétablissement de la paix. — Fausse situation du baron de Goltz........................ 36

22. Mercy à Kaunitz. — *Paris, le 1ᵉʳ juin 1781.* — Impression faite par le projet de Kaunitz sur Vergennes et sur Marie-Antoinette. — Confidences de la Reine sur la situation politique. — Son profond mépris pour Maurepas. — Fâcheuses conséquences probables de la retraite de Necker. — Prochain voyage du baron de Breteuil en France................................ 38

23. Kaunitz à Mercy. — *Vienne, le 4 juin 1781.* — Espérance d'une prochaine conclusion de l'alliance austro-russe. — Démission de Necker. — Curieuses confidences faites à Mercy par Necker et par la Reine sur les causes de cet événement... 40

24. Joseph II à Mercy. — *Mons, le 8 juin 1781.* — Sentiments de l'Empereur sur l'issue de la médiation et sur la situation politique.................... 41

25. Joseph II à Mercy. — *Ostende, le 12 juin 1781.* — Marche de son voyage. — Ses projets sur Necker... 43

26. Mercy à Joseph II. — *Paris, le 13 juin 1781.* — Petit accident arrivé à la Reine... 43

27. Mercy à Joseph II. — *Paris, le 23 juin 1781.* — Maladie de Necker. — Sa confiance dans Mercy. — Mensonges de Goltz.......................... 44

28. Mercy à Kaunitz. — *Paris, le 23 juin 1781.* — Retards de la réponse de la France et de l'Espagne aux propositions des cours médiatrices. — Causes et conséquences de la démission de Necker. — Indignation générale causée dans les provinces par sa retraite. — Éloge de Necker et de son administration. — Jalousie causée à Versailles par les projets d'alliance austro-russe. — La Reine plaisante le Roi sur ce sujet. — Séjour de Breteuil en France. — Ses projets. — Son caractère difficile. — Son ignorance.................... 46

29. Joseph II à Mercy. — *Bruxelles, le 5 juillet 1781.* — Réponse défavorable de l'Angleterre aux propositions des médiateurs. — Tour de l'Empereur en Hollande. — Sa correspondance avec le baron de Reischach. — Échec des intrigues du prince Louis de Brunswick pour exploiter le voyage de l'Empereur. — Mécontentement de Joseph II contre l'Angleterre. — Son itinéraire en Hollande, en Belgique et en France. — Ses ordres pour son séjour à Versailles....... 47

30. Mercy à Joseph II. — *Paris, le 18 juillet 1781.* — Réserve de Mercy envers les ministres français. — Réclamations contre la capture d'un navire de Trieste. — Résolution de Necker de ne pas quitter la France. — Proposition de Mercy pour l'arrivée de l'Empereur à Paris. — Projets de la Reine............. 51

31. Mercy à Kaunitz. — *Paris, le 20 juillet 1781.* — Considérations sur la situation des belligérants. — Détails curieux sur le baron de Breteuil; ses projets, sa fortune.. 55

32. Mercy à Kaunitz. — *Paris, le 31 juillet 1781.* — Effet de l'arrivée de l'Empereur à Versailles... 55

33. Mercy à Joseph II. — *Paris, le 6 août 1781.* — Impression produite sur la Reine par le départ de l'Empereur.................................... 56

34. Joseph II à Mercy. — *Montbéliard, le 8 août 1781.* — Plans du Petit Trianon. — Éloge de Mercy 57

35. Mercy à Joseph II. — *Paris, le 17 août 1781.* — Heureux résultats du séjour de l'Empereur à Versailles. — Plans du Petit Trianon.................. 57

36. Mercy à Kaunitz. — *Paris, le 17 août 1781.* — Excellent effet du voyage de l'Empereur sur la Reine, le Roi, les ministres et le public de Paris......... 59

37. Mercy à Kaunitz. — *Paris, le 30 août 1781.* — Réponse des deux cours de Versailles et de Madrid aux offres de médiation. — Prochain départ du baron de Breteuil. — Ses idées... 60

38. Joseph à Mercy. — *Vienne, le 30 août 1781.* — Envoi des règlements militaires autrichiens. — Mort du prince de Lichtenstein.................. 61

39. Kaunitz à Mercy. — *Vienne, le 8 septembre 1781.* — Projet de réponse des médiateurs aux belligérants. — Importance d'un congrès. — Réflexions sur les opérations militaires à Minorque, dans les Antilles................... 61

40. Joseph II à Mercy. — *Vienne, le 14 octobre 1781.* — Approche de la délivrance de la Reine. — Inquiétude de l'Empereur. — Son attachement à sa sœur... 64

41. Mercy à Joseph II. — *Paris, le 16 octobre 1781.* — Impéritie des ministres de la guerre et de la marine. — Mauvais état des finances. — Situation critique de la France. — Objections du comte de Vergennes aux propositions des médiateurs. — Santé de la Reine. — Son grand crédit. — Ses entretiens avec le Roi en matière politique. — Son intervention en faveur du congrès. — Caractère sournois de Madame. — Énormité des dettes du comte d'Artois. — Dépêches du baron de Goltz. — Leur fausseté........................ 65

42. Mercy à Kaunitz. — *Versailles, le 23 octobre 1781, au soir* — Heureuses couches de la Reine. — Joie causée par la naissance du Dauphin. — Victoire navale ...... Les Anglais dans la baie de Chesapeake.................. 68

43. Joseph II à Mercy. — *Vienne, le 27 octobre 1781.* — Bruits de grossesse de Madame. — Dettes du comte d'Artois. — Réponse des médiateurs aux belligérants. — Prochaine arrivée des princes russes. — Fidélité et amitié de Catherine II... 69

44. Kaunitz à Mercy. — *Vienne, le 27 octobre 1781.* — Instructions pour les négociations en vue de l'ouverture du congrès. — Considérations sur le peu de solidité des espérances de succès militaires de la France. — Supériorité des marins anglais sur les marins français........................... 70

45. Joseph II à Mercy. — *Vienne, le 29 octobre 1781.* — Joie de l'Empereur en apprenant la naissance d'un dauphin. — Son amitié pour sa sœur........ 71

46. Mercy à Joseph II. — *Paris, le 11 novembre 1781.* — Bonheur de la Reine à la lecture de la lettre de l'Empereur. — Assiduité de Mercy près de la Reine. — Crédit immense de la Reine sur le Roi. — Conseils de Mercy sur les moyens d'en tirer parti. — Affaissement de Maurepas. — Ses successeurs possibles. — Loménie de Brienne. — Hésitations de la Reine. — Sentiments de Vergennes sur l'alliance. — Insuccès des intrigues du roi de Prusse. — Apparence de succès en Amérique. — Désunion du ministère. — Effet produit par la naissance du Dauphin sur les princes de la famille royale. — Bruit mal fondé de l'entrée du duc de Nivernais au conseil..................... 72

TABLE DES MATIÈRES.

47. Mercy à Joseph II. — *Paris, le 20 novembre 1781.* — Capitulation de Yorktown. — Objections de Vergennes à la réunion du congrès. — Projets de la Reine de parler au Roi pour l'engager à faire la paix. — Situation désespérée du comte de Maurepas. — Plans du Petit Trianon.................................. 75

48. Joseph II à Mercy. — *Vienne, le 30 novembre 1781.* — Sentiments de l'Empereur sur les succès de la France en Amérique. — Il n'a pas confiance dans le duc de Nivernais.................................. 76

49. Kaunitz à Mercy. — *Vienne, le 30 novembre 1781.* — Considérations sur l'issue de la guerre. — Avantages d'un congrès pour la France.................... 77

50. Mercy à Joseph II. — *Paris, le 16 décembre 1781.* — Projets du Roi et de la Reine de ne pas remplacer Maurepas. — Difficulté de s'en tenir à cette résolution. — Conseils de Mercy à la Reine. — Considérations sur les diverses personnes aptes à succéder à Maurepas : Loménie de Brienne, le duc de Nivernais. — Danger des influences subalternes. — Le valet de chambre Thierry...... 78

51. Joseph II à Mercy. — *Le 15 janvier 1782.* — Refus du Roi de nommer à l'archevêché de Paris Loménie de Brienne, archevêque de Toulouse. — Supériorité probable de la France sur l'Angleterre. — Importance décisive de la prochaine campagne. — Départ des princes russes. — Leurs projets de voyage....... 81

52. Mercy à Joseph II. — *Paris, le 4 février 1782.* — Instructions de l'Empereur sur la réception à faire aux princes russes. — État du ministère français. — Nécessité d'un principal ministre. — Dissipation de la Reine. — Son peu de goût pour les affaires sérieuses. — Éloge de Loménie de Brienne. — Diminution de la faveur de la société favorite. — Influences subalternes. — Ascendant de la Reine sur le Roi. — Situation des belligérants. — Sentiment de Vergennes sur les intrigues du roi de Prusse....................... 83

53. Kaunitz à Mercy. — *Vienne, le 18 février 1782.* — Inutilité d'insister maintenant pour l'ouverture du congrès. — Jugements sur la Reine, sur le Roi et sur Loménie de Brienne................................. 86

54. Joseph II à Mercy. — *Vienne, le 18 février 1782.* — Légèreté de la Reine. — Mensonges prussiens.................................. 87

55. Mercy à Joseph II. — *Paris, le 10 mars 1782.* — Nomination du comte d'Esterno comme ministre de France à Berlin. — Crédit de la Reine. — Avidité de ses alentours. — Intrigues du roi de Prusse. — Mensonges du baron de Goltz.................................. 88

56. Joseph II à Mercy. — *Vienne, le 26 mars 1782.* — Sa fluxion aux yeux. — Critique de la conduite du ministère anglais. — Mensonges du roi de Prusse. — Séjour du Pape à Vienne. — Évacuation des places de la Barrière par les Hollandais.................................. 90

57. Mercy à Joseph II. — *Paris, le 12 avril 1782.* — Confidences secrètes de la Reine sur les propositions faites au cabinet de Versailles par les émissaires anglais. — Échec possible de la médiation. — Impression produite par le voyage du Pape à Vienne. — Vergennes sur les fables de Goltz. — Mensonges de l'envoyé prussien. — Indignation de la Reine sur les extravagances du marquis de Bombelles. — Préoccupation de Marie-Antoinette sur la réception à faire aux princes russes. — Santé de la Reine....................... 92

58. Mercy à Kaunitz. — *Paris, le 12 avril 1782.* — Estime de la Reine pour Kaunitz. — Propositions des émissaires anglais. — Conjectures sur les projets des Anglais. — Efforts des Français aux Indes orientales. — Négociations des Anglais avec les Hollandais.. 96

59. Joseph II à Mercy. — *Vienne, le 15 avril 1782.* — Ses maux d'yeux. — Satisfaction causée par la lettre de la Reine. — Conduite du Pape. — Ses demandes. — Mensonges du roi de Prusse.. 97

60. Joseph II à Mercy. — *Vienne, le 27 avril 1782.* — Indisposition de la Reine. — Négociations avec le Pape. — Éloge de Vergennes..................... 98

61. Mercy à Joseph II. — *Paris, le 5 mai 1782.* — Maladie de la Reine. — État de l'opinion sur le séjour du Pape à Vienne. — Confidences de la Reine sur les démarches des émissaires anglais. — Difficultés de Vergennes sur la réception à faire aux princes russes................................. 100

62. Mercy à Kaunitz. — *Paris, le 5 mai 1782.* — Confidences de la Reine. — Changement de langage de Vergennes sur le congrès..................... 102

63. Joseph II à Mercy. — *Vienne, le 11 mai 1782.* — Son chagrin de la maladie de la Reine... 103

64. Joseph II à Mercy. — *Vienne, le 18 mai 1782.* — Guérison de la Reine. — Critique de la conduite du ministère anglais...................... 104

65. Kaunitz à Mercy. — *Vienne, le 18 mai 1782.* — Inconséquences du langage et des démarches de Fox. — Refroidissement entre les cours de Pétersbourg et de Versailles.. 105

66. Mercy à Joseph II. — *Paris, le 24 mai 1782.* — Réception des princes russes. 106

67. Mercy à Kaunitz. — *Paris, le 24 mai 1782.* — Négociations de l'Angleterre avec la France. — Accueil fait par la Reine aux princes russes............ 109

68. Mercy à Joseph II. — *Paris, le 13 juin 1782.* — Attentions de la Reine pour les princes russes. — Confidences délicates du Grand-Duc. — Surveillance exercée par Mercy sur le baron de Goltz. — Impression faite par les princes russes. — Défaite du comte de Grasse aux îles des Saintes. — Intrigues du roi de Prusse... 110

69. Mercy à Kaunitz. — *Paris, le 13 juin 1782.* — Impression faite sur Vergennes par la lettre du chancelier du 18 mai................................. 114

70. Joseph II à Mercy. — *Laxenbourg, le 15 juin 1782.* — Considérations sur les conséquences de la défaite de la flotte française. — Urgence de la réunion du congrès.. 114

71. Mercy à Joseph II. — *Paris, le 5 juillet 1782.* — Départ des princes russes. — Négociations directes de l'Angleterre avec la France. — Mensonges du baron de Goltz.. 115

72. Kaunitz à Mercy. — *Vienne, le 22 juillet 1782.* — Jugement sévère sur la conduite de Vergennes. — Mouvements des flottes françaises et espagnoles.. 118

73. Joseph II à Mercy. — *Laxenbourg, le 23 juillet 1782.* — Changement du ministère anglais. — Amour-propre de Vergennes........................ 119

TABLE DES MATIÈRES. 483

74. Mercy à Joseph II. — *Paris, le 10 août 1782.* — Séjour de la Reine à Trianon. — Intrigues de Mme de Polignac en faveur du comte d'Adhémar. — Ennuis causés à la Reine par sa société. — Dangers de la négociation directe. — Insuccès des opérations de la flotte franco-espagnole. — Échec des manœuvres du baron de Goltz.................................. 120

75. Joseph II à Mercy. — *Vienne, le 18 août 1782.* — Entrée au service autrichien d'un prince de Hesse-Darmstadt. — Indifférence de l'Empereur sur le congrès. — Projet de l'acquisition de Tabago 122

76. Kaunitz à Mercy. — *Vienne, le 18 août 1782.* — Son sentiment sur les négociations directes entre la France et l'Angleterre. — Égoïsme de l'Espagne. — Siège de Gibraltar....................................... 123

77. Mercy à Joseph II. — *Paris, le 8 septembre 1782.* — Chagrin de la Reine en apprenant la maladie de l'Empereur. — Inoculation de Madame. — Intervention de la Reine pour le maintien de Vienne comme lieu de réunion du futur congrès. — Tabago..................................... 126

78. Mercy à Kaunitz. — *Paris, le 8 septembre 1782.* — Discussion avec Vergennes sur le futur congrès.. 127

79. Joseph II à Mercy. — *Vienne, le 23 septembre 1782.* — Liberté de l'Escaut. — Mission de Rayneval en Angleterre. — Siège de Gibraltar............ 128

80. Kaunitz à Mercy. — *Vienne, le 23 septembre 1782.* — Bizarrerie de la conduite de Vergennes... 130

81. Mercy à Joseph II. — *Paris, le 9 octobre 1782.* — Inoculation de Madame, fille du Roi. — Banqueroute du prince de Guéménée. — Échec du siège de Gibraltar. — Acquisition d'une île aux Antilles. — Réouverture de l'Escaut. 132

82. Joseph II à Mercy. — *Vienne, le 5 novembre 1782.* — Il vient d'avoir un érésipèle à la tête... 135

83. Kaunitz à Mercy. — *Vienne, le 6 novembre 1782.* — Maladie de l'Empereur. — Critique de la faiblesse de Vergennes. — Insuccès probable de la médiation.. 136

84. Mercy à Joseph II. — *Paris, le 22 novembre 1782.* — Illusions de Vergennes. — Danger de parler maintenant à la Reine de la question de l'Escaut. — Indiscrétion de la duchesse de Polignac. — Mensonges de Goltz. — Mme de Polignac gouvernante des Enfants de France. — Crédit de la Reine. — Humeur du Roi contre la comtesse de Provence..................... 137

85. Joseph II à Mercy. — *Vienne, le 7 décembre 1782.* — Différends de la Russie avec les Turcs. — Affaires de Crimée. — Grand projet de Catherine II. — Difficulté de la situation de l'Empereur. — Moyens de décider la France à garder la neutralité. — Avantages de la possession de l'Égypte pour la France. — Critique de la nomination de la duchesse de Polignac. — Liberté de l'Escaut... 139

86. Kaunitz à Mercy. — *Vienne, le 7 décembre 1782.* — Démêlés entre la Russie et la Turquie. — Langage ridicule de Vergennes. — Projet de voyage de l'Empereur en Italie. — Organisation d'une correspondance hebdomadaire anonyme.. 142

31.

TABLE DES MATIÈRES.

87. Mercy à Joseph II. — *Paris, le 28 décembre 1782.* — Réouverture de l'Escaut. — Bonnes dispositions de la Reine. — Question d'Orient. — Ambition de la Russie. — Conjectures sur les moyens qu'emploierait la France pour venir au secours des Turcs. — Attachement du cabinet de Versailles au principe du maintien de l'Empire ottoman. — État de l'opinion publique à Paris et dans le royaume sur cette question. — Partis hostiles à l'alliance franco-autrichienne. — Propos de Vergennes sur l'ambition de Catherine II. — Prochaine conclusion de la paix.................................. 144

88. Mercy à Kaunitz. — *Paris, le 28 décembre 1782.* — État des négociations. — Concessions de l'Angleterre. — Peu d'apparence d'un changement dans le ministère de Versailles. — Caractère du Roi. — Sa répugnance à prendre un premier ministre. — Impéritie des ministres. — Projets de Breteuil. — Influence de Mme de Polignac. — Légèreté de la Reine. — Envoi d'un bulletin hebdomadaire de nouvelles sous le couvert des banquiers de Bruxelles et de Vienne. — Affaires de Crimée. — Lettre de Mercy à l'Empereur..... 150

89. Joseph II à Mercy. — *Vienne, le 12 janvier 1783.* — Question d'Orient. — Intentions de la France. — Préparatifs militaires de l'Empereur. — Il désire maintenir la paix. — Affaires de l'Escaut. — Éloge de M. de Saint-Priest. — Vive critique de la conduite de l'Angleterre........................... 153

90. Kaunitz à Mercy. — *Vienne, le 13 janvier 1783.* — Réflexions sur les négociations entre la France et l'Angleterre. — Affaires d'Orient. — Approbation des idées de Mercy. — Caractère de Breteuil. — Bulletin hebdomadaire.... 154

91. Joseph II à Mercy. — *Vienne, le 31 janvier 1783.* — Compliments au Roi et à Vergennes sur la signature de la paix avec l'Angleterre................. 156

92. Mercy à Joseph II. — *Paris, le 1er février 1783.* — Conversation avec la Reine sur la situation politique en Orient, sur la liberté de la navigation de l'Escaut. — Conclusion de la paix. — État de l'opinion publique. — Projet de médiation. — Intrigues du baron de Goltz...................... 156

93. Mercy à Kaunitz. — *Paris, le 1er février 1783.* — Propos de Vergennes sur la médiation. — Situation critique de Castries. — Projets de Breteuil....... 160

94. Mercy à Joseph II. — *Paris, le 17 février 1783.* — Acquiescement de la Porte aux demandes de la Russie....................................... 161

95. Mercy à Kaunitz. — *Paris, le 17 février 1783.* — Idées de Vergennes sur la médiation... 163

96. Joseph II à Mercy. — *Vienne, le 18 février 1783.* — Affaires d'Orient. — Liberté de l'Escaut. — Critique de la conduite de l'Angleterre. — Médiation. — Importance des relations commerciales à établir avec les États-Unis d'Amérique. — Nomination de M. d'Adhémar à l'ambassade de France à Londres. — Habileté de la Reine.. 163

97. Kaunitz à Mercy. — *Vienne, le 19 février 1783.* — Réflexions sur la paix. — Jugement sévère sur l'Angleterre. — Éloge de Vergennes. — Affaires d'Orient. — Projets de Breteuil................................. 166

98. Mercy à Joseph II. — *Paris, le 12 mars 1783.* — Dissipation de la Reine pendant le carnaval. — Création du comité des finances. — Colère de la Reine

contre Joly de Fleury. — Faveur de Vergennes près du Roi. — Conseils de Mercy à la Reine sur les affaires d'Orient. — Causes des concessions faites par l'Angleterre à la France. — Crise ministérielle à Londres. — Intrigues de la Prusse.. 167

99. Mercy à Kaunitz. — *Paris, le 12 mars 1783.* — Fâcheux effets de la dissipation de la Reine. — Inconvénients du nouveau comité des finances. — Modération de Vergennes. — Projets de Breteuil..................... 171

100. Joseph II à Mercy. — *Vienne, le 31 mars 1783.* — Légèreté de la Reine. — Mécontentement de l'impératrice de Russie. — Projets de partage de l'Empire Ottoman. — Création du comité des finances. — Faiblesse de l'Angleterre. — Médiation. — Les *Danaïdes* de Salieri............... 173

101. Kaunitz à Mercy. — *Vienne, le 31 mars 1783.* — Entretien avec Breteuil sur la rupture probable entre la Porte et la Russie. — Médiation. — Prochain départ de Breteuil. — Son ambition............................ 176

102. Mercy à Joseph II. — *Paris, le 19 avril 1783.* — Disgrâce du contrôleur général des finances, Joly de Fleury. — Baisse de l'influence de la société favorite de la Reine. — Penchant de Marie-Antoinette pour Necker. — Entretiens avec la Reine et Vergennes sur les affaires d'Orient et sur un démembrement de l'Empire Ottoman. — Intrigues prussiennes......... 178

103. Mercy à Kaunitz. — *Paris, le 19 avril 1783.* — Changement dans le ministère. — Conduite de la Reine envers sa société. — Rapports de Breteuil. — Mécontentement de la Reine.................................. 182

104. Joseph II à Mercy. — *Vienne, le 23 avril 1783.* — Voyage en Hongrie..... 183

105. Kaunitz à Mercy. — *Vienne, le 27 mai 1783.* — Nécessité d'amener le cabinet de Versailles à s'expliquer sur les affaires d'Orient................ 184

106. Mercy à Joseph II. — *Paris, le 17 juin 1783.* — Conférence extraordinaire de Mercy avec Vergennes sur l'occupation de la Crimée et sur les désirs de l'Empereur d'obtenir une compensation à l'agrandissement de la Russie. — Embarras du ministre. — Timidité de la Reine. — Conseils que lui donne Mercy. — Impuissance de la France............................ 185

107. Mercy à Kaunitz. — *Paris, le 17 juin 1783.* — Affaires d'Orient. — Occupation de la Crimée. — Réponse du cabinet de Versailles à la demande d'explications de la cour de Vienne. — Conférences de Mercy avec Vergennes. — Confidences de la Reine à Mercy. — Propos de Breteuil. — Ses chances d'arriver au ministère. — Caractère du marquis de Noailles, le nouvel ambassadeur de France à Vienne. — Lettre de la Reine à l'Empereur. — Profonde mésintelligence entre les deux plénipotentiaires russes à Paris. 188

108. Joseph II à Mercy. — *Vienne, le 31 juillet 1783.* — Son mécontentement contre le cabinet de Versailles. — Ses intentions pacifiques. — Son désintéressement... 195

109. Kaunitz à Mercy. — *Vienne, le 1er août 1783.* — Maladresse de Vergennes. — Réponse verbale de la cour de Vienne à la note du cabinet de Versailles. — Éventualités de la campagne de l'année prochaine............ 196

110. Mercy à Joseph II. — *Paris, le 17 août 1783.* — Entretien avec la Reine sur

les affaires d'Orient. — Critique de la conduite de Vergennes. — Ignorance et inexpérience du Roi. — Faiblesse de Vergennes et du ministère de Versailles. — Mensonges de Goltz.. 198

111. Mercy à Kaunitz. — *Paris, le 17 août 1783.* — Conférence avec Vergennes. — Conseils donnés à la Reine. — Projets de Breteuil.......... 200

112. Joseph II à Mercy. — *Hloupietin, le 9 septembre 1783.* — Mémoire impertinent de la France. — Colère de Joseph II. — Sa lettre à la Reine. — Ses récriminations... 202

113. Kaunitz à Mercy. — *Vienne, le 12 septembre 1783.* — Jugement sévère de la conduite de Vergennes. — Vive réponse de la cour de Vienne. — Lettre de l'Empereur à la Reine.. 206

114. Kaunitz à Mercy. — *Vienne, le 28 septembre 1783.* — Sots propos du comte d'Adhémar à Fox. — Inconséquence de Vergennes................ 209

115. Mercy à Joseph II. — *Paris, le 30 septembre 1783.* — Satisfaction manifestée par la Reine à propos de la dernière lettre de l'Empereur. — Effet produit par cette lettre sur le Roi. — Considérations sur le système politique de la France depuis Richelieu.. 210

116. Mercy à Kaunitz. — *Paris, le 30 septembre 1783.* — Conférence avec Vergennes. — Douceur du ministre. — Ses plaintes; ses ennuis. — Intervention efficace de la Reine. — Modération de Breteuil; son caractère; ses capacités; ses manières... 214

117. Joseph II à Mercy. — *Vienne, le 18 octobre 1783.* — Intrigues du roi de Prusse à Constantinople. — Lettre de l'Empereur à la Reine. — Critique de la conduite de Vergennes. — Grossesse de la Reine............... 218

118. Kaunitz à Mercy. — *Vienne, le 29 octobre 1783.* — Jugement favorable sur le marquis de Noailles.. 219

119. Joseph II à Mercy. — *Vienne, le 30 octobre 1783.* — Intrigues des Turcs. — Caractère de Noailles.. 220

120. Mercy à Kaunitz. — *Fontainebleau, le 3 novembre 1783.* — Fausse couche de la Reine.. 221

121. Mercy à Joseph II. — *Paris, le 10 novembre 1783.* — Difficulté d'un achat de bons chevaux pour l'Empereur. — Habileté des déchiffreurs français... 222

122. Mercy à Joseph II. — *Paris, le 10 novembre 1783.* — Conseils de Mercy à la Reine. — Intrigues du roi de Prusse avec Vergennes. — Dissipation de la Reine. — Entretien de Mercy avec Vergennes sur la nécessité de prévoir la chute prochaine de l'Empire Ottoman et son démembrement. — Faiblesse de la France. — Désordres de l'Administration. — Timidité du Roi; son aversion pour Necker et Loménie de Brienne. — Indignité de Miroménil. — Caractère de Vergennes. — Criailleries de Castries sur le mauvais état des finances. — Disgrâce du contrôleur général d'Ormesson. — Nomination de Calonne. — Intervention de la Reine. — Impéritie du maréchal de Ségur. — Détails sur les modes d'envoi de la correspondance de Goltz...... 223

123. Mercy à Kaunitz. — *Paris, le 10 novembre 1783.* — Négociations entre la

TABLE DES MATIÈRES. 487

France et la Prusse. — Décadence de la Turquie. — Caractère de Noailles. — Conduite de Breteuil. — Maladie du conseiller d'ambassade baron de Barré... 230

124. Joseph II à Mercy. — *Vienne, le 13 novembre 1783.* — Fausse couche de la Reine... 232

125. Joseph II à Mercy. — *Vienne, le 30 novembre 1783.* — Recommandation pour le maître de chapelle Salieri, élève de Gluck................. 232

126. Mercy à Joseph II. — *Paris, le 3 décembre 1783.* — Conditions d'achat de chevaux normands. — Tracas causés à Vergennes par les affaires intérieures. — Intrigues des ministres.. 232

127. Joseph II à Mercy. — *Vienne, le 3 décembre 1783.* — État des négociations à Constantinople. — Différends avec les Hollandais. — Liberté de l'Escaut. — Faiblesse du gouvernement français. — Modes d'expédition de la correspondance prussienne... 234

128. Kaunitz à Mercy. — *Vienne, le 3 décembre 1783.* — Voyage de l'Empereur en Italie. — Critique des propos de Vergennes sur l'alliance........... 236

129. Kaunitz à Mercy. — *Vienne, le 8 décembre 1783.* — Considérations sur l'alliance franco-autrichienne. — Avantages réciproques du système. — Loyauté de la conduite de la cour de Vienne. — Inconséquence des idées de Vergennes. — Jalousie de la France sur les avantages de la maison d'Autriche. — Critique de la politique du cabinet de Versailles depuis vingt ans. — Intrigues de Vergennes dans les affaires actuelles d'Orient. — Fâcheux effets de la conduite de la France sur le maintien de l'alliance. — Nécessité d'un changement de système................................ 236

130. Mercy à Joseph II. — *Paris, le 21 décembre 1783.* — Conseils donnés à la Reine sur les différends des Hollandais avec l'Empereur. — Influence de la France en Hollande. — Apparence d'un retour de Vergennes à de meilleurs sentiments. — Dévouement de Breteuil à la Reine. — Correspondance prussienne. — Achat de chevaux....................................... 243

131. Mercy à Kaunitz. — *Paris, le 21 décembre 1783.* — Faiblesse et timidité de Vergennes. — Baisse du crédit de ce ministre. — Impuissance de la France. — Ineptie des intrigues du cabinet de Versailles avec le roi de Prusse. — Conduite de Breteuil. — Mort du conseiller Barré. — Son remplacement. — Blumendorf, Hoppe. — Ouverture à la poste de la lettre du 8 décembre... 246

132. Kaunitz à Mercy. — *Vienne, le 9 janvier 1784.* — Réflexions sur l'alliance. — Récriminations contre Vergennes................................ 249

133. Mercy à Kaunitz. — *Paris, le 1ᵉʳ février 1784.* — Effet de la lettre du 8 décembre sur la Reine et sur Vergennes. — Revirement du ministre. — Faiblesse du Roi. — Avidité de Vergennes........................... 250

134. Mercy à Joseph II. — *Paris, le 14 février 1784.* — Bon accueil fait à Salieri. — Arrangement entre la Russie et la Porte.......................... 252

135. Mercy à Kaunitz. — *Paris, le 14 février 1784.* — Conseils de Mercy à la Reine. — Caractère de Vergennes. — Conduite de Breteuil............ 253

TABLE DES MATIÈRES.

136. Kaunitz à Mercy. — *Vienne, le 3 mars 1784.* — Critique du langage de Vergennes sur l'alliance.. 254

137. Mercy à Joseph II. — *Paris, le 20 mars 1784.* — Changement d'attitude de Vergennes. — Ses confidences à la Reine sur la politique et sur les intrigues prussiennes. — Fausseté de ce ministre. — Aveux de Vergennes à la Reine sur les propositions d'alliance du roi de Prusse et sur le changement du mode d'expédition des correspondances. — Conseils de Mercy à la Reine.. 256

138. Mercy à Kaunitz. — *Paris, le 20 mars 1784.* — Changement de langage de Vergennes. — Sa timidité. — Bonnes dispositions de la Reine........... 258

139. Joseph II à Mercy. — *Vienne, le 2 avril 1784.* — Retour à Vienne. — Considérations sur la situation politique................................. 259

140. Mercy à Joseph II. — *Paris, le 20 avril 1784.* — Bon accueil fait par Vergennes aux premières ouvertures de Mercy sur les affaires de Hollande. — Puissance du crédit de la Reine; sa légèreté; son aversion pour les affaires; son dévouement à son frère. — Mauvaise santé du Dauphin. — Projet de voyage à Compiègne de l'archiduchesse Marie. — Bonnes dispositions du public en faveur de Salieri et de son opéra........................... 260

141. Mercy à Kaunitz. — *Paris, le 20 avril 1784.* — Conduite politique de la Reine.. 262

142. Joseph II à Mercy. — *Vienne, le 13 mai 1784.* — Fâcheuse influence de la société favorite de la Reine. — Liberté de la navigation de l'Escaut. — Possibilité d'une rupture de l'alliance avec la France................ 263

143. Mercy à Joseph II. — *Paris, le 29 mai 1784.* — Langueur du Dauphin. — Affaires de Hollande. — Intervention de la Reine. — Dangers du système politique et de la conduite du cabinet de Versailles. — Succès de l'opéra de Salieri... 264

144. Joseph II à Mercy. — *Laxenbourg, le 18 juin 1784.* — Fâcheuses conséquences de la dissipation de la Reine................................. 266

145. Kaunitz à Mercy. — *Vienne, le 20 juin 1784.* — Réflexions sur les suites d'une rupture de l'alliance... 267

146. Mercy à Kaunitz. — *Paris, le 6 juillet 1784.* — Propos favorables tenus par Vergennes sur le différend de l'Empereur avec les Hollandais........... 268

147. Mercy à Joseph II. — *Paris, le 7 juillet 1784.* — Attachement de la Reine à l'Empereur. — Peu d'effet de son grand crédit sur le Roi. — Funeste influence de la société favorite. — Conférence de Mercy avec Vergennes sur les affaires de Hollande et la liberté de l'Escaut. — Promesse du ministre d'appuyer à la Haye les demandes de l'Empereur....................... 270

148. Joseph II à Mercy. — *Vienne, le 1ᵉʳ août 1784.* — Ultimatum à présenter aux Hollandais. — Projet d'échange de la Bavière contre les Pays-Bas.... 274

149. Kaunitz à Mercy. — *Vienne, le 2 août 1784.* — Considérations à l'appui du projet d'échange de la Bavière. — Convention de la France avec la Suède. 275

150. Mercy à Joseph II. — *Paris, le 16 août 1784.* — Difficultés faites par Ver-

TABLE DES MATIÈRES. 489

gennes. — Refus de remettre aux Hollandais le premier ultimatum de l'Empereur. — Intervention inutile de la Reine. — Sa colère contre Vergennes. — Froideur témoignée par ce ministre à Mercy. — Accident de chasse arrivé à l'Empereur. — Grand crédit de la Reine............ 278

151. Mercy à Kaunitz. — *Paris, le 16 août 1784.* — Heureux effet du changement de résolution de l'Empereur. — Conjectures sur l'impression que fera à Versailles le projet d'échange de la Bavière. — Incapacité de Breteuil. — Convention avec la Suède.................................. 286

152. Joseph II à Marie-Antoinette. — *Turas, le 1ᵉʳ septembre 1784.* — Grossesse de la Reine. — Critique sévère de la conduite politique de Vergennes. — Mauvais usage de l'influence de la Reine. — Séjour du prince Henri de Prusse en France. — Propos légers du roi de Suède................ 289

153. Joseph II à Mercy. — *Turas, le 1ᵉʳ septembre 1784.* — Fausseté de Vergennes. — Alliance de la France avec la Hollande. — Remise directe de l'ultimatum. — État des négociations touchant l'échange de la Bavière. — Caractère du prince Henri de Prusse............................ 291

154. Kaunitz à Mercy. — *Vienne, le 4 septembre 1784.* — Excuses de la mauvaise humeur de Vergennes. — Échange de la Bavière................... 293

155. Mercy à Joseph II. — *Paris, le 25 septembre 1784.* — Confession de la Reine à l'Empereur. — Restrictions de Mercy. — Influence prépondérante de la Reine sur le Roi. — Fautes de Marie-Antoinette. — Progrès de la Reine en matière d'affaires politiques. — Le prince Maximilien des Deux-Ponts. — Projets d'alliance entre la France et la Hollande. — Séjour du prince Henri de Prusse... 295

156. Mercy à Kaunitz. — *Paris, le 25 septembre 1784.* — Lettre sévère de l'Empereur à la Reine.. 299

157. Joseph II à Marie-Antoinette. — *Presbourg, le 9 octobre 1784.* — Conseils à la Reine sur l'usage de son influence........................... 300

158. Joseph II à Mercy. — *Presbourg, le 9 octobre 1784.* — Arguments qui devraient décider la France à favoriser le projet d'échange de la Bavière.... 301

159. Kaunitz à Mercy. — *Vienne, le 10 octobre 1784.* — Vive critique de la conduite de Vergennes dans les affaires de Hollande. — Jalousie injuste de la France envers l'Empereur. — Dangers de rupture de l'alliance......... 302

160. Kaunitz à Mercy. — *Vienne, le 16 octobre 1784.* — Considérations sur le projet d'échange de la Bavière, sur les avantages de l'alliance et sur l'issue probable d'une guerre entre la France et l'Autriche.................. 306

161. Kaunitz à Mercy. — *Vienne, le 21 octobre 1784.* — Canonnade sur l'Escaut. — Rupture entre l'Empereur et la Hollande. — Rappel du baron de Reischach. — Concentration d'une armée impériale aux Pays-Bas................ 308

162. Kaunitz à Mercy. — *Vienne, le 21 octobre 1784.* — Conséquences des voies de fait commises par les Hollandais. — Préparatifs de guerre......... 310

163. Mercy à Kaunitz. — *Paris, le 27 octobre 1784.* — Lettre du Roi à l'Empereur. — Intervention active de la Reine. — Achat de Saint-Cloud. — In-

trigues des ministres. — Faiblesse et incapacité du Roi. — Ouverture à la poste des deux lettres des 10 et 16 octobre. — Effet qu'elles ont produit sur Vergennes... 311

164. KAUNITZ À MERCY. — *Vienne, le 28 octobre 1784.* — Urgence de l'action de la France en Hollande. — Projets de l'Empereur..................... 316

165. JOSEPH II À MERCY. — *Vienne, le 29 octobre 1784.* — Affaire de l'Escaut. — Intervention de la Reine. — Conférence de Mercy avec Vergennes. — Craintes du ministre. — Lettre de l'Empereur à sa sœur. — Échange de la Bavière. — Préparatifs militaires....................................... 318

166. MERCY À JOSEPH II. — *Paris, le 6 novembre 1784.* — Efficacité de l'action de la Reine sur le Roi. — Craintes de Vergennes. — Échange de la Bavière. 323

167. MERCY À JOSEPH II. — *Paris, le 6 novembre 1784.* — Lettre de la Reine à l'Empereur. — Politique de la France. — Craintes de guerre. — Opposition probable du cabinet de Versailles à l'échange de la Bavière.......... 327

168. MERCY À KAUNITZ. — *Paris, le 6 novembre 1784.* — Effet des lettres des 10 et 16 octobre sur Vergennes. — Faiblesse de caractère de ce ministre. — Peu de succès de l'intervention de la Reine en matière politique. — Craintes d'un échec de l'échange de la Bavière. — État de l'opinion sur les projets de l'Empereur contre les Hollandais............................... 329

169. MERCY À KAUNITZ. — *Paris, le 6 novembre 1784.* — Conférence avec Vergennes. — Opposition opiniâtre des Hollandais à la liberté de l'Escaut. — Attitude suspecte du cabinet de Versailles........................ 332

170. JOSEPH II À MERCY. — *Vienne, le 19 novembre 1784.* — État des négociations concernant le projet d'échange de la Bavière. — Lettre de l'Empereur au Roi sur ses différends avec les Hollandais. — Communication à la France du projet d'échange de la Bavière contre les Pays-Bas................ 333

171. JOSEPH II À MARIE-ANTOINETTE. — *19 novembre 1784.* — Prière instante d'agir d'accord avec Mercy dans l'affaire de l'échange de la Bavière....... 338

172. KAUNITZ À MERCY. — *Vienne, le 19 novembre 1784.* — Réflexions sur la lettre du Roi à l'Empereur. — Entêtement des Hollandais. — Modération des projets de l'Empereur. — Instructions sur les négociations à entamer avec le cabinet de Versailles sur l'affaire de l'échange de la Bavière. — Mode d'intervention de la Reine.. 339

173. MERCY À KAUNITZ. — *Paris, le 27 novembre 1784.* — Perfidie du cabinet de Versailles. — La Reine se laisse duper par les ministres. — Dissolution de l'alliance. — Confidences singulières de Calonne à Mercy. — Menaces des Hollandais à Vergennes. — Faiblesse du Roi. — Intervention inutile de la Reine. — Note du 20 novembre au marquis de Noailles sur les affaires de Hollande. — Lettre de la Reine à l'Empereur......................... 341

174. JOSEPH II À MERCY. — *Vienne, le 1ᵉʳ décembre 1784.* — Pénible impression causée par la note remise par le marquis de Noailles. — Instructions à Mercy sur la réponse verbale à faire à cette note..................... 349

175. MERCY À JOSEPH II. — *Paris, 3 décembre 1784.* — Billet de la Reine à Mercy.

TABLE DES MATIÈRES.

— Décision du Conseil d'État sur l'échange de la Bavière. — Langage conciliant de Vergennes. — Soupçons de Mercy. — Fausseté du ministre. — Ébranlement de l'alliance. — Conditions d'un arrangement avec les Hollandais. — Lettre du Roi à l'Empereur.................... 352

176. Mercy à Kaunitz. — *Paris, le 3 décembre 1784.* — Considérations sur le résultat du Conseil d'État et la situation politique. — Lettre de la Reine à l'Empereur sur l'échange. — Indisposition de Mercy................ 355

177. Joseph II à Marie-Antoinette. — *Le 17 décembre 1784.* — Récriminations sur la note du 20 novembre. — Satisfaction causée par la dernière lettre du Roi. — Longue lettre de Joseph II à Louis XVI sur l'échange. — Urgence d'une prompte décision.................................. 357

178. Joseph II à Mercy. — *Vienne, le 17 décembre 1784.* — Vive critique de la conduite du gouvernement français. — Nécessité d'obtenir des explications nettes. — Restrictions apportées au projet primitif d'échange. — Vues de la France sur les Pays-Bas. — Intervention de la Reine.............. 360

179. Kaunitz à Mercy. — *Vienne, le 17 décembre 1784.* — Instructions sur les négociations touchant l'échange. — Mauvaise volonté de la France....... 362

180. Mercy à Joseph II. — *Paris, le 31 décembre 1784.* — Exécution des derniers ordres reçus. — Terrible sortie de la Reine contre Vergennes. — Froideur témoignée à Mercy par ce ministre. — Fausse politique du cabinet de Versailles. — Lettre de la Reine à l'Empereur....................... 364

181. Mercy à Kaunitz. — *Paris, le 31 décembre 1784.* — Inutilité de l'alliance française pour l'Empereur. — Lettres de la Reine à Mercy. — Appréciation du caractère du Roi. — Mauvais état de santé de Mercy. — Propos de Breteuil à la Reine.................................... 370

182. Joseph II à Mercy. — *Vienne, le 18 janvier 1785.* — Lettre du Roi à l'Empereur. — Approbation de la conduite de Mercy et de ses conseils à la Reine. — Réponse du duc des Deux-Ponts au comte de Romanzow sur l'échange. — Échec de ce projet. — Critique des propositions inacceptables du Roi. — Mauvaise volonté évidente de la France. — Démarches odieuses de Choiseul-Gouffier près de la Porte. — Réponse à la lettre du Roi. — Conditions d'un arrangement avec les Hollandais. — Urgence d'une solution.. 373

183. Kaunitz à Mercy. — *Vienne, le 17 janvier 1785.* — Motifs de la rédaction de la lettre de l'Empereur au Roi. — Causes du refus du duc des Deux-Ponts. — Négociations avec les Hollandais....................... 380

184. Kaunitz à Mercy. — *Vienne, le 4 février 1785.* — Discussion de la note insignifiante remise à Vergennes par les Hollandais................ 382

185. Mercy à Joseph II. — *Paris, le 5 février 1785.* — Perfidie de Vergennes. — Colère de la Reine contre ce ministre. — Faiblesse du Roi. — Conseils de Mercy à la Reine. — Craintes de la Reine d'une rupture entre la France et l'Empereur en cas de guerre avec les Hollandais. — Indignation de Marie-Antoinette contre Choiseul-Gouffier. — Lettre de la Reine à l'Empereur... 384

186. Mercy à Joseph II. — *Paris, le 5 février 1785*. — Vif entretien de la Reine avec son mari. — Lettre du Roi à l'Empereur............................ 388

187. Joseph II à Mercy. — *Vienne, le 21 février 1785*. — Peu de succès des efforts de la Reine. — Lettre de l'Empereur au Roi. — Récriminations au sujet de l'échange de la Bavière. — Lettre à la Reine. — Vive critique de la mauvaise volonté de la France et de sa conduite envers la cour de Vienne. — Urgence d'une solution.. 391

188. Kaunitz à Mercy. — *Vienne, le 20 février 1785*. — Dernières résolutions de l'Empereur sur les conditions à imposer aux Hollandais............... 395

189. Mercy à Joseph II. — *Paris, le 8 mars 1785*. — Nécessité de renoncer, au moins provisoirement, à l'échange de la Bavière. — Conférence avec Vergennes sur les négociations avec les Hollandais et sur la conclusion d'un armistice. — Récriminations sur la conduite du cabinet de Versailles et sur la publicité scandaleuse donnée à la note du 20 novembre. — Intervention de la Reine. — Discussion d'une nouvelle note remise à Mercy par Vergennes. — Confidences de la Reine. — Jalousie de la France. — Chagrin de la Reine. — Son impuissance, résultat de la faiblesse du Roi. — Lettre de la Reine à l'Empereur. — Absurdité des réponses de Vergennes aux questions de la Reine..................................... 398

190. Mercy à Kaunitz. — *Paris, le 8 mars 1785*. — Mauvais état de santé de Mercy. — Demande de retraite. — Motifs de son désir d'un congé définitif. — Sa longue carrière. — Ses débuts. — Ses maladies. — Son âge. — Lieu et date de sa naissance. — Sa famille. — Ses goûts. — Son dévouement à Kaunitz. — Opinion de Vergennes sur l'Empereur................... 405

191. Joseph II à Mercy. — *Vienne, le 3 avril 1785*. — Naissance du duc de Normandie. — Approbation de la conduite et du langage de Mercy. — Crédit de la Reine. — Nécessité du renvoi de Vergennes. — Lettre du Roi. 409

192. Mercy à Joseph II. — *Paris, le 19 avril 1785*. — Accroissement de l'influence et du crédit de la Reine. — Caractère du Roi. — Conjectures sur la conduite de la France en cas de guerre entre l'Empereur et la Hollande. — Propositions dérisoires des ambassadeurs hollandais. — Intervention de la Reine.. 412

193. Mercy à Kaunitz. — *Paris, le 19 avril 1785*. — Santé de Mercy. — Renouvellement de sa demande de retraite............................... 415

194. Joseph II à Marie-Antoinette. — *Vienne, le 6 mai 1785*. — Remercîments de ses efforts pour mettre les Hollandais à la raison. — Ferme résolution d'obtenir une forte indemnité pour Maëstricht. — Protestation contre les calomnies du roi de Prusse....................................... 416

195. Joseph II à Mercy. — *Vienne, le 6 mai 1785*. — Éloge de la conduite de Mercy. — Instructions sur les négociations avec les Hollandais. — Envoi immédiat de deux députés à Vienne chargés de présenter les excuses des États généraux pour l'insulte faite au pavillon impérial sur l'Escaut. — Alternative de la cession de Maëstricht ou du payement de douze millions de florins. — Influence de la Reine................................. 416

TABLE DES MATIÈRES. 493

196. Kaunitz à Mercy. — *Vienne, le 6 mai 1785*. — Explications sur les nouvelles instructions envoyées par ordre de l'Empereur. — Refus de consentir à la demande de retraite de Mercy. — Caractère de la Reine.............. 419

197. Mercy à Joseph II. — *Paris, le 18 mai 1785*. — Conférence avec Vergennes. — Impression faite sur ce ministre par les propos outrageants du roi de Prusse sur l'Empereur. — Changement favorable dans l'attitude et le langage de ce ministre. — Progrès de l'influence politique de la Reine. — Pression exercée sur les Hollandais par le cabinet de Versailles. — Lettre de la Reine. — Mort du duc de Choiseul........................... 420

198. Mercy à Kaunitz. — *Paris, le 18 mai 1785*. — Mauvais état de sa santé. — Abandon de ses projets de retraite........................... 422

199. Joseph II à Mercy. — *Mantoue, le 6 juin 1785*. — Motifs de son voyage en Italie... 423

200. Joseph II à Mercy. — *Milan, le 25 juin 1785*. — Demande de deux religieuses de la Visitation pour la maison de Milan.................. 424

201. Kaunitz à Mercy. — *Le 24 juillet 1785*. — Difficultés avec l'Empereur sur la réception à faire aux députés hollandais. — Lettre de l'Empereur au Roi. 425

202. Joseph II à Mercy. — *Vienne, le 26 juillet 1785*. — Ultimatum à présenter aux Hollandais. — Menace d'ouverture des hostilités au cas où des préliminaires ne seraient pas signés avant le 15 septembre. — Plaintes contre le député hollandais Wassenaar. — Affaires de douane avec ce diplomate. — Tentative d'introduction de pièces d'étoffes en contrebande. — Intrigues du ministère anglais. — Protestations d'attachement à l'alliance française. — Échange de la Bavière. — Santé de Mercy. — Insinuations du prince de Stahremberg.. 428

203. Mercy à Joseph II. — *Paris, le 12 août 1785*. — Conférence avec Vergennes. — Embarras de la Reine. — Caractère indécis du Roi. — Lettre de Marie-Antoinette à l'Empereur. — Plaintes contre le député hollandais Wassenaar. — Échange de la Bavière. — Aventure arrivée au prince Maximilien des Deux-Ponts. — Maladie de l'Empereur. — Mauvais état de santé de Mercy. 435

204. Mercy à Joseph II. — *Paris, le 12 août 1785*. — Difficulté de trouver des religieuses de la Visitation. — Diminution des vocations monastiques. 441

205. Mercy à Kaunitz. — *Paris, le 12 août 1785*. — Propos de Vergennes sur les difficultés suscitées à Vienne aux députés hollandais. — Dépit causé à la Reine par les contradictions de la conduite de l'Empereur. — Intervention active de la Reine dans les affaires. — Inaction probable de la France en cas de guerre... 442

206. Joseph II à Mercy. — *Vienne, le 2 septembre 1785*. — Ridicule de la proposition de conciliation imaginée par Vergennes. — Craintes vaines de ce ministre sur les menaces d'alliance des Hollandais avec l'Angleterre. — Concessions à faire aux Hollandais. — Nécessité de terminer les négociations avant le 15 septembre ou de commencer les hostilités. — Lettre ambiguë du Roi. — Arrestation du cardinal de Rohan...................... 444

TABLE DES MATIÈRES.

207. Kaunitz à Mercy. — *Vienne, le 2 septembre 1785.* — Dernières instructions sur les négociations engagées avec les Hollandais. — Réponses aux demandes déraisonnables de Vergennes.................................... 449

208. Mercy à Joseph II. — *Paris, le 20 septembre 1785.* — Lettre de l'Empereur à la Reine. — Signature des préliminaires. — Vive discussion sur le prix du rachat de Maëstricht. — Lettre de la Reine à l'Empereur. — Affaire du collier... 450

209. Mercy à Kaunitz. — *Paris, le 20 septembre 1785.* — Signature des préliminaires. — Rôle de Vergennes................................ 453

210. Joseph II à Mercy. — *Vienne, le 29 septembre 1785.* — Éloges et félicitations. — Intrigues de l'Angleterre. — Retraite des troupes................. 454

211. Joseph II à Mercy. — *Vienne, le 1ᵉʳ octobre 1785.* — Recommandation de sauvegarder la liberté du commerce et des douanes aux Pays-Bas........ 456

212. Kaunitz à Mercy. — *Vienne, le 1ᵉʳ octobre 1785.* — Félicitations à l'occasion de la signature des préliminaires. — Satisfaction de l'Empereur. — Compliments à Vergennes.. 457

213. Mercy à Joseph II. — *Fontainebleau, le 18 octobre 1785.* — Remerciements sur la collation de la grand'croix de l'ordre de Saint-Étienne. — Succès de l'intervention de la Reine. — Critique de la conduite de Vergennes. — Négociations pour le traité définitif. — Lettre de la Reine............... 458

214. Mercy à Kaunitz. — *Fontainebleau, le 16 octobre 1785.* — Compliments à Vergennes. — Protestations de reconnaissance.......................... 461

215. Joseph II à Mercy. — *Vienne, le 8 novembre 1785.* — Recommandation pour le chirurgien accoucheur Boër................................. 462

216. Joseph II à Mercy. — *Vienne, le 10 novembre 1785.* — Expression de sa reconnaissance pour les éminents services de Mercy. — Instructions sur la rédaction du traité définitif. — Vive discussion de Mercy avec Vergennes. — Lettre du Roi.. 463

217. Kaunitz à Mercy. — *Vienne, le 10 novembre 1785.* — Critique de la conduite de Vergennes. — Guerre de plume avec le roi de Prusse. — Retraite des troupes autrichiennes concentrées aux Pays-Bas..................... 467

218. Mercy à Joseph II. — *Paris, le 11 novembre 1785.* — Signature du traité définitif. — Colère de la Reine contre Vergennes. — Son zèle ardent pour les intérêts de son frère. — Lettre de la Reine à l'Empereur.......... 468

219. Mercy à Kaunitz. — *Paris, le 11 novembre 1785.* — Mauvais effet du trop prompt désarmement aux Pays-Bas................................. 470

220. Joseph II à Mercy. — *Vienne, le 8 décembre 1785.* — Envoi des ratifications du traité. — Calomnies du roi de Prusse............................ 471

221. Kaunitz à Mercy. — *Vienne, le 8 décembre 1785.* — Félicitations sur la signature du traité. — Fâcheuse conduite de Vergennes................... 471

222. Mercy à Joseph II. — *Paris, le 27 décembre 1785.* — Menées sourdes de Vergennes. — Mécontentement de la Reine contre ce ministre. — Procès du cardinal de Rohan. — Lettre de la Reine. — Intrigues de Vergennes avec le roi de Prusse.. 472

223. Mercy à Kaunitz. — *Paris, le 27 décembre 1785.* — Caractère et conduite de M. de Simolin, ministre de Russie à Paris. — Irritation de la Reine contre Vergennes. — Séjour du marquis de Noailles en France................. 474